예수와
신학적 상상력

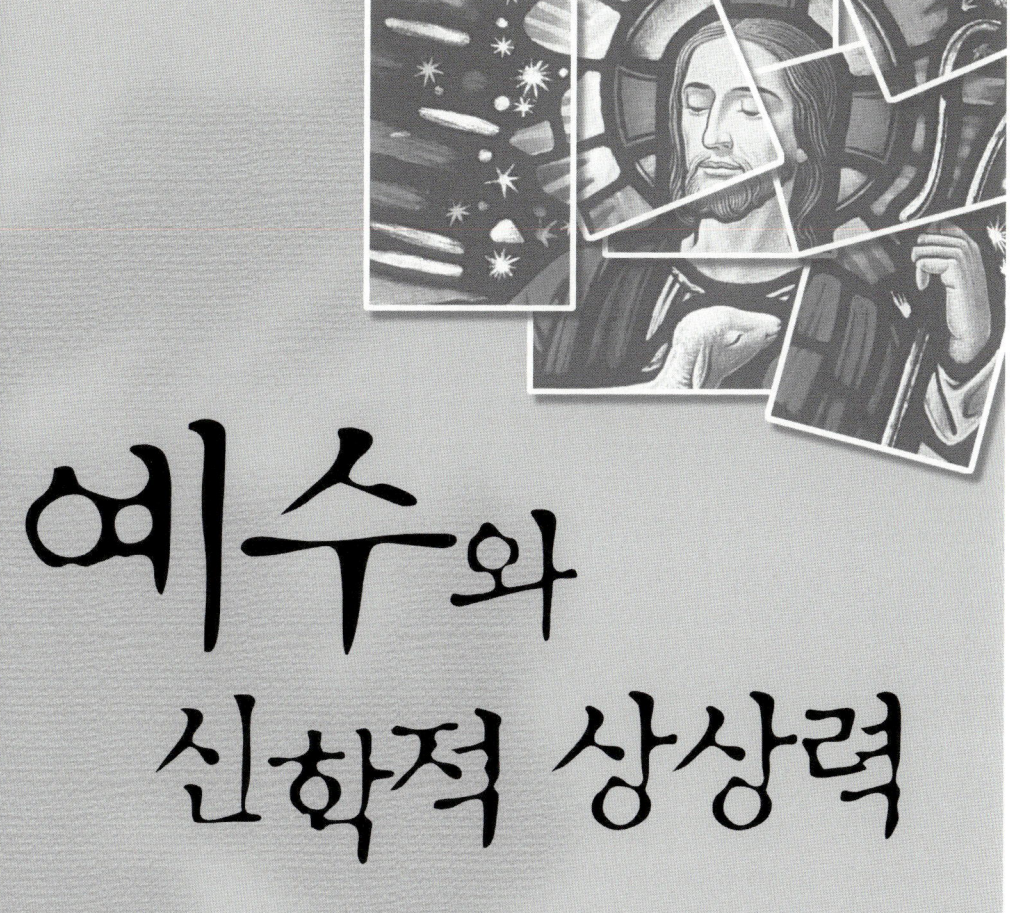

예수와
신학적 상상력

차정식 지음

KSI 한국학술정보㈜

지난 몇 년간 함께 말씀을 나누어온
열린가정교회 교우님들께 이 책을 바칩니다.

|서 문|

데카르트의 고전적 명제: "나는 생각한다, 고로 나는 존재한다." 라캉은 이 명제를 뒤집어 과감하게 선언한다: "나는 내가 존재하지 않는 곳에서 생각하며 따라서 나는 내가 생각하지 않는 곳에서 존재한다." 나는 이 말에서 힌트를 얻어 내 사유와 존재 사이의 균열, 내 의식과 무의식 사이의 괴리에서 순간적으로 명멸하며 방황하는 견자(見者)의 영혼을 예감한다. 성서학도로서 신학자로서 그 견자는 다름 아닌 해석자이고 의미 탐사자이다. 이 책에서 내가 시도하는 그 해석과 탐사의 여정은 아주 오래 묵은 인류의 유산을 향한 것이어서 상상이란 맹랑한 도구에 기대야 할 처지이다. 그런데 놀랍게도 내 상상력의 촉수가 가서 더듬는 텍스트의 결 가운데는 그 텍스트를 낳은 저자의 상상력이 번득인다. 저자가 주인공으로 초대한 인물들의 상상력도 그 위에 겹쳐지고 그 속에 뒤엉킨다. 나는 이 여정의 굽이마다 터져 나오는 내 속의 세미한 소리를 억누를 길이 없다. 아, 예수의 신학 밑바닥에는 예수의 상상력이 넘실거리고 있었구나!

사도 바울은 시편의 한 구절에 기대어 말한다: "우리는 믿는다, 고로 우리는 말한다"(고후 4:13). 나는 그 말의 울림에 침잠하며 생각한다. 왜 '나'가 아니라 '우리'일까? 또 묻는다. '믿음'과 '말함' 사이의 틈바구니로 무슨 의미가 만들어지고 그것은 어떻게 독자와 교통하고 있는가? 나는 상상력을 매개로 예수와 만나고 그의 신학을 탐구하며, 그것을 교량 삼아 그의 인간됨과 깊이 교감하고 싶었다. 그리고 그 모든 과정을 글로 풀어내고자 하는 욕망이 이 책으로 나를 이끌었다. 내가 믿는 방식으로 나도 말하고 싶고, 나의 그 말을 우리의 말로 증폭시키고자 하는 끈끈하고 질긴 욕구가 내 속에 꿈틀거리고 있음을 부인하지 않는다.

이 책에서 내가 일구어낸 해석은 예수와 연관된 텍스트들에서 이처럼 미세한 틈을 찾아내고 그 안으로 조심스레 비집고 들어가면서 길을 만드는 모험이자 실험이다. 자칫하면 메말라 증발해버릴지도 모르는 그 틈의 순간 속에서 텍스트의 호흡을 포착하며 그 따스한 숨결에 공명하는 작업이다. 그것은 또한 머뭇거리는 여행이며 두리번거리는 소요이다. 동시에 쉼 없는 생명의 율동이며 지칠 줄 모르는 욕망의 체조이다. 아니, 바로 그것이어야 한다. 그 움직임이 끝나는 순간, 나는 좀 더 홀가분하게 또 다른 길을 찾아 떠날 수 있으리라.

이 여행이 일단락된 이후에도 나는 예수가 상상한 하늘과 대지, 식물과 동물, 물과 불과 칼, 그리고 인간의 일용할 식탁과 시간 너머의 희망…… 예수가 걸으면서 개척했던 그 길 위의 신학들이 그립다. 내가 추려내는 것은 항상 그 상상의 알맹이가 죄다 소거된 허연 뼈들일 뿐이다. 그러나 메말라가는 내 삶의 결핍을 보상받기 위해서라도 그 형해화된 현장에 맴도는 생기의 흔적마저 외면할 수 없다. 그 생기의 상상, 상상의 생기가 다하는 날, 나는 아무리 살아 있음을 강변해도 죽은 시체와 다름없으리라.

전도서의 지적대로 책을 짓고 내는 일은 끝이 없고 많이 공부하는 것도 피곤하다(전 12:12). 그럼에도 이것이 학인으로서 내 존재

이유이니 어쩌겠는가. 밑 빠진 변기의 허구렁처럼, 혹은 채워도 자꾸 비워내며 아우성치는 위장의 간절한 욕망처럼, 책을 쓰는 일 또한 끊임없이 나를 허기지게 한다. 그것은 혹 근원적 헛됨을 무릅쓰고 원초적 부조리를 대책 없이 견뎌내면서 제 실존의 불우함을 달래는 삶의 실천방식이 아닐까 싶다. 모쪼록 학문의 이름으로 허황된 알리바이를 만들어 허세를 부리거나 알량한 자기 연민에 빠지지 않기를 갈구한다. 어설픈 지적 노동으로나마 나는 이렇게 예수의 역사적 삶에 연원을 둔 신학적 상상력의 뿌리와 줄기와 가지를 마련해놓았으니, 그 상상력의 열매를 취하는 것은 이제 미래 독자의 몫으로 남겨두련다.

이 책을 맡아준 한국학술정보사에 감사한다. 이렇게 첫 관계를 텄으니 앞으로 좋은 사귐이 이어지길 기대해본다. 출판을 주선해주신 이명란 선생님은, 어느 날 오후, 다소 들뜨고 장황한 내 전화목소리를 조심스레 받아내며 내 상상의 겨드랑이에서 내내 단아하고 겸손하며 아름다운 이미지를 마구마구 피워 올렸다. 계약을 위해 용산역 카페에서 만나보니 빨간 코트를 입고 등장한 그는 추풍령의 맑은 공기를 마시고 자란 소녀 – 아줌마였다. 예기치 않은 이런 인연에 감사한다. 교열과 편집, 장정을 맡아 수고해주신 김수영 선생님의 성실하고 깨끗한 노동에 감사한다. 미래를 향해 활짝 열린 '그들'이라는 미지의 존재를 '당신들'로 바꾸어 뜬금없이 축복한다.

2007년 11월 23일
저자

|차 례|

I. 상상력의 뿌리

01 | 예수의 언어와 상상력

> 절대로 심지 말아라!
> 씨 뿌리지 말고, 꺾어 꽂아라!
> 하나도 여럿도 되지 말아라,
> 다양체가 되어라!
> 선을 만들되, 절대로 점을 만들지 말아라!
> 속도가 점을 선으로 변형시킬 것이다!
>
> ― 들뢰즈·가타리, 『천개의 고원』 중에서

1. '리좀'의 사유

고구마와 같은 구근(球根)을 일컫는 '리좀'이란 개념을 사유의 매개 형식으로 계발하여 활용한 결과, 그 이치는 심거나 씨 뿌리지 않고 꺾어 꽂는 방식으로 수렴된다. 그것은, 앞의 저자들이,

> 강물은 감자를 심지 않네
> 목화를 심지 않네
> 심는 사람은 잊혀지지만
> 유장한 강물은 유유히 흘러갈 뿐

이라고 한 노래를 빗댈 때, 바로 그처럼 시작도 끝도 없이 유장히 흐르는 '사이 존재'이고 '간주곡' 같은 리좀의 자유스러운 존재 형식을 드러낸다.[1] 리좀의 상반 개념인 나무가 혈통 관계라면 리좀은 결연 관계로 모든 필연적 계보에 반하는 반(反)계보이고, 논리 정합적인 의식적 의도적 기억에 반하는 반(反)기억이며, 무의식이 명멸하는 짧은 기억이다. 그것은 변인, 팽창, 정복, 포획, 꺾꽂이의 방식으로 자신의 존재를 시위한다. 리좀의 질서 / 무질서에 기댈 때, 일관된 법칙과 원리하에 세상을 일목요연하게 파악하고자 하는 이들에게 그것은 곤혹스러움을 낳고 그 정서적 충격은 현기증을 유발한다. 세워야 할 계통과 위계, 지켜야 할 전통과 관습이 무거운 부류의 사람들에게도 리좀의 사유는 매우 불편한 가시 같은 존재가 아닐 수 없다. 그것은 잡으려면 잡을수록 더 많은 흙탕물을 일으키며 미끄럽게 빠져나가는 성가신 미꾸라지, 망설이면서 집적이는, 집적이면서 또 한 번 깊이 망설이는 방랑자의 시선과 같은 궤선을 타며 질주한다.

2. 유랑 선교와 몸의 동선

이 동네에서 너희를 핍박하거든 저 동네로 피하라(마 10:23).

파송 설교에 나오는 예수의 이 날렵한 말씀에는 무엇보다 예수와 그 제자들이 하나님 나라의 복음을 전파했던 초기 선교시대의

---

1) '리좀'의 개념에 대해서는 질 들뢰즈 · 펠릭스 가타리 / 김재인 옮김, 『천 개의 고원』(서울: 새물결, 2001), 서론 부분 참조.

14

기동력과 순발력이 반영되어 있다.2) 그들의 종말론적 긴박감, 그에 따른 긴장감은 그들에게 공간과 시간의 무한 자유를 용인할 수 없었다. 한 가족, 한 마을, 한 지역의 울타리를 경계 삼아, 그 안에 확보된 영토를 텃밭 삼아, 속 편히, 안도의 한숨쉬며 눌러앉을 수 없었던 것이 그들의 일상이었다. 그들이 전망한 안식의 미래는 영원했지만, 그들의 신체가 누리는 안식의 현재는 항존하는 긴장의 순간에 끼여 있었다.

> 아무 성이나 촌에 들어가든지 그중에 합당한 자를 찾아내어 너희 떠나기까지 거기서 머물라. 또 그 집에 들어가면서 평안하기를 빌라…… 누구든지 너희를 영접도 아니하고 너희 말을 듣지도 아니하거든 그 집이나 성에서 나가 너희 발의 먼지를 떨어 버리라 (마 10:11-14).

제자들은 이렇게 잠시 정주의 공간을 확보하는 듯하다. 그들의 그 '머묾'은 그러나 무작위로 '아무 성이나 촌'으로 확산되어 있다. 그들은 유목민처럼 정처 없다. 그들의 정처는 '아무'라는 익명의 공간에서 잠시 안식을 누리는 정도이다. 그나마 그 유목민적 안식의 여유는 그 '아무 성이나 촌'의 영접 여부에 따라, 평안의 인사와 발의 먼지 사이에서 그 확보 여부가 판가름 난다. 하나님 나라의 복음을 귀한 선물로 여겨 받아들이는 자는 그 선물의 전달자도 영접한다. 그때 평안의 인사는 그 복음이 입례하는 포장 절차와

---

2) 이 어록은 핍박을 피해 도망치라는 명령이 아니라 핍박에도 불구하고, 그 핍박을 슬기롭게 피해 궁극적인 과제인 그들의 선교를 계속하라는 명령에 해당된다. Eung-Chun Park, "The Mission Discourse in the Gospel of Matthew"(Ph. D. dissertation, The University of Chicago, 1991), 247 [manuscript] 참조.

같을 터. 그러나 반대로 거부될 경우, 그들은 하나님의 진노와 저주의 표시로 성 밖에서 발의 먼지를 털어버리는 상징 행동을 보이라고 지시받는다.3) 발의 먼지! 이 얼마나 고색창연한 이미지인가? 방랑자의 고된 발걸음이 온종일 에너지 운동을 통해 남긴 찌꺼기 같은 것. 일상의 하수구에 걸린 쓰레기 같은 노폐물의 존재. 풀풀 날리는 먼지 / 티끌처럼 한없이 가볍고 덧없는 인생의 귀착점. 그 메타포의 함의를 발의 먼지에 담아 털어버릴 때, 선물의 전달자들이 받은 가벼운 상심과 분노는 그날의 안식 대신 잠시 위무될 길을 얻는다. 발의 먼지라는 삶의 고단한 물질성과 평안의 인사라는 신성한 피안의 이상은 이렇게 엇갈리며 상반된 방향으로 도주한다. "이방인의 길로도 가지 말고 사마리아인의 고을에도 들어가지 말고 차라리 이스라엘 집의 잃어버린 양에게로 가라"(마 10:5 - 6)는 예수의 말씀은, 다른 말씀들이 그렇듯, 절대로 도그마로 읽혀서는 안 된다. 그것은 만민에게 복음을 전하라는 명령을 담아낸 저자의 현재 시점에서 그 현재가 있기까지 거쳐온 마태공동체의 옛적 선교 이력이 투사되면서 떠오른 역사의 흔적이다.4) 그 축적된 시간

---

3) 랍비 문헌에 의하면 신발의 먼지를 털어버리는 행위는 이방인의 땅이 불결하다고 생각하여 거기서 묻힌 먼지로 이스라엘의 땅을 더럽히지 않기 위한 행위였다. 그것은 곧 먼지를 털어버리는 자의 자기 청결의 일환으로 주문되었다. 반면 본문의 행위는 먼지가 털어지는 대상들을 향한 경고적 성격이 짙다는 점에서 뚜렷한 차이를 보인다. Eung - Chun Park, 앞의 논문(1991), 215 참조.

4) 이 구절의 선교 특수주의(mission particularism)는 마태복음 종결부의 어록(28:18 - 20)에 반영된 선교 보편주의(mission universalism)와 연계되어 많은 해석을 낳아왔다. 마태복음의 형성사를 마태공동체의 발전론적 차원에서 재구성해볼 때, 그 대조점은 선교의 영역이 예수 당시의 과거 시점으로부터(또는 마태공동체의 초기로부터) 저자의 현재 시점에 이르기까지 어떻게 새로운 지평을 향해 확대되어왔는지를 보

16

(대략 60년쯤?)의 지층을 뚫고 당대로 거슬러올라 조감해보면, 예수의 방랑과 그 제자들의 선교적 질주에도 '전략'이 숨 쉬고 있음을 퍼뜩 감지한다. 그것은 익숙한 지형을 먼저 공략하자는 것. 가까운 것부터 접근하자는 것. 바로 그 상식적 판단에 근거한 전략이다. 데카르트가 말한 '관성의 원리'나 스피노자가 말한 "자신의 존재 속에 계속 머무르려는 노력"으로서의 '코나투스'(conatus)의 욕망이 암시하듯,5) 제자들 또한 자신들의 익숙한 존재성을 고수하려는 속성상 낯선 사마리아와 이방인보다는 이스라엘의 양들에게로 그 관심의 촉수가 꼴렸으리라는 것은 당연한 추론 아닌가. 그러나 친밀함과 익숙함의 한 가운데 낯섦과 무서움이 웅크리고 있었다면? 석양녘에 하루살이 붐비듯, 고여 썩는 풀숲의 웅덩이 물에 모기떼의 천국이 이루어지듯, 양들에게는 늘 이리가 들끓는 법. 제자들은 그리하여 피하고 또 피하면서, 잽싸게 꺾어 꽂으며 또 동시에 도주할 수밖에 없었던 것이다.

그들은 가면서 전파했고, 전파하면서 치유했다. 소유하지 않고 존재할 뿐인 삶의 양식을 취함으로써 보여준 길 위에서의 그 운동과 이동이 그들을 한없이 고단하면서도 자유롭게 했다. 한 군데 머물면서 씨를 뿌리고, 그것이 싹터 자라나 결실하기까지 기다릴 만큼 그들의 환경과 조건은 태평하지 않았다. 그들은 걷기가 곧 도전이었고, 그 도전은 많은 경우 도피성 질주였다. 핍박의 현장에서 그들은 생명 위협의 낌새를 채고도 눈감고 맞아 죽을 수 없었다. 종말이 유예되는 한 그 메시지 선포자들의 죽음도 유예되어야

여준다.
5) '코나투스'의 개념에 대해서는 질 들뢰즈 / 박기순 옮김, 『스피노자의 철학』(서울: 민음사, 2002), 148–158, 201 참조.

했던 것. 이때 질주를 거부하는 것은 자신의 순교의 피를 뿌려, 씨를 뿌리고 묘목을 심는 방식이었을 터이다. 종말론적 삶의 원리인 기동력과 순발력이 그들의 몸에 배어 있었다.

그렇게 질주하는 그들의 방랑적 삶의 스타일에 비추어 사면팔방을 헤아리지 못한 채 납작하게 대처하는 '무모함'은 미덕이라기보다 악덕일 수 있었다. 아울러, 그것은 애당초 '전략'과 거리가 멀었다. 그들은 발의 먼지처럼 가벼울 수 있었고, 또 가벼워야 했다. 그 가벼움의 능력으로, 그들은 '이 동네'와 '저 동네' 사이의 존재로서 움직였고, 유예되는 종말의 순간마다 종말의 사건을 생생하게 살려낼 수 있었다. 그렇게 그들은 '다면체'가 되어야 했다. 그들은 매끈한 유리 면에 떨어져 사방으로 산포하며 질주하는 물방울처럼 우발적인 삶의 계기들을 선교의 동력으로 바꾸었으며, 거기서 하나님의 뜻을 읽어냈다. 그 하나님의 뜻의 행로는 특정 도그마의 '사본'이라기보다 자신의 팍팍한 발바닥으로 걸으면서 시간의 길을 만들어내는 싱싱한 '지도'와 같았다.

3. '우리'의 포용 반경

우리를 거스르지 않는 자는 우리를 위해 존재한다(막 9:40).

이 어록은 특별히 어떤 맥락의 이야기에 걸치지 않아도 하나의 오롯한 잠언처럼 혹은 슬로건처럼 완결된 문장으로 우뚝 서 있다.6) 그러나 구멍 없는 완결체는 없다. 문장이든, 물질이든, 그것

---

6) 마가복음의 이 본문을 마태복음은 탈락시키고 있는데, 이는 마태복음

이 살아 있는 생명체로 의미를 띠기 위해서는 내밀한 소통의 틈새를 간직하는 것이 필요하다. 형식 논리로만 따져보면, 우리를 반대하지 않는 자가 우리를 찬성하여 우리를 위해, 그러니까 호의적으로 존재하는 것이 당연한 듯하다. 그러나 이러한 두 쪽의 갈라치기는 흑과 백의 이분법이 도주선을 봉쇄함으로써 딱딱한 충돌과 낭패를 예견한다. 하나마나한 얘기이지만, 흑과 백 사이에는 무수히 많은 색깔의 현실적 가능성이 존재하기 때문이다. 가령, 우리를 반대하지 않는 자가 우리를 위해 우리를 반대하지 않으면서도 동시에 우리를 위해 호의적으로 존재하지 않을, 다채로운 망설임의 가능성이 떠오른다.

망설임뿐인가? 그 망설임은 망설임 자체를 겨냥하기보다 불가피한 삶의 정황을 전제로 한다는 점에서 그 망설임을 벗어나고자 하는 욕망까지 포섭하는 망설임이다. 그 망설임을 벗어나고자 하는 시도는 집적임이다. 이때 집적임은 반대이든, 찬성이든, 적대이든, 호의이든, 그 선택과 색깔을 명료하게 하려는 노력의 결과이다. 예

의 저자가 이미 현실적인 적대자의 존재가 여실한 상황에서 관대함의 문제를 실리적인 고려 차원에서 달리 생각했음을 암시한다(마 12:30). 이 어록의 배경이 된 예수의 이름으로 병 고치는 자들의 존재에 대하여 엘닷과 메닷의 이야기(민 11:24-30)가 거론되기도 하고, 키케로와 랍비 문헌의 다음 기록이 각각 유사한 내용으로 비교 대상이 되기도 한다: "우리는, 당신이 우리 편이 아닌 모든 사람을 적으로 보는 게 아니라 우리에게 적대하지 않는 모든 사람들을 당신의 사람들로 여긴다고 들었습니다"(Cicero, *Pro Q. Ligario* 32); "사람들은 어떤 사람에게 선을 행하고 나서 곧바로 그에게 악을 행하지 않는다"(*bBB* 12b). 그런가 하면 파피루스의 한 사본(*POxy*, 1224)은 이 어록에 이어 그 보충 문장으로 다음의 말씀을 보탠다: "오늘은 (관계가) 먼 사람이 내일은 너희와 가깝게 될 것이다." J. 그닐카 / 박재순 역, 『마르코복음』 II(서울: 한국신학연구소, 1986), 84-85 참조.

수의 상기 어록에서 그 노력은 일단 반대하지 않는 자를 동조하는 자로 수렴하려는 긍정적 결론으로 나타난다. 그것은 '우리'의 입장에서 타자를 포용의 자세로 대하려는 노력의 결론이기도 하다. 이 결론의 한 파장은, 우리를 반대하지 않는 자들 중 우리에게 호의적인 사람들을 끌어안으며 서로 간의 동일성을 확인하는 쪽으로 미친다. 또 다른 파장은, 반대하지 않지만 호의적이지도 않은 망설임의 존재들을 집적임으로써, 나아가 그 망설임 속의 집적임까지 접적임으로써, 그들을 설득·유도하고 적극적으로 대화·소통하려는 방향으로 전개된다. 이때 집적임은 그 주체나 대상 모두에게 대체로 성가신 것이다. 있는 대로 있고자 하는 자신의 안온한 공간에 굳이 원하지 않는 파문을 가져오며 확실한 자리매김을 요청하기 때문이다.

앞의 어록에 마가복음이 제공하는 배경 이야기는 이렇다. 예수의 이름으로 어떤 사람이 축귀 활동을 하는 것을 보고 제자들이 그들을 따르지 않는다는 이유로 금했다. 이에 대한 예수의 반응은, "금하지 말라. 내 이름을 의탁하여 능력을 행하고 즉시로 나를 비방할 자가 없다"(막 9:38)는 것이었다.[7] 이로부터 추출할 만한 몇 개의 흥미로운 정보들은 이렇다. 첫째, 예수 당시, 예수의 동행 그룹 이외에도 예수의 이름으로 축귀 활동을 행하는 사람들이 있었다는 것.[8] 즉 예수 운동의 외연이, 가령 12제자와 같은 폐쇄된 구조에 머물지 않고 확대된 인적 자원으로 열려 있었다는 것.[9] 둘

---

7) 고린도전서 12:3의 기준에 의하면 그들이 비록 "예수는 주"라고 고백하지 않더라도 "예수는 저주받으라"고 말하지 않는 한, 그들은 하나님의 영에 이끌려 말하는 자들일 수 있다.

8) 이들의 존재는 비록 시점과 가치 평가의 관점은 다르지만 사도행전 19:13-17에서도 간접적으로 탐지된다.

째, 대중적 관심의 집중 차원에서 치유와 결부된 축귀 활동이 예수와 그 제자들의 중요한 활동이었다는 것. 셋째, 예수 일행의 소속 및 자기 정체성에 대한 의문이 제기되어 그 포용 반경과 배제 범위에 대한 고민이 있었다는 것. 넷째, 예수의 이름을 앞세워 축귀 사역을 하면서 점차 독자 세력을 형성하여 정치적 신학적 금전적 이득을 독점하기 위해 애당초 권능의 출처인 예수를 폄하함으로써 독립하고자 한 부류의 유랑 전도자들이 있었다는 점.

예수 집단의 내부적 맥락에서 보면 그들은 외부인도 내부인도 아닌 일종의 경계선상의 존재요, 가능성의 존재였다. 그들은 만났다가 헤어졌다가 다시 만날 수 있는 잠재적 동반자이자 잠재적 경쟁자 또는 적대자이다. 그들은 과거의 어느 시점에 예수와 함께 있었을 것이다. 예수를 통한 영적 감화로 신적인 '능력'(*dynamis*)을 힘입게 된 그들은 축귀의 능력을 행할 수 있게 된 것이다.[10] 그러나 그들은 예수의 일행과 현재 시점에서 함께 있지 않다. 일종의 '느슨한 연대' 혹은 '서늘한 동반'의 입장일지는 모르나, 유

---

9) 그들은 설사 "숨은 동맹자"는 못될지라도 명백히 적대자가 아닌 잠재적 원군으로 그 미래적 희망을 내다볼 수 있는 집단이었을 것이다. J. 그닐카, 앞의 책(1986), 84 참조.

10) 후대에 이 축귀의 능력과 초월적 권능은 예수의 제자들에게 따라붙은 특징적 표적으로 인식되었다. 부활한 예수가 전했다는 다음의 어록을 참조하라: "믿는 자들에게는 이런 표적이 따르리니 곧 그들이 내 이름으로 귀신을 쫓아내며 새 방언을 말하며 뱀을 집어 올리며 무슨 독을 마실지라도 해를 받지 아니하며 병든 사람에게 손을 얹은즉 나으리라"(막 16:17 – 18). 이러한 성향으로 예수와 그 제자 일행은 동시대 사람들, 특히 유대인들에게, 복음서 저자들의 신학적 변증에도 불구하고, 마법사(magician)의 일종으로 낙인찍히기도 하였다. Morton Smith, *Jesus the Magician*(San Francisco: Harper & Row, 1978) 참조.

착이나 동행은 아닌 게 분명하다. 그러나 그들의 미래가 넓은 테두리의 동행과 동역으로 수렴될지, 아니면 비방이나 대척의 관계로 이완될지는 아직 불투명한 상황이다. 그 열린 미래적 가능성을 향해 예수의 결론은 분명한, 그러나 그 속내는 애매한 심사를 피력한 것이니, 상기 어록과 그것을 뒷받침하는 직전의 어록이 그 증거이다.

그 증거의 외피는 분명하다. 예수는 그들을 향해 우호적인 입장을 내비친다. 그들의 그 활동을 금하지 말라는 것이다. 그런데 그 근거로 제시된 잇따르는 문장은, 일종의 경험적 관례적 추론이다. 예수의 이름으로 축귀를 행한 자가 즉시로 예수를 비방할 수 없다는 것이 바로 그런 경우다. 여기에서 강세를 두고 읽어야 할 대목은 '즉시로'이다. 쉽게 풀어 다시 말하면, 면전에서 은혜를 입은 자가 면전에서 그 시혜자를 향해 침을 뱉을 수 없다는 식의 인지상정 논리를 완곡히 드러내는 것이다. 영적 감화를 통한 신적인 권능의 행사이든, 사사로운 시혜와 수혜의 관계이든, 그 가운데 시간과 기억, 그것이 씨줄과 날줄로 엮어가며 만들어내고 둔화되고 또 퇴행·소멸하는 감각이란 것이 있다. 시간은 물리적 풍화 작용의 배경이지만 동시에 기억의 무감각화 과정의 비밀이기도 하다. 시간의 진행에 따라 인간은 익기도 하고 썩기도 하는바, 인간의 기억, 양심, 영성이란 것도 마찬가지다.

과연 '리좀'의 사유가 관련되는 한, 이 땅에서 영원히 의존할 만한 인간의 것이란 없다. 가령, 즉시로 죽음을 넉넉히 넘어설 것만 같은 사랑도 그 '즉시'의 섬세함이 쇠퇴함에 따라 낡고 무뎌진다. 영성이란 것도, 능력이란 것도 마찬가지다. 그것의 원천을 향해 간단없는 비판적 자기 성찰이 전복적으로 이루어지지 않는 한, 그것은 일률적인 방향과 틀 속에 되먹임되면서 자기 봉사적 패턴으로 고착되기 일쑤다. 그렇지 않으면, 그것은 엉뚱하게 일탈하여 새로운 창조적 에너지로 진보하지 못한 채 갈지자의 행로 속에 소모와 쇠잔의 길을 걷기 마련이다. 그래서 '즉시로'의 함의가 문제시되는 것이다. '즉시'의 상태에서 면면한 세월의 흐름을 좇아갈 때 그들은 언젠가 예수의 비방자로, 예수를 배반하는 자리에 설 수 있다. 예수의 이름을 가탁하는 수준에서, 예수를 이용하여 종교장사를 벌일 수도 있다.(사도행전에 나오는 시몬 마구스가 이 대목에서 아주 명쾌한 성서 속의 예이지만, 오늘날 그의 행태와 무관하다고 할 수 없는 이른바 '주의 종들'은 얼마나 많을지) 귀신도 떨고, 사탄의 권능도 만만치 않은 터에 '능력'의 현상 자체에만 집착하면 미혹되기 쉽다. 오랜 시간을 견디면서 시간의 익음과 함께 그 삶의 열매가 익어가는 모습을 주의 깊게 살펴야 하리라.

여하튼, 예수는 그 '즉시' 이후의 상황에 낙관하였다. 혹 자기의 이름이 자기를 먹칠하는 이후의 '비방' 가능성, 그로 인한 적대적 긴장 관계와 으르렁거릴 미래의 우발적 가능성에 대한 비관이 있었을지 모르겠다. 그러나 어쨌건, 그는 그것으로 주눅이 들어 그들을 경계하지 않았다. 이로써 그는 배타적인 경계를 넘어 개방적이고 포용적인 차원에서 '우리'의 반경을 조율하였다. 우리의 울타리를 트고 넓히면서 그는 또 한 번 망설이지 않았을까? 즉시로 돌변하는 인간의 변덕스런 욕망과 얄팍한 심리적 간계에 불안하지 않았을까. 그러나 그는 그 망설임의 경계를 뚫고 자꾸만 집적였다. 가능성의 밝은 쪽을 향해, 잠재된 시간의 환한 부분을 건드리면서. 수시로 차갑게 비방하는 존재의 따스한 저 편을 내다보면서 말이다. 그런 예수에게, 그 희망적 미래의 절망적 가능성조차 지금 '즉시로' 우호적으로 존재하는 '우리'의 망설임 속에 넉넉히 수렴될 수 있었다. 그리하여, 예수의 상기 어록이 말줄임표로 끝나고 있다면 우리는 거기에 괄호를 만들어 다음과 같은 말의 메아리를 들을 수 있을지 모른다. '우리를 반대하는 자들조차 우리를 위하여 존재한다.' 왜? 우리는 그들로 인하여, 또 한 차례 낯선 동네로 피할 수 있으므로. 피하면서 모험할 수 있으므로. 또 기꺼이 싸울 수 있으므로. 싸워 이길 수 있으므로!

4. 두 쪽으로 갈라지는 '나'와 '너'

발돋움하는 발돋움하는 너의 자세는
왜 이렇게
두 쪽으로 갈라져서 떨어져야 하는가.

그리움으로 하여
왜 너는 이렇게
산산이 부서져서 흩어져야 하는가.

— 김춘수, 「噴水」 중에서

'우리'의 포용 반경은 그토록 넉넉하게 열려 있었지만, 우리가 단순히 '나'와 '너'의 합집합이 아니고, '나'와 '너'가 그저 '우리'의 부분집합이 아닌 한, '우리'가 각각의 개체가 되고, '나'와 '너'의 다양체로 분산할 때, 거기엔 필시 균열의 발생이 예감된다. 한 줄기로 발돋움하며 씩씩하게 분출한 분수의 물이 정점에 다다르자

마자 두 쪽으로, 아니 그 이상의 세미한 파열의 몸으로 찢기고 갈
라져 떨어지는 비극은 물리의 태연한 현상이다. 시인이 붙여준 '그
리움'의 형이상학도 그 산산조각의 부서짐과 흩어짐의 이유를 만
족시키지 못한다. 분수의 존재 양식은 흩어졌다 모이고 모였다 다
시 흩어지는 물의 동선에 대해 오로지 되풀이 물음으로써 존재하
는 '나'와 '너'의 속성일 뿐이다. 그렇게 정점을 치고 파열하는
'너'의 비극적 자세는 곧 '나'의 자세가 아닐지. 가령, '나'와 '그
것' 사이의 균열은 이렇게 틈입한다.

> 나와 함께 아니하는 자는 나를 거슬러 존재한다(마 12:30).

예수는 '우리'가 되었듯, '나'도 된다. 그 '나'는 나와 함께하지 않
는 대상을 전제로 한 주체이다. 이른바 '고등기독론'(high christology)을
십분 적용해보면 이 진술은 부적절하다. 예수가 하나님과 함께 태초
에 존재했고, 창조에 관여했을진대 만유 이전의 존재인 그 일인칭 예
수와 함께하지 않을 대상이란 아예 상상할 수조차 없기 때문이다. 모
든 것이 그로부터 말미암고 그 안에 존재하며 그로 귀결됨을 인정한
다면 여기서 대뜸 제시한 일인칭의 배타적 주체는 너무 협소한 게 아
닌가 하는 혐의를 던진다. 더구나, 나와 함께하지 않는 자가 나를 거
슬러 반대자로, 적대자로 존재하는 상황을 염두에 둔다면, 그 '나'는
어쩐지 정치적 파당의 징후까지 그 배경에 깔고 있는 존재의 사사로
운 경계 지표 같은 인상을 준다.11) 과연 그러한가. 예수의 '나'는 적

---

11) 슈바이처의 해석에 의하면, 그 경계지표는 예수에 대한 명확한 고백
　　의 여부와 밀접한 관련이 있다. 그것은 곧 정체성의 잣대로서 해당
　　공동체의 지속 가능한 생존의 근거였을 것이다. 그 점에서 마태복음
　　의 상기 어록은 선행하는 마가복음의 그것과 근본 성격이 다르다.

대자와 화합할 수 없는, 거스르는 존재자들을 포용할 수 없는, 이질적인 타자와의 긴장을 대승적으로 감내할 수 없는, 그런 파당적 자아, 배타적 자아였던가?

이를 해명하기 위해 고려되어야 할 첫 번째 사항은 예수가 처한 역사적 정황, 곧 인간의 몸으로 팔레스타인의 척박한 대지를 걸어야 했던 시간과 공간의 아들, 인간의 아들로서의 제약과 한계이다. 그 다음으로 감안해야 할 둘째 사항은, 예수와 그 일행의 하나님 나라 운동에 개입된 정체성의 논리이다. 그 논리는 곧 싸움의 논리이니, 그것이 예수의 삶 속에 발현하는 방식은 '이기적인 유전자'의 생존 투쟁에서부터 제자 공동체의 울타리 치기 작업을 두루 포괄한다. 싸움의 논리 연장선상에서 마주치는 또 다른 논리의 고리는 '방어의 논리'이다. 나를 파괴하고 나의 몸을 좀먹는 암세포는 얼른 분리시키는 것이 다른 건강한 세포의 보존을 위해서도 요긴한 선결 과제이다. 내가 암세포와 친구를 하면 나도 암세포와 동류로 어울린다. 그 넓은 포용은 멋있어 보이지만 파멸로 치닫는다는 점에서 불온한 동거에 가깝다.

그리하여, 일단 내가 나 되기 위해서는 나 아닌 것과의 분리, 거리 두기, 낯설게 하기, 낯설게 만들기의 수순이 요청된다. 떨어져 나가는 것은 악착같이 달라붙어, 제 존재 욕구를 이루고자 한다. 그 '코나투스'의 역학 속에 '나'의 탄생은 나를 향한 끊임없는 이별의 출발점일 뿐이다. 류시화 시인의 고백대로, 물속에는 물만이 있는 것이 아니고, 하늘에는 그 하늘만 있는 것이 아니듯, 내 안에는 나만이 있는 것이 아니다.[12] 내 속에는 너무 많은 나들이 우글

에드워드 슈바이처 / 황현숙 · 황정욱 역, 『마태오복음』(서울: 한국신학연구소, 1982), 302 참조.

거리듯, 이질적인 타자들 또한 수두룩하다. 그것들 중 일부는 자발적으로 동화되고 조화롭게 어울릴 만한 타자들이지만, 어떤 것은 치명적인 독소를 머금고 나의 존재를 송두리째 뒤집을 태세로 기세등등한 타자도 있다. 그것은 더구나 언제 돌출하여 사고를 칠지, 어디로 튈지 가늠할 수 없는 얼굴 없는 존재라서, 그 우발성과 익명성이 무섭다.

그러므로 "나와 함께 아니하는 자"는 단순히 존재의 동질성을 공유하지 않는 소극적인 차원에 머물지 않고 적대적인 위협과 살해의 가시를 감추고 있는 자이다. 그것이 바로 '거스름'(*kata*)의 내용이다. 그 거스름은 '나'를 나 되지 못하도록 하는, 나의 무화(無化)의 현실적 가능성이다. 예수가 이 어록을 부연하면서 덧보탠 후속 어록이 시사하듯, 나와 함께 아니하며 나를 거스르는 그 존재 양태는 존재의 통합이 아닌 분열을, 모음의 조화가 아닌 헤침의 해체를 지향한다. 그 해체는 생명으로 복귀하는 해체, 즉 철저한 해체가 아니라, 마치 불에 타다 만 플라스틱이나 유리조각이 아무리 대지의 온기를 받고 시간의 은총을 힘입어도 제대로 썩지 못하는 것처럼, 찜찜한 애물단지로 남아 생명의 질서를 갉아먹는 어중간한 기만적 해체이다.

마태복음이 제공하는 상기 어록의 배경 이야기는 축귀의 주체로서 '예수=바알세불'의 여부와 관련되어 있다. 그런데 한 단계 소급된 이 이야기의 마가복음 자료에는 상기 어록이 등장하지 않는다. 그렇다면, 상기 어록은 애당초 독립된 전승을 지닌 지혜의 잠언 같은 게 아니었을까? 나는 일단 그렇다고 추론해본다. 그러나

---

12) 류시화, 『그대가 곁에 있어도 나는 그대가 그립다』(서울: 푸른숲, 1991), 14.

그렇다고 바알세불 논쟁과 상기 어록이 일탈적 관계에 놓인 것은 아니다. 사탄이 사탄을 내쫓는 것은 영적 질서의 파괴로서 자중지란의 모습을 보여준다. 예수에 의하면 그것은 불가능하고 불합리한 사건이다. 하나님의 성령과 마귀의 우두머리 바알세불은 양립할 수 없는 영적 실체로 서로 대립하며 적대하므로 한쪽에서 다른 쪽을 쳐낼 수 있다. 그러나 같은 쪽 안에서의 상호 대적 및 축출은 심각한 정체성의 파탄을 불러온다. 오히려, 같은 계통의 힘이 통합되고 집중되어야만 그것에 거스르는 힘을 효율적으로 제어할 수 있는 것이다.

여기서 예수는 강도질과 싸움판의 가상현실을 투사한다. 강도가 남의 집에 들어가 강도질을 할 때 먼저 집안의 강한 자를 결박하고서야 세간의 늑탈이 가능하리라는 것. 그때 강도와 집 안의 강한 자는 그 돌발적인 상황에서 화기애애한 친구인 양 '우리'의 관계를 만들어낼 수 없다. 가끔 그런 역전의 미담이 없는 것은 아니지만, 그때 그 강도는 강도답지 못한 풋내기거나 전혀 강도가 아니다. 철저히 나로서 버텨내야만 살아남을 수밖에 없는 우발적 현실, 바로 그 자리의 한 가운데, 예수는 자신이 옹호한 하나님의 성령과 사탄의 표상인 바알세불을 대립시킨 것이다. 사느냐 죽느냐의 절박한 상황에서는 무엇이 내게 도움이 되는 내 편인지, 무엇이 날 잡아먹을 상대편인지 즉각적인 분별이 사활의 열쇠가 된다. 여기서 그 분별의 과정이 짧은 망설임을 낳는다.

반면 집적임의 스윙은 길고 크다. 그 제스처는 상대방을 내 편으로 끌어들이기보다 밀어 내치기 위한 것이니, 집적임의 동선이 안으로 휘기보다 밖으로 굽는 것이 당연할 터. 이런 위태로운 실존의 얼음판 위에 나와 함께하지 않는 자의 미래적 가능성을 호의적으로 긍정하고 수렴할 수 없는 사정이 가늠된다. 예수께서는 하나님 나라의 영적인 질서를 귀신을 쫓아냄으로써 이 땅의 영토를 재편하는 싸움의 맥락에서 조망했던 셈이다. 들뢰즈식으로 바꿔 말해, 바알세불이 장악한 '국가 장치'는 하나님의 성령 편에 선 예수의 '전쟁 기계'에 부대껴 새로운 탈영토화의 도주선을 만들어낸 것이다. 그 싸움판에서 예수의 '나'와 함께하지 않은 자는 마땅히 나를 거스르며 대적하는 바이러스로 암약한다. 그 결과 그것 / 그는 나의 정체성을 훼손할 뿐 아니라 나의 삶의 열매를 헤침으로써 이중으로 나를 해치는 존재이다.

5. 언어와 상상력

예수의 특정 어록은 그에게 상상력을 촉발하는 언어적 뿌리를 제공한다.[13] 그 역으로, 그의 신학적 상상력은 언어를 토대로 뻗어나가는 리좀의 번식을 닮았다. 그 언어와 상상력의 긴밀한 연동은 텍스트로 남은 예수를 읽는 현재의 독자에게 또 그의 번역된 언어를 매개로 무한히 뻗어나가는 상상력의 편린들을 제공한다. 그 상상력은 그 풍성한 결실로서 역사 속에 스미기도 하고 역사를 넘어서기도 한다.[14] 그 어느 쪽이든, 분명한 사실은 예수의 언어적 상

---

13) 상상력의 작동 근거를 언어에서 찾고 언어 속에 상상력의 토대가 작용한다고 생각한 선구자는 훔볼트였다. 그는 상상력을 "확장된 또는 복합된 기억력"으로 규정한 비코를 비판하면서 "상상력을 통해 상상력을 점화하는" 이치를 언어적 맥락에서 조명하고자 하였다. 위르겐 트라반트 / 안정오 · 김남기 옮김, 『훔볼트의 상상력과 언어』(고양: 인간사랑, 1998), 195 – 234 참조.

상력 또는 상상적 언어가 그것에 자신의 상상력을 활짝 여는 이들에게 여전히 신선한 '상상적 감각'과 그것에 결부된 미답의 세계를 제공한다는 것이다.[15] 왜냐하면 예수는 여전히 길 위의 존재로 우리에게 말씀하기 때문이다. '나'와 '우리' 사이의 거리에서 그는 여전히 망설이며 또 작심하고, 다시 또 망설이기를 멈추지 않기 때문이다. 그처럼 유동하는 존재에게 주체와 객체는 따로 놀지 않는다. 분수가 꼭대기에서 갈라진 물줄기의 파편을 다시 한 몸으로 모으듯, 물속에 있는 물과 물 아닌 것들이 서로 하나의 길로 연통하듯, 예수는 줄기찬 말씀의 힘으로 치열하게 싸우고 균열하며 또 감싼다. 그는 그리하여 상상적 언어의 탈주선과 언어적 상상의 봉합선이 교차하는 접선 위에서 여전히 동동거린다.

위의 논의들을 요약하여 재서술하자면 이렇다. 이기적인 유전자를 등에 업은 '나'는 자아 형성의 태반이며 주체 구축의 토대이다. 그것은 바깥을 향해, 즉 자신과 함께 아니하는 자를 향해 배제의 구심력으로 작용한다. 반면 이타적인 영에 기초한 '우리'의 울타리

---

14) 과거 역사를 통해 드러난 상상력은 역사 연구를 통해 해석되기도 하지만 보편적이고 초역사적인 성격을 갖기도 한다. 역사학자에 의한 상상력 연구가 "파열된 상상력의 세계"를 드러낸다면 심리학자 인류학자 철학자는 그것을 "포괄적인 상상력의 세계"로 드러내고자 한다. 그러나 보이아의 변명에 의하면, 역사학자의 상상력 연구는 오히려 "깊이를 탐색하는 유동적인 상상력의 세계"를 추구한다. 뤼시앵 보이아 / 김웅권 옮김, 『상상력의 세계사』(서울: 동문선, 2000), 17 참조. 그렇다면 부분적으로 역사가일 수밖에 없고 부분적으로 철학자인 신학자는 어떤 상상력의 세계에 기여할 수 있을까?

15) 나는 '상상적 감각'이란 용어를 콜링우드로부터 빌려 쓰고 있다. 그에 의하면, "사실적 감각은 올바르게 해석된 감각이며 환영적 감각은 그릇되게 해석된 감각이다. 그리고 상상적 감각이란 아직 전혀 해석되지 않은 감각을 의미한다." R. G. 콜링우드 / 김혜련 옮김, 『상상과 표현: 예술의 철학적 원리』(서울: 고려원, 1996), 233 참조.

는 공동체 생성의 배경이자 상생 질서의 근거가 되어 포용의 원심력으로 작용한다. 바알세불과 성령의 대립은 예수의 일인칭 '나'를 통해 대립과 갈등을 낳고 결국 서로 용납할 수 없는 치열한 생존의 싸움판을 만들어낸다. 이 맥락에서 존재하느냐, 사라지느냐의 냉철한 존재론적 구호가 득세하기 마련이다. 어느 쪽이 빛이고 어느 쪽이 어둠인가의 묵시록적 대결 의식도 부추겨진다. 그런가 하면, 사람과 사람의 관계에서 '우리'의 논리는 상호 관용과 인정의 차원을 아우르며 낯선 타자의 얼굴을 향한 개방적인 가능성을 봄으로써 윤리적 당위를 구축한다. 타자를 향한 주체의 질주가 포용 ─ 삼투 ─ 동화의 선을 타든, 배제 ─ 적대 ─ 이질화의 선을 타든, 그것은 각기의 명분과 배경을 거느리고 있다. 우리 삶의 구석구석을 뒤져보면 선악 간의 가치 판단과 갈등의 문맥 속에 상호 대립의 각을 세울 수밖에 없는 경우가 있듯, 서로 공감하는 선하고 아름다운 것을 베풀고 나누는 맥락에서 공동으로 협력하며 악수해야 할 경우가 또한 있는 것이다.

오늘날 교회는 유난히 자주 '정체성'을 말하고 또 그에 못지않게 에큐메니칼 정신에 기초한 폭넓은 연대와 개방적 소통을 거론한다. 교회 안에서도 내부 구조와 이른바 '신앙생활'의 인습에 대한 과감한 개혁을 부르짖으면서 산뜻한 분리와 새 출발을 주장하기도 하고, 다른 한편으로는 기존 관행의 보수 및 초월적 능력에의 의지를 대안으로 제시하기도 한다. 나아가, 국소적으로 세밀하게 추적해보면 모든 개체의 인격들은 제 나름의 속사정으로 자신 안팎의 여러 타자들과 마주서기도 하고 등을 돌리기도 한다. 이렇게 '나'와 '우리' 사이의 포용과 배제 논리는 쉼 없이 지금 이 순간에도 작동한다. 문제는 자기 정체성의 존재론적 성찰 없이 '나'

의 분리주의적 정신이 과람한 경우와 '우리'의 윤리적 지형에 대한 세밀한 지도 없이 집단에 의한 집단의 덤핑 공세에 내밀리는 비주체적이고 무주체적인 무수한 '나'들의 소요와 방황이다. 미학적 포즈 없이 망설이고 신학적 창조 의식 없이 집적이는 모든 망설임과 집적임의 동선은 대체로 무모하거나 허망하다. 바로 그 무모함과 허망함의 길이 오늘날 반성 없이 부유하는 익명의 '나'와 '우리'라는 유령의 길이다. 나는 그 길에 잠시 들어 두리번거리며 걸어본다. 아, 미끄러운 '나'여 어디로 그리 급하게 도망가는가. 안타까운 '우리'여, 그대의 얼굴이 어찌 그리 일그러졌는가.

02 | 예수와 천체 상상력

1. 하늘, 상상력의 고향

상상력은 대체로 보이지 않는 것, 만지기 어려운 것, 근접하기 힘든 것을 향해 뻗칠 때 그 이끌림이 강렬하다. 늘 감각할 수 있고 실제로 체험되고 있는 일상의 일부를 재료로 무언가를 상상한다는 것은, 그 잠재된 세계가 무한할지라도, 그 이미지가 대개 상투적 이해의 틀 속으로 수렴되기 십상이어서 강한 매혹의 자장을 형성하기가 쉽지 않다. 이에 비해 미지와 미답의 세계를 향한 상상력의 발동은 충만한 호기심과 경외감, 설레는 기대감을 동반하기 십상이다. 이때 마주치는 상상 여행의 대상은 마치 어린아이를 둘러싸고 있는 처녀지의 세상 같아서 진지하게 그 여정에 닻을 올리는 지는 앞으로 펼쳐질 황홀경의 예감만으로도 들뜨기 마련이다. 그 미지와 미답의 대표적인 상상의 보고로 하늘이 있다. '하늘'이란 모국어가 풍기는 감각에는 과연 하늘같이 넓고 높고 깊은 상상의 기운이 서려 있다. 그것은 아무리 파헤쳐도 그 바닥을 드러내지 않는 일종의 심연이다. 또 그것은 아무리 길을 내도 그 길의 윤곽이 잡히지 않는 미궁이다. 인간의 어휘 가운데 '무한한'과 '영원한'이란 형용사가 가장 잘 어울리는 대상이 바로 시간과 더불어 하늘이라 할 것이다. 그러고 보면 태초의 인간이 하늘을 보고 신을 연상한 것은 상상력의 지층을 탐사해볼 때 지극히 자연스럽고 당연한 귀결이었다.[1]

정말 그렇다. 하늘은 그 푸르고 컴컴한 색상으로 인간 세계와 그 각각의 마음속에 밝음과 어둠의 빛을 대변해주었으며, 사방으로 뚫리고 뻗친 가없는 모습을 통해 '영원을 사모하는 마음'을 심어주었다. 또 하늘은 그 변화무쌍한 조화로써 이 땅의 뭇 생명들에게 가차 없는 은총과 재앙을 선사했지만, 그 은총으로 자랑삼지 않았고 그 재앙으로 거리낌이 없었다. 늘 당당하고 태연했다. 이처럼 태고로부터 인류가 하늘을 통해 신의 얼굴을 그리며 상상력의 원천을 삼은 것은 하늘의 막힘 없음과 가차 없음에 연유한 바 컸을 것이다. 하늘의 그런 형상과 성정에 도리어 사람은 하늘을 경외감으로 존중했다. 하늘이 긍정적 존경심을 자극할 때 신성한 숭배의 대상이 되었고, 그것이 부정적 두려움의 대상으로 여겨질 때 죄악을 범한 자들마다 그 징벌을 두려워하며 그로부터 회피하고 숨어야 했다. 이와 같이 하늘은 매듭 없이 그 무엇도 빠트리지 않고 포획하는 그물이었다. 하늘의 그러한 무위자연적 존재성은 이 땅을 포용하기에 넉넉한 우주의 출입구로 인식되었다. 그리하여 이 땅의 어지럽고 잡다한 세상사에도 불구하고 하늘은 그 둥근 형상으로 땅의 사방을 포용하고 다독이는 신의 넉넉하고 너그러운 품을 닮아 모든 인간을 끌어안기를 주저하지 않았다.

한편, 위로만 뻗어간 하늘의 높은 위상은 땅에 발 디디며 살 수

---

1) 천공(天空)을 대표적인 신의 현현체로 삼고 신격화한 예는 세계의 신화와 종교에 넘쳐난다. 엘리아데에 의하면, 천공신(sky‑god)의 등장은 "신의 형상이 예배에서 사라져버리는 경향"과 밀접한 상관이 있다. M. Eliade / 이은봉 옮김, 『종교형태론』(서울: 한길사, 1996), 94–187 참조.

밖에 없는 낮은 인간이 고개를 들어 쳐다봐야 할 그리움의 처소였
다. 이 땅의 삶이 고달프고 슬플수록 그 그리움은 막막하면서 간
절해지기 마련이어서 하늘은 이내 상처 많은 인간의 모든 동경과
꿈을 매개하는 초월의 견고한 상징이 되었다. 하늘이 그리움을 매
개하는 증거는 "눈이 부시게 푸르른 날은 그리운 사람을 그리워하
자"는 서정주의 시구에 잘 반영되어 있다. 그런데 그 그리움의 대
상이 사람에만 국한되는 것이 아니다. 이 세상의 모든 죽어가는
것들, 유한한 생명들을 향한 사랑의 열기를 하늘은 그것을 바라보
는 이들에게 간단없이 재촉하는 것이다. 너희들은 땅 위에서 살다
가 땅으로 돌아가야 할 땅 위의 유한한 존재! 그러니 아귀다툼 속
에 너무 안달복달하며 아등바등 살지 말지라. 하늘은 그 투명한
시선으로 우리에게 말없이, 때로는 각종 신묘한 소리와 형체를 만
들어 보내면서 그런 눈짓의 메시지를 던지는 것이리라. 예수 또한
그 오래된 하늘의 징조에 민감했으며 그 하늘을 통해 하나님을 상
상했다. 그 대가로 하늘은 예수의 신학적 상상력을 발동시켜 하나
님을 보게 했고, 하나님의 심장을 만나게 했으며, 마침내 하나님이
되게 했다.

2. 닫히고 열리는 하늘

예수에게 하늘은 무엇보다 하나님이 아버지로 계시는 처소였다.
그의 하나님 묘사에 가장 빈번하게 동원되는 수식문구가 '하늘에
[계신]'(마 6:9, 11, 21, 12:50, 18:14, 19, 35; 눅 11:13)이고 보면
하늘과 하나님의 인연은 매우 긴밀하다고 볼 수 있다. 이처럼 하늘

이 넓게 하나님의 신분을 담아내면 그것은 그야말로 그가 머무는 처소가 되고, 하늘이 좁게 그의 제왕적인 권위를 표상하면 그것은 그가 앉는 '보좌'가 된다(마 5:34). 여기서 한 발짝 더 나아가 하나님의 제왕적 통치가 온전히 실현되는 질서로서 하늘은 곧 천국과 일치하기도 한다(마 5:12). 하늘과 천국의 동일화는 필연코 하늘과 하나님을 동일화하려는 유혹을 부추긴다. 우리말에 하느님이 하나님과 동일시되고, 또 하느님이 어원론적으로 '하늘＋님'에서 유래했다고 볼 때, 그 동일시의 유혹은 단순히 유혹을 넘어 하나의 경향으로까지 확산될 조짐을 보인다. 실제로 상징적 차원에서 하늘이 하나님의 존재를 대체하는 하나의 가시적인 표상물로 사용된 경우도 없지 않다(눅 18:13). 마치 '아래'와 '땅'이 통하고 그것이 또 인간 세계를 나타내듯이, '위'가 '하늘'과 통하고 그것이 하나님의 세계를 표상하는 것과 마찬가지이다. 그러나 엄격히 볼 때 하늘과 하나님은 존재론적으로 동일시될 수 없다. 창조신학적으로 하늘은 하나님에 의해 만들어진 피조물의 범주에 해당되기 때문이다. 이 구별은 예수의 천체 상상력의 차원에서도 정당화된다(눅 15:21). 물론 이 진술은 두 가지 맥락에서 보충 설명을 요한다.

첫째, 하늘과 하나님이 구별되어야 하는 까닭은, 하늘이 비록 하나님의 존재와 직결된 신성한 공간임에는 틀림없지만, 그 하늘에는 하나님 외에도 신성한 존재들이 더 있기 때문이다. 그들은 유대교의 신학적 유산을 물려받은 예수의 상상 세계에 출몰하는 천사들이다. 천사들도, 특별한 계시를 전하기 위해 이 땅에 나타나기도 하지만, 평상시에는 그 신성한 하늘에 땅 위의 중생들과 동떨어져, 하나님과 더불어 산다(막 12:25, 13:32; 마 18:10, 28:2; 눅 22:43). 당시 유대교에서 대중화된 당시의 천체 상상력을 대강 도식화해보면 하늘의 가장 높은 곳, 그 지고한 처소에는 한 분 하나님이 머문다(눅 2:14). 그 아래의 하늘 공간에는 천사들이 등급에 따라 제각각 처소를 마련하고 있다. 그리고 그 밑으로는 각기 하늘의 신성한 권능을 표상하는 해와 달, 각종 별들이 자리 잡고 있다. 고대인의 묵시적 상상력 속에는 일월성신이 제의적 숭배의 대상으로 신격화되어 이해되기도 하였다.[2] 그러나 예수에게서 일월성신은 묵시적 상상력의 중요한 동인이었을망정 신격화는 물론 인격화된 존재로 부각되지 않는다. 그들은 다만 하늘의 권능을 행사하는 하나님의 계시적 수단으로, 피조물의 소임에 국한될 뿐이다.

둘째, 그 하늘은 하나님의 처소를 가리키는 '천국'(heaven)과 이 땅의 대기를 구성하며 각종 날짐승들의 활동무대인 '창공'(sky)으로 구별된다는 점에 유의할 필요가 있다. 물론 지금까지 문제 삼은 하늘의 개념은 주로 전자에 국한되는 것이다. 희랍어상으로는 동일한 단어를 전자는 복수로, 후자는 단수로 표기함으로써 구별하는 경향이 있다.[3] 가령, 예수의 '주기도문' 가운데, "하늘에 계신 우리 아

---

[2] 이러한 일월성신 숭배는 남유다 왕국에서 실제로 횡행하였고 야훼주의 신앙과 우상숭배의 대립적 국면에서 당시 예언자들의 타매의 대상이 되기도 했다(왕하 17:16, 21:3; 습 1:5). 이러한 제의적 전통의 기원은 앗수르의 정치적 압제하에 유입된 근동의 점성술로 소급되지 않을까 추측된다.

[3] 물론 그런 '경향'이 있다고 해서 단수로 표기된 '하늘'의 경우 반드시 신학적 상징화가 배제된 것은 아니다. 일부 단수 표기들은 충분히 신학화되어 복수 '하늘들'과 의미상 대등하게 사용되고 있기 때문이다. 예컨대, 마태복음 6:20, 18:18, 21:25 등에서 보이는 단수 '하늘'의 용례들은 복수 하늘과 다를 바 없이 신학적 함의를 내포하고 있다. 그러나 더 많은 마태복음의 용례에서 단수 '하늘'은 창공이나 대기의 의미로 쓰이고 있으며(마 5:18, 6:26, 8:20, 13:32, 16:2-3, 24:29, 24:35), 복수 '하늘'은 에누리 없이 신학화된 하늘 개념으로 사용된다. 이에 대한 논의로는 김학철, "마태복음의 '하늘나라'를 다시 살핌-'하늘' 가족의 권세와 상과 '하늘

버지" "당신의 뜻이 이루어지게 하소서, 하늘에서처럼 또한 땅에서
도"(마 6:9, 10)에서 앞의 하늘은 복수로 곧 하나님이 머무시는 지
고의 처소를 나타내는 데 비해, 후자의 하늘은 단수로 새들이 노니
는 창공(막 4:32; 마 6:26; 눅 13:19)과 일월성신의 공간인 대기를
가리킨다.4) 그 대기는 천체의 운행을 통해 계절과 날씨를 분별하는
중요한 징표가 되기도 한다(마 16:1 - 3; 눅 12:54 - 56).5)

  예수의 신학적 상상력에 의하면, 하나님이 다스리시는 신성한
천국뿐 아니라, 일월성신이 운행하고 새들이 노니는 대기에서도
하나님의 뜻은 원활하게 구현된다. 해와 달, 수많은 별들은 그 제
각각의 질서를 어지럽히지 않고 궤도를 순행하며, 새들도 하나님
의 섭리적 은총에 제 몸을 맡긴 채 탐욕이나 염려 없이 제 생명
본연의 뜻을 이루며 살고 있는 것이다. 그런데 유독 인간이 거주
하는 이 땅만은 여전히 하나님의 뜻이 이루어지지 않은 채 무질서

나라'," 『신약논단』 14 / 1(2007), 1 - 37 참조.

4) H. D. Betz, *The Sermon on the Mount*(Minneapolis: Fortress Press,
1995), 395 참조. 아울러, 하늘나라(천국)의 '하늘' 개념을 이러한 '창
공' / '대기' 개념과 구별하여 신학적으로 의미화한 다음의 졸고도 참
고할 것: 차정식, "마태복음의 '하늘나라'와 신학적 상상력," 『한국기
독교신학논총』 46(2006), 57 - 88. 이에 대하여 김학철 교수가 반론을
제기했는데(김학철, 앞의 논문[2007]), 이에 대해 나는 "김학철 교수의
비판에 답하여"란 제목의 글을 써서 재반론으로 응답하였다. 이 재반
론 글은, 차정식, 『예수의 신학과 그 파문』(서울: 대한기독교서회,
2007), 291-299에 보론으로 게재됨.

5) 구름이 서쪽에서 일 때 곧 소나기가 온다거나 남풍이 불면 심히 더울
것이라는 예견(눅 12:54 - 55) 등은 팔레스타인에서 특별한 천문학적
지식에 근거한 것이라기보다 종종 경험되는 자연현상이라고 한다. I.
하워드 마샬, 『루가복음』 II(서울: 한국신학연구소, 1984), 230 참조.
아울러, 저녁 하늘이 붉으면 날이 좋고 아침에 하늘이 붉으면 날이 궂
겠다는 예견(마 16:2 - 3)도 반복된 관찰의 축적에 따른 경험적 지혜라
고 할 수 있을 것이다.

와 혼돈으로 갈팡질팡하면서 제 궤도에 오르지 못하고 있다. 이렇
듯, 예수에게 하늘은 그 등급이나 층위와 무관하게 이 땅의 부패
와 죄악상을 비판하며 하나님의 뜻이 이루어지길 소원하는 하나의
묵시적 예표요, 그것을 비추는 인간의 신학적 거울이었던 셈이다.

하나의 묵시적 예표로서 하늘은 열리고 닫히길 반복한다. 그 개
폐되는 하늘의 상상력에 따르면 하늘에도 문이 있어 그 문은 하나
님의 소통을 위한 상징적 장치로 기능한다. 그 하늘이 열릴 때, 하
나님은 이 땅의 요청에 흔쾌히 응답하여 많은 것을 내려 보낸다.
그 하사품 가운데에는 성령이 있고(막 1:10; 눅 3:21; 요 1:32) 세
례나 각종 표적이 있으며(막 11:30; 눅 20:4; 막 8:11), 심지어 영
원한 생명을 담보하는 신령한 떡도 있다(요 6:31-33, 41-42, 50
-51, 58). 내려 보낼 뿐 아니라 그 하늘을 향해 부활한 예수의
신령한 몸이 올라가기도 하고, 천사들이 그 하늘 문을 출입구 삼
아 오르락내리락하기도 한다(요 1:51). 반대로 그 문이 닫힐 때 하
나님은 이 땅의 간절한 요청에도 불구하고 묵묵부답으로 일관한다.
설사 그 응답이 있을지라도 그것은 심판의 성격을 띤 부정적인 것
일변도로 이 땅을 더욱 황폐하게 만들 뿐이다(눅 4:25, 9:54,
17:29). 그 하늘이 하나님을 부르는 창구가 되기에 예수 또한 그
하늘을 우러러 축사하거나(막 6:41) 탄식했을 것이다(막 7:34).

요컨대, 하늘은 신령한 것의 보고로서, 또 이 땅의 문제를 해결
하는 비결의 출처로서 이 땅과 개방적으로 소통되어야 마땅하며,
이 땅의 사람들에게 열려 있어야 생명의 건강한 보존과 행복한 영
위가 가능해진다. 그러나 그 하늘이 반대로 문을 닫아 이 땅과 불
통될 때, 재앙은 불을 보듯 빤한 현실이 된다. 문제는 인간의 마음
이 서로 열릴 때 하늘이 열리고 인간의 마음이 서로 닫힐 때 하늘

또한 닫힌다는 신학적 현실이다. 그 현실은 또한 이 땅의 관리자인 인간이 여타의 다른 피조 생명들을 향해 열리고 닫히는 심령의 상태에 따라 하늘이 감응함을 전제한다. 사람이 제 문을 닫으면 소유와 독점이 압도하고 반대로 열면 호혜적인 베풂과 나눔이 승한다. 그러므로 문을 두드리면 열리리라고 역설한 예수의 담백한 낙관주의의 메시지는 기실 하늘의 문을 염두에 둔 상상의 소산이었을 것이다.

3. 일월성신의 상상력

해는 창조 때부터 달과 더불어 하나님이 낮과 밤을 주관하는 대표적인 광명체로 인식되었다. 그리고 그 순환 주기에 따라 날과 달과 해를 구획하는 기준으로 사용되었다. 이를테면 시간의 분할과 체계적인 질서화라는 작업을 해와 달이 떠맡았던 것이다. 이러한 자연적 기능 이외에도 해와 달은 그 나름의 활동을 통해 하나의 '징조'로써 신학적 기능도 수행하도록 지음을 받은 것으로 사료된다. 다음의 예문에는 해와 달에 연관된 이런 복합적인 측면이 제시되어 있다.

하나님이 이르시되 하늘의 궁창에 광명체들이 있어 낮과 밤을 나뉘게 하고 그것들로 징조와 계절과 날과 해를 이루게 하라. 또 그 광명체들이 하늘의 궁창에 있어 땅을 비추라 하시니 그대로 되니라. 하나님이 두 큰 광명체를 만드사 큰 광명체로 낮을 주관케 하시고 작은 광명체로 밤을 주관하게 하시며 또 별들을 만드시고 하나님이 그것들을 하늘의 궁창에 두어 땅을 비추게 하시며

낮과 밤을 주관하게 하시고 빛과 어둠을 나뉘게 하시니 하나님이
보시기에 좋았더라(창 1:14 - 18).

여기서 해와 달은 하나님의 명령을 받으면서 제 나름의 역할을
부여받은 주체로 인식되고 있다.6) 그것들은 행동하는 주체답게 낮
과 밤을 주관하는 사명을 부여받는다. 별들 또한 하늘의 궁창에
소속된 광명체로서 해와 달과 함께 이 땅의 명암을 가르며 구획하
는 질서화에 능동적으로 기여한다. 이러한 광명체들은 바울이 적
절히 표현했듯이(고전 15:41), 그 빛의 강도와 역할에 따라 제각각
고유한 영광을 가지고 있다. 그 영광은 동일하지 않은 독립적인
영광이며, 하나님의 영광을 드러내는 부속적 영광들이다. 그들은
하늘에서 하나님의 뜻에 따라 제 위치를 고수한 채 제 순환 궤도
를 돌며 그 몫의 영광에 걸맞게 부여된 창조적 본분을 다한다. 예
외적으로 해와 달이 모두 함께 그 순환 운동을 멈춘 기록이 성서
에 딱 한 군데 기록되어 있지만(수 10:12 - 14), 이는 이스라엘 백
성을 위해 여호수아가 싸우기 위한 전무후무한 목적에 예외적으로
적용되었을 뿐이다.

일월성신을 매개로 한 예수의 신학적 상상력은 이러한 구약성서
의 내용을 기본 배경으로 거느리면서 동시에 그것을 한 단계 발전
시키고 있다. 가령, 예수는 태양을 언급하면서 한편으로 이스라엘
백성들을 향한 편애적 관점이 아닌 하나님의 창조 질서에 연관된

---

6) 이처럼 성서에서 태양은 피조물로서의 위격이 엄정하다. 물론 그 독특
   한 사명과 역할이 존중되고 있지만 그렇다고 하늘 전체가 그렇듯 태
   양 또한 신격화되지 않는다. 엘리아데에 의하면 세계의 종교와 신화
   가운데 천공신이 점차로 태양신화하는 패턴은 '창조자'로서의 신이 이
   땅의 삶에 개입하면서 '번식자'로서의 신으로 '침식'하는 과정과 연동
   되어 있다고 한다. M, Eliade, 앞의 책(1996), 191 참조.

보편적인 은총의 관점에서 재해석한다. 예컨대, 예수가

> 또 네 이웃을 사랑하고 네 원수를 미워하라 하였다는 것을 너
> 희가 들었으나 나는 너희에게 이르노니 너희 원수를 사랑하며 너
> 희를 박해하는 자를 위하여 기도하라. 이같이 한즉 하늘에 계신
> 너희 아버지의 아들이 되리니 이는 하나님이 그 해를 악인과 선
> 인에게 비추시며 비를 의로운 자와 불의한 자에게 내려주심이라
> (마 5:43 - 45).

라고 과거의 율법적 전통을 재해석할 때, 그의 그 재해석은 비
와 더불어 해의 광명이 그 어떤 신학적 도덕적 우월의식을 내세워
사유화되거나 배타적으로 전유될 수 없는 것임을 분명히 역설한다.
비록 신학적으로 특별히 인증된 선민이 아니고 도덕적 선인이 아
니라 할지라도 그들 또한 하나님의 형상에 따라 지으심을 받은 생
명이며 인간 생명으로서 인간답게 누려야 할 기본 권리가 있다는
것이다.7) 예수에 의하면 그것이 '더 나은 의'를 사모하고 하나님
의 성정을 닮는 올바른 길이며, 이는 해와 비의 행실로써 예증된
다. 그러나 그렇다고 해의 광명이 표상하는 의로움이나 의인과의
상호 연관성이 부정되는 것은 아니다. 해는 변함없이 이 땅에서
대하는 가장 밝은 빛으로서 장차 심판을 거친 의인들이 불법을 행
한 악인들과 변별되는 위상으로 대접받게 될 특별한 영광의 위상
을 지시하는 이미지로 통용된다(마 13:43).

해가 하나뿐이라는 점에서 여러 의인들의 영광에 더 어울리는

---

7) 이러한 생명 본연의 권리에 대한 보장은 자연물의 활동을 통해 지속
되는 하나님의 창조 활동(*creatio continua*)일 뿐 아니라, 그 혜택을
통해 계시되는 하나님의 정의로 이해된다. H. D. Betz, 앞의 책
(1995), 315, 317 참조.

것은 해보다 별의 이미지이다(단 12:3; 빌 2:15). 그러나 예수에게 별은 해와 달과 함께 한 무더기로 말세의 특별한 묵시적 징조를 표상하는 이미지로 통용된다. 그 말세의 본격적인 시작은 기실 메시아의 초림을 상징하는 커다란 별의 징조로부터 발원했다. 그 별은 다윗의 제왕적 위상에 기초한 이미지의 부활로서 예수의 탄생담에 하나의 징후적 발광체로 등장한 바 있다(마 2:2, 9). 이후 예수의 말세 예언에서 그 별은 여러 별들로 늘어나 해와 달과 함께 인자의 도래를 예시하는 묵시적 이미지로 재포장된다. 이 일월성신의 징조(눅 21:25)는 해와 달이 그 본래 빛을 잃고 별들이 떨어진다는 내용으로 요약된다(막 13:24-25; 마 24:29). 이는 일식과 월식, 별똥별의 관찰에 기초한 신학적 상상력의 산물이다. 일식과 월식, 별똥별의 등장은 매우 드물게 생기는 예외적 일탈 현상으로 고대인들에게 하늘의 진노와 심판을 암시하는 부정적 징후로 인식되었다. 이는 또한 묵시문학의 기본 토포스로 종종 활용되는데, 예수의 묵시적 상상력도 그 전통을 경유한 것으로 보인다.

낮과 밤을 주관하는 빛의 상실이나 특정한 별의 섭동은 천문학적 지식을 떠나 지상에서 현상적으로만 보면 천체의 일탈이다. 이는 땅의 일상적 삶에 긴장과 두려움을 부여하고, 이에 따라 신의 진노라는 신학적 상상력을 낳게 된다. 그 가운데 사람들이 근신하는 삶의 자세를 재정비하게 된 것이니, 천체의 움직임이 이 지상의 삶과 무관치 않은 것으로 여긴 결과이다. 따라서 일월성신에 연계된 예수의 이러한 천체 상상력은 곧 하나님의 모든 피조 세계가 피차 징후적 존재로 감응한다는 믿음에 근거한 유기체적 상상력에 다름 아닐 터이다.

4. 번개와 천둥의 상상력

하늘의 조화 가운데 사람을 놀라게 하는 것으로 번개와 천둥이 있다. 해와 달이 그 빛의 사라짐을 통해 두려움을 야기한다면 번개와 천둥은 그 갑작스런 나타남을 통해 경기(驚氣)를 유발한다. 번개는 그 번쩍이는 빛으로, 천둥은 그 폭발적인 굉음으로 자신의 존재를 드러낸다. 해와 달과 별이 제 독립된 몸체에서 발광하는 빛으로 그 존재의 몫을 다한다면, 천둥과 번개는 가시적인 몸체 없는 허공에서, 마치 무로부터 천지개벽하는 듯한 찰나적 요동으로 순간의 존재성을 획득한다. 그러므로 번개와 천둥의 상상력은 찰나적 상상력으로 기동하는 천체의 자기 변용이요, 돌발적인 자기 표출이다. 그렇게 표출되는 내용을 인간의 정서에 기대어 상상할 때 그것은 격렬한 분노와 예리한 심판이다. 번개의 시각적 이미지가 날카로움이나 재빠름과 결부된다면 천둥의 청각적 이미지는 막무가내의 파괴력을 상기시킨다. 이 두 가지가 대개 동시 발생적으로 나타난다는 점에서 천둥과 번개의 이미지는 긍정적 의미의 경외감과 부정적인 의미의 공포감을 불러일으킨다.

예수가 살던 그 땅에서도 번개와 천둥의 체험은 이와 같은 맥락에서 소화되었을 것이다. 복음서에서 예수와 관련하여 번개가 언급되는 맥락은 세 종류이다. 다음은 그 첫 번째 맥락에 해당되는 예문이다.

> 번개가 동편에서 나서 서편까지 번쩍임같이 인자의 임함도 그러하리라(마 24:27). 번개가 하늘 아래 이쪽에서 번쩍이어 하늘 아래 저쪽까지 비침같이 인자도 자기 날에 그러하리라(눅 17:24).

44

여기서 번개의 이미지는 "우주적인 가시성의 상징"이자 "사람의 아들[=인자]의 영광스러움"을 드러내고 있다.[8] 그것은 하늘에서 번쩍이면서 발원하여 땅에 내리꽂히는 형상으로 임한다. 그런데 그 번개는 한쪽에서 다른 한쪽으로 예기치 않게 이 땅을 가로지르며 임한다. 그 번개는 하늘과 땅 사이에 휘몰아치는 신속한 에너지의 표상이다.[9] 그 신속함은 이 땅의 어느 누구, 어떤 대상도 놓치지 않는 포괄적 신속함이다. 그런데 신속하게 동편과 서편을 두루 위협하며 타격하는 그 번개의 힘이 어디로 뻗는지 그 궁극적 지점을 아무도 예견할 수 없다는 데에 번개의 특색이 있다. 인자의 도래 또한 이 땅 위에 포괄적으로, 누구에게나 예외 없이, 그러나 예기치 못하는 순간, 신속하게 임한다. 번개가 번쩍이는 광채로 이 땅에 비치는 것같이 인자의 나타남 또한 그런 빛의 눈부신 경이로움 가운데 이루어지리라는 것이다.

두 번째 번개의 이미지는 사탄의 추락을 묘사하는 대목에서 사용된다.

> 칠십 인이 기뻐하며 돌아와 이르되 주여 주의 이름이면 귀신들도 우리에게 항복하더이다. 예수께서 이르시되 사탄이 하늘로부터 번개같이 떨어지는 것을 내가 보았노라(눅 10:18).

---

8) I. 하워드 마샬, 앞의 책(1984), 389 참조.

9) 하워드 마샬에 의하면 이 구절의 번개 이미지는 묵시문학에 기원을 두는 것으로(바룩2서 53:9), 여기서 강조되는 것은 번개의 빠름보다는 그로써 표상되는 밝음과 가시성이다. 그러나 여기서 나는 그 '빠름'이 단지 물리적인 속도가 아니라 예기치 않은 급작스러움으로서의 종말론적 신속함을 의미한다고 생각한다. 그것이 전제되어야 밝음과 가시성도 상기 맥락에 어울리는 이미지가 될 터이기 때문이다.

이 예문은 70제자들의 선교 보고에 대한 예수의 반응으로 짜여 있다. 제자들은 예수의 이름에 담긴 권능이 실제로 축귀의 활동에서 성공적인 효과를 거두었음을 기뻐 들뜬 상태로 전한다. 예수는 비록 그 모든 일에 직접 참여하지는 않았지만 나름의 투시력을 통해 이미 알고 있었다. 그가 그 사실을 알게 된 것도 어찌 보면 번개같이 하늘과 땅을 가로지르는 그의 잽싼 움직임에 기인하는 듯하다. 그러나 여기서 강조되는 것은 그 움직임이 아니라 사태를 꿰뚫어보는 통찰력이다. 예수는 자신의 그런 안목을 전제하고 예의 번개 이미지를 사탄에게로 돌려준다.

이 경우에는 인자의 도래가 번개 같은 것이 아니라 사탄의 추락이 번개 같다. 즉 급작스럽고 확연하다.10) 귀신들의 항복은 곧장 사탄의 추락으로 연결된다. 여기서 복수로 사용된 귀신들은 단수로 쓰인 사탄의 분신 졸개들로 이 땅의 생명들 속으로 들어가 각종 육체적 정신적 영적 질병을 유발하여 그 생명을 좀먹는 악의 세력이다. 계보상으로 사탄은 본래 하나님의 타락한 천사로서 욥 당시만 해도 하나님의 허락을 받아 인간을 시험하는 사자 역할을 담당했다. 그러던 사탄의 세력이 이 땅에 점점 팽배해지면서 하나님과 대적하며 이 땅을 혼란스럽게 만들고 억압적으로 지배함으로써 어둠의 왕초 노릇을 하는 쪽으로 진화해나갔다.11) 그 사탄은

---

10) 이 구절은 하늘로부터 지옥의 왕이 떨어져 나온다는 유대 전승에 잇닿아 있다(사 14:12; 계 12:7-10, 13). 그런데 하워드 마샬은 종전의 경우와 정반대로 본문의 번개 이미지가 밝음보다는 갑작스러움을 강조한다고 해석하는데, 나는 그것을 대립항으로 보는 것이 외려 어색하다. 왜냐하면 제자들의 활동을 통해 이루어진 사탄의 추락이 번개 같다면, 이는 종말론적 의미에서 급작스러울 뿐 아니라 예수의 눈에 확연하게 드러날 터이기 때문이다.
11) 근동의 종교문화에 드러난 사탄 또는 마귀 이해의 진화 과정과 관련

하늘에서 떨어진다. 이 땅 위의 귀신들이 축출당할 때 그 우두머
리 사탄은 하늘에서 번개처럼 추락한다는 것이다. 이때의 번개 이
미지에는 이 땅 위에 도래하는 인자에 접맥된 번개의 당당함과 흔
쾌함이 생략되어 있다. 그 번개는 신속한 처리의 암시로써 통용될
뿐, 그 추락은 패배당한 결과 억지로 내쫓기는 초라한 동선을 반
영한다. 똑같이 하늘에서 내려오더라도, 또 똑같이 번개처럼 신속
하게 임하더라도, 자발적으로 의연하게 강림하는 모습과 추한 몰
골로 억지로 내밀려 떨어지는 것 사이에는 천양지차가 존재한다.

　세 번째 번개의 이미지는, "그 형상이 번개 같고 그 옷은 눈같
이 희"(마 28:3)다는 예문에서 보듯, 예수 부활의 현장에 등장한
천사를 묘사하기 위해 동원된다.12) 여기서 번개의 형상은 날카롭
게 격동하는 찬란한 밝은 빛의 이미지로 압축된다. 그것은 눈에
비유된 천사의 그 옷과 같이 투명한 정결함과 접맥되어 있지만,
눈의 정결함이 차가움의 감각을 동반하는 데 비해 번개의 정결함
은 뜨거움의 감각에 적절히 접속된다는 점이 그 차이다.13) 그 천

해서는 다음의 책을 참조할 것: Jeffrey Burton Russel, *The Devil: Perceptions of Evil from Antiquity to Primitive Christianity*(Ithaca and London: Cornell University Press, 1977).

12) 이 번개 이미지는 다니엘서 10:5-6에 근거한 것이다. 비록 번개 이
미지는 생략되어 있지만 이러한 묘사는 다른 복음서 구절(눅 9:29,
24:4; 마 24:27)에서 유사한 패턴으로 변용된다. 이러한 이미지군은
세계의 종말, 하나님 나라의 시작, 주의 도래를 나타내는 표징으로
사용되곤 한다. 에드워드 슈바이처 / 황현숙 · 황정욱 역, 『마태오복음』
(서울: 서울신학연구소, 1982), 551-552 참조.

13) 여기서 번개―눈의 이미지 연계는 요한계시록의 인자 묘사에서 빛
―불꽃의 연계로 변용되어 나타난다. 다음의 인용문에서 보듯 인자
가 입은 옷과 신체 묘사가 점점 더 묵시적 상징 언어로 장식되어감
을 확인할 수 있다. "촛대 사이에 인자 같은 이가 발에 끌리는 옷을
입고 가슴에 금띠를 띠고 그의 머리와 털의 희기가 흰 양털 같고 눈

사의 번개 같음은 이러한 맥락에서 두 방향으로 그 상상력을 진전
시킨다. 그 하나는, 천사의 형상이 순간적인 돌출로 종잡을 수 없
는 번개의 찰나적 성질을 닮아 순간적인 출현과 사라짐이라는 공
간 초월적 동선을 보인다는 것이다. 그것은 번갯불에 콩 구워 먹
는 듯한 인간의 감각에 제대로 포착되지 않는 신속한 동선이기도
하다. 그런가 하면, 번개 같은 천사에 내장된 정결함의 이미지가
뜨거운 번갯불에 단련된 강인함의 이미지로 번지는 것이 또 다른
하나의 방향이다. 요컨대, 이 대목의 번개 이미지는 깨끗한 강함 또
는 강한 깨끗함을 나타내며 시공을 초월하는 신성한 천사의 몸과
결합하여 예수의 부활을 거룩한 사건으로 치장하고 있는 것이다.

복음서에 딱 한 군데 나타나는 천둥의 이미지는 번개의 그것처
럼 신령한 하늘의 계시를 수반한다. 요한복음 12:27 - 30에 보면
예수는 당면한 고난을 인간적인 괴로움과 함께 접수한다. 예수에
게 고난의 때는 곧 아버지의 이름을 위한 영광의 때였던 것이다.
그런 취지로 드린 기도에 하나님은 예수의 고난이 곧 영광의 성취
라는 사실을 추인하는 뜻으로 "내가 이미 영광스럽게 하였고 또다
시 영광스럽게 하리라"(요 12:28)고 응답한다. 이 하늘의 소리가
어떤 이에게는 천둥소리처럼, 또 다른 이들에게는 천사의 말로 들
렸다는 것이다(요 12:29).[14] 하나님의 음성, 천둥소리, 천사의 말은
모두 범상한 인간의 일상적 음성과 달리 우렁차고 하늘에 기원을

같으며 그의 눈은 불꽃같고 그의 발은 풀무불에 단련한 빛난 주석
같고 그의 음성은 많은 물소리와 같으며……"(계 1:13 - 15).
14) 이는 하나님의 음성이 자연현상으로, 즉 받을 수 있고 청취할 수 있
는 무엇으로 파악될 수 없다는 사실의 표현으로 읽힌다. Ernst
Haenchen, *John* 2, tr. by Robert W. Funk(Philadelphia: Fortress
Press, 1984), 97 참조.

두었다는 특징을 공유한다. 여기에 개입하는 천둥이라는 천체 이미지는 번개와 짝을 이루면서 이 땅을 압도하는 폭발적인 굉음을 실어 나른다. 그 천둥소리는 쩌렁쩌렁 울리는 소리이다. 그 공명된 굉음은 뜻이 모호하지만, 그만큼 이 땅의 때가 묻지 않은 자연의 소리, 하나님의 압도적인 권능을 표상하는 하늘의 소리이다. 그 하늘의 벼락소리가 본문의 맥락에서는 예수의 영광을 인증함으로써 하나님의 영광을 드러내는 영광에 가득 찬 소리로 변용된다. 이처럼 영광은 하늘에 근거한 것일 경우 더욱 크게 증폭되고, 이 땅 위에 부대껴 사람들의 심금을 울림으로써 더 멀리 메아리친다.

5. 구름과 비와 바람의 상상력

일월성신이나 천둥과 번개의 이미지에 비해 구름과 비와 바람의 이미지는 상상하기에 부드럽고 시원하며 친근하다. 구름은 뜨거운 햇볕 아래 지친 생명을 위해 그늘을 드리워주고, 바람은 무더위에 지친 몸의 땀을 시원하게 씻겨주며, 비는 건조한 햇살의 과잉으로 메말라진 대지를 촉촉하게 적셔줌으로써 대극적인 위치에서 상보적 역할을 수행한다. 그것들은 대체로 감각적으로 쉽게 체험될 수 있는 피조물이어서, 가령 천둥처럼 급작스런 경기를 부르지 않으며, 번개처럼 뜨거운 빛과 열의 강도와도 거리가 멀다. 설사 그것들이 강하게 몰아치며 파괴력을 동반할 때에라도, 구름과 비와 바람은 점층과 점강의 리듬 속에 사전에 예견할 만한 여유를 제공한다. 뿐 아니라, 이런 것들은, 해를 제외한 앞의 것들이 대지에 직접적인 영양분을 공급하지 않는 것과 달리, 대지를 비옥하게 만드는 영양가 높은 촉매제이다.

구름과 비와 바람은 친수성의 이미지들이다. 건조한 공기를 머금은 사막의 뜨거운 바람도 없지 않지만, 바람은 비와 어울려 더 신나게 요동친다. 구름은 비의 태반이니 두말할 나위 없이 친수성의 대표적 물상이다. 바람은 구름을 밀어 사방으로 이동시키면서 사이좋게 친교한다. 서로 밀어주고 밀리면서, 내리고 보내면서, 또 뿌리고 날리면서 구름과 비와 바람은 축축하게 얽혀 있고 긴밀하게 소통한다. 그들은 그렇게 서로의 동작을 촉매하고 서로의 동선을 촉진하면서 하늘과 땅을 매개한다. 일월성신보다 낮게 드리워져 또한 이 대지와 더불어 호흡하길 즐겨하는 그들은 겸비한 천체의 하부이다. 그만큼 자유롭고 가볍게 얽매이지 않은 채 떠돌기를 즐기며 특정한 기원점도 지향점도 없이 돌고 도는 순환의 이치를 온몸으로 체득하고 체현한다. 예수는 그 가벼운 자유로움, 또는 자유로운 가벼움의 물상들을 자신의 신학적 상상력 속에 껴안기를 주저하지 않았다.

구름은 무겁게 비로 내리지 않을 때만이 구름이다. 먹구름 말고 새털구름처럼 아예 비로 내릴 뜻이 전혀 없는 날렵하고 고고한 구름도 있으니, 그로써 하늘을 앙모하는 구름의 포즈를 인정하기에 족하다. 구름의 가벼움과 그 자유로운 기동성! 예수는 이 이미지의 특징에 착안하여 당시 전수된 묵시적 상상력의 구름 이미지를 마치 수레와 같은 자유로운 탈것으로 조형해냈다. 그 구름에 신성한 겉옷을 입히는 일은 수월했다. 당시의 청중들과 독자들은 이미 불과 구름 기둥의 고전적 이미지로써 하나님의 역동적 현존을 상상하기에 충분했기 때문이다. 그리하여 예수가 모세와 엘리야와 함께 산에서 환하게 변화되었을 때 하나님은 그 자리에 구름 속의 목소리로 나타나는 것이 자연스러웠을 것이다(막 9:7; 마 17:1 – 5; 눅 9:34 – 35). 그 구름은 "홀연히 [나타난] 빛나는 구름"(마 17:5)으로 묘사되면서 구름답지 않은 초자연적 풍채를 시위한다. 마치 일월성신과 천둥 번개의 사촌이라도 되는 양, 이 구름은 신성한 영광의 분위기와 예기치 않은 급작스러움의 이미지를 걸치고 있다.

예수가 바퀴 없는 수레처럼 구름의 이미지를 탈것으로 상상한 것은 우리네 신화적 상상력의 틀 속에 비추어볼 때 자연스럽다. 여기서 가장 먼저 손오공과 신선들이 타고 다녔다는 구름이 연상되지만, 예수의 승천과 재림 시 사용되는 구름이 수평이동보다는 수직이동의 비범한 구름이라는 점에서 양자는 미세하게 변별된다. 그 구름은 평범한 비구름이나 먹구름이 아니라 '하늘'이라는 수식어가 붙은 초월적 '하늘 구름'이다(막 14:62; 마 26:64). 그것은 이 땅의 만인이 쳐다봐야 할 권능과 영광의 구름으로(막 13:26) 하나님의 신적인 계시를 대변하는 상상의 촉매제이다.[15] 자연물로서의 구름은 당연히 인간의 몸무게를 이기지 못한다. 그러나 승천과 재림 시 예수의 몸은 시공의 구애를 받지 않은 채 변형된 몸이 아닌가. 그 변형된 영적인 몸은 중력의 제한을 받지 않고 구름과도 친연 관계로 맺어진다. 서로 배척하지 않고 끌어당기는 새로운 인연의 질서와 섬김의 정신이야말로 구원 이후의 새로운 존재를 꿈꾼 고대 그리스도인들이 개척한 상상의 음지였을 것이다.

비는 태양과 상극적 존재이지만 이 땅에 빛과 물을 뿌려 대지를 비옥하고 생명으로 풍성하게 만들 뿐 아니라 인간도 도덕적 선악

---

15) 인자의 재림과 연관된 구름 이미지의 활용은 다음의 예에서 보듯 후대의 묵시문학에서 지속적으로 탐지된다. "볼지어다. 그가 구름을 타고 오시리라. 각 사람의 눈이 그를 보겠고 그를 찌른 자들도 볼 것이요"(계 1:7).

의 차별 없이 보듬어주는 하나님의 보편적 은총의 선물이다(마 5:45). 이에 비해 비와 바람은 공생적 존재로서 함께 움직이는 경우가 많다. 예수의 지혜로운 건축자 비유(마 7:24-27)에 등장하는 풍우의 작용도 그러하다. 많은 비는 홍수를 부르고 홍수는 바람을 동반하여 엄청난 파괴 에너지를 생산한다. 그것이 거대한 운동력으로 휘몰아칠 때 반석 위에 짓지 않고 모래 위에 허술하게 지은 건축물은 대번에 무너져 내린다. 아무리 미미한 물상도 그것이 응집된 에너지로 폭발할 때, 노아의 홍수가 대변하듯, 그것은 하나님의 심판 도구로 이 땅을 지상 생물이 살 수 없도록 온통 바다로 만들어버린다. 땅이 저주를 받으면 엉겅퀴와 가시덤불을 낳는 정도이지만(창 3:18) 하늘이 열려 큰물과 바람으로 징벌을 받으면 이 대지는 그조차 살 수 없는 망망대해로 변한다.

바람이 대지에 살랑거리며 갈대를 흔드는 가벼운 희롱에 그친다면(마 11:7; 눅 7:24) 별로 문제될 바 없다. 그 또한 외로운 피조물들끼리의 살가운 사귐일 터이다. 그러나 바다 위로 불어 그 물결을 험하게 구기고 거칠게 뒤집으며 불어제치는 광풍은 그 위를 항해하는 자들에게 두려운 위협의 대상이 아닐 수 없다. 무섭게 몰아치는 비바람은 실지로 예수 일행이 탄 갈릴리 바다의 배까지 겁박한 적이 있었다(막 4:37; 눅 8:23). 그러나 예수는 그 와중에도 태평스럽게 잠을 자면서 자연과의 일체감을 보여주었으며, 그 혼돈의 태풍을 잠재우며 정신없이 날뛰는 물결도 잔잔히 다스림으로써 피조물 위에 군림하는 창조주의 위상을 드러냈다(막 4:38-39; 마 8:26; 눅 8:24). 이와 같이 하늘의 구름과 무애의 인연으로 통한 예수는 바람과도 혼연일체의 영성으로 서로 대화하며 소통하는 인격적 관계를 정립했던 것이다. 그것이 바로 믿음의 또 다른 차원이었다(막 4:40; 마 8:26, 14:31; 눅 8:25). 그러나 그러한 믿음의 성공은 우리에게 일상적으로 찾아오지 않는다. 오히려, 베드로의 실패가 교훈하듯(마 14:28-30), 바다 위에서 만나는 바람은 믿음이 연약한 인간들을 생명의 위기에 빠트리는 파괴적 에너지로 기동하는 것이다.

바람의 형이상학적 영성은 그것이 자연물의 외피를 탈각하고 성령과 동의어로 쓰일 때 발생한다. 히브리어와 희랍어에서 각기 '루아흐'(*ruah*)와 '프뉴마'(*pneuma*)로 표기되는 이 어휘는 바람이란 뜻과 동시에 하나님의 생동하는 기운과 생명 에너지로서의 호흡, 나아가 성령의 함의를 내포한다. 요한복음이 특화한 이 특이한 바람의 이미지(요 3:8)에 의하면, 바람이 임의로 부는 것은 아무 것에도 얽매이지 않고 스스로 존재하는 하나님의 절대 자유에 대한 안성맞춤의 메타포이다. 제 불고 싶은 대로 부는 바람은 순환하는 비와 구름의 이미지와 마찬가지로 그 기원과 출처가 명확하지 않으며 그 지향점도 쉽사리 알려지지 않는다.16) 이처럼 무지의 장막에 가려진 이 바람의 정체는 하나님의 은밀함 또는 신비함과 밀접히 연관되어 있다. 그런데 그것이 바로 성령이 하나님의 뜻을 행하며 이루는 방식이며, 성령으로 거듭난 사람이 본받을 만한 존재의 양식, 삶의 방식이란다. 제 혈통을 따지는 육체적 기원에 얽매이지 않고 절대 자유의 하나님을 닮아 성령으로 거듭나는 삶, 그것이 곧 성령과 같은 존재이다. 성령으로 난 사람이 성령과 같아지는 비밀의 이면에는 오늘도 어디선가 기동하며 풀잎과 나뭇가지

---

16) 이와 같은 성령의 바람 이미지에 대해서는 다음의 졸고를 참조할 것: 차정식, "바람과 불의 행방; 비둘기와 보혜사의 진로," 『신학사상』 120(2003/봄), 230-254. 이 논문은 차정식, 앞의 책(2007), 168-195에 "바람과 불, 비둘기와 보혜사"란 제목으로 재수록됨.

사이로 스삭이는 바람의 숨결이 머물고 있다. 예수는 이 바람의
상상력을 제 한 몸에 육화한 채 머리 둘 곳 없이 동네방네 떠도는
유랑적 삶의 스타일을 일상의 리듬으로 수락했다. 그는 성령으로
난 사람의 대열에 선발주자였던 셈이다.

6. 하늘과 신학의 미래

하늘은 21세기의 포스트모던한 시대에도 여전히 신학적 상상력
의 보물창고로 건재하다. 물론 옛날의 하늘이 오늘날의 하늘과 동
일한 것은 아니다. 현대인은 이제 일식, 월식, 유성의 낙하, 천둥과
번개 현상 등에 대한 자연과학적 상식에 익숙하여 그 신화적 메시
지의 일방적 강요에 쉽사리 넘어가지 않는다. 구름과 비와 바람의
발원과 상호 작용도, 그 전문 분야에 약간의 관심만 기울이면 그
기본 원리를 파악하는 것이 어렵지 않다. 그러나 이러한 상식과
원리는 현상에 대한 파악일 뿐, 그것들의 근본에 작용하는 미지수
의 몫은 변함없다. 왜 그런지를 한껏 설명한 뒤 그 '왜'에 대한 왜
를 또 물을 수밖에 없는 인간의 심성 가운데에는 하늘이 옛날의
하늘과 다르면서 옛날의 하늘과 똑같이 신비스럽고 모호한 존재로
남는 것이다. 오히려 과학과 신학의 대화 속에 하늘의 이미지는
새로운 자양분을 섭취하여 참신한 천체 상상력을 재구성하는 방향
으로 신학의 미래를 개척할 잠재력을 내장하고 있다. 공간적으로
'무한'의 형용에 어울리는 하늘은 이 과학의 시대에 신학적으로도
무한히 열려 있는 것이다.

그 방향과 관련하여 첫째로 꼽을 만한 항목은 하늘의 조화로 비

롯되는 땅의 여러 가지 변덕스런 현상에 근거한 재이(災異)의 상
상력이다. 오늘날 계속되는 각종 자연 재난과 이로 인한 참사는
몇 가지 정석의 신학적 반응을 고정적으로 도출해왔다. 그 피해자
의 죄악에 대한 신의 심판이라는 것, 그 재난의 피해와 무관한 자
들을 향해 경고함으로써 제 몫의 반성과 회개를 독촉하는 뜻이라
는 것, 그리고 재난으로 희생당한 자들을 향한 구제의 자비심을
유발하려는 뜻이라는 것 등이 그 대강이다.17) 그러나 이러한 상투
적 정석의 반응을 넘어, 우리는 천지불인(天地不仁)이라는 동양적
경구를 참조할 필요가 있다. 이 땅을 뒤집는 일에 하늘의 가차 없
음은 인류가 이 땅에 주인공으로 활약하지 않던 공룡의 시대에도
적용되던 일관된 원리였다. 숱한 지각변동과 대기변동, 그로 인한
지구 환경의 변동을 창조주 하나님의 끊임없는 자기 표현과 자기
진보의 차원에서 추진되어온 우발성의 조화로 볼 근거가 이로부터
도출된다.

한편, 그 과정은 인간 생명을 살리고 멸하는 일에 하나님의 개
입 여부와 그 온당함 여부를 되묻는 신정론(theodicy)의 문제를 새
롭게 제기한다. 하나님의 의인화(anthropomorphism)를 통해 생존
을 이어온 전통 신학의 한계 앞에 겸허하게 자신을 비우고, 선악
과 미추, 의와 불의 등 인간의 상극적 가치 체계와 언어 질서를
넘어서는 지평에 다만 가물거리며 존재하는 신의 뒤통수에 대한
안목이 필요하다는 것이다.18) '신의 뒤통수'는 확연히 계시된 하나

---

17) 이 주제에 관해서는 다음의 졸고를 참조할 것: 차정식, "종말의 징
　　조, 징조의 신학," 앞의 책(2007), 129-148.
18) 신정론은 신학의 가장 난해한, 어쩌면 영원히 풀리지 않을 문제이다.
　　신정론에 대한 서구신학의 연구사 요약은 김용성, "신정론의 문제,"
　　『신학사상』 118(2002 / 가을), 167-195 참조. 최근 서구신학의 신정

님의 뜻과 실재처럼 사모해온 '하나님의 얼굴'에 대응되는 신의 허방이다. 그것은 하나님에 대한 고백적 신앙 이후에도 남는 의문의 여백이며, 그것에 대한 개방적 모험의 탐사이다. 그것을 놓치면, 우리는 여전히 불인(不仁)과 인(仁) 사이의 이분법적 오락가락을 지속하며 상황에 따른 자기 정당화를 위해 진부한 신학적 논리의 계발을 반복할 뿐이다. 하늘의 무표정한 얼굴, 얼굴인지 뒤통수인지 분간이 안 되는 무연한 그 풍경, 그 속에서 연출되는 각종 은총과 이변의 현상이야말로 인간 언어의 그물망을 빠져나가는 구름과 비와 바람의 이미지, 인간의 언어를 압도하며 의연히 정중동의 작업을 수행하는 일월성신과 천둥 번개의 이미지에 대한 상상력의 재구성을 긴급히 요청하는 동인 아닌가. 그로부터 신학은 끝없이 명멸하는 신의 뒤통수를 순간적으로 포착하며 새롭게 거듭날 미래의 자원을 확보할 수 있다.

둘째, 재이의 상상력은 천체와 대지의 긴밀한 상호 연계 속에 '온생명'의 유기체적 질서를 존중하는 환경 보존의 당위와 이에 대한 생태적 상상력을 추동하는 방향으로 신학의 미래를 조준한다. 우리는 오늘날 환경오염으로 인한 오존층의 파괴니 남극 빙산의 해빙으로 인한 해변 육지의 수장 위기니 지구 각지의 기상 이변으로 인한 대형 참사니 하는 말들에 익숙하다. 익숙한 만큼 만성이 되어 당장 먹고사는 문제와 직결되지 않으면 그러려니 하고 넘어간다. 그 망각과 관리 소홀의 축적 가운데 앞으로 저 하늘과 이 땅이 공모하여 어떤 재난을 돌려줄지 알 수 없는 노릇이다. 하늘

론 이해의 한계를 노자의 천지불인(天地不仁) 사상에 근거하여 돌파하고 그 대안을 제시한 논문이 나와 주목된다. 박혁순, "신정론적 주제에 관한 노자철학과의 대화," 장로회신학대학교 대학원 신학석사학위논문, 2006.

은 이제 이 땅과 긴밀히 접속한 채 인과응보의 순환 질서에 따라 제 몸을 풀고 조이며 하나님의 인내를 시험하고 있다. 그것은 일개 생명의 문제가 아니라 지구생명 전체의 명운을 좌우하는 무게로 이 땅의 미래를 압박하고 있다. 그렇게 이 땅에 드리운 하늘의 불길한 기운을 걷어내려면 신학의 미래가 땅과 몸의 문제, 생명과 환경의 문제를 외면할 수 없다. 그동안 적당하게 다뤄온 속도의 지체를 감안하면 우리시대의 신학은 천체의 상상력을 전복적으로 재구성하여 이 땅의 생태 위기에 전력투구로 집중해도 모자랄 판이다. 더불어 살지 못하면 죽고, 하나라도 죽지 않으면 삶은 계속된다는 것, 그것은 저 하늘이 이 땅의 태초부터 가르쳐준 생명 질서의 노하우이다. 같은 하늘 아래, 이 땅에 발붙이고 사는 인간들에게 이제 신학은 자신의 생사를 가늠할 운명의 도박판이 되어야 한다.

끝으로, 천체의 상상력은 무한히 열린 하늘 저편에 존재하는 지구 밖 생명의 도래 가능성에 대한 신학적 구상으로 진화해야 한다. 물론 이에 대한 불확실성은 분명하고 과학의 접근거리도 막막하다. 그러나 신학은 불확실과 불투명의 지평에 작은 오솔길의 꼬리만 포착되어도 달려갈 수 있는 상상력의 지원을 받아 거듭나야 한다. 딱딱하게 굳은 채 인간 위에 군림하거나 화석처럼 전시되는 전통적 교리 강령의 쇠약한 에너지로는 그 미래의 신학 구성에 창조적 기여를 하기 어렵다. 지구 중심의 신학은 이제 우주의 한 복판으로 뻗어나가 자신을 끊임없이 대자화하면서 하늘에서 도래할 '하나님의 아들들'을 향한 묵시적 비전(롬 8:19)을 현실화해야 할 것이다. 상상력에 불리한 과학은 이 작업을 검증 가능한 차원으로 발전시키기 위해 전전긍긍 실험실의 불을 밝히고 있다. 그러나 여

기에 미래의 신학이 그 풍성한 천체 상상력의 계발로써 그 실험을
지원할 수 있다면, 신학은 과학과 서로 호기롭게 어울려, 불가피한
긴장 속에서나마, 상부상조할 수 있을 것이다. 하나님의 뜻이 하늘
에서처럼 땅에서도 이루어져야 할진대, 아직 그 하늘에서 이루어
지고 있는, 또 앞으로 이루어질 뜻이 있다면, 그 뜻을 찾아 실현시
켜야 할 이 땅의 진로는 아직 아득하고 급박하다. 하늘은 그 창조
적 우발성의 발현으로써 우리에게 많은 것들을 감추거나 은밀히
보여주기 때문이다.

03 | 예수와 대지 상상력

1. 땅의 신학적 내력

땅은 큰 대(大)자를 붙이지 않더라도 '대지'라는 이름에 걸맞게 충분히 크고 넓다. 그 크고 너른 품속에 뭇 생명을 품고 키워온 땅은, '대지모신'이란 별칭이 시사하듯, 신령한 어미로서의 역할을 수행해왔다. 땅이 살아 있지 않고서는 살아 있는 생명을 키워낼 수 없는 법! 땅은 단순한 흙과 먼지의 집합체가 아니라 그곳에서 어깨동무로 연대하고 긴장하며 어울려 사는 보이지 않는 무수한 생명체들의 덩어리인 것이다. 그 땅속의 미생물들이 생명의 질서를 존속시켜주는 생명의 태반이요 뿌리라면 그것을 의식주 삼아 살아가는 동식물들은 생명의 지체요 꽃이라 할 수 있다. 땅 위에 사는 지상생물뿐 아니라 공중과 수중에 거하는 생물들조차 바닥의 땅과 동떨어진 채 그 생명의 유전을 보장받을 수 없으니 대지는 공중과 수중까지도 끌어안는 풍요한 생명의 도가니가 아닐 수 없다. 이처럼 유기체 생명으로서의 땅은 지구 전체를 아우르는 '온생명'(global life)으로서 도처의 공간에 만연하며 빈틈없이 충만하다.[1]

---

1) '온생명' 개념의 개념에 대해서는 장회익, 『삶과 온생명』(서울: 솔출판사, 1998) 참조.

땅은 기독교 신학의 관점에서 볼 때 창조주가 아닌 그 창조주의 피조물로 등장한다. 땅은 지상의 생명들이 생육하고 번성할 터전으로, 하나의 원초적 선물로 인간과 여타 생명들에게 주어졌다. 그 선물은 특히 인간에게 하나의 육체적 본향이라고 할 수 있겠는데, 태초의 인간을 만들 때 흙을 재료로 삼았기 때문이다(창 2:7). 그 흙은 범죄로 에덴을 상실한 이후 하나님의 생기가 떠난 인간이 돌아가야 할 그 최종 운명의 귀소처이기도 했다. "너는 흙이니 흙으로 돌아갈 것"(창 3:19)이라는 지엄한 명령 앞에 인간의 여정은 결국 하나님이 지은 이 땅 위에 초대받아 잠시 머물다 떠나는 나그네의 그것으로 귀착된 것이다. 그러므로 실낙원 이후 인간은 본질상 이 땅의 소유자일 수 없다. 이 땅의 관리자로서도 그 자격을 상실했으니 이 인류사적 비극은 곧 땅과 인간의 불화, 땅과 생명의 버성김에서 연유한다. 저주받은 땅은 황폐해져서 "가시덤불과 엉겅퀴"와 같이 먹을 수 없는 거친 식물을 낳게 되었고, 아담은 땀 흘리며 땅을 경작해야 그 소산을 먹을 수 있게 되었다(창 3:18-19). 뱀은 종신토록 흙을 먹으며 땅 위를 기어 다니는 형벌에 매였고(창 3:14), 여자는 결국 흙으로 돌아갈 허탄한 생명을 잉태하고 아프게 생산해야 하는 천형을 받았다(창 3:16). 이로써 원초적 은혜의 선물인 땅은 생명과 불화할 뿐더러 생명끼리 갈등하며 대적하는 싸움터로 변했고, 인간에게도 호의적이지 않은 아수라의 현장이 되어버렸다.

그 땅이 실낙원으로 인한 오명을 벗고 신학적으로 복원되기 시작한 것은 하나님이 아브라함을 불러 땅을 주기로 약속하면서부터이다. 이른바 언약 사상과 결부된 땅의 신학은 이후 줄곧 하나님의 은혜를 경험하는 중요한 기준으로 작용하게 되었다. 역사적 맥

60

락에서 보면 유목민의 방랑적 삶의 스타일이 땅에 근거한 그 안착
의 꿈을 유발했을 것으로 짐작되지만, 땅에 대한 신학적 상상력의
전개는 그 과정에서 단순히 정착지의 확보라는 현실적 목적을 넘
어 지속적이고도 풍요한 사상의 지평을 개척해왔다. 그 요체인즉
땅의 확보와 상실의 역사적 경험 속에서 이스라엘 백성이 땅에 대
한 애착과 초월적 자세라는 변증법적 인식을 발전시켜왔다는 것이
다. 부르그만의 지적대로 '땅 없음'(landlessness)은 유랑의 길 위에
서 하나님의 심판과 은총을 경험하는 현실이었으며 '땅에 정착
함'(landedness)은 하나님의 위대한 선물이자 동시에 인간에게 가
장 큰 유혹의 현실이었다.2) 땅에 정착된 삶은 '약속의 땅' '젖과
꿀이 흐르는 땅'의 확보로써 성취되는데 이러한 맥락에 정초된 땅
사상은 곧 출애굽 해방사건과 가나안 땅의 정복, 그것의 분배, 소
유, 상속이란 과정을 통해 결실되었다.3) 이때 땅은 하나님의 백성
들이 기업을 얻어 정착하게 될 안식의 터전이 된다(신 12:9). 아울
러, 하나님의 언약적 신실함에 그 백성들도 신실한 순종으로 응답
함으로써 그 땅은 그들의 소유로 보존될 수 있었다. 한편, 그 정착
지에서 이스라엘 백성들이 안식하기까지 그 선조들의 방황은 광야

---

2) W. Janzen, "Land," *ABD* vol.4, 143-154. 특히 146-147 참조. 부
   르그만의 땅 이해는 다음의 저서를 참조할 것: 월터 브루그만 / 정진원
   옮김, 『성경이 말하는 땅-선물·약속·도전의 장소』(서울: CLC,
   2005).
3) 가나안 정착기의 땅에 대한 연구로는 장석정, "여호수아 1-5장에 나
   타난 땅의 개념 연구," 『신학사상』 137(2007 / 여름), 7-37. 이 논문
   은 여호수아서의 상기 본문에 나타난 땅 이해가 물과 대립적인 관계
   에서 제시되어 있으며, 특히 '마른 땅'의 개념이 구원론적 맥락에서
   강조되고 있음을 밝힌다. 아울러, 땅에 대한 구약신학적인 그의 연구
   로 장석정, 『하나님의 땅』(서울: 대한기독교서회, 2001) 참조.

시절에 겪은 '땅 없음'의 삶으로 대변된다. 이때 이스라엘 백성들의 정체성은 나그네요 우거자로 규정된다. 그것은 이 땅에서 그들의 삶이 영원하지 않다는 자각과 이 땅의 영원한 주인인 하나님의 품 안에서 잠시 기거하는 '손님'이라는 자의식에 근거한다. 물론 손님의 입장에서 토지의 영구적 매매란 가능하지 않다. 토지는 궁극적으로 다 하나님의 소유물이기 때문이다(레 25:23).

이와 같이 땅 없는 유랑의 상태와 땅에 정착한 상태가 왕조의 흥망과 포로기의 역사 속에 교차하면서 땅의 신학도 예의 패턴을 변용, 심화하면서 발전해나갔다. 한편으로 '약속의 땅' 개념은 '야훼의 땅' '이스라엘의 땅' 개념으로 변용되면서 그들의 땅을 "모든 땅 중의 가장 영광스러운 곳"(겔 20:6)으로 성스럽게 인식하는 제사장적 신국토 사상으로 무르익어갔다. 그런가 하면 특정한 땅의 성역화 작업의 다른 한편에서는 하나님의 땅 개념을 지리적 공간적으로 확장시켜 이방인의 영역까지 포함하는 하나님의 보편적 주권을 조명하고자 했다. 그 흐름의 한 갈래로서 묵시주의 신학은 땅에 대한 초역사적 상상력을 종말론적 시점의 하늘로까지 확대시켜 공간과 장소 개념으로서의 땅 이해에서 벗어나려는 시도를 보여준 바 있다. 이처럼 구약성서시대에 바빌론 포로기를 기점으로 점점 다변화되어간 땅에 대한 신학적 이해는 신약성서의 땅 이해에 적절한 근거를 제공해준다.[4]

---

4) 구약성서에 나타난 땅에 대한 신학적 이해는 한 연구자에 의해 다음과 같은 여섯 가지의 이데올로기로 범주화된 바 있다: 1) 부의 근원으로서의 땅(왕실 이데올로기); 2) 조건부 선물로서의 땅(신정 이데올로기); 3) 가족 유업으로서의 땅(선조 가업의 이데올로기); 4) 야훼의 유산으로서의 땅(예언자적 이데올로기); 5) 안식일에 연계된 땅(농경 이데올로기); 6) 주인 나라로서의 땅(이민자 이데올로기). Norman C.

신약성서에서는 땅에 대한 구약성서의 왕성한 논의에 훨씬 못 미치는 산발적이고 제한된 단면을 보여준다. 이는 그 각각의 맥락에 따라 구약성서의 토지신학이 철폐되거나 상징화된 증거로 취할 수 있다. 뿐 아니라, 하나님 나라의 선교적 확대에 따라 거룩한 땅의 영역 또한 예루살렘과 유대를 중심으로 한 이스라엘 옛 땅의 지리적 회복에 그치지 않고 갈릴리와 같은 변방을 포괄하면서 사마리아와 땅 끝까지 확대되는 국면을 보여준다. 이 지점에 이르러 땅에 대한 이해는 더 이상 채소를 얻기 위해 경작해야 할 토지로 머물지 않고 상속받아 유전해야 할 한 가문의 기업에 국한되지 않는다. 나아가 땅은 정복하고 확장해야 할 국토만도 아니고 그 모든 것을 포괄한 채 하나님의 주권이 통할하는 방향으로 바람과 함께 흩날리며 깊어지고 높아져가야 할 신령한 '대지'로서의 신학적 위상을 획득하게 된 것이다. 그리하여 땅은 선교적 개념으로서뿐 아니라 신학적 상상력의 이미지로서도 분할한다. 개간된 옥토로, 여전한 미답의 광야로, 산으로……

2. 하늘의 동반자로서의 땅

복음서에서도 구약적 토지 이해가 전혀 부재하는 것은 아니다. 그러나 그것은 하나의 실체가 아니라 희미한 흔적으로 드러난다. 가령, 마태복음이 전하는 예수의 탄생설화 가운데, 헤롯의 살해 위협에 애굽으로 도주한 아기 예수와 그 부모 일행이 다시 본토로

Habel, *The Land Is Mine: Six Biblical Land Ideologies*(Minneapolis: Fortress Press, 1995) 참조.

돌아오는 모습을 '이스라엘의 땅'에 돌아온 것으로 묘사한 구절이 나온다(마 2:21). 여기서 애굽에서 본향으로의 여정은 출애굽의 서사를 연상시키거니와, 이것과 겹쳐 읽을 때 예수의 해방자적 이미지를 부각시키는 데 일조한다. 여기서 '이스라엘의 땅'은 이스라엘 민족의 오랜 역사적 기억 속에 하나님이 그 조상들에게 약속한 땅을 떠올려주기에 족하다. 그 언약의 표상으로서 이스라엘 민족의 정착지로 제공된 땅은 그야말로 선민의 향수를 부채질할 뿐더러 민족적 자긍심을 북돋아주는 기폭제라 할 만하다. 그러나 마태복음의 저작 당시 이 땅은 이미 로마의 지배 아래 억눌리고 황폐한 식민지일 뿐이었다. 예수는 그 식민지 이스라엘의 일원으로, 그 혈통적 계보를 물려받아 그 땅에 태어나 그 땅의 메시아로서 일차적 사명을 감당해야 했다. 그러므로 그런 그가 옛 선조들이 노예로 억압받으며 살던 곳 애굽에서의 도피 생활을 접고 '이스라엘의 땅'으로의 귀환을 묘사한 이 기록은 전통적 땅 개념에 기대어 메시아적 희망을 성육화하고자 한 저자의 상상력이 번득이는 대목이다.[5]

　이스라엘의 땅보다 국부적이긴 하지만 이와 같은 계통에서 이스라엘의 역사에 접맥된 전통적인 땅 사상이 드러난 예로는 비록 인용구절의 일부로 제시된 것이지만 '스불론 땅' '납달리 땅'(마 4:15)과 심판의 대명사로 유명한 '소돔과 고모라 땅'(마 10:25, 11:24), 이러한 경우에 빗대어 표현한 '게넷사렛 땅'(마 14:34)이라는 문구 등을 들 수 있다. 여기서 '땅'($g\bar{e}$)은 한 지역이나 도시를 규정짓는 통전적 정체성의 표지가 된다. 여기서 납달리와 스불론

---

5) 사도행전 1:6에 나오는 제자들의 다음 질문 "주께서 이스라엘 나라를 회복하심이 이때니이까?"도 비록 '땅' 대신 '나라'라는 단어가 사용되었지만 옛적 왕국의 고토 회복에 대한 열망을 반영하고 있다.

이라는 사람이 개인과 부족의 이름으로 전유되고 그 이름이 지상의 삶 속에 육화 · 축적되어 마침내 하나의 '땅'으로 뿌리내려간 내력을 짐작하기란 어렵지 않다. 마찬가지로 소돔과 고모라는 심판의 대명사이지만 그 심판이 가해진 곳이 바로 그곳의 사람들뿐 아니라 그 땅에 몸담고 있는 모든 것들임을 그 '땅'의 표현에서 확인하게 된다. 이처럼 땅은 특정 지명에 국부적으로 첨부된 어휘이지만 이로써 유발하는 상상의 진폭은 매우 커서 그 지명에 함유된 삶의 유기체적 통전성을 담보할 정도이다. '땅'으로서의 납달리와 스불론은 여기서 분명 전통적인 땅 사상에 결부된 것으로 분배와 상속의 대상이 되는 이른바 '기업'의 흔적이다. 그러나 그것은 저자의 현재 시점에서 단지 흔적으로서의 지명일 뿐, 납달리와 스불론의 실체는 역사적 기억 속에 묻혀 있다. 온유한 자가 그 복의 상급으로 물려받으리라는 땅(마 5:5) 역시 이러한 '기업'의 전통적 맥락에서 이해할 수 있거니와(시 37:11), 예수는 이를 하나님 나라[=천국]의 상징적 기표로 응용한 것일 터이다.[6]

땅이 별도의 수식어 없이 독자적으로 쓰일 때 그것은 대체로 '하늘'의 쌍생어로 자리 잡는다. 창세기에 하늘과 땅은 연달아 말

---

6) 이러한 땅의 현실과 신학적 상징세계와 관련하여 김학철은 마태복음의 맥락에서 정치한 분석을 시도한 바 있다. 그에 의하면 마태복음에서 땅은 하나님의 소유이지만 로마의 식민권력과 유대의 불의한 세력들에 의해 "죽음의 그늘진 곳"으로 전락했다. 그곳은 그러나 예수의 선교적 동선이 이스라엘의 이동에 대한 회억과 맞물리면서 회복된 "이스라엘의 땅"으로 선포된다. 그래서 거룩한 도시 예루살렘도 다시 거룩하게 거듭난다. 이와 같이 땅과 관련된 마태복음의 전거들은 "예수를 통하여 펼쳐진 상징 세계 속에서 눈에 보이는 현실의 어려움을 극복하고자 하는 마태공동체의 시도"로 해석된다. 김학철, "마태복음의 예수와 땅," 『신약논단』 14 / 3(2007), 531 – 561 참조.

씀으로 창조된 것으로 나온다(창 1:6 - 10). 그 태생적 인연으로 하늘과 땅은 깊이 조응하며 피차 유기체적 질서로 엮어져 있다. 예수의 탄생에 화답하여 천사들이 부른 노래가 "지극히 높은 곳에서는 하나님께 영광이요 땅에서는 기뻐하심을 입은 사람들 중에 평화로다"였다(눅 2:14). 여기서 "지극히 높은 곳"이 하나님의 처소로서의 하늘임은 의심의 여지가 없다. 하늘과 땅은 하나님 아들의 탄생을 기리면서 영광과 평화로 그 기쁜 소식에 기꺼이 호응한다. 하늘은 하나님의 표상으로, 땅은 사람의 표상으로 각기 전제된 이 노래의 문구에서 우리는 하나님과 사람의 관계가 예사롭지 않은 인연임을 확인하는 동시에 땅과 하늘이 피차 소외된 이질적 차원의 공간이 아니라 소통되어야 할, 소통될 수 있는 동형적 구조 속에 있음을 간파한다. 그러한 구조적 연계가 가능해지는 것은, 예수가 메시아로서 하늘의 하나님과 이 땅의 사람들을 매개한 사건 덕분이다. 아울러, 이 땅의 사람들 가운데 "기뻐하심을 입은" 선택된 백성들의 적극적인 호응으로 인해 그 천지의 상합은 축제의 분위기로 장식된다.

그러나 하늘과 땅의 이러한 호의적 소통 관계는 단지 바람직한 기대사항으로 궁극적 목표요 점진적 실현 과정이긴 하지만 온전히 실현된 결말이라고 할 수 없다. 예수의 기도 가운데 "당신의 뜻이 하늘에서 이루어진 것처럼 땅에서도 이루어지이다"(마 6:10)라는 간구가 그 결정적 증거이다.[7] 여기서 하나님의 뜻은 하늘에서 온

---

7) 주기도문에 나타난 하늘과 땅의 대칭적 구조와 이에 대한 신학적 탐구를 위해 다음의 졸고를 참조할 것: 차정식, "'하늘에서처럼 또한 땅에서도' - 주의 기도 탐구 1," "그 '뜻'이 이루어지는 이 땅의 자리 - 주의 기도 탐구 2," 『마음의 빛을 부르는 기도 - 신약성서의 기도와 신학』(서울: 대한기독교서회, 2003), 65 - 96, 97 - 130.

전히 이루어지고 있다. 그 하늘은 하나님의 처소로서 앞서 예시한 "지극히 높은 곳"과 다소 다른 차원의 하늘로 일월성신이 운행하고 새들이 비상하는 '창공'의 의미로 통한다. 그 하늘에서는 하나님의 창조질서가 원만히 준행되고 있다. 조류들의 약육강식 쟁투가 없는 것은 아니지만, 그들은 내일의 양식을 위해 탐욕을 부리는 인간과 달리 내일 일을 염려하지 않는다(마 6:25-26). 일월성신도 궤도를 따라 운행하고 제 몫의 빛 곧 '영광'을 발함으로써 그 본연의 존재 가치를 구현한다. 이 땅에서 그것들을 신격화하여 섬기는 우상숭배의 병폐는 이 땅의 인간들에 의해 주도된 것으로 이는 일월성신의 본질과 전혀 무관하다. 이러한 하늘의 질서에 비해 이 땅은 그 한시적 관리자로 사는 인간의 죄악으로 인해 여전히 시끄럽고 혼탁하다. 생명의 양육과 번성을 위해 은총의 분깃으로 제공된 이 땅이 신령한 창조의 선물답지 않게 탐욕과 증오, 전쟁과 살육으로 아수라의 하극상에 종종 노출되는 것이다. 그리하여 하나님의 뜻은 이 땅에서 여전히 이루어져야 할 미완의 과제로 남게 된다.

　이 기도를 가르친 예수의 상상력에 기대자면, 이 땅의 이러한 비극적 현실에도 불구하고 그 비극이 무의미하지 않은 것은 하늘에서 이루어지는 하나님의 뜻을 발견하여 그것이 이 땅으로 전이되길 기도하는 신실한 제자들이 남아 있기 때문이다. 그들은 하나님을 닮은 예수를 모범으로 삼고 그리스도의 발자취를 따라 그리스도를 닮고자 애쓰는 무리이다. 한때 천사들이 공중에서 하늘과 땅을 매개했다면 이제 예수의 메시아 사역과 더불어 하늘과 땅은 이 땅을 걸어 다니는 그 신실한 제자들에 의해 매개된다. 그들은 그 천사들의 변형태로 이 땅을 멸망의 벼랑 끝에서 지탱하고 있는

기독교적 '프로메테우스'이다. 그들의 존재가치는, 이 땅의 종말론
적 위태로움을 제 몸에 짐 지고 체화하여 그 떨리는 긴장감 속에
올리는 기도로써 저 하늘의 운명에 이 땅의 운명을 얽어매는 벅찬
사명을 수행하는 데서 빛을 발한다. 그리하여 이 땅의 신학적 무
게는 마침내 "무엇이든지 너희가 땅에서 매면 하늘에서도 매일 것
이요 무엇이든지 땅에서 풀면 하늘에서도 풀리리라"(마 18:18)는
예수의 예언적 선포를 불러온다.8) '무엇이든지'라는 무조건적 조건
이 안심된다. 결자해지라는 말 그대로 이 땅의 근원적 곤경을 자
초한 장본인인 인간이, 그중에서도 먼저 부르심을 받아 각성한 제
자들이 합심하여 공동체의 정의를 확립하고(마 18:15 - 17) 하늘을
감동시키는 해원(解冤)의 간구가 선결되어야 한다. 그 해원은 본문
의 다른 말로 인간들끼리, 형제들끼리의 용서이다(마 18:21 - 35).
피차 허물을 관용으로 덮어주고 받아들이는 것, 그 결단의 여부에
따라 이 땅의 질서는 질곡으로 꼬이기도 하고 평탄함으로 풀리기
도 한다.

　아무리 애써도 하늘일 수 없는 땅의 실존은 아무리 간단없이 몰
아쳐도 온전히 삼킬 수 없는 바다의 파도에 담긴 실존의 표정처럼
서글프다. 그것은 곧 아무리 집요하게 신성을 꿈꾸어도 하나님의
절대 경지를 범접할 수 없는 인간의 실존적 풍경과 다를 바 없는

---

8) 김학철은 이 구절을 그레코-로마의 후원자 체제의 맥락에서 마태 공
　동체가 지닌 '중재권'의 의미로 해석한다. 이를테면, 마태 공동체가 땅
　을 향해서는 "하늘의 주권과 뜻, 그리고 구원과 복을 중재하는" 역할
　을 수행하면서(마 6:9 - 10), 동시에 하늘을 향해서는 "땅의 요구와 탄
　원을 능력 있게 간구하는 중재의 권세를" 부여받았다는 것이다(마
　18:19). 김학철, "마태 공동체의 '땅'과 '하늘' 사이에 '매고 푸는' 권
　세," 『한국기독교신학논총』 49(2007), 67 - 91 참조.

서글픔이다. 그 서글픔은 이 땅의 주인인 하나님이 우리 인간을
한시적 손님으로 초대하여 하숙 치기로 한 창세 이후의 운명에 기
인한다. 그러니 살아 있는 동안이라도 열심히 몸부림치고 이 땅의
서글픔을 하소연하며 이 땅에 맺힌 것들을 풀어 하늘의 하나님 마
음을 감복시킬 일이다. 그것은 희망 없는 이 땅의 마지막 희망으
로 이 땅에 태어난 생명의 의미를 이룸으로써 하나님의 비밀을 헤
아려가는 여정일 터이다. 그 여정은 이 땅의 불우한 현실을 툭하
면 '위기' 담론으로 포장하고 이에 따라 몽매한 인간들을 선동하
면서 무고한 이 땅의 생명을 억압하지 않는 해방과 화평의 길이
다. 그것은 또한 이 땅 안에서 하늘을 키우며 하나님의 뜻이 이
땅에서 구현되길 빌고 몸소 노력함으로써 천국의 삶을 확장해나가
는 제자의 길에 다름 아니다. 그 길 위에서 땅은 하늘의 동반자가
된다.

3. 옥토의 상상력

땅이 모두 평등하다고 말하는 것은 예나 지금이나 바랄만한 기
대사항일지 몰라도 현실적 상황의 정확한 반영은 아니다. 훼손되
지 않은 낙원의 원형으로 제시할 만한 에덴만 해도 이상적인 땅의
디자인 결과라고 동경할 수는 있지만, 그 동경에는 에덴 바깥의
땅에 대한 상상이 배제되어 있다.9) 아담과 하와가 범죄 이후 에덴
에서 쫓겨난 사건, 이른바 실낙원의 사건에는 적어도 공간적으로

---

9) 에덴의 어원, 용례, 위치에 대해서는 다음을 참조할 것: Howard N.
Wallace, "Garden of Eden," *ABD* vol.2, 281-283.

에덴이 땅의 전부가 아니었으리라는 전제가 깔려 있다. 에덴의 안쪽과 바깥의 땅 사이에는 상당한 환경적인 차이뿐 아니라 신학적인 차이가 존재했던 것이다. 물론 에덴 밖의 땅이 인간의 타락 이전에 어떤 형태로 존재했는지는 순전히 상상의 영역에 해당된다. 그러나 쫓겨난 최초의 인간들이 공중에 붕 뜨지 않았다면 최소한 두 발을 디디고 보행할 만한 땅의 공간이 있었으리라는 것은 상상하기 어렵지 않다. 이런 전제를 앞세워보면, 에덴 안팎의 차이와 불평등은 여실하게 드러난다. 에덴이 비옥하고 풍요로우며 정착할 만한 보호받는 땅이었던 데 비해, 그 바깥의 땅은 척박하고 결핍되어 힘들여 싸우며 개척해야 할 땅, 그것을 위해 또 유랑해야 할 땅, 그리하여 예기치 않은 위협에 노출된 땅이었다. 전자가 벌거벗어도 두려울 것 없는 문명 이전의 상생적 땅이었다면, 후자는 의식주를 손수 자가 노동을 통해 챙겨야 하는 문명 이후의 상극적 땅이었다.[10]

   땅에 대한 언약 신학적 개입 이후에도 땅의 질적 차이에 대한 고려는 지속되었다. 목축을 주업으로 삼아 일정한 정착지 없이 떠돌며 살던 유목민 시절의 백성들에게 초목과 수원이 넉넉한 녹지에 대한 편향은 상식적으로 이해할 만하다. 마찬가지로 그들이 정착민으로 살아가게 되었을 때 농경에 적합한 비옥한 토질에 대한 관심 또한 높았을 게 분명하다.[11] 아브라함과 롯 사이의 땅 분배

---

10) 동서양을 막론하고 땅과 인간의 조화로운 어울림에 대한 관심은 살아 있는 사람들의 생활을 위한 터 잡기로부터 죽은 자의 장지에 대한 배려까지 아우르는 풍수사상을 낳았다. 최창조 편역, 『터잡기의 예술—서양인이 이해한 풍수사상』(서울: 민음사, 1992) 참조.
11) 엘리아데에 의하면, "대지는 무엇보다 우선 결실을 맺을 수 있는 무한한 능력 때문에 숭배되었다"(350). 세계의 여러 종교와 신화에 나타나는바, 대지의 어머니가 곡물의 어머니로 변형된 내력은 이로써

70

에 얽힌 에피소드(창 13:1-13)와 나봇의 포도원에 대한 아합 왕의 탐욕에 관한 이야기(왕상 21:1-29) 등은 토지의 질적 차이, 이에 따른 선호도 관계를 보여주는 몇 가지 사례에 불과하다. 이러한 사례를 분석해보면, 하나님이 지으신 이 땅의 질서가 인간의 범죄로 왜곡되어 생명 간의 상극적 침탈과 훼손을 가져오듯, 땅의 질적인 우열과 생태적 특성도 인간의 개입 여하에 따라 달라질 수 있음을 알 수 있다. 이를테면, 풍수와 지리적 기준으로 봐서 땅 가운데 사람이 살 만한 쾌적한 땅이 있는가 하면 거주하기 험난한 환경적 입지를 지닌 열악한 땅이 있다는 것이다. 농경지로서도 옥토가 있고 황무지가 있는 것과 마찬가지 이치이다. 그러나 여기에만 머물러 땅의 질적 수준을 못박아버리면 땅에 대한 관심은 풍수지리와 인문지리, 또는 생태학적 관심의 대상을 벗어나지 못한다.

분명한 사실은, 성서는 땅에 대한 이러한 인식을 넘어 땅의 신학적 인격을 말한다는 것이다. 땅도 인간이 어떻게 수용하고 대접하느냐에 따라 그 용도뿐 아니라 그 신학적 의미가 달라진다. 성서가 안식일 규정 가운데 땅의 안식 조항을 포함하고 있는 것(출 23:10-11)은 땅이 쉬지 않고 생산물을 낳을 수 있는 기계가 아니라 쉼이 필요한 생명체임을 시사한다. 생명체로서의 온당한 대접을 받느냐 못 받느냐에 따라 땅은 옥토가 될 수도 있고 척박해질 수도 있다는 것이다.[12] 그밖에 그 땅에 사는 인간이 어떤 삶의 내

설명된다. 또한 대지의 신은 천공신과 결혼하여 유일신은 아닐지라도 지고신으로 등극하기도 하였다. M. Eliade / 이은봉 옮김, 『종교형태론』 (서울: 한길사, 1996), 350-352 참조.

12) 이는 땅의 평화가 안식을 매개로 인간의 평화와 밀접한 연관이 있음을 시사한다. 민영진, "땅과 안식과 평화에 대한 성서적 이해," 『기독교사상』 430(1994/10), 10-17 참조.

용으로 그 땅의 신학적 인격에 호응하느냐에 따라 그 땅의 질적인
위상이 달라진다. 가령, 하나님과 사람 앞에 죄를 범한 사람들이
사는 땅은 필시 버림받는 예를 성서는 보여준다. 선민 이스라엘
백성들이 거주하던 그 땅도 그들의 범죄로 인해 전쟁과 기근 등의
재난으로 훼파되고 황무한 폐허의 땅으로 남으리라는 예언자들의
경고가 그 대표적인 경우이다. 이는 마치 첫째가 꼴찌 되고 꼴찌
가 첫째 되는(막 10:31) 하나님 나라의 전복적 원리와 유사한 방
식으로, 땅의 위계가 고착된 질서 가운데 폐쇄되기보다 인간의 축
적된 삶의 행실과 이에 따른 생태 환경의 변화와 맞물려 뒤집어지
고 순환하는 신학적 역설을 보여준다.

　예수의 행적과 가르침 가운데에서도 땅에 대한 차별적 인식은,
직접적으로 서술되고 있지는 않더라도 간접적으로 암시되어 있다.
예컨대, 예수의 사역이 주로 이루어진 갈릴리 지역은 특히 마가복
음에서 예수의 하나님 나라 운동이 집중된 특별한 지리적 공간으
로 자리 잡고 있다.[13) 그것이 단순히 지리적 공간으로 머물지 않
고 신학적 의미망 속에 포착되는 것은 당시 소외된 변방의 땅 갈
릴리에 대한 예수의 애착이 낮은 골짜기를 돋우어 평탄케 하는 메

---

13) 갈릴리 지역은 갈릴리 호수를 둘러싸며 퍼져 있는데, 예수의 갈릴리
　　사역은 주로 이 주변 마을을 중심으로 이루어졌다. 예수 당시의 갈
　　릴리 지역과 갈릴리 호수에 대해서는 다음의 글들을 참조할 것:
　　Sean Freyne, "Hellenistic / Roman Galilee," *ABD* 2, 895－899; "Sea
　　of Galilee," *ABD* vol.2, 899－901. 좀 더 상세한 연구로는 Richard
　　A. Horsley, *Galilee: History, Politics, People*(Valley Forge, PA:
　　Trinity Press International, 1995); 갈릴리에 대한 연구사적 정리로는
　　Halvor Moxnes, "The Construction of Galilee as a Place for the
　　Historical Jesus," Part Ⅰ, *BTB* 31 / 1(2001), 64－77; Part Ⅱ, *BTB*
　　31 / 2(2001), 64－77 참조.

시아적 사역과 무관치 않았기 때문이다. 예수는 그 갈릴리 여러 마을에서 가난한 자를 복된 자로 선포함으로써 하나님 나라의 주역으로 세우고 병든 자를 치유하여 공동체의 건강한 성원으로 회복시키는 사역을 수행했다. 그 갈릴리 바닷가의 어부들을 주요 제자로 선발하여 훈련시켰고, 그들을 향한 부활의 메시지 또한 갈릴리에서 다시 만나자는 것이었다(막 14:28). 마태복음의 한 인용문대로, 그 갈릴리는 흑암이요 사망의 땅이요, 그늘이었지만 이제 큰 빛을 보게 된 것이다(마 4:15-16; cf. 사 9:1-2). 이러한 땅의 위상 변전이, 마가복음의 갈릴리와 달리, 누가복음(사도행전)과 요한복음에서는 예루살렘에 부여하는 특별한 비중으로 나타난다. 복음서의 서사적 구도에 따르면 예루살렘은 예수의 구원 사역이 십자가 죽음으로 첨예화되는 곳일 뿐 아니라, 그로 인한 예수의 영광이 극대화되고 최초 교회의 탄생에 따른 선교적 기획이 본격적 궤도에 오르는 곳이다. 전통적 유대교 신학이 스며 있는 산상수훈에서도 예루살렘은 그로써 함부로 맹세해서는 안 되는 "큰 임금의 성"(마 5:35)으로 묘사된다.

특정한 이름으로 명명된 도시와는 별도로 예수의 비유 가르침 가운데 땅의 우수함은 얼마나 씨앗을 잘 품고 싹을 틔워 풍성한 수확을 보장하느냐에 따라 판가름된다. 이는 갈릴리 지역의 농경적 삶의 정황을 그 배경으로 깔고 있거니와, 예수는 이로써 '좋은 땅' 여부를 분별하는 기준으로 삼았던 것이다. 이른바 '씨 뿌리는 사람의 비유'(막 4:1-9; 마 13:1-9; 눅 8:4-8)에서 땅은 곧 밭으로 구체화된다. 그 땅 중에는 사람이 다니면서 밟아 딱딱해진 길이 있고, 충분히 개간되지 않아 척박한 돌밭이나 아예 개간의 손길이 닿지 않은 가시떨기의 땅이 있으며, 비옥한 토양으로 농사에 안성맞춤인 옥토가 있다. 이 가운데 어느 땅이 씨앗을 잘 품어 30배, 60배, 100배의 수확을 보장할지는 일반 경험과 상식으로 미루어 확연하다. 물론 예수는 이로써 그의 청중을 모두 황무지 개척의 일꾼으로 내몰고자 하지 않았을 것이다. 이것은 마가복음이 전하는 그 해석적 함의대로, 말씀을 잘 듣고 그 마음에 새겨 영양가 있는 삶의 결실을 맺길 독려하는 메시지의 비유이다.

그러나 이러한 비유의 외형적 틀 속에서도 땅에 대한 예수의 원시적 상상력은 서늘하게 짚어진다. 그 상상력의 요체는 땅이 씨앗을 품어 생명을 잉태하는 생명화의 작용을 감당한다는 것이다. 그리고 그 작용은 땅이 적절한 영양분과 토질로써 건강한 생태적 조건을 구비할 때 활발하게 이루어진다. 이는 보기에 따라 상식적인 통찰이지만, 그 당연한 상식 속에 비범한 생명 현상의 이치를 간과하기 쉽다. 옥토는 그 내용과 형식상 충분히 준비된 땅이다. 이는 돌밭과 길가, 가시떨기가 자라는 땅이 여린 생명을 품고 키우기에 적절치 않은 땅이라는 사실과 대조적이다. 준비된 땅으로서 옥토는 생명을 퉁겨내지 않는다. 씨앗이라는 지극히 작고 가녀린 미지의 생명, 미완의 생명을 보듬고 부풀려 그것에 합당한 제 몫의 형태와 내실을 갖추어주는 땅의 노동은 곧 창조주의 손길을 대행하는 부지런함을 동반하기에 풍요하고 아름답다.

이러한 비옥한 땅의 자가 노동은 생명을 낳고 가꿀 만한 충분한 기능을 갖춘 자율적 생명체로서 땅을 새롭게 인식하게 한다. 그 생명화 과정이 온전히 숨겨 있다는 점에서 이 땅의 보이지 않는 노동은 하나님 나라의 신비에 비견된다. "밤낮 자고 깨고 하는 중에 씨가 나서 자라되 그 어떻게 된 것을 알지 못하"는 현실에도 불구하고 "땅이 스스로 열매를 맺"(막 4:26-27)는다고 말할 수 있는 것은, 자율적 인격체로서의 땅에 대한 최고의 신학적 찬사이다.14) 여기서 땅의 생명화 작용에 대한 인간의 무지는 몽매를 낳지 않고 신비를 낳는다. 그 땅의 신비는 곧 하나님 나라의 신비와 다름없다. 그 신비에 기대어 우리는 땅이 시간에 대하여 초조해하지 않고 하나님의 마음을 품어 담담하게 시간과 더불어 한 몸으로 익어가는 시숙(時熟)의 원리를 체화하고 있음을 깨닫는다.

이와 같이 은밀한 속내를 감추고 있는 땅의 속성은 한편 예수의 또 다른 말씀을 통해 그 땅의 '속'에 대한 상상력을 추동시킨다. 그것은 예수의 한 비유(마 13:44) 가운데 하나의 배경이나 소품으로 제시되는데 소작농이 밭에서 땅을 파고 일하는 일상적 노동의 현장이 그 대표적인 예다. 옥토가 애당초 아무런 투자 없이 옥토로 존재한 것은 아니다. 힘쓰고 애써서 옥토로 개간하고 보존하여 옥토가 된 것일 터이다. 그러므로 현재 옥토가 되지 못하는 척박한 땅은 옥토의 잠재태로서 인간의 투자를 기다리고 있다. 그 인간의 투자는 기본적으로 땅을 파서 갈아엎는 노동으로 나타난다. 밭에서 일하다가 땅속에 감춰진 보화를 발견한 사람의 경우, 땅을 파는 그 일상적 노동의 평범함은 땅속에서 예기치 않게 발견된 보화라는 비범함으로 이어진다. 이때 땅은 곧 무한한 가능성으로 잠재된 삶의 유비이자 하나님 나라의 경이로운 세계에 대한 유비로서 상상된다. 땅 위에 사는 인간으로서 땅속이 궁금해지는 것은 당연한 일이다. 그 땅속은 보화가 감추어진 긍정적 상상의 대상이 되기도 하지만, 반대로 자신이 받은 한 달란트를 불평하며 땅속에

---

14) 이 비유와 관련하여 땅과 씨의 자율성을 강조한 연구로 다음을 참조할 것: 김달수, "하나님의 나라와 자율적 섭리 — 스스로 자라는 씨의 비유(막 4:26 - 29) 연구," 『한국기독교신학논총』 19(2000), 125 - 156.

묻어버린 게으른 종의 비유(마 25:14 – 30)에서처럼, 생명의 잠재력을 갉아먹고 녹슬게 하는 비생산적인 무감각의 메타포로 기능하기도 한다.

땅속에 대한 그 상상력의 극단적인 예가 바로 '음부(Sheol)의 상상력'이다. 고대인들이 땅속에 존재한다고 믿은 사자(死者)들의 세계에 대한 상상은 땅속을 생명의 희망이 없는 컴컴한 죽음의 세계로 인식게 했다.15) 땅속에 대한 부정적 상상력을 극복한 것은 예수의 또 다른 성과이다. "요나가 밤낮 사흘을 큰 물고기 뱃속에 있었던 것같이 인자도 밤낮 사흘을 땅속에 있느니라"(마 12:40). 이 어록에서 예수는 뱃속의 요나처럼 땅속에서 사흘간 죽음을 경험한다. 그러나 그 죽음의 상태는 뱃속의 요나처럼 완전한 죽음, 희망 없는 영원한 음부의 죽음이 아니라, 부활의 씨앗을 잉태한 한시적인 죽음이다. 그리하여 예수가 머문 그 땅속의 이미지는 밀폐된 암흑의 공간이 아닌 환한 빛의 공간으로 둔갑한다.

이는 또 다른 비유에서 한 알의 밀알이 땅속에 떨어져 썩어야 많은 열매를 맺는다(요 12:24)는 식물적 상상력의 연계선상에서 예수의 죽음과 땅속으로의 매장이 풍성한 구원의 열매를 맺기 위한 필수적 과정임을 암시한다. 이처럼 옥토로서의 대지는 죽음과 생명을 그 극한의 지평에서 갈무리하고 요리하는 마술사와 같다. 죽음을 생명으로 바꾸고, 생명을 다시 죽음으로 바꾼다. 그런데 놀라워라, 그 죽음이 바로 생명을 생명으로 만드는 필수적 통과절차이다. 그 절차의 타율적 객체가 아니라 자율적 주체로서 땅은 생사의 경계를 넘어 제 몸을 바꾸면서 지금도 변신을 거듭하고 있

---

15) 스올에 대해서는 Theodore J. Lewis, "Abode of the Dead," tr. by J. D. Martin, *ABD* vol.2, 101 – 105 참조.

다. 그 변전의 바퀴 속에 함께 굴러가면서 인간사의 우여곡절은
격세유전하고 있다.

4. 광야의 상상력

대지의 너른 품 안에는 일용할 양식을 위해 쓸 만한 땅과 상관
없는, 그것과 다른 차원의 땅이 포함된다. 그것은 들판이다. 들판
이로되 초목과 물이 희박한 거칠고 메마른 들판으로 생명체가 거
주하기 열악한 환경의 땅이다. 복음서에서 그러한 지형의 땅을 일
컫는 어휘(*erēmos*)는 우리말로 '광야' '빈 들'로 번역되는데 '사막'
도 이 어휘의 해석적 범주 안에 포함된다. 팔레스타인과 근동의
지형에서 광야는 도심지로부터 멀리 떨어진 소외된 땅이다. 그래
서 인적이 뜸하고 생명체가 희박하다. 거기에 사는 생명체는 녹색
식물이 뜸한 터라 초식동물은 별로 없고 서로의 신체를 죽여 먹이
로 취하는 일부 야생동물이 고작일 것이다. 적자생존의 논리에 따
라 약육강식하는 동물성의 세계가 그 광야의 생명 질서를 지배한
다. 그런데 이러한 동등한 법칙에 지배를 받는 정글과 광야가 다
른 점은, 그나마 잡아먹을 것이 희소하여 거기에 서식하는 생명체
의 가짓수도 적다는 것이다. 그 적은 생명들은 마치 광야가 소외
된 땅이 듯 역시 소외된 생명들이다. 그 소외의 씁쓸한 맛을 일상
의 스타일로 삼는 그들이기에 주류의 생명 세계에서 환영받지 못
한 야생의 근성이 그곳에서 길러진다.

이러한 생명 소외적인 특징으로 인해 광야는 인간에게 오래 머
물며 정들어 살 만한 곳이 못된다. 그 공간은 그냥 스쳐지나가기

에도 위험한 곳이다. 우기에 생성되는 목초지를 따라 유목민들이 광야의 이곳저곳을 떠돌지만 목초의 제한된 양은 그들을 곧 그곳에서 방출한다. 특히 지형이 험한 광야는 가축을 치기에도 부적절하여 늘 해치운 먹잇감의 뼈다귀들이 흙바람에 나뒹굴며 메마른 채 방치되어 있기 십상이다. 이처럼 광야의 친구는 표표한 자태로 공중을 맴도는 독수리나 먹잇감을 찾아 충혈된 눈을 부라리며 어슬렁거리는 사자, 늑대라기보다 까마득한 원시의 숨결처럼 그 공간을 채웠다 비우고 또 비웠다 채우는 바람이다. 그 바람이 멀리 싱싱한 초원의 냄새와 도심지의 인간세계에 젖은 사연들을 몰고 와서 광야의 모진 시간들을 다독여주는 것이리라.16) 광야의 대지는 바람의 성정을 닮아 그 척박함을 서글퍼하지 않으며, 그 메마름에 탄식하지 않는다. 그 초연함 속에 다정으로 얼룩진 축축한 감상을 털어버리고 시속에 때 묻지 않은 하나님의 기운이 움트곤 하는 것이다. 창세 직전의 그 원시적 공허와 혼돈, 또 태초의 생경한 시간을 닮은 오염되지 않은 영성의 이미지가 바로 그 광야의 바람소리에 깃들어 있다. 이스라엘 역사는 놀랍게도 그 광야의 존재 의미와 영성적 가치를 신학 속에 육화시켜 키워낸 것이다.17)

---

16) 동양신학적 관점에서 대지와 바람은 각별한 인연을 유지해왔다. 김승철에 의하면 대지와 바람은 신의 두 가지 대표적 발현 양태이다. 대지의 이미지가 '수용적 통전성'을 의미한다면, 이에 바람의 그것은 '해체적 통전성'으로 상호 작용한다. 김승철, 『대지와 바람 – 동양신학의 조형을 위한 해석학적 시도』(서울: 다산글방, 1994), 97 참조.

17) 이스라엘 민족에게 출애굽 이후의 광야 체험은 민수기 등의 기록에서 보듯 부정적 측면과 긍정적 측면을 두루 아우르는데, 이후 시편(136:16)과 예언자적 회고와 추체험(사 40:3 – 5; 호 9:10, 12:9, 13:4 – 9; 암 2:10; 렘 2:1 – 3; 왕상 19:1 – 18) 속에 등장하는 그 역사적 실재는 하나님과의 원초적 만남과 자기 갱신이라는 신선한 신학적 메시지를 견인한다. G. I. Davies, "Wilderness Wanderings," *ABD*

실제로 이스라엘의 역사는 그 상당 부분이 광야와의 인연 가운 데 진행되어왔다. 애당초 본토와 친척을 떠난 아브라함이 하나님 이 약속한 땅에 다다르기까지, 또 그 땅에 대한 약속이 실현되기 까지 주로 거주한 곳은 정착지로서의 도시가 조성되기 이전의 광 야였다. 아브라함을 비롯한 이스라엘 민족의 열조들이 하나님을 만난 곳, 계시를 받고 언약을 맺고 제단을 쌓은 곳도 광야였고, 그 하나님의 인도함을 받은 곳도 광야였다. 모세가 하나님의 백성을 이끌어내는 출애굽의 사명을 감당하기 위해 40년 동안 연단을 받 은 곳도 미디안 광야였다. 또 그 모세의 인도로 약속의 땅 가나안 에 도달하기 위해 통과한 시험의 세월 40년간 그 백성들이 떠돌며 머문 곳도 광야였다. 그들은 광야에서 놀고먹거나 잠만 자며 시간 을 때운 것이 아니다. 광야에서 그들은 많은 일을 만들어냈고 불 과 구름기둥으로 표상되는 하나님의 인도하에 많은 사건을 경험했 다. 그 대표적인 것이 시내산 언약과 계명의 전수, 안식년, 희년 조항의 제정, 첫 열매를 드리는 제사법의 규정 등이다. 물론 반역 과 분열로 인한 내홍과 분규 또한 적지 않았다. 그리하여 출애굽 1세대 백성들은 약속의 땅에 이르는 그 짧은 거리를 직선으로 뚫 지 못하고 40년이라는 세월을 보내며 광야의 구불구불한 오지를 방황했던 것이다. 그러나 그 와중에 분명히 확인된 사실은, 이스라

vol.6, 912-914; Gerhard von Rad, *Old Testament Theology*, tr. by D. M. G Stalker(New York: Harper & Row, 1962), 280-289 참 조. 광야가 구원론적 메타포로 등장하는 것은 이미 창세기의 하갈-이스마엘 이야기에서이다. 이로부터 민수기에 이르기까지 오경의 전 승에서 광야는 하나님과 극적으로 만나고 개인적인 변화가 이루어지 며 공동체가 형성되는 신학적 메타포로 등장한다. Thomas B. Dozeman, "The Wilderness and Salvation History in the Hagar Story," *JBL* 117/1(1998), 23-43 참조.

엘의 신 야훼는 필시 비옥한 정착지에서 풍요의 나태로 퉁퉁해진
도시의 신이 아니라 바람과 함께 표표히 떠돌며 바짝 마른 해골의
이미지 가운데 역동하는 광야의 신이라는 것이다.

이스라엘 역사 속에서 가장 뜨거운 열정의 주인공이었던 예언자
들은 그 광야의 신학을 추억하며 재생시킬 줄 알았다. 정착지에서
풍성한 바알과 아세라의 춤에 취한 그 백성들이 율법의 정신을 거
역하고 풍요 속의 빈곤에 떨어질 때마다 그 예언자들은 신앙적 영
성의 고향인 광야를 떠올리며 이스라엘의 배부른 나태 대신 배고
픈 긴장을 선포했다. 광야에는 예전이나 그들의 때나 변함없이 야
훼 신앙의 영성적 원류가 흐르고 있었던 것이다. 그리하여 가령 호
세아와 예레미야는 위기에 처한 그의 백성들을 향해 출애굽 전통
을 거듭 상기시키며 광야에 머물던 시기를 이상적 시간대로 규정하
고 이에 비추어 현재 정착된 삶의 자리에서 빚어진 신실하지 못한
행태를 준엄하게 고발했다(호 2:14-15, 12:14, 13:4; 렘 2:6, 7:22,
25, 31:35). 그런가 하면 그들의 선배인 엘리야는 아합 치하의 타락
한 현실을 갱신하기 위해 몸소 출애굽의 여정을 역으로 거슬러올라
광야를 다시 체험함으로써 하나님의 세미한 계시의 음성을 듣기도
하였다(왕상 19:1-18). 이러한 예언 신학적 전통은 종말론적 묵시
주의의 전통과 결합하여 이후 광야에 샘이 솟고 사막에 시내가 흐
르며 시랑이 눕던 메마른 땅이 녹초지로 변하는 환상(사 35:6-7)
을 낳기에 이른 것이다. 이 역전의 환상이 광야를 단순히 지형이
아닌 신학 사상의 중요한 원류로 자리매김하게 된 동인이다.

예수와 연관된 광야의 상상력은 바로 저러한 예언자적 전통, 출
애굽의 전통으로 소급되는 깊은 역사적 뿌리를 가지고 있다. 광야
와 관련하여 맨 처음 가장 극적으로 등장하는 이야기는 예수의 시

험사화이다.[18] 예수는 광야에서 시험을 받는다. 예수의 이 광야행은 엘리야와 모세의 경우와 달리 외압에 의한 도주행이 아니라 자발적 결단의 결과이며, 메시아로서의 자의식을 확증하는 뚜렷한 목적의식을 지닌 것이었다. 이 이야기에서 예수는 굶주림의 유혹, 명예와 권력의 유혹을 통해 시험을 받는다. 여기서 광야의 현장과 잘 어울리는 것은 첫째 굶주림의 유혹이다. 명예와 권력의 유혹은 예루살렘 성전의 꼭대기와 높은 산으로 그 공간적 배경이 상이하다. 물론 둘째와 셋째의 시험도 예수의 몸이 직접 그 성전 꼭대기와 높은 산으로 직접 이동했다기보다 광야에서의 환상적 경험으로 치러진 것으로 볼 수 있다. 그런데 광야에서는 명예와 권력에 앞서 일차적인 생존을 위한 양식의 확보가 긴요한 과제가 된다. 광야의 이런 결핍 환경은 오병이어의 기적 사건(막 6:34-44; 마 14:13-21; 눅 9:10-17)에서도 잘 드러난다. 여기서 광야는 특별히 도시락을 지참하지 않는 한 현장에서 먹을 것을 구하기 어려운 한적한 곳으로 묘사되어 있다.

시험 이야기 속의 예수도 그러한 상황에 부대껴 굶주린 상태에서 사탄으로부터 돌로 떡을 만들어보라는 유혹적인 제안을 받은 것이다. 그러나 이에 대한 예수의 답은 단호하게 "사람이 떡으로만 살 것이 아니요 하나님의 입으로 나오는 모든 말씀으로 살 것이라"는 신명기의 말씀이었다(마 4:4; cf. 신 8:3). 이 말씀은 원래 광야의 이스라엘 백성들에게 하나님이 만나를 내려주신 은덕에 대

---

18) 이에 대한 종합적인 연구로 다음을 참조할 것: Seung Ai Yang, "The Original Intention of the Longer Version of the Temptation Story of Jesus(Matt 4:1-11; Luke 4:1-13): A Jewish Story of God's Testing of the Righteous Man Jesus," Ph. D. dissertation (The University of Chicago, 1992).

한 근거로서 제시된 것이다. 물론 사람은 떡으로만 사는 것이 아니지만 떡(음식) 없이는 못 사는 육체적인 존재이다. 그러므로 광야에서 돌로 음식을 만들 수만 있다면 얼마든지 만들어 굶주림의 고통을 벗어나는 것이 합리적 선택이다. 그러나 예수는 육체적 고통을 일시적으로 모면하기 위해 기적을 사적으로 남용하는 실수를 범하지 않는다. 그는 외려 기꺼이 굶주림을 감내함으로써 일시적인 포만감보다는 광야에서도 만나를 내려주시는 하나님의 은총 어린 약속의 말씀을 신뢰한다. 이것이 바로 광야의 신학적 상상력이 풍기는 매력이다. 고립무원의 광야에서 모든 생명은 결국 해골로 남게 마련이다. 그렇게 풍화된 육체가 마침내 그 탈각의 경계에서 맑은 영혼으로 거듭날 수 있을 때 광야의 결핍은 역설적으로 충만의 공간으로 돌변한다. 이른바 '텅 빈 충만'의 경지처럼 광야는 생명을 명민한 자의식 가운데 생생히 깨어 있게 만드는 존재론적 반전의 계기, 이를 위한 연단의 도가니가 되는 것이다.

광야가 이처럼 맹렬한 기세로 달아오를 때 자기 생성과 연단의 도가니로 상상된다면, 그것이 평온히 가라앉을 때는 한적하고 고요한 휴식의 공간으로 떠오른다. 그도 그럴 것이 광야는 사람들의 훈기(薰氣)에 치여 부대끼며 들볶이는 부산스런 일상의 시간을 누그러뜨리는 피정과 명상의 안식처를 제공하기 때문이다. 그것은 예수의 경우 조용한 기도의 장소로 나타나는데(막 1:35, 45, 6:31-32), 그것은 광야의 영성적 이미지와 맞물려 정제된 평정심의 이미지를 선사한다. 그러나 사방으로 툭 트여진 공간에서 삭막한 바위 덩어리를 응시하거나 모래바람을 맞으면서 누리는 기도와 휴식의 질이 높을 리 없다. 기도와 휴식의 장소를 위해서는 그보다는 몇 그루의 나무와 바위로 오밀조밀하게 얽힌 은폐된 지형이 더 적절하다. 광야의 지형이 융기하여 툭 불거진 봉우리를 이루는 곳, 우리는 바로 거기서 광야의 상상력이 산의 상상력으로 진화하는 것을 본다. 아울러, 피정을 위해 광야에만 머물지 않고 산을 찾아 산속에서 안식하면서 산의 상상력에 동화된 예수 일행을 만나게 된다.

5. 산의 상상력

산은 땅이로되 하늘을 향해 몸을 일으켜 솟구친 땅이다. 그 땅은 하늘에 가깝고 하늘을 닮고자 하는, 땅 중에 가장 하늘스러운 땅이다.[19] 그러나 산의 높이는, 가령 하나님께 도달하기 위해 벽돌과 역청으로 성과 대를 쌓아 하늘에 닿게 하고 이름을 내기 위해 축조한 바벨(창 11:1-9)과 달리 인공적인 것이 아니다. 바벨이 사람의 뭉침을 시위한 결과라면 산은 땅의 뭉침이 만들어낸 소산이다. 그것은 평평한 땅이 저절로 뭉쳐 겹을 지어 만든 굴절의 주름이 마지못해 추대받아 이룬 봉긋한 땅의 머리이다. 그 산에는 땅의 평평한 2차원적 밋밋함을 조형하여 만들어낸 3차원의 오밀조밀한 공간으로 갖은 골짜기들이 자리하고, 그곳에서 뿜어낸 샘물이 하수의 근원을 이룬다.[20] 산의 그 음과 양이 그 품을 기름지게 하

---

19) 하늘에 근접한 산의 신령스러운 분위기로 인해 세계 신화와 종교에서 산은 인격화되거나 신성시되고, 각종 정령들의 거주처로, 거룩한 제의의 전당으로, 각종 상징의 매개로, 그리고 우주 생성의 배경이나 소재로 등장하곤 한다. J. E. Harrison, "Mountains, Mountain-Gods," James Hastings ed. *Encyclopaedia of Religion and Ethics*, vol. Ⅷ(Edinburgh: T&T Clark, 1981), 863-869 참조.

20) 산과 물의 역동적 상상력이 신화적 동물군과 더불어 어우러진 동양의 대표적인 고전은 산해경(山海經)이다. 이 책의 배경 또는 집필 목

여 그곳에는 많은 동식물이 기거하면서 생명의 복지를 일구기 마
련이다. 산은 그 풍요하고 은밀한 생명 지향의 음덕으로 그 품이
넓고 깊을수록 구석구석 신령한 종교의 그늘을 만들어준다. 하늘
과 접속을 꿈꾸는 손길, 때 묻지 않은 태초의 영성을 감득하고자
애쓰는 발길이 산을 찾고 산은 그들을 부른다.

그러므로 인간에게 선사된 맨 처음의 낙원이 에덴에 동산의 형
식으로 제공된 것은 우연이라고 보기 어렵다.[21] 그것은 하나님에
의해 조성된 신학적 '정원'으로 식용과실을 맺는 나무와 인간의

적과 관련해서는 여행자를 위한 지리서, 전국 시기의 탐험보고서, 고
대의 무서(巫書), 부족문화 시기의 백과사전적 역사자료 등 다양하다.
유토피아적 상상력의 보고로서 이 책에서 산은 천계(天界)와 하계(下
界) 두 가지의 다른 세계가 접촉하고 있는 공간이다. 이를테면, 산은
신과 기묘한 동물들이 서로 접촉하고 소통하는 매개적 영역인 셈이
다. 강은 반드시 산에서 발원하여 천계의 존재들이 하계로 내려올
수 있는 유일한 통로를 제공한다. 서경호, 『山海經 硏究』(서울: 서울
대학교출판부, 1996), 315‒319 참조.

21) 하나님이 에덴에 조성했다는 그 '동산'은 그 히브리어(gan)의 함의가
다소 모호하다. 이 단어는 우리말로 '동산'이라고 번역되었지만, 영어
로는 일관되게 'garden'으로 되어 있다. 그렇다고 에덴의 그것이 인
공적 정제미로 꾸며진 평지의 현대식 정원과 같은 계통이라고 보기
는 어렵다. 물론 다른 예문(왕하 25:4; 렘 39:4, 52:7)에서 보듯, 이
단어는 '왕의 동산'으로 표기되어 인공적 조성물이란 느낌을 강하게
준다. 그러나 에덴의 그 동산은 하나님이 조성한 신적인 작품으로
평지가 아닌 산골을 배경으로 깔고 있었던 것으로 보인다. "강이 에
덴에서 흘러나와 동산을 적시고 거기서부터 갈라져 네 근원이 되었
으니……"(창 2:10)라는 예문에서 보듯, 그 동산은 강의 근원에 인접
해 있었기 때문이다. 아울러, 그곳이 귀중한 광물질이 생산되는 땅으
로 묘사되는 것도 이러한 추리를 뒷받침한다. 아카디아어의 어원
(edinu)에 의거하여 이곳을 평지로 보려는 시도도 있고, '풍요' '사
치' 등을 뜻하는 셈족어 어근('dn)에 따라 그 단어의 함의를 추리해
보기도 하지만 그 모두가 설득력이 약하다. Howard H. Wallace,
"Garden of Eden," ABD vol.2, 281‒283 참조.

자유를 시험하는 특별한 예외적 나무를 두루 갖추고 있었다. 그런데 인간의 물질적이고 형이상학적 욕구에 대한 배려가 차분히 스민 이 하나님의 동산은, 이를테면 오늘날 시골 마을의 뒷동산처럼 민숭민숭한 소품이 아니었다. 거기에는 비손, 기혼, 힛데겔, 유브라데 등의 강줄기에 물을 공급할 만큼 넉넉한 수량이 담겨 있었다(창 2:10-14). 그렇다고 그 동산이 서양의 정제된 조형물같이 마냥 깔끔하고 아담한 정원 같은 종류도 아니었을 터이다. 에덴의 물이 적시는 인근의 땅은 금과 진주, 호마노 등의 광물질을 내장하여 동산의 지복이 그 강줄기로 연계되어 그 물과 함께 흘러넘치는 풍요의 이미지를 조형해낸다. 하나님은 그 동산의 자연을 인간에 의탁하였고, 에덴의 동산 안에서 그 동산을 매개로 인간과 소통했다. 창조주 하나님의 명령을 어겨 죄를 범한 인간이 겪어야 했던 형벌의 핵심은, 그 동산에서 추방되어 무작정 생명을 위한 배려 없이 거칠게 방치된 광야의 길을 떠돌며 유랑하는 것이었다. 동산의 삶이 생명의 은택이 되고 산의 박탈이 생명의 저주가 되는 이 갈림길은 산의 신학적 상상력에서 하나의 원형적 요소로 새겨 둘 만하다.

창조의 은총이 극대화된 에덴의 삶이 동산을 배경으로 했듯이, 홍수를 통한 심판으로 멸망한 이 땅의 새로운 희망도 산의 발견과 더불어 시작된 것이 흥미롭다. 노아 일행이 홍수로 인해 헤매다가 새로운 삶의 희망을 발견한 맨 처음의 땅은 아라랏산의 봉우리였다(창 8:1-5). 노아는 아마도 그 산 언저리 어느 곳에서 새로운 출발을 기하여 하나님께 번제를 드림으로 새 언약을 맺었다. 이처럼 산이 그 하늘과의 근접성 덕분에 제사의 적소로 여겨진 것은 이른바 믿음의 조상이라는 아브라함의 경우에 더욱 극명하게 예시된다. 그는 만년에 얻은 독자 이삭을 모리아 땅의 한 산에서 제단을 쌓고 희생 제물로 바치라는 하나님의 명령을 받았다(창 22:2). 산은 이처럼 언약의 전당이자 제단을 품은 자연 성전이었다.

그도 그럴 것이 그 산속의 주인공들에게 산은 거룩한 하나님과 호젓이 만나 그 계시를 얻는 신령한 접신의 공간으로 상상된 것이다. 그 상상은 단순히 상상의 영역을 넘어 마침내 그들에게 내실 있게 구현되었으니, 그것이 극적으로 드러난 하나의 꼭짓점은 호렙산의 사건이다. 이 사건은 곧 이스라엘을 하나의 민족으로 불러 그들과 맺은 언약으로 요약된다. 노아의 경우 그 언약의 징표가 무지개였고 아브라함의 경우 할례였듯, 모세와 그 백성들의 경우 그것은 십계명으로 나타났다. 모세는 그것의 전수를 위해 호렙산에 진을 치고 상당한 준비를 하며 그 산을 거룩한 산으로 경계 짓기 위한 제의적 작업에 착수했다(출 19:7－25). 이 시내 광야에 돌올한 산은 그리하여 그 거룩함의 경계에 따라 생사의 경계를 가름하는 민족의 성지로 발돋움할 수 있었다. 산과 연관된 종교적 상상력은 가나안 정착 이후 계속되어 다윗 왕국의 도읍이 산 위의 성으로 건축되어 시온주의의 이념적 초석을 놓았으며, 각종 변종의 제의들이 '산당'의 이름으로 무성히 번창하여 산은 잡된 만신의 전당으로 얼룩지기도 했다. 그 와중에 역사의 변곡점을 맞아 엘리야는 갈멜산의 운명적 대결을 통해 야훼주의 신앙의 극적인 승리를 일구어냈고, 이어 출애굽 사건의 가장 중요한 성소를 찾아 하나님과 다시 만나 계시를 받음으로써 이 산을 매개로 한 계시적 상상력을 극대화한 바 있다(왕상 19:1－18).

산과 연루된 예수의 행보도 이와 같은 신학적 배경과 상상력에 기인한 면이 크다.22) 그는 광야에서 떡의 시험을 치른 뒤 거룩한 성 예루살렘의 성전 꼭대기로 그 배경이 상승 이동한 뒤에 마침내 "지극히 높은 산"으로 옮겨져 "천하만국과 그 영광"의 유혹을 받게 된다(마 4:8). 이 대목에서 상상력의 촉수는 그 높은 산봉우리에서 조망된 이 땅의 미세한 물상들을 향해 뻗는다. 한 도시, 한 나라가 개미 알처럼 작게 보이는 그 산봉우리의 상상력은 군림과 제압의 심리를 부추기며 권력에의 의지를 불태우게 한다. 산봉우리가 하늘의 하나님을 향할 때 그것이 겸비한 제의적 상상력으로 이어지지만 그것이 아래의 지상세계를 굽어볼 때는 천하를 휘어잡으며 통어하는 제왕적 상상력으로 부풀려진다. 예수는 그 지점에서 다시 산봉우리 밑으로 뻗은 시선을 하늘로 돌림으로써 하나님만을 섬기고 경배하는 아들로서, 또 종으로서의 본래 위상을 자각한다(마 4:10).

산의 높이는 일어서서 굽어보고 호령하는 자세를 취하는 자로 하여금 본래의 균형을 잃고 들뜨게 한다. 평평하지 않은 지형으로 인해 그 들뜸은 마음의 착오뿐 아니라 몸의 낭패를 초래하여 자칫 실족의 우려를 낳는다. 그래서인지 예수는 산 위에 올라 서 있기보다 먼저 앉는 포즈를 취했다(마 5:1, 15:29). 예수에게 산은 일상의 생활공간이라기보다 탈일상의 피정을 위한 공간이었다. 그 공간은 사람의 후기와 생활의 온기를 서늘하게 식히면서 홀로 하늘을 묵상하는 처소였으며 아버지와 대화하는 기도의 도량이기도 했다(마 14:23). 예수는 그 산 위에서, 대체로 앉아, 중요한 세 가지 사역을 행했다. 그 첫째는 제자들을 선발하는 사역이고(막 3:13), 둘째는 가

---

22) 구약성서에 나타난 유대민족의 산 전승이 어떻게 예수에게 접맥되었는지에 대하여 다음을 참조할 것: 나요섭, 『산, 예수, 그리고 하늘나라』(영천: 나의주, 2000), 32 - 36.

르치는 사역이며(마 5:1), 셋째는 치유하는 사역이었다(마 15:29 -
31). 이 모든 사역이 산의 이미지를 우려내는 신학적 상상력의 작용
과 무관치 않다는 것이 내 일차적 판단이다.

먼저 제자들을 선발하는 사역 이전의 사역과 관련하여 예수가
그 일을 산에서 수행했음이 주목된다. 이것은 "[예수께서] 또 산에
오르사 자기의 원하는 자들을 부르시니 또 나아온지라"(막 3:22)라
는 평범한 문장으로 서술되어 있지만, 부름과 나아옴의 동선에는
모종의 예전적 절차와 위임의 형식이 깃들어 있다. 이어지는 진술
을 보면 예수는 이 자리에서 하나님 나라의 사역을 위한 인력의
확보와 조직의 정비, 이를 인준하는 일련의 예식을 취하였음이 확
인된다. 더구나 이 자리에서 예수는 일부 제자들의 새 이름까지
지어주지 않았던가(막 3:16 - 17). 이러한 예식의 적당한 공간으로
는 그 공적인 속성을 감안할 때 성전이나 회당이 적절하다. 그러
나 예수의 눈에 이러한 인위적 공간들은 이미 인간의 찌든 욕망으
로 때 묻어 있었으며, 이미 적대적인 상황에서 그 공간의 주체들
과 긴장 어린 대립의 각을 세우는 형편이었다. 그렇다고 사위로
휑하니 터져 먼지바람 치는 광야를 그 장소로 택할 수도 없었을
것이다. 따라서 은밀하고 신선한 분위기를 제공해주는 산이 안성
맞춤의 천연성전으로 인식되었을 것이니 이에 예수의 그 공간 선
택은 자연스럽게 다가온다.

둘째, 가르침의 사역을 수행하기 위해 예수는 산에 올라가 앉았
다(마 5:1). 이는 모세가 하나님의 계명을 받기 위해 경계를 치고
성별한 제의적 분요함과 대조적인 상황 설정이다. 모세는 호렙 산
에서 하나님으로부터 계명의 가르침을 전달받았지만, 예수는 그
산 위에 앉아 직접 그 빼어난 교훈을 가르쳤다. 아울러, 모세가 산

의 성역화를 위해 제의적 경계를 설정한 것(출 19:1-25)과 대조
적으로 예수의 경우는 그러한 위협이 배제되어 있다. 그는 그의
제자들을 곁에 끼고 뭇 군중들을 그 산으로 초대하여 말씀을 전했
던 것이다. 예수는 이 산에서 하나님의 말씀을 대언함으로써 그
말씀을 전수받은 모세의 자리를 그곳의 유대인 군중들에게로 돌려
준다. 아울러 그 말씀의 내용도 화석화된 모세의 율법적 전통을
깨고 그것을 새 시대의 새로운 역사적 삶의 맥락에 비추어 새롭게
재해석하고 재적용한 것이었다. 아울러, 예수는 그 딱딱한 율법책
의 잿빛 공간에서 그의 청중을 해방시켜 산이 제공하는 천연 감각
의 상상력을 맘껏 활용했다. 그 결과로 튀어나온 것이 해와 비와
강과 모래와 반석의 언어요, 공중 나는 새와 들에 핀 백합화 등의
자연 소재에 근거한 구절이었다. 이렇게 산상수훈 속의 예수는 산
위에서 발동한 산의 상상력을 재료 삼아 그 옛날 상실한 에덴의
동산을 대신하여 천국의 말씀으로 천국을 만들어낸 것이다.

　　예수가 산 위에서 병자를 치유한 사역은 얼핏 특별한 의미가 없
는 듯 보인다. 병자를 치유하여 그들의 몸을 건강하게 회복시키는
활동은 장소의 제한 없이 곳곳에서 두루 이루어졌기 때문이다. 그
병자들의 종류도 "절뚝발이와 불구자와 소경과 벙어리와 기타 여
럿"(마 15:30)으로 유별난 특징이 있는 것도 아니다. 그런데 기록
에 의하면 예수가 앉은 그 산의 자리는 갈릴리 호수가 앞으로 내
다보이는 산의 언저리쯤으로 상상된다. 이는 배산임수의 풍수적
위치에서 산수의 기운을 두루 휘감아 예수의 치유하는 손길에 모
을 수 있는 절묘한 입지점이다. 동양 의학적 관점에서 산은 인간
의 질병을 치유하는 각종 약재의 생산처이기도 하다.[23] 그런가 하

---

23) 이러한 생각은 산해경(山海經)으로까지 소급되는데, 거기에 등장하는

면 물은 인간의 심신을 정결케 하는 제의적 수단으로 동서고금에
두루 통용되어왔다. 예수가 하나님의 아들로서 신령한 능력을 발
휘하는 대목에서 굳이 자연의 신통한 효능에 의지해야 하는 것은
아니었겠지만, 산속에 이미 자연과 둘이 아닌 한 몸을 이루며 그
상상력에 감염된 마당에 그 배산임수의 입지점에서 행한 예수의
치유 기적이 크게 돋보이지 않을 수 없다. 예수는 오염된 땅을 가
려 병자를 치유할 리 없었을 것이다. 그러나 그는, 또 그를 따르는
병자들은, 이 땅의 병든 생명을 다스리기 위해 번잡한 인간의 욕
망이 쇄도하는 시장바닥이나 종교가 탐욕의 미끼로 퇴락한 도심의
성전 같은 곳보다는 산과 물이 어울리며 인간을 정화하는 야생의
싱싱한 공간을 선호했을 법하다.

　산과의 인연에서 예수가 가장 빛을 발하는 대목은 이른바 변화
산상에 올라 이 땅을 초월하는 환상적 공간을 연출한 장면에서이
다. 이 산은 매우 높은 산으로 묘사되는데(막 9:2; 마 17:1), 하늘
과 잇닿는 그 정점에서 예수의 제자들은 그 산의 높이와 구름을
매개로 하나님의 현현 가운데 그 육성을 듣는 신기한 체험을 하게
된다(막 9:7-8). 예수는 그 전에 구약의 역사를 대변하는 대표적
인물인 모세와 엘리야를 만나 대화를 나눈다. 그들은 모두가 산과
인연이 깊은 인물들로, 호렙산의 신학적 전통을 개척하거나 갱신
한 주역으로 꼽히기에 손색이 없다. 예수는 그곳에서 변화를 받아
"그 옷이 광채가 나며 세상에서 빨래하는 자가 그렇게 희게 할 수
없을 만큼 심히 희"게 변형된다. 이는 호렙산의 계명을 받기에 앞

"동물과 식물의 가장 중요한 특성은 그들이 인간에게 약물의 효과를
제공하거나 닥쳐오는 사건의 징조를 전달해주는 것이다." 서경호, 앞
의 책(1996), 313 참조.

서 손수 빨래를 하고 성적인 금욕을 실천함으로써 성결한 심신을 준비한 이스라엘 백성들의 경우(출 19:10-15)와 비견된다. 아울러 산속에 들어가 사십일 사십야를 거하면서 마침내 칠일 만에 구름에 가려진 산중에서 야훼 하나님의 부름을 받은 모세의 이야기(출 24:12-18)도 예수의 변화산 이야기에 역사적 기억의 재료로 스며 있다. 그러나 모세와 달리 예수는 엿새 동안 하나님의 부르심을 기다리지 않고 즉시로 변형되어 그 역사적 증인들을 불러낼 뿐더러 하나님의 음성까지 초대하여 예수의 정체와 권위를 인증받는다. 사십 일 사십 야의 긴 체류를 통해 하나님과 접신하는 모세의 수준을 넘어 예수는 즉각적인 자기 변신, 하나님과의 지체 없는 만남으로 계시의 지형을 바꾸어놓은 것이다. 예수의 그 산은 모세의 산과 달리 뜸들임도 없고 중개를 필요로 하지도 않는 자족적인 산으로 오롯하다. 성결케 되기 위한 인위적인 제의의 효능 없이 이미 충분히 성결한 생명의 충만함! 변화산의 상상력은 그 지경을 향해 뻗쳐 있다.

6. 요동하는 대지

"내가 큰 산과 작은 산을 마르게 하며 강들로 섬이 되게 하며 못들을 마르게 할 것이며……"(사 42:15). 사막에 샘이 넘쳐흐르고 광야에 시냇물이 흐르는 땅의 지각 변동 못지않게 산이 황무하고 물이 묻이 되는 역전의 상상력 속에 대지는 예전처럼 지금도 요동치고 있다. 하늘을 울릴 만큼 대단한 영향력을 발휘하는 이 땅의 행태는, 근래 '쓰나미'라는 지진 해일의 예에서 확인할 수 있듯이,

수많은 생명을 앗아가는 재난을 일으켜 이 땅의 생태적 환경을 뒤집어 놓기 일쑤이다. 앞서 지적했지만, 그 땅의 행태인즉 비록 고난의 불가해한 측면에 임하여 '신정론'(theodicy)의 문제를 야기하지만, 상당한 경우 이 땅에 사는 인간의 행태에 대한 하나님의 반응과 결코 무관치 않다. 땅의 지형은 인간의 행태에 따라 바뀌고 뒤집히는 변화무쌍을 경험한다. 하늘과 땅 사이에 사는 인간의 행실에 따라 하나님은 이 땅의 생태 질서를 다양하고도 역동적으로 조정해나가는 것이다.24)

성서에서 이처럼 땅의 변동을 인간의 삶에 연동시키는 것은 결국 인간의 육체적 고향이 땅이요 흙이기 때문이다.25) 인간과 대지는 이처럼 유기체적 인연으로 얽혀 있다. 땅에 발붙이고 사는 존재로서의 인간은 그 땅의 형세가 어떠하든지 숙명적으로 땅을 천대할 수 없다. 골짜기와 산봉우리의 울퉁불퉁한 대지의 형세가 굴곡 없이 평탄케 되리라는 종말론적 환상도 골짜기와 산봉우리의 존재 가치를 부정하지 못한다. 평지의 기준에 못 미치거나 과람하

---

24) 복음서에 나타난 하늘과 땅과 인간의 삼각 관계를 생태 신학적 관점에서 조명한 연구로 다음의 것들을 참조할 것: 조태연, "땅의 애가, 땅이 연가 – 일곱 개의 자연 비유를 중심으로," 『기독교사상』 511(2001 / 7), 199 – 226; "새로운 비유풀이: 똥과 땅, 그리고 하나님의 나라 – 열매 없는 무화과나무(눅 13:6 – 9)," 『세계의 신학』 51(2001 / 6), 71 – 104; "새로운 비유풀이: 피로 젖은 땅의 비가 – 악한 포도원 농부의 비유(막 12:1 – 9; 마 21:33 – 43; 눅 20:9 – 18; 도마65)," 『세계의 신학』 53(2001 / 12), 71 – 123; "아하, 땅속에 하늘이 있었네! – 보화를 품은 땅의 비유(마 13:44; 도마 109)," 『세계의 신학』 48(2000 / 9), 55 – 88.
25) 인간이 느끼는 땅 / 흙에 대한 생래적 친밀감은, 가령 아이들의 흙장난, 깊은 맛이 나는 음식을 땅속에 갈무리하는 것, 죽은 시체가 마치 어머니 품속에 안기듯 땅속에 묻히는 것, 따뜻한 봄 흙냄새 맡으며 행복하게 들길을 걷는 것 등의 예로써 감각된다. 최창조, 『한국의 풍수지리』(서울: 민음사, 1993), 13 – 14 참조.

다는 바로 그 이유로 그것들은 신학적 메타포로서 밋밋한 사유의 지평에 입체감을 실어준다. 오로지 인간 세계의 비루함과 교만함으로 인해 그 깊고 높은 땅의 이미지는 그러한 폐허와 신생의 전복적 상상력 가운데 조명될 뿐이다.

돌과 바위, 거친 지형으로 별로 비옥하지 못한 가나안의 땅을 옛적 이스라엘 백성들은 젖과 꿀이 흐르는 약속의 땅으로 상상했다. 땅이 없는 유랑의 삶을 살던 이들에게 떠돌지 않고 정착해 살 수 있는 땅이 있고 그 땅을 자손들에게 유산으로 물려줄 수 있다는 사실만으로도 그들은 감지덕지하며 행복할 수 있었다. 그러한 결핍된 환경으로부터 에덴의 동산을 향한 신학적 갈망도 배태되었을 것이다. 그들은 들쭉날쭉 굴곡이 심한 땅이 이왕이면 평평한 대지이길 꿈꾸었다. 나아가 그곳이 풍성한 수량의 시내가 흐르고 초목이 무성한 옥토가 되기를 상상했다. 그러나 그렇지 않은 현재의 상황 속에서도 골짜기는 골짜기 나름대로, 높은 산은 높은 산 나름대로, 하나님의 창조 섭리에 따라 제각각 유의미하고 생산적인 상상력의 요처가 될 수 있었다. 하나님은 그의 백성들을 그 높고 깊은 대지의 품에서 쉬게 했고, 그의 백성들에게 나타났으며, 또 계명을 선사했다. 그 땅에 아직 초목이 무성치 못하고 아직 시냇물이 축축하게 그 땅을 적시지 않을지라도, 햇빛 쨍쨍거리고 흙먼지 폴폴 날리는 광야는 광야 나름대로 언약을 갱신하고 간단없는 시행착오에도 불구하고 새로운 삶을 연습하는 연단의 도가니로 기능했다.

이렇듯, 겉모양이 바뀌고 그 얼굴의 표정이 달라질지라도 대지의 태반은 여일하게 하나님의 은총을 담아냈다. 예수에게 대지와 그 속에 꿈틀거리는 인간과 사물들은 그로 하여금 끊임없이 무엇인가를 하도록 역동적으로 부추겼고, 바슐라르가 말한 "적극적 행동주의의 상상력"을 제공했다.26) 그 사랑의 대지 위에서 예수는 무엇보다 걷기에 힘썼다. 쓰러지지 않기 위해, 사람의 아들로 든든하게 이 땅 위에 서기 위해, 그는 머리 둘 곳 없는 이 땅의 박정함을 탓하지 않고 걷고 또 걸었다. 그 땅을 자신의 발로 디디면서 그는 바지런히 움직이어 땅 위에 삶의 족적을 남기고 이로써 길의 흔적을 만들어나갔다. 그 길 위의 예수가 마침내 하나의 길로 변신한 이래로 대지의 바람은 역사의 골목을 두루 휘감아 돌면서 지금도 인간에게 하나님의 생기를 공급하기에 여념이 없다. 오고가는 생명의 유전을 관할하고 생사의 매듭을 짓기 위해 땅은 이 순간도 쉴 새 없이 진동하고 있다.

---

26) 가스통 바슐라르 / 정영란 옮김, 『대지 그리고 휴식의 몽상』(서울: 문학동네, 2002), 8 참조. 대지와 흙에 대한 그의 이러한 상상력은 그의 또 다른 저서 『대지 그리고 의지의 몽상』에서 본격적으로 개진되고 있다.

04 | 예수와 동물 상상력

1. 복음서와 동물들

생물 분류의 상식에 비추어 인간은 동물 중 포유류에 속하며, 동물의 일종으로서 인간은 당연히 생명체의 계통상 그 어떤 피조물보다 동물들과 친근하다. 물론 그 친근함은 분류 계통상의 친근함일 뿐, 각 생명체 개별적 단위의 친연 관계와는 하등의 상관이 없다. 그러나 그 계통상의 친근함 때문인지, 아니, 그보다는 인간의 생활과 긴밀한 접촉의 거리 탓이겠지만, 복음서에는 예수와 관련되거나 예수가 직접 언급한 동물들이 꽤 많이 등장한다. 인간의 문명화 정도에 따라 유형별로 보자면, 복음서에는 돼지, 염소, 양, 소, 나귀, 낙타 등과 같은 사육된 가축들이 등장하는가 하면, 까마귀나 참새, 독수리 등과 같은 날짐승, 물고기, 뱀, 전갈, 여우, 이리 등과 같이 길들여지지 않는 야생동물도 심심찮게 나온다. 그 크기나 등급별로 보자면, 좀과 등록 같은 미생물도 보이고 하루살이같이 미세한 동물로부터 낙타와 나귀, 소 등과 같이 큼직한 고등동물에 이르기까지 다양하게 언급된다.[1] 주거 공간의 차이에 따라 한 번 더

---

1) 이러한 동물들의 분포와 생태적 특징, 인간의 생활문화와 맺어온 역사적 자취 등에 관하여 다음의 글이 포괄적으로 참조가 된다: Edwin

분류하자면, 그들은 물속을 헤엄치는 어류와 땅 위에서 기거나 걷
는 파충류와 포유류, 하늘을 나는 조류 등을 포함한다.

그 가짓수로만 따질 때 여기에서 언급된 동물들보다 언급되지
않은 동물들이 더 많겠지만, 복음서에 언급된 동물들은 성서의 다
른 곳에 언급된 상당히 많은 동물들의 종류와 더불어 주목을 요한
다. 특히, 신학적 관점에서, 예수가 어쩌다가 우연히 그들을 언급
하지 않았다면, 그 동물들의 이름에 담긴 생물학적 의미 이상 또
는 이외의 의미가 있을 텐데, 놀랍게도, 이에 대한 연구는 거의 없
는 실정이다.2) 그 이유는, 첫째, 복음서 및 여타의 신약성서 연구
가 예수의 대속적 죽음과 부활, 재림 등의 신학적 핵심 교리를 중
심으로 해석되어온 저간의 사정에 기인한다. 당시 사람들과 더불
어 호흡하며 일상을 살아간 예수의 삶이 배제된 예수에 대한 신학
적 교리화는 예수의 특정한 부분에 신학적 초점을 맞추도록 강요
했던 것이다. 둘째, 이에 대한 비판적 성찰로 등장한 이른바 '역사
적 예수'의 연구 붐이 이러한 기존 관점의 보충을 가능케 했지만,
역사적 예수의 테마가 장악한 연구의 초점 또한 역사 속의 '인간'
예수였을 뿐이니 이런 추세하에 예수 아닌 다른 인간들과 그들의
생활 속에 함께 존재했던 여타의 다른 피조물, 특히 그 친연 관계
가 유다른 동물들의 공간은 아예 확보될 수 없었던 것이다. 셋째,

Firmage, "Zoology," *ABD* vol.6, 1109 – 1167.

2) 히브리 성서의 육상동물분류법과 관련하여 그 히브리어 표현법의 차
이와 쥐와 뱀처럼 땅 표면에 붙어(along the ground) 평평한 들판에서
기동하느냐, 산토끼와 염소처럼 땅을 뛰어다니면서(over the ground)
경사진 들판에서 기동하느냐의 기준에 따라 두 부류로 나누어 분석한
연구가 제출된 바 있다. Richard Whitekettle, "Rats are Like Snakes,
and Hares are Like Goats: A Study in Israelite Land Animal
Taxonomy," *Biblica* 82 / 3(2001), 345 – 362 참조.

동물들이 단순히 예수의 이야기에 배경이나 소품을 장식하는 하나의 기계적 도구나 상징적 장치였을 뿐, 그들이 살아 있는 생명체로서 존재한 실체라는 자각이 결여된 탓이 크다.

물론 그들은 이야기 속의 주인공으로 등장하는 법이 없다. 하나의 실물로 등장하더라도 그들의 상징적이고 비유적 의미가 강조된다는 점에서 그들의 존재는 약동하는 생명체로서 움직이기보다 하나의 고정된 '풍경'으로 작용하는 측면이 크다. 그러나 그럴지라도 그들은 그들의 고립된 공간에서 유의미한 존재를 내세우지 않는다. 다만, 그들은 예수의 상상력을 발동시키거나 진전시키는 유기적인연 관계 속에서 자기네 생명의 색깔을 은근히 드러낸다. 내가 이 글에서 일차적으로 겨냥하는 바도 바로 예수의 상상력과 연계된 그 동물들의 존재를 시위하려는 것이다. 이는 한 번도 본격적으로 해부된 적이 없는 예수의 상상력을 그 신학적 지향과 맞물리는 궤적 속에 탐색하려는 실험적 도전이다. 예수와 관련하여 언급된 각종 동물들은, 비록 그 단편적이고 일상적인 지면에도 불구하고, 예수의 신학을 특징짓는 중요한 핵자로서 기능했다. 이것이 내가 미리 제출하는 이 글의 주요 결론이다. 아울러, 그것은 예수의 신학이 어디서 발원하여 어떻게 요동쳤으며 결국 어디로 수렴되어 갔는지를 가늠하는 방향타로서 이해할 만한 여지를 남긴다.

2. 동물 상상력의 성서적 계보

나의 분석에 따르면 예수의 동물 상상력은 세 가지의 역사적 계보를 그 이면에 깔고 있다.

1) 창조신학과 에덴의 이상향

예수의 동물 상상력은 하나님의 세상 창조와 에덴의 공동체에 투사된 샬롬의 이상에 살며시 잇닿아 있다. 여기서 내가 '살며시'라는 부사를 굳이 첨가한 것은, 그 상호 관계가 두텁게 나타나지 않고 흐릿하게 나타남을 의미한다. 첫 인류의 타락 이전 에덴에서 창조주 하나님과 피조물들의 관계는 상호 신뢰와 이에 근거한 화목과 일치의 상태로 나타난다. 나아가 피조물끼리도 일체의 적의 없이 공존하는 평화적 관계로 맺어져 있음이 드러난다. 그리하여 아담과 하와가 동물을 잡아먹으려고 사냥하여 죽이는 장면을 에덴의 삶에서 상상할 수 없다. 그들은 각기 종자대로 생육하고 번성하는 풍요의 복락과 자유의 은총을 누릴 수 있었으니 그것은 하나님의 창조에 담긴 선함을 반영하는 광경이었다. 인간은 "씨 맺는 모든 채소와 씨 가진 열매"(창 1:29)를 일용할 양식 삼아 취하는 것으로 족했다. 인간은 그 동산의 청지기로서 각 생물들에게 이름을 부여하는 질서의 유지자로서 그 본분을 다해야 했다(창 2:19).

물론, 에덴에서의 피조물 공동체가 누린 '적의 없음'의 관계가 '긴장 없음'을 가리키지는 않는다. 창조적 긴장의 극적인 징표는 '선과 악을 알게 하는 나무의 열매'와 하나님이 지으신 들짐승 중 가장 간교한 '뱀'의 존재이다.[3] 놀랍게도 하나님의 선한 창조 속

---

3) 종교적 상징으로서 뱀의 존재는 동서고금의 신화, 전설, 민담 등에 광범위하게 탐지된다. 그 광범위한 분포만큼 그것이 내포하는 상징적 의미와 역할 또한 매우 다양하다. 이를테면, 뱀은 그 종교 전통에 따라 세상의 중심축, 생명의 근본적 파괴자, 선악의 상징, 제왕의 상징, 번개와 비의 표상, 살해자 / 치유자, 악한, 혼돈, 탐식의 상징, 성과 다산의 상징, 수호자 및 신의 동반자, 지혜의 상징, 불길한 전조의 대상 등과

에 '간교한' 들짐승이 끼어 있었다. 그리고 타락과 번영의 지속을 판가름할 잣대로서 선악과 또한 포함되어 있었다. 선악과와 뱀은 유혹과 시험의 현장에서 따라붙는 창조적 긴장의 징후이다. 하나님의 창조가 선한 창조이기에 그로부터 창조적 긴장이 생겨남은 어쩌면 당연한 일이다. 마가복음에서 보여주는 예수의 시험 장면은 짧게 기록되어 있는데, 거기에도 이런 창조신학에 기초한 긴장과 조화는 고스란히 스며 있다.

> 성령이 곧 예수를 광야로 몰아내신지라 광야에서 사십 일을 계시면서 사탄에게 시험을 받으시며 들짐승과 함께 계시니 천사들이 수종을 들더라(막 1:13)

여기서 광야는 에덴과 다른 거친 공간이지만, 에덴처럼 자유로운 공간이기도 하다. 거기서 마주친 사탄은 에덴에서의 뱀과 같은 잠재적 악의 표상물이다. 물론 그 사탄을 대적할 지원 세력으로, 예수의 편에 천사도 있다. 그러면 그 사이에 끼어 나오는 '들짐승'은 무엇인가? 이 신화적 장면에서 우리는 에덴의 동물들을 떠올린다. 예수는 여기서 그 들짐승들과 '함께' 공존하며 어울리고 있다. 그 어느 쪽에서든 일방적으로 가하는 해코지 없이 그저 함께 있을 뿐이다. 이 장면에서 사탄의 시험이 부정적 색깔을 주고 천사의 존재가 긍정적 색깔을 부여한다면 들짐승은 그저 에덴에서처럼 더불어 존재하는 하나님의 피조물일 따름이다. 그 들짐승이 사자나 이리와 같은 맹수일 수도 있겠건만 그들은 예수와 함께 있을 뿐 예수를 해쳤다고 말하지 않는다. 이는 일찍이 이사야가 환상 속에

같이 다채롭게 나타난다. Lowell K. Handy, "Serpent(Religious Symbol)," *ABD* vol.5, 1113 – 1116 참조.

전망한 에덴의 복원으로서의 목가적 공동체를 연상시켜준다. "이리와 어린 양과 함께 살며 표범이 어린 염소와 함께 누우며 송아지와 어린 사자와 살진 짐승이 함께 있어 어린아이에게 끌리"(사 11:6)는 그 아름다운 이상향은 시험받는 예수에게 잠깐 투영된다. 그러나 그 '잠깐'은 희미하고 컴컴하여 신화적 색채로 투영될 뿐, 지속적인 맥락을 거느리지 못한다.

예수에게 하나님의 창조 이야기가 동물 상상력과 관련하여 지속적인 메시지로 적용된 경우는 동물과 인간의 창조적 우선순위에 대한 명백한 입장 표명이다. 예수는 공중 나는 새를 먹이고(마 6:26) "참새 다섯 마리가 두 앗사리온에 팔리는 것"(눅 12:6)과 관련된 하나님의 세심한 창조 섭리를 읽어냈지만, 동시에 그것들보다 인간이 더 소중한 가치임을 인정했다. 천하보다 귀중한 인간 생명의 가치를 역설할 정도였으니 그 천하에 거주하는 여타 피조물의 등급이 인간의 등급보다 낮은 창조 질서의 원칙을 아무리 강조해도 지나치지 않을 것이다. 그 상명하복의 주종관계에서 인간은 동물들을 다스리고 관할하며 질서 있게 보존할 권리와 책임을 두루 지닌다. 밑에서 다룰 동물 고기의 식용 관습도 이러한 신학적 원칙 아래 정당화될 수 있다. 그러나 문제는, 이러한 질서가 인간의 타락과 실낙원 이후 더 이상 보편적으로 지켜지지 않았다는 것이다. 지켜진 범주는 대체로 인간의 생활 울타리 안에서 길들여온 이른바 '가축'의 범주일 뿐, 상당수의 야수는 인간을 해치는 적대적 관계로 존속되고 있는 형편이다. 인간의 주검을 파먹는 독수리에 대한 묘사가 자리하는 신학적 맥락은 바로 이 대목이다(눅 17:37).[4)]

---

4) 이 독수리는 흔히 알려진 일반 독수리(eagle)가 아니라 주검을 파먹는

2) 성결법과 정/부정의 원리

예수의 동물 상상력은 레위기의 성결법을 중심으로 하는 정(淨) 과 부정(不淨)의 원리에 그 한 가닥을 걸치고 있다. 여기에는 각종 동물 제물의 목록이 열거되고, 그 제물을 드리는 방법이 매우 섬 세하게 기록되어 있다. 그 제물의 주된 시사점은 그것들이 하나님 께 인간의 죄악과 범실을 대속하는 희생물로 드려지고, 그 드려진 제물은 인간들에게 식용 가능한 양식이 된다는 것이다. 여기에는 다시 두 가지의 작은 전제 조건이 깔려 있다. 그 하나는, 인간이 실낙원 이후 채식의 규정을 떠나 동물을 잡아먹는 육식의 습속을 수용하여 정착시켜나갔다는 것이고, 또 다른 하나는, 그 와중에 동 물들을 식용 가능한 것과 그렇지 못한 것을 구별하여 취사 선택하 는 법규가 발전되었다는 것이다. 전자의 경우, 가장 오래된 사례는 노아 홍수 이후 드려진 번제 의식(창 8:20-21)에서 탐지되고, 후 자의 경우, 그 대표적인 법규로 레위기 11장이 거론된다. 노아가 드린 최초의 번제물에서 하나님은 동물 타는 육체가 풍기는 그 냄 새를 '향기'로 기꺼이 즐겼다(창 8:21). 이는 인간이 고기 맛을 알 게 된 문명사적 발전 단계와 무관치 않아 보인다. 음식에 관한 이 러한 성결예법의 규정은 유대교의 전통적 관습을 형성하였고, 예

콘도르 독수리(vulture)에 해당된다. 예수의 이 어록 — "주검 있는 곳 에는 독수리가 모이느니라" — 의 편집적 맥락에 대하여 많은 논란이 있다. 최근의 한 연구에 의하면, 이 어록은, 하나님 나라의 임재와 관 련된 '어느 때'에 대한 질문(눅 17:20)과 '어디로'에 대한 궁금증(눅 17:21)을 두루 포괄하면서, 종말 심판의 도래가 예기치 않은 급작스럽 고 놀라운 사건으로, 사전 표징 없이 이루어지리라는 메시지를 담아내 고 있다. John Topel, "What Kind of a Sign are Vulture? Luke 17:37b," *Biblica* 84/3(2003), 403-411 참조.

수의 시대에 예수를 둘러싼 생활환경도 이와 긴밀히 연관되어 있었다.

이와 관련하여 당연하지만 중요한 지적 한 가지. 제물과 양식으로서의 동물은 곧 재산이기도 하였다. 소와 양, 염소 등은 가축으로 키우다 잡아먹거나 제물로 하나님께 바치기도 하지만 그만큼 소중한 가치를 지녔기에 곧 그 소유자의 재산으로 관리되었고 또 사고파는 상품으로 거래되기도 하였다(눅 14:9, 15:4).

예수는 굶주림을 느낄 줄 아는 정상적인 인간으로 음식 먹길 즐겼다. 그가 먹거나 먹을거리로 언급한 육식 메뉴로는 생선이 자주 언급되는 편이고, 그밖에 잔칫날이나 명절에 먹는 소와 송아지, 염소 새끼, 유월절 양 등이 포함된다. 예수가 물고기를 주요 육식으로 삼은 것은, 그와 그의 주요 제자들이 갈릴리 호숫가 출신이었다는 사실과 연관되지만 동시에 가난한 그들이 가장 손쉽게 취할 수 있는 야생음식이라는 점과도 무관치 않아 보인다. 신학적으로 보면 물고기는 정결함의 상징인 물과 결합되어 양식으로서 깨끗하고 소박하며 부담 없는 메뉴였을 것이다. 예수는 그 물고기를 양식 삼아 이따금 먹었고, 그를 따르는 사람들과 나눠 먹었다. 이러한 친연 관계로 물고기를 뜻하는 희랍어 '익쑤스'(*ichthys*)는 예수 그리스도를 표상하는 암호로, 그것의 은밀함에 대조되는 명백함의 표상인 어린양과 더불어 후대의 가장 대표적인 기독교적 동물 상징으로 자리 잡아갔다. 그러나 물에 사는 고기라고 다 먹을 수 있는 것은 아니어서, 주지하듯, 비늘이 없는 물고기는 여전히 부정한 동물로 간주되었다.[5]

---

5) 사도행전 10:9-16에서 베드로가 본 동물 환상은 이방족속들에게로 확산되어야 할 복음의 진로를 암시하지만, 예수 당시에도 레위기 11

102

유대인으로서 예수는 이러한 당시의 음식 관행에 무감각하지 않
았다. 그에게 '개'와 '돼지'는 거룩한 것, 고귀한 것을 주지 말아야
할 부정한 짐승으로 간주되었다(마 7:6). 돼지는 군대 귀신이 들어
가 무리를 지어 익사하는 것이 대수롭지 않게 여겨졌고(막 5:11 -
15), 개는 피를 좋아하며(눅 16:21) 부스러기 음식을 주워 먹는 더
럽고 추한 이방인의 표상으로 통용되었다(막 7:27 - 28).6) 뿐 아니
라 그는 정결예법에 따라 먹을 수 있는 음식과 먹지 말아야 할 음
식을 생선과 뱀(또는 전갈)의 대조로 표현한다(마 7:10; 눅 11:11,
12). 동물 음식과 관련된 이러한 유대교의 성결 신학적 배경은 당
시의 예수에게도 하나의 관행으로 작용하여 그의 일상적 생활환경
을 지배했음을 부인하기 어렵다.

그러나 이러한 동물음식 관행이 인간의 존엄한 권리에 적용될
때 그는 그로부터 파생되는 제반 문제에 대하여 인간의 생명과 그
건강한 복지와 향유를 무엇보다 우선시하였다. 이는 인간이 안식
일을 위해 존재하기보다 안식일이 인간을 위해 존재한다(막 2:27)
는 예수의 선언에 단적으로 드러난다. 이러한 개방적이고 유연한
자세는 이방인 여자를 개인 양 간주하는 듯하면서도 그녀의 요청

장의 전통이 여전히 남아 있었다는 방증으로도 읽힌다.
6) 개를 부정적으로 묘사한 유대교-그리스도교 전통과 달리, 고대 근동
의 종교 제의에서 개는 숭배의 대상이 되거나 제의의 수단으로 활용되
었다. 예컨대, 조로아스터교에서 개는 존중되었고, 페니키아인들은 개
를 치유제의와 관련하여 성스러운 존재로 여겨 아쉬켈론(Ashkelon)에
700마리나 되는 개들의 공동묘지를 조성하기도 했다. 그런가 하면, 아
나톨리아와 메소포타미아에서 애완견은 부정과 질병을 제거하는 제의
에서 주요 역할을 하였고, 그밖에 다른 종교 전통에서는 돼지 같은 동
물들과 더불어 가족의 불화를 해소하거나 귀신을 쫓아내는 제의에서
사용되기도 하였다. Edwin Firmage, 앞의 글, 1143 - 1144 참조.

대로 그녀의 딸을 향해 결국 치유의 은혜를 베푼 사실로써도 증명
된다(막 7:24 - 30). 또한 당시 유통되던 정과 부정의 율법적 전통
에 비판적인 태도를 보이면서 예수는, "무엇이든지 밖에서 사람에
게로 들어가는 것은 능히 사람을 더럽게 하지 못하되 사람 안에서
나오는 것이 사람을 더럽게 하는 것"(막 7:15 - 16)이라고 그 관행
을 뒤집는 발언을 하였다. 여기서 "밖에서 사람에게로 들어가는
것"의 목록에 예수가 기꺼이 율법에 금지된 동물고기를 포함할 수
있을 것으로 보이지는 않지만, 그가 율법의 문자 규례 자체보다
그 손가락이 가리키는 달을 본 것만은 확실하다.

3) 지혜문학과 자연세계의 통찰

예수의 동물 상상력 배후에는 지혜 문학에 근거한 동물 세계의
섬세한 관찰과 기본적인 성향 파악이라는 일상적 삶의 경험이 깔려
있는 것으로 보인다. 그 경험은 물론 일회적이고 산발적이라기보다
반복적인 경험으로 축적되어온 전통의 산물이라는 점에서 생활 문
화사의 경륜에 가깝다.[7] 이러한 통찰에 근거하여 예수는 동물의 이
름에 빗대어 각종 동물 비유와 지혜의 어록을 생산해낼 수 있었다.
이때 동물에 대한 관찰은 그 생김새와 인상, 그 행태와 버릇, 그 기
질과 성향, 인간과의 관계에서 표출해온 우호적 친연관계의 정도
따위를 아우른다. 그 관찰은 일정한 안목에 근거한 생물학적 통찰
을 낳고, 그 통찰은 그 주체의 상상력을 작동시켜 각종 상징적 의

---

7) 예수의 지혜 담론은 무엇보다 구약성서의 지혜문학과 밀접한 연관이
   있으려니와, 그 전승 과정은 하나의 장구한 축적 과정이었음을 알 수
   있다. Donn F. Morgan, *Wisdom in the Old Testament Traditions*
   (Atlanta: John Knox Press, 1981) 참조.

104

미의 계통화와 유형화를 가능케 한다. 그것의 축적이 만들어낸 특정 동물의 특정 이미지는 특정 이야기의 맥락에 적용되어 그 동물의 고정된 이미지를 증폭하거나 변용·왜곡시키기도 한다.

가령, 잠언서의 저자는 게으른 자를 꾸짖으면서 '개미'에게서 배우라고 충고한다(잠 6:6-8). 이 개미의 이미지는 관찰의 축적이 만들어낸 근면의 상식적인 이미지이다. 마찬가지로 예수는 기존의 교활한 여우의 이미지에 기대어 헤롯왕의 간교함을 폭로한다(눅 13:32). 그런가 하면 암탉이 병아리를 제 날개에 품는 장면에 대한 관찰의 기억에 근거하여 이스라엘 백성을 품어 안고자 한 자신의 위상을 암탉의 이미지에 빗대어 드러낸다(마 23:37; 눅 13:34). 역시 비유적 맥락에서 일상적 관찰에 따라 하루살이의 작고 가벼움은 낙타의 비대함, 묵직함과 대조적인 관계로 묘사된다(마 23:24). 특히, 낙타와 바늘구멍의 비유(막 10:25)에서 낙타는 자선을 행하는 부자의 환유로 차용된다.[8] 새의 둥지와 여우의 굴은 안식할 처소와 거주의 의미를 상기시키며, 예수의 무주와 방랑의 삶의 스타일을 대립시키는 이미지로 차용되기도 한다(마 8:20).

이 모든 사례들이 지혜문학의 전통에 물길을 트고 있는 자연세계에 대한 관찰의 산물이다. 이 계통의 동물 상상력은 인간과 동물의 관계를 주종 관계가 아닌 상호 의존적인 관계로 이해한다. 동물은 인간에 비해 하찮은 미물이지만 그들의 생김새와 행태와 살림살이의 모습에는 하나님이 그들에게 부여한 고유한 몫의 생명 가치와 그것을 보존하려는 그들 나름의 노력이 담겨 있다. 그들은

---

8) 그밖에도 낙타는 남의 짐을 나르는 헌신, 불확실한 성정, 바위 많은 협곡이나 천정 낮은 공간을 감당 못하는 무능력의 표상으로 사용되었다. J. Duncan M. Derrett, "A Camel Through the Eye of a Needle," *NTS* 32(1986), 465-475 참조.

인간에게 삶의 구석구석 여러 방면의 관심사에 걸쳐 크고 작은 교훈을 준다. 그 교훈은 직접적인 도덕 윤리적인 교훈인 경우도 있지만, 간접적으로 인간의 특정 삶의 내용을 빗대어 질타하고 격려하기 위한 우화적 내용도 많다. 이솝의 우화가 이 방면의 집대성으로 대중들에게 널리 알려져 있거니와, 예수가 기대고 있는 지혜 문학 계통의 동물 상상력 또한 이러한 방향으로 개방적이었음이 분명하다.

3. 동물 상상력의 신학적 층위

예수의 동물 상상력이 발동하는 해석적 층위는 복합적이다. 앞서 설명한 대로 그것의 전이해적 층위는 과거의 집단 경험적 전통이다. 이는 특정 동물의 이름에 달라붙은 통속적 이미지를 재생산하는 역할을 한다. 이때 사용되는 동물 이미지는 마치 기계의 부속품처럼 이야기의 소재나 메시지의 소품으로 작동한다. 그 동물의 이미지가 본격적으로 살아 움직이는 것은 그 상상력의 현재적 층위, 곧 예수나 화자의 경험적 삶의 현장을 관통하는 과거의 전이해가 빚어내는 해석적 공명의 공간이다. 그 해석의 일차적 단계는 예수와 그의 청중들, 그리고 복음서와 그 당시 독자들이 만나면서 생성한 의미의 층위일 터이다. 그렇다면 그 이차적 단계는 오늘날 독자들이 축적된 해석의 더께 위에서 만나는 동물 이미지를 각자의 경험과 인식의 틀에 맞추어 이해하고 수용하는 단계에 해당된다.

동물이 동물의 상상력을 운위하지 않는다는 점에서 이 모든 상

상력의 전개와 그에 따른 해석적 공명의 과정은 필연적으로 복음
서 본연의 목적, 즉 신학적 메시지의 세계로 치환될 수밖에 없다.
그 해석적 맥락은 복음서에 나오는 예수의 신학적 상상력의 한 꼭
지를 투영하는 최초의 출처일 것이다. 문자적 상상력에 선행하는
것이 이미지에 뿌리내린 상상력이라면, 그 가운데 가장 생생한 것
하나가 동물 이미지일 터이기 때문이다.

　이렇게 볼 때, 예수의 상상력 속에서 동물들은 한편으로 인간과
불화하는 양태를 드러내면서 다른 한편으로 화해의 희망을 선취하
는 역동적 위치에 있다. 나는 이러한 동물 상상력의 층위를 '구속
적 상상력'으로 특징짓고 싶다. 인간과 불화하는 동물 세계는 마땅
히 창세기의 실낙원 사건 이후 인간의 타락이 야기한 죄악상의 한
단면에 불과하다. 이에 대한 신적인 계시의 일환으로 일부 동물들
은 하나님 나라의 계몽과 각성을 매개하는 상징적 촉매제로 기여
한다. 나는 그 일련의 동물 상상력의 작용을 '묵시적 상상력'이란
맥락에서 개념화할 수 있으리라 본다. 그 묵시는 이 땅에서의 실
현을 위한 방법적 성육화를 필연적으로 요청한다. 그것은 묵시를
신적인 계시로 분별하고 인식하며 수용하기 위한 인간 공동체의
태반이며, 그 현실적 삶을 뒷받침하는 생존과 생활의 에너지이다.
나는 이런 상상력의 층위를 '지혜 상상력'이라 부르고자 한다. 이
세 층위의 동물 상상력이 구체적으로 어떤 동물의 어떤 면모를 매
개로 작동하는지, 또 그것이 어떤 신학적 메시지를 형성하게 되는
지를 검증하는 것이 이 대목의 과제가 될 것이다.

1) 구속적 상상력

　구속적 상상력이 동물 이미지를 매개 삼아 신학적으로 작동하는
경우는 피조 세계의 일부인 동물과 불화하는 인간 세계의 현실과
결부되어 나타난다. 이 세상의 삶은 아무리 부지런히 재화를 축적
하고 그것을 보존하려 꼼꼼히 애써도 보이지 않게 세월의 풍화를
겪으며 그 과정에서 '좀과 동록'의 침투를 막지 못한다(마 6:19).
좀과 동록은 인간의 부지런함과 치밀함을 뚫고 인간의 가치를 전
복시키는 부패의 이미지를 거느리고 있다.9) 인간의 가치는, 특히
눈에 보이는 물질적 가치일 경우, 평생 그것을 추구하고 그것에
매달리며 살지라도 결국 낡고 썩을 수밖에 없다. 그러나 그것은
저절로 썩지 않고 좀과 동록이라는 미생물을 매개로 하여 썩어간
다. 그 썩음의 현상은 하나님의 형상을 간직한 채 영원을 추구하
는 인간의 지향에 결정적으로 불화하는 증거이다. 에덴에서 간교
한 성정으로 인간을 타락의 구렁텅이로 내몬 뱀 또한 인간과 상극
의 적대적 관계에 놓여 있다. 뱀(또는 전갈)은 먹지 못할 육체로
인간의 식욕을 거스른다(마 7:10; 눅 11:11 - 12). 나아가 그 치명
적인 독으로 인간의 사악함을 야기하며 인간의 선량함을 적대시하
는, 그리하여 인간이 힘써 싸우고 죽여야 할 요물이다(막 16:18;
마 23:33).10)

---

9) 보화를 무용지물로 만드는 '좀과 동록'의 이미지는 야고보서에서 좀
　더 구체적으로 발전하여, 재물뿐 아니라 옷과 인간의 살까지 파먹는
　종말론적 심판의 증거가 된다. "너희 재물은 썩었고 너희 옷은 좀먹
　었으며, 너희 금과 은은 녹이 슬었으니 이 녹이 너희에게 증거가 되
　며 불같이 너희 살을 먹으리라"(약 5:2 - 3).
10) 이러한 뱀의 부정적 이미지는 요한계시록(20:1 - 3)에 이르러 최후로

그런가 하면 광야와 같은 세상에서 인간을 위협하는 동물 이미지는 또 달리 이리의 그것으로 나타난다. 그들은 날카로운 이빨로 물고 뜯고 찢는 장기를 가지고 인간의 생명과 그 재산(가축)을 위협하는 대표적인 야수이다(마 10:6; 눅 10:3). 이리가 인간의 재산인 가축(양 따위)을 위협하는 방식과 유사하게 공중의 새는 그 뾰족한 부리로 인간이 밭에 심어 장차 식량을 삼으려는 곡식의 씨앗을 쪼아 먹음으로 인간의 농사에 손해를 끼친다(막 4:4; 마 13:4). 농사를 망칠 경우, 일용할 양식을 조달할 방도가 당장 막힌다는 점에서 씨앗을 길가에 뿌리는 실책과 더불어 새의 존재는 인간의 미래 생명에 치명적인 위협이 된다. 이러한 까닭에 여기서 새는 놀랍게도 그 전형적인 이미지의 굴레를 벗어나 '사탄'의 표상으로 해석된다(막 4:15).

이와 같은 동물 세계와의 불화에서 인간이 스스로 구속하는 길은, 저러한 적대적인 동물들과 맞서 싸우고 그들을 잡아 죽이는 전투적인 방식이 있다. 실제로 저러한 동물과 마주칠 때 인간이 취할 선택은 가만히 앉아 당하지 않으려면 도망치거나 싸우는 것 외에 뾰족한 수가 없다. 그것들과 마주치지 않도록 사전에 경계하며 조심하는 것이 최상의 방책이겠지만 삶의 우발성은 저러한 위협적 요소와의 부대낌을 완벽하게 차단할 수 없는 숱하게 많은 미로와 미궁을 숨겨두고 있다.

일단 마주치고 부대끼는 불가피한 상황에서 선택과 결단은 필수적이다. 싸움의 선택과 겹쳐지면서 기묘하게 엇갈리는 또 다른 선

싸워 이겨야 할, 만악의 근원 '용'으로 변용되어 나타난다. 그 용은 "곧 옛 뱀이요 마귀요 사탄"에 다름 아니다. 이로써 사탄의 변신체로서 에덴의 뱀은 종말의 용과 통한다.

택은 양이 되는 길이다. 복음서에서 가장 왕성하고 다채롭게 등장하는 동물의 이미지가 바로 양의 그것이다. 이는 당시 예수의 생활환경이 양의 목축이 편만했던 점과 전통적인 제물로 종종 양이 드려진 점 등과 무관치 않을 것이다.[11] 그러나 동시에 양의 외양과 기질 및 그 성향에 대한 관찰과 이를 통한 경험적 인식도 여기에 작용했을 것이다. 그 털과 가죽, 고기와 우유로 인간에게 많은 혜택을 줄 뿐 아니라 온순하고 순응적이며 인간과의 관계에서 친화적인 기질 또한 양의 이미지를 긍정적으로 채색하는 요인이 되었을 것이다. 복음서에 등장하는 양의 이미지는 몇 가지로 분화하면서 신학적으로 일관된 연속성을 띠는데, 목자 없는 양(막 6:34; 마 9:36) – 잃어버린 양(마 10:6, 16;24, 18:12; 눅 15:4) – 순종하는 양(요 10:4) – 제물이 된 양(막 14:12) – 심판대 앞에 선 양(마 25:32)의 패턴이 그것이다. 목자 없는 양, 잃어버린 양과 겹쳐지면서 순종하는 양과의 매개적 관계 속에 개입하는 변용된 양의 이미지는 이리 속에 던져진 양떼의 이미지이다(마 10:16; 눅 10:3). 그들은 이 땅의 냉엄한 현실적 삶의 현장에서 길을 잃고 헤맬 수도, 목자의 가르침을 순종함으로써 생존하고 본연의 사명을 감당할 수도 있는 제자도의 잠재적 현실태이다.

예수는 이러한 양과의 관계에서 때로 그 양떼를 선도하고 보살피는 목자로 자리매김되지만 동시에 유월절 양의 희생 제물로 자처함으로써 "세상 죄를 지고 가는 하나님의 어린양"(요 1:29)으로

---

11) 양과 목자와 접맥된 전통적 이미지는 신약성서의 예수 이미지와 교회 지도자 이미지로 정착되기 전에 이미 구약성서에서 하나님과 인간 지도자의 중요한 이미지였을 뿐 아니라, 오래된 목축의 역사와 함께 고대 메소포타미아, 이집트, 그리스 등지로도 소급된다. Jack W. Vancil, "Sheep, Shepherd," ABD vol.5, 1187 – 1190 참조.

등극하기도 한다. 다시 말해, 예수는 양이며 목자인 이중적 존재이다. 이는 또한 예수가 양의 이미지로 표상되는 연약하고 우둔하고 온순한 하나님의 백성들과 그 백성들을 이끄는 목자로서의 야훼 하나님 사이를 포괄하며 오가는 순환적 존재임을 드러낸다. 그 과정에서 양이 된 예수가 행하는 사역은 대속의 사역에 다름 아닐 터이다. 나아가 또 다른 양에 해당되는 그의 제자들도 저러한 양의 이미지와 연루되는 한, 예수의 발자취를 따라 자신과 이웃을 위해 희생하며 그들을 구원하는 사명을 떠맡아야 한다. 이로써 일련의 양의 이미지는 구속적 상상력을 매개하며 예수의 이야기와 자신의 실제 삶, 나아가 그것에 대한 해석적 담론을 통해 역동적으로 그 신학의 속살을 형성하며 그 자양분을 공급해나간 것이다.

2) 묵시적 상상력

예수에게 묵시적 상상력의 단초를 제공한 동물은 비둘기이다. 구약성서의 맥락에서 비둘기는 집에서 기르는 집비둘기든, 산에서 야생하는 산비둘기든, 조류로서 예외적으로 하나님께 드리는 제물로 사용되었고, 이러한 제사 예법은 신약성서 시대에까지 계속되었다(눅 2:24). 비둘기는 소나 양과 같은 다른 제물에 비해 비교적 가격이 저렴하여 주로 가난한 계층의 백성들이 제물로 사용하기에 편리했을 것이다. 비둘기는 또한 예로부터 그 대척점에 놓인 까마귀와 비교할 때 인간과 친화력이 높고, 그에 따라 자연스럽게 인간에게 우호적인 상징으로 용인되어왔다(창 8:6 - 12).

그 비둘기가 성령의 이미지로 예수가 세례받을 때 강림한 것은 우발적인 사건이 아니다. 공관복음에 공통적으로 기록된 이 묵시적 사건(막 1:10; 마 3:16; 눅 3:22)은 특히 비둘기의 상징에 깃들인 신학적 상상력에 착안할 때 의미심장하다. 예수의 메시아직을 인증하는 세례의식에 등장한 그 비둘기는 성령의 강림을 매개하는 이미지로서 예수가 평화의 사자로 인준받음을 암시한다.[12) 평화의 상징으로서 비둘기는 폭력과 강탈의 제국주의적 상징으로 당시 로마의 대표적 상징물로 사용된 독수리와 대조적인 위상을 차지한다. 가난한 자들의 제물로서 비둘기의 비중을 염두에 둘 때 예수가 거느리는 이미지 또한 가난한 자들의 친구로서의 그것에 밀착된다. 아울러, 그 비둘기는 예수의 제자로서 지녀야 할 순결한 성품을 그 정체성의 표지로 거느리는데(마 10:16), 이로써 비둘기로 매개되는 동물 상상력은 예수의 세례가 순결한 그의 메시아적 성정을 표상하기에 적절함을 시사한다.

한편, 성령의 표상으로 예수의 세례에 등장하는 비둘기는 조류로서 하늘과 땅을 매개하는 묵시적 메시지의 대변자이다. 그것은, 예수의 생애가 개인의 사사로운 일상에 국한되지 않고 뚜렷한 목적을 지닌 공적인 사명의 삶이 되리라는 점을 미리 암시한다. 그리하여 비둘기의 형상으로 강림한 성령은 하늘의 신성한 목소리를 동반한다. 그 목소리는, "너는 내 사랑하는 아들이라. 내가 너를 기뻐하노라"(막 1:11)에서 보듯, 하나님 아버지와의 친밀한 부자 관계를 통해 그 정체성을 확립하는 역할을 한다. 그 신성한 부자 관계의 정체성은 예수를 따르는 제자들의 정체성으로 이어져 그들은 비둘기처럼 순결해야 할 것으로 훈계받는다(마 10:16).[13) 한편,

---

12) 성령의 비둘기 이미지에 대해서는 차정식, "바람과 불의 행방: 비둘기와 보혜사의 진로," 『신학사상』 120(2003 / 봄), 230 - 254 참조.

13) 예수의 관련 어록에서 비둘기의 순결함은 뱀의 영리함과 밀접히 연계되어 있어 이것을 별도의 교훈으로 따로 떼어놓고 이해하기 어렵

새의 소리로써 묵시적 계시와 계몽적 각성을 추동하는 또 다른 예로 베드로 에피소드와 연관된 닭의 울음소리를 들 수 있다(막 14:30; 마 26;34; 눅 22:34). 예수를 끝끝내 배반하지 않겠노라는 베드로의 장담과 이에 대하여 닭소리를 매개로 제시한 예수의 예언, 마침내 이어지는 베드로의 세 차례 배반과 세 차례 닭울음소리의 찌르는 듯한 틈입은, 이 가축화된 조류가 망각에 사로잡힌 인간의 무지와 몽매를 일깨우고 그 기억을 생생하게 환기시켜주는 계시적 효과를 지니고 있음을 확인해준다.14)

이러한 묵시적 상상력의 차원에서 유사하게 해석될 만한 동물은 요나의 설화에 나오는 큰 물고기이다. 예수가 인용한 이 설화(마 12:40)에서 큰 물고기는 인간과 불화하면서 동시에 인간을 그 뱃

다. 그런데 후대 그리스도교 전통에서는 비둘기 같은 순결함을 '양순함'으로 그 의미를 다소 변환시켜 마치 비둘기가 제 새끼를 빼앗겨도 빼앗아간 상대방을 미워하지 않는 성향을 강조한다. 이로부터 추출되는 메시지는, 누가 소유를 빼앗거나 어떤 악한 일을 행하여도 기쁜 마음으로 받아들이고 나쁜 마음을 먹어서는 안 된다는 것이다. 피지올로구스 / 노성두 옮김, 『기독교동물상징사전』(서울: 지와 사랑, 1999), 163 참조.

14) 유대교의 하가다 전통에 의하면 닭이 세 번 울 때 밤 시간을 지배하는 악한 영들이 지상을 떠난다고 한다. 가롯 유다가 예수를 팔기 위해 나간 시간대도 밤이고, 베드로가 예수를 세 차례 배반한 것도 밤 시간이고 보면, 이러한 복음서의 묘사들은 밤에 악령이 지상에 돌아다닌다고 믿었던 당대의 속설이 반영된 것으로 볼 수 있다. 또한 닭이 세 번 울 때 악령이 지상을 떠나 제 처소로 귀환한다는 속설도 닭이 세 번 울고 나서 베드로의 참회가 시작되는 이야기의 흐름에 반영된 듯하다. 물론, 복음서의 저자가 이 대목에서 강조한 것은 예수의 말씀에 대한 베드로의 회상 또는 기억이지만 그것을 매개한 것은 저러한 계시적 효력을 담지한 닭울음소리이다. J. Duncan M. Derrett, "The Reason for the Cock‑crowings," *NTS* 29(1983), 142‑144 참조.

속에 품음으로써 죽음과 부활의 묵시적 태반으로 기능한다. 요나가 큰 물고기 뱃속에서 죽음의 심연을 통과한 연후에 다시 살아났듯, 예수 또한 그 과정을 통과하게 되리라는 것이다. 그러므로 물고기 뱃속의 요나는 장차 십자가상에서 죽어가고 무덤에서 부활할 예수의 진로를 예시하는 묵시적 전조인 셈이다. 이와 같은 어류 계통에서 탐지되는 또 다른 묵시적 상상력의 사례는, 동전을 입에 문 물고기의 이미지이다(마 17:27). 이것은 세금을 내기 위한 수단으로 낚시질에서 잡힌 물고기인데, 그 물고기 입에 동전이 물려 있다는 것은 실제 상황에서는 생각하기 힘든 우화적인 요소이다. 예수는 이로써 이 땅에 사는 동안 하나님의 백성들이 이 세상의 나라들을 배려하고 섬기기 위한 차원에서 납세의 의무 이행을 권고하며, 가난한 자들에게 그 세금을 하나님이 다 예비하고 있다는 믿음의 능력을 시위한다. 이 우화적인 에피소드는 궁극적으로 하나님의 주권에 대한 묵시적 상상력을 발동시킴으로써15) 이 땅에 사는 신실한 백성들이 이 땅에서 각종 의무를 다하면서 이 땅의 현실을 넘어설 수 있는 초월적 삶의 지평을 제시한다.

---

15) 김학철은 이 물고기 우화를 통해 마태가 로마제국의 지배가 미치지 못하는 바다를 강조함으로써 하나님의 주권이 로마제국보다 우월함을 보여주고자 했다는 E. 카터의 주장을 반박하면서, '처음으로 올라오는 물고기'에 초점을 맞추어 하나님의 주권과 예수의 능력을 부각시킨 W. 카터의 주장을 옹호한다. 이와 관련된 다음의 논문들을 참조할 것: Edward J. Carter, "Toll and Tribute: A Political Reading of Matthew 17.24-27," *JSNT* 25/4(2003), 413; W. Carter, "Paying the Tax to Rome as Subversive Praxis: Matthew 17.24-27," *JSNT* 76(1999), 3-31; 김학철, "너희 선생은 세금을 내지 않는가?"-"마태복음 17:24-27에 나타난 마태공동체의 납세와 로마 지배 체제," 『신약논단』 13/3(2006), 601-629 참조.

3) 지혜의 상상력

이 세상살이의 이치와 관련하여 예수는 지혜의 상상력을 발동하길 주저하지 않았다. 그는 지혜의 아들답게 지혜의 상상력에 기초한 신학을 그 사역의 한 터전을 삼았던 것이다. 그 지혜는 하늘의 묵시적 계시를 이 땅에서의 살뜰한 살림을 위한 계몽으로 바꾸는 자리에서 탐지된다. 그리고 동물 상상력의 견지에서 그 지혜는 무엇보다 공중에 나는 새의 자유와 자생에 스민 하나님의 성정을 투시할 것을 요청한다. 무엇을 먹을까 염려하지 말라는 교훈의 어록(마 6:26; 눅 13:19)에서 제시된 대로 공중에 나는 새(또는 까마귀)는 심지도 않고 거두지도 않고 창고에 모아들이지도 않지만 하늘 아버지의 보살핌으로 잘만 살아간다. 물론 그 새가 가만히 입만 벌리고 있는 것은 아니다. 열심히 먹이를 찾지만 공중의 새는 내일의 양식을 위한 근심과 염려로 제 몸과 맘을 상하게 하는 짓은 하지 않는다. 여기서 새의 활동처로 제시된 '공중'은 하나님의 처소인 '하늘'(heaven)이 아닌 인간의 삶과 공유되는 이 땅의 '대기'(sky)이다. 그것은 하나님의 창조 질서대로 운행되는 것이 마땅하고, 또 실제로 운행되고 있는 자연 질서의 일부이다. 비록 그 하늘은 오늘날 오염되고 파괴되었으되 아직 창조의 신성한 기운이 쇠잔하지 않은 삶의 터전이다. 그러므로 공중의 새가 그 날갯짓과 삶의 스타일로써 인간에게 매개하는 것은, 내일에 구애되지 않은 채 오늘의 양식을 구하는 자족의 이치이다. 그 자족은 이 땅의 피조생명들에게 자유를 선사한다. 하나님의 성품에서 발원하는 그 자유는 모든 지혜의 실질적 원천이 된다.

자유가 선이라면 그 자유를 가로막는 장애물은 악이라고 쉽게 구별해보자. 그 장애물은 인간의 내면에도 있지만 그 밖의 적대적인 위협물일 수도 있다. 그 위협의 벼랑은 물론 죽음이다. 그 죽음이 자족의 이치에 따른 자유의 출구가 아니라 강요된 때 이른 죽음이나 뜻밖의 재난으로 인한 개죽음이 되지 말아야 한다는 신학적 명분 속에 생명으로서 누구나 그 죽음을 미연에 방지하고 건강한 삶을 향유할 천부적 권리가 있다. 그러기 위해서는 악의 근원을 직시하고 태초의 인간을 악에 떨어지게 한 영악한 기지를 역으로 선용하는 전략이 요청된다. 뱀의 신학적 상상력이 발동하는 자리가 바로 이 대목이다.

예수는 이 땅에서의 선교를 위해 파송하는 제자들을 향해 한편으로 비둘기의 순결한 정체성을 강조하면서 동시에 뱀의 교활한 영리함(*phronimos*)으로 무장할 것을 독려한 바 있다(마 10:16). 그 뱀은 물론 싸워 이겨야 할 적대자의 상징이지만 동시에 지피지기의 차원에서 명민하게 분별하고 전략적으로 대응하여 역전시켜야 할 대상이다.16) 뱀의 상상력은 양이 이리 속에서 살아남고 임무를 적절히 성공적으로 수행하기 위한 생존의 전략과 살림의 기지를 위한 신학적 자양분이다. 그것은 장사의 논리가 지배하는 이 땅에서 한 달란트를 가지고 두 달란트를 남기기 위해 요청되는 이 세상을 향한 모험과 싸움, 맹렬한 자기 대결의 냉엄한 현실을 감안한 상상력의 요처이다. 뱀을 뱀으로 대적한 예는 일찍이 민수기의 한 사건에서 예시된 바 있거니와(민 21:8-9),17) 예수 또한 그토록

---

16) 다시 말해, 창세기에서 인류의 조상을 꼬드겼던 그 사탄적 이미지로서의 뱀이 지혜를 매개로 접근했다면, 이제 그 후손들은 그 지혜를 역이용하여 사탄의 세력과 싸워 승리해야 할 실존의 자리에 처해 있는 것이다.
17) 구리로 만든 뱀의 형상은 근동에서 폭넓게 발견된다. 히스기야 왕

원수 같은 뱀을 자처하여 기꺼이 뱀처럼 나무에 달림으로써 뱀의
독에 상한 생명들을 구원하는 길을 개척하였다(요 3:14). 이렇듯,
치열한 뱀의 상상력으로써 뱀에 얽힌 지혜 신학적 화두를 통과하
지 않으면 그 누구도 삶의 장애물 앞에 자유를 말할 수 없고 자유
를 쟁취하기 어렵다.

　동물 상상력의 또 다른 잔가지로 지혜 상상력을 뒷받침하는 이
미지는 나귀의 그것이다. 주지하듯, 예수는 예루살렘에 입성하면서
나귀새끼를 탔다(막 11:1 - 10). 그 나귀는 아무도 타지 않은 순결
한 동물로 묘사된다. 흔히 비교하듯, 나귀는 로마 군인이 애용한
준마에 비해 몸집이 작고 그 갈기와 풍채에 별로 볼품이 없다. 그
러니 당연히, 예수는 물리적 폭력을 앞세운 로마제국의 강요된 평
화가 아닌, 전례가 없는 새로운 평화의 사자로 겸손히 자신의 메
시아 됨을 시위했던 것이다. 나귀는 전통적 우화를 통해 유머와
웃음을 선사하는 짐승이다. 그 전통의 일부인 양, 나귀를 타고 입
성하는 예수의 인상은 유머를 불러일으키기에 충분하다. 큰 키에
멋진 갈기를 자랑하는 말을 탄 로마 군인들의 웅대하고 엄숙한 개
선행진과 비교해볼 때, 예수의 이 퍼레이드는 얼마는 소박하고 우
스꽝스러운가.[18] 더구나 하나님의 아들이 실행해 보인 그 광경인

치세 기간 중 이것을 느후스단(Nehushtan)이라고 하여 파괴한 적이
있다(왕하 18:4). 놋뱀 형상의 숭배와 관련하여 일부 학자들은 예루
살렘에 기거하던 여부스 족속의 제의였던 것이 다윗의 예루살렘 정
복 이후에도 지속된 것으로 보기도 한다. 그러나 예의 민수기 구절
은 놋뱀 전승이 광야 체류기에 뱀에 물린 상처를 치유하기 위해 고
안된 것으로 그 기원을 설명한다. Lowell K. Handy, "Bronze
Serpent," *ABD* vol.5, 1117 참조.
18) 그 차이점은 분명하지만, 예수의 예루살렘 입성에 등장하는 소재들, 가
령 환호와 앞길에 겉옷을 깔아주는 행위 등은 로마 황제의 환영식이나,

즉 마치 골목대장들의 장난놀이 같은 익살스런 구석이 농후하지 않은가? 구약성서의 예언을 실현하는 차원이었다 할지라도 이 사건의 풍경을 주도하고 있는 나귀 새끼의 이미지는 그 위에 앉아 대중들의 환호를 받는 예수와 어울려 한바탕 소극을 연출한다 해도 과언이 아니다. 그러나 정작 하나님이 연출해온 세상만사가 '우주적 희극'의 한바탕 놀이라는 인식에 눈을 뜬다면, 예수의 저 나귀 새끼는 지혜의 가장 서늘한 바닥을 차지하는 상상력의 보고가 아닐 수 없다. 특히, 예수의 이 퍼레이드가 곧 맞닥뜨릴 친근한 제자의 배반과 부조리한 재판, 비극적 죽음의 전주곡이었다는 점을 상기할 때, 그 유머의 서늘함은 소름을 돋게 할 만큼 섬뜩한 삶의 아이러니를 동반한다.

4. 동물 상상력 이후

이렇듯, 예수는 자신의 일상적 관찰을 통해, 피해자와 가해자가 따로 없는 세상살이의 복잡한 이치에 대한 통찰을 통해, 또 울음 속에서도 웃지 않을 수 없는 삶의 기이한 아이러니에 대한 직관적 투시와 실천적 연출을 통해, 이 땅에서 인간의 생명을 삶답게 살

카토(Cato the Younger)의 경우에서 보듯, 군인 퇴임식의 자리에서 나타나는 요소들과 일부 겹쳐지는 것도 사실이다. Plutarch, *Parallel Lives*, "Life of Cato the Younger" 12. 자료출처: M. Eugene Boring et al ed. *Hellenistic Commentary to the New Testament*(Nashville: Abingdon Press, 1995), 123. 아울러, 이러한 유사 자료의 비교를 위해 K. Berger, "Die Königlichen Messiastraditionen des Neuen Testaments," *NTS* 20(1972－73), 30 n. 111.

아내기 위한 지혜의 묘처를 동물 이미지를 통해 드러냈다. 그 지혜는 하늘로부터 발원하는 초월적 묵시의 세계를 전제하는바, 그 둘은 인간과 세상의 구속이라는 신학의 궁극적 지향을 꼭짓점으로 하나의 원환 구조 속에 긴밀히 연계되어 있다. 여기서 그 관심의 범주가 구속이든, 또 이를 위한 묵시든, 혹은 지혜든, 그 드러냄의 방식이 직설적 언변을 통하지 않고 동물 상상력을 매개하는 방식이었다는 점이 흥미롭다. 그것은 하나님과 인간, 삶과 섭리, 묵시와 지혜를 개념적으로 정의하지 않고 삶의 이야기로 다채로운 변용의 맥락을 탔던 예수의 교수법에 잇닿아 있다. 이에 따라 그 가운데 등장한 각종 동물들은 다양한 사연을 보여준다.

예수가 언급한 동물들, 나아가 예수와 관련하여 언급된 동물들은 사실적 존재로 묘사되고 있다. 가축이든 야수든 그것들은 각기 인간 삶의 실제 현장과 연루되어 등장하는 특징을 지닌다. 복음서에 등장하는 동물들의 이러한 사실적인 특성은 예수가 이 세상을 환상적인 대상으로 인식하지 않고 전통적 경험과 상식에 근거하여 매우 현실적인 안목으로 통찰했음을 암시한다. 그리하여 그는 동물을 제물과 식용으로 삼는 기존의 관행을 무시하지 않았으며, 일부 야수들이 인간과 불화하는 실낙원 이래 창조 세계의 현실에 또한 무지하지 않았다. 그러나 그는 이러한 현실을 있는 그대로 수락하고 그것에 순응하지도 않았다. 그는 동물의 희생제의에 참여한 흔적을, 어릴 적 부모와 동반한 예루살렘 순례 여행 때를 제외하고, 직접적이든 간접적이든 보여주지 않는다. 또 그가 기름진 산해진미의 육식을 즐겼다는 증거도 없다. 그는 생선 한 토막(눅 24:42)의 식사로 족했을 뿐이다. 뿐 아니라, 그는 일부 야수들과의 불화와 그 적대적 관계의 현실에도 불구하고, 그 죄악된 세상의

구속을 향한 도전을 그치지 않았다. 그의 구속적 도전은 끈질기고
도 구체적이어서 마침내 자신의 몸이 모세의 구리 뱀처럼 나무에
달리는 극단의 선택을 마다하지 않았다. 그것은 스스로 양이 되는
선택이었으니, 세상의 죄를 지고 가는 그 어린 속죄양이 되는 길
은 곧 뱀의 독에 물린 자들을 치유하기 위해 스스로 뱀이 되어 나
무에 달리는 길에 다름 아니었다.

　예수의 동물 상상력이 사실적이라는 진술은 묵시적 상상력과 관
련해서도 여실히 증명된다. 예수의 묵시적 상상력에 동원되는 동
물 이미지는, 가령 에스겔서의 기묘한 신화적 동물이나 요한계시
록에 나오는 붉은 용, 다채로운 색깔의 말, 그밖에 묵시문학에 단
골처럼 등장하는 기괴한 형상의 신화적 동물군과 그 유를 달리한
다. 이는 예수의 신학과 그것을 뒷받침하는 묵시적 상상력이 이
세상의 삶과 유리된 초연과 초월 일변도의 타계주의를 지향하지
않았음을 시사한다. 아울러, 마치 산해경에 나오는 기괴한 동물군
이 지향한 이상사회의 꿈과 같이, 예수의 묵시적 비전이 이 세상
살이의 구체를 떠난 추상의 유토피아를 겨냥하지 않았음도 이로써
확인된다. 그런가 하면 지혜 상상력의 영역에 있어서도 예수의 사
실적 동물 상상력은 일관되게 적용된다. 지혜를 담지하는 그의 동
물들은 그 이미지로써나 그 상투적 기질에서 인간의 삶을 비껴가
는 법이 없다. 예컨대, 그의 지혜 상상력에 연관된 동물들은, 마치
이솝우화 속의 각종 동물들이나 발람의 나귀, 신약 외경행전의 우
화적 동물들처럼 인간의 탈을 쓰고 말하는 경우가 거의 없다. 예
수의 양과 염소 비유에서처럼 그들이 인간의 탈을 쓰는 예외적 장
면(마 25:31 - 46)에서도 그들은 스스로 나서서 인간과 동떨어진
자리에서 진리는 이러저러하다고 일갈하지 않는다.[19] 그들의 자기

변론은 결국 심판관의 처분에 따라 잠잠해질 뿐이다. 이러한 특징들은 우리네 실제 삶의 일상적 경험과 일치하며, 예수의 지혜가 둔갑술이나 분신술 같은 황당무계한 현실 도피적 테크닉과 무관함을 증명한다.[20)]

예수의 동물들은 비현실적인 과장과 호들갑스런 언변으로 인간을 압도하지 않고 인간과 더불어 생활한다. 그들은 인간사회 안에서 그 고락을 함께하고, 인간과 부대끼며 새로운 삶의 가능성을 모색한다. 그 과정에서 예수는 전통 속에 유래한 특정 동물의 이미지를 부분적으로 수락·변용·왜곡시킴으로써 세상과 적응하며 세상을 뒤집는 신학적 상상력을 전파한다. 이와 같이 예수는 그 동물들의 이미지에 청중과 독자의 상상력을 개입시킴으로써, 하나님과 인간, 삶과 섭리, 묵시와 지혜에 관한 사색의 입자들을 형성했으며, 이로써 신학의 하부구조를 그들과 더불어 세워나갔던 것이다. 동물계와의 창조적 긴장 관계 속에서 예수의 동물 상상력은 무에서 유를 만들기보다 이미 있는 것에서 새로운 것을 창조해냈

---

19) 고대 유대교 문헌에서 양과 염소가 대립적 범주로 분리되는 전례는 탐지되지 않는다. 오히려 그 반대로 히브리 전통에 의하면 양과 염소는 양쪽 다 가정경제에 필수적인 존재로 여겨졌고, 이에 긍정적인 함의로 묘사된다. 따라서 위의 본문에서 핵심적인 메시지도, 양과 염소의 범주로 대변되는 종말 심판관의 범주 분할에 있어 오류 없는 정확성이라기보다 마태복음을 통해 일관되게 강조되는 '의'의 실천이란 주제, 그리고 독자의 기대와 예상을 빗겨가는 종말 심판의 혁신적 특질이다. Kathleen Weber, "The Image of Sheep and Goats in Matthew 25:31 – 46," *CBQ* 59(1997), 657 – 678.

20) 이것이 신약성서의 복음서와 이후 다량으로 생산되는 외경문헌과 구별되는 주요 특징이다. 외경문헌에는 동물들의 인격화와 기이한 변신술 등과 같은 우화적 요소가 등장한다. 나는 이 점을 '예수 리얼리즘의 변질'과 '그리스도교 신앙의 오락화'로 평가하고 싶다.

다. 그 역사적 유산으로 남은 복음서는 오늘날 다시금 이러저러한 평범한 동물들이 중계하는 상상력의 녹슨 기계를 재가동함으로써 그 행간을 읽고 깊이 생각하는 자들마다 자기 생명의 속내를 다시 꾸미게 될 것이다. 동물의 왕국이 아닌 하나님의 왕국에서!

05 | 예수와 식물 상상력

1. 적극적 수동성의 세계

동물과 달리 식물은 제 몸을 뿌리 뽑아 움직이는 법이 없다. 식물은 또한 동물과 달리, 동종이나 제 이웃 종자의 식물들을 잡아먹지 않는다. 식충식물이란 예외적 경우가 없는 것은 아니지만, 그들은 척박한 대지의 환경이 만들어낸 궁즉통(窮則通)의 처절하고도 슬픈 돌연변이일 뿐, 식물은 과잉과 범람을 탐하지 않는다. 식물의 뿌리가 정직하며 그 몸의 생리가 검박한 때문일 것이다. 그러나 그 정직함으로 식물은 게으름의 구실을 삼거나 위장된 겸손의 수사를 부리지 않는다. 식물은 자신이 터를 잡은 그 한 떼기 땅속에 뿌리를 박은 채 열심히 양분을 빨아 모으고, 제 몸에 골고루 공급하는 신진대사를 멈추지 않는다. 잎사귀는 그 뿌리의 노동을 광합성 작용으로 답례하고, 꽃과 열매는 그 영양가를 모아 제 생명 본연의 아름다움과 자손의 번성이라는 생산 작용으로 보은한다. 영양분의 그 상승과 하강 운동 중에 식물은 아무도 몰래 조용히 싹을 틔고, 제 몸을 이루어 가지를 치며, 자랄 수 있는 만큼 성의껏 자라다가 그 한계에 다다라서는 겸허하게 제 몸을 비틀며 늙어간다.

식물은 자신의 성장을 위한 그 자가 노동으로 이기적 욕망에 집착하지 않는다. 하나님이 정하신 때가 되면 제 욕망의 잎사귀들을 스스로 꺾거나 떨어뜨리며 벌거벗은 몸 그대로 자신을 드러낸다. 풀과 같이 제 몸 스스로를 말려 소멸시킴으로써 오로지 씨앗의 희망만으로 제 생명의 흔적을 남기는 일년생 식물도 많다. 열매를 맺는 식물들은 오로지 그 적은 일부만을 제 동족 보존을 위한 목적에 할애하고 나머지 대다수는 땅속에 스며들어, 인간의 종말과 다를 바 없이, 흙으로 돌아간다. 그렇게 돌아감으로써 미래의 대지에 그 가녀린 몸의 양분들을 보태며, 그 여분의 것들은 동물과 인간을 위한 일용할 양식으로 바쳐진다. 그렇게 공출되어 바쳐지는 것들 중 일부는 선별되어 하나님께 한 번 더 감사의 제물로 바쳐지기도 한다. 이처럼 겸손한 풍요를 자랑할 만하지만, 식물은 한 번도 제 입으로 그 성취를 자랑삼거나 그 혜택을 제 입으로 시위한 적이 없다. 공성이불거(功成而不居)! 그들의 그 은혜는 그러니 말없이, 은혜라는 개념조차 꾸미지 않은 채, 그냥 저절로 존재하는 하나님의 보이지 않는 동선처럼, 무연히 제 몫의 생명을 감당한 결과로 이루어지는 텅 빈 은혜, 곧 공혜(空惠) 같은 것이다.[1]

두뇌가 없는 식물은 꾀를 내어 남을 억압하거나 조종하는 법이 없다. 천지불인(天地不仁)의 이치에 따라 적자 생존할 뿐이다. 수족 없이 땅에 뿌리박힌 존재로서 식물이 보여주는 가장 두드러진 공통점은 그 수동성이다. 오로지 타력에 의해서만 그 몸의 동작을

---

1) 이러한 식물의 특성으로 말미암아 일찍이 식물은 그 신성함을 인정받아 종교와 제의의 중요한 대상과 '성현'(hierophany)의 매개가 되어왔다. 엘리아데는 식물을 "재생의 상징과 의례"라는 패턴 속에 그 종교적 의미를 구조화하였다. M. Eliade / 이은봉 옮김, 『종교형태론』(서울: 한길사, 1996), 353 - 429 참조.

만들 뿐이다. 바람이 불면 식물은 흔들린다. 세차게 불면 세게 흔들리고 살살 불면 살살 흔들린다. 휘면 휘고 밟으면 밟히며, 꺾으면 꺾이고 베면 베인다. 그 일체의 반응에는 하등의 저항이 없으니 그 반응은 아예 무신경과 무반응이라 할 만하다. 최근의 과학적 연구로 식물도 호오의 감정이 있고 그에 따라 적극적인 반응을 하는 것으로 알려졌지만,2) 그 적극성조차 뿌리박힌 제 몸의 한계를 떠날 수 없는 수동성 내에서의 적극성일 뿐, 그 적극성이 어떤 적극적인 영향을 외부로 분출하는 것은 아니다.

식물의 수동적 적극성 또는 적극적 수동성은 그러나 삶의 자세와 관련되는 한 부정성을 동반하지 않는다. 그것은 외려 마치 한 시인이 노래한 대로, "바람보다 더 빨리 누우며 바람보다 더 빨리 일어난다"는 풀의 강인한 생명력과 같은 긍정적 희망을 담보한다.3) 적극적 수동성의 그 긍정성 안에는 무력함의 힘, 연약함의 강인함, 무저항의 저항 등과 같은 역설적 삶의 비밀이 내장되어 있다. 그것은 곧 십자가 위의 예수가 보여준 반응과 다를 바 없는 기도의 자세 같은 것이다. 많은 시인들이 영감을 받은 대로 식물

---

2) 식물 세계의 다양한 면모를 과학적 지식과 함께 제시한 읽을 만한 교양서로 다음을 참조할 것: 수잔네 파울젠 / 김숙희 역, 『식물은 우리에게 무엇인가』(서울: 풀빛, 2002). 이 책에 의하면(91-96), 아직 충분히 검증된 것은 아니지만, 식물은 감정뿐 아니라 의사소통을 할 수 있는 정신적인 능력을 지니고 있음이 여러 실험을 통해 증명되고 있다.

3) 「풀」이라는 제목이 붙은 김수영의 이 유명한 시는 1960년대 이후 '바다'와 '꽃'의 이미지가 유행하던 한국시단에 새로운 이미지를 선사했다. 그 메타포의 함의에 관해서는 민중의 끈질긴 생명력에서부터 관조자의 초월적 시선에 이르기까지 다양한 해석이 제기되었다. 이 시에 대한 신학적 해석으로는 다음의 졸고를 참조할 것: 차정식, "눕고, 울고, 웃는 '풀'의 내력-김수영의 「풀」에 대한 신학적 풀이," 『기독교사상』 587(2007 / 11), 220-237.

의 몸이 보여주는 자세는 머리를 가장 높은 곳에 두고 두 팔을 하늘로 벌린 채 기도하는 숙연한 자세이다. 그 식물성 몸짓과 거기에 담긴 침묵의 소리는 들을 귀 있고 볼 눈이 있는 자들에게 숨겨진 영성의 보고이자, 비의 어린 삶의 지도가 된다. 복음서에 등장하는 많은 식물들, 예수와 연관되어 언급되는 그 식물들의 세계 또한 그 적극적 수동성의 말없는 몸짓으로 많은 말들을 전하고 있다. 그동안 오래 소외된 그 말들은 그러나 선명한 개념이 없어 상상력의 감각으로 포착될 만한 희미한 이미지의 아우라에 덮여 있다. 이 글의 나머지 페이지는 그 식물들의 이미지를 신학적 상상력에 의탁하여 탐험하는 데 바쳐질 것이다.

2. 식물 상상력의 토대

창세기의 묘사대로라면 식물은 무엇보다 동물과 인간을 위한 먹을거리, 곧 식물(食物)로서 그 소임을 다하도록 지음을 받았다. 그리고 이 사실은 인류의 문명사가 걸어온 궤적과 일치한다. 다음의 예문이 그 대표적 증거이다.

> 하나님이 이르시되 내가 온 지면의 씨 맺는 모든 채소와 씨 가진 열매 맺는 모든 나무를 너희에게 주노니 너희의 먹을거리가 되리라. 또 땅의 모든 짐승과 하늘의 모든 새와 생명이 있어 땅에 기는 모든 것에게는 내가 모든 푸른 풀을 먹을거리로 주노라 하시니 그대로 되니라(창 1:29 - 30).

여기서 주목되는 어휘는 여섯 번이나 반복되고 있는 '모든'이다.

모든 식물과 인간을 포함하는 모든 동물들이 전폭적으로 내어주고 받아들이는 이 관계는 '푸른 풀'의 함의대로 푸른 생명 세상을 지향하고 있다. 먹이로 공여되는 식물의 푸름은 썩지 않은 상태의, 썩기 이전의 생명에 대한 상상력을 발동하는 색상이다. 푸른 생명의 상상력에서 식물은 먹이를 위해 붉은 피를 보지 않는, 자발적 공여와 희생의 즐거움을 대변한다.4) 그리고 그 푸르른 샬롬의 식물 세계에는 야생의 식물과 재배용 식물, 우호적 식물과 적대적 식물, 정결한 식물과 부정한 식물, 식용 가능과 식용 불가의 식물이 차별된 범주로 존재하지 않는다. 그러던 것이 아담과 하와의 타락 이후 이 땅은 "가시덤불과 엉겅퀴"라는 거칠고 적대적인, 그리하여 먹을 수 없는 식물과 "밭의 채소"라는 순하고 부드러운 맛의 식용 가능한 식물로 차별이 생기기에 이른다(창 3:18). 이는 곧 선악을 알게 하는 나무의 금기에 대한 위반으로 생명나무의 실과에 대한 향유의 복이 제거되었음을 의미한다.5)

---

4) 이러한 창세기의 기사에 근거하여 유대교와 그리스도교의 일부 집단에서는 육식을 피하는 채식주의의 전통을 옹호하기도 하였다. 실제로 성서 안에서 채식주의의 전거를 찾아볼 때 위의 지문은 그러한 전통의 창조신학적 배경을 암시하는 최초의, 가장 대표적인 문구라고 할 수 있다. 채식주의에 대해서는 다음의 책들을 참조할 것: Daniel A. Dombrowski, *The Philosophy of Vegetarianism*(Amherst, MA: University of Massachusetts Press, 1984); Kerry Walters & Lisa Portmess, *Ethical Vegetarianism: From Pythagoras to Peter Singer* (New York: State University of New York Press, 1999); Richard H. Schwartz, *Judaism and Vegetarianism*(New York: Lantern Books, 2001); Colin Spencer, *Vegetarianism: A History*(New York: Four Walls Eight Window, 2004).

5) 그 생명나무와 그 과실의 존재는 잠언(3:18, 11:30, 13:12)을 거쳐 요한계시록에 가서야 새 예루살렘 성의 천상적 구도하에 복원된다(계 22:2, 14, 19). 임태수는 선악을 알게 하는 나무와 생명나무의 차이를 설명하

　복음서와 예수의 시대에도 식물은 먹을 것과 관련하여 가장 빈번히 언급된다. 복음서에 '양식' 또는 '떡'으로 번역된 어휘들은 당시의 주식을 이룬 먹을거리를 가리킨다. 그것을 서구식으로 '빵'이라 번역하든, 한국식으로 '떡'이라 번역하든, 그것은 밀이나 보리를 빻아 가루반죽에 누룩을 넣어 부풀린(또는 누룩 없이 부풀리지 않은) 가공식물로 예수와 그 주변 사람들에게 가장 빈번한 일상적 식사 메뉴로 언급되고 있다(막 6:38, 7:2, 7:27, 8:1-18, 14;22; 마 4:3, 6;11, 14;17, 14:34; 눅 7:33, 9:16, 11:3, 11:5, 22:19; 요 6;13, 6;26, 21:9). 먹을 것과 마실 것은 따로 떼어놓고 볼 수 없는 법. 자연수와는 별도로 복음서의 예수와 인연이 깊은 마실 것은 포도주이다. 빵과 포도주는 예수의 성만찬 예식에서 결정적인 결합을 이루지만, 그와 별도로도 애용되는 식사거리였다(마 9:17; 눅 5:37-38, 7:33). 그것은 예수가 식물 비유 가운데 포도원에 대하여 잦은 언급을 하는 사정과도 무관치 않아 보인다(막 12:1-12; 마 20:1-16, 21:8, 21:33-46; 눅 20:9). 포도는 올리브, 무화과와 더불어 당시 가장 대중적인 식용과실로 과수 재배를 통해 비교적 대량으로 생산되었던 것이다.6) 모든 과수가 인간의 음식을 위한 것은 아니다. 그

　면서 전자는 하나님 없이, 하나님을 떠나서 자신의 지혜와 판단을 쫓아 살아가는 삶으로, 후자를 하나님의 말씀을 순종하여 계명을 지키며 사는 삶을 상징하는 것으로 현대적 맥락에서 재해석한다. 임태수, "생명 나무와 선악을 알게 하는 나무의 현대적 의미," 『신학사상』 138(2007 / 가을), 89-116 참조. 그러나 이러한 신앙적 훈계 차원의 해석은 단순하고 명료하지만 본문의 나무들에 내포된 물질적 특성을 약화시키거나 제거하는 약점이 있다.

6) BC 4,500년경으로 추정되는 포도 씨가 그리스의 북방에서 발견된 것이 인류 문명사에서 포도에 대한 첫 역사적 증거이다. 포도는 팔레스타인뿐 아니라 세계에서 가장 많이 생산되는 과실로 알려져 있다. 이는 또한 성서 속에서 약속의 땅 가나안의 상징이었고(신 8:7-8; 민

중 일부는 가령 쥐엄나무 열매처럼 인간보다 동물의 양식으로 사용되는 것이 적절한 경우도 있다(눅 15:16).[7]

물론, 지금이나 마찬가지로, 가공 이전의 날것 그대로 또한 식물로 사용될 수 있다. 무화과와 포도도 그렇지만, 예수의 제자들이 굶주림에 지쳐 밀밭 가를 지나가다 훑어먹은 밀이삭도 이에 해당된다(막 2:23; 마 12:1; 눅 6;1). 인간이 가공 이전의 야생식물을 날것 그대로 먹는 것은, 타락하기 이전 태초에 인간이 누린 푸른 식물의 세상을 향한 꿈을 담고 있다. 아니, 그 꿈이 아니라도 음식은 인간의 생명을 배려하는 향유의 가장 원초적인 조건이다. 포도주가 잔치와 각종 축제에 활용되는 대표적인 음식이라는 것(요 2:30)은 음식의 상상력이 곧 향유의 상상력에 다름 아님을 역설적으로 증언한다. 포도주에 의한 그 향유의 추구는 일상생활의 현장에서뿐 아니라, 가령 죽음 앞에서 나누는 마지막 만찬의 메뉴로(막 14:23-25), 죽음 직전의 신체적 고통을 달래는 진통의 효과를 위해(마 27:34, 27:48; 눅 23:36), 또 기름과 함께 폭력으로 생긴 몸

13:23), 신약성서에는 하나님이 포도원의 주인으로, 예수는 포도원의 참포도 나무로 비유되었다(눅 20:9-16; 요 15:1-5). 이후 로마의 콘스탄틴 대제(AD 280-337)에 의해 포도는 구세주를 상징하는 것으로 인정되이 기독교의 대표적인 무늬 장식으로 통용되기 시자했다. 최영전, 『성서의 식물』(서울: 아카데미서적, 1996), 15-26 참조.

7) 여기서 쥐엄나무는 우리나라에서 자생하는 주염(주엽)나무와 동일시되지만 전혀 다른 식물로 알려져 있다. 지중해 연안에 자생하는 흔한 나무로 10m까지 자라는 상록수(주염나무는 낙엽수)로 줄기 지름이 30cm이며 잎은 호생(互生)한다. 한 나무에 암꽃과 수꽃이 따로 피는 양성화이다. 쥐엄 열매 꼬투리는 소, 말, 돼지, 닭 등의 가축사료로 쓰인다. 쥐엄나무는 파종에서 결실하여 수확할 때까지 20년 이상 걸리며 다 자란 나무에서는 보통 200kg 이상의 열매가 생산된다. 최영전, 앞의 책(1996), 33-36 참조.

의 상처를 치유하는 약용의 일환으로(눅 10:34) 다채롭게 이루어
진다. 나아가 귀한 생명의 탄생을 축하하는 예물(마 2:11)이나 귀
한 몸을 씻어 섬기는 물품으로(막 14:3; 마 26:7; 눅 7:38), 그리고
시신을 위한 부패방지용 약재로(눅 23:56; 요 19:39-40) 향유, 유
향, 몰약 따위의 식물성 재료들이 사용되는데, 이 또한 세상을 정
모르는 어린 몸이나 죽은 몸일망정 몸의 향유(享有)를 위한 배려
의 관점에서 뿌리내려온 식물 상상력의 산물이 아닐 수 없다.8)

　이렇듯, 복음서에서 식물은 인간의 몸을 위해 다채롭게 봉사한
다. 식물은 단순히 식용의 목적을 넘어 인간의 주거 및 그 환경,
또 의복에도 관여하는데(막 9:5; 마 25:8, 27:59; 눅 23:53), 이로
써 동물과 인간을 그 품에 품어 그들을 먹이고 살찌우며 생육하고
번성하기에 적절한 환경을 제공하는 것이다. 그 풍요함의 한 가운
데 하나님께 드리는 제물로서 식물의 위상이 자리한다. 박하, 회
향, 근채 등의 식물(마 23:23)은 다른 곡물이나 과실들과 더불어
그 첫 수확을 하나님께 감사예물로 드리고 그 십일조를 또한 제물
로 바치는 규례가 일찍이 유대교 종교 전통의 일부로 정착되었다.
특정한 나뭇가지는 예루살렘에 입성하는 예수를 반기며 그 퍼레이
드에 깔리는 환영과 축하의 재료로써 그 몫을 다하기도 한다(막
11:8; 요 12:13). 비록 드러내놓고 이야기하지는 않을지라도 예수
는 식물과 연계된 이러한 창조 질서를 암묵적으로 용인한 것으로
보인다.

　그러나 예수는 식물들이 모두 하나님의 이러한 질서에 순응하는

---

8) 이와 관련된 상세한 해석으로 다음의 졸고를 참조할 것: 차정식, "향
　유(香油), 그리고 향유(享有)," 『묵시의 하늘과 지혜의 땅』(서울: 대한
　기독교서회, 2001), 287-298.

것으로 여기지는 않는다. 오히려 그는 생명 세계의 혼돈을 식물세계와 관련해서도 냉철한 눈으로 투시하고 있다. 가령, 밭에 씨를 뿌릴 때 그 씨의 싹이 옥토에 제대로 떨어지지 못하고 가시떨기에 떨어지는 경우, 예수는 그 씨앗의 여린 생명이 가시떨기에 눌려 생명의 기운이 피어나지 못한 채 소멸하는 냉엄한 적자생존의 이치를 간과하지 않았다(막 4:7; 마 13:7; 눅 8:7). 한편, 좋은 씨와 가라지가 같은 공간에서 자라는 현상(마 13:23 - 30)도 현재의 창조질서가 존속되는 한 불가피한, 당분간 창조적 긴장 관계에서 공존하며 감내해야만 할 현실이다. 그것은 식물과 식물의 불화이기에 앞서 하나님과 인간의 불화로 말미암은 인간과 식물세계의 불화이다. 그 불화 가운데 독이 든 식물을 먹어 인간이 당하는 생명 손상의 부조리도 있다. 동물 상상력의 경우와 마찬가지로 식물 상상력의 경우에도 이러한 피조 세계의 불화와 그로 인한 삶의 부조리는 구속적 상상력을 부르는 흡인 요인으로 작용한다. 그 구속의 방법과 내용이 식물 상상력에 기초하여 진화한 결과가 바로 성만찬의 예식이다.

그런가 하면, 열매를 맺지 못하는 과수를 향해 인간 쪽에서 식물에게로 퍼붓는 분노와 징벌의 표현으로 그 식물의 생명을 송두리째 앗아가는 불상사(막 11:12 - 14; 마 3:10, 21:18 - 22; 눅 13:6 - 9; 요 15:6)도 창조질서의 또 다른 왜곡 결과로 암시된다. 특히, 예수가 열매 없는 무화과나무를 저주한 이야기는 식물과 인간의 관계가 필연적이고 생산적이기보다 우발적이고 기만적인 관계로 얽힐 수 있는 잠재적 가능성을 보여주는 동시에 그 부정적 사례로부터 '때'와 그 '기미'의 상상력을 추동할 수 있는 근거를 제공한다. 이와는 좀 다른 맥락에서, "바람에 흔들리는 갈대"(마 11:7;

눅 7:24)와, 구약성서의 인용 구절이지만, "상한 갈대"(마 12:20)의 경우에서 드러나는 '갈대'의 이미지는 바람에 하릴없이 흔들리다가 꺾여 상하는 식물의 존재 방식을 부조한다. 이는 곧 생명 본연의 연약함이라는 인간학적 진단과 그 극단의 처지에 개입하는 하나님의 자비와 은총이란 신학적 처방을 동시에 아우르는 상상력의 고전적 패턴으로 정착되어왔다.

3. 겨자씨의 상상력

겨자씨의 상상력은 가장 작은 것이 큰 것으로 성장하고 끝내 그 큰 것을 이기거나 품어내는 경이와 전복의 상상력이다. 겨자씨와 관련된 예수의 어록과 비유에서 강조되는 것은 겨자라는 열매도, 그 나무도 아니고 그 작디작은 씨앗이다. 믿음을 더하여 달라는 제자들의 요청에 응답하여 예수는 다음과 같이 말한다.

주께서 이르시되 너희에게 겨자씨 한 알만한 믿음이 있었더라면 이 뽕나무더러 뿌리가 뽑혀 바다에 심기어라 하였을 것이요. 그것이 너희에게 순종하였으리라(눅 17:6).[9]

---

9) 이 구절은 Q문서에 기원을 두고 있는데 마태복음의 평행구 중 어느 쪽이 원래 어록에 가까운지에 대하여 학자들의 의견이 엇갈린다. Joseph A. Fitzmyer, *The Gospel according to Luke X – XXIV*(Garden City, NY: Doubleday, 1985), 1141–1142 참조. 마태복음(17:20)의 평행구에서 조건절은 같지만 이어지는 서술절이 달리 나온다: "만일 너희에게 믿음이 겨자씨 한 알큼만 있어도 이 산을 명하여 여기서 저기로 옮겨지라 하면 옮겨질 것이요. 또 너희가 못할 것이 없으리라." 그런가 하면 도마복음에서는 서술절은 같은데 조건절이 '평화'와 '일치'라는 또 다

여기서 겨자씨 한 알은 믿음의 식물적 표상이다. 그것은 분리되지 않고 하나로 응집된 작은 믿음이며, 그 믿음이 씨앗으로 표상되어 있다는 점에서 그 믿음은 거의 잠재된 희망에 가깝다. 씨앗은, 특히 겨자씨는 매우 작다는 점에서 미미하고 하찮아 보이지만, 그 하나의 씨앗에는 훼손되지 않은 생명의 원형이 고스란히 담겨 있다. 무릇 생명의 근본적인 문제는 훼손되는 것이다. 파열되고 꺾이며 부패하고 소멸하는 것이다. 그런데 씨앗은 꽃의 조락이 그 죽음을 대가로 남긴 선물로 그 최후는 최초의 개시를 알리는 새로운 생명의 시점이 된다. 겨자씨 한 알의 그 '하나'는 저 씨앗의 순결한 존재에 견고한 무게를 더한다.10) 그러므로 겨자씨 한 알로 매개되는 식물 상상력에는 원초적 생명에 대한 향수가 드리워져 있다.

이렇듯, 원초적 생명의 미완성, 그 미지와 미답의 희망은 무한한 잠재력을 품고 있다. 그것은 뽕나무라는 다 성장한 '나무'의 뿌리를 송두리째 뽑을 수 있는 전복과 변화의 힘이다.11) 주지하듯, 식

른 주제로 제시된다: "만일 둘이 같은 집에서 서로 더불어 화평을 이룬다면 그들이 산에게 '산아, 옮겨져라'고 말할 것이고, 그러면 즉시 옮겨질 것이다"(도마 48); "너희가 둘을 하나로 만들 때, 너희는 사람의 아들들이 될 것이요. 네가 '산아, 옮겨져라'고 말할 때 옮겨질 것이다"(도마 106).

10) 요긴대, 누가복음의 본문에서 문제시되는 것은 믿음의 양이 아니라 믿음의 종류, 곧 순전한 믿음이다. Joseph A. Fitzmyer, 앞의 책 (1985), 1142 참조.

11) 이 나무의 정체에 대하여 다소 논란이 있다. 원문의 이름(*sykaminos*)이 우리말로 '뽕나무'로 번역되는데, 구약성서의 예(대상 22:28; 대하 1:15, 9:27; 시 78:47)에서도 동일한 의미로 쓰인다. 여기서 파생된 영어의 나무 이름 'sycamore'는 우리말로 '뽕나무'에 해당되는 것으로 알기 쉽지만, 그것은 미국에서 플라타너스의 일종으로, 영국에서는 큰 단풍나무로, 그밖에 고대 이집트·소아시아 산의 무화과나무 등으로 다양하게 이해된다. 본문의 이 나무가 누가복음 19:4의 '돌무화과나

물학적으로 겨자는 다 자란 그 미래의 몸통으로써도 나무가 될 수 없는 푸성귀의 존재에 불과하다. 그러나 그 작고 단단한 알갱이 한 톨은 믿음을 매개로 종과 속의 식물학적 차별을 극복할 만한 괴력을 발휘한다. 나아가 믿음은, 그것이 겨자씨 한 알의 전일성과 순결성을 지닌 것일진대, 불화의 창조질서를 치유하며 화해시킬 기이한 꿈을 성사시킨다. 뽕나무를 설사 뽑더라도 그것과 바다는 어울리지 않는 상극의 대상이다. 뽕나무의 뿌리가 흙의 덮임 없이 그냥 민물 속에서도 제대로 자랄 수 없는 것은 상식적 이치인데, 설상가상으로 그 뿌리의 처소가 바다라 한다. 뽕나무는 미역이나 다시마와 그 생장 여건이 전혀 다를진대 어떻게 바다의 짠물에 잠기거나 둥둥 떠서 자랄 수 있을 것인가?[12] 그것은 애당초의 창조 질서와도 무관한 새로운 천지의 조화가 아니고서는 상상하기조차 힘든 역전의 발상 아닌가. 그처럼 상상하기조차 힘든 것을 예수는 겨자씨 한 알로 상상한다. 그 상상의 힘으로 그는 바다의 짠물과 지상식물인 뽕나무의 뿌리가 화해하며 어울리는 광경을 만들어낸다. 저 불가능한 가능성을 매개하는 상상력의 밑절미에는 겨자씨 한 알이라는 기특하고도 신통한 미물이 하나 도사리고 있다.

겨자씨는 다음의 비유에서 드디어 작고 섬세한 씨의 각질을 뚫고 제 생명의 본디 형상을 획득하기에 이른다.

무'(*sykomorea*)와 얼마나 다른 종자의 나무인지 의문이 제기되는 까닭이 여기에 있다. Alfred Plummer, *A Critical and Exegetical Commentary on the Gospel according to S. Luke*, 5th ed.(Edinburgh: T. & T. Clark, 1977), 406-407 참조.

12) 일각에서 이 어록을 비유로 보고 나무를 하나님 나라로, 바다를 이교도 세계로 빗대어 해석하는데 이는 '기발하지만 비현실적인'(fanciful) 생각일 뿐이다. Alfred Plummer, 앞의 책(1977), 407 참조.

또 비유를 들어 이르시되 천국은 마치 사람이 자기 밭에 갖다
심은 겨자씨 한 알 같으니 이는 모든 씨보다 작은 것이로되 자란
후에는 풀보다 커서 나무가 되매 공중의 새들이 와서 그 가지에
깃들이느니라(마 13:31; cf. 막 4:30-32; 눅 13:18-19).

여기에서도 똑같이 겨자씨 한 알이 등장한다. 앞서 뽕나무를 상
대한 겨자씨처럼 이곳에서의 겨자씨도 가히 천국의 규모를 품으며
그 내실을 담아내는 우주적 존재로 묘사된다. 그런데 그 겨자씨는
믿음의 잠재적 희망으로 존재하지 않고 생명의 긴 여행을 떠난다.
마침내 밭에 심겨지는 것이다. 이처럼 씨는 심겨지기 위해 존재한
다. 심겨지지 않을 때, 마치 개발되고 사용되지 않는 잠재력이 퇴
화하고 소멸하듯이, 그 씨는 반드시 부패한다. 그 씨가 "모든 씨보
다 작은 것"이라는 진술이 식물학적 사실과 합치되지 않을지라
도,13) 그 비유적 인식은 겨자씨 한 알을 최소한의 가능성으로 지
시하기에 부적절하지 않다. 겨자씨는 심겨진 후 활발한 신진대사
를 거쳐 싹을 틔우고 성장한다. 그것은 푸성귀이지만 풀보다 커져
마침내 그 종자의 한계를 뚫고 나무로 변신한다. 이처럼 양적인
성장의 극점에서 질적인 전환을 일으키는 눈부신 사건은, 식물학
적인 사실과 위배되지만 상상력을 매개로 한 가지 신학적 진실은
담보한다. 그 하나는, 하나님의 창조 섭리 속에서 모든 생명체는
그 최대치까지 자라는 것이 건강하다는 사실이고, 또 다른 하나는
그 한계를 넘어서 마침내 새로운 차원으로 질적인 도약을 감행하

---

13) 식물학적으로 현재 검증된 세계에서 가장 작은 씨는 난(蘭)의 씨로
알려져 있다. 그러나 예수 당시 팔레스타인 일대에서 겨자씨는 곡물
이나 채소류의 씨 가운데 가장 작은 씨였을 것으로 보인다. 최영전,
앞의 책(1996), 112 참조.

여 성숙하는 것이 또한 올바른 생명의 행로라는 사실이다. 그 과정을 매개하며 천국이라는 존재론적 각성을 유도하는 것은 성장과 변신의 상상력이다.[14] 다 자란 겨자씨 한 알은 한순간 문득 도달한 성장의 정점에서 말한다. 무한 성장은 없다고. 최대한 성장한 이후 나물에서 나무로 질적인 전환을 해야 한다고. 그것이 유기체 생명의 올바른 질서라고.

끝으로 이 비유에서 겨자씨 한 알이 제공하는 식물 이미지의 또한 가지 매력은 그것이 축제의 상상력을 매개한다는 점이다. 겨자씨 한 알의 성장과 성숙은 제 개체 생명의 향유 이상의 지평을 펼쳐 보인다. 제대로 자라 올곧게 익은 생명은 다른 생명 위에 군림하거나 그 앞에 뽐내며 허세를 부리지 않는다. 그러한 군림과 허세는 반드시 억압을 낳고 억압은 폭력과 생명의 살상을 부른다. 그 반대편에 대안으로 제시되는 천국의 진경이 바로 축제로서의 삶이다. 겨자씨 한 알이 자라나 이룬 겨자나무의 성취는 마침내 이웃의 생명을 불러 그 가지에 깃들이며 안식하게 한다. 그 안에 깊이 품어주고 다독여준다. 겨자가 푸성귀에서 나무로 변신한 것만도 감지덕지인데 여기서 한 발 더 나아가 식물의 주제에 동물을 끌어안는 또 다른 차원의 변신을 도모한다. 그것은 베풀고 나누며 더불어 공생하는 은혜의 발현일 터이다. 아울러, 새는 그 품에 찾아들어 노래하고 겨자나무는 그 작은 가지를 흔들어 덩달아 춤추곤 할 것이니 이처럼 소박한 자연의 축제가 따로 없다. 신학적 상상력이 온전히 작동하기만 한다면, 천국은 겨자씨 한 알이 제공한

---

14) 예수의 겨자씨 비유와 관련된 성장과 변신의 상상력과 관련해서는 다음의 졸고를 참조할 것: 차정식, "나무가 된 어느 나물의 사연," 앞의 책(2001), 102-110.

이 소박한 누림의 현장에서 그 실체를 얻는 것일 터.

4. 백합화의 상상력

백합화는 예수가 복음서에서 언급한 유일한 실명의 꽃이다.[15] 꽃은 동서고금을 막론하고 아름다움의 표상이다. 짧은 기간 동안 형형색색으로 피다가 지기에 그 아름다움의 가치가 더욱 크게 느껴지는 곳이 바로 꽃의 아름다움이다. 꽃은 또한 생명의 절정을 표상한다. 열매가 결말로서의 결실이라면 꽃은 그 결말의 파국을 맞기 전에 최고조로 도달한 생명의 환희를 역설적으로 웅변하는 존재이다. 그 절정의 생명력을 과시라도 하듯 많은 꽃들은 화려한 색상과 더불어 향기를 동반한다. 그 아름다운 외양은 암수의 생리적 조화와 번식력을 지니고 새로운 생명을 잉태할 쾌락의 신혼방을 치장한다. 꽃에는 그 어느 종류든 이와 같은 쾌락의 상상력을 발동시키는 매혹적인 이미지가 숨어 있다. 그 쾌락은 짧기에 극적이고, 메마른 조락의 날을 예비하고 있기에 일회적인 만큼 절박하다. 한 태반에서 여러 새끼를 여러 차례 잉태하고 기르는 동물과 달리 꽃의 암술과 수술은 단 한 번의 교배로써 그 열매를 맺게 된

---

15) 이 백합화는 팔레스타인에 흔하지 않게 피는 마돈나 릴리(madonna lily)가 아니라 오히려 어느 곳에서나 쉽게 발견되는 아네모네(anemome)라는 들꽃일 것으로 추정된다. 이 꽃은 미나리아제비과에 속하는 다년생 초본으로 20-30cm까지 자라난다. 아침에 피었다가 저녁에 오므라드는 이 꽃의 색깔은 홍색이 많고 자주색, 청색, 노랑색, 흰색 등으로 다양하다. 솔로몬이 입은 제왕의 옷은 자주색이었을 것으로 보기 때문에 이 꽃의 홍색과 색깔이 유사하다. 최영전, 앞의 책(1996), 252-254 참조.

다. 이처럼 일회적이고 극적인 생명의 환희가 가장 영롱하게 피어 오르는 순간의 절정을 알아차린 뭇 시인들은 꽃의 이미지에 집중 하여 매달리고 또 그것을 다채롭게 의미화했던 것이다.16)

예수가 백합화를 거론한 것은 그의 다른 물질 이미지가 그렇듯 삶의 근본 자세에 관해서이다. 그는 일찍이 이사야 선지자가 신탁 으로 받은 다음의 말씀을 깊이 명상한 경험이 있는 듯하다.

> 말하는 자의 소리여 이르되 외치라. 대답하되 내가 무엇이라 외치리이까 하니 이르되 모든 육체는 풀이요 그의 모든 아름다움 은 들의 꽃과 같으니 풀은 마르고 꽃이 시듦은 여호와의 기운이 그 위에 붊이라. 이 백성은 실로 풀이로다. 풀은 마르고 꽃은 시 드나 우리 하나님의 말씀은 영원히 서리라(사 40:6 - 8).

이 지문은 풀과 꽃의 상상력이 가장 섬세하고 명백하게 각인된 대표적인 성서 구절 중의 하나로 기억될 만하다.17) 인간의 육체는 풀과 같이 유한하며 그것을 지어 만든 하나님은 그 말씀을 통해 영생하는 영원한 존재이다. 인간이 그 생명의 아름다움을 피워 올 리며 이룬 것이 영광스럽고 자랑삼을 만할지라도 그것은 들의 꽃 과 같이 역시 짧고 허망한 가치일 뿐이다. 여호와의 말씀이 지닌 영원한 형이상학적 가치에 비해 육체를 지닌 형상적 존재인 인간 은 지상에서 한계 지어진 존재로 죽음과 소멸을 향해 살아간다.

---

16) 한국 시문학사에서 꽃의 이미지를 대중적으로 확산시키는 데 기여한 대표적인 시인은 1960년대 김춘수였다. 그는 꽃이라는 사물에 형이 상학적 의미를 부여하여 존재의 순수한 지향으로 꽃을 노래했다.

17) 이 구절은 근심으로부터의 자유를 역설한 예수의 백합화 어록에서뿐 아니라 야고보서(1:9 - 11)에서 부자의 교만과 탐욕에 대한 예언자적 경고의 비유적 틀로 사용되고 있다.

138

이러한 생명 세계의 변함없는 질서는 풀이 마르고 꽃이 시드는 자연세계에 대한 관찰을 통해 담담히 부조되고 있다. 유한한 인간의 생명을 압도하는 것은 바람에 실려 가는 세월이라는 괴물, 나아가 그것을 섭리하는 하나님의 운영 원리이다. 이것이 곧 본문에 언급된 "여호와의 기운"의 실상이다. 그 기운은 풀과 꽃 위로 맴돌면서 그것들을 소생시키고 소멸로 이끈다. 그 처음에서 나중으로 이어지는 과정에서 그 신성한 에너지는 이 땅의 생명 에너지를 피워내고 또 소진케 하여 땅의 흙으로 돌아가게 하는 순환의 기능을 수행한다. 이 말씀을 가슴에 담고 들의 풀과 꽃을 보노라면 우리는 유한한 인간 존재의 허망함과 무상함을 배경으로 하나님의 강성한 기운 아래 압도되며 그 말씀의 지엄함 앞에 숙연해진다.

이러한 다소 비관주의적 견지와 비교하여 아래의 지문에서 예수가 보여주는 식물 상상력은 같은 소재의 유사한 적용을 통해 얼마나 생경하고도 돌발적인 신학적 메시지를 선사하는가?

> 또 너희가 어찌 의복을 위하여 염려하느냐. 들의 백합화가 어떻게 자라는가 생각하여 보라. 수고도 아니하고 길쌈도 아니하느니라. 그러나 내가 너희에게 말하노니 솔로몬의 모든 영광으로도 입은 것이 이 꽃 하나만 같지 못하였느니라. 오늘 있다가 내일 아궁이에 던져지는 들풀도 하나님이 이렇게 입히시거든 하물며 너희일까보냐. 믿음이 적은 자들아(마 6:28 - 30; cf. 눅 12:27 - 28).

이 구절에서 인간은 들의 풀이나 꽃과 비유적으로 합치되지 않고 사실적으로 분리된 개체로 묘사된다. 들의 풀이 "오늘 있다가 내일 아궁이에 던져지는" 유한하고 무상한 존재라는 자연계의 상식을 예수 또한 전제하지만 그렇다고 인간을 그러한 헛된 삶의 비관적 분위기로 대놓고 몰아세우지 않는다. 예수는 오히려 그 둘의 창조적 등급을 분할하고 차별한다. 그런 하찮은 미물조차 하나님이 입히시고 보살피는 보편적 은총을 긍정하면서도 그보다 훨씬 중요한 인간의 생명을 배려하는 하나님의 특별한 섭리를 강조하는 것이다.

여기서 그 강조의 방식에는 역전을 역전시키는 예수 특유의 기지가 번득인다. 인간들이 그 영광으로 부러워하는 솔로몬이 여기에 등장한다. 그는 이스라엘 통일왕국의 전성기를 이끈 영광의 군주이다. 그런 그가 화려한 궁전에 거주하는 동안 얼마나 수많은 처첩들을 거느리고 얼마나 윤기 넘치는 음식에 호화스런 의복으로 그 몸을 치장했을 터인가? 그런데 예수는 그런 영화를 들에 핀 백합화 한 송이보다 못한 가치로 일언지하에 폄하한다. 솔로몬의 영광은 작위적이고 인공적이며 결과적으로 자기 현시적인 성취와 위업의 산물이었다. 그 밑에는 그의 그런 호사를 위해 동원된 수많은 민중들의 고혈과 탄식이 눌려 있을 터. 그러나 들에 핀 백합화의 존재 양식은 자연과 자유, 자생과 자족을 기조로 하면서도 하나님의 섭리적 은총을 겸허히 수용하는 소박한 아름다움 위에 기초한다.18)

___

18) 고대로부터 자연의 아름다움은 신의 아름다움을 반영하는 것으로 이해되어왔다. 이에 비해 인간의 손으로 빚어낸 작품의 아름다움은, 그것이 무엇이든, 불완전한 것으로 여겨졌다. 그리하여 고대 그리스의 장인들은 자기 작품의 불완전함을 넘어 신의 완전함에 이르는 방식으로 신의 이미지를 다양하게 만들어내고자 힘썼던 것이다. 그러므로 신의 아름다움을 드러내는 자연의 아름다움에 비해 인간의 작품은 아무리 최상의 것이라 할지라도 들판의 꽃 한 송이에 미치지 못하는 것이다. H. D. Betz, *Sermon on the Mount*(Minneapolis: Fortress Press, 1995), 477-478 참조.

그 아름다움을 위해 왜 백합화가 수고하지 않겠는가? 그 꽃을 뒷받침하는 뿌리와 잎사귀, 몸통이 합작하는 신진대사와 광합성 작용은 그 꽃의 이면에 숨은 보이지 않는 수고이다. 그 수고는 그러나 별도로 길쌈질을 해서 제 옷을 만들어 입고자 하는 종류의 수고와는 거리가 멀다. 그런 여분의 노동 없이도 그 꽃은 선명히 아름답다. 그 백합화는 자신의 아름다움을 피워 올려 주변의 시선을 부드럽고 즐겁게 할지언정 그로써 다른 피조물을 억압하거나 수탈하지 않는다. 들에 핀 백합화 한 송이는 그 꽃잎 몇 장과 그 속의 암술과 수술, 거기에 묻은 꽃가루, 그 꽃을 받치고 있는 가녀린 대궁 하나로 몸과 옷을 하나로 통합한다. 몸이 곧 옷이고 그 옷이 곧 몸인 이 꽃의 아름다움은 몸을 여러 벌의 화려한 옷으로 갈아입으며 치장하는 솔로몬의 그 장식적인 외양에 비할 바 못되는 것이다. 이와 같은 백합화의 아름다움도 물론 순간적인 아름다움이기는 매한가지이다. 그러나 그것은 짧지만 담백한, 그리하여 옷을 챙겨 입기 위한 어떤 근심도 필요 없는 그 생명 본연의 아름다움이다.

하나님이 백합화 한 송이를 입히는 방식이 이러하다고 인간을 입히는 방식도 똑같을 수는 없다. 인간은 몸과 옷이 하나로 통합될 수 없는 숙명의 처지에 놓여 있다. 나상으로 돌아다니면서 절대 자유를 추구하고자 하는 사람이 예나 지금이나 없는 것은 아니지만, 그것으로 우리의 일상적 의복 생활에 기본을 삼을 수 없다. 다만 문제는 근심의 유무이다. 저 하찮은 미물조차 그 순연한 아름다움으로 자족하는데 인간은 옷 입는 것에 탐욕을 부리며 허영과 허세의 장식을 위해 갖은 신경을 다 쓰는 것이다. 이제 초점은 백합화가 아니라 인간의 삶 자체이다. 여기에 두 번째 역전이 있다. 솔로몬의 영화를 단번에 제압한 백합화 한 송이의 아름다움은 이제 인간 생명의 보배로운 존재 앞에 제 몫의 교훈을 돌려주고 나서 퇴장한다. 이로써 예수는 백합화의 존재 방식을 거론하면서 인간의 몽매와 그에 기초한 그릇된 버릇을 깨고자 한 것이다. 그 몽매의 핵심에 타율적 모방의 욕망과 이에 따른 심리적 자기 억압과 강박이 존재한다면, 백합화의 상상력이 추동하는 지평 위에는 자족과 자유를 살아내는 자연 생명의 야생 에너지가 넘실거린다.

5. 열매의 상상력

꽃의 상상력이 열매의 상상력으로 번져가는 것은 지극히 자연스러운 이행이다. 꽃 없이 열매 맺을 수 없듯이 열매 없는 꽃의 미래를 상상할 수 없기 때문이다. 그리하여 백합화의 아름다움을 예찬한 예수는 열매의 이미지를 빌어 삶의 궁극에 얽힌 또 다른 비의를 탐색한다. 미리 요점을 찔러 말하자면, 예수는 열매의 상상력에 기대어 자업자득으로서의 삶의 귀결과 시숙의 감각을 설파한다. 자족과 자유의 꿈을 담아낸 백합화의 상상력이 생명을 고양시키고 해방시키는 날개였다면 열매의 상상력은 그 생명을 다시 땅에 안착시키는 바퀴이자 다리라고 할 수 있다. 또 열매가 인간됨의 기본 틀을 강조한다는 점에서 그 상상력은 삶의 실질적 내용을 담보하며 그 궁극의 지향점에서 종말론적 때의 감각을 갱신하는 동력이 되기도 한다. 그러면 그것이 어디서 어떻게 그러한가.

선교사적 계보에 의하면 예수에게 열매의 상상력은 세례자 요한의 그것으로 소급된다. 세례자 요한의 천국 메시지에 대한 반향은

142

회개의 요청으로 이어졌고, 그것은 다시 "회개에 합당한 열매"로
서 구체적인 삶의 변혁을 동반해야 했다(마 3:8). 이때 열매에의
요청은 각 사람들에게 생의 마지막 기회로서 주어지는 결단에의
요청이었다. 이는 곧 도끼가 나무뿌리를 쳐내느냐 마느냐, 알곡과
쭉정이를 당장 갈라내어 쭉정이를 불에 태우느냐 마느냐의 종말론
적 사태를 염두에 둔 것이었다(마 3:10, 12). 예수는 이 열매에의
요청을 한편으로 강화, 증폭시키면서 다른 한편으로는 열매에 선
행하는 특정한 나무 '되기' 또는 '만들기'의 문제를 제기한다. 이
때 열매의 문제는 그 열매가 알곡이냐 쭉정이냐의 문제와 더불어
무슨 나무에 맺힌 열매인가의 문제를 포괄하게 된다.

열매 맺기의 당위적 요청이 강화, 증폭되는 대목은 예수의 종말
론적 상상력이 발동하는 무화과나무의 비유에서다(눅 13:6-9).[19]
여기서 포도원에 심겨진 무화과나무 한 그루가 열매를 맺지 못하
는 것을 보고 그 주인일 법한 사람이 포도원지기에게 그것을 찍어
버리라고 명한다. 땅을 버려 낭비하는 것처럼 보이기 때문이다. 과
수를 재배하는 땅 주인에게 중요한 것은 무엇보다 그 땅의 소출에
있다. 수확의 때가 늘 있는 것이 아니니 땅의 소출에 대한 땅 주
인의 그러한 관심은 이해할 만하다. 더구나 그 수확의 기회가 마
지막일지도 모르는 종말론적인 긴박한 상황하에 그 열매 없음이
땅의 영양 탓인지, 나무의 생장발육에 문제가 있는지 따져볼 여유
가 없다. 이때 찍어버릴 운명에 처한 그 무화과나무는 자신이 거
름을 주고 돌볼 테니 한 번 더 기회를 주자는 포도원지기의 간청

19) 이 비유에 대한 분석과 해석은 다음의 졸고를 참조할 것: 차정식,
"벼랑 끝에 싹트는 희망," 『기독교사상』 505(2001 / 1), 153-163. 이
논고는 이 책의 II부 3장에 같은 제목으로 게재됨.

으로 그 최후의 종말이 한차례 유예된다. 이 비유에서 강조된 것
은 열매로 표상된 삶의 온당한 행실 자체이다. 그 열매를 맺는 무
화과나무가 어떤 나무인지, 왜 열매를 못 맺었는지, 언제 어떻게
열매를 제대로 맺을지 등의 관심사는 종말론적 긴박감에 눌려 열
린 상상력의 힘을 받지 못한다.

또 다른 실제의 에피소드에서 예수가 잎사귀가 무성한 무화과나
무의 열매 없음을 보고 저주한 사건(막 11:12-14; 마 21:18-22)
은, 그 저주를 온몸으로 받고 시들어 죽어간 그 나무의 식물적 수
동성을 다시금 상기시켜주면서 때의 문제를 우회적으로 제기한
다.[20] 그 나무가 열매 없음은, 무화과의 때가 아니라는 저자의 해
설대로 비난받을 사유가 아니었다. 그런데도 그 나무는 예수의 예
언에 맞춰, 그 예언의 능력을 기꺼이 증명해주기라도 하듯, 뿌리째
말라죽는다(막 11:20-21). 이는 예수와 그의 제자들에게 믿음의
능력을 환기하는 사건이었지만, 그 무화과나무의 입장에서 보면
제 생명의 최후를 통과하는 '때'의 문제이다. 그 무화과나무는 예
수의 예언에 따라 자신의 자연적인 결실의 때와 무관하게 초자연
적인 선택의 때에 죽어간다. 그것도 뿌리째 온전히 말라 단번에

---

20) 이 이야기의 형성사적 배경 또는 자료와 관련하여 몇 가지의 가설이
    제기된 바 있다: 1)본래 13, 14a절이 텍스트의 원형 자료로 무화과
    열매가 열리기 전 세상의 종말이 오리라는 예언을 담고 있었다는 설;
    2)베다니에서 예루살렘으로 가는 도상에 있던 말라버린 무화과나무
    를 보고 경건한 유대인과 그리스도교인들이 교훈적 목적으로 만들어
    낸 이야기라는 설; 3) 누가복음 13:6-9(막 13:28, 33)에 근거하여
    만들어진 이야기라는 설; 4) 구약성서 예언서의 관련 본문들(호 9:10;
    렘 24:1-10; 미 7:1f)에 착안하여 이스라엘을 징벌하는 기적 이야기
    를 상징적으로 드러낸 것이라는 설. J. 그닐카 / 박재순 역, 『마르코복
    음』(서울: 한국신학연구소, 1986), 166-168 참조.

144

철저히 죽어간다. 그것은 예수의 말씀에 대한 수동적 식물의 매우 적극적 반응이다.

이 죽음에 결부된 식물 상상력은 순명과 자발적 소멸이란 신학적 메시지를 견인하면서, 놀랍게도 예수의 미래 운명을 예시한다. 얼마 후의 예수 또한 정당한 사유 없이, 어찌 보면 억울하게, 십자가의 저주를 온몸으로 감당하면서 치열하게 제 생명을 접게 된다. 자연인으로서 그의 나이는 아직 때 이른 장년이었건만, 그가 통과한 종말론적 시숙의 때는 운명하는 그 비극적 순간이었던 것이다. 이렇듯 짧은 순간의 슬픈 만남은 그 무화과나무로 예수의 비극적 운명을 잠시 앞서 체현하는 예언적 동선을 그린 셈이다. 그러므로 시장한 예수의 저주를 받아 뜬금없이 죽게 된 그 무화과나무는 특별한 사유 없이 엉겁결에 때 이른 죽음을 당한 모든 생명들의 비극적 운명을 뒷받침하는 예언적 상상력의 모체라 할 만하다. 이렇듯 무화과나무의 상상력은 그 열매의 유무와 결부되어 적절한 때의 분별과 포착을 유도한다. 복음서에 반복적으로 언급된 또 다른 무화과나무의 비유(막 13:28-29; 마 24:32-33; 눅 21:29-31)도 그 '때'의 문제에 집중된다. 여기서 무화과나무는 열매를 맺기 이전 그 싹과 잎사귀, 가지를 통해 계절의 흐름을 분별하는 잣대로 제시된다. 그것은 다시 인자의 재림에 대한 징조의 예표로 해석되고, 이 지점에 이르러 무화과나무는 그 실용적 열매의 유무와 상관없이 계절에 따른 그 나무의 삶 자체만으로, 그 존재의 이행 자체만으로, 본연의 성취에 값한다. 이때 결부되는 상상력은 묵시적 종말론의 상상력에 뿌리 내리고 있는 '기미'와 '징조'의 상상력이다.21)

---

21) 복음서에서 무화과나무는 중요한 종말론적 메타포로 사용된다. 열매

한편, 열매와 나무의 종류가 밀접히 연관된 채 그 질적 가치가 변인으로 결합된 열매 상상력의 출처는 다음과 같은 예수의 어록이다.

> 그들의 열매로 그들을 알지니 가시나무에서 포도를, 또는 엉겅퀴에서 무화과를 따겠느냐. 이와 같이 좋은 나무마다 아름다운 열매를 맺고 못된 나무가 나쁜 열매를 맺나니 좋은 나무가 나쁜 열매를 맺을 수 없고 못된 나무가 아름다운 열매를 맺을 수 없느니라. 아름다운 열매를 맺지 아니하는 나무마다 찍혀 불에 던져지느니라. 이러므로 그들의 열매로 그들을 알리라(마 7:16-20; cf. 눅 6:43-44).

여기에 이르러 예수는 비로소 열매의 종류와 그 질을 문제 삼고 있다. 먹을 만한 열매를 맺는 유실수와 그렇지 못한 나무는 태생적 종자가 다른 나무이다. 특히, 가시나무와 엉겅퀴는 태초 인류의 실낙원 이후 이 땅에 내린 저주를 대표하는 이미지의 식물군이다. 그들은 쓸모없음과 불화의 표상이다.[22] 그러므로 좋은 나무가 되고 스스로를 좋은 나무로 만드는 일이 좋은 열매를 위한 급선무이다. 좋은 나무가 좋은 열매를 맺고 못된 나무가 나쁜 열매를 맺는

가 없다고 예수의 저주를 받아 말라죽은 무화과나무 이야기를 비롯한 마가복음의 무화과나무 모티프에 대한 대표적 연구로 다음을 참조할 것: William R. Telford, *The Barren Temple and the Withered Tree: A Redaction-critical Analysis of the Cursing of the Fig-Tree Pericope in Mark's Gospel and Its Relation to the Cleansing of the Temple Tradition*(Sheffield: JSOT Press, 1980).

[22] 실제로 여기서 좋은 열매와 나쁜 열매는 단순히 개인적 차원의 선한 행실과 악한 행실을 가리키기보다 종종 다른 사람들과의 관계를 의미한다. H. D. Betz, 앞의 책(1995), 536 참조.

하나님의 섭리에 따른 자연의 이치 때문이다.

누가복음의 저자는 이것을 인간의 경우에 빗대어 설명하면서 사람의 마음에 축적된 선에서 선한 행실이 나오고 축적된 악에서 악한 행실이 나옴을 갈파한다. 축적된 선악의 문제는 곧 버릇과 기질의 문제이다. 그것은 여기에 제출된 열매의 상상력이 곧 그 근본 종자와 성장의 과정을 변인으로 삼고 있음을 암시한다. 그 종자는 물론 혈통상의 유전이라기보다 하나님 안의 빛 아래 사는지 그 밖의 어둠 아래 헤매는지를 따지는 존재론적 범주에 가깝다. 이는 또한 축적된 역사를 관류하는 전통 문화의 내실과 이를 교육적 자양분으로 수용하여 각 개인의 삶이 견인해내야 할 질적 고양의 차원으로 소급된다. 이때 정련된 성숙한 삶의 총화로서 나타나는 행실의 열매는 그 나무됨, 곧 인간됨의 증거가 된다. 이때 열매의 상상력은 생명에 결합된 뭇 가치의 소인과 원천으로서 뿌리의 상상력으로 직행한다.

존재론적 범주나 소속의 문제와 관련하여 요한복음에서는 포도나무와 그 가지들의 유기체적 연대 속에 열매의 상상력을 가동한다. 이러한 맥락에서 열매의 수확을 담보하는 것은 포도나무의 지체인 그 제자들이 포도나무 자체인 예수 안에 붙어 있느냐의 여부에 달려 있다(요 15:1 – 5).[23] 가지가 그 나무의 몸통에 붙어 있느

---

23) 요한복음의 이 비유에 대한 배경으로는, 포도나무와 종종 동일시된 생명의 나무에 관한 동방의 신화를 반영한다는 설(Bultmann)과 초막절 축제의 담론(요 7 – 9장)과 연계된 그리스도교의 성만찬 예식을 배경으로 한다는 설(Guilding)이 거론된다. C. K. 바레트 / 김필진 역, 『요한복음』 Ⅱ(서울: 한국신학연구소, 1985), 310 참조. 그런가 하면 요한복음의 편집사적 맥락에서 이 구절이 요한공동체의 교회론을 조명한다는 주장이 제기되기도 하였다. 김동수, 『요한복음의 교회론』(서울: 대한기독교서회, 2005), 68 – 77 참조.

냐의 여부는 열매를 많이 맺느냐 그렇지 못하느냐의 변수가 된다. 후자의 경우 그 가지들의 용도는 불에 던져 사르는 땔감 말고는 없어 보인다(요 15:6). 요한복음의 수목 종자가 포도나무인 것은 공관복음서의 그것이 무화과나무인 것과 대조적이다. 포도와 무화 과는 앞서 예시된 대로 예수가 살던 시대 그 지역의 대표적인 유실수이고 보면 나무의 상상력과 관련된 그 수종의 선택은 자연스럽다. 그런데 요한복음의 포도나무 비유에서 열매의 이미지는 공관복음의 무화과나무 비유에서 다뤄지지 않은 가지들의 유기체적 연합이라는 신학적 맥락에서 새롭게 조명된다. 그 유기체적 연합과 연대는 기억과 상상력을 통해 가능해진다. 제자들이 예수의 말을 기억함으로써, 그 제자들의 제자들은 그 전수된 기억을 해석하고 상상함으로써 그의 영적 현존 속에 거하며 살아갈 수 있다. 그때 그 열매의 내용도 뚜렷이 부각되는데 저자는 여기서 제 목숨을 이타적으로 내어주며 타자를 섬기는 '사랑'이란 어휘를 유달리 강조한다. 열매의 상상력은 결국 제 몸을 땅에 떨어트려 죽고 기꺼이 썩음으로써 새 생명을 잉태하는 희생적 사랑이란 지고한 가치 앞에 삶과 죽음의 경계를 초월하는 새로운 희망의 경지를 개척하는 것이다(요 12:24).

6. 예수의 살과 피로서의 식물

예수의 식물 상상력은 자신의 살과 피를 먹을 것과 마실 것으로 빗대어 상상하는 지점에서 신학적 정점을 이룬다. 그는 유월절 만찬의 메뉴로 사용되는 양고기, 무교병, 쓴 나물 등의 음식을 자신

148

의 마지막 만찬과 이내 진행되는 십자가 죽음의 과정에서 해체,
변용, 분산시킨다. 마지막 식사에서 그가 유월절의 메뉴 가운데 탈
락시킨 것은 양고기와 쓴나물이었고, 새로 추가한 것은 포도주였
다. 그중에서 유일하게 보존된 것은 아마도 무교병이었을 것이다.
양고기는 예수 일행의 재정적 현실에 비추어 사먹기가 비싼 탓도
있었겠지만, 신학적으로 보면, 그 메뉴가 "세상의 죄를 지고 가는
하나님의 어린양"(요 1:29)이라는 순결한 동물적 희생제물의 이미
지로 이미 흡수된 터였기에 이를 반복적인 기념 제의의 메뉴로 삼
기제거 번거로웠을 것이다. 고통스런 역사 체험을 환기시키는 매
개로서의 쓴나물은 예수가 십자가상에서 맛본 "쓸개 탄 포도주"
(마 27:34, 48)의 씁쓸한 감각 속에 용해되고 있다. 그리하여 예수
는 그의 마지막 생애 중 가장 소중한 시간을 측근 제자들과 함께
식사하는 가운데 보내면서 자신의 몸과 피를 식물적 상상력의 응
결체로 제시한다. 그 식사의 제의화는 곧 식물(食物)의 성화에 다
름 아니다. 그 식물은, 포도주이든, 빵이든, 결국 식물(植物)에 근
본을 둔 신학적 상상력의 소산이었을 터이다.

　예수는 그 제의화된 식사 중에 자신의 동물적 몸이 식물적 양식
으로 먹히는 상상에 자신을 내맡겼다. 그것은, "내 살은 참된 양식
이요 내 피는 참된 음료로다"(요 6:55)라는 자신의 진술을 몸으로
체현한 결과였다.24) 실제로 십자가상의 예수는 철저히 식물적 상
상력에 의존했다. 아니, 겟세마네에서의 자기 대결 이후로 내내 그
는 침묵과 무대응으로 일관하며 자신의 몸을 주어진 상황에 내던

---

24) 이 구절은 "성례에 대한 신념"과 "부활에 대한 미래적 종말론"이 구
　　원론적 맥락에서 결합된 형태로 파악할 수 있다. Ernst Haenchen,
　　John 1, tr. by Robert W. Funk(Philadelphia: Fortress Press, 1984),
　　295 참조.

졌다. 그렇게 그는 식물적 수동성의 세계에 침잠하여 자신의 몸이 찢기고 상하고 피 흘리며 죽어가는 과정을 식물처럼 묵묵히 감내한 것이다. 그것은 자신이 거행한 마지막 식사와 거기에 부여한 제의적 의미를 그 몸의 마지막 동작으로 선취했음을 뜻한다. 이는 나아가 이후로 그의 죽음과 부활, 또한 그의 재림에 대한 추억과 동경과 소망의 반복적 갱신을 노정하면서 새로운 영적 주체와 종교의 탄생을 예고하는 획기적인 이정표였다. 그 반복의 패턴은 빵과 포도주의 재료가 되는 곡물과 포도가 매년 절기의 순환에 따라 거듭 결실하고 죽어가는 식물의 순환적 상상력을 모사하고 있다. 예수가 남긴 최초, 최후의 제의적 흔적이 이처럼 일회적 탄생과 죽음의 패턴을 따르는 동물 상상력이 아닌 절기에 따른 식물의 순환적 패턴에 의탁한 것은, 잠잠히 자신의 생명을 창조주께 의탁하는 식물의 적극적 수동성에서 연유한 지혜였다. 그 지혜가 있었기에 예수의 생명은 역사 속에 영생하며 그 제한된 시공의 지평을 넘어 하나님의 나라로 육화될 수 있었던 것이다.

오늘날 성만찬으로 제도화되어 반복적으로 시행되고 있는 이 제의는 교회론적 차원에서 단순히 예수의 살과 피를 나누는 성도의 교제를 표상하는 상징에 국한되지 않는다. 거기에는 하나님의 창조적 섭리 가운데 이 땅의 식물 소산을 끊지 않고 베푸는 은택에 대한 감사를 담고 있다. 그 감사의 이면에는 사회 비판의 목소리도 담겨 있다. 즉 이 땅의 풍성한 창조의 소산이 모든 사람들에게 공평하게 나눠지지 못한 채 독점과 빈궁의 양극화 현실이 지속되어온 사회 경제적 현실에 대한 신학적 비판의 목소리가 그것이다. 또한 기독론과 구원론의 신학적 견지에서 이 제의는 식물의 피고 지고 다시 피어나는 생명 순환의 반복적 구조 속에 예수의 대속적 죽음에 대한 기억과 부활의 소망을 되새기며 1주, 1년 단위의 반복적 예배 의식에 역사적 근거를 제공한다. 그런가 하면, 종말론적 맥락에서 이 제의는 부활, 승천한 예수가 마지막 날 이 땅에 다시 와서 산 자와 죽은 자를 두루 심판하리라는 재림에의 기대를 함유하고 있다. 한 알의 씨가 묵묵히 썩어 많은 열매를 맺는 식물 생명의 이치대로, 예수는 한 알의 씨답게 자신의 운명에 담담히 순종함으로써 이와 같이 역사의 지평을 넓히고 바꾸면서 오늘날까지 부풀어 익은 빵과 오래 묵은 포도주 속에 젊은 생명으로 생동하고 있다.[25] 사람들의 기억 속에 신실하게 되뇌어지면서, 또 사람들의 입안에 참된 양식과 참된 음료로 끊임없이 먹히면서!

---

[25] 상상력의 철학자 바슐라르는 포도주의 이러한 변환을 다음과 같이 진술한다: "포도주는 어떻게 해서 붉거나 황금색일까? 포도주는 어떻게 해서 정말이지 황금의 표징 아니면 피의 표징을 지니게 되는 것일까? 포도주는 변환 중에서도 가장 큰 변환, 묵은 황금에서 인체의 젊음으로의 변환, 그 양극에 있다"(363). 가스통 바슐라르 / 정영란 옮김, 『대지 그리고 휴식의 몽상』(서울: 문학동네, 2002), 특히 "포도주 그리고 연금술사의 포도나무"(356-367) 참조.

06 | 예수와 물 상상력

1. 물의 두 얼굴

우리가 사는 이 별의 표면을 대지보다 더 드넓게 바다가 뒤덮고 있기 때문일까? 인간의 몸 70%를 차지하고 있기 때문일까? 물은 인간 존재와 그 환경에 가장 중요하고 친밀한 물체로 자리 잡아왔다. 우리는 물로 포위된 대지 위에 살고 있고, 그 물을 하루도 빠짐없이 마시며 배설한다. 그 물과 어우러져 우리 신체는 그로부터 발산되는 음이온을 제공받음으로 상쾌함과 청량감을 얻는다. 때로 물속에서 유영하는 우리는 태초의 생명처럼 어머니의 자궁 속 물, 곧 양수 가운데 떠다니던 시절의 안온함을 추체험한다. 이처럼 물은 우리의 몸이 세속에 닿기 이전부터 그 이후까지 우리를 부드럽게 감싸 안으며, 우리의 몸 안팎에 포진하여 우리를 양육하고 다독여준다. 물은 인간뿐 아니라 뭇 생명의 고향이며 원천이다. 신학 바깥의 과학계에서 내게 가장 설득력 있게 다가온 생명의 기원 이론에 의하면, 생명의 조류는 물에서 생성되어 뭍으로 흘러왔다고 한다.1) 그렇게 태초로부터 생명에 깊이 관여해온 물은 시간의 유

---

1) Lyall Watson / 박용길 역, 『생명조류』(서울: 고려원미디어, 1992) 참조. 흥미롭게도 이러한 사실은 종교와 신화의 세계에서도 그대로 용인

구한 흐름을 타고 또 어디로 우리의 생명을 진화시켜나갈까?

물은 또한 하나의 거대하고 심오한 철학적 메타포이다.[2] 상선약수(上善若水)라는 도덕경의 비유에서 보듯, 물은 동양의 정신세계에서 지선의 경지를 이르는 표상으로 상용되어왔다. 그 지선의 일부가 높은 곳에 몸을 두지 않고 낮은 곳으로 흐르는 겸비의 모습이라면, 또 다른 일부는 어느 공간에 들어가도 그 틀에 맞춰 제 형상을 자유자재로 바꾸며 적응하는 그 유연함이다. 여기에 한 가지 더 보탠다면, 물이 지니고 있는 통일성을 말할 수 있을 것이다. 물은 우물물이든, 강물이든, 바닷물이든, 한 몸으로 연결되어 있다. 땅 위의 물이든, 땅속의 물이든, 아니면 저 하늘 공간의 물이든, 물은 서로 부드럽게 어깨동무한 채 얽히고설켜 있다. 그런데 놀라워라, 그 얽히고설킴은 혼돈과 무질서가 아닌 통일된 형체로 정중동의 질서를 이루고 있지 않은가? 물론 물이 성을 내어 대지를 할퀼 때, 천지불인(天地不仁)의 도가적 이치는 그 물과도 유관하다. 하늘이 폭우를 쏟아 부어 대지를 물에 잠기게 하고 대지의 폭풍이 바다를 뒤흔들어 그 물이 대지를 삼키는 형국이니 천지의 이런 불인한 조화에 물이 맞장구치는 것은 자연세계의 당연지사다. 그렇지만 심지어 바다의 격랑이나 해일조차 그 혼돈의 경계를 넘으면 곧바로 원상태의 질서로 복귀하는 자가 조정 능력을 갖고 있다. 그것이 메타포로서 물의 변화무쌍하면서도 변함없는 성정이다.

되어, 가령 엘리아데는 물과 관련된 고금의 여러 신화들을 분석한 뒤 "인간은 물로부터 생겼다"고 진술한다. M. Eliade / 이은봉 옮김, 『종교형태론』(서울: 한길사, 1996), 295 참조.

2) 메타포로서 물에 대한 이해를 풍부하게 다루어놓은 책으로 다음을 참조할 것: 알레브 라이틀 크루티어 / 윤희기 옮김, 『물의 역사: 세계의 신화·풍습·예술 속에 나타난 물의 이미지』(서울: 예문, 1997).

성서에서는 물의 본래 모습이 어떻게 나타날까? 창세기 1:2부터 시작해서 구약성서를 일관되게 관통하는 물의 대표적 이미지는 혼돈 속에 날뛰는 물, 그리하여 자꾸만 반복하여 제압하고 지속적으로 다스려야 하는 흉용한 물의 모습 바로 그것이다. 예의 창세기 본문에서 깊은 물은 땅이 생기기 이전부터 어둠과 결탁하여 '하나님의 기운'과 대척적인 긴장을 이루고 있었다. 그 침침한 천지창조 직전의 긴장 어린 상황은 천지창조가 신세대의 신과 구세대의 신 사이에 벌어진 대결의 결과라는 신화적 소재를 그 배후에 깔고 있다. 바빌론 신화에 나오는 마르둑(Marduk)과 티아마트(Tiamat)의 대결 국면이 가나안 신화의 바알(Baal)과 얌(Yam)의 대립 구도로 전이되고, 이러한 패턴은 엘로힘(Elohim) / 야훼(Yahweh) 대 얌(Yam)의 대칭 구조에서도 유사하게 확인된다.[3] 이때 바닷물의 심연은 그 위를 맴도는 혼돈과 공허의 기운과 더불어 하나님의 기운에 제압당함으로써 비로소 첫 번째 창조의 결과로 '빛'을 보게 되고 연이어 물과 물 사이의 수직적 경계, 그리고 물과 뭍 사이의 수평적 경계도 조성된다(창 1:3 – 10).

---

3) 여기서 바알의 대적자인 '얌'(Yam) 왕자는 '심판자 강'(Judge River), 로탄(Lotan; 구약성서의 리워야단에 해당), 머리 일곱 개 달린 용 '타닌'(Tannin) 등의 수중 괴물로 변용되어 나타난다. 마찬가지로, 엘로힘 / 야훼의 대적인 바다 신 '얌'(Yam)도 '리워야단'(Leviathan), '브헤못'(Behemoth), '라합'(Rahab), '아말렉'(Amalek), '곡'(Gog) 등의 신화적 수중 괴물이나 역사화된 대적자의 이름으로 상징화되어 나온다. 이 모든 대적자들은 천지창조 이후 하나님과 지속적으로 갈등을 빚는 악의 현존으로 해석되거니와, 히브리 성서는 이들 악의 세력을 정복하고 다스리는 하나님의 승리를 신학화한 것이다. 이와 관련된 뛰어난 연구서로 다음을 참조할 것: Jon D. Levenson, *Creation and the Persistence of Evil: The Jewish Drama of Divine Omnipotence* (SanFrancisco: Harper, 1988).

그러나 이러한 창조질서 가운데 편입된 흉용하는 물은, 이후 그 신화적 소재가 역사화한 상황에서도 그 본래 심성을 다시 발동하여 하나님의 구원사를 훼방하는 장애물로 이스라엘 백성을 위협하곤 한다. 그 대표적인 예로 출애굽한 이스라엘 백성을 가로막은 상태에서 위협하다가 모세의 지팡이가 매개한 하나님의 능력으로 몸을 가른 홍해의 경우(출 14:15 - 31)나 여호수아가 인도하는 후세대 이스라엘 백성들을 가로막았다가 법궤의 행진 가운데 역시 몸을 갈라 길을 터준 요단강의 경우(수 3:1 - 17)를 들 수 있다. 이후 이스라엘 백성들이 약속의 땅에 안착하고 체제가 정비되면서 물은 우슬초와 함께 그들을 성결케 하는 제의적 기능을 성실히 수행하고(레 14:4 - 5), 요단강은 이방의 군대장군 나아만을 목욕물이 되어 그의 나병을 치유하는 약효를 발휘하기도 한다(왕하 5:1 - 27). 이와 같이 동서고금을 막론하고 물은 사람의 몸을 깨끗하게 씻김으로 위생의 효과는 물론 영혼과 심성 또한 정화하는 종교 제의적 효능을 인정받게 되었다. 인간에게 장애물인 동시에 구원사적 희망을 내장하는 물의 경우도 없지 않은데, 노아의 홍수 이야기(창 7:17 - 24)가 그 대표적인 사례이다. 여기서 대지를 뒤덮는 물은 타락한 세상을 심판하는 파괴와 종말의 의미, 이로써 하나님의 창조를 전적으로 갱신하는 제의적 의미와 함께 의인 노아 가족과 방주에 탄 새 생명들이 새로운 삶의 지평을 열어가는 구원사적 의미를 담고 있다.

이처럼 종교 제도 속에 순치되는 과정에서 물에 대한 성서적 상상력은 그 흉용한 폭력성을 아예 잠재운 것처럼 보인다. 그러나 이후에도 물의 부정적 속성과 그와 결부된 부정적 이미지는 마치 원초적 상처의 후유증이나 덧나는 역사의 상흔처럼 되풀이된다. 구약성서의 신학적 상상력 속에 물은 하나님의 창조 및 구원 활동과의 대립 국면을 변용하여 지속적으로 등장하면서 혼돈과 질서, 억압과 해방이라는 주제를 되새김질했던 것이다(시 69:1, 93:3-4, 124:4, 135:6-7; 사 27:1; 욘 2:5). 이와 같이 자신의 이미지를 뒤집으며 거듭 변신해온 물의 초상은 흥미롭게도 신약시대 예수와 복음서 저자들에게로 대물림되어 그 오래 묵은 패턴을 변용하며 다시 등장한다.4)

2. 단장하는 물, 조신한 예수(막 1:9-11)

주지하듯이 복음서에 의하면 물과 예수가 처음으로 만나는 것은 예수의 세례식을 통해서이다. 요한의 세례는 광야에서 외치는 메

---

4) 신약성서의 경우, 이와 같은 물의 이미지 변주는 아래서 다루게 될 풍랑을 잠잠케 한 이야기(막 4:35-41)와 "자기 수치의 거품을 뿜는 바다의 거친 물결"이라는 유다서(1:13)의 수일한 이미지에서 확인된다. 이후 서구 문학사를 통해 이러한 물 이미지의 변용은 유사한 패턴으로 등장하는데, 가령 혼돈과 불안, 자유와 해방이라는 대립적 주제를 투사한 말라르메와 발레리 등의 바다 이미지를 예시할 수 있다. 흥미롭게도, 이러한 물 이미지의 전승 패턴은 한국시문학사에서도 유사하게 확인된다. 1960년대에 유행을 이루다시피 한 바다 이미지와 1970년대에 그것의 변용으로 나타난 물/물소리의 시학이 그것이다. "어둠 속에 엎드려/물소리를 듣는다"(권달웅, 「물 1」), "낮은 곳으로 낮은 곳으로/칠흑 같은 물소리"(김정웅, 「물소리 2」), "다만 흐르는 일로 모여서/흐르는 일뿐인 것들이/요즘 정처 없는 밤 물소리를 이루고"(김정웅, 「물소리」) 등의 시구에서 보듯, 물/물소리는 컴컴한 밤/어둠을 배경으로 삼고 있거나 정처 없는 유동성을 그 특징으로 하고 있다. 김현, "물소리의 시학-권달웅과 김정웅에 대하여," "세 개의 변주-물소리의 시학," 『김현문학전집 6: 젊은 시인들의 상상세계/말들의 풍경』(서울: 문학과지성사, 1992), 153-162, 163-175 참조.

시지와 더불어 선포된다. 광야 이미지로 연상되는 것은 거친 돌과 바위, 흙모래, 메마른 바람 등과 연루된 척박함과 건조함이다. 세례자 요한은 그 광야의 평평한 사역에 세례라는 꼭짓점을 얹었다. 물론 그 세례는 물로써 베푸는 세례였는데, 그 강물의 이미지는 광야의 척박함과 건조함에 대비되는 풍요함과 축축함을 머금고 있다. 그 강물이 요단강의 물이었다는 점에서 요한의 세례는 군대장관 나아만의 몸을 요단강물로 일곱 번 씻겨 문둥병을 떠나게 한 엘리사의 행적(왕하 5:1-27)과 일맥상통한다. 요한의 세례가 죄를 용서하는 의미를 지녔다는 점에서도 나아만의 목욕 치유는 회개와 치유를 연계시켜 이해한 당시의 습속에 합치된다. 세례자 요한의 세례 사역은 그 제의적 측면에서 보면 구약성서 시대에 기원한 제의 목욕의 연장선상에 위치한다. 이 맥락에서 물은 하나님의 성스러운 경계 안으로 들기 위해 자기를 씻는 수단이 된다. 그리하여, 예컨대, 호렙산의 계명을 받기에 앞서 이스라엘 백성들은 모세의 지시대로 일정 기간을 정해 옷을 빨고, 자신의 몸을 씻고 닦는 등 목욕재개로써 그 준비에 힘썼던 것이다(출 19:10, 14). 이는 성적인 금욕(출 19:15)과 더불어 하나님과 인간이 그 신령한 교접을 하기 위해 필히 요청된 제의적 수순이었고, 거기서 깨끗한 물은 가장 필수적인 매개 수단이었다.

전통적인 제의 목욕과 요한의 세례가 결정적으로 다른 점은, 제의 목욕이 여러 차례 반복될 수 있는 데 비해 요한의 세례는 일회적이었다는 사실이다. 요한의 물세례가 예수에 의한 성령세례(또는 불세례)와 병치되는 것(막 1:8)에 근거하여 그것이 반복적인 제의 목욕이었다고 주장하기는 어렵다. 이는 기독교적 관점에서 해석한 세례의 상호보완적 관계에서 봐야 할 것이다. 또 요한의 세례 수단은 물로, 예수의 경우는 불로 이원화하여 대립적으로 이해하는 것도 불필요하다. 예수가 요한으로부터 세례를 받았다는 사실을 극도로 불편하게 여겨 예변적 주석까지 첨가한 요한복음의 기록에도 예수 역시 요한처럼 물로 세례를 베푼 흔적을 엿볼 수 있기 때문이다(요 3:22, 4:1 - 2). 뿐 아니라, 선교적 팽창과 더불어 기독교에 입문하는 과정이 물세례였고, 그 세례식에 성령이 임한 것으로 묘사된 사도행전의 기록도 물 / 불의 지나치게 날카로운 대립적 시각을 거스르는 증거로 볼 수 있다. 요컨대, 요한의 세례는 전통적인 제의 목욕에 입각한 정결예식이었으며(요 3:26) 그 초점은 죄의 사유, 특히 하나님의 백성다운 삶의 윤리적 결격 요소를 성찰함으로써 새로운 삶의 변전을 통해 '회개의 열매'를 맺는 일회적 사건이었던 것이다. 이는 다시 말해 새로운 구원사의 장에 입문하기 위해 하나님의 언약 백성 됨을 확증하고 인을 치는 통과 제의적 절차였다고 할 수 있다.

문제는 예수가 죄의 용서와 언약의 갱신이라는 신학적 전제와 함께 그 예식에 동참했는가 하는 점일 것이다. 오늘날 비평적 학자의 상당수는 역사적 사실의 견지에서 그렇다고 보지만,5) 복음서

---

5) 그 가운데 조태연의 독특한 해석은 주목할 만하다. 그에 따르면, 예수의 세례는 "자신의 전 존재를 '물속으로' 완전히 밀어 넣는 회개의 '침례'"였다. 다시 말해, 자신의 과거와 존재에 대하여 온전히 죽는 "길의 과격한 전환"이자 전적인 "무화(無化)의 경험"이라는 것이다. 엘리아데 식으로 말해, 예수의 세례는 기원의 시간에 발생한 신성한 사건이라는 것이다. 또한 그는 하늘이 열렸다는 진술을 그렇게 한 갈릴리 사람이 회개하고 철저히 죽을 때 천지가 개벽한 것이라고 해석한다. 이러한 그의 해석은 과잉해석의 혐의를 피할 수 없겠지만 그만큼 독창적인 것도 사실이다. 조태연, 『예수 이야기: 마가 1 - 복음의 시작』(서울: 대한기독교서회, 2002), 27 참조

의 저자들은 그렇게 보지 않았다.[6] 그들은 예수의 세례가 회개와 죄 사함을 위한 것이 아니라 메시아로서의 즉위 예식이라고 보았다.[7] 그러므로 당연히, 이 세례식에 사용된 물의 용도 및 기능 또한 다르게 상상되었을 것이다. 복음서에서 예수의 세례식은 자세히 묘사되지 않는다. 물이 어떻게 작용했는지도 잘 알 수 없다. 전통 성화에 그려진 대로 예수가 물속에 두 손 모으고 선 채로 바가지나 손에 퍼 담은 요단강물을 머리에 받았는지, 침례교에서 주장하는 정통 법식대로 물속에 누워 푹 잠겼다가 일어났는지,[8] 옷을

---

6) 그 차이는 5절과 9절의 다음 진술 가운데 죄의 고백 유무에 따라 명백히 확인된다: 그때 온 유대 지방과 예루살렘에 사는 모든 사람이 그에게 와서 **죄를 고백하며**(강조는 필자가 함) 요단강에서 세례를 받았다(막 1:5); 그 무렵에 예수께서는 갈릴리 나사렛에서 요단강으로 요한을 찾아와 세례를 받았다(막 1:9).

7) 그러나 그렇다고 예수의 세례에 내포된 대속적 차원의 상징적 의미까지 깡그리 부인되는 것은 아니다. 한 연구에 의하면, 마태복음의 경우, 그 일련의 서사적 전개 과정에서 유아기 적 애굽으로의 도피 단계(마 2:13 - 15)에서 예수는 하나님의 아들로 이스라엘의 응축된 총화가 되어 하나님의 보호에 전적으로 의존하는 모습을 보이고, 세례의식(마 3:13 - 17)에 이르러서는 이스라엘과 일체가 되어 이스라엘이 죄를 고백할 때 그들과 더불어 서며, 광야의 시험 단계(마 4:1 - 11)에서는 이스라엘이 실패한 곳으로 나가 시험을 이겨냄으로써 실패하지 않는 역전의 모형을 보여준다. Jeffrey A. Gibbs, "Israel Standing with Israel: The Baptism of Jesus in Matthew's Gospel(Matt 3:13 - 17)," *CBQ* 64 / 3(2002), 511 - 526.

8) 이와 관련하여 조태연은, 일반 군중의 경우 "요단강 안에서"(*en tō Iordanē potamō*)라고 표현한 데 비해, 예수의 경우 "요단 속으로"(*eis ton Iordanēn*)라고 약간 달리 표현한 것에 주목한다. 이러한 상이한 전치사구의 사용은 군중들이 강물 안에 들어가 반쯤 잠기는 피상적인 '세례'를 받았지만 예수의 세례는 물속으로 완전히 들어가서 푹 잠기는 '침례'를 받았다는 증거로 해석된다. 조태연, 앞의 책(2002), 26 - 27 참조.

입은 채 세례를 받았는지 아니면 거의 다 벗고 받았는지 그 상세한 절차와 내용은 순전히 추측과 상상의 영역에 해당될 뿐이다.

그런데 그 물의 메타포를 상상의 입구로 이끄는 중요한 기록 한 줄이 남아 있다. 그것은 그가 물에서 올라올 때 하늘이 갈라졌다는 기록과 성령이 비둘기 모양으로 그에게 임했다는 기록이다. 그것은 물론 예수가 친히 본 광경이다. 예수가 본 그것을 제자들도 봤는지, 예수만 주관적 체험 속에 그렇게 봤다면 제자들은 그걸 어떻게 알았는지(가장 개연성 높은 추리는 나중에 제자들이 스승 예수로부터 그렇게 들었다는 것일 테지만) 확증하기 어렵다. 다만 분명한 것은, 예수의 그 체험 속에 물기 묻은 자신의 몸을 추스르기도 전에 하늘이 열렸다는 것이다. 계시의 순간이다. 노아의 홍수 당시 하늘이 열려 나타난 것은 지상의 표면을 뒤덮을 만큼 억수처럼 내렸던 심판을 위한 폭우였다(창 7:10-12). 이와 달리 세례받은 예수 위로 열린 하늘에서는 성령이 비둘기 형상으로 임한 것이었다. 이는 예수가 순결한 평화의 메시아로 이 땅에 오심을 추인하는 동물 이미지로 하나님의 영인 성령을 매개한다.[9] 즉 물이 하늘과 땅을 비로써 매개하는 것이라면, 본문의 기록에서 비둘기라는 새는 하늘과 세례 받은 예수를 매개한다. 이로써 예수의 세례는 그가 신령한 영을 받아 하늘 아버지의 종말론적 뜻을 펼치고 이 땅을 구원할 사명을 부여받은 메시아임을 추인하는 예식 절차

---

9) 나는 비둘기의 상징을 예수의 다른 어록(마 10:16)에 기대어 평화와 순결의 이미지로 해석하지만, 조태연은 노아의 홍수가 끝나고 올리브 잎을 물고 온 비둘기, 그냥 날아가버린 까마귀와 대조되는 그 비둘기와 연계시켜 구원사적 맥락에서 "새 창조의 상징"으로 해석한다. 또한 이미지로서의 그 비둘기는 예수의 주관적 종교 체험 속에 굴절, 변형된 빛의 이미지로 상상된다. 조태연, 앞의 책(2002), 28-29 참조.

160

로 읽힌다. 그 열린 하늘에서 들린 하나님의 음성 — "너는 내 사랑하는 아들이라. 내가 너를 기뻐하노라"(막 1:11) — 은 하나님의 아들로서 예수에게 부여된 이러한 우주적 위상을 다시금 확증해 준다.10)

예수의 세례가 전통적인 제의 목욕도 아니고 회개와 죄의 용서라는 통상적 함의를 지닌 요한의 세례와도 구별된다면, 그 세례가 지닌 신학적 의미는 무엇일까? 또 여기에 사용된 물의 이미지는 어떤 방향으로 우리의 신학적 상상력을 추동하는 것일까? 요한의 세례가 전통적인 제의 목욕과 훗날 발전한 기독교 신앙의 입문 예식 사이에 놓인 징검다리라면, 예수가 요한에게서 받은 세례는 신학적인 진화선상에서 자리매김해볼 때 요한의 세례와 훗날 기독교적 세례신학(갈 3:26 - 28; 롬 6:1 - 11) 사이의 교량적 모델로서 기능한다고 볼 수 있다.11) 예수의 세례가 메시아직 취임의 암시라는 문학적 기능과 아울러 동시에 겨냥하는 것은, 예수가 열어젖힌 새로운 구원사의 장에 동참하는 이들이 거쳐야 할 입문 절차의 암시이다. 그 이중 암시의 코드를 풀면, 예수 신앙에 입문하기 위해 누

---

10) 실제로 예수의 세례 장면은 이어지는 그의 시험 장면과 더불어 묵시 문학의 통상적 소재를 드러내는 우주적 언어로 묘사되어 있다. 세례자 요한 또는 그의 추종자들과의 관련하에 언급될 때 예수는 인간적 역사적 언어로 묘사되지만, 하나님과 사탄의 종말론적 대결이란 구도 하에 예수가 등장할 때 그는 우주적 언어로 묘사된다. James M. Robinson, *The Problem of History in Mark and Other Marcan Studies*(Philadelphia: Fortress Press, 1985), 75 참조.
11) 세례자 요한의 세례에서 바울로 대표되는 초기 기독교의 세례로의 전이 과정에 대한 연구로 다음의 논문이 주목된다: Hans Dieter Betz, "Transferring a Ritual: Paul's Interpretation of Baptism in Romans 6," Troels Engberg - Pedersen ed., *Paul in His Hellenistic Context*(Minneapolis: Fortress Press, 1995), 84 - 118.

구도 예외 없이 예수처럼 물로 세례를 받아야 한다; 그 내용의 핵심은 요한이 말한 회개와 죄사함이다; 그러나 그 방향은 삶의 윤리적 결단을 강조한 요한의 세례를 넘어 그리스도 안에서의 속죄와 종말론적 희망이라는 일련의 메시지가 도출된다.

여기서 물의 이미지가 만드는 상상적 울림의 공간은 그 층이 여러 겹이다. 세례자 요한과 예수 이후의 시점에서 조명하면 그 물은 전통적인 제의 목욕에 담긴 내포적 함의대로 자신의 몸을 씻고 마음을 닦는 정결예법의 매개물로 기능한다. 회개에 초점을 맞추면 그 물이 우리 몸의 회개 징후를 알리는 눈물을 다량으로 증폭, 재생산한 상징체라고 좀 과감하게 해석할 수도 있겠다. 그러나 예수 자신에게 국한시킬 때 그 물은 예식용은 예식용이로되 죄씻음이 아니라 자신을 소박하게 단장함으로써 그 예식을 준비하는 데 이바지한다. 그것은 몸의 때를 씻는 제의 목욕의 경우처럼 하나님 앞에 공식적으로 서기 위해 자신을 단정하게 갈무리하는 예법의 구현인 셈이다. 그러나 예수의 경우 그 예식을 계속, 더구나 속죄용으로 반복할 필요가 없었다. 단 한 번의 단정한 단장으로 자신의 메시아 사역이 출범하는 공식적인 기점을 설정, 공포하는 것으로 족했을 터였다. 예수는 그 단장(丹粧)을 머리털 깎기와 면도, 얼굴화장, 빛나는 정장 차림새 등의 화사하고 요란한 치장으로 하지 않았다. 허장성세를 늘어놓는 건조하고 교묘한 말의 수사로써 자신의 영예를 내세우지도 않았다. 문자 그대로 일편의 붉은 마음가짐으로 정신을 맑게 하는 물의 차가운 성정, 그 축축한 단순함의 이미지에 그 몸을 조신하게 의탁하며 잠시 적셨을 뿐이다. 그 차가운 요단강물이 감촉한 예수의 몸, 그 몸 안에 흐르고 있었을 예수의 피와 물, 그 핏물은 머잖은 훗날 십자가상에서 남김없이 쏟아져 유장하게 인류의 구원사를 타고 흘러내렸다.

3. 요동하는 물, 태평한 예수(막 4:35 - 41)

요단강이 세례자 요한의 활동과 예수의 메시아직 취임을 표상하는 물이라면 갈릴리 호수는 예수의 메시아 사역을 상징적으로 응집하는 대표적인 물이다.[12] 예수의 하나님 나라 사역은 갈릴리 지역 중에서도 갈릴리 호숫가 마을들을 중심으로 전개되었다. 그는 마을과 마을 사이를 오가면서 육로뿐 아니라 그 갈릴리호의 수로를 종종 이용했다. 그만큼 갈릴리 호수는 예수에게 친숙했을 것이고, 호숫가 마을에서나 호수 위의 여정 가운데 예수는 그 물과 사귀면서 많은 영감을 받았을 듯싶다. 이 호수는 근처의 지중해 같은 큰 바다에 비해 지역의 작은 호수에 불과했지만 팔레스타인의 척박한 땅 가운데 자리 잡은 바다와도 같이 드넓고 시원한 공간인 터라 당시 사람들에 의해 '바다'로 불려졌다. 갈릴리의 그 바다 아닌 바다는 요단강 상류의 깨끗한 물을 받아 몸집을 불려 다시 밑으로 물길을 터 대지를 적셔주었다. 이 바다의 은택으로 주변의 갈릴리는 비옥한 땅을 확보했고 풍성한 곡물을 생산해낼 수 있었

---

12) 이런 의미에서 갈릴리호는 지형학적 관심의 대상인 동시에 신학적 메타포이다. 갈릴리의 나사렛 출신 예수(막 1:9)는 하나님의 아들 예수 그리스도(막 1:1, 1:11)로 공표되기 때문이다. 아울러, 그 예수는 갈릴리호를 통해 육지와 바다를 매개함으로써 그 적대관계를 해소하고 이로써 하나님의 권세를 나타낸다. Elizabeth Struthers Malbon, "The Jesus of Mark and the Sea of Galilee," *JBL* 103 / 1(1984), 363 - 377 참조.

다. 그 물은 또한 고기잡이 어장을 제공하여 인근 마을 사람들에게 일거리, 먹을거리를 공급했으니 그만하면 갈릴리호는 충분히 고마운 존재요, 아름답고 미더운 자연으로 다가왔을 것이다.[13]

　그러나 갈릴리호가 마냥 평온한 모습으로 대지와 인간의 안식처가 되었던 것만은 아니다. 그 또한 성깔 내며 혼돈을 부르는 원초적 물의 성정을 간직하고 있었으니 예수 일행과의 몇 차례 아슬아슬한 부대낌이 그 증거이다. 어느 날 저물녘 예수는 갈릴리 한 편에서 사역의 일정을 마감한 뒤 뱃길을 통해 그 건너편 마을로 이동한 적이 있었다. 그날 예수는 온종일 일하면서 매우 피곤했고, 그리하여 부러 거추장스런 사람들의 훈기로부터 벗어나 호수 위에서 안식할 기회를 얻고자 했을 것이다. 최대 직경이 10km쯤 되는 그 거리였건만, 그때는 해가 기울면서 사위가 컴컴해지기 시작할 시각인 터라 제법 으스스해졌을 것이다. 그들이 제대로 저녁식사를 하지 못했다면 피곤한 몸은 또 굶주림으로 한층 더 늘어졌을 것이다. 그런데 예수는 그 모든 고단함을 잊은 채 늘어져 뱃고물에 누워 잠들어 있었다. 마침 거센 바람이 불고 풍랑이 일면서 배에 물이 차오르자 제자들은 생사의 기로에 처하여 당황했다. 그들은 그 순간에도 여전히 잠들어 있는 예수를 향해 부르짖으며 도움을 요청했고, 예수는 깨어나 바람과 요동하는 물결을 향해 잠잠해질 것을 명했다. 바람은 곧 잠잠해졌고 파도도 잦아들었다. 풍랑앞에 두려워하던 제자들에게 예수는 그들의 믿음 없음을 꾸짖었고

---

13) 갈릴리 호수는 양쪽으로 산으로 둘러싸여 있으며 북서쪽 방향으로 비옥한 평지에 위치하여 농경에 할애되었다. 아울러, 고기잡이 사업도 이 호수를 중심으로 발전하여 당시 주변의 사람들에게 다각도의 혜택을 준 것으로 알려져 있다. 갈릴리 호수의 지리학적 정보는 다음을 참조할 것: Seán Freyne, "Sea of Galilee," *ABD* vol.2, 899-901.

제자들은 예수의 그 경이로운 능력을 목도하며 또 다른 두려움에 사로잡혔다.

이 이야기에서 예수는 인간의 생명을 위협하면서 창조 세계의 질서를 어지럽히는 흉용한 물을 거뜬히 제압한다. 이로써 그는 창조주 하나님의 행동을 그대로 모사하고 있는 것이다. 반면, 풍랑 속에 날뛰는 그 물은 구조적으로 보면 혼돈과 공허를 표상하는 그 태초의 물, 컴컴한 기운에 휘감긴 바로 그 원초적 바다의 심연을 닮아 있다. 그 평온한 갈릴리 호수는 갑자기 거센 바람과 만나 거친 물결을 만들었을 것이다. 그 바람이 어디서 생겨나서 어떻게 예수 일행이 탄 배 주변에서 거친 물결을 만들었는지 그 묘연한 길을 우리는 알 수 없다. 다만 우리는 그 평온한 물살이 천지불인의 이치대로 그렇게 뜬금없이 파괴적인 힘을 얻어 다른 생명을 위협하는 대적으로 돌변할 수 있는 가능성에 열려 있다. 그것은 누구에게나 언제든지 유사한 상황으로 발생할 수 있는 가능성이다.

그런데 예수와 풍랑의 만남이 신학적으로 문제시되는 까닭은 단순히 그 가능성 자체에 있지 않다. 그것은 예수가 그 풍랑 속에서 마치 파도를 베개 삼듯이 베고 누워 태평하게 잠들어 있었다는 비범한 사실에서 발견된다. 그 사실은 예수가 그 바람과 바다를 향해 말을 걸며 명령했다는 또 다른 흥미로운 사실에 연계되어 있다. 이 두 태도에서 우리는 예수가 자연을 무생명의 사물이 아닌 생동하는 인격체로 대접한 사실과 아울러 자연과 기꺼이 소통하고 융합한 예수의 영성적 경지를 파악할 수 있다.[14] 예수는 급작스레

14) 이러한 생태신학적 통찰에 대해서는 다음의 졸고를 참조할 것: 차정식, "폭풍 속의 단잠," 『묵시의 하늘과 지혜의 땅』(서울: 대한기독교서회, 2001), 177 - 189.

성깔을 내며 삼킬 듯 달려드는 바람과 파도 앞에서 그들에 위축되기보다 태평하게 잠을 잔다. 그 엄중한 생명 위협의 사태에서도 그는 전혀 요동하지 않고 그들을 향해 차분히 명령하며 다독인다. 그것이 그가 보인 믿음의 내용이다. 그 믿음은 창조주 하나님의 품 안에서 아무것도 무고한 생명을 해코지해서는 안 되고, 또 그렇게 할 수 없다는 든든한 신뢰의 자세에 다름 아니다.

예수의 이러한 자세는 물 위를 걷는 그의 초자연적 동선에서도 여실히 탐지된다(막 6:45 – 52). 제자들은 예수 없이 뱃세다로 향하는 뱃길에서 또 한 차례 유사한 위기 상황에 봉착한다. 그때도 역시 저물녘이었고 갈릴리 호수 위에서였다. 제자들이 그처럼 위태로운 지경에 처했을 때 예수는 산 위에서 홀로 기도하고 계셨다. 그들 사이의 거리는 뭍과 물이 서로를 거스르지 못하는 자연의 보편적 질서에 의해 너무 막막하게 가로막혀 있었다. 그런데 예수는 그 거리를 단박에 뛰어넘듯 바다 위로 걸어와 역풍을 만나 배를 젓느라 고생하던 제자들을 구해주었다. 예수의 승선과 더불어 바람이 그쳤음은 물론이다. 그는 제자들이 오해한 바대로 유령처럼 그 밤바다를 육지처럼 밟고 나타남으로써 "바다가 육지라면……"이라는 가정법을 직설법으로 바꾸어버렸던 것이다. 이 이야기에 예수는 배의 부력에 의지하여 물 위에 뜨지 않았다. 그는 다만 꼿꼿이 선 채로 태연히 걸었을 뿐이다. 그는 물을 거칠게 부리지 않았고, 그 물을 쏘아보며 험한 목소리로 명령하지도 않았다. 다만 말없이 더불어 움직였을 뿐. 그런 그를 갈릴리호의 물도 거센 파도를 일으켜 삼키지 않았다.

그 물의 이미지는 생명을 부드럽게 감싸며 보듬고 안내하는 호위병의 이미지에 해당된다. 마치 양수와 한 몸이 되어 그 속을 둥

둥 떠다니며 마냥 행복한 태아의 동선처럼 물과 한 몸이 되다시피한 예수의 동선은 가볍고도 자유롭다. 그렇다면 이 이야기의 궁극적인 초점은 예수의 초자연적 능력에 있지 않고, 또 그 능력을 행사한 예수의 신적인 정체에만도 국한되지 않는다. 오히려 그런 물과 어울려 노닐 듯 사뿐히 보행하는 예수, 그 예수 옆에 그와 더불어 경건하게 기동하는 물의 보드라운 동선, 그 둘의 천진한 소통 관계와 그것을 가능한 현실태로 상상토록 견인한 신학적 상상력, 바로 그 자리에 조명이 비추어져야 할 터이다. 그것은 예언자이사야가 환상 가운데 투시한 사자나 독사와 같은 공격적인 야수와 어린아이가 더불어 초장에서 뛰어노는 목가적 풍경(사 11:1-9)을 넘어 이른바 '생물'과 '무생물'이 인격적 만남과 공존 속에 어우러지는 창조적 회통의 비전을 투사하고 있다.

"겁내지 말고 안심하여라"(막 6:50). 그러므로 예수의 이 말씀은 제자와 예수 사이뿐 아니라 그들 모두와 컴컴한 그 바닷물 사이에서도 적용될 만하다. 물은 그때나 지금이나 흉용하다가 잔잔해지며 잔잔하다가 또 흉용한 물로 돌변한다. 그 물의 불인함에 경계의 빗장을 치고 긴장하는 것은 인간의 상정이리라. 그 물이 만드는 그 어떤 상황에서도 잠잠히 하나님의 품 안에 머물 듯 태연하기란 어렵겠지만 그런 만큼 또한 소망할 만한 종말론적 태평의 믿음을 담아내는 것도 사실이다. 주로 동물이, 특히 사람이 요동칠뿐, 예나 지금이나 물은 삶과 죽음의 경계를 넘어 태평하다. 삼킬듯 달려드는 풍랑을 앞세워 제자들을 겁에 질리게 만든 것은 평소 복스럽던 그 갈릴리호의 물이었다. 그런가 하면 사람을 괴롭히던 군대귀신 '레기온'이 2,000마리 돼지 떼로 들어가 그들을 소동케하여 바다 속으로 달려가 빠져 죽게 한 것도 갈릴리의 그 물이었다(막 5:1-20).[15] 반면 그 물의 소동을 하나님의 본원적 창조 질서에 맡기고 태연히 주무실 때 푹신한 그의 베개가 되어준 것도, 그 위로 걸을 때 다소곳한 호위병이 되어준 것도, 다름 아닌 그 흉용하던 갈릴리호의 물이었다. 그런데 그 착종된 질서의 모순된 현실을 무릅쓰고 예수가 물 위로 던진 우정 어린 신뢰는 기실 하나님 품 안에 안긴 이로서 누구나 응당 품어야 했을 믿음이었다. 우리 눈의 물이 저 드넓은 물을 만나 한 몸을 이룰 때, 그리하여 우리 몸을 응어리지게 만든 적의와 살기를 풀고 그 품의 옹근 빗장을 예수처럼 열어젖힐 때, 그 믿음은 단순히 가능성으로 머물지 않고 우리의 생에 스며 자연스럽게 체화된 일상의 동력이 될 것이다.

4. 생명수의 내력(요 4:1-42)

그리스-로마 시대의 우물은 종교적 인연이 깊은 장소였다. 그곳에서 샘솟는 생수가 이 세상맛을 보기 이전의 신성한 처녀성을 담보하고 있다고 믿어졌기 때문이다.[16] 그리하여 영험함을 쫓는

---

15) 여기서 갈릴리호와 귀신과 돼지의 3중적 이미지 결합은 갈릴리호를 귀신의 무덤으로 둔갑시키고, 그 결과 신화적 바다의 가공할 만한 괴물 이미지를 증폭하는 데 기여한다. 본래 귀신들에게 자연스런 거주처는 황야나 지하(abyssos)였다. 그런데 여기서 그 귀신들이 반유대교적 이교세계(로마)를 표상하는 '돼지'를 숙주 삼아 바닷물 속에 빠져 죽게 함으로써 이 이야기의 배경에 깔린 반이교적 분위기를 반영한다. J. Gnilka / 박재순 역, 『마르코복음』 1권(서울: 한국신학연구소, 1985), 263 참조.

16) 고대 지중해 연안의 주요 도시들에 대한 지리학자 스트라보(Strabo)의 기록에 의하면 당시 종교 및 제의 중심지에는 많은 경우 '성수'를 공급하는 우물이 있었고, 그로부터 공급되는 샘물의 종교적 함의 가

종교적 순례객들은 유서 깊은 우물을 중심으로 몇몇 여신을 기리는 나름의 제의를 발전시켜 '우물 신앙'이라 할 만한 전통을 형성해왔다. 이는 비단 특정 시대와 특정 지역의 특정 종교에만 국한된 경우가 아니었다. 종교적 아우라가 비칠 만한 우물이 있는 곳이라면 동서고금을 막론하고 그 물을 성수로 여겨 신께 바치고 치성을 드리는 제의의 전당을 조성해온 것이다. 내가 어느 겨울철에 방문한 남쪽 프랑스의 작은 시골 마을 까올(Cahor)은 로마시대 골란 지역의 일부로 오랜 기간 식민 지배를 받아왔었다. 강변에 자리한 그 도시의 외곽을 산보하면서 대단한 천연샘물을 발견했는데, 그곳에서도 로마시대 종교제의의 흔적이 남아 있었다. 까마득한 깊이의 지하수로를 가지고 있는 이 샘물은 아직도 그 일대의 식수로 활용할 만큼 그 규모와 수량이 대단해서 그 밑으로 최장 잠수 깊이의 역사가 기록되어 있을 정도였다. 이 실용의 시대에 아직도 옛적의 종교적 영험을 떨치지 못했던지 생수가 솟구치는 구멍 언저리에는 기복용 동전이 수북하게 널려 있었다. 마르지 않는 생수를 뿜어내는 우물은 예나 지금이나 이렇게 변함없는 종교성을 동반한 채 살아 있었던 것이다.[17]

그렇다면 우물 / 샘물 이미지의 어떤 부분이 이처럼 성수로 대접받을 만한 종교적 영험을 유발해온 것일까? 강물과 호수가 땅 위로 자신의 몸을 노출한 정적인 물이라면 샘물은 최대한 노출을 숨

운데는 처녀신이나 처녀성에 대한 신앙적 경외가 포함되어 있었다.

17) "기독교가 전파되기 이전의 시기에는 우물이 신들의 집이었을 뿐 아니라 사람들의 사교 장소이기도 했다. 모든 마을 사람들의 만남의 장소가 우물가였다. 그러나 후에 기독교가 전파되고 난 뒤에도 선교사들 역시 우물가에서 설교를 하고, 그곳에서 개종한 사람들에게 세례를 주었다." 알레브 라이틀 크루티어, 앞의 책(1997), 120 참조.

기고 콸콸 넘쳐흐르는 역동적인 물이다. 그리고 그 물은 아직 이 세상 밖으로 그 몸을 부비며 대지와 깊이 교접하지 않았다는 점에서 순결한 처녀성의 물이다. 뿐 아니라 그 물은 땅속에서 막 분출한 물이기에 자궁으로부터 갓 태어난 싱싱한 신생아의 이미지를 걸치고 있다. 풍요한 생산성의 함의가 우물에 결부되어온 것은 바로 저런 특별한 이미지에 접목된 결과이다. 그런가 하면 우물은 호수와 강물, 바다와 달리 원심력을 가지고 확산되는 물이 아니라 물이 솟구치는 그 구멍을 구심점 삼아 빼곡하게 응집된 공간의 물로서 사람들의 시선을 모으고 주의를 집중시키기에 적절한 기하학적 구조를 가지고 있다. 이는 사밀한 종교성의 비의적 구조를 지탱시켜주는 데 안성맞춤이려니와, 이 또한 우물이 종교 제의적 실천의 현장으로 각광을 받아온 내력과 부분적으로 상통한다.[18] 그 내력은 곧 면면히 흘러 온축되어온 역사와 전통의 후광을 담보할 터이니 이처럼 세월과 문화의 더께 속에 자생해온 그 힘이 종교적 영험에 대한 신앙을 더욱 부추겼을 것이다.

구약시대에 아브라함의 심복이 우물가에서 이삭의 배필 리브가를 만났듯(창 24장), 또 모세가 미디안 광야를 헤매다가 우물가에서 그의 아내 될 십보라를 만났듯(출 2:15 - 17), 예수는 사마리아의 우물가에서 한 사연 많은 여자를 만났다(요 4장). 그 우물은 이스라엘의 비조 야곱에게로까지 소급되는 유서 깊은 우물이었다. 예수는 이 우물가에서 당시 유대인 남자로서 상종할 수 없었던 사마리아 여자를 만나게 된다. 그 여자는 마침 그곳에 물을 길러 와

---

18) 그 내력의 앞머리에는 우물 / 샘, 모든 흐르는 물, 수원(水源)의 신 님프가 자리 잡고 있는데, 이는 순전히 고대 그리스인의 상상력에 근거한 산물이었다. M. Eliade, 앞의 책(1996), 285 참조.

있었고, 예수는 여행 중 꽤 갈증을 느꼈던 모양이다. 물에는 경계가 없다. 아니, 외양상으로야 있겠지만, 경계란 경계마다 미세한 구멍이 뚫려 물의 숨통을 터준다.[19] 땅의 테두리에 갇힌 물들도 하늘로 높이 올라가거나 지하로 깊이 내려가면 결국 오묘하고 유장한 흐름 속에 한 몸으로 어우러져 있는 것이다. 우물물은 그처럼 함께 손잡고 있는 물들의 연대를 표상한다.[20] 그런 인연 탓인지 예수와 사마리아 여인은 하필 우물가에서 그 물을 매개로 만났고 그 만남은 상호 간 대화로 우물처럼 깊어졌다. 예수는 그의 개방된 우호적 접근을 생경해하는 그 여자에게 대뜸 영원히 목마르지 않는 생수를 말한다(요 4:14).[21] 그것은 한 번 마시고 다시 갈증을 반복케 되는 그런 물이 아니라 영원이라는 기호로 갈무리되는 신령한 에너지로서의 물이다. 여자는 그 물의 상징을 사물로 잠시 오해했지만 금세 그 이치를 깨닫고 예수가 메시아임을 알아차린다. 알아차릴 뿐 아니라 즉각 그 메시아의 복음을 전하는 사마리아의 선교사로 활약한다(요 4:28 - 29, 39).

---

19) 그리하여 광야에서 갈증으로 투덜거리던 이스라엘 백성들을 위해 모세는 호렙의 바위를 자신의 지팡이로 내려침으로써 하나님이 약속한 생수를 터치기도 한 것이리라(출 17:1 - 7). 거칠고 메마른 바위와 부드럽고 축축한 물은 이렇게 서로 막힌 경계를 뚫고 서로 몸을 받아들이며 이우러진다.

20) 지하의 우물들이 땅 밑으로 서로 손잡고 연대한다는 발상은 절망의 80년대 초 이 땅에서 정인섭의 시편을 통해 개척된 상상 세계이다. 김현, "우물의 시학: 정인섭," 앞의 책(1992), 91 - 98 참조.

21) 요한복음의 편집적 구도에 비추어, 이 이야기의 생수 모티프는 앞서 2:6에 언급된 "제의적인 정결의 수단"으로서의 물과 3:5에 언급된 "종교적인 의식의 물질적인 요소"로서의 물에 상응한다. 그러니까 서사의 흐름이 물이라는 특정 이미지로써 매개되고 있는 셈이다. C. K. Barrett / 박경미 역, 『요한복음』 1권(서울: 한국신학연구소, 1984), 364 참조.

예수가 주는 그 생명수는 곧 예수의 말씀이요, 성령의 임재를 통한 영적 각성을 가리킨다. 생명수는 이러한 영적 변전으로 비롯되는 영원한 존재로의 전환, 곧 하늘로부터 난 자, 거듭난 자로서 새로운 존재성을 얻게 되는 경지를 지향한다.[22] 그 여자는 야곱의 우물을 역사와 전통의 권위를 빌어 존중하고 특정 지역에서의 예배에 담긴 영험함을 말하지만, 예수는 아득한 시간의 축적을 넘어 보이지 않는 생명수의 영적 매개로 단숨에 영원으로 직행한다. 그 영원한 생명의 존재는 특정한 시간과 공간에 국한되는 전통적 종교제의의 반복으로는 터득할 수 없는 새로운 차원의 영성적 가치이다. 그것은 보이는 야곱의 우물, 사마리아의 게르심산, 예루살렘의 시온산 등과 같은 온축된 전통을 넘어 하나님을 영적으로 참되게 예배하는 이들로서 보이지 않는 예수의 생명수를 마실 때만 도달할 수 있는 세계이다. 예수는 그 새로운 존재 세계의 지평을 개척하고 그것을 사람들에게 차별 없이 개방함으로써 '우물신앙'으로 표상되는 제의적 전통을 극복하고자 했다.[23]

이와 관련하여 또 다른 예는 베데스다의 연못에서 물이 동하길 기다리던 38년 병력의 환자를 예수가 그 물의 효험을 빌지 않고

---

22) 요한복음의 물 상징에 대한 전반적인 이해를 위해서는 Larry Paul Jones, *The Symbol of Water in the Gospel of John*(Sheffield: Sheffield Academic Press, 1997) 참조.

23) 엘리아데에 의하면, 신앙적 대상으로서의 생명수는 "물 안에 생명, 힘, 영원이 존재한다는 형이상학적, 종교적 실재를 신화적으로 표현한 것"인데, 대체로 그것은 괴물이 지키고 있는 것으로 나온다. 또는 그 생명수는 생명나무와 결합하여 등장하는데 우파니샤드가 전하는 고대 인도 신화 속의 '늙지 않는 강'과 '기적의 나무'의 경우가 그 일례라면, 요한계시록(22:1 - 2)에 나오는 생명수와 생명나무의 결합은 신약성서의 대표적 예이다. M. Eliade, 앞의 책(1996), 271 - 273 참조.

말씀만으로 치유해준 기적 이야기(요 5:1 - 9)에서도 탐지된다. 물
이 동할 때 맨 먼저 들어가는 환자는 무슨 병이라도 다 낫는다는
그 신비한 연못! 그렇다면 그 연못은 땅의 지질 활동과 연관된 샘
물 구멍을 확보하고 있었을지 모른다. 그런데 처음 들어간 한 사
람만 치유된다는 점에 이 연못물 신앙의 배타적 한계가 있었다.
예수는 그런데 그 샘물의 효험과 연관된 제의적 신앙의 가치를 가
타부타 직설적으로, 또 일관된 기준으로 평가하지 않는다. 사마리
아 여인의 우물 신앙과 베데스다 병자들의 연못물 신앙은 다소 부
정시하는 듯하지만, 다른 한편으로 태어나면서 소경이었던 자를
치유하면서 실로암 연못물로 씻으라고 지시하기 때문이다(요 9:7).

　예수는 그런 우물 신앙과 연못물 신앙의 개선이나 심화가 아닌,
물과 연관된 영 딴판의 대안적 신앙의 지평을 개척했다. 예수가
선사하고자 한 물은 무엇보다 우물에서 역동적으로 싱그럽게 샘솟
는 처녀성의 생수였지만, 갈증의 뿌리를 제거하지 못한 채 자꾸
반복해서 마셔야 하는 사물로서의 물이 아니었다. 그것은 목마른
모든 사람들의 갈증을 일거에 잠재우고 그 속에서 마르지 않는 생
수의 강이 넘쳐나게 하는 물이었다(요 7:37 - 38). 구약성서 중 이
사야 55:1, 12:3, 49:10 등의 예언을 짜깁기하여 재탕한 이 말씀
은,[24] 이어지는 요한복음의 주석에 의하면 "믿는 자가 받을 성령"
의 임재를 가리킨다(요 7:39). 물의 이미지로서만 분석해볼 때 예

---

24) 이 말씀의 출전 및 배경에 대한 논란이 분분한데 이사야 12:3 "너희
　　는 기뻐하며 구원의 샘에서 물을 길으리라"에서 유사한 히브리어 발
　　음에 근거하여 '구원'과 '샘'을 '예수'와 '배'로 바꾼 해석적 변이의
　　결과라는 주장이 제출된 바 있다. Joel Marcus, "Rivers of Living
　　Water from Jesus' Belly(John 7:38)," *JBL* 117 / 2(1998), 328 - 330
　　참조.

수가 약속한 이 물은 흥미롭게도 단순히 생수가 아니라 그 생수를 강처럼 풍성하게 넘쳐나게 만드는 물로서의 메타적 의미를 함유하고 있다. 강물은 그 흐름이 단절되지 않고 면면히, 장구히 흐른다. 그렇다면 생수를 낳는 생수로서 예수의 물은 영원의 기호에 값하는 물 밑의 물(물 위의 물이 아니라면), 곧 지하의 우물물 이미지에 접맥된다.

이 순환하는 물의 회로에서 예수의 생명수는 생명의 기원 또는 원천(源泉)의 이미지를 걸치고 있다. 그것은 최상류의 순결한 물로서 이 땅의 죄악과 병고에 감염되기 이전의 원초적 상태를 희원하는 동경의 대상이면서 동시에 그 죄악과 병고를 씻되 단번에 온전히 씻어주는 존재론적 징표이다. 이 물은 우물 신앙과 결부된 전통적 종교 제의의 구태의연한 반복을 초월하는 차원에서 예수가 선물로 약속한 생명의 물로서 모든 생명이 시간의 흐름을 가로질러 영원을 살도록 이끄는 힘이다. 그 힘의 역동으로 예수의 생명수는 그 뱃속에 유유한 강을 하나씩 심어두어 메마르기 쉬운 모든 물을 늘 풍성한 물로 존속시켜주는 물이다.[25] 이 생명수가 예수의 대속적 죽음이란 맥락에서 재해석될 때 그 물은 십자가의 희생적 생명이 제공한 붉은 빛을 머금고 예수의 피라는 새로운 메타포로 변용된다. 그리하여 예수의 생명수는 우물과 연못의 이미지를 경

---

25) 이는 영원히 목마르지 않기 위해 제공된 예의 마시는 물, 그리고 예수가 제자들의 발을 씻긴 위생용 물과 더불어 특이한 물의 이미지 구조를 형성하는데 이 물은 끊임없이 물이 솟아나는 물의 근원으로서의 물이다. 이와 같이 중첩된 일련의 물 이미지는 요한복음의 독특한 세례신학을 조형하는 데 이바지한다. 이 물의 이미지들을 연쇄적 흐름으로 상상해보면, 요한복음에서 세례는 밖으로 씻으면서 안으로 마시고, 또 그 일을 위해 필요한 신령한 생수를 몸의 뱃속에 영원히 간직하는 일이다.

유하여 이제 "인자의 피를 마시지 아니하면 너희 속에 생명이 없다"(요 6:53)는 새로운 성례 신학적 메시지에 안착한다.[26] 이러한 흐름의 곡절 탓이었을까? 초기의 일부 공동체는 빵과 포도주 대신 빵과 물, 소금을 가지고 공적인 성만찬을 거행했다.[27] 소금을 별도의 전승 맥락을 지닌 상상력의 소재로 친다면, 여기서 물의 사용은 단순히 포도주가 물보다 비싸고 귀했기 때문만은 아니었을지 모른다. 색상에 민감한 일부 공동체 성원들에게는 적색의 핏물보다는 투명한 물의 담백한 빛깔이 생명수의 원초적 이미지에 더 친근하게 감응되었을 법하다.

5. 순환하는 물의 미래

예수의 경험과 신학적 상상력 속에 물은 격식을 갖추어 심신을 단장하는 강물, 더불어 명랑하게 어울리는 호수/바다의 물, 그리고 뱃속에 생수의 강물을 제공하여 목마름 없는 영원한 생명의 존재를 탄생시키는 샘물 등으로 다채롭게 변용되어 나타난다. 그 물

---

26) 요한복음의 성례신학에 대해서는 예전주의, 탈예전주의, 수정주의, 무예전주의 등에 걸쳐 논란이 분분하다. 나는 "요한복음의 기자는 성례 자체를 반대하거나 성례에 무관심한 것이 아니라, 근본적으로 예전의 중요성은 인식하고 있었으나 당시의 형식적인 예전에 반대해서 그 본질을 밝히고 이를 영적으로 해석하려는 수정주의자들의 부류에 속한다"는 최흥진의 지적에 대체로 동의한다. 최흥진, "요한 공동체와 성만찬 논쟁에 관한 연구," 『신약논단』 8/1(2001), 29-49, 특히 46 참조.

27) 이는 초기 신앙 공동체 가운데 일부 유대인 기독교 집단의 예전 의식에서 탐지된다. Jung-Sik Cha, "*Diamartyria* and the Ordination of Jewish Christian Teachers," *AsJT* 13/1(1999), 124-158 참조.

이 때로 격한 몸부림을 낳고 대지의 생명을 위협할지라도, 그 불인(不仁)의 동선은 다만 태곳적의 성정을 고스란히 물려받은 불인(不忍)의 발로일 뿐, 물은 다시 순치되고 그 흉용함은 이내 태평스런 흐름 속에 수렴된다. 다시금 단언하건대, 혼돈과 질서를 머금고 있는 그 물은 생명의 태반이요 원산지이다. 그리하여 생명이란 생명마다 그 물의 이미지를 모사하여 제 몸의 동선과 영혼의 지향으로써 혼돈을 딛고 질서를 세우고는 또다시 딱딱해진 질서를 해체하여 컴컴한 혼돈의 세계로 나아간다.[28] 겹으로 짜인 그 혼돈의 자궁은 의심의 여지없이 부드러운 생명을 낳는 물의 진창이 아닐런가.

　이렇듯, 물로 구축된 생명은 과연 물답게 흐름을 그 동력으로 삼는다. 그것은 끊임없는 흐름이지만 물은 상선(上善)의 구도자답게 서두르지 않고 제 때를 기다리며 주변을 두리번거릴 줄 안다. 그러니까 그 흐름은 뻣뻣한 직선의 흐름이 아니라 전후좌우상하를 아우르는 유연한 곡선의 흐름이다. 그 유장한 흐름 가운데 에너지를 모아 딱딱해지는 결빙의 순간이 있고, 제 몸을 최대한 헐겁게 풀어 하늘로 우화등선하는 증발의 순간도 있다. 그렇게 흐르고 또 자꾸만 흘러 물은 어디로 가고자 하는 것일까? 그렇게 흘러가면서 물은 무엇을 이루고자 하는 것일까? 생태학적으로 물은 그 흐름의 동선 속에 이 대지를 살찌우고 생명의 결실을 돕는다 할 것이고, 철학적으로 그 물은 자연의 이치에 따른 허적(虛寂)의 도를 이룬

---

28) 혼돈의 깊음 속에 표상된 태초의 물 이미지는 근래 '카오스 이론'의 도움을 받아 위협적이고 흉용한 물로서의 그 부정성을 벗고 여성성과 결합하여 긍정적인 창조의 이미지로 재해석되고 있다. 캐터린 켈러/이상성 역, "더 이상 바다는 없네: 종말의 상실된 혼돈,"『신학사상』 109(2000 / 여름), 119 - 143 참조.

다고 할 수 있겠다. 여기에 한 술 더 떠 신학적으로 그 물은, 가령 '십자가'나 '천국'이라는 한 구경(究竟)의 세계를 지향한다고 할 수 있을까? 그것은 예수가 지향한 궁극적 이상의 정점으로 물의 유구한 흐름이 몸부림치다가 생채기처럼 남겨둔 하나의 결절에 비견될 만하다.

> 율도국에 가고 싶다
> 내 흉곽의 江岸을 깎는
> 波瀾萬丈
> 물결 하나가 수만 겹의 물결을 데리고 와서
> 나의 애간장을 다 녹이는
> 조이고 쪼이는
> 내 몸뚱아리 빨래가 되고
> 오 빨래처럼
> 屍身으로 떠내려가도
> 저 율도국으로 흘러가고 싶다

— 황지우, 「파란만장」전문

이 아름다운 시편이 피워 올리는 이미지에 기대어 물의 풍경을 상상하노라면 내 몸은 나도 모르게 물 위에 누워 빨래가 되기도 하고 시신으로 떠내려가기도 한다. "내 흉곽의 강안을 깎는 波瀾萬丈"이 대지의 가슴팍을 집적이다가 하나의 물결에서 수만 겹의 물결로 번져나가는 물의 조화라니…… 그 자리에 반짝이는 물비늘의 무늬를 떠올리며 어찌 애간장이 다 녹지 않을 수 있을 터인가? 어찌 그 몸을 조이고 쪼이며 조바심치지 않을 수 있을 것인가? 물과 한 몸이 되어 아름다운 이상향으로 떠내려가고 싶은 그 간절한 욕망이 내 속에도 굼실거림을 나는 조바심치며 감지한다. 홍길동의 저 율도국은 당연히 예수에게 천국, 곧 하나님의 나라였을 것! 예수 또한 요단강의 물결 따라 흐르고, 갈릴리 호수의 파도를 타며, 야곱의 우물물 한 사발 얻어 마시지 못한 채, 정녕 빨래처럼 난장이 된 십자가의 시신으로 풀어져 떠내려가긴 떠내려간 것일까? 물과 피를 다 쏟은 그 몸은 그 물 위에 누워 아픔 없는 태평의 세상을 잠시 꿈꾸어보긴 하였을까?

07 | 예수와 불 / 칼 상상력

1. 카멜레온의 말들

말은 요술쟁이다. 똑같은 말이라도 종종 쓰이는 맥락에 따라 의미가 판연히 달라지기 때문이다. 나는 '말'(言)과 '말'(馬)의 경우처럼 동음이의어를 말하는 것이 아니다. 그것은 명백하게 드러나는 차이로 말에 대한 기본 감각을 가지고 요령껏 분별하면 될 일이다. 내가 정작 지적하고자 하는 것은, 독립적인 의미망을 지닌 한 단어가 그것이 사용된 맥락이나 분위기, 또 듣는 사람의 수용 경로와 이해의 틀에 따라 어떻게 다르게 반향되는가 하는 점이다. 이와 관련하여 우리는 전문적인 이론을 동원하여 좀더 복잡하게 논의의 틀을 짤 수도 있다. 가령, '기표'와 '기의' 개념을 상정하고 한 단어의 의미가 고정된 것이 아니라 유동적인 의미화 과정이라고 주장하거나, 그 가운데 기표 밑으로 한없이 미끄러지는 기의의 곡예를 논할 수도 있을 것이다. 그러나 논의의 초점을 명확하게 드러내기 위해 여기서는 일단 동일한 말들이 어떻게 카멜레온처럼 의미와 개념의 변색을 하고 상이한 울림으로 다가오는지, 그래서 어떤 말들이 부정적인 말들 혹은 긍정적인 말들로 틀 지워지는지, 나아가 그렇게 해서 생겨난 말들에 대한 고정 관념은 어떻게 우리

의 일상을 지배하고 억압하는지 성서의 맥락에서 잠시 주목해보고
자 한다.

성서 안에서 사용된 특정 말들의 함의는 나 자신에게 어떤 선입
견과 함께 소통되고 있는가? 또 그것이 자신의 생각과 삶의 자세
에 어떤 영향을 끼치는가? 좀더 구체적으로 말을 바꾸어, 인간의
정서적 구성물들 중에 기쁨, 평화, 사랑이란 말들이 긍정적으로 울
리는 데 비해 슬픔, 분노, 질투 등의 어휘가 부정적으로 새겨진다
면, 그것을 그렇게 각인시킨 말들의 배후는 무엇일까? 또 그것이
과연 그렇게 단색으로 규정될 수 있는 의미의 말들인가? 아니면
그 맥락에 따라 끊임없이 변색하는 카멜레온의 말들인가? 신약성
서 독자의 한 사람으로서 나는 성서해석에서도 이런 점을 깊이 궁
리해볼 필요가 있다고 생각한다. 그러면, 각자의 생각에 스민 자신
의 교리적 신학적 편향성이 기실 자신의 언어적 편견에 기초해 있
음을 발견하게 될 것이다. 무슨 말을 어떻게 하고 어떻게 듣고 새
기냐에 따라 '나'의 세계가 규정되고, 그 영혼의 풍경은 결정되는
것이다. 예컨대, 근심, 걱정, 슬픔이란 말에 대하여 부정적인 선입
견으로 고정되어 있는 사람은, 그 말의 부정성은 실컷 맛볼지언정
바울 사도가 말한 '하나님의 뜻대로 하는 근심'(고후 7:10) 속에
담겨 있는 또 다른 그 말의 풍경은 놓쳐버린다.

단적으로, 말에 대한 고정 관념은 어리석고도 무모하다. 그것은
한 인간의 변화무쌍한 잠재성을 무시하고 몇몇 피상적 관찰과 체
험에 기대어 그 인격체를 규격화하려는 시도만큼 어리석다. 또 그
것은 그렇게 규격화한 그 사람의 이미지를 앞에 두고 맹목적인 칭
송을 하거나 에누리 없이 매도하는 것만큼이나 무모하다. 나는 이
글을 통해 특정한 말이 풍기는 이미지가 얼마나 다채롭게 변용하

는지, 그 이미지는 얼마나 충격적으로 우리의 고정 관념을 해체하고 그에 따른 통상적 의미를 전복하는지, 나아가 그 도전적 전복은 거듭난 말을 듣는 이들에게 기실 얼마나 강력한 영향을 끼치며 그 의미를 증폭시켜나가는지 탐색해보고자 한다.

이를 위해 내가 뽑은 말은 예수의 어록 가운데 나오는 '불'과 '칼'이다. 불과 칼은 예수의 말씀 속에 강력한 이미지로 현전함에도 불구하고, 아마도 그 생경함(칼)과 타성(불) 탓인지, 그간 소외되거나 고정 관념의 틀 속에서 협량하게 소통되어온 말들이다. 나는 그 말들이 겪어온 그 소외와 편협한 소통의 현실을 견딜 수 없다. 그로 인해 얼마나 많은 신약성서 독자들이 지적으로, 정서적으로, 신학적으로, 또 신앙적으로 소외되고 갑갑했을까를 생각하면 더욱더 참아내기 어렵다. 그래서 나는 그 말들에 걸맞게 적절한 위상을 부여하면서 그 말들의 이미지가 누릴 만한 풍성한 의미의 공간을 개척하고 싶은 것이다.

인간 해방, 사회 해방만이 해방이 아니다. 그 해방이 실효를 거두려면 갇혀 있거나 소외당해온 불우한 말들을 해방시키는 것이 선결 과제로 이행되어야 한다. 그때 신약성서의 독자, 특히 설교자들은 자신의 욕망의 뿌리로 내려가 스스로 다음과 같이 물으면 정직해질 수 있을 것이다. 왜 나는 하필 특정한 말, 특정한 구절을 택하여 읽고 해석하며 설교를 하는가? 그 말과 구절을 풀면서 나는 왜 이런 말들을 동원하여 그 고유한 의미를 만들어내는가? 내 메시지를 구성하는 말들은 얼마나 순결하며 얼마나 예수의 육성에 근접해 있는가? 아니면, 내가 찾아낸 말들과 내가 해석하려고 동원한 말들, 그리고 내가 메시지로 선포하는 말들은 심각한 내성의 장치도 없이 그저 자신의 욕망이 꼴리는 대로 어지럽게 요동칠 뿐인가?

2. 방화의 즐거움?

불의 역사는 이 땅의 역사, 우주의 역사만큼이나 실로 장구하다.
불의 이미지는 그것을 경험과 상상의 대상으로 삼아온 인류의 역
사 속에 다채롭게 변용되어왔다. 한 과학철학자에 의하면, 서구문
화 속에서 불은 존경과 몽상, 성적 에너지, 이상화된 불로서의 순
수 이미지 등과 같은 다양한 상징적 함의를 지녀왔다.[1] 그 상징적
의미의 반경 속에 불은 물질이면서 동시에 그 이상이었다. 일찍이
물과 공기, 흙과 더불어 4원소로 일컬어진 불은, 그 물질적 효용성
뿐 아니라 그 상징적 가치를 높이 평가받으면서 인류의 삶에 밀접
히 유착되어왔다. 불과 종교의 상호 인연은 그만큼 길고 질겼다.
불의 종교적 상징이 극대화된 경우는 로마시대의 베스탈 동정녀
제의(vestal virgin cult)나 불을 아예 숭배의 신으로 삼은 고대 페
르시아의 조로아스터교(일명 배화교) 등의 예에서 찾아볼 수 있
다.[2] 숭배 대상까지는 못 되더라도 성서의 전통에서 불은 신성의
상징으로 종종 출현하는데, 그 말이 빚어내는 이미지는 다채로운
색소를 머금은 상태로 여기저기 출현한다. 그러니 그 불의 이미지
가 피워 올리는 의미망이 한군데 고착되지 않고 이리저리 배회하
는 것은 당연하다.
　구약성서의 야훼 하나님은 불의 신이라고 불러도 좋을 정도로

---

1) Gaston Bachelard, *The Psychoanalysis of Fire*, tr. by Alan C. M.
   Ross(Boston: Beacon Press, 1964) 참조.
2) 불의 사회문화사와 불과 연계된 종교·제의에 대해서는 다음을 참조
   할 것: A. E. Crawley, "Fire, Fire‒gods," James Hastings ed.
   Encyclopaedia of Religion and Ethics, vol. Ⅱ(Edinburgh: T&T Clark,
   1981), 26‒30.

휘황한 불의 장식 속에 묘사되기 일쑤다. 이스라엘 백성들이 따가운 햇볕과 그 열기에 끓어오르는 사막이나 광야를 온몸으로 느끼며 살았을 테니 자연스레 그들은 그들의 신을 '불'의 이미지로 떠올렸을 것이다. 그래서 대강 훑어보니, 창세기에 타락한 소돔과 고모라 성에, 해가 돋은 뒤, 유황과 불비를 내려 그 안에 있는 모든 생명들을 멸절시킨 불의 심판 이야기가 나온다(창 19:23 - 25). 그때 유황은 그 불의 화력을 높이는 연료로 곁들여졌으리라. 그리고 비처럼 내린 그 불은 심판과 멸망의 불이었음이 분명하다. 출애굽기는 미디안에 숨어 사는 모세가 호렙산의 한 떨기 나무에 붙은 불과 만나는 장면을 보여준다(출 3:1 - 12). 그때 환하게 빛을 발하면서 나무를 태우지도, 꺼지지도 않던 그 불꽃은 야훼 하나님의 현현과 계시를 대변해준다.

그렇게 애당초 불로 나타난 하나님은 출애굽 이래로 이스라엘 백성들을 구름기둥과 함께 불기둥으로 내내 인도한 것으로 알려져 있다. 또 유명한 불 이야기로 빠트릴 수 없는 것은 열왕기상에 나오는 갈멜산 제단의 불, 곧 '야훼의 불'로 명명되는 그 불이다(왕상 18:25 - 40). 바알의 그 많은 선지자들을 혈혈단신으로 대적한 엘리야의 기도에 하늘로부터 불이 내려 제단의 제물과 나무와 흙을 태우고 도랑의 물까지 핥아버린 그 위세 당당한 불 말이다. 그 불은 무엇보다 하나님의 위대한 능력을 표상하는 이미지로 읽힌다. 그런가 하면 이사야의 입술을 지진 성전의 제단 숯불도 있다. 그 불은 악을 제하고 죄를 사하는 정화(淨化)의 상징으로 볼 수 있다.3)

---

3) 바슐라르에 의하면, 불의 이미지가 정화를 통한 순수의 회복과 연계되는 것은, 무엇보다 악취를 제거하는 불의 효능과 상관된다. 그는 타오

그렇다면, 이러한 불의 전통, 불의 이미지의 역사에 비추어 예수의 불은 어떤 의미를 내포하고 있는 것일까? 그것은 완전히 새로운 불일까? 혹은 기존의 불을 조합·변용한 불일까? 불에 관하여 예수께서 친히 남긴 말씀은 다음의 것이 유일하다.

> 내가 불을 땅에 던지러 왔으니 이 불이 이미 붙었으면 내가 무엇을 원하리요(눅 12:49).

짤막한 구절이니 밀도 있게 분석해보자. 먼저 이 문장의 희랍어 어순과 리듬을 고려하여 다시 번역하면 내 감각으로는 이렇게 읽힌다: "불을 던지러, 내가 왔노라, [이] 땅 위에. 그런데 무엇을 [더] 바라겠는가, 만약에 그 불이 벌써 붙었다면……!" 이 문장의 맨 앞에 돌올하여 이 문장 전체를 압도하는 어휘가 바로 '불'(*pyr*)이다. 예수는 모종의 불을 던지러 왔다. 이 땅 위에 던질 그 불이 예수의 운동, 그 사역의 목적 전체를 특징짓는 상징이라는 정도는 알겠는데, 그 상징의 내포적 의미는 묘연하다. 좀 짭짤하게 추리하면 예수는 이 땅에 그 불이 필요하다고 생각했고, 그 필요에 부응하기 위해 그 불을 던지려 했다고 볼 수 있다.

그런데 그 불을 그냥 담담히 주는 게 아니라 던진다(*balein*)……?[4] 거기에는 던지는 자의 분노와 열정을 담은 공격성이 숨겨

르는 성욕을 상징하는 불, 지옥의 불, 심판의 불, 불의 혀 등과 같은 이미지에 개입된 불의 악마적, 부정적 측면에서 불의 불순함(impurity)을 조명하고, 악취를 제거하고 들판의 쓸모없는 잡초를 태워 땅을 비옥하게 만드는 불의 순수함(purity)을 그것과 대립시켜 그 변증법적 승화 작용을 분석했다. Gaston Bachelard, 앞의 책(1964), 99-107 참조.

4) 여기서 '던진다'(*balein*)는 말은, 예레미아스에 의하면, 셈족어 표현법으로 문자 그대로 불을 '던진다'는 뜻이 아니라 불을 '켜다'라는 뜻의

184

져 있다. 예수가 현재 시점에서 이미 그 불을 던졌는지, 던지지 않은 상태인지는 아직 불분명하다. 분명한 것은, 아직 예수의 그 불이 이 땅에 붙어 이 땅을 활활 태우고 있는 상황은 아니라는 사실이다. 그래서 '그 불이 붙었으면……'이라는 미완의 가정법 표현이 뒤따른다. 여기까지 추리를 해도 여전히 미궁에 빠지는 의문은, 그 불의 정체가 과연 무엇이며, 왜 예수께서 그렇게 공격적으로 불을 이 땅에 던지고자 했느냐는 것이다.

그 미궁을 빠져 나와 단서를 구하기 위해 나는 일단 인접한 구절들과의 상호 연계적 맥락에서 힌트를 얻기로 한다. 먼저 해당 본문의 앞에 나오는 구절들(눅 12:41 - 48)은 별 참고가 되지 못한다. 그것은, 혼인집 비유(눅 12:35 - 40)의 속뜻에 대하여 묻는 베드로에게 예수가 종말을 맞아 깨어 있어야 할 것을 강조하는 방향으로 또 다른 비유를 통해 앞의 비유를 설명해주는, 전혀 다른 맥락의 이야기 단위이기 때문이다. 굳이 연결하자면 불을 종말의 심판 모티프로 풀어볼 수는 있겠지만,5) 예수가 단순히 종말의 불 심판을 위해 이 땅에 오지 않았다는 점에서 그 해독은 부적절하다. 더구나, 본문은 비유나 이야기 형식이 아닌 독립적 아포리즘 형태로 그 선행하는 문단과 양식사적 변별성을 띠고 있다.

은유적 표현이다. Joachim Jeremias, *The Parables of Jesus* (London: SCM Press Ltd, 1972), 161, 각주 57 참조. 이 해석을 수용하더라도 본문에서 예수(또는 저자)가 택한 어휘의 희랍어적 감각과 그 문자적 의미가 퇴색하는 것은 아니다.
5) 불의 이미지를 형벌적인 심판의 예로 사용한 경우는 구약성서에서 심심찮게 발견된다(창 19:24; 출 9:24; 시 66:12; 사 33:14). 그리고 일부 주석가들은 예수가 언급한 불의 용례도 이와 같은 맥락에서 파악하기도 한다. 김득중, 『누가복음』 II(서울: 대한기독교서회, 1993), 131 참조.

그래서 후속구절에 빗대어볼 수밖에 없겠는데, 그것은 "나는 받을 세례가 있으니 그 이루기까지 나의 답답함이 어떠하겠느냐"(눅 12:50)라는 문장이다. 예수의 수난과 죽음을 상징하는, 그렇지만 아직 통과하지 않은 그 세례야말로 예수가 아직 던지지 않은 그 불과 상통하는 이미지라고 볼 수 있다. 그러한 인식하에 누가복음의 저자가 여기에 예의 또 다른 독립적 문구를 가져다 붙여놓았을 가능성이 있다. 설사 그것이 누가의 의도였다고 해도 이러한 편집은 본문 자체에 담긴 상징적 함의를 드러내는 데 별로 성공한 것 같지 않다. 만약에 그 세례가 예수가 주는 세례라면 이야기가 좀 달라진다. 왜냐하면 세례 요한이 앞서 예수께서 장차 성령과 불로 세례를 주리라고 예언한 바 있기 때문이다(눅 3:16). 그런데 여기서 그 세례는 예수가 '주는' 세례가 아니라 '받을' 세례이다. 예수가 앞으로 고난과 죽음을 겪으면서 불로 세례를 받는다……? 결국 그 불을 자기 자신에게 던진다……? 그런 연상이 불가능한 것은 아니지만,[6] 복음서에서 이를 뒷받침할 만한 증빙자료를 발견할 수 없다. 더구나 그는 그 불을 '이 땅에' 던진다고 말하지 않았는가?

차라리 그다음 구절에 나오는 예수의 말씀―"내가 세상에 화평을 주러 온 줄로 아느냐. 내가 너희에게 이르나니 아니라 도리어 분쟁케 하려 함이로다"(눅 12:51)―이 본문의 형식과 주제에 안

---

6) 하워드 마샬은 여기서 불의 의미가 성령의 능력 또는 교회의 능력이 아니라 심판을 가리킨다고 해석하면서도, "하나님 나라의 심판하는 메시지를 전달해줄 성령"이라는 엘리스(Ellis)의 두루뭉술한 견해를 포용한다. 동시에 그는 그것이 또한 분쟁과 분열의 상징임을 언급하는데, 이는 한 곳에서 사용된 불의 이미지에 너무 많은 것을 범벅으로 담아내고 있는 것처럼 보인다. I. H. Marshall / 강요섭 역, 『루가복음』 2 (서울: 한국신학연구소, 1984), 226 참조.

성맞춤으로 어울리는 듯하다. 서로 공유된 어록의 형식이 그렇거니와, 예수가 불을 던짐으로써 초래할 결과가 상투적인 수위의 메시지를 넘어 전복적이고 혁신적인 목적을 겨냥하고 있는 주제의식이 또한 그렇다. 그러면 그 불의 정체는 태평스럽게 잘 굴러가는 이 세상의 기존 체제를 떠받들고 다독거리기보다 뒤집고 해체하는 데 있단 말인가? 나는 일단 그렇다고 생각한다. 그러나 그것이 다분히 심증에 따른 결론이기에 물증을 찾을 때까지 최종 판단은 잠시 유보되어야 한다. 자, 그럼, 어떻게 예수의 불이 분쟁의 모티프와 만날 수 있을 것인가? 그 만남의 구체적인 정황은 어떤 것인가? 또 그 축약된 상징적 이미지에 담긴 예수의 말씀 신학이 전하는 의미는 무엇인가?

불에 대한 사람의 병적인 반응은 크게 두 가지, 곧 공화증(恐火症, pyrophobia)과 방화광(放火狂, pyromania)이다. 예수의 불이 예수가 받을 고난과 죽음의 세례가 아니었다면 그는 그 불을 두려워했을 리 없다. 그렇다면 그는 불을 던지며 이 땅에 불을 놓길 즐겼단 말인가? 방화에의 즐거움? 피상적으로는 수긍이 간다. 그러나 그것으로 예수에게 방화광의 혐의를 뒤집어씌울 수 없는 것은 아직 예수의 불에 얽힌 수수께끼가 온전한 물증의 차원에서 풀리지 않았기 때문이다.[7] 예수가 던지려 한 그 '불'이라는 말의 미궁을 철저히 파헤치기 위해 우리는 '칼'이라는 또 다른 말을 그 말의 짝으로 만나야 한다. 하나의 말이 풍기는 이미지에 대한 의

7) 온전한 물증은 못되지만, 정경 밖에서 전승된 예수의 다음 어록은 예수가 '불'과 일체화되고, 또 그 불이 하나님 나라와 이미지상으로 상통하는 형국을 대강이나마 짚어볼 수는 있다. "나와 가까이에 있는 자는 불과 가까이 있는 자이고, 나로부터 멀리 떨어져 있는 자는 그 나라로부터 멀다"(도마복음 82).

혹은 다른 말의 이미지를 만나 해소될 수 있다. 조금만 더 인내하
며 기다려보자.

3. 화평이 아니라 칼?

칼, 하면 퍼뜩 떠오르는 것은 그 말에 대한 부정적인 선입견이
다. 칼을 부정적으로 보게 만드는 것은 그 칼이 단순히 부엌용 식
도나 과일 깎는 과도가 아니기 때문이다. 칼에 대한 체험은 일상
적으로 이런 쪽이 많을 텐데 왜 그런 쪽으로 쉽게 상상되지 않는
것일까? 우리가 사극이나 전쟁 및 폭력 영화 등을 통해 칼을 장신
구나 생활용품이 아니라 무기로 인식하는 데 길들여진 탓이다. 구
약성서에 나오는 숱한 전쟁의 기록에서 칼은 창과 더불어 대표적
인 살상용 무기로 등장한다. 그것들이 분쟁과 갈등을 표상한다면,
그것들을 쳐서 보습과 낫과 같은 농기구를 만드는 것은 평화의 도
래를 가리킨다(미 4:3). 반대로 낫과 보습을 가지고 칼과 창을 만
드는 것은 그 평화가 깨지고 다시금 긴장과 대립, 전쟁의 상황으
로 진입함을 상징한다(욜 3:10).

우리는 예수께서 평화의 왕으로 이 땅에 오셨다는 진술에 익숙
하다.8) 그래서 따스하고 부드러운 이미지를 떠올려 예수의 초상화
라도 그릴라 치면 곱상하고 평온한 얼굴을 빚어내느라 많은 신경
을 쓴다. 그렇게 예수의 모습을 그리는 것은 정상적인 그리스도인
에게는 당연한 상식에 속한다. 이는 "평화를 이루는 사람은 복이

---

8) 이러한 예수 이해는 메시아가 장차 평화의 왕으로서 오리라는 구약시
   대의 예언(사 9:6)을 정당화한 결과라고 볼 수 있다.

있다"(마 5:9)는 예수의 가르침과도 합치되거니와, 초기 교회에 그 예수의 이름으로 비는 축복인사가 은혜와 더불어 '평화'(또는 '평강')였다는 사실에서도 여실히 확인된다. 이러한 예수의 이미지에 결정적인 못을 박으면서 예수와 칼을 대립적으로 보도록 만들고 칼에 대한 신약성서 독자들의 고정관념을 형성해온 근거가, 겟세마네에서 대제사장의 종을 내리쳐 귀를 자른 베드로에게 예수가 던진 다음의 말씀이다: "칼을 쓰는 사람은 모두 칼로 망한다"(마 26:52). 그러면 그렇지, 어떻게 예수와 칼이 조화롭게 만날 수 있으랴. 예수가 몽둥이와 칼로 위협을 받았을지언정(마 26:55), 그 칼을 옹호했을 리가 있겠는가? 이런 방향으로 흐르는 일방적인 생각은 성서적 칼의 이미지를 한군데 고착시키고 결국 예수에 대한 신학적 이해와 믿음조차 단색으로 결정짓게 만든다.

그러나 놀랍게도, 이와 같은 칼의 부정성은 예수의 또 다른 말씀 속에서 철저히 깨어지고 예수의 사역 그 자체를 특징짓는 핵심적인 상징으로 돌변한다. 예수의 핵심 정신을 거스르는 칼은 그 와중에 예수의 핵심 정신을 드러내는 말, 나아가 예수의 신학을 돋을새김하는 이미지로 변신한다. 과연 어떻게 그런 일이 가능해지는지, 눈을 크게 뜨고, 보라!

내가 세상에 화평을 주러 온 줄로 생각지 말라. 화평이 아니라 칼을 주러 왔노라(마 10:34).

아니, 이럴 수가! 칼도 그냥 가치중립적인 문맥에서의 칼이 아니라, 화평과 대립되는 상징적 개념으로서의 칼인 것이다. 그러면 앞서 산상수훈에서 선포된 그 '화평'(마 5:9)은 공염불이었단 말인가? 그게 아니라 그 맥락이 다르다면 어떻게 다르고, 그 차이가 명백하다면 그것을 또 어떻게 해명할 수 있을까? 화평은 무조건 좋은 게 아니었단 말인가? 칼이라고 무조건 나쁜 게 아니었단 말인가? 이렇게 부정과 긍정의 자리를 뒤바꾸는 말의 미끄러운 요술을 나같이 둔감한 독자들이 어떻게 감당하란 말인가?

부랴부랴 복음서에서 칼에 대한 이 긍정적 묘사를 뒷받침해줄 만한 증빙자료를 찾아본다. 아니나 다를까. 썩 만족스럽지는 않지만 멀지 않은 곳에 그 짝꿍이 있다. 바른 말은 반드시 외롭지 않은 것이다. 자신의 수난이 다가옴에 따라 예수는 뜬금없이 "칼이 없는 사람은 옷을 팔아 칼을 사라"(눅 22:36)고 말한 것이다.9) 누가는 그 말씀이 내포한 애매함과 위험함을 의식했는지 고난받는 종이 "무법자들 속에 끼어 같은 패거리로 몰렸다"(사 53:12)는 구약성서의 예언 구절을 실현하는 방식으로 그 말씀을 색다른 맥락에서 해석한다. 그 해석 때문에 여기에 나오는 칼은 그 긍정성의 반쪽밖에 챙기지 못한다. 여기서 긍정적으로 채색된 예수의 칼 이미지는 상기 본문의 안쪽 맥락에서 그 긍정성에 합당한 의미를 제공받기가 어렵다.

---

9) 이 어록은 일부 학자들에 의해 역사적 예수를 젤롯당 계통의 혁명주의자로 인식하는 증거로 활용된다. S. G. F. Brandon, *Jesus and the Zealots*(New York: Charles Scribner, 1967) 참조. 그러나 이러한 해석은 올바르지 않다. 또는 이 구절에 기대어 유대인 그리스도교도가 예루살렘에서 펠라로 도피한 사실에 대한 인식을 반영하는 것으로 보는 관점도 지나치다. 물론 이 구절을 현대 사회에서 무기 구입이나 무장을 지지하는 증거로 삼는 것도 엉뚱한 적용이다. 이는 다만 박해에 대비한 근신의 자세를 가리키는 상징적인 의미로 푸는 것이 적절하다. Joseph A. Fitzmyer, *The Gospel according to Luke X-XXIV*(Garden City, NY: Doubleday, 1985), 1432 참조.

그러면, 앞의 경우와 마찬가지로, 이 말씀의 주변 맥락을 살피는 수밖에 없는데, 거기서 얻는 수확이 뜻밖에 크다. 마태복음 10장이 누가복음 12장에 비해 전체적으로 양식상의 일관성을 가지고 짜여 있으며 주제의 응집력 또한 강하다는 점 덕분이다. 본문의 주변 구절에 따르면 예수의 칼은 앞서 누가복음 본문에서 나온 '분쟁'의 은유적 표상이다.[10] 그 분쟁이 마냥 타도해야 할 부정적 대상이 아니라 의미심장한 것은, 그것이 대의와 명분을 위한 불가피한 선택의 결과였기 때문이다. 본문이 제시하는 풍경은, 아들과 아버지, 딸과 어머니, 며느리와 시어머니 사이에 갈등하고 분쟁함으로써 가장 친근하고 우애 깊어야 할 가족들이 서로 원수가 되는 하극상의 상황이다. 그것이 불가피했던 것은, 하나님의 나라와 의를 위해 자기 십자가를 지고 고난과 역경을 감당해야 하는 제자들의 삶이 생래적인 연고와 본능적 친분에 연연하여서는 그 사역의 일선에서 아무런 실효를 거둘 수 없었기 때문이다.

이렇듯, 예나 지금이나 일단 자기가 정들어온 삶의 테두리를 깨치고 떠나지 않으면 죽도 밥도 안 되는 정황이란 게 있는 법이다. 그때 주어진 현재 상태를 유지하려고 무조건 애쓰고 내부의 불만

10) 유대교의 일부 묵시문학(솔로몬의 시편, 쿰란문헌 등)에는 메시아가 성령으로 충만한 말씀과 동시에 칼을 든 정의의 심판자로 등장한다. 여기서 칼의 이미지로 조형된 메시아는 압제로부터의 해방이란 메시지를 선포한다. 한 연구에 의하면 예수의 이러한 양면적 메시아의 초상이 요한복음에 투사되어 있다. C. Bennema, "The Sword of the Messiah and the Concept of Liberation in the Fourth Gospel," *Biblica* 86 / 1(2005), 35 - 58 참조. 그러나 이러한 칼의 이미지와 본문에 나오는 칼의 이미지는 궁극적으로 상통하지만 양자 사이의 미세한 차이도 무시할 수 없다. 칼로써 대대적인 심판을 하기에 앞서 해체해야 할 부조리한 일상적 관계의 늪이 강고하게 버티고 있기 때문이다.

과 추문을 무마하는 얼굴마담으로서의 '화평'이란 실로 회칠한 화평, 구실뿐인 화평, 그러니까 가짜 화평이 되는 셈이다.[11] 평화가 없는데 평화라고 말하는 것은 가짜 평화일 뿐이다. 전혀 화해하지 못한 상태에서, 도무지 화해할 수 없는 지경에서, 정치적 제스처나 순간적 임기응변으로 곤경을 모면하기 위해 화해를 가장하는 것은 명백히 가짜 화해일 터이다. 거기서 진정한 화해와 평화를 위해 긴급히 필요한 것은, 서릿발 같은 칼날이며 그것으로 그 거짓의 장막을 내리치는 결기 어린 행동이다. 그때 칼은 그간 제 몸에 달라 붙어온 온갖 부정성의 이미지를 벗어 던지고 참되고 아름다운 이미지로 거듭난다. 그때 화평은 가짜가 되고 칼은 진짜가 된다. 처음과 나중이 자리바꿈하듯, 이렇게 화평과 칼 사이의 상징적 위계질서는 단숨에 뒤집어진다.

그런데 여기서 예수는 그 칼을 주거나 그것으로 손수 무엇인가를 내리치며 자른다고 말하지 않는다. 위에 인용된 번역문은 그 앞의 경우와 일관되게 "내가 화평이 아니라 칼을 던지러 왔다"고 다시 번역될 필요가 있다. 한글개역에 '주다'로 번역된 단어는 앞의 누가복음 본문에서 '던지다'라는 뜻으로 사용된 부정사 '발레인'(balein)으로 동일하다. 누가복음과 마태복음의 상기 본문은 주어(일인칭 단수), 과거동사(ēlthon), 부정사(balein)의 접속 패턴을

---

11) 조경철은 예의 본문이 이와 같이 "거짓평화에 대한 비판"임을 정확히 지적한다. 아울러, 그는 본문이 하나님 나라와 세상, 진리와 비진리, 신앙과 불신앙이 중간지대 없이 날카롭게 갈라지는 이치를 설파한다고 주장하는데, 이는 진리와 비진리, 신앙과 불신앙 등의 추상적 개념에 대한 예수의 직접적인 언급과 그 맥락이 부재한 상태에서 제기된 지나친 확대 해석으로 보인다. 조경철, 『마태복음』 1(서울: 대한기독교서회, 1999), 445-446 참조.

공유하면서 그 목적어만을 불과 칼로 변용시킨 것이다. 이에 따라, 지금까지 심증에 근거하여 추리한 불의 정체는 칼의 정체를 탐색하는 가운데 좀더 분명하게 드러난다. 예수는 불도 던지고 칼도 던진다. 불과 칼을 던지기 위해 예수는 이 땅에 왔다. 이 세상에 예수가 온 목적에는 그와 같이 분리와 결별, 갈등과 대립, 해체와 파국의 단호한 공격성, 초지일관의 선명한 자세를 견지하는 독한 구석이 숨어 있는 것이다.

그러나 불과 칼을 매개하여 그 의미의 소통을 마무리 지을 결정적인 증거는 아직 남겨두기로 하자. 여유 있게 추후의 보완 카드로 사용하기 위하여. 불과 칼을 단순히 고정 관념 속의 이미지가 아니라 우리의 삶 속에 육화한 예수의 신학으로 해석해 내기 위하여!

4. 불 / 칼의 신학, 또는 예수의 결기

앞서 누가복음의 예수가 불을 언급한 시점에서, 독자에게는 풀리지 않은 채 유보된 질문들이 있다. 그 불의 정체는 대강 윤곽이 잡혔지만, 그가 그렇게 이 땅에 불을 던지고자 한 공격적인 희원에 대한 해명은 아직 미진한 형편이다. 물론 그것은 예수의 신념 또는 소명 의식과 어떤 식으로든 연관된 것임이 분명하다. 그런데 예수는 본문의 시점에서 과연 그 불을 이 땅에 던지기는 던졌던 것인가? 아니면, 던지러 오기는 왔는데 아직 준비 동작만 취하고 던지지 않은 상태인가? 이런 초보적인 의문조차 해명되지 않은 상태에서 더 이상의 추리는 일리는커녕 무리로 빠질 우려를 낳는다. 그도 그럴 것이, 이 땅에 아직 불이 붙지 않았다면("만일 불이 붙었다면"이라는 가정법 표현을 주목하라) 불을 던졌는데 금방 꺼져 버렸든지, 불을 아직 던지지 않았든지 둘 중의 하나일 터이기 때문이다.

오랫동안 감추어졌다가 20세기 중반 이집트 나일강가에서 발견된 도마복음은 누가복음에 나오는 예수의 그 불을 이해하는 데 중요한 단서를 제공한다.

> 예수께서 말씀하셨다: "내가 세상에 불을 던졌으니, 보라, 내가 그 불이 탈 때까지 그것을 지키노라"(도마복음 10).

이 물증은 예수의 불에 관해 몇 가지 단정을 가능케 한다. 먼저, 예수께서 이 땅에 단지 불을 던지는 시늉만 한 것이 아니라 실제로 불을 던졌다는 사실을 확인할 수 있다. 그런데 그 불은 던지자마자 활활 타오르며 이 세상을 태우는 그런 초고속 화력을 지닌 불이 아니다. 그 반대로 예수의 불은 더디 타오르며 서서히 태우는 실존과 역사의 불이다. 그래서 그는 그 불이 탈 때까지 인내를 가지고 그 불을 지키겠노라고 말한다. 여기서 '지킨다'는 말은 내게 그 불을 누군가 꺼버리지 않도록 보호하고 보존한다는 의미와 그것을 묵묵히 지켜보겠다는 관조의 의미가 겹쳐져 울린다. 예수가 던진 불에 소명의 실현을 위한 열정적 공격성이 담겨져 있다면, 그것이 타오를 때까지 지켜보는 예수의 자세에는 인내와 연단, 자각과 경성(警省), 역사의 때가 무르익기를 고대하는 담담한 인고의 세월이 반영되어 있다. 미네르바의 부엉이는 황혼을 기다려 비로소 비상의 날갯짓을 한다지 않던가. 예수는 뜨겁게 불을 던졌지만, 물처럼 서늘하게 그 불이 타오르기를 기다렸던 것이다.[12]

그 불이, 앞서 암시한 대로, 예수의 칼과 다르지 않음은 다음의 증거를 통해 이제 확연히 드러난다.

> 예수께서 말씀하셨다: "사람들은 내가 세상에 화평을 던지러 온 줄 생각할지 모르나, 그들은 [기실] 내가 땅 위에 분열, 곧 불, 칼, 전쟁을 던지러 왔다는 것을 알지 못한다. 가령, 집 안에 다섯 명이 있다면 세 명이 두 명을 대적하고 두 명은 세 명을 대적할 것인즉 곧 아버지는 아들을, 아들은 아버지를 대적할 것이다. 그리하여 그들은 각각 고독한 자들로 서게 될 것이다"(도마복음 16).

이 본문 밖의 물증 덕분에 비로소 불과 칼이 분열과 해체, 갈등과 싸움을 뜻하는 메타포였음이 투명하게 증명된다. 이에 따르면 사람들은 예수에 대하여 한 가지 고정관념을 가지고 쉽사리 착각한다. 그것은 다름 아니라 말에 대한 고정 관념이니, 곧 화평은 무조건 좋은 것이고 분열은 무조건 나쁜 것이라는 식이다. 예수는 선한 분이니 그들에게 화평을 줄지언정 분열과는 무관한 분이라는 단정도 거기서 나온다. 그러나 그것은 말의 뒷면, 또는 이면을 제대로 파악하지 못한 까닭에 생기는 오해이다. 예수는 불과 칼, 그리고 전쟁 등의 험한 공격적 이미지들을 동원할 정도로 과감하게 자신에게 덮씌워진 언어의 굴레를 깨트린다. 그는 화평의 이름으

---

12) 불과 물, 이 두 이미지는 술을 매개로 만난다. 바슐라르에 의하면 알코올은 타오르는 물이다. Gaston Bachelard, 앞의 책(1964), 83 - 98 참조. 그렇다면, 예수가 택한 핏빛 술 포도주는 어떤가. 그것은 진홍빛 피가 매개적 연료로 작용하여 생명의 불을 피워 올리는 과정을 보여주지 않는가? 그러므로 알코올이 타오르면 물이라면 포도주는 피로써 서늘하게 타오르는 불로 상상할 만하다.

로 자행되는 가짜 화해, '지금 이대로가 좋아' 식의 현실 안주적 태도가 만들어낸 거짓 평화를 타파한다. 그 완고한 자폐의 성채를 부수고 새로 시작하기 위해 그는 불을 던지고 칼을 들길 주저하지 않는 것이다.

그런데 위의 본문은 놀랍게도 그 불과 칼의 목표가 '고독한 자'라고 한다. 그 어떤 연고와도 무관한 독립적 영혼이 될 때서야 하나님의 나라와 의의 세계에 입문할 수 있다는 것이다. 고독한 홀로서기, 바로 그것이 예수의 칼과 불이 겨냥한 목표라니…… 실제로 도마복음의 예수는 다른 곳에서 구원의 전제 조건으로 '고독한 자' '방랑자'가 되길 종용하고 있다(도마 42, 49, 72).[13] 여기서 도마복음에 대한 신용 정도에 따라 독자의 판단이 갈릴 터이다. 그러나 분명한 사실 한 가지는 그 독립적인 영혼의 새 출발을 위해 타파해야 할 가장 급한 덫이 안온한 가족주의의 연고라는 점이다. 가족주의의 연고는 모든 연고주의의 뿌리이다. 따스한 둥지로서의 가족이 갑갑한 무덤으로서의 가족으로 변질되는 것은 다분히 혈육에 집착한 동물적 이기주의 탓이다. 이와 같은 인간 마음의 어둔 구석은 하나님의 은혜의 선물까지도 죄악의 온상으로 퇴락시키는 것이다. 그런 상황에서 절실하게 요구되는 것은, 일단 자기 부정과 해체이고 그것을 추동하는 칼과 불의 결기이다. 예수의 하나님 나

---

13) 도마복음을 영지주의의 배경에 비추어 해석할 때 여기서 고독과 방랑의 이미지는 진리의 체득이 개인주의적 차원에서 이루어짐을 강조한 것이라고 볼 수 있다. 그러나 이미 예수의 어록 가운데는 무주(無住)와 표표한 방랑의 정신이 도드라진 대목이 없지 않다. 그 유목적 방랑의 스타일이 예수의 삶과 사역에 연계된 방식과 관련하여 다음의 졸고를 참조할 것: 차정식, "광태·유랑·순례," 『신약성서의 사회경제사상』(서울: 한들출판사, 2000), 289-334.

라 신학은 상당 부분 그런 결기의 산물이었던바, 아하, 귀 있는 자는 들을지어다!

여기까지 에둘러 우리는, 불과 칼이 하나의 목표를 겨냥하는 물질적 이미지이며, 그 매개체가 '분쟁'의 모티프라는 사실을 확인할 수 있다. 나아가, 그 분쟁은 가족을 정점으로 하는 모든 일차원적 연고주의에 대한 파국의 선언으로 해독된다. 그것을 수행하는 매개적 이미지가 바로 불이며 칼인 셈이다. 그러나 그 수행의 근본 주체는 예수 자신이다. 그래서 예수는 모범을 보이며 먼저 출가한 것이다. 자신을 찾아온 가족들에게 '하나님의 가족'(familia Dei)을 이념적 대안으로 제시하며 그는 "누가 내 어미며 형제며 자매인가"(막 3:33)라고 반문한 바 있다.14) 그런데 예수는 그 과감한 선택과 행동에서 보여준 그 결기의 불과 칼을 던진단다. 누구에게? 본문의 맥락에서 그 던져진 불과 칼을 받을 자들은 일차적으로 그 제자들이지만, 좀더 확대 적용하면 이 두 복음서의 독자들도 해당된다. 나아가 예수를 믿고 따르는 이 시대의 모든 자들도 그 불과 칼의 의미를 깊이 새겨야 할 당사자들이라 할 수 있다. 이미 던져진 불과 칼은 더 이상 예수만의 몫이 아닌 것이다. 이는 그 불과 칼을 받은 자들, 받아야 할 자들, 바로 그들의 십자가로 남겨진다.

이렇게 먼 길을 우회하여, 불이라는 말의 새로운 함의와 함께 불이라는 물질은 새롭게 태어난다. 마찬가지로 칼이라는 말도 그 말에 담긴 부정성을 뒤집고 신선하게 거듭난다. 이와 같은 말들의 새로운 탄생이 그려놓은 풍경 앞에 용기를 내어 나는 비로소 고백

---

14) 이 주제와 관련하여 다음의 졸고를 참조할 것: 차정식, "'하나님의 가족' 만들기," 『묵시의 하늘과 지혜의 땅』(서울: 대한기독교서회, 2002), 207-221 참조.

한다. 내게 '불'이라는 말과 늘 함께 떠오르는 선입견은 '불 받아
라!'였다. 내 청소년기 이래로 한국교회의 부흥회에 단골 메뉴가
그 불이었음은 두말할 나위 없는 사실이다. 솔직히 나는 연례행사
처럼 반복되던 그 교회 프로그램에 열심히 참여하면서 나름대로
쌓아온 신앙적 영성을 고맙게 생각한다. 그리하여 지금도 그 미쁜
추억의 시절을 즐겨 회상하지만, 그 불의 위압적인 이미지가 내
여린 영혼에 새겨놓은 상흔도 부인할 수 없다. 불을 받고자 끓어
오르던 열정을 주체하지 못한 나머지 불에 델 지경이 되어버린 내
안의 공화증 때문이다. 그러나 그 불로 인한 시달림은 곧 방화광
의 결과였으니 불에 대한 부정성은 자못 뿌리 깊은 이력을 가지고
내 속에 서식해온 것이다. 그러나 그 불은 한 번도 나를 홀로 서
게 한 적이 없었고 한 번도 내 신앙적 결기를 부추기는 칼로 다가
오지를 못했으니…… 자기 파탈(擺脫)의 결기를 부추기는 예수의
불과 칼은 오히려 에덴동산을 지키는 금기의 화염검(창 3:24)처럼
두려운 존재로 인식되어온 것이다.[15] 더욱 더 자폐의 무덤으로 기
어들게 만드는 공포의 대상으로 말이다.

　불과 칼의 신학! 분명 예수에게 그런 것이 있었다. 그것은 하나
님 나라의 칼날 같은 도래와 불길 같은 확산을 위해 요구되는 자
기 대결의 자세에 값하는 소중한 유산이었다. 칼을 던져놓고 태연

---

15) 반인반수의 형상으로 전해지는 스랍과 더불어 에덴을 지킨 것으로
　　묘사되는 이 칼은 "번개의 신화적 대상화" 결과로 보인다. Gerhard
　　von Rad, *Genesis*, tr. by John H. Marks(London: SCM Press Ltd,
　　1961), 94-95 참조. 예수의 불과 칼은 이미지의 조합상으로 이 화
　　염검과 일치하지만 그 본질과 성격은 판이하다. 에덴의 화염검은 금
　　기의 수호자로 존재하지만 예수의 불과 칼은 생래적 인간관계에 뿌
　　리를 둔 연고주의라는 시대적 금기에 도전하는 메타포로 작용하기
　　때문이다.

198

하게 가족적 연고주의에 찌든 대오의 분열과 해체를 촉구하는 예
수의 결기. 불을 던져놓고 이 땅이 온통 불바다가 되어 미봉의 가
짜 화해를 활활 살라버리기를 고대하는 예수의 갈망. 어느 선승은
8년간 눕지 않고 수도하면서 초인적인 자신과의 싸움을 그 생의
이력으로 남겼다지 않은가? 이 세상의 불바다와 칼부림을 꿈꾼 그
결기 어린 예수의 신학은 그러나 그 싸움이 고독한 자기 자신으로
부터 출발하여 제 한 몸의 해탈에 머물지 않고 세상의 온 생명들
로 번져나가길 소망했다. 그리고 예수의 그 신학적 지향점은 자신
의 고독한 밀실에 마냥 칩거하는 은자의 삶이 아니라 한 집에서
다른 집으로, 한 동네에서 다른 동네로 잽싸게 기동하면서 병자를
고치고, 죽은 자를 일으키며, 마귀를 쫓아내는 종말 사역의 실천적
현장을 염두에 둔 것이었다.

5. 태우고 쪼개는 치열한 사랑

제자들과 지상 예수와의 결별 이후, 오순절에 성령은 불의 형상
으로 그 제자들에게 임했다(행 2:1-4). 그 불은 그 날름거리는 외
형에서 연상된 혀, 곧 언어의 불, 말씀의 불길이기도 했다. 그 불
길 같은 성령을 받은 제자들이 즉시 각각 다른 방언으로 말하기
시작한 것은 바로 그 불의 언어지향성에 기인한 것이었다. 그 방
언은 서로 상이한 언어였음에도 불구하고, 아니 바로 그랬기 때문
에, 사방 각지에서 온 청중들이 모두 이해할 수 있는 화합과 통일
의 언어로 작용할 수 있었다. 이로써 오순절의 그 성령 사건이 바
벨 사건으로 언어적 혼돈의 도가니에 빠져든 이 세상을 다시 회복

시키는 선교적 기점이 될 수 있었던 것이다.

그런데 그 성령의 불, 그 불의 혀는 예수가 던진 그 불과 어떻게 연계되는 것일까? 그것은 단적으로 말해 상호 계기적인 이미지로 작용하고 있다. 예수의 그 불이 해체와 분열, 현재의 수구적 연고주의를 타파하는 종말의 불이었다면, 오순절의 그 불은 예수의 불에 의해 철거된 구태의 허물을 넘어 새로운 토대 위에 화합과 통일의 선교를 수행하는 개척과 창조의 불이었기 때문이다. 신나게 뻗어나가는 성령의 불은 아프게 때려 부수려는 예수의 불, 그나마 아직 채 타오르지 않던 그 막막한 기다림의 불이 있었기에 가능했고 유의미했을 것이다. 이처럼 예수의 그 불은 아득한 인내의 시간이 전제된 서늘한 불, 바로 유장한 물의 불이었다. 그리하여 예수의 불에 담긴 진정성은 불타는 그의 내면에 감추어진 슬픈 눈물 속에서 담보된다. 예수의 불은 내면적으로 자신의 고독한 길을 가기 위한 단호한 결기의 불이었던 데 비해 외부적으로는 생래적 동물성과 일차원적 연고주의에 침윤되어 있는 지상 인간들의 자기 초월을 재촉하는 치열한 사랑의 발로였던 것이다. 제 스스로 불타며 불을 던지고 이 세상을 불태우고자 하는 안간힘이 왜 치열한 사랑의 발로인가?

불은
불타 오른다 꺼질 줄 모르고
내 습기찬 눈동자의 몽롱한 시야 속에서
불은 죄많은 자기의 육신까지 태워버린다

눈물을 닦아내도 아아 타누나
타누나, 그대의 봇물터진 울음.

불은 마침내 이성을 잃고
산더미처럼 집채처럼 태워버린다.

불타라. 불타라. 불타라. 불타라.
쓰러지며 불은 불타오르고, 그러나 태울 수 없는
우리의 축축한 사랑이 이미 타버린
그리움의 거대한 그림자조차 무엇으로
적시겠느냐 아아 그리워하겠느냐

불은 걷잡을 수 없이 불타오르고
불 스스로 세력마저 태워버리고
불의 쓰러짐은 스스로 아비규환의 비명소리마저 태워버린다.

불타라. 불타라.
너와 내가 이 화재 앞에서 태울 수 없는 몸짓으로 남아
봇물터진 그리움으로 남아
무엇을 또 태우겠느냐.
무엇을 또 부르겠느냐.

— 김정환, 「불」전문

　80년대 이 땅의 예수를 노래한 이 시에서 불타는 것은 정작 눈동자 속의 눈물, 제 몸 속의 "봇물터진 울음"이다. 거기로부터 이 시인의 불은 "죄많은 자기의 육신"과 그 육신을 앞세워 쌓아온 정치적 "세력", 그 세력이 쓰러지면서 남기는 "아비규환의 비명소리"까지 태워버린다. 심지어 그 불이 "태울 수 없는 / 우리의 축축한 사랑"까지 태우는 까닭은 모든 것을 다 태워버린 뒤에 건질 것이 있기 때문이다. 그것은 "태울 수 없는 몸짓" 또는 그 치열한 몸짓

에 연유하는 마음 짓으로서의 "봇물터진 그리움"이다. 그런데 놀라워라, 그 그리움은 앞으로 무언가 새로운 것을 태울 또 다른 불의 원천에 다름 아니다. 이쯤 되면 그 불은 아무리 태우고 또 태워도 아쉬운, 봇물 터진 그리움처럼 쇄도하는 치열한 사랑이 아닐 수 없을 터. 예수가 던진 그 불 또한 그처럼 축축한 사랑과 그리움의 불이었을 것이다.

그렇다면, 예수가 던진 칼 또한 상해를 위한 무력, 살인을 위한 폭력과 거리가 멀었으리라. 그가 호신용으로 칼을 지니고 다니지 않은 바에야 그의 칼은 정녕 가슴에 깊이 간직한 말씀의 칼이었을 것이다.[16) 마치 성령의 불이 혀의 불이었듯이, 그의 칼 또한 들을 귀 있는 자들의 귀를 후비고 골수를 파고드는 언어의 풀무질이었을 것이다. 그래서 후대의 한 명민한 신학자는 이와 관련하여 가로되, "하나님의 말씀은 살아 있고 힘이 있으며 어떤 양날 칼보다도 날카로워서, 사람 속을 꿰뚫어 혼과 영을 갈라내고 관절과 골

---

16) 예수의 이 칼을 이 땅에서 처음으로 주목하고 시대적 화두로 불러냈던 사람은 신학자가 아니라 시인 정호승이었다. 그는 이 땅의 억압이 극에 달한 시대에 고난당하는 생명들의 상처와 울분을 달래는 목소리로 예수의 칼을 다음과 같이 노래했다. "서울을 떠나는 자에게 복이 있나니/ 눈 내리는 서울이 아름답지 않다고/ 진실로 속삭이는 자에게 복이 있나니/ 나는 그대의 새벽이 되기를 원하노라/ 나는 그대 가슴 속 칼이 되기를 원하노라"-「서울을 떠나는 자에게」일부(60). "사람들이 잠든 새벽 거리에/ 가슴에 칼을 품은 눈사람 하나/ 그친 눈을 맞으며 서 있습니다"-「눈사람」일부(83). "나는 오늘 새벽, 슬픔으로 가는 길을 홀로 걸으며/ 평등과 화해에 대하여 기도하다가/ 슬픔이 눈물이 아니라 칼이라는 것을 알았다."-「슬픔을 위하여」일부(87). 정호승, 『서울의 예수』(서울: 민음사, 1982) 참조. 정호승의 이 시집에 대한 신학적 분석은 다음의 졸고를 참고할 것: 차정식, "시인 예수의 초상-정호승의 『서울의 예수』 읽기,"『신학비평』 13(2004 / 여름), 23-42.

수를 갈라놓기까지 하며, 마음에 품은 생각과 의향을 가려"(히
4:12)낸다고 하지 않았던가. 이때 좌우에 날선 검보다 더 예리한
하나님의 말씀은 분별과 성찰을 이끌어내는 능력의 말씀이다. 그
것은 칼보다 날카롭기에 밖으로 찌르는 데는 아주 능숙하지만, 바
로 그 때문에, 그 칼끝을 자신의 내부로 돌릴 양이면 왠지 섬뜩한
위협의 느낌을 준다.

그러나 예수가 던진 그 칼은 무엇보다 자신을 먼저 찌르는 칼이
다. 그 칼은, 그렇게 먼저 찔리고 피 흘린 뒤, 하나님의 나라를 위
해 모든 거추장스러운 것들과의 인연의 줄을 잘라내고 고독한 자
신의 길을 나서도록 독촉하는 사자후의 말씀이다. 그의 그 날카로
운 말씀의 칼은 하나님 앞에 단독자로 서지 못한 채 각종 연고주
의의 늪 속에서 비비적거리며 자신의 이해관계에 집착하는 소인배
들을 향해 '하나님의 나라'라는 대의와 그 지고한 명분의 소중함
을 일깨워주는 것이다. 예수가 던진 그 칼의 풍경은 시도 때도 없
이 우리의 기억 속을 들쑤시고 들어오는 선량하고도 통렬한 말의
입자들을 거느린다. 그 날카로운 말씀의 칼날에 줄곧 베이며 피
흘리는 우리네 일상이건만, 밥 먹듯이 외식하는 우리는 애써 모른
척, 내숭을 떨며, 하루하루 태연스레 지낸다. 그것을 태평이라고
굳이 믿으며. 그것을 주님의 은총이라고 애써 무마하면서. 그러나
깨어 있는 자에게 그 가짜 평안은 오히려 가시방석으로 다가오나
니……

> 문득 책을 펼치다
> 날선 종이에 손을 베인다
> 얇게 저민 살 끝에서 피가 번져나온다
> 저릿한 한 순간, 숨을 들이쉬며 나는 깨닫는다

접혀진 책장 곳곳에 무수한 칼날이 숨겨져 있음을
책은 한 순간의 번득임으로 내 머리를 절개한 뒤
어느새 낯선 말들을 밀어넣고 닫혀버린다
금속성의 외침이 큰골 작은골 사이를 꿰뚫고 지나간다
하여 깊은 밤 책을 덮으며 나는
작은 전율과 함께 뒤늦게 깨닫는다
아무리 고개를 내저어도 이미 머릿속에 들어온 칼날은
쏟아버릴 수 없다는 것을 날선 종이들이
두개골 속에서 부스럭거릴 때마다
터질 듯한 아픔으로 신음하며
컴컴한 벽에 온몸을 부딪쳐야 한다는 것을

— 남진우, 「책 속의 칼」전문

보라, 이 시인에게 책 속의 말들이 얼마나 통렬한 각성의 칼로 작용하는지. 그것은 "접혀진 책장 곳곳에 무수한 칼날이 숨겨져 있음을" 깨닫는 정도로 섬세한 자의식을 동반한다. 마침내 시인은 그 말들의 칼과 더불어 자신의 온몸을 투신해야 하는 쓰라린 각성에 접한다. 그리하여 칼날처럼 자기 기억 속에 들어온 말들이 자신의 "두개골 속에서 부스럭거릴 때마다 / 터질 듯한 아픔으로 신음하며 / 컴컴한 벽에 온몸을 부딪쳐야 한다는 것을" 알아차리는 것이다. 그 고통스러운 신음과 암중모색 속의 부대낌 없이 어떻게 홀로 서며 치열한 사랑의 길로 진보할 수 있으랴. 그런 서푼의 결기도 없이 둔감하게 그리스도의 제자를 사칭하고 예수의 칼을 운운할 때, 그런 칼로는 자신의 영혼은커녕 썩은 무도 자를 수 없을 것이다.

내가 사는 이 땅의 모든 사회적 악습과 국가적 병통은 단 하나의 뿌리로 수렴된다. 그것은 바로 그 이름도 찬란한 연고주의! 그리고 각종 족벌과 등급과 위계와 연배를 따져 줄 세우며 그것으로 각 생명체에 고유하게 자생하는 내실을 외면하는 고질적인 패거리주의! 그렇게 끼리끼리 해먹지 않으면 아무 것도 이루어지지 않을 것 같은 이 공룡 같은 전근대적 샤머니즘의 늪 속에서 우리는 아직 허우적거리고 있다. 교회도 신학교도 그 끼리끼리의 폐습에 관한 한, 이 사회의 각 영역과 사이좋게 하향 평준화되어 굴러온 지 오래다. 폐쇄적인 혈족주의, 이기적인 소가족주의, 거기에 근거한 개교회주의, 교단주의, 교권주의 따위는 세간의 학연주의, 지연주의 등과 같은 퇴영적인 연고적 패권주의, 패권적 연고주의와 한 통속으로 깊고도 복잡하게 짜여 있다. 이 땅의 그리스도인들이 문어발의 연고주의를 잘라버리고 고독한 개인으로 홀로 서서 하나님 앞에 새롭게 출발하려는 미상불의 결기를 발휘하지 않고는, 단언컨대, 한국교회는 아무리 몸부림쳐도 절대로 이 사회의 예언자 노릇을 할 수 없다. 아무도 제 얼굴에 침 뱉는 것과 다를 바 없는 남의 탓만을 되풀이할 수 없기 때문이다.

한국교회의 그 자기 변혁은 예수가 피눈물로 제 몸을 태우고 찌르며 던진 불과 칼의 결기에 값하는 결단을 필요로 한다. 그러나 그 결단과 결기를 내기가 쉽지 않기에 내 한숨은 깊어지고, 자신의 어설픈 꼬락서니 앞에 켕기는 마음으로 인하여 내 탄식은 서글픔을 머금는다. 그래도 이제껏 소외된 예수의 불과 칼을 끄집어내어 그 본연의 자리를 확보해주는 출발만으로도 의미 있지 않은가? 아, 이렇게 내 글쓰기의 마무리는 어설프고 정처 없다. 반쯤 배회하는 표정으로, 반쯤 자위하는 눈짓으로……

08 | 예수와 인간 상상력

1. 신학적 인간학의 심연

칼빈의 『기독교강요』에서 한 점 계몽의 빛을 얻는다면, 그것은 그가 하나님을 아는 지식과 인간을 아는 지식을 별도의 항목으로 소외시키지 않고 통합적 관점에서 연계시킨 점이다.[1] 결국 그렇지 않은가. 하나님을 아는 주체로서 인간에 대한 앎을 괄호 치고는 하나님을 아는 앎인즉 가능하지도 않고 또 무의미하다. 마찬가지로 하나님에 대한 앎을 지향하지 않는 인간에 대한 앎이라는 것은 그 근거가 허약하여 자주 흔들리며 종국에는 허물어진다. 하나의 역설이지만, 기독교의 '하나님'을 믿지 않는 사람들도 제 하루의 삶을 추스를 만한 하나님스런 존재의 가설 하나쯤은 챙겨두어야 그 일상이 지탱된다. 제 삶의 알리바이를 조성하는 그 가설은 더러 학문적 토론의 대상으로 떠오르기도 하지만 많은 경우 풍문 가운데 떠돌기 십상이다. 지탱할 만한 그 하나님스런 기둥 하나 마련하지 못할 때 인간에 의한 인간의 앎은 오리무중으로 떠돌면서 불가지론의 가지를 붙들거나, 아예 앎의 추구를 포기한 채 '원초적

---

[1] 존 칼빈 / 고영민 옮김, 『기독교 강요』 1&2권(서울: 기독교문사, 2006) 참조.

본능'과 속절없는 '아비투스'의 늪 속에 침전하게 마련이다.

　인간은 여러 겹으로 짜인 존재라서 그 속내의 진실은 늘 최종 판단을 유예시킨다. 그 판단의 유예가 지속되는 한 인간은 결국 하나의 심연으로 남는다. 그 심연으로서의 인간에 '신학적'이라는 관형어를 보탤 때 그 인간에 대한 이해의 시도는 하나님의 심연과 포개지면서 더욱 바닥 모를 세계로 빠져 들어간다. 그 이중의 심연으로 기묘하게 출렁이는 신학적 인간학의 입구 앞에서 신학도는 두 가지의 선택에 마주친다. 그 하나는 인간에 대한 모든 앎을 '신비'의 이름으로 얼버무리며 하나님과의 영적 합일을 인간 이해의 최종 심급으로 수용하는 낭만적 신비주의자의 길이다. 그것은 주관적 사색의 중구난방이란 혼란스러움에도 불구하고 인간에 대한 앎을 전유함으로써 자기 확신의 절대성 가운데 우러나는 가장 안온한 길이며 동시에 어느 정도 맹목을 감수해야 하는 길이다. 이와 대척점에서 취할 수 있는 또 다른 길은 현실적 합리주의자의 길로 그것은 제한된 앎의 실존을 무릅쓰고 좌충우돌 탐구의 진지함과 언어적 해석의 정밀함을 극한대로 밀어붙이려는 선택이다.

　신학적 인간학을 대하는 나의 코드는 '불구하고'의 겸양보다 '무릅쓰고'의 치열함에 더 잘 어울리는 듯하다. 그리하여 나는 인간의 심연 앞에 아득히 절망하겠지만 그 한계를 무릅쓰고 인간에 대한 앎을 통해 하나님의 비의를 탐구하고 하나님에 대한 지식에 터하여 인간의 심연으로 가능한 데까지 내려가는 수밖에 없다. 내가 이 글에서 탐구하려는 인간의 모델은 예수이다. 그에 관해서 교회는 일찍이 온전한 신성과 함께 온전한 인간성을 조화롭게 공유한 존재로 교리적 합의를 얻어낸 바 있지만,[2] 지난 2,000년간의 교회

---

2) 이 교리적 합의는 예수가 신성을 지닌 존재가 아니라 신의 피조물 중

사는 그의 온전한 신성이 과잉 식욕으로 그의 온전한 인간성을 잡
아먹은 나머지 신성의 포만과 함께 상대적으로 빈곤한 인간성이라
는 기형적 국면을 여실히 보여주었다. 나는 그 균형 조율의 차원
에서 예수의 인간성을 좀더 풍성하게 드러내고 그가 자신의 신학
적 전제하에 통찰한 인간의 제반 모습을 이 시대의 언어로 재구성
하려는 사명감으로 충일하다. 그 탐색과 서술의 과정에서 나의 인
간학적 상상력이 예수의 그것과 만나고, 예수의 인간학적 상상력
이 당시의 다채로운 인간형을 투과하여 오늘날 인간됨의 방향을
밝히는 데 한 줌의 빛을 발한다면 이 글의 목적은 알차게 달성될
것이다.

2. 인간 예수의 자기이해

1) 예수의 인간적 욕망

예수는 이 땅에 혈과 육을 지닌 인간으로 여자의 몸에서 태어났다
(마 1:25; 갈 4:4). 유대인이라는 종족적 특징을 그의 혈육에 담고 태
어나 자라났음은 물론이다. 하여 그는 동시대 유대인들처럼 태어난
지 팔일 만에 할례를 받았을 것이고(롬 15:8), 성전 예배를 비롯한
율법의 규례를 최대한 준행하며 자라났을 것이다(눅 2:22-24, 41).
아람어로 이웃들과 대화하는 법을 익혔을 것이고, 토라의 전통에 따
라 경건한 삶의 도를 몸소 익혔을 것이다. 그는 동시대의 여느 경건

으뜸이라는 아리우스파를 정죄한 니케아 종교회의(AD 325)에서 이루
어졌다.

한 유대인들처럼, 마치 바울이 그랬듯, 그의 생각이 헬레니즘과 이
교도 문화에 결코 호의적이지 않았다는 전제하에 하나님을 모르는
그들과 구별되는 언약 백성임을 자부했을 가능성이 높다(마 5:47,
6:7, 6:31 - 32).[3] 그리하여 그는 '율법이나 선지자'의 전통을 나름대
로 소중히 여겼으며(마 5:17, 7:12), 이스라엘 민족의 종교적, 문화
적, 정치적 중심지인 예루살렘이 다윗왕족과의 언약적 전당으로서
지닌 상징적 중요성을 십분 긍정했다(마 5:35).

공관복음의 전통, 특히 그것의 전승 및 편집 과정에서 가장 밑
바닥의 지층을 형성하는 자료군에서 예수는 자신을 하나님과 동일
한 존재로 여기지 않았다. 살아생전 이 땅에서 그는 하나님을 아
버지라 부르며 기도하는 위치에 있었다(막 1:35, 6:46, 14:36). 예
수에게 영생을 탐문하고자 찾아온 부자 청년이 그를 '선한 선생'
이라고 호칭했을 때 그는 단호하게 "네가 어찌하여 나를 선하다
일컫느냐? 하나님 한 분 외에는 선한 이가 없느니라"(막 10:18)고
응답했다. 예수의 이 대답을 액면 그대로 수용하지 않고 겸양의
수사로 보든, 혹은 청년을 시험하고자 하는 웅숭깊은 의도의 반영
으로 읽든, 여기에는 육신을 지닌 인간으로서 자신의 실존이 처한
한계 상황을 정직하게 응시하는 예수의 인간적 자의식이 배어 있
다. 그의 그런 정직한 신학적 통찰이 있었기에 그는 자신에게 부
재하는 신성을 억지로 덕지덕지 제 한 몸에 도배하여 자신의 초월
적 권위를 드높이고자 하는 얼치기 인신(人神)들과 다른 길을 갈
수 있었다.

---

3) 헬레니즘에 대한 예수의 입장에 관해서는 다음을 참조할 것: H. D.
 Betz, "Hellenism," *ABD* vol.3(1992), 127 - 135; 차정식, "예수의 반
 (反)헬레니즘과 탈식민성," 『한국기독교신학논총』 24(서울: 대한기독교
 서회, 2002), 101 - 138.

과연 예수는 정직한 인간답게 인간의 욕망에 해당되는 것들을 두루 느끼고 동시대 다른 인간들과 허물없이 교류하며 소통했다. 그는 허름한 가슴으로 밑바닥 인생들을 껴안고 경계 없이 치열하게 사랑하였기에 그 가난한 이들의 삶에 공명하는 인간의 길을 개척할 수 있었다.4) 그의 육신은 굶주림 가운데 식욕의 끈질긴 아우성을 들었고(막 11:12; 마 4:2, 21:8) 십자가의 고통 가운데 목마름을 호소하기도 했다(요 19:28). 그의 육신도 여느 인간의 육신처럼 오랜 여정과 과로로 인해 피곤하여 지치기도 했다(요 4:6). 심히 지쳐 초저녁에 폭풍 가운데 잠들기도 했다(막 4:35 - 41).

게다가 욕망의 존재로서 예수는 다양한 인간적 감정의 표현에 솔직한 모습을 보여준다. 그는 인간의 가장 깊은 감정인 슬픔에 민감했다. 그는 죽은 친구 나사로의 무덤 앞에서 눈물을 흘리며 울었다(요 11:35). 그 울음은 주변에 나사로의 죽음에 슬퍼하며 우는 마리아와 군중들의 감정에 공명하여 한 친애하는 인간의 죽음을 비통히 여기는 애끓는 심사의 발로였다(요 11:33 - 35). 그는 특히 심신이 병들어 인간 대접을 받지 못하는 불우한 인간들을 향해 내장이 뒤집어지는 듯한 치열한 연민의 심사를 가감 없이 드러냈다.5) 그리하여 그러한 통찰은 예수로 하여금 애통하는 자가 왜 복

---

4) 이러한 이타적인 삶의 행적은 그의 인격과 인간됨과 밀접한 연관을 맺고 있다. 그런데 그동안의 역사적 예수 탐구에서는 예수의 어록 분석과 그 진정성 타진에 치우친 나머지 이러한 예수의 인격과 인간성에 대한 통찰이 미흡하거나 소홀했다. 이와 관련한 논의로는 루크 티모디 존슨, "예수의 인간성 - 역사적 예수 연구 무엇이 위기인가?" 『신학사상』 133(2006 / 여름), 7 - 49.

5) 복음서에서 이러한 감정은 *splanchnizomai*라는 희랍어 단어에 잘 나타나는데(막 1:41, 6:34, 8:2; 마 9:36, 14:14, 15:32, 18:27, 20:34; 눅 7:13, 10:33, 15:20), 이 단어의 명사적 어근은 내장이란 뜻의

이 있는지를 설파하는 복음의 메시지로 승화시켰다(마 5:4). 그는 '예언자적 비관주의'(prophetic pessimism)를 온몸으로 체현하기라도 하듯, 늘 진지하고 애통하는 표정을 보여주었지만 드물망정 기쁨의 순간이 아예 없었던 것은 아니다. 70인의 제자들이 선교의 사명을 마친 뒤 돌아와 귀신을 쫓아냈다고 보고할 때 스승 예수는 "성령으로 기뻐하시"는 모습을 보여주었다(눅 10:21). 그의 기쁨은 말초신경의 자극에 따라 환경이 휘둘리며 일희일비하는 식의 표피적 기분이 아니라, 슬픔이 그러했듯, 인간의 심연을 끌어안는 성령 안에서의 기쁨이었다. 그리하여 그는 가혹한 핍박의 와중에서도 기뻐하고 즐거워하라는 역설의 도를 전할 수 있었던 것이다(마 5:11 - 12).

그는 분노할 줄 아는 인간이었다. 그는 불의한 세상, 타락한 인간 세상을 향하여 종종 큰 진노의 감정을 표출하며 책망하였다.6) 그것이 저주 어린 화의 선포로 이어지기도 하였다(마 11:20 - 24, 23:25, 27). 그의 그런 분노가 극단적으로 표출될 때 그것은 하나님을 사모하는 열정이 그를 부추겨 돌발적인 폭력의 시위로 점화되기도 하였다(요 2:13 - 17). 그것이 심리적 좌절로 나타날 때 그는 종종 탄식했다(마 16:5 - 12). 그것은 많은 경우 '하나님 나라'의 복음을 들은 갈릴리 지역의 백성들이 그것에 시큰둥하며 무감각하거나 적대적인 반응을 보인 결과에 대한 탄식이었지만, 망가

---

splanchnon이다. 이 어휘의 신학적 의미에 대해서는 다음의 졸고를 참고할 것: 차정식, "치열한 연민 혹은 치유와 갱생의 회로," 『묵시의 하늘과 지혜의 땅』(서울: 대한기독교서회, 2001), 163 - 176.

6) 창조적 감정으로서의 분노는 신학을 형성하는 데 중요한 요소로 평가받기도 한다. 구춘서, "분노와 신학 형성," 『신학비평』 6(2002), 17 - 36 참조.

진 인간의 생명에 대한 안타까움의 표현일 때도 있었다(막 7:34). 그의 탄식은 하나님의 언약 백성, 그 선민의 도시 예루살렘이 죄악으로 들끓는 것을 목격할 때 더욱 깊어졌다(눅 13:31-35).

그는 인간으로서 식욕, 성욕, 수면욕 등의 원초적 본능을 느꼈을 테지만, 그것에 얽매여, 가령 돌로 떡을 만듦으로써 하나님을 시험하는 불신을 범하지 않았고(마 4:1-4), 차라리 인내하며 절제했다. 그렇지만 그는 그 절제를 앞세워 금욕의 종교적 우월성에 함몰되지도 않았다. 그는 쾌락주의자가 아니었듯 또한 금욕주의자도 아니었다. 그는 여느 평범한 인간과 달리 결혼하지 않은 채 독신으로 살았지만, 그러한 개인의 처지로 인해 스스로 고립을 자처하기보다 사람들과 경계 없이 어울리는 사회적 사귐에 힘썼다. 그렇게 그는 죄인인 마태 세리와 만났고(마 9:9) 삭개오의 초대에 응했으며(눅 9:1-10), 어린아이를 환영했고(막 10:13-16; 마 19:13-15; 눅 18:15-17) 다들 어울리기를 꺼려하던 사마리아 여인과 대화했다(요 4:1-42). 그 만남과 대화와 사귐의 자리에 '식탁'과 '음식'이 있었다. 그는 이를테면 "내가 희락을 찬양하노니 이는 사람이 먹고 마시고 즐거워하는 것보다 더 나은 것이 해 아래에는 없음이라"(전 8:15), "너는 가서 기쁨으로 네 음식물을 먹고 즐거운 마음으로 네 포도주를 마실지어다. 이는 하나님이 네가 하는 일들을 벌써 기쁘게 받으셨음이니라"(전 9:7)는 말씀을 직접 인용하지 않고서도 평상시 낙천적 향유의 자세로써 그 속뜻을 누구보다 깊이 체현했다. 그는 세례 요한의 종파와 달리 자신이 살아 있는 한 삶은 혼인집 잔치와 같은 즐거움이 되어야 함을 잘 알았고 또 그렇게 가르쳤다(마 9:14-15). 그것이 금욕의 규율과 외형적 경건의 격식에 갇힌 주변의 사람들에게 예수를 "먹기를 탐하고 포도주를

212

즐기는 사람" "세리와 죄인의 친구"로 비치게 했다(마 11:19).

예수는 죽음을 앞두고 외로웠고 고통스러워했다. 그는 그의 육신이 십자가상에서 고통스럽기 전에 그 마음이 자신과의 싸움으로 힘들어했다. 겟세마네에서 죽음과 씨름하던 그의 내면풍경은 세 가지의 감정, 곧 '공포'와 '고뇌'와 '슬픔'으로 얼룩졌다(막 14:33-34).[7] 그는 그의 생애에 가장 힘든 그 순간에 제자들의 연대와 동참을 기대했지만 그들의 약한 육신은 수면의 압력을 오래 버팅기지 못했다(막 14:37, 40). 가족을 '하나님의 가족'이란 차원에서 파격적으로 정의하여 혈통적 연고의 경계를 넘어선 그였지만, 죽음을 통과하면서 그 앞에 선 어머니 마리아를 마냥 냉담하게 대할 수 없는 온정어린 인간이었다(요 19:25-27). 그는 딱 한 번 죽음을 앞두고 자신의 학대당하고 죽어갈 육체를 보듬어줄 부드러운 여인의 사랑을 받아들였다(막 14:3-11; 마 26:6-13; 요 12:1-8). 그녀는 값비싼 향유(香油)로 죽음을 통과하는 예수의 노정에 마지막 인간적 삶의 향유(享有)를 선사했고 예수는 그녀가 내내 기억될 미래를 전망하며 이 따스한 섬김을 흔쾌히 수락했다.[8] 자신의 행복을 위해 준비한 향유를 매개로 그녀의 부드러운 머리털은 그 척박한 고난의 여정을 통과하며 팍팍한 세월의 흔적을 고스란히 간직한 예수의 투박

---

7) 죽음을 앞두고 표출되는 이러한 감정이 어떻게 인간화에 긍정적으로 기여하는가 하는 문제와 관련해서는 다음을 참조할 것: Lucy Bregman, *Death in the Midst of Life: Perspectives on Death from Christianity and Depth Psychology*(Grand Rapids, MI: Baker Book House, 1992); Jürgen Moltmann, *Jesus Christ for Today's World*, tr. by Margret Kohl(Minneapolis: Fortress Press, 1994), 50-53.
8) 머리카락과 입술, 향유가 동원된 이 섬김 행위의 신학적 의미에 대해서는 다음의 졸고를 참조할 것: 차정식, "향유(香油), 그리고 향유(享有)-죽음에 길들여지기," 앞의 책(2001), 287-298.

한 발과 만났던 것이다. 한 전승에 의하면 그녀는 향유를 붓기 전에 그 발에다 자신의 입을 맞추어주었다(눅 7:36-38). 비록 뿔뿔이 흩어져버릴 미욱한 제자들일망정 이별을 앞두고 그들과 자신의 살과 피의 이름으로 나누었던 최후의 식사는 마지막 식욕을 달래는 인지상정의 예식이기도 했다(막 14:22-25).[9] 죄인과 세리의 친구로서 더불어 먹고 마시며 삶을 누린 그의 일상은 그의 비일상적 죽음을 이렇게 그의 친근한 벗들과 함께 향유했던 것이다.

2) 사람의 아들

예수는 자신을 종종 '사람의 아들'(또는 '인자')이라고 불렀다. 학자들은 이 호칭에 상당한 매력을 느껴 그동안 그것의 역사적 기원을 탐색하고 그 의미를 다각적으로 분석하는 데 많은 관심을 보였다.[10] 이 말은 신약성서에 희랍어(*ho huios tou anthrōpou*)로 사

---

9) 이 최후의 만찬은 '마지막 식욕'이란 문화사적 맥락에서 새롭게 해석 될 수 있다. 차정식, "마지막 만찬과 함께 이별을 - 죽음을 미리 기념 하기," 앞의 책(2001), 299-311 참조.

10) 이 호칭에 대한 연구로는 다음을 참조할 것: G. W. E. Nickelsburg, "Son of Man," *ABD* vol.6, 137-150; 박노식, "마가의 예수 이해: 칭호를 통한 인물구성," 『신약논단』 10/2(2003), 229-262; J. P. Heil, "The Narrative of the Characterization of Jesus as the Son of Man and Christ in Mark," *Biblica* 84/1(2003), 16-34; J. R. Donahue, "Recent Studies on the Origin of 'Son of Man' in the Gospels," *CBQ* 48(1986), 584-607; W. O. Walker, "The Son of Man: Some Recent Developmnet," *CBQ* 45(1983), 584-607; S. K. Kim, *The "Son of Man" as the Son of God*, WUNT 30(Tübingen: J. C. B. Mohr, 1983); A. J. B. Higgins, *The Son of Man in the Teaching of Jesus*, SNTSMS 39(Cambridge: Cambridge University Press, 1980); Geza Vermes, *Jesus the Jew: A Historian's Reading*

용되기 전 구약성서에 히브리어(*ben 'ādām*)와 아람어(*bar 'ĕnāš*)
로 표기되어 사용되었다. 학자들의 연구를 종합하면, 이 용어는
'……의 아들'이란 관용적 표기를 통해 일반적으로 인간을 개인화
하여 부를 때 쓰인다. 이에 따라 이 호칭은 인간이란 종자의 구성
원으로서 특정한 개인을 가리키는 뜻으로 이해되었다. 그러나 이
호칭이 가리키는 대상의 정체는 불분명하기 때문에 '어떤 사람'
정도로 해석될 수 있다. 다니엘서를 제외한 구약성서에서 이 호칭
은 시적인 평행구에 모두 14번 사용되고[11] 에스겔서에 도합 93번
이나 쓰이고 있다. 전자의 경우, 이 호칭은 영원하고 믿을 만한 하
나님과 달리 그 생명의 유한성과 가변성으로 특징지어지는 인간의
취약한 실존을 강조하는 문구이다. 여기에 어떤 고상함의 가치는
탐지되지 않는다. 에스겔서에서 이 용어는 하나님이 예언자 에스
겔을 부르는 호칭으로 사용된다. 그러나 그것이 단순히 예언자 에
스겔의 인간적 위상을 나타내기 위한 것인지, 혹은 하나님의 사자
로서 다른 인간들과 구별되는 고결한 특권을 내포하고 있는지 불
분명하다.[12]

'사람의 아들'이 중대한 신학적인 의미를 내포하는 호칭으로 집
중 조명된 예는 다니엘서 7장이다. 이 구절은 안티오쿠스 에피파
네스(167-164 BC)에 의한 유대인 핍박의 상황에서 발원한 것으

---

of the Gospel(Philadelphia: Fortress Press, 1973), 160-191; F. H.
Borsch, *The Son of Man in Myth and History*(Philadelphia:
Westminster John Knox Press, 1967); H. E. Tödt, *The Son of Man
in the Synoptic Tradition*(Santa Ana, CA: Westminster Press, 1965).
11) 다음의 구절들이 이 범주에 해당된다: 민 23:19; 사 51:12, 56:2; 렘
   49:18, 33, 50:40, 51:43; 시 8:4, 80:17, 146:3; 욥 16:21, 25:6,
   35:8.
12) G. W. E. Nickelsburg, 앞의 글, 137 참조.

로 여겨진다. 여기에 등장하는 주인공은 '사람의 아들 같은 이'인데, 이는 다니엘이 본 환상 가운데 나타난다. 네 짐승의 환상 뒤에 다니엘은 "인자 같은 이가 하늘 구름을 타고 와서 옛적부터 항상 계신 이에게 나아가 그 앞으로 인도되"는 것을 보며, "그에게 권세와 영광과 나라를 주고 모든 백성과 나라들과 다른 언어를 말하는 모든 자들이 그를 섬기게 하였으니 그의 권세는 소멸되지 아니하는 영원한 권세요 그의 나라는 멸망하지 아니할 것"이라고 예언한다(단 7:13-14). 여기서 '사람의 아들 같은 이'는 공식적인 타이틀이라기보다 비유로 사용된 호칭이다. 그는 짐승과 대조되는 '인간'의 아들이지만 하늘에서 온 신적인 인물이기도 하다. 그는 제왕적 권세를 가지고 이스라엘의 우월성을 만천하에 드러내며 고난당하는 하나님의 백성을 수호하는 자이다. 그리하여 일각에서는 그를 천사장 미가엘로 보기도 한다.

이와 같은 묵시문학적 배경을 지닌 다니엘서의 '사람의 아들' 호칭은 에녹1서(37-71장)에서 더욱 발전하여 다윗혈통의 제왕적 메시아의 이미지(사 11장; 시 2편)와 고난당하는 종의 이미지(사 42, 49, 52-53장)를 흡수·통합하여 복음서의 예수에게 이 호칭의 전승 과정에서 축적된 종합적 함의를 부과하기에 이른다. 그 종말론적 메시아의 이미지는 의인, 택한 자, 기름부음을 받은 자, 그리고 의인과 택한 자의 우두머리, 세상 임금들의 심판자로 기능하는 사람의 아들로 묘사된다. 신약성서의 복음서에서 '사람의 아들'이란 호칭이 예수에 의해 직접 말해졌는지, 아니면 복음서 기자의 편집 결과인지, 예수에 의해 직접 말해졌다면 그것이 자신을 가리킨 호칭이었는지, 아니면 다른 미래의 누군가를 지칭한 것인지 학자들 사이에 논의가 분분하다. 일부 학자들은 예수와 연루된 이 호칭의 역사적 진정성을 부인하는가 하면, 다른 학자들은 이 호칭 가운데 묵시문학적 아우라를 지닌 재림주로서의 인자를 언급한 어록에만 국한하여 그 역사적 진정성을 인정하기도 한다.13)

나는 예수가 이 호칭을 직접 사용하였고 그것이 그 자신의 정체성과 관련하여 복합적인 이미지의 창출로 이어졌다고 본다. 그것은 요컨대 고난당하는 대속주로서의 모습과 말세에 다시 올 재림주로서의 모습, 그리고 이 땅에서 섬기는 종으로서의 모습을 두루 포괄하는 예수의 호칭이다. 자료별로 세분하여 좀더 자세히 말하면 예수의 말씀 복음서로 알려진 Q어록에 의하면, 인자는 예수의 지상 사역과 관련하여, 또 미래의 심판 사역과 연루되어 사용된다. 그런가 하면 마가복음에서 이 호칭은 인간 예수를 나타내는 동시에 미래의 메시아적 심판자를 지칭하기 위해 사용된다. 마가복음과 Q에서 사람의 아들로서 예수는 하나님의 아들 된 그의 또 다른 위상과 조응한다(막 8:38). 그것은 에녹1서(49:4)의 전례대로 대립이 아니라 소통적 보완 관계이다. 즉 하나님의 아들로서 왕으로 등극한 메시아적 인물인 그가 동시에 종의 이미지와 결합될 수 있는 것이다. 혹은 심판자인 인자가 신적인 지혜의 특징들을 지닌 선재하는 하늘의 인물로 묘사될 수 있는 것이다. 한편, 당시 아람어 표기의 관행대로 이 호칭은 예의 특별한 신학적 전제 없이 그

---

13) 이에 대해서는 세 부류의 학설이 존재한다. 첫째, 인자 호칭은 예수가 부활한 주로서 제자들에게 나타난 뒤에 예수의 추종자들에 의해 창작되었으리라는 설(Vielhauer, Perrin), 둘째, 예수가 하늘의 인자에 대해 언급은 했지만 그 스스로 그 인물과 동일시하지는 않았다는 설(Bultmann, Yarbro Collins), 셋째, 예수가 인자에 대해서 언급했을 뿐 아니라 그 스스로를 하늘의 인자와 동일시했다는 설(Caragounis) 등이 그것이다. A. Y. Collins, "Apocalypses and Apocalypticism(Early Christian)," *ABD* vol.1, 288-292, 특히 289 참조.

냥 일인칭 단수 '나'를 우회적으로 나타내는, 그리하여 '이 사람' '본인' 등을 뜻하는 격식 차린 완곡어법(circumlocution)이라고 볼 수 있다.[14] '사람의 아들' 호칭에 내포된 이러한 통상적 용례는 그 묵시 신학적 의미와 불화하지 않는다. 오히려 양자는 겹쳐진다고 보는 것이 합리적이다.

　이러한 다양한 용례들에 비추어 '사람의 아들'로서의 예수에 대한 상상은 유한하고 연약한 인간의 기원을 가진 인물이 어떻게 그 한계를 넘어 초인적 권능자로 발돋움할 수 있는지를 보여준다. 예수의 삶에 잇닿은 그의 상상력에 기대어보면 '사람의 아들'이란 호칭은 인간은 그저 인간이지만 인간 이상일 수 있다고 말하는 듯하다. 다니엘이 환상 가운데 본 '인자 같은 이'의 이미지에 비추어 보면 예수는 인간다운 인간이 짐승과 어떻게 다를 수 있고, 달라야 하는지를 서늘하게 상기시켜준다. 이 세상을 무력으로 통치하는 임금들이 기실 짐승일 수 있다는 사실, 그러나 그것의 대안적 통치가 하늘의 이치와 호흡할 때 사람의 이름으로 가능하다는 사실이 바로 그것이다. 에녹1서의 환상에서 상상력의 물꼬를 트자면, 인간은 고난의 체험을 통해 영광스럽게 부활하며 그 상처의 흔적으로 참신한 권위를 창조해낼 수 있다. 예수는 바로 '사람의 아들'로서 사람답게 그러한 이치를 체현한 인물이다. 예수는 사람의 아들로 자처하면서 지상의 평범하고 남루한 존재로서 인간의 지평을 넘어서는 비범한 인간형을 꿈꾸었을 법하다. 실존적 연약함과 초월적 강인함, 짐승스런 불의와 신적인 공의, 고난의 상처와 영광의 부활, 이 모든 대립항이 사람의 아들로서 예수의 인간학적 상상력

---

14) 인자의 이러한 용례에 대해서는 Geza Vermes, 앞의 책(1973), 163 - 168, 188 - 191.

을 추동한 매개 요소였을 것이다.

3) 다윗의 자손 / 예언자 / 랍비

인간으로서의 예수 이해와 관련하여 빠트릴 수 없는 것은 예수에게 부여된 다른 호칭들로 '다윗의 자손', '예언자', '랍비' 등이 그 대표적 예이다. 다윗의 아들로서 예수를 이해하는 데 중요한 증거가 그의 혈통을 다룬 족보이다. 마태복음은 부계를 중심으로, 누가복음은 그의 모계를 중심으로 복음서는 예수에게 두 개의 족보를 선사하고 있다(마 1:1 - 17; 눅 3:23 - 38).[15] 이는 예수가 성인으로 하늘에서 슈퍼맨처럼 강림하지 않고 인간의 몸을 빌어 사람의 아들로 탄생한 사실과 무관치 않다. 그런데 그는 그저 아무 사람의 아들이 아니라 특별한 사람의 아들임을 강조하기 위하여

---

15) 예수의 족보에 대한 연구로는 다음의 것들을 참조할 것: M. D. Johnson, *The Purpose of the Biblical Genealogy with Special Reference to the Setting of the Genealogies of Jesus,* SNTSMS 8(Cambridge: Cambridge University Press, 1969); E. L. Abel, "The Genealogies of Jesus O CRISTOS," *NTS* 20(1974), 206 - 210; R. Bauckham, "The Lukan Genealogy of Jesus," *Jude and the Relatives of Jesus in the Early Church*(Edinburgh: T. & T. Clark, 1990), 315 - 373; 정용성, "누가판 예수 족보의 기원과 의의(눅 3:23 - 38)," 『신약논단』 9 / 1(2002), 103 - 132 참조. 아울러, 마태복음에 나오는 예수의 족보, 특히 그 족보에 등장하는 여성들의 신학적 함의와 관련해서는 다음의 논문들을 참조할 것: E. D. Freed, "The Women in Matthew's Genealogy," *JSNT* 29(1987), 3 - 19; J. P. Heil, "The Narrative Roles of the Women in Matthew's Genealogy," Biblica 72 / 4(1991), 538 - 545; Wim J. C. Weren, "The Five Women in Matthew's Genealogy," *CBQ* 59 / 2(1997), 288 - 305.

그의 선대에 다윗 왕이라는 불세출의 인물을 심어둔 것이다. 이는 유대인들의 메시아가 다윗의 왕계로부터 오리라는 믿음과도 관련 있었다. 다윗 왕과 같은 용맹스럽고 위대한 성군이 다시 내림하여 식민지 체제의 억압에 시달리는 그들을 해방시켜 주리라는 일종의 정치적 메시아에 대한 기대가 그런 메시아 모델을 창출했을 것이다. 복음서의 예수는 이런 메시아상과 한편으로 만나면서 다른 한편으로 비껴갔다. 서로 만난 그 접점이 그의 혈통상 족보를 통해 예수의 메시아직이 그의 제왕적 위상과 역할을 뒷받침하는 지점이라면, 비껴난 부분은 예수의 메시아 됨이 정치적 해방자의 사명을 거부한 것이다.

마태복음의 족보에서 예수는 아브라함의 자손, 다윗의 자손으로 요약된다(마 1:1, 17). 아브라함이 모세의 유대교적 유산을 넘어서는 보편적 유대교 신학의 지평을 표상한다면, 다윗의 자손은 앞서 언급한 대로 이스라엘 역사의 정통 왕조로서 다윗 왕계가 지닌 상징적 대표성, 그리고 그의 가문이 하나님과 맺은 언약의 영속적 가치를 시사한다. 이와 같이 다윗의 자손으로서 예수는 역사를 초월하기보다 역사에 내재하는 인물로 규정된다. 그만큼 그는 유대인들의 해방을 가져올 제왕적 메시아로서의 기대를 한 몸에 받고 있었다.16) 그러나 예수의 공생애가 시작된 이래로 그의 행적에는 다윗의 자손다운 정치적 해방자로서의 면모가 거의 눈에 띄지 않는다. 산상수훈에서도 그는 다만 다윗을 '위대한 임금'으로, 그가 수도로 정한 예루살렘을 그의 도성으로 존중할 뿐이다. 그가 드물게 다윗의 자손으로 호명되는 것은 그 자신이나 제자들에 의해서

---

16) 심지어 그의 제자들조차 부활 사건을 경험하기 전에는 예수를 그런 제왕적 메시아로서 기대한 흔적이 엿보인다(막 10:35-37; 행 1:6).

가 아니고 먼 거리의 타인들에 의해서이다. 또 그들을 앞세운 복음서의 저자들에 의해서이다.

복음서의 서사 구도에서 그가 처음으로 다윗의 자손과 인연을 맺는 것은 좀 엉뚱하게도 맹인 바디매오가 예수를 만나 자신을 불쌍히 여겨달라고 외치는 대목에서이다(막 10:46-52; 마 20:29-34; 눅 18:35-43). 그는 예수를 향해 "다윗의 자손이여, 나를 불쌍히 여기소서"라고 외쳤고, 그 목소리를 들은 예수는 그를 고쳐 시력을 회복시켜주었다. 이는 메시아로서 다윗의 자손다운 행적이라 하기 어렵다. 다윗이 병을 고쳐준 이력이 있었던가? 아, 그는 수금 타는 악사로서 악령에 시달리던 사울을 그 음악으로 치료해준 적이 있긴 있었다. 이에 근거하여 후대의 다윗 관련 전설은 솔로몬의 경우와 마찬가지로 그에게 '마법사' 이미지를 씌워주었다.17) 그는 이어서 나귀 타고 예루살렘에 입성하면서 해방 군주인 다윗의 영예를 부여받았다. 그를 둘러싼 군중들은 예수를 통해 "주의 이름으로 오시는 이" "우리 조상 다윗의 나라"를 보았고(막 11:9-10), 실제로 그를 '다윗의 자손'이라 부르기도 하였다(마 21:9). 그러나 예수는 정작 이런 호칭을 달갑게 여기지 않았다. 그는 그리스도를 다윗의 자손이라 여기는 서기관들의 이해 수준을 넘어 시편 110:1의 말씀을 주해하여 그리스도가 다윗에게도 주가 됨을 해명했다(막 12:35-37; 마 22:41-46; 눅 20:41-44). 이 대

---

17) 이를 대표하는 문헌은 '솔로몬의 유언서'이다. 총 26장으로 구성된 이 문헌에는 솔로몬이 마귀들을 자기 수하에 부리면서 그 도움으로 예루살렘 성전을 건축한 것으로 묘사되어 있다. 아울러, 이 문헌은 솔로몬과의 연계하에 주술적 마법, 원시적 의학, 점성술, 천사론, 마귀론 등을 포함하고 있다. Dennis C. Duling, "Testament of Solomon," *ABD* vol.6, 117-119 참조.

목에서 우리는 메시아 예수의 역사적 기원으로서 다윗의 왕계에 담긴 후광을 십분 활용하면서도 그 예수를 역사 내재적인 다윗의 혈통에 한정시키길 거부한 역사 초월적 신학의 지향을 읽을 수 있다. 이는 마치 '사람의 아들'이란 호칭을 통해 예수를 인간으로 긍정하면서 동시에 신적인 초월성을 부여한 맥락과 상통한다.

한편, 예수는 종종 선생, 즉 랍비(rabbi)로서, 또 예언자적 전통에 서서 이 땅의 과업을 추구했다. 그는 인습에 묶인 서기관이나 바리새인과 다르게 전통적인 가르침을 창의적으로 재해석하여 바람직한 인간의 삶을 깊이 천착하였고, 그로부터 일상에서 발견할 수 있고 누릴 수 있는 '하나님의 나라'를 설파했다. 그의 가르침은 전통적 가르침을 문자적으로 반복하는 인습적 행태를 벗어버리고 새 시대의 지평에서 참신하게 재해석하는 언어적 사건이었다. 그리하여 그의 가르침은 그것을 듣는 이들에게 놀라움을 야기했고 그의 가르침은 당시의 직업 교사들과 달리 '권위 있는 자'의 것으로 차별화되었다(마 7:28-29). 그는 인간 생명에 억압적인 종교와 제의의 형식주의와 율법의 문자주의에 적대적이었고, 그것에 은폐된 토라의 본래적 목적과 본질을 복귀시키고자 애썼다.[18] 그는 시대의 '아비투스'를 형성한 바리새적 규율이나 장로들의 전통에 의해 하나님의 말씀이 왜곡되거나 폐기되는 세태에 늘 비판적인 랍비였다. 그가 꿈꾼 세상의 변혁은 그 세상의 인습을 고수하는 인간들의 개혁을 통해 이루어질 수 있을 터였다. 그것은 무엇보다 예수 스스로 관찰하고 경험한 동시대 인간의 삶의 자리와 하나님의 말씀이 새롭게 만난 결과였으니, 그 밑절미에는 인간에 대한

---

18) 정결 예법(막 7:1-23), 이혼에 대한 규례(막 10:1-12) 등에 관한 가르침이 그 대표적인 예라고 할 수 있다.

예수의 창발적 상상력이 작동하고 있었다.

개혁적 랍비로서의 예수는 동시에 비판적 예언자로서 주어진 오늘의 삶을 맹목으로 수락하는 본능적 삶을 넘어 한 시대의 징조에 예민하였다. 이른바 '악한 세대'를 향하여 그가 보여준 일련의 종말론적 예언들(마 12:38‒45)은 그가 이 세상을 있는 그대로 수락하며 축복하는 제사장의 전통에 서기보다 그것의 질곡을 예리한 혀로 찌르며 하나님의 심판을 경고한 예언자적 전통에 서 있었음을 시사한다. 그가 닥쳐오는 미래의 재난에 기대어 타락한 현실 세상을 질타한 것은 바로 그의 그런 예언자적 감수성에 기인한 것이었다. 그것은 사람의 생명, 사람의 역사를 존중한 사람의 아들로서 기꺼이 성실하게 감당해야 할 과제였으리라. 구약성서의 예언자들이 민족공동체의 위태로운 미래를 깊이 근심하며 신명기의 사회정의 법규를 회복시키고자 애썼듯이, 예수는 하나님의 의와 그 나라가 이 땅의 인습적 질서를 대체하는 대안적 희망이길 꿈꾸며 식민지 체제하에 지친 생명의 회복과 사회정의의 구현을 위해 헌신했다. 예수는 이러한 활동으로 세례 요한과 함께 당시 사람들에게서 예언자로 인식되었는데(막 8:27‒28; 요 4:19), 그는 이 호칭을 흔쾌히 수락하지도 않았지만 적극적으로 부인하지도 않았다(막 6:4).[19]

---

19) 예수에 대한 기독론적 호칭, 예컨대 하나님의 아들, 메시아[=그리스도], 예언자, 랍비 등의 호칭과 관련하여 타이센은 '지위 우발성'의 개념으로 설명한 바 있다. 이에 따르면 고대인들에게 삶이란 "그 안에서 각자가 역할을 배분받은 연극작품"이라고 생각되었으며(*theatrum mundi*), 이러한 관점에서 아무도 자신의 역할을 스스로에게 부여할 수 없다는 인식이 생겨났다. 이러한 지위 우발성은 예수에게도 나타나서 랍비, 예언자 등의 역할 기대들이 예수에게 덮씌워졌으며, 예수는 그것들의 역할을 명시적으로 나타내기보다 암묵적으로 부응했다는 것이다. 게르트

3. 인간에 대한 예수의 이해

1) 존중받아야 할 인간

예수에게 인간은 그 어떤 전제 조건 없이 인간의 이름으로 존중받아야 할 귀한 존재이다. 그에게 인간은 정치 이데올로기의 볼모로서의 특정 집단이나 추상적 군중이 아니다. 예수의 눈에 인간은 개체의 생명을 지닌 최상급의 특정한 존재이다. 그것은 그의 어록이 시사하듯, 이 세상의 그 무엇과도 바꿀 수 없는, 그 어떤 가치로도 환원될 수 없는 고유한 가치이다. 인간의 가치는 무엇보다 그 생명에 있다.[20] 그 생명(또는 영혼)이 떠나면 그 인간은 껍데기에 불과하다. "사람이 만일 온 천하를 얻고도 자기 목숨을 잃으면 무엇이 유익하리요"(막 8:36). 이 어록에서 보듯, 인간은 제 생명을 최우선의 가치로 여기며 그것을 보존해야 한다. 그것은 인간의 보편적 본능이지만, 그 본능을 심어준 분은 하나님이다. 그 하나님의 관점에서 인간의 생명은 이 땅에 태어나 존재한다는 것만으로도 귀한 것이고, 거기에는 율법적 선결 요건이 없다. 인간이 무슨 푸짐한 걸 하고 안 함으로 하나님에게 귀한 존재가 아니라는 것이다. 그의 행함 이전에 존재 자체가 그의 귀중한 가치를 결정하기

타이센 / 노태성 옮김, "역사적 예수와 케리그마적 하나님의 아들," 『신약논단』 12 / 2(2005), 249 - 284 참조. 그리하여 그 당사자인 예수는 그에 대한 역할 기대를 가지고 외부로부터 부여되는 이러저러한 호칭들에 대하여 적극적으로 수락하지도 못하고 그렇다고 대놓고 부인할 수도 없는 형편이었을 것이다.

20) 물론 인간만이 생명이 있는 것은 아니다. 하지만 예수는 다른 피조물의 생명체와 비교해서 인간의 생명이 지닌 상대적 우월함과 고결성을 인정했다(마 6:26, 30).

때문이다. 예수가 만나고 대화하며 사귄 수많은 사람들, 특히 병들고 곤궁에 빠진 사람들의 생명을 회복시켜주면서 그들에게 믿음 이외에 특별한 조건을 요구한 적이 없다(막 2:5, 5:34, 9:23, 10:52; 마 15:28). 더 많은 경우 그는 믿음이 있는지의 여부조차 묻지 않고 그들에게 은혜를 베풀었다(막 1:25, 34, 41, 3:5, 5:8, 6:56, 8:23; 눅 22:51). 그것은 생명으로 존재하는 그들의 인간성 자체가 하나님의 창조 섭리란 견지에서 소중한 것으로 여겨졌기 때문이다.

그러나 그러한 인간은, 예수가 보기에 삶의 고상한 명분을 추구하는 목적 지향적 존재이다. 그리하여 인간의 존재성을 십분 긍정하는 예의 어록 이전에 예수는 "누구든지 자기 목숨을 구원하고자 하면 잃을 것이요 누구든지 나와 복음을 위하여 자기 목숨을 잃으면 구원하리라"(막 8:35)고 말한다.21) 아무리 귀한 인간의 생명이라 할지라도 그 안에 그 생명이 존재하는 궁극적 목적 내지 의미가 없다면 그 생명은 허공에 부유하는 정처 없는 생명이다. 다만 목숨을 유지하는 것이 그 목숨의 유일한 목적이라면, 그리하여 그것에 그 삶이 매인다면, 그 목숨은 동물적 생존 본능을 넘어 자기

---

21) 얼핏 모순되는 듯한 예수의 어록과 앞서 인용된 어록(막 8:36)의 상호 관계는 개인과 전체의 관계를 이해하는 데 중요한 암시를 던진다. 앞의 어록이 초점을 맞추는 것은 "한 사람의 삶이 천하와도 바꿀 수 없이 고귀하다는 것이고" 뒤의 어록이 강조하는 메시지는 "산다는 일은 스스로 제 힘으로 자기를 지키려고 해서 되는 것이 아니라, 살게 해 줄 때만 가능하다는 것이다." 이에 따라 우리는 개인의 생명을 조종하고 억압하는 모든 종류의 전체주의를 비판해야 하고 공동선을 내팽개친 채 개인의 욕망을 극대화하는 온갖 이기적 개인주의와도 싸워야 한다. 안병무, "전체주의와의 투쟁," 『불티』(천안: 한국신학연구소, 1998), 181-188 참조.

초월적 의미의 세계로 한 발자국도 나가지 못한다. 그러나 인간은
'하나님의 형상'을 지닌 존재로 그 존재의 의미를 추구하고 탐구
할 수 있기 때문에 귀중한 법이다. 바로 그런 연고로 동물과 달리
인간은 경우에 따라 비굴하게 목숨을 구걸하기보다 명예롭게 죽는
뜨거운 길을 택할 수 있는 것이다. 인간 생명의 궁극적 목표 내지
명분과 관련하여 예수는 하나님의 나라와 의, 또는 하나님의 뜻이
라는 개념으로 조형한 바 있다. 그 목표를 향해 예수는 제자들을
'사람 낚는 어부'로 불렀고(마 4:19), '세상의 소금'과 '이 땅의 빛'
으로 사명을 부여했다(마 5:13 - 14).

   예수가 견지한 존중받아야 할 인간의 모습은 제도와 법규와의
비교 우위에서도 잘 드러난다. 그 대표적인 예가 안식일에 예수가
제자들과 밀밭 사이로 지나면서 생긴 에피소드이다(막 2:23 - 28).
제자들이 그 이삭을 잘라먹은 것을 놓고 바리새인들이 "안식일에
하지 못할 일"을 했다고 타박하자 예수는 안식일의 목적이 어디
있는지 재조명해준다. 그 결론적 요지인즉 "안식일이 사람을 위하
여 있는 것이요 사람이 안식일을 위하여 있는 것이 아니"(막 2:27)
라는 것이었다. 안식일은 유대교의 율법 조항 가운데 유대인의 민
족적 종교적 정체성의 표지로서 특별히 중요한 것이었다. 그러나
그조차 인간의 복지를 위한 하나님의 은총 어린 배려로 제정된 것
이지 인간의 생명을 옭아매고 억압하기 위한 강압적 법규가 아니
라는 것이다.22) 이러한 해석적 원리에 비추어 제사장만 먹도록 율
법에 규정된 진설병을 굶주림에 지친 다윗과 그 일행이 먹은 전례

---

22) 안식일에 대한 이와 같은 예수의 가르침을 연구한 논문으로 다음을
    참조할 것: 이민규, "사회학적 시각으로 본 마태복음에 나타난 안식
    일," 『신약논단』 13 / 1(2006), 1 - 28 참조.

도 충분히 수긍할 법하다. 예수는 이러한 신학적 '인권 선언'에 기초하여 안식일에 병자를 고치는 일의 정당성을 옹호했고 그것을 못마땅하게 여기던 대적자들에게 그 부당성을 항변했다. 인간과 율법 사이에서 그 대적자들은 안식일이라는 율법 조항 자체에 초점을 맞추었지만 예수는 인간의 생명을 살리는 것과 죽이는 것, 이를 위해 선을 행하는 것과 악을 행하는 것, 그 가운데 어떤 것이 옳은지에 관심을 기울였다(막 3:4). 그리하여 예수는 인간의 입장에서, 즉 하나님이 주신 인간의 생명을 그 본래 의도에 맞게 풍요하게 하려는 목적하에(요 10:10), 문자적 형식주의에 얽매인 기존의 율법을 과감하게 전복하고 시대적 요청에 맞게 재해석하고자 하였다.

그렇다고 예수가 다양한 인간의 범주를 무시하고 그 보편적 이상형에 맞추어 인간을 이해한 것은 아니었다. 그에게 인간은 선하고 악한 인간으로 나뉘고, 이방신을 섬기는 이교도와 이스라엘이라는 언약 백성 사이의 전통적 구분도 엄존한다(마 10:5-6, 15:24). 물론 이웃과 원수, 형제와 외인의 구별도 무시되지 않는다(마 5:43). 대인 관계의 원근법도 작용하여 그는 그의 측근 제자들 일부를 특별히 친밀하게 사귀었던 반면 그의 동선 밖으로 멀리 떨어져 소원한 자들도 있었을 것이다. 그러나 예수에게 이러한 인간의 경계는 극복하거나 적어도 소통 가능한 관계의 범주일 뿐 고착된 차별의 철옹성이 아니었다. 도리어 그에게는 지극히 작은 자의 위치, 섬기는 종의 위치가 하나님 나라의 주인공이 되는 지름길로 부각된다. 일등과 꼴찌의 전복적 자리매김을 위한 전망 또한 인간의 위계적 고착화에 대한 거부 반응의 표현이라 할 수 있다. 예수가 아는 아버지로서의 하나님은 "그 해를 악인과 선인에게 비추시며 비를 의로운 자와 불의한 자에게 내려주시"(마 5:45)는 관대한 분이다. 그런 하나님을 본받아 이 땅의 모든 인간은 협량한 인간성을 넘어 하늘 아버지의 온전하심과 같이 온전해질 필요가 있다(마 5:48).[23] 그것이 예수의 제자가 되는 길이고, 좋은 열매를 맺는 좋은 나무가 되는 길이다(마 7:16-20). 물론 좋은 나무, 곧 선한 사람이 되는 것은 선악의 가치 기준인 하나님의 도를 깨닫고 그의 온전하심을 닮으려는 믿음의 결단이 있고서야 가능한 일이지만 말이다. 다시 말해, 좋은 열매를 맺는 좋은 나무가 되었다고 그 나무가 하나님께 존중받는 것이 아니라 역으로 하나님이 자신을 존중하여 좋은 나무가 되길 바라는 뜻을 깨우쳐 좋은 나무가 될 때 좋은 열매를 맺을 수 있다는 것이다.

2) 고통당하는 인간

그렇게 귀중한 인간임에도 불구하고 예수가 보기에 이 땅의 인간들이 사는 삶의 현실은 남루하고 불안하다. 다수의 그들은 여전히 고통 가운데 허덕이고 있기 때문이다. 그 고통은 먼저 그들의 육체와 정신이 훼손되고 파괴되었기에 생겨난다. 예수가 만난 수많은 사람들이 병자들이었다는 점은 이 사실을 강력히 증언한다. 복음서의 저자들은 나병, 열병, 중풍병, 혈루증 등의 질고와 맹인, 손이 마르거나 다리를 절거나 말을 못하거나 듣지 못하는 장애인들, 그리고 각종 귀신 들린 사람들이 당시 예수의 주변에 널려 있

---

23) 이는 예수가 강조한 신앙의 본질이 '하나님 닮기'(*immitatio Dei*)임을 나타내는데, 이 모티프는 산상수훈에서뿐 아니라 예수의 신학 전반을 요약하는 핵심적 주제라고 할 수 있다.

었음을 전한다.24) 인간은 이렇게 약하고 병든 인간들이다. 그 이유
로는 당시의 열악한 위생 및 보건 상태, 사회 복지 체제의 미비,
정치 경제적 식민주의로 인한 피폐해진 삶의 환경 등 여러 가지를
꼽을 수 있겠지만, 예수의 신학적 상상력 속에 그 근본적인 원인
은 악하고 더러운 영들이 인간을 조종하여 죄악의 구렁텅이에 빠
트려 그와 같이 만들기 때문이다. 인간 생명의 본래적 목표로부터
빗나간 죄(*hamartia*)의 결과로서 건강하지 못한 심신은 인간성을
파괴할 뿐 아니라 사회적 소외를 야기하여 인간의 삶을 총체적으
로 불안하고 불행하게 만든다. 예수는 인간의 죄를 형이상학적인
개념이나 도덕적 범실의 차원에 묶어두기보다 그것을 구체적인 사
회 경제적 삶의 맥락에서 현실적으로 이해하였다. 예수의 어록 가
운데 그 '죄'가 '범실'(*paraptōma*)뿐 아니라 '채무'(*opheilēma*)라는
말로 표현되는 이유가 여기에 있다.25) 여하튼 그 악한 영과 죄의
합작으로 인해 그 와중에 인간의 고통은 악순환하기 마련인데 그
기본 구조는 예수 당시나 지금이나 변함없이 지속되는 인간 사회
의 현실이다.

　　인간의 고통에 원인을 제공하는 또 다른 변수는 인간의 본성에
내재된 욕망이다. 이를테면, 음식을 섭취하여 살아남고자 하는 욕
망, 옷을 입어 부끄러움을 가리거나 멋진 옷을 입어 뽐내고자 하

---

24) 고대의 질병과 치유법에 대해서는 다음을 참조할 것: Max Sussman, "Sickness and Disease," *ABD* vol.6, 6-15; Richard N. Jones, "Paleopathology," *ABD* vol.5, 60-69; Howard Clark Kee, *Medicine, Miracle and Magic in New Testament Times*(Cambridge: Cambridge University Press, 1986).

25) 이는 특히 마태복음의 주기도문(마 6:12)에 극명하게 나타나 있다. 죄의 용서를 빚의 탕감이란 견지에서 조명하는 이러한 용례는 마태복음의 '용서할 줄 모르는 종의 비유'(마 18:21-35)에서도 발견된다.

는 욕망, 성적인 욕망, 최대한 많은 재물을 소유하고자 하는 욕망, 작은 자가 아니라 큰 자가 되고 꼴찌가 아니라 일등이 되고자 하는 욕망 등이 인간을 정신적 영적인 곤궁의 상황으로 내몬다. 그리하여 인간은 하나님을 향한 믿음이 없는 상태에서 "목숨을 위하여 무엇을 먹을까, 무엇을 마실까, 몸을 위하여 무엇을 입을까" 끊임없이 염려한다(마 6:25). 바리새인과 서기관 같은 종교적 기득권자들은 그 영광을 나타내고자 "그 경문 띠를 넓게 하며 옷술을 길게 하고 잔치의 윗자리와 회당의 높은 자리와 시장에서 문안 받는 것과 사람에게 랍비라 칭함을 받는 것을 좋아"한다(마 23:5-7). 또 성욕을 지닌 인간은 여자(또는 남자)를 볼 때 쉽사리 성적으로 유혹을 받아 그를 소유하려는 음욕의 포로가 되기도 한다(마 5:28). 예수는 또한 보물이 있는 곳에 인간의 마음이 쏠리는 견물생심의 이치도 정확하게 간파했다(마 6:21; 막 10:23-25). 그런가 하면 심지어 그의 제자들조차 권력욕이나 명예욕으로부터 자유롭지 못하여 자기들끼리의 경쟁의식에서 으뜸이 되고자 애쓰는 모습을 보이기도 했다(막 9:33-34, 10:35-37).[26] 그 욕망의 대상이 음식이나 의복이든, 재물이든, 이성이든, 또는 권력이나 명예든, 그것은 일종의 희소가치라서 모든 사람들이 경쟁하며 그리로 집중할

---

26) 문화인류학적 관점에서 볼 때 명예와 수치는 1세기 지중해 연안 지역에서 핵심적인 가치로 여겨졌다. 그것은 명예 있는 자가 권력을 행사하고 그런 부류의 사람이 도움을 필요로 하는 많은 피보호자들(client)의 후원자(patron)로 행세하는 사회적 세태와 무관치 않다. 이와 관련해서는 Bruce J. Malina, *The New Testament World: Insights from Cultural Anthropology*, 3rd edition(Louisville, Kentucky: Westminster John Knox Press, 2001), 27-57; 왕인성, "신약성경에 반영된 그레코-로마 사회의 후원자-피보호자 관계," 『신약논단』 13 / 3(2006), 535-564 참조.

때 반드시 약육강식의 동물적 정글 논리가 개입한다. 그것은 다툼과 살육을 낳고, 그것을 쟁취한 자나 탈락한 자들 모두 샬롬과는 거리가 먼 처지로 전락한다.

여기서 흥미로운 점 하나는, 예수가 이러한 인간의 욕망 자체를 부인하지 않았다는 것이다. 예수는 일용할 양식의 필요성을 인정하여 그것을 구하라고 가르쳤다(마 6:11). 또 기진한 군중들을 향해 광야에 식탁을 배설하여 일용할 양식을 손수 베풀어주었다(막 6:30 - 44, 8:1 - 10). 또한 그는 성적 욕망과 결부된 혼인 제도를 적극 긍정하였으며(막 10:1 - 12), 명예욕과 권력욕을 활용하여 각자 이 땅의 삶을 통해 행한 대로 장차 천국에서 베풀어질 보상을 강조하기도 했다(막 9:41, 10:29 - 30; 마 6:19 - 20, 7:21, 19:28 - 29, 25:31 - 46). 그러나 그 욕망의 추구가 이웃 사랑의 계명에 위배되느냐 하는 것이 관건이었다. 그 욕망이 자기에의 배려 차원에서 절제되며 사용되어야 할 텐데, 그 한계를 넘어 이웃에게 해를 끼칠 때 그것은 탐욕과 죄악의 빌미가 되는 것이라고 보았다. 그러므로 예수의 신학적 인간학의 관점에서 볼 때 욕망은 삶의 의미를 추구하는 데 필요하고 긍정되어야 요소이지만 동시에 타자와의 관계에서 조정되고 조율되어야 할 대상이기도 한 셈이다.27) 그 합리적 조정과 조율을 위한 신학적 기준은 앞서 언급한 '하나님의 의와 나라' '하나님의 뜻'이 될 터이다.

한편 예수는 당시 인간의 고통이 발원하는 역사적 배경에 무감각하지 않았다. 그것은 당시 예수 주변의 식민지 백성들이 당하는 고통의 현장에는 로마의 식민지 체제와 거기에 빌붙어 기생하는

---

27) 바로 이 점이 인간 욕망의 근본적 단절을 통한 금욕적 수양과 해탈을 주장한 석가모니의 가르침과 예수의 가르침이 다른 부분이다.

정권의 제반 억압이 작용하고 있다는 판단에 기인한 것이었다. 예
수는 그 권력의 정치적 측면에서 헤롯을 '여우'라 비하했으며(눅
13:32), 그것의 종교적 측면에서 역시 민중에게 적잖은 부담과 억
압을 가했던 산헤드린의 제사장 그룹, 바리새인과 서기관 그룹에
게 신랄하게 비판적이었다. 그들은 당시의 민중들에게 자신들도
감당하기 어려운 멍에를 메어 "수고하고 무거운 짐 진 자들"(마
11:28)로 만들어버렸다. 예수는 그를 따르는 군중들이 먹을 것을
기대하고 있다는 걸 잘 알았다. 그리고 그 '먹을 것'은 탐욕과 무
관한 상태에서 최소한의 일용할 양식이 채워지지 않는 그들의 결
핍된 삶을 표상하는 것이었다. 예수가 "목자 없는 양"같이 보고
불쌍히 여긴 그들의 상당수(막 6:34; 마 9:36)는 권부의 핍박과 착
취로 인해 생활의 기반을 잃고 유랑하는 난민이었을 것이라 짐작
된다.28) 이와 관련하여 또 다른 적절한 예는, 예수가 치유한 귀신
들린 사람들 가운데 그 귀신의 이름이 '레기온'인 자가 있었다는
것이다(막 5:1 - 20). '레기온'(*legion*)이란 이름은 로마 군대의 여
단 규모를 일컫는 용어로, 이는 당시 피폐해진 밑바닥 인간들의
고통스런 삶이 로마의 식민체제와 치명적으로 연계되어 있었다는
방증이다.29)

---

28) 당시 팔레스타인의 가난한 민중들이 겪은 뿌리 뽑힌 삶의 현실에 관
해서는 안병무,『갈릴래아의 예수』(천안: 한국신학연구소, 1993) 참조.
29) 타이센은 그가 무덤 사이에 거주했다는 점에 착안하여 그가 쉴 곳을
찾지 못한 채 죽은 자의 영적 지배를 받는 자이며 그 무덤의 주인들
은 로마에 대한 저항에서 전사한 사람들일 수 있다고 추리했다. 김
재성, "예수의 기적 이야기에 나타난 민중의 자기 초월,"『신학사상』
109(2000 여름), 105 - 118 참조.

3) 회복되어야 할 인간

하나님의 창조 의도에서 빗나간 인간은 그 곤궁에서 벗어나 회복되어야 한다. 그 고통스런 삶은 종지부를 찍고 새롭게 거듭나야 한다. 인간 생명의 원상 복구, 예수는 이 과업을 치유 사역을 통해 실천했다. 그가 만난 수많은 병자들은 그의 긍휼 어린 손길로 고침을 받고 심신의 건강을 회복했다. 그것은 단지 건강의 회복으로 그치지 않고 사회적 관계의 회복으로 이어졌다. 악하고 더러운 영으로 훼손된 하나님과의 관계가 회복됨에 따라 정상적인 사회 성원으로서의 갱생이 이루어질 수 있었던 것이다(막 1:40-45). 당시 유대인 사회는 배타적 규율에 따라 정결과 부정의 구별이 엄존하고 있었다. 신체적 장애인이나 나병환자처럼 천대받던 사람들, 각종 정신질환자들은 사회의 변두리로 밀려 부정한 사람들로 각인되었다. 이들과 달리 성한 몸을 지녔을지라도 세리나 창기 같은 사람들은 그들의 특수한 직업으로 인하여, 이방인들은 그들의 종족적 배경으로 말미암아, 각기 부정한 죄인으로 취급받곤 하였다.

예수의 복음은 이와 같은 생래적 경계와 인위적 차별의 체제를 타파하고 그 족쇄에 치여 신음하던 변두리 인생들을 해방하는 데 이바지하였다.[30] 이를 위해 예수는 인간관계의 기초가 되는 혈통 가족의 테두리를 넘어 새로운 가족의 탄생을 선포했으니 이른바 '하나님의 가족'(*familia Dei*)이 그것이다. '하나님의 가족'은 혈통

---

30) 이 점에서 그의 치유기적은 단순히 병을 고치는 데 그치지 않고 "정상인과 비정상인을 가르는 일체의 규범 체계를 교란시키는 행위로 특징지어진다." 김진호, 『예수 역사학』(서울: 다산글방, 2000), 139 참조. 아울러, 조태연, 『예수운동-그리스도교 기원의 탐구』(서울: 대한기독교서회, 1996), 175-216 참조.

을 매개로 하는 생래적 가족의 경계와 그로 인한 인간관계의 장벽을 철폐하고 이질적 타자들을 포용적 질서 안으로 영접하고 환대하는 보편적 인류 공동체의 모델이다. 이는 '하나님의 뜻'이라는 공동의 명분을 추구하는 한 모든 인간들이 동일한 한 분 하나님의 자녀라는 믿음에 기초한 것이다.[31) 이렇듯, 한 인간의 파괴된 심신은 사회적 갱생과 재활의 과정을 거쳐 총체적 관계의 회복으로 이어진다. 인간은 누구나 하나님의 은총과 자비를 힘입어 이렇게 '샬롬'의 질서 속에 회복되어야 할 존재이다. 그 궁극적 목표를 지향할 때 원수조차 사랑하고(마 5:43-44) 십자가에 달려 죽어가는 강도에게조차 구원의 희망을 선사하는 도량이 가능해진다(눅 23:39-43). 복음서의 맥락에서 '치유'는 곧 '구원'이다. 예수의 하나님 나라 사역에서 '구원'은 '치유'와 동일한 어휘(sōzein)로 표현된다.[32) 그 치유는 곧 한 인간의 총체적 구원을 통칭하는 것이니, 이는 어둠의 권세에 사로잡힌 불구의 생명으로 퇴락한 상태에서 하나님의 가족을 구성하는 건강한 생명으로 회복되어야 함을 의미한다.

파괴된 인간관계의 회복은 그 당사자의 입장에서 용서와 화해, 관용과 사랑을 통해 실현된다. 하나님이 범죄한 인간들을 용서하고 회복시켜주는 전제조건은 그 인간들이 서로 용납하고 용서해야 한다는 것이다(막 11:25-26; 마 6:12, 14-15, 18:21-35; 눅 17:3-4). 적의와 거리낌으로 단절된 인간들 사이의 용서와 화해는

---

31) 예수로부터 발원한 '하나님의 가족' 개념이 신약시대에 적응되어 간 내력에 대해서는 다음의 졸고를 참조할 것: 차정식, "가족 해체와 통합의 신학적 변증법-초기 그리스도교 공동체의 경우," 『신약논단』 13/3(20006), 693-747.

32) 이처럼 치유와 구원이 동질적 개념임을 확인할 수 있는 증거는 복음서의 기적 이야기에 다수 탐지된다(막 5:23, 28, 34, 10:52; 눅 8:36, 48, 50, 17:19).

하나님께 예배드리며 예물을 드리는 것에 선행하여 실천되어야 할 급선무이다. 회복된 인간관계의 누림을 위하여 소극적 용납은 적극적 환대로 나아갈 필요가 있다. 예수에게는 미약한 어린아이들조차 그 환대의 주인공으로 부각된다(막 10:13-14). 다수의 객관적 비중에도 불구하고 소수의 귀중한 위상이 강조된다(마 18:12-14). 이러한 관점에서 볼 때 잃어버린 소수의 생명을 찾기 전에는 전체 공동체의 '샬롬'이 이루어질 수 없다(눅 15:1-32). 이 세상의 모든 인간 생명이 그 존재 자체로 귀중하듯이, 그들의 회복에서도 모든 생명 하나하나가 존중되어야 한다. 그렇기 때문에 특정 소수자가 그 수적 열세로 인해 낙오될 수 없다는 것이다. 이러한 회복된 인간관계의 질서는 지배와 군림을 특징으로 하는 이 세상의 현행 질서에 섬김과 희생이라는 대안적 가치를 제공한다. 예수는 이 땅에 온 자신의 사명이야말로 바로 그런 질서를 온몸으로 구현하는 데 있음을 역설했다(막 10:42-44).

퇴락한 인간의 회복은 또 다른 맥락에서 '들을 귀 있는 자'로서 복음의 메시지를 듣고 깨닫는 데서 비롯된다(막 4:9).[33] 예수의 비유에는 하나님 나라를 일상적 삶의 현장에 투사하며 인간의 자기 계몽과 각성을 부추기는 언어적 상상력이 번득인다. 그 상상력의 세계에는 응당 인간의 잠재력을 계발하여 자기 변화와 발전을 추동하는 담백한 낙관주의의 비전이 스며 있다. 곧 인간이 무지와 무감각에서 해방될 때 그 삶이 온전히 회복될 수 있다는 것이다. 기실 예수는 구하고 찾고 문을 두드리는 진지한 탐구자적 자세와

---

33) 일반적으로 희랍적 인식론의 바탕에서는 '봄'의 행위가 인식과 지적 각성의 주요 매개로 여겨지지만 히브리적 인식론의 세계에서 그것은 주로 '들음'의 행위를 통해 강조된다.

개방된 구도자적 열정이 구비되어야 하나님 안에 내포된 인간의 비밀, 인간 세계에 잠재된 하나님의 비의를 깨칠 수 있다고 보았다. 이를 위한 대표적인 가르침의 재료가 바로 예수의 비유들이다.34) 가령, 겨자씨 비유(마 13:31 - 32), 진주상인의 비유(마 13:44 - 46) 등이 바로 그러한 신학적 인간학의 지향점을 대변한다. 그것은 표현하기에 따라 지성의 회복이라 할 수도 있겠는데, 예수는 그 범주를 딱히 지성으로 한정하기보다 삶의 총체적인 투자로 이해했다. 이러한 관점에서 그는 달란트의 비유(마 25:14 - 30; 눅 19:11 - 27), 불의한 청지기의 비유(눅 16:1 - 9) 등을 가르쳤다. 이렇듯, 예수는 인간의 회복을 이 땅에 뿌리내려 생존하고 보람 있는 삶을 영위하기 위한 현실주의적 지혜의 관점에서 조명한 바 있다.35) 누구든지 들을 귀는 가지고 있었지만 실제로 그 귀를 열어 섬세하게 인간 삶의 비의를 깨치는 일은 특별한 노력을 요청했다. 그것은 하나님이 인간과의 관계에서 어떻게 활동하시며, 인간은 하나님의 품에서 어떻게 살아야 좋을 것인가라는 질문과 결부시켜 인간학적 상상력을 가동해야 비로소 각성과 이해의 출구가 열리는 세계였다.

---

34) 조태연은 복음서의 비유 전승을 연구한 두 편의 논문에서 예수의 비유 세계를 일종의 '자연신학'으로 특징짓고 그 메시지를 '세계 전복의 기획'이라 요약하였다. 조태연, 앞의 책(1996), 273 - 323. 그러나 그가 강조한 그 '자연신학'과 '세계 전복'의 비전에는 그 주체로서 인간의 자리가 생략되어 있다.

35) 그 '현실주의적 지혜'에 대하여 나는 두 편의 논문을 통해 구약의 지혜문헌으로 소급되는 그 역사적 근원과 전승 경로를 추적한 바 있다. 차정식, "맘몬과 생존의 현상학 - 누가복음 16:1 - 9의 세계"; "적극적 활용과 투자에의 초대 - '달란트 비유'(마 25:14 - 30)의 비밀을 찾아서," 『신약성서의 사회경제사상』(서울: 한들출판사, 2000), 43 - 111 참조.

4. 새로운 인간됨을 위하여

사람들은 흔히 '……이 되기 전에 먼저 인간이 되라'고 말한다. 이 말은 농담으로나 덕담으로나 하기에 좋고 듣기에 멋지지만, 그 되어야 할 인간의 심연이 그리 간단치 않다는 점에서 심층적 탐구를 요한다. 진정한 의미의 인간됨은 이미 되어버린 인간 존재(human-being)를 향한 고고학적 탐사를 통해 화석화된 인습적 인간형을 해체하고 새롭게 되어가는 인간(human-becoming)을 만날 때 가능해진다. 그 생동하는 현재진행형의 인간형에는 바울이 말한 겉사람과 속사람이 한 몸으로 만나고 옛사람과 새사람의 지층이 여러 겹으로 축적되어 있다.

예수의 경험과 그것에 정초한 신학적 인간학의 세계 내에서 인간은 욕망과 향유의 존재이면서 의지와 결단의 존재이다. 그는 동시대의 주변 사람들과 더불어 먹고 마시며 또 그들과 어울리면서 만나고 사귀었다. 그의 육체적 욕망은 사회적 욕망으로 그렇게 이어졌다. 그의 감정은 여느 인간처럼 기쁨과 슬픔의 표현에 자연스러웠고 죽음 앞에서는 두려움과 고뇌 또한 없지 않았다. 그는 인간 세계의 부조리와 타락에 대하여 분노하였으며, 병들고 지친 민중들을 향해서는 한없이 치열한 연민과 긍휼을 내비쳤다. 예수는 자신의 인간적 삶을 통해 그렇게 사랑했고 또 사랑을 받았다. 그는 '사람의 아들'답게 범상한 인간으로서 인간을 넘어서는 초월자의 품위를 보여주었고, 다윗의 자손으로서 이스라엘 역사의 전승을 무시하지 않으면서 그것을 넘어서는 보편적 인간애를 추구했다. 그런가 하면 그는 예언자로서 주어진 체제의 현 상태(status quo)를 축복하고 그 안에 편하게 안주하는 삶의 스타일보다는 그것의

개혁과 갱신을 위한 종말론적 계시의 선포자로 활약했다. 그는 또
한 창조적 랍비로서 평범한 일상적 삶의 경험 가운데 발견되는 하
나님 나라의 비의적 진리를 포착할 줄 아는 풍부한 상상력의 소유
자로 매우 명민하였지만, 그 가르침을 통해 스스로 뽐내기보다 더
불어 나누길 즐겼다.

　그의 인간됨은 충분히 주체적이었으되 흐르는 시간의 도상에서
경험한 인간에 대한 관찰력과 그의 뇌리를 스쳤을 인간학적 상상
력과 무관치 않았을 것이다. 그가 보고 느끼고 이해한 인간은 무
엇보다 존중받아야 할 하나님의 귀중한 자녀들이었다. 비록 원근
의 차이는 있었을망정 예수의 인간 이해는 유대교적 전통과 이스
라엘 역사의 범주에 국한되기보다 점차 그 반경을 확장해나갔다.
생래적 배경의 차이와 배타적 규율의 장벽을 넘어 예수는 생명을
지닌 인간이라면 누구나 '하나님의 가족'이라는 넓은 테두리 내에
서, 조건 없이, 이 세상을 주고도 바꿀 수 없는 소중한 존재임을
역설했다. 그가 본 역사적 현실 속의 인간은 여러 모로 고통당하
고 있었다. 그러나 그는 그 고통의 신학적 원인을 파헤쳐 논쟁을
벌이기보다 그 고통을 치유하고 인간을 총체적으로 회복시키는 실
천적 활동에 주력하였다. 그것은 한 생명의 전인격적 회복이면서
사회적 관계의 갱생과 재활이었고, 나아가 자기 계몽과 각성을 통
한 지성의 회복을 목표로 하였다. 그 어떤 인간이든 각자에게 생
명의 이름으로 제공된 '달란트'의 계발을 통해 이 모든 것이 가능
함을 예수는 믿었던 것이다.

　유사 이래 인간은 늘 인간 세계의 '뜨거운 감자'로 문제를 제기해
왔고 또 그 문제에 주체적으로 답해왔다. 인간이 왜소해지고 피폐해
질 때 그 근본에는 어김없이 인간에 대한 신학적 상상력의 빈곤이

주범이었다. 교회가 역사를 주름잡던 세기에도 인간은 스스로 만들어놓은 기계장치와 같은 신(*deus ex machina*)의 위압에 눌려 인간을 심오하게 해석하지도, 그 인간됨을 풍요하게 향유하지도 못한 채, 인간의 허울을 쓴 채 헛폼만 잡곤 했다. 인간 존재(human-being)의 형이상학에 압도되어 신학적 인간됨(human-becoming)의 행로에 몽매한 탓이었다. 신학이 인간학적 상상력의 비행에 편승하고 인간학이 신학적 상상력의 궤도를 타고 순회하는 소통의 이치에 무지한 때문이었다. 그 몽매와 무지의 앞과 뒤에서 예수는 그 막힌 구멍을 뚫고 온몸으로, 온 맘 다해, 새로운 인간형의 한 전범을 보여주었다.

그 유산을 이어받아 오늘도 인간은 새로운 인간됨을 꿈꾸며 꾸역꾸역 밥을 먹고 또 땀 흘리며 노동을 한다. 인간의 외양과 습속은 변해도 그 본성적 욕망의 구조는 여전히 동일한 궤선을 타며 작동하고 있다. 하나님의 은혜를 의식하든 안 하든, 인간으로서의 자존감도 여전하며, 숨 쉬는 순간마다 모든 인간들은 제 몫의 고통을 삼키며 살아내고 있다. 그 고단한 생명의 치유를 위해 그 인간의 안팎으로 소리 없는 아우성 천지이다. 그 가운데, 어제와 오늘, 너와 나 안의 인간됨은 얼마나 신령하고 참신한가. 예수의 인간됨은 그런 방향으로 우리를 이 순간 어떻게 인도하고 있는가.

Ⅱ. 상상력의 줄기

01

예수의 정의와 그 심연

1. 예수에게 '정의'는 무엇이었는가?

개인의 미덕과 정치 · 사회 · 종교적 이념으로서 정의에 대한 논의는 오늘날 매우 다양하고 역동적으로 펼쳐지고 있다.[1] 인간이 타자와 관계를 맺고 공동체를 이루며 살기 시작하면서 정의는 인류사회의 보편적인 가치와 이념으로 존중되어왔다. 주지하듯, 고대 희랍의 철인 아리스토텔레스는 인간이 추구해야 할 근본적인 네 가지 덕을 거론하면서, 지혜와 용기와 절제를 언급한 뒤 정의를 강조하였다.[2] 머리에서 오는 지혜는 이상에 따라 분별하고 행동하도록 하는 덕이고, 가슴과 관련된 용기는 용감하게 행동하도록 하는 덕이며, 배와 사지에 비롯되는 절제는 감각적 욕망을 억제하며 다스리는 덕으로 설명된다. 아리스토텔레스는 이 세 가지의 기본

---

[1] 현재 한글로 나와 있는 정의에 대한 저술로는 다음의 몇 권들과 나중에 언급할 또 다른 몇 권의 책들이 주목된다: 존 롤즈 / 황경식 옮김, 『정의론』(서울: 이학사, 2003); 브라이언 배리 / 이용필 역, 『정의론』(서울: 신유, 1993); 이영희, 『정의론』(서울: 새문사, 2005); 양명수, 『기독교 사회정의론』(서울: 한국신학연구소, 1997).

[2] 아리스토텔레스의 정의 이해에 관해서는 아리스토텔레스 / 이창우 · 김재홍 · 강상진 공역, 『니코마코스 윤리학』(서울: 이제이북스, 2006) 참조.

덕목이 조화를 이루도록 이끄는 덕목으로 정의를 이해하였다. 지혜, 용기, 절제가 조화를 이루며 정의를 실현해갈 때 비로소 선의 이데아를 모방하는 참된 삶과 자아실현이 가능하다고 본 것이다. 이처럼 철학과 윤리의 역사에서 정의는 개인의 내면적 미덕의 차원에서 논급될 때조차 관계적 개념으로 소통되었다. 그것은 일찍이 사람과 사람의 관계에 개입하는 가치이자, 그 관계들의 구조를 평정하고 조정하기 위해 필수불가결한 통치의 이념으로 자리 잡은 것이다.

예수가 정의에 관하여 이러한 형이상학적 논의나 사변적 인식을 보여준 흔적은 탐지되지 않는다. 비록 복음서에 담긴 그의 신학사상이 희랍어로 전승되었다고 해서 그를 헬레니즘의 지성사적 전통에 직접 결부시키는 것도 무리이다.[3] 물론 사상은 직접적 교통이 없이 제 스스로 자생하기도 하고 자가 발전을 통해 그것과 동떨어진 배경의 사상과 유사점을 보이기도 한다. 이것이 예수의 신학사상을 플라톤과 아리스토텔레스의 배경에 비추어 분석할 수 있는 탐구의 조건이 될 테지만, 아무래도 예수에게 정의는 이론적 탐구의 대상이기에 앞서 삶의 방식이었던 것 같다. 그렇다고 예수에게 우리가 알고 있는 통상적 인식의 수준에서 정의의 관념이 없었다고 주장하기는 어렵다. 그에게는 유대인으로서 자라온 생의 이력을 반영하듯, 정의는 무엇보다 '토라의 의'로 다가왔을 것이고, 그것은 궁극적으로 아버지 하나님의 의로 소급되는 성질의 것이었음에 틀림없다.

---

3) 예수와 헬레니즘의 관계에 대한 연구로는 다음의 졸고가 있다: 차정식, "예수의 반헬레니즘과 탈식민성,"『한국기독교신학논총』 24(2002), 101 –138 참조.

이 단출한 논문은 예수의 정의에 대한 연구를 목적으로 한다. 그것은 예수가 이해한 정의의 기본 개념과 그의 공생애가 구현한 정의의 실천적 지평을 두루 포괄하고 있다. 이를 위해 한 가지 전제해야 할 사항은, 예수의 정의가 오늘날 우리가 알고 있는 정의 개념과 비교하여 공통된 부분과 함께 엇갈리는 점도 있으리라는 것이다. 그것은 시대와 문화, 종교와 사상의 차이에서 비롯되는, 상식적인 추론으로도 인정할 만한 간격일 테다. 이를테면, 아리스토텔레스와 예수, 롤즈 등과 같은 오늘날의 정의 이론가, 그리고 예수를 그리스도로 믿는 그리스도인들에게 정의가 펼쳐놓는 사상의 지형에는 면면히 이어진 연속성과 함께 불연속성의 가능성이 도사리고 있다는 것이다.

따라서 이 논문의 전략으로 나는 그 연속성의 요소를 도구 삼아 불연속성의 간격에 돌다리를 놓는 방식을 선호한다. 그 돌다리를 건너뛰면서 나는 예수의 머리와 가슴 속에 정의라는 개념이 잉태된 사상의 태반에서 관련 어휘들의 뿌리를 짚어가면서 그 미세한 차이들을 분별해보고, 나아가 예수의 삶 속에 실천해나간 정의의 내용을 진리담론의 재해석, 대인관계의 재편성, 구원신학의 재구성이란 세 항목으로 주제화하여 다룰 것이다. 이어지는 대목에서는 그의 비극적인 십자가 죽음에 연루된 '불의한 정의'라는 인간의 아이러니와 그의 통렬한 죽음 앞에 보인 하나님의 침묵, 특히 그것과 연루된 정의의 실체를 신정론적 맥락에서 추슬러볼 요량이다.

2. '의'와 '정의' 개념의 신학적 뉘앙스

신약성서에서 우리 말 '의'와 '정의'에 가장 적합한 단어는 '디
카이오쉬네'(*dikaiosynē*)이다.[4] 그런데 이 희랍어 어휘는 한국어
'의'와 '정의'에 비해 훨씬 더 풍성한 신학적 함의를 가지고 있다.
우리말의 용례에서 한자어 '의'(義)는 흔히 '대의명분' '의리'란 용
례에서 보듯, 정치적인 이념이나 도덕적인 의무의 측면을 내포한
다. 물론 이 한자어의 상형 구성은 '나' 자신이 양을 이고 있는 모
습으로 종교적 희생제의를 통한 속죄의 의미가 반영되어 있지만
이는 또 다른 고대의 언어 문화권에서 생겨난 발상이다. '정의'는
흔히 '사법적 판결'의 결과로 확립되는 '사회정의'란 측면에서 자
유민주주의 체제든, 사회주의 체제든, 그 체제를 뒷받침하는 합리
적인 치세 이념을 아우른다. 한국어의 어감에 민감히 반응할 때,
우리사회에서 '의'와 '정의'라는 말은 개인적인 관계에서보다는 좀
더 확대된 정치·경제·사회의 공적인 제반 관계와 국가적 통치의
차원에서 그 반향도가 높다. 우리사회는 근대 이후를 표방하고 있
지만 사람들과의 관계에서는 여전히 공적인 '합리'보다는 사적인
'정리'(情理)가 성행하며, 명분으로 표방하는 '정의'보다는 내실을
챙기는 '온정'이 더 기승을 부린다.

그러나 신약성서, 특히 복음서에 쓰인 희랍어 δικαιοσύνη는 우
리가 통상적으로 사용하는 '의'와 '정의' 개념과 비교할 때 정치·
사회적인 층위 외에도 종교·신학적 함의를 내포하고 있다. 일찍
이 이 단어가 고대 희랍사회에 쓰였을 때, 그것은 사법적 차원의

---

4) 이 희랍어의 의미에 대해서는 Schenk, "δικαιοσύνη κτλ.," *TDNT*
   vol.2, 192-210 참조.

정의를 가리키는 의미 위주로 통용되었던 것 같다. 그러나 신약성서와 구약성서 희랍어 번역본(LXX)에서 이 단어는 히브리어 '쩨데크'(צדק)와 '미쉬파트'(משפט)를 포괄하면서 그 이상의 함의를 아우르는 풍성하고 다양한 의미로 사용되고 있다.5) 이 두 히브리어 단어는 함께 나란히 사용되면서 하나님과의 관계적 덕목을 지칭한다. 하나님의 '의'가 그의 백성들과의 만남과 사귐의 차원에서 언약적 규칙을 의미한다면, 그의 백성들 마찬가지로 하나님과의 언약적 관계 내에서 의로운 자들로 인정받게 되는 것이다.

저 두 히브리어 중 앞의 것을 택하여 철학적, 종교적, 신학적 의미의 '의'(righteousness)로, 뒤의 것을 정치적, 사회적, 경제적 의미의 '정의'(justice)로 그 개념을 단순화하여 가르고 또 우리 시대의 용법에 비추어 영어와 우리말로 그렇게 번역하고픈 유혹이 안 생기는 것은 아니다. 하지만 그러한 구별은 일리 있을망정 반드시 옳은 것 같지 않다. 이보다 좀더 개연성 있는 통찰은 복음서의 '디카이오쉬네' 개념에는 저 모든 의미의 복합적 층위를 모두 포함한다는 것이다. 즉 복음서에 사용된 이 희랍어 단어는 의미론적 맥락에서 사법적 정의와 심판, 신적인 구원 행위, 자비와 인애 등의 속성과 결부되는 하나님의 언약적 신실함 등등, 의와 정의 개념의 전승사를 고스란히 담아내고 있다고 보는 것이다.6)

---

5) 사실 이 두 히브리어 단어조차 매우 폭넓은 의미의 반경을 내포한다. 예컨대, '쩨데크'(צדק)라는 단어 하나만 해도 다채로운 영어 번역으로 나타난다(acquittal, deliverance, honest evidence, integrity, judgment, justice, prosperity, right, righteousness, righteous deeds, righteous help, salvation, saving help, victory, vindication). J. J. Scullion, "Righteousness(OT)," *ABD* vol.5, 724–736.
6) 이 점에서 신약성서의 '의' 개념은 사법적 목표와 국가적 이념을 위주로 정의를 이해한 그레코-로마의 전통보다는 유대교 신학과의 연계선

그렇지만 복음서의 '디카이오쉬네' 용례에서 또 한 가지 분명한 점은 이 개념이 단순히 '사법적 정의', 그것의 기준으로서의 '규범'과 '규례'(*dikaiōma*), 그것에 의한 '심판'과 '징벌'(*dikē*), 나아가 그 결과로 확립되는 '사회정의' 등의 의미를 종속 개념으로 거느리지만 그것에 국한되지 않는다는 것이다. 하나님의 '의'를 복음서의 예수가 하나님과 관련한 궁극적인 어휘로 인식했다면, 예의 하부 개념들은 그 '의'가 발현되는 하나의 방식일 뿐이다. 그러나 같은 하나님의 '의'가 심판이 아닌 구원 행위로 발현되기 위하여 그것의 종속 개념은 엄정한 '규범'이나 '정의', 또 그에 따른 하나님의 '의'의 부정적 발현으로서의 '정죄'와 '징벌' 곧 법적인 '심판'이 아니라, '의'의 긍정적 발현방식으로서 '자비'와 '사랑'이라고 할 수 있다. 그러므로 사랑/자비를 의/정의의 대립 개념으로 보거나 후자를 전자의 종속개념으로 보는 것은 조직신학적 체계상 필요한 하나의 해석과 설명방식은 될지언정 그 말들의 성서신학적 어원론과 의미론의 맥락에서 타당성이 떨어진다.

요컨대, 복음서의 예수에게 선행하는 유대교의 맥락에서 하늘 하나님의 의는 이 땅의 정의와 소통적 관계로 인식되었다고 말할 수 있다. 가령, 예수는 자신이 요한 앞에 세례 받으러 나와 세례 주기를 꺼려하는 그에게 "이와 같이 하여 모든 의를 이루는 것이 합당하다"(마 3:15)라고 말한다. 여기서 '모든 의를 이루는 것'의 '모든 의'는 하나의 의로운 행위가 아니라 하나님의 뜻을 성취하고 그를 기쁘게 하는 올바른 행위를 지칭한다.[7] 그것은 하나님의

상에서 파악된다. John Reumann, "Righteousness(Early Judaism; NT)," *ABD* vol.5, 736–773; H. D. Betz, *The Sermon on the Mount*(Minneapolis: Fortress Press, 1995), 130 참조.

7) Shenk, 앞의 글, 198 참조.

신적인 뜻과 섭리라는 점에서 초월적인 가치이지만 이 땅에서의 구체적인 행위, 즉 세례 요한과 예수, 하나님과 예수, 예수와 이 세상의 복합적 관계 맺기를 통해 그 의가 이루어져야 할 곳이 이 세상의 한가운데라는 점에서 내재적인 가치이기도 하다. 다시 말해 그 의에 하나님의 뜻과 지상의 행위가 두루 관여한다는 것이다. 이러한 측면에서 하나님의 의가 이 땅의 정의로 성육하는 것은 지당한 귀결이다.

그리하여 그 '의'는 종말론적 배부름의 선물을 바라보며 현재 이 땅에서 제자들이 굶주리고 목마르게 추구해야 할 덕목이고(마 5:6),[8] 마찬가지로 천국을 상급으로 바라보며 오늘의 핍박을 견디면서까지 견지해야 할 가치이다(마 5:10). 아니, 결국 그 '의'는 궁극적으로 하나님의 '의'이기에 하나님의 그 나라와 동시에 병행해서 구해야 한다(마 6:33). 하나님의 나라, 곧 천국이 하나님의 의에 근거한 제왕적 주권 통치라는 점에서 그것의 발현체인 이 땅의 의는 그 자체로써 이미 대가로 받아 누릴 만한 무엇이다. 사람들의 의는 그러므로 하나님의 선물이면서 동시에 하나님의 의에 잇

---

8) 최흥식은 마태복음 3:15, 5:6의 '디카이오쉬네'(*dikaiosynē*)를 하나님의 구원의 선물이란 의미로 푸는 반면 동 단어의 나머지 용례들(마 5:10, 20, 6:1, 33, 21:32)은 윤리적 요구를 가리킨다는 해석을 제출한 바 있다. Hung – Sik, Choi, "A Study of δικαιοσύνη in Matthew," *Korea Journal of Christian Studies* 39(2005), 47 – 64. 문제는 그 구원이 어떤 구원인지에 대한 신학적 전제이다. 적어도 산상수훈상의 용례는 마태의 보편주의적인 신학 이전 단계에 또 다른 구원 신학의 지평을 선보인 바 있기 때문이다. 차정식, "구원론 이전의 구원론 – 산상수훈의 경우," 『한국기독교신학논총』 49(2007), 47 – 66 참조. 베츠에 의하면, 육체적인 굶주림이 사회부정의의 결과라면 의를 위한 굶주림과 목마름은 그것으로부터 벗어나는 길의 시작이라 할 수 있다, H. D. Betz, 앞의 책(1995), 129.

닿아 있는 궁극적 지향 목표라는 것이다. 이러한 견지에서 산상수훈의 예수가 보여준 이 땅의 의는 수준 차이를 드러낸다. 그것은 천국의 제자들이 마땅히 추구해야 할 포용적 관계의 의, 좀더 구체적으로 말해 이 땅의 제도권 종교에 인박힌 서기관과 바리새인의 것보다 더 나은 의이다(마 5:20). 그것은 기존의 폐쇄적이고 배타적인 관계와 전통적 관습이 요구하는 틀 안에서 표방된 정의가 아니다. 오히려 그 틀을 깨고 선인과 악인, 의로운 자와 불의한 자에게 두루 은택을 베푸는 하나님의 온전한 의, 그것을 닮고자 애쓰는 삶의 지고한 실천적 덕목이라고 할 수 있다.

3. 예수의 삶과 '정의'의 실천 방식

예수가 단순히 '정의'에 대하여 말하기보다 그것을 삶의 현장에서 실천하는 데 관심이 컸음은 틀림없는 사실이다. 그 삶은 구체적인 사역의 알레고리로써 제시되었고, 그 사역인즉 일찍이 하나님의 공법과 정의의 대변자로 활약한 예언자들의 오래 묵은 신학적 이념을 다시 현실 속에 착근하는 작업에 다름 아니었다. 그것은 이를테면, "가난한 자에게 복음을 전"하는 것, 좀더 상세하게 예시하면 "포로 된 자에게 자유를, 눈 먼 자에게 다시 보게 함을 전파하며 눌린 자를 자유롭게 하고 주의 은혜의 해를 전파하게 하려"는 것이었다(눅 4:18–19). 예수에게 그 공공적 삶의 정의는 자신의 삶이 던져진 역사의 한 복판에서 자신에게 외부로부터 부과된 진리담론의 경직된 체계, 기성체제의 규범과 통념, 고착된 인간관계의 위계, 그리고 이로부터 추출된 신학을 뒤집어 성찰하면서

248

하나님의 온전한 의의 관점에서 다시 시작하는 방식으로 나타났다.

1) 경직된 진리담론의 재해석

유대인으로 태어난 예수가 유대교라는 전통 종교에서 물려받은
유산은 많았다. 그는 유대교의 율법대로 난 지 팔일 만에 할례를
받았고, 자라나면서 예루살렘 성전에서 절기에 따라 율법에 정해
진 규례를 행했을 것이다.9) 물론 얼마나 자주, 얼마나 진지하게,
언제까지 지속적으로 그렇게 행했는지는 또 다른 논의와 추론의
문제이지만, 그가 예루살렘 성전의 위상과 토라의 비중을 가벼이
여기지 않았던 것만은 분명하다. 그가 안식일에 유대인의 회당을
찾아 성경을 읽고 강론한 것은 그가 유대인의 경건한 법도를 좇아
그 관례를 준행했음을 시사한다. 가령, 그가 산상수훈의 한 어록에
서 "천지가 없어지기 전에는 율법의 일점일획도 결코 없어지지 아
니하고 다 이루리라"(마 5:18)고 말한 것은, 그 맥락적 수사를 감
안하더라도, 그의 토라 지향적 세계관과 랍비다운 가치관을 잘 반
영한다. 실제로 그는 그의 제자들로부터 랍비(선생)로 호칭되기도
하였다. 여기까지만 보면 그는 영락없이 유대교 담론 질서의 체계
내 존재로서 마냥 보수적인 인물로 비친다. 또한 "무엇이든지 그
들이 말하는 바는 행하고 지키되 그들[=바리새인]이 하는 행위는
본받지 말라(마 23:3)는 그의 말을 액면 그대로 취할 때, 그가 적
어도 당시 유대교 종교 지도자들이 하는 '말'에는 이의가 없었던

---

9) 예컨대, 누가복음서 기자는 예수가 팔일 만에 할례를 받은 점과 모세
의 율법대로 부모와 함께 정결예식을 행하고 유월절에 성전에서 절기
의 관례를 준수한 기록을 남기고 있다(눅 2:21 – 52). 이 점은 복음서
보다 먼저 서신을 남긴 바울의 기록에서도 확인된다(갈 4:4; 롬 15:8).

것으로 볼 수도 있다. 그러나 과연 그런가. 이것이 예수의 역사적 진면모인가.

예수는 유대교라는 체제의 아들이었지만, 그 경계를 집적이며 바지런히 그 한계를 넘어서고자 모험했다는 점에서 그는 동시에 반(半)유대교와 반(反)유대교의 사상적 특성을 보여준다. 실제로 그의 언어담론은 그것과 버성기며 그것의 가르침과 다르게 말하는 데서 창조적인 힘을 발휘했다. 그는 '하나님의 계명'과 그것에 대한 유대교의 역사적 해석 과정에서 축적된 '장로들의 전통'을 명민하게 분별할 줄 알았다(막 7:8-9). 종교적 신앙의 습속에 관한 한, 무엇보다 그는 인간의 왜곡된 욕망을 정확하게 진단했다. 그것은 범박하게 말해, 인간의 탐욕을 위해 하나님의 이름을 곧잘 빙자한다는 것이고, 인간의 타락한 내면을 분식하기 위해 종교라는 제도를 즐겨 동원하여 위선적 방패막이로 삼는다는 것이다. 그것은 하나님의 의와 전혀 무관하며, 율법의 근본정신도 아니었다. 오히려 그것은 궁극적으로 의도한 인간사회의 정의에 반하는 불의한 짓거리였다. 유대인의 종교지도자들은 의와 불의, 정과 부정의 분별 체계를 견고하게 확립하고 그 제반 형식과 관례를 준수함으로써 세속으로부터 성별된 삶을 추구한다는 명분에 사로잡혀 있었지만, 예수의 비판적 눈길에 그것은 '독사의 자식들'이 꾸며낸 '회칠한 무덤'에 불과했다. 하나님의 의가 종교란 이름하에 자기 봉사적 기계장치로 퇴락한 불의의 성찬이 되었다는 말이다.

이에 대하여 하나님의 의를 재천명하기 위한 예수의 담론 전략은 그들의 '청각적' 종교담론에 세밀한 틈새를 만들어 다시 말하고 또 다르게 말하는 것, 즉 익숙한 것과 결별하여 틀리게 말하는 것으로 나타났다. 예수의 가르침 가운데 그 정수를 뽑아 놓은 것으로

250

평가받는 산상수훈에서 그의 대표적 발화방식이 바로 이런 식이었다: '너희들은 ……라고 들었으나 나는 이제 너희에게 ……라고 [이렇게 다르게] 말한다'(마 5:21 – 22, 27 – 28, 33 – 34, 38 – 39, 43 – 44).10) 이 '다르게 말하기'의 공식은 상투적인 인식 속에 형해화된 율법의 가르침을 윤리적 과격주의와 도발적 상상력으로 파탈하려는 의도로 보이지만, 사실은 바리새인과 서기관보다 더 나은 의, 즉 하나님의 지고한 의를 회복하려는 그 이상의 담론적 전략을 내

10) 정연락에 의하면 산상수훈의 이 반제들은 "구약의 '율법' 자체를 반대하거나 폐하는 것으로 이해하는 것은 옳지 않고 오히려 율법의 참된 뜻을 바로 세우고, 성취하며, 이로써 온전한 의를 이루려 하는 것이다." 정연락, "산상설교의 반제들 연구: 특히 제5, 6 반제를 중심으로," 『한국기독교신학논총』 30(2003), 211 – 235, 특히 215 – 216 참조. 그런데 그의 이러한 지당한 주장은 "온전한 의"가 무엇이며, 그것을 이루기 위한 예수의 신학적 방법과 담론 전략이 무엇이었는지 자세히 해명하는 데까지 나갈 필요가 있다. 한편, 양용의는 이 반제들을 상세하게 분석한 끝에 그 의의를 다음과 같이 여섯 가지로 결론짓는다: 1) "예수의 대조적 교훈들의 대조 대상은 분명 구약 율법 자체이다"; 2) "마태복음 5:17[에서]의 예수의 구약 성취의 구체적 성격을 실제 예들을 통해 잘 규명해준다"; 3) "마태복음 5:19의 '이 계명들'은 예수에 의해 성취된 메시아적 율법으로 규정될 수 있다" "이 메시아적 율법은 율법의 원래 의도와 궁극적 목표를 이룬 것이라는 점에서 구약 율법과 연속적인 관계를 갖지만, 그 율법의 한계를 뛰어넘어 확장하고, 내면화하고 심지어 무효화하기까지 한다는 점에 있어서 구약 율법과 불연속적(또는 초월적) 관계를 갖는다"; 4) "구약 율법은 그 어떤 부분도(곧, 십계명이나 소위 '도덕법'까지도) 예수의 성취와 무관하게 이해되거나 적용되어서는 안 된다(마 5:17 – 18)"; 5) "여섯 대조적 교훈들은 마태복음 5:20에서 하나님 나라에 들어가는 조건으로 제시된 '더 나은 의'의 특징을 구체적으로 예시해준다"; 6) "여섯 대조적 교훈들의 성격은 율법 자체에 대한 메시아 예수의 놀라운 권위를 예시해"준다. 양용의, "'그러나 나는 너희에게 말한다' – 마태복음 5:21 – 48의 대조적 교훈들에 나타난 예수와 율법," 『신약연구』 5 / 1(2006), 1 – 49 참조.

포하고 있었다. 그것은 하나님의 의가 타자를 불의하게 만드는 율법적 도구가 아니라 '나'의 내면에 육화하여 성숙한 삶의 열매로 나타나야 하는 점을 시위코자 한 것이었다.

아울러, 하나님의 의는 이웃 사랑의 견지에서 소극적인 자기방어가 아니라 적극적인 도전과 모험의 결단을 감수해야 하는 삶의 궁극적 목표라는 점을 일깨워주고자 한 것이었다. 이는 한편으로 간음하는 지체를 찍어버리는 것(마 5:30), 오른 뺨을 맞으면 왼뺨도 돌려대는 것(마 5:39) 등과 같이 몸의 실천적 동선이 문제시되는 경우도 포함한다. 그러나 다르게 말하기의 본질은 여자를 향하여 음욕을 품는 것(마 5:28), 형제에 대하여 '라가'라고 욕하는 것(마 5:22), 맹세하지 않고 '예'와 '아니요'로 간명하게 답하는 것(마 5:33‒37), 박해하는 원수를 위해 기도하는 것(마 5:44) 등과 같이 욕망과 내면에 대한 발본적 성찰과 언어에 대한 새로운 해석적 실천 내지 실천적 해석의 차원에서 제시된 메시지로 귀착된다. 요컨대, 예수가 다시 다르게 말한 것은, 유대교를 통해 전승된 진리담론을 새로운 시대의 지평에서 새롭게 조명하여 그 의미를 웅숭깊고 치열하게 제시하려는 해석학적 도전의 산물이었던 셈이다. 이것은 종교가 하나님의 의를 단지 수단으로 여겨 그 체제의 자기동일성 안에 안주하려는 성향에 철퇴를 가하는 도전적 시도였음이 분명하다. 그 자기동일성의 안주 성향은 남한테 최소한 피해를 주지 않고 자기 이익을 확장하려는 소극적인 욕망의 음모를 까발려, 손실과 피해를 무릅쓰고 남이 자신에게 해주길 원하는 대로 남에게 먼저 적극적으로 행하는 '황금률'의 선포에서 확연히 극복된다. 이로써 제도권 종교 체제의 질곡 속에 퇴락한 하나님의 의를 회복시켜 인간사회의 정의를 되살리려는 예수의 담론전략은 기득권 체제에 안주하고자 했던 유대교 종교지도자들의 극심한 반발과 저항에 부대끼게 된다. 그의 이런 정의는 당시 종교 권력의 지형을 감안할 때 사회적 소외와 매장을 무릅쓴 위험한 정의였고, 죽음을 각오한 고난 어린 정의였다. 하나님의 의를 생동하는 진리담론으로 이 땅에 성육시키기 위해서 그는 이러한 대가 치르기를 꺼려하지 않았던 것이다.

그는 당시 견고한 성전체제와 회당체제에 해석학적 돌팔매질을 통해 균열을 내고 그 틈새로 그의 가르침에 '차이'를 발견한 민중들에게 창조적인 담론의 질서를 세우고자 한 선구적인 교사였다. 그가 짧은 어록과 비유의 형식으로 토해낸 하나님의 나라 담론은 세부 주제와 그 신학적 특징의 다양함을 넘어 공통적으로 기존의 언어담론을 해체하고 새로운 맥락 속에 재구성하려는 예수의 역사의식과 정의 감각이 작용한 결과였다. 그것은 일관되게 견결한 신학적 성찰과 지성의 갱신 없이 언어의 문자주의에 얽매인 진리는 형해화될 수밖에 없으며, 인간생명에 대한 사랑과 자비를 외면한 자기 과시적 종교는 반드시 자폐적 배타주의의 성채로 전락한다는 교훈을 남기고 있다. 이렇듯, 진리담론의 재구성에 관한 한 그의 정의는 아리스토텔레스 식의 중용과 절제가 아니라 역사 현장과의 쟁쟁한 부대낌을 통해 발아했다.

2) 위계적 인간관계의 재편성

'정의'의 문제는 평등의 가치를 전제한다. 나아가 평등을 통한 정의의 구현은 구체적인 인간관계의 복잡한 구도를 배경으로 한다. 그런데 우리에게 주어진 체제의 지형이 불평등한 인간관계에 기초해 있다면 어떻게 해야 하는가. 오늘날 정의 이론의 대표적인 학자인 존 롤즈는 정의의 개념을 수립하면서 자유주의적 이론체계 내에서 사회주의적 요구를 통합함으로써 정의 이해에 평등과 차등의 요소를 개입시켰다.11) 그에 의하면 정의는 모든 사회구성원이 기본적으로 자유를 나눠가져야 한다는 정의의 원칙과 최소 수혜자의 처지를 개선시키는 한도 내에서 약자 우대를 위한 사회경제적 불평등이 허용되어야 한다는 차등의 원칙에 기초하여 세워질 때 바람직하다. 그는 그 구체적인 실천 방법으로 ‘공정으로서의 정의’를 주장하였다. 공정한 절차에 의해 합의된 것이면 정의롭다는 것이다. 롤즈의 이러한 이론은 예수의 경우에 적용할 때 절차적 합리성의 여부란 차원에서 근본적으로 다르지만, 평등과 차등의 요소를 개입시켰다는 점에서 일맥상통하는 점이 있다. 예수는 ‘정의’를 목적으로 자신의 권위를 행사하고 영향력을 발휘하면서 사회구성원이나 그의 내부 추종 세력들의 합리적이고 공정한 토론을 시도하거나 그로부터 추출한 합리적 여론에 따른 흔적을 보여주지 않는다. 그 대신 그는 자신의 독특한 ‘카리스마’에 의지하여 사람들을 만났고, 그들 사이의 관계와 지형에 민감하게 반응하면서 구체적인 행동으로 평등을 통한 정의의 질서를 추구했다. 앞서 성서적 전통의 정의 개념을 관계적인 차원에서 파악했듯이, 평등에 기초한 정의의 질서도 예수의 언어와 자세에 의한 인간관계의 재편성을 통해 나타났다.

　예수는 그의 사역을 통해 다양한 부류의 사람들을 다양한 현장에서 만나 대화하며 어울렸다. 그런데 그들 가운데 예수의 동선은 궁극적으로 하나님의 의에 기초한 평등의 질서를 지향했지만, 이

11) 존 롤즈 / 황경식 옮김, 앞의 책(2003) 참조.

미 불평등한 사람들 사이의 관계를 향하여 그의 언어와 자세는 차등적인 파당성을 드러낸다. 가장 먼저 씌어진 마가복음의 사례에 기초하여 예수의 대인관계를 분석해보면 다음과 같다. 먼저 내부 집단으로서 예수의 제자들과 가족들이 등장한다. 제자들은 예수와 가장 시간을 많이 보내면서 함께 동행하는 부류이지만, 처음부터 예수의 내부 집단 구성원들이 아니었다. 그들은 어부 출신의 제자들처럼 사회의 유력자라기보다 갈릴리 변두리에서 고기잡이로 생계를 유지하던, 상대적으로 낮은 계층의 사람들이었거나 세리처럼 사회적 지탄의 대상이 된 자였다. 그러한 그들이 주변부에서 뽑혀 예수 운동의 내부 집단을 형성하였다. 이에 비해 예수와 30년 정도 함께 살아온 가족들(어머니, 형제, 자매들)과 친족들은 혈통적 인연으로 맺어진 내부의 존재들이었지만, 예수의 공생애 기간은 긴장과 불화의 조짐과 함께 외부로 밀려나는 관계의 전도를 보여준다.[12]

이러한 내부 집단의 관계 역전은 내부가 외부로, 외부가 내부로 뒤집어지는 흐름을 통해 예수 측근의 대인관계는 재편성된다. 그것은 예수의 하나님 나라라는 메시지를 구동축으로 관계의 차등을 통해 평등의 질서를 조율하려는 의욕의 소산이라 볼 수 있다. 예수는 제자들을 향해 주로 가르치는 입장에서 돌본다. 그러나 그들 내부에서도 일부 제자들은 예수가 원하는 사람들로 뽑혀 '열둘'이

---

12) 물론 그것이 끝이 아니었다. 예수의 동생 야고보가 예루살렘교회의 수장이 된 사실이 그 대표적 증거이다. 그의 사후에도 예수의 가족과 친족들은 초기 교회에 중요한 상징적 위치를 차지했던 것으로 보인다. James D. Tabor, *The Jesus Dynasty: The Hidden History of Jesus, His Royal Family, and the Birth of Christianity* (New York: Simon & Schuster, 2007) 참조.

라는 특정 그룹을 구성하는가 하면(막 3:13 - 14, 4:10, 12:7) 베드로, 요한, 야고보처럼 특별한 동행이 허락되기도 하고(막 9:2, 13:3, 14:33), 베드로(막 8:32, 10:28, 11:21, 14:54)나 요한(막 9:38)과 같이 개별 제자로서 주목받는 위치로 부각되기도 하는데, 이는 평등한 관계 내의 또 다른 차등적 요소로 지적될 수 있다.13) 물론 제자들 중에서 부정적인 관계로 주목을 받은 가룟 유다와의 만남(막 14:10)이나 특별대우를 원했던 세베대의 아들 야고보와 요한의 경우는 긍정적인 내부 그룹의 부정적인 변종 케이스라고 할 수 있다.

이러한 관계의 혼종성과 역전의 구도는 외부 집단의 경우에도 나타난다. 외부의 사람들과 예수의 관계, 특히 그들을 향한 예수의 동선은 호의적 경우, 중립적 경우, 적대적 경우로 나눠 분석해볼 수 있다. 외부 집단과의 만남에서 호의적인 관계로 특징지어지는 대표적인 부류가 복음서에 가장 많이 나오는 병자들이다. 그들은 육체적 장애와 귀신 들린 정신적 장애를 지닌 자들로 개인으로, 또 뭉뚱그려진 익명의 다수로 등장한다. 그들은 스스로, 또는 주변의 도움을 받으면서 예수에게 나왔고, 예수는 그들을 향해 나아갔다. 그 만남에서 구체적인 치유가 발생하였는데, 치열한 연민의 교류로써 병든 그들의 심신이 회복되는 기적이 일어났다. 그들은 대부분 사회적으로 소외된 사람들이었지만, 이 치유의 결과 사회의 건강한 구성원으로 그 위상이 격상되었다.

병든 사람들 이외에 예수가 호의적인 시선으로 대하거나 반대로

---

13) 이러한 차등적 요소는 예수의 가르침에도 나타나는데 달란트의 비유 (마 25:14 - 30)가 그 대표적인 예라고 할 수 있다. 이러한 계통의 교훈과 대척점에서 평등을 통한 정의의 가르침으로 제시된 대표적인 비유가 포도원 품꾼들의 비유(마 20:1 - 16)이다.

256

예수와 호의적인 관계를 맺은 외부의 사람들은 "많은 세리와 죄인들"(막 2:15), "어린아이 하나"(막 9:36), "한 가난한 과부"(막 12:42) 예수에게 값비싼 향유를 부은 한 익명의 여자(막 14:3), 십자가상의 예수를 멀리서 바라본 막달라 마리아, 야고보와 요세의 어머니 마리아, 살로메 등의 여자들과 갈릴리에서부터 따르며 섬기는 자들과 다른 여자들(막 15:40-41)이었다. 이들은 다들 사회적으로 정죄받고 소외되었거나 미천하게 취급받아 온 사회적 약자들이었다는 점에서 예수가 보이거나 더불어 맺은 친밀한 관계의 사회정치적 역학과 동력이 돋보이는 지점이다.

또한 중립적인 경우로 가장 많이 등장하는 부류는 보통 "큰 무리"로 표기되는 익명의 군중들이었다.[14] 그들은 '회당 사람들'(막 1:22)처럼 예수의 사역에 관찰자나 구경꾼으로 등장할 때도 있지만, 목자 없는 양과 같은 뿌리 뽑힌 민중으로서 가난하고 병으로 고생하는(막 3:8, 10) 긍휼의 대상으로 묘사되기도 한다(막 6:34). 예수는 굶주리는 그들을 두 차례 음식을 베풀어 먹이는 공동식사의 장면을 연출하거나(막 6:30-44, 8:1-10) 그들을 대상으로 가르치기도 한다(막 10:1). 또한 예수의 예루살렘 입성 때 일부 군중들은 예수의 입성을 열렬히 환영함으로써 호의적인 반응을 보인 바 있다(막 11:8). 이러한 군중과의 관계는 비교적 긍정적인 경우라고 할 수 있지만, 부정적으로 표출되는 경우도 없지 않다. 그 대표적인 사례가 고향 나사렛의 회당에서 예수를 목수로 여겨 폄하한 많은 사

---

14) 이들은 희랍어로 오클로스(*ochlos*)로 표기되는데, 민중신학에서는 이들을 소외된 기층 민중으로 해석하여 민중신학의 신약성서적 기초로 삼은 바 있다. 오클로스에 대한 이러한 해석의 대표적인 예는, 안병무, "예수와 민중: 마르코복음을 중심으로,"『민중과 성서: 안병무전집 5』(서울: 한길사, 1993), 15-39 참조.

람들(막 6:2), 향유를 예수의 몸에 부은 여자를 힐난한 무리들(막 14:4), 예수가 재판정에서 심문받을 때, 또 십자가에 달렸을 때 그를 정죄하거나 모욕하던 사람들(막 14:65, 15:13, 15:29)이다. 예수와의 관계에서 그들은 상황에 따라 들쭉날쭉 변덕스런 다수의 사람들로 익명성을 띤다는 특징이 있다. 그리하여 그들은 예수와 함께 그 관계가 긍정적으로 상승하기도 부정적으로 하강하기도 한다.

마지막으로 예수와 시종일관 적대적인 부류의 사람들로서는 전반부에서는 바리새인과 서기관들이 대표적인데, 그들은 예수와 제자들을 시험하고 비난하며 정죄하는 부류의 사람들로 주로 예수와 부대끼며 논쟁하는 위치에 있다(막 2:16, 3:22-23, 7:5, 8:11, 10:2). 이 범주의 사람들은 예수의 동선이 예루살렘으로 이동하면서 대제사장들, 서기관들, 장로들, 사두개인들로 확대되는데(막 11:27, 12:18, 28), 성전에서 부대낀 장사꾼들과 환전상들(막 11:15)도 이들의 세력 범위 안에 수렴된다. 그들은 당시 사회의 종교적 지도자들로 상대적으로 기득권층을 형성하는 사람들이었다. 그러나 예수는 이들과 가장 맹렬하게 부대끼며 그들과의 논쟁 결과 그들의 사회적 위상은 위선자와 강도로 격하된다. 이들 부류에 속하는 비교적 온건한 사람조차 자신의 재산에 집착한 나머지 예수의 제자로 따르는 데 실패한 모습을 보여준다(막 10:17-22). 당시 팔레스타인의 유대인 사회에서 가장 강력한 권좌에 앉은 헤롯 왕과 빌라도는 예수의 인간관계에서 그들의 세속적 권력의 정도에 비례하는 비중을 차지하지 않는다. 오히려 반비례한다고 할 수 있을 정도로 헤롯의 경우처럼 소문을 통해서만 간접 접촉을 하거나(막 6:14), 빌라도와 그의 수하 군사들처럼 재판정과 사형장의 악역을 담당하는 인물들로 부정적으로 조명된다(막 15:1-20). 그들은 하나님의 의를 전파한 예수를 불의한 기준으로 심판하고 죽임으로써 사법적 정의를 훼손하는 자들로 추락한 셈이다.

이상에서 보듯, 예수는 자신의 언어와 친밀도, 호의적 또는 적대적 반응으로써 당시 인간관계의 수직적 위계 구도를 뒤집는 전복적 전략을 취하였다. 그의 말대로 이는 "처음 된 자로서 나중 되고 나중 된 자가 처음"(막 10:31) 되는 하나님 나라의 질서를 구현한 것이었다. 이는 또한 세례 요한을 통해 선포되고 적용된 메시아적 사역, 즉 "모든 골짜기가 메워지고 모든 산과 작은 산이 낮아지고 굽은 것이 곧아지고 험한 길이 평탄하여질 것"(눅 3:15)이라는,15) 역전과 차등을 통한 평등주의적 정의의 확립을 겨냥한 목표의 실천 내용이었다.16) 복음서의 저자에게 이는 결국 다양한 처지와 형편의 "모든 육체가 하나님의 구원하심을 보"(눅 3:6)게

---

15) 이 구절은 본래 구약성서의 맥락에서 바빌론 포로기 이후 이스라엘 본토 회귀의 여정에 대한 감격적 환상을 그려 보인 것이다. 이 메시지는 세례 요한을 통한 메시아 도래의 준비 사역이라는 차원에서 재맥락화된다. 그러나 이는 단순히 메시아의 도래에 대한 예비적 메시지로 그치지 않고 메시아 예수의 사역 내용으로까지 확산된다.

16) 예수의 하나님 나라 사역을 '평등주의'(egalitarianism)란 관점에서 조명한 대표적인 경우로 Gerd Theissen. *Social Reality and the Early Christians: Theology, Ethics, and the World of the New Testament*(Minneapolis: Fortress Press, 1992); John Dominic Crossan, *The Historical Jesus: The Life of a Mediterranean Jewish Peasant*(San Francisco: HarperSanFrancisco, 1991), 특히 298; Elizabeth Schüssler Fiorenza, *Discipleship of Equals: A Critical Feminist Ecclesiology of Liberation*(New York: Crossroad Books, 1993), 그러나 예수의 평등 가치를 오늘날 사회과학적 관점의 평등과 동일시하거나 기계적 평등으로 이해하는 것은 부적절하다. 예수의 평등주의에 대한 비판적 연구로 다음을 참조할 것: John H. Elliott, "Jesus Was Not an Egalitarian: A Critique of an Anachronistic and Idealist Theory," *BTB* 32 / 2(2002), 75 - 91.

되는 구원사역의 지향점이었다. 그것이 예수의 구체적인 동선과 자세, 그리고 인간관계의 재편성을 통해서 이루어졌다는 점에서 예수가 추구한 관계적 정의의 독특한 면이 있다. 예수의 이러한 관계 맺기 행태는 강한 자에게 약하고 약한 자에게 강한, 그래서 강한 자와 약한 자가 끼리끼리 모이고 어울리는 동서고금의 여일한 이치에 역행하면서 기존의 불평등하고 배타적인 인간관계의 틀을 해체한 정의로운 선택으로 평가된다.

3) 배타적 구원신학의 재구성

예수가 헤롯과 빌라도 등과 같은 당시 최고의 권부 세력을 직접 겨냥하여 활동하지 않았다는 점에서 그가 하나님의 나라라는 신학적 이념에 따라 추구한 정의가 이 세상의 기준에 의거한 통념적 가치가 아니었음은 명백하다. 앞서 살핀 대로 예수는 그들과 부정적이든, 긍정적이든, 관계 맺기에 적극적이 아니었다. 따라서 그는 당시 정치 체제에 정공법으로 대들어 그것을 뒤집으려는 혁명적 전복을 기획하거나 그와 유사한 사회 개혁적 프로그램을 염두에 두고 있었다고 보기 어렵다. 이 점에서 일부 학자들이 주장하는, 예수와 젤롯당과의 유착설, 예수를 정치적 혁명주의자로 해석하려는 시도들은 부적절한 것으로 판단된다.[17] 예수가 물리적인 폭력을 동원했다고 인정할 만한 성전청결 사건과 관련해서도, 이로써 유월절에 모인 군중들을 흥분시켜 반체제 폭동을 선동하려 했다는 해석보다는 만백성이 기도하는 하나님의 집을 강도의 굴혈로 퇴락

---

17) 이러한 입장을 대표하는 연구로 S. G. F. Brandon, *Jesus and the Zealots*(New York: Charles Scribner's Sons, 1967) 참조.

260

시킨 성전권력의 부패상에 대한 예언자적 상징 행위로 보는 것이 더 설득력이 있다.

이 점에서 예수의 하나님 나라 운동이 표방한 하나님의 의는 당시 정치 체제와 사회 제도의 한계 내에서 그 규범과 관습을 가장 이상적인 형태로 추인하는 사법적 정의나 사회 정의의 차원과 일정한 차이를 노정했다고 판단된다. 앞서 살핀 대로 그것은 당시 사회의 내적인 욕구에 부응하고 정치체제의 부조리에 저항하는 방향으로 추구되었을지라도, 그로써 그것의 핵심부에 편승한 것은 아니었다. 유대교라는 종교의 개혁이라는 규정이 예수의 의도와 본심에 가장 근접하는 것 같지만, 이때 종교는 정교분리의 관점에서 강조하는 종교만의 관심은 전혀 아닐 터이다. "가이사의 것은 가이사에게, 하나님의 것은 하나님께"(막 12:17)라는 구호가 일견 그러한 정교분리의 체제를 정당화해주는 것 같지만, 이는 그 이면의 수사적 상황과 함께 해독되어야 한다.18) 예수 당시의 유대교는

18) 이 구절은 예수가 적대자의 시험을 돌파하기 위한 수사적 임기응변으로 보려는 시도 외에도 다른 여러 해석이 제출된 바 있다. 혹자는 가이사의 것은 결국 하나님의 소유에 포함되는 것이기에 본질적으로 가이사의 것은 인정될 수 없다고 주장한다. 많은 주석가들은 여전히 이 세상의 지배자들이 관할하는 통치 영역과 하나님의 성스러운 통치 영역이 따로 있다는 근거로 이 구절을 사용한다. 그런가 하면 예수가 로마에 대한 납세의무를 이행하라는 말씀(마 17:24-27)을 마태공동체의 삶의 정황에 비추어 조명하면서 그 세금이 당시 로마가 전쟁비용으로 부과한 '유대인의 세금'이었고, 예수의 저 말씀은 마태공동체가 그 세금에 극렬하게 저항하지 않은 증거라고 해석한 연구도 있다. 마태는 세금 등의 관심사를 '집 밖'의 일로 간주하고 여기에 순응한 반면 '집 안'에서는 로마제국과 이념적 대치 전선을 형성했다는 것이다. 김학철, "너희 선생은 세금을 내지 않는가?-마태복음 17:24-27에 나타난 마태공동체의 납세와 로마 지배 체제," 『신약논단』 13/3(2006), 601-629 참조. 한편, 최근에 이 구절의 의미를 "제국주의에

충분히 정치적인 종교였고, 종교로써 행하는 제반 정치의 파급력
은 민중의 일상 속으로 깊숙이 전이되었기 때문이다. 이에 대한
예수의 대안적 정치 이념은 한마디로 하나님 나라의 정치로서, 하
나님이 친히 왕이 되어 그 제왕적 주권으로 이 땅의 모든 백성들
을 공평하게 통치하는 시대를 이 땅에 실현하는 것이었다. 이를
위해 복음을 전하는 사역의 현장에서 예수는 피폐한 생명을 고치
고 살려 기운을 회복시키며 이로써 그들이 날마다 의식주에 집착
하여 염려하는 물질적 수준의 삶을 넘어 하나님의 의를 위하여 주
리고 목마른 구도자와 탐구자의 삶을 추구하기를 기대하였다. 그
하나님의 나라는 예수의 복음 선포와 함께 '이미' 이 땅에 임했지
만 종결되지 않은 채 그 완성을 위해 '아직' 현재진행형이었다. 하
나님의 나라와 의가 이 땅에 충만히 임하여 그의 백성들이 그것을
보고 그리로 들어가는 것을 복음서의 예수는 '구원'의 관점에서
설명하였다.

　복음서의 예수에게 '구원'(sōtēria)은 좁은 의미에서 '치유'를 말
하지만, 넓은 맥락에서 보면 그것은 하나님의 의가 이 땅의 뭇 생
명들에게 통전적으로 실현되는 종말론적 염원의 정점이었다. 그것
은 예언자의 전통 가운데 면면히 계승된 궁극적 역사의 목표, 즉
"만민이 하나님의 구원을 보리라"는 기대치의 연속선상에서 당대
의 필요에 부응한 결과였다. 그러나 바빌론 포로기 이후의 역사가
증언해주듯, 구원의 질서와 이를 뒷받침하는 유대교의 신학은 여

의해 생산된 모든 것은 다시금 모두 그 제국을 다스리는 황제에게 되
돌려져야 한다는 것을 함축하는 비판의 메시지"로 파악하여, 가난한
과부의 헌금이 바로 이 메시지를 극적으로 체현한 행위였다는 주장도
제출된 바 있다. 김성희, "가난한 과부의 헌금과 로마제국(막 12:41 -
44)," 『신약논단』 14 / 2(2007), 347 - 385 참조.

전히 강고한 상태에서 그 체계의 외부를 좀처럼 허락하지 않았다. 로마제국의 강압적 식민통치하에서도, 도리어 그것이 더 영향을 끼쳐, 아브라함의 자손이라는 그들의 선민의식은 민족과 종교의 정체성을 강화하는 방향으로 나타났기 때문이다. 그것은 한때 예언자들이 개척한 보편주의적 선교 비전을 과거의 성전체제로 되돌리는 시대 역행적 퇴보였다. 마침내 이방인들까지 구원의 대열에 동참하리라는 그 열린 비전은 점점 더 쪼그라들어 예수 당시 주류 신학은 유대인과 유대교의 자기동일성을 강화하는 특수주의의 범주를 선회하였다. 그것은 이 땅의 억눌린 역사 상황을 초월하는 종말론적 묵시주의 운동의 방향이든, 전통이란 명분하에 편협하게 고착된 모세의 율법을 폐쇄적으로 적용하는 성전종교와 회당체제의 지향이든, 외부의 세계를 향한 개방된 보편주의 신학의 차압을 의미하는 것이었다. 그 와중에 예수는 정과 부정의 원리, 의와 불의의 잣대로써 이방인 / 이교도라는 큰 외부를 정죄하고 배척했을 뿐더러 그 내부에서조차 창녀와 세리, 사마리아인 등의 또 다른 외부를 솎아내며 끊임없는 자기동일성의 폐쇄회로를 맴도는 시대 상황에 직면해야 했다.

그러나 냉철하게 보면, 예수조차 그 역사적 상황으로부터 마냥 자유로운 처지였다고 할 수 없다. 그 역시 왕의 도성으로서 예루살렘성의 특수한 위상을 인정했고(마 5:35) 성전과 율법에 대한 존중감을 갖고 있었으며(마 5:17; 막 11:15 – 17), 종교와 제의의 실천에 있어 이방인들에 대한 부정적 편견 역시 온존했기 때문이다 (마 5:47, 6:7, 6:32). 게다가 그는 제자들의 선교 강역에 한계선을 그으면서 '이스라엘의 잃어버린 양'을 우선하며 사마리아와 이방인들을 배제했다(마 10:5 – 6). 그의 죽음도 역사적인 사건으로서의 즉자성에 비추어볼 때, '유대인의 왕'이라는 호칭이 암시하듯, 신학적 해석과 그 증폭이 본격적으로 진행되기 이전 단계에는 이방인에게 그 구속적 효능이 충분히 실재하는 것은 아니었다. 이러한 근본적인 한계 내에서 추구한 하나님의 의가 얼마나 보편적이며, 그로써 지향한 대안적 사회 정의라는 것이 얼마나 타당한가라는 질문이 가능하다.

이러한 결핍된 요소에도 불구하고 우리가 예수의 이름으로 보편적 정의의 개념을 논할 수 있는 사유는 그가 경계 내에 안주하기보다 그 바깥을 향해 집적이며 실질적인 탈주와 모험의 동선을 보여주었다는 데 있다. 그 동선은 두 가지 방면으로 확인되는데, 첫째는 체계의 내부에서 소외된 사람들을 조건 없이 구원의 대열에 참여시키는 포용적 사랑이고, 둘째는 유대교와 유대인의 반경을 넘어간 지리적 월경(越境)과 그에 따른 새로운 사람 / 세상의 발견이다. 첫째의 경우는, 앞서 대강 살핀 대로, 세리와 창기 혹은 더러운 병자들과 죄인들로 표상되는 내부의 소외 그룹을 향해 그는 함께 친구처럼 어울렸고 기탄없이 더불어 먹고 마셨다. 불결하다는 이들을 위한 치유와 함께 그는 직접 죄의 용서를 선언하기도 했다. 그 가운데 그는 어떤 교리적 선결 요건이나 제의적 실천의 전제를 요구하지 않은 채 하나님의 구원을 선포했다. 이를 위해 그는 당시의 경건한 유대인으로서 감당하기 힘든 "술을 즐기고 먹을 것을 탐하는 자"라는 극단적인 오명까지 뒤집어써야 했다.[19]

---

19) 예수의 이러한 개방성은 무엇보다 인간의 욕망을 긍정하고 자신의 인간성을 적극적으로 추구한 의지의 발로였다고 볼 수 있다. Jung-Sik Cha, "Jesus' Self-portrait as a Human and Its Theological Implications," *Korea Journal of Christian Studies* 51(2007 / 5), 101-116 참조.

　둘째의 탈주 동선은 그가 비교적 원거리 여행을 통해 보여준 행
보와 밀접한 연관이 있는데, 가령, 갈릴리 일대를 중심으로 서쪽의
두로와 시돈, 동쪽의 데가볼리 지역, 그리고 북쪽의 가이사랴 빌립
보와 남쪽의 사마리아와 유대 땅을 극점으로 외곽을 선회한 큼직
한 동선이 그것이다.[20] 이는 가버나움을 중심지로 갈릴리 바다 주
변의 도시들을 전후좌우 역동적으로 선회한 내부의 작은 동선과
겹쳐진다. 그 바깥으로의 탈주를 통해 그는 지리적 월경뿐 아니라
수로보니게 여인, 이방인 백부장, 군대귀신 들린 자, 사마리아 여
인 등의 외지인들을 접했고, 하나님의 구원이 그들에게 임하는 사
건의 매개자로 활약했다. 이러한 사례들은 예수의 정의가 공간 ·
지리적 차원에서, 그리고 새로운 사람과 세상을 향한 다분히 모험
적인 발견 행위로써 보편성을 획득해나갔다는 방증이 된다. 그것
의 실질적 결실이 비록 그의 살아생전 미약했다손 치더라도 이러
한 포용적 사랑과 탈주적 모험의 자세에 담긴 그의 실험적 신학정
신은[21] 후대의 초기 그리스도교 역사를 통해 좀더 깊이, 큰 규모

---

20) 이러한 예수의 동선과 후대의 선교적 동선에 담긴 지리 신학적 의의에
　　대해서는 다음의 졸고를 참조할 것: 차정식, "생성기 기독교의 선교 지
　　형에 비추어 본 지방화와 세계화의 문제," 『한국기독교신학논총』
　　40(2005), 129-162. 이와 더불어 마가복음에 나타난 예수의 이동 경
　　로를 연구한 석원식, "지리적 확장을 통한 마가의 이방선교," 『신약논
　　단』 11/3(2004), 629-648 참조.
21) 예수에게 포용적 사랑의 동선이 탈주적 모험의 동선과 겹쳐져 나타
　　났다는 점이 흥미롭다. 그것은 경우에 따라 유대인 남성으로서 자신
　　의 태생적 편견을 벗어날 수 있는 탈각의 경험을 안겨준 것으로 평
　　가되는데, 수로보니게 여인과의 만남이 대표적인 사례라 할 만하다.
　　이와 관련해서는 G. Theissen / 박경미 역, "시로페니키아 여인 이야
　　기에 나타난 지역적 사회적 특성," 『신학사상』 51(1985 / 겨울), 815
　　-847 참조.

로 발전해나갔다고 볼 수 있다.

4. 예수의 죽음과 '정의' 문제

예수의 정의가 단지 예수에 의한 정의로 끝나지 않고 예수에 대한, 예수와 관련한 정의로까지 논의의 장이 넓혀진다면 우리는 그의 죽음에 연루된 정치적 신학적 정의의 문제를 비껴갈 수 없다.22) 특히, 죽음이 죽임의 사건인 경우, 그리고 그 죽음이 삶의 막판에 구체적인 경험으로 치러진 경우, 그것은 죽음 이후의 '주검'과 달리 매우 구체적인 정의론적 성찰을 요구한다. 이는 물론 예수의 죽음에 담긴 대속적 효과가 이 땅의 죄인에게 미친 방식으로서 바울이 주창한 '이신칭의' 차원의 의를 가리키지 않는다. 그것보다는 그 죽음의 주체로서 예수가 통과해나간 당시 지배체제의 심판과 그들의 기준에 의한 그 정의가 얼마나 불의한 것인지 역설적으로 되짚어볼 필요가 있다는 것이다. 주지하듯, 예수는 자연사나 사고사로 죽지 않았다. 그는 '자발적인 죽음'이라고 할 수 있는 태도로 죽음에 임했지만, 그렇다고 '자살'을 결행했다고 보기도 어렵다. 그것은 자발적인 의지로 죽음과 부대낀 결과였지만 체포와 심문, 판결에 의한 처형의 결과로 나타난 죽임으로서의 죽음이었다.

그렇다면 예수의 십자가 죽음이 신학적 해석에 선행하여 역사적

---

22) 나는 이 문제와 관련하여 예수 살해 혐의자들을 심문하는 형식 속에 시나리오적 구성으로 재해석한 바 있다. 차정식, "예수 살해 혐의자들과 그 역사적 알리바이," 『예수는 어떻게 죽었는가 – 예수의 수난전승 탐구』(서울: 한들출판사, 2006), 303–336 참조.

으로 과연 정의로운 사건이었는가 물어볼 수 있다. 이 탐문은 예수의 죽음에 담긴 정치 사회적 의미의 규명과 함께 이른바 사회정의의 근간을 이루는 사법적 정의가 하나님의 의와 무관한 채 얼마나 불의한 탈을 쓰고 있는지 까발리는 차원에서도 필요하다. 나아가 예수의 죽음이 그 사건 자체로 비극적이고 정의의 탈을 쓴 불의한 처사의 결과였다면, 하나님은 왜 자기 아들의 그 위태로운 상황을 방치하고 그 위기를 외면한 것인지 신학적인 질문도 제기된다. 물론 하나님이 그 아들 예수를 이 세상의 죄를 지고 가는 희생양으로 삼음으로써 이 세상의 죄악과 불의에 대하여 공의를 세우고 창조주로서 자신이 지은 이 세상과 사람들을 사랑으로써 책임지고자 하는 불가피한 선택이었다는 변신론적 해명에 우리는 익숙하다. 그러나 이러한 해명은, 왜 하나님이 정의를 행하는 방식이 굳이 하나님이 싫어하는 이 세상 권력자들의 불의한 폭력이어야 했는가라는 신정론적 회의 앞에 무기력해진다.

먼저 예수의 죽음에 연루된 여러 살해 혐의자들의 면면과 그들의 불의한 정의를 짚어보기로 한다. 예수가 겟세마네에서 잡히던 상황에서 그의 체포에 결정적인 정보를 준 제자 가롯 유다가 그 혐의에서 자유로울 수 없다. 요한복음의 해명대로 그에게 마귀가 들어가서 예수를 배신한 것일까. 아니면, 유다복음서의 주장대로 예수 그리스도를 통한 하나님의 선한 구원을 이루기 위해 그는 신적인 선택을 받아 그 악역을 떠맡게 된 것일까. 이러한 신학적 설명과 별도로 그의 배신에 논리적인 사유가 있다면 그것은 무엇이었을까. 오늘날 적잖은 논자들이 가롯 유다의 이념적 성향을 예수의 경우와 빗대어 추론한다. 그는 다윗 왕같이 용맹스런 지도자가 와서 로마의 세력을 몰아내고 그들의 압제로부터 백성을 해방시켜

줄 정치적 메시아를 기대했는데, 예수가 이런 기대를 배신하였기 때문에 실망했으리라는 것이다.[23] 만약 이 추론에 일말의 진실이 있다면 그의 배신에는 정치적 해방과 정의를 위해 이 땅의 억압적 현실에 눈 감은 채 턱없이 초월적 권능에 기댄 예수를 소심한 겁쟁이로 숙청하기 위해 그의 정적들에게 넘겼다는 메시지가 추출된다. 하나의 정의를 위해 또 다른 불의를 용인할 수 있다는 논리가 나오는 셈이다. 재물을 미끼로 가룟 유다를 이용했다고 볼 수 있는 산헤드린의 대제사장들, 서기관들, 장로들, 사두개인들, 그리고 역시 예수와 적대적이었던 바리새인들의 혐의는 어떠한가. 그들은 무엇보다 예수의 대중적 인기를 두려워한 것이 분명하다. 그 대중적 인기로 자기들의 종교적 기득권이 훼손되거나 도전을 받는 것을 경계했을 가능성이 농후한 것이다. 그들은 예수의 파격적 언행에 표면상 토라의 가르침과 유대교의 전통을 외피로 내세우고 있지만, 실제로는 그의 대중적 영향력이 그들의 이해관계에 불리하게 작용할 것을 우려했음직하다.

이와 같이 성전체제와 회당체제를 둘러싼 정치·경제적 이해관계의 종교적 맥락은 빌라도의 경우 역순으로 나타난다. 그는 재판이라는 형식적 절차를 통해 고소인들의 고소 내용을 듣고 예수에게 변명의 기회를 허락하는 등 얼핏 사법적 정의의 집행 수순을 밟는 것처럼 보였지만 그것은 역시 불의한 정의의 또 다른 은폐술수에 불과했다.[24] 이러한 음험한 재판의 자리에서 예수는 빌라

---

23) 이러한 관점에서 보면 사실 이러한 실망은 가룟 유다의 경우뿐 아니라 제자들 모두에게 해당되는 반응이었을 것이다(참조: 행 1: 6). 다만 예수의 입장에서 폭동과 혼란을 피하기 위해 산헤드린의 종교지도자들과 접촉하는 대리인으로 가룟 유다가 선택되었을 가능성이 있다. William Klassen, "Judas Iscariot," *ABD* vol.3, 1091 - 1096 참조.

268

도의 심문에 일절 응대하지 않은 채 침묵으로 일관한 것으로 묘사된다. 그는 또 유대교의 종교 관행까지 들먹이면서 예수에게 사면의 은총을 베푸는 듯했지만, 끝내 대중들의 폭동을 우려한 정치적인 판결로 예수를 십자가로 직행하게 만들었다. 이로써 그는 교활한 정치적 계산으로 일석삼조의 효과를 거둔 셈이다. 먼저 그는 자신이 치리하는 집단을 향해 사법적 정의의 절차를 엄정하게 집행한 행정 판관으로서의 권위를 세울 수 있었고, 대중들의 인기를 한 몸에 받던 예수의 처형으로 그에게 잠재된 정치적 위험 뇌관을 제거할 수 있었으며, 산헤드린 체제의 종교적 이해관계에 적절히 부응함으로써 그들을 정치적으로 역이용할 만한 위치를 선점할 수 있었다. 그것은 하나님의 의에 역행하는 불의가 정치적 정의, 종교적 정의의 명분을 업고 횡행해온 역사의 현실을 증언하며 우리 앞에 현전한다.

여기까지의 역사적 추론에서 나타난 불의와 정의의 교착 상황은 신학적 현실의 맥락에서 하나님과 아들의 상황에 대입될 수 있다. 빌라도의 추궁에 예수가 침묵했듯이, 겟세마네에서 생사의 기로에서 '아바, 아버지'를 부르며 치열하게 기도한 예수의 간청은 내내 하나님의 침묵 속에 가라앉았다. "엘리, 엘리, 라마 사박다니"(막 15:34)라는 십자가상의 절규에도 정의로운 구원의 손길은 개입되지 않았다. 아버지인 하나님의 구원사적 의를 세우기 위해 아들이 이 세상의 음모와 결부된 불의의 제물로 바쳐진 격이었다. 이 상황에서 과연 그 하나님의 처사는 온당하고 정녕 의로운가라는 도

---

24) 예수의 재판 과정에서 암시된 빌라도의 정치적 의도에 대한 추론은 다음의 졸고를 참조할 것: 차정식, "불의한 '정의' – 빌라도의 경우(막 15:1–15)," 앞의 책(2006), 85–108.

전적 질문이 신정론의 맥락에서 제출될 만하다. 물론 그 대답은 그간의 숱한 해석과 변론들에도 불구하고 여전히 오리무중이지만, 정의 문제의 또 다른 측면을 조명한다는 점에서 연거푸 되물으며 고심해볼 만한 가치가 있다.

예수가 보여준 정의의 기준에 비추어볼 때 한 사람의 행복이란 목적을 위해 또 다른 사람의 불행이 그 수단이나 대가로 치러지는 것이 부당하듯, 최대 다수의 행복을 정의로 설정하고 이를 위해 소수의 희생을 정당화하는 공리주의적 관점은 수용하기 어렵다. 산헤드린 체제와 빌라도 혹은 가룟 유다와 바리새파 등이 예수에게 가한 억압과 배신, 죽임의 처사는 이런 점에서 정의롭지 못하다. 예수의 죽음과 결부된 정의의 논리가 이럴진대, 하나님 역시 신정론이나 변신론의 외투를 벗고 예수의 죽음을 통한 공의와 사랑의 실현을 역사적으로 평가받는다면 전지전능한 창조주로서의 계급장을 내려놓거나 잔인하고 폭력적인 신이라는 구겨진 이미지의 혐의에서 자유롭지 못할 수도 있다.

5. 불의한 '정의'와의 싸움을 위하여

카렌 레바크가 정리한 정의의 이론은 여섯 가지 관점으로 분류된다.25) 최대 다수의 행복을 정의로 본 공리주의의 관점, 정의는 공정한 절차에서 나온다고 규정한 롤즈의 계약주의적 관점, 국가가 개인의 기본권을 침해해서는 안 된다는 점을 정의의 핵심으로

---

25) 카렌 레바크 / 이유선 옮김, 『정의에 관한 6가지 이론』(서울: 크레파스, 2001) 참조.

270

파악한 자유주의적 관점, 성서적 정의란 가난한 자를 위한 정의를 의미한다고 본 가톨릭교회의 관점, 불가능한 가능성으로서의 사랑을 정의의 본질로 인식한 니버(R. Niebuhr) 식의 전통적 프로테스탄티즘의 관점, 그리고 정의를 실현시킴으로써만 신을 알 수 있다고 주장한 해방신학의 관점 등이 그것이다. 그러면 성서비평적·성서신학적 관점에서 지금까지 논한 예수의 정의 이해는 이러한 이론적 스펙트럼 속에 어디에 근접하는가. 조합적이고 타협적이란 오해의 가능성을 무릅쓰고 말하자면, 예수의 경우는 이러한 이론적 모델을 부분적으로 포괄하면서 넘어선다고 볼 수 있다.

그의 정의 지향적 삶은 계급적 이해관계보다 하나님의 신권통치에 기초한 그의 백성들의 평화와 복지를 배려했다는 점에서 공리주의의 기본 목적에 부합한다. 그러나 그가 집단의 파당적 이익을 앞세워 개인의 기본인권을 무시하지 않고 외려 아흔아홉 마리의 양들을 그 자리에 두고 잃어버린 한 마리의 양을 세심하게 찾아나선 선한 목자의 길을 추구했다는 점에서 그의 정의는 자유주의적 이상과도 일맥상통한다. 그는 가톨릭교회의 입장과 마찬가지로 고아와 과부의 아버지를 닮아 가난한 자를 위한 정의에 힘썼으며, 프로테스탄트 식의 설명대로 불가능한 가능성을 붙잡고 죽기까지 사랑의 대의를 실천했다. 비록 그 방법과 무기는 달랐지만 국가 및 사회 정의의 실현을 위한 해방신학의 열정에 예수가 반발할 만한 아무런 신학적 명분이나 근거도 없다. 다만 정의의 실현 방식으로 절차적 합리성을 강조한 롤즈 식의 계약주의적 관점은 예수의 시대가 민주주의와 무관했다는 점에서 예수의 정의 이해에 가장 이질적인 모델로 보인다. 하지만, 롤즈가 인간의 보편적 평등이라는 정의의 원칙과 사회적 약자를 위한 사회경제적 불평등의 허용을 인정하는 차등의 원칙을 조화시키고자 했다는 점에서 위계적 인간관계의 전복과 재편성을 위해 예수가 견지한 방법론적 당파성과 부합되는 측면이 없지 않다.

그러나 이러한 이론들의 총합으로도 미치지 못하는 예수의 독특성이 있다. 앞서 살핀 대로, 예수의 정의는 무엇보다 하나님의 나라를 종말론적 메시지로 선포함으로써 하나님의 의를 지향하는 이 땅의 구체적 삶의 방식과 연동되어 있었다. 그것은 인간세계의 그 누구도, 그 어떤 이념과 체제도 '정의'의 이름을 높이 선양할지라도 그로써 하나님의 궁극적인 의에 미치지 못한다는 겸손한 전제를 깔고 있다. 역사적 예수는 다만 하나님의 뜻을 하늘에서처럼 이 땅에서도 이루고자 하는 열망으로 자신의 최대치 사역을 통해 인간의 최고치 정의로 구현했을 뿐이다. 그가 부대낀 정의의 장벽은 이 땅에 제 나름의 정당성을 내세워 혼효하던 불의한 정의의 목소리였다. 그리고 그 큰 목소리와 그로 구축한 권력체제에 억눌린 가난하고 소외된 민중의 질고와 아픔이었다. 예수는 이러한 불균형을 평탄케 하는 메시아의 사역으로 최선을 다해 시정하고 조정하고자 애썼다. 경직된 진리담론의 재적용을 통해, 또한 위계적 인간관계의 재편성과 배타적 구원신학의 재구성을 통해 그는 이러한 시대적 도전에 정의롭게 응전해나갔다. 그가 감당한 정의의 과제는 비록 그의 정치적 종교적 적대 세력의 음모에 살해당함으로써 비록 당대 역사 속에 좌절되었지만, 그의 부활 사건과 함께 그의 사상적 유산도 그리스도교 신앙을 통해 부활했다.

예수의 시대가 그러했든, 오늘날 역시 교회와 사회의 곳곳에서 창궐하는 것은 엄밀한 의미에서 예수가 삶과 죽음으로써 현시한 하나님의 의라기보다 그것을 표방한 '당신들'의 정의이다. 하나님의 의를 표방하면서 인간 개인과 집단의 사사로운 이익을 추구하고, 예수의 정의를 미끼로 기득권 체제의 안녕과 번영을 기획하는 것이 이즈음의 주류 세태로 보인다. 그것은 교회든, 국가든, 변명의 여지가 없는 죄악된 세대의 병통으로 아무리 기를 쓰고 잘해봐야 불의한 정의의 혐의로부터 자유롭지 못하다. 심지어 그것을 비판하고 질타하는 예언자적 목소리조차 녹슨 자동기계의 동어반복처럼 상투화되어 불의한 정의의 흐름에 합류하기 일쑤이다. 이러한 현실을 직시할 때 예수의 정의는, 아무리 거창하고 견고한 사법적 정의와 사회정의의 이념조차 헌신적 사랑의 참여 없이 울리는 꽹과리처럼 실속 없이 요란하기만 한 정치적 구호로 허탄하게 맴돌다가 불의한 정의로 퇴락할 수 있는 가능성을 일깨우는 범례로서 유의미하다.

일종의 대안가치로서 이러한 예수의 정의는 아무리 하나님의 의를 배경으로 열심히 정의를 추구해도 그것이 인간의 불안한 욕망과 함께 끊임없이 불의해지려는, 그리하여 본질적으로 불의한 자신만의 정의라는 불가피한 한계에 대한 실존적 고백을 낳는다. 그 고백이 심리적 자위를 넘어 견실한 비평적 성찰의 노력으로 이어지기 위해서라도 예수가 성육화한 하나님의 의는 이 시대에 더욱 요긴하고 절실한 인간적 정의의 항체가 아닐 수 없다. 하물며, 이 땅에 만연한 불의한 정의와 싸우기 위한 치열하고도 섬세한 신학적 무기로서의 그 힘이야 오죽하겠는가.

02 | 평등한 식탁, 식탁의 구원

－ 마가복음 2:13 － 17

1. 식사와 식탁의 추억

식사는 즐거운 일이다. 아니, '일'이라기보다 그것은 즐김의 행위이다. 코헬렛이 일평생을 먹고 마시며 낙을 누리는 것이 선하고 아름답다(전 5:18)고 읊조렸을 만큼 식사에는 생의 향유적 가치가 응집되어 있다. 그러나 먹는 행위는 어찌 보면 씁쓸하기도 하다. 그 씁쓸함의 일차적 배경은, 멀리 따져 보면, 그 먹음의 행위가 영속적일 수 없는 사실, 그러니까 생의 유한함에 잇닿아 있다. 좀더 그 조망의 거리를 좁혀보면 그 씁쓸함은 그 식사의 메뉴 때문일 수 있다. 육선이 가득하고 신선한 과채류의 풍성함이 두루 망라된 식탁, 요즘 말로 웰빙 식탁을 누가 마다하랴. 그러나 넉넉한 시간과 돈이 없어서, 라면으로 끼니를 때우거나 매일 그게 그거인 메뉴로 식사를 하는 일이란 고역이다. 그렇다. 그것은 일로서의 고역이다. 죽지 못해 연명하는 목숨의 먹고살기는 즐거움과 무관하기 때문이다. 이런 것보다 훨씬 더 씁쓸한 것은 메뉴와 무관하게 홀로 먹어야 하는 쓸쓸한 식탁이다. 홀로 먹는 자의 뒷모습은 얼마나 허전하고 처량한지, 함께 먹을 동무가 없는 이들의 식탁은 아무리 좋은 메뉴로 진수성찬을 만들어도 왜 그리 썰렁해 보이는지. 거기에는 사연이 없지 않을 테다.

식사는 무엇보다 음식을 먹으면서 그 음식을 매개로 이웃하는 사람끼리 대화하며 소통하는 만남과 사귐의 자리이다. 그런데 싫어하는 사람, 꺼려지는 사람, 불화한 사람, 더럽고 냄새나는 사람, 어쨌든 별로 친밀하지 않은 사람과는 함께 식사를 하지 않는 법이다. 나아가 서로 긴장이 감도는 팽팽한 관계에 있는 사람, 적의와 독기를 품고 째려보는 사람과 같은 식탁에서 밥을 먹는 일도 사람들은 누구나 회피하고 싶어 한다. 이런 식탁에서 먹는 일은 소화가 되지 않고 먹는 일 자체가 유쾌하지 않기 때문이다. 상상해보라. 별로 할 말이 없는 상태에서 상대방을 멀뚱히 쳐다본 채, 아니면 서로 시선을 회피하면서 식사를 하는 일이란 얼마나 힘들고 피곤한지. 반대로 뒤집어보면, 함께 나누는 식탁이란 이러한 적의와 독기를 풀고 불화와 긴장을 넘어 서로 마음을 트고 화목하며 삶을 나누는 보람의 현장이 될 수 있다.

추억컨대, 내 식사의 날들은 구름 자욱한 울울하고 찜찜한 날들이 전혀 없지는 않았지만 대체로 유쾌하고 아름다웠다. 어린 시절 등교시간에 쫓겨 허겁지겁 서둘러 먹은 아침밥상 위로 김이 무럭무럭 피어오르던 풍경을 기억한다. 잘 익은 총각김치 한 뿌리와 '빠금장'이라 불리던 찌게 한 뚝배기에 온 식구들이 둘러앉아 우걱우걱 먹던 그 감촉은 얼마나 삼삼했던가. 비록 계란 프라이로 덮힌 밥은 아니었지만, 양은도시락의 거친 반찬에 차가운 밥덩이를 오래오래 씹어가며 그 깊은 맛을 우려내던 교실의 점심시간은 또 얼마나 환상적이었던가. 메뉴가 풍성해질수록, 식단이 서구화될수록, 옛 시절의 이러한 기쁜 식사 시간의 감각은 점점 둔화되었지만, 그래도 뭐든지 맛있게, 선량한 얼굴들을 대면하며 먹을 수 있었던 시간들의 기억은 늘 따스한 몽상의 이미지로 피어오른다. 내가 먹는 일에도 경계가 있다는 것을 뼈저리게 느낀 것은, 유학 시절 순간적으로 잘못 사귀어 관계가 틀어진 어느 백인교수와의 민망한 부대낌 이후였다. 수업시간에 두어 차례 파괴적인 언사를 주고받으며 서먹해진 이 교수와 식사 시간에 만나는 일은 적잖이 고역스러웠다. 우리는 교내식당에서 식반을 들고 마주치는 어색함을 피하기 위해 가급적 상대방이 앉은 곳에서 가장 멀리 떨어진 자리를 찾아 앉았고, 서로 시선이 교차하지 않도록 꽤 신경을 썼다. 보이지 않는 가느다란 긴장의 끈이 느껴지는 순간들이었다. 그 경계는 서로 간의 패역한 마음으로 인해 결코 넘지 못했지만, 이후로도 그러한 불편한 식사와 식탁의 경험은 아주 없어지지 않았다.

이러한 개인적 경험과 맞물려 성경 속에 나오는 수많은 식사와 식탁의 이야기들이 그런 배타적 경계를 실제의 밑그림으로 깔고 있던 것임을 점점 더 심각하게 발견하기 시작했다. 그 경계는 단지 개인과 개인 사이의 심리적 긴장과 껄끄러움이란 정서적 차원의 문제에 국한되지 않았고, 이미 제도화된 법규와 관례, 그리고 통념화된 습속의 차원에서 강고한 장애물로 작용했다. 그것은 하나님을 빙자하여 정당화된 습속이었지만 기실 하나님이 허물어트리고 싶어 한 하나님 나라의 장애물이었다. 예수는 자신의 일상 가운데 열린 식탁교제를 통해 그 경계 허물기의 일을 매우 진지하게 감당했다. 그것은 제의적 식사가 아닌 일상적 삶의 현장에서 발생했다.[1] 그 와중에 모험적 도전이 있었고, 갈등과 마찰이 뒤따

---

1) 예수 운동의 맥락에서 그의 식탁교제가 제의적 의미 이전의 상징적 행위였다는 해석은 학자들에 의해 널리 용인되는 편이다. 조태연, "식

랐으며, 매우 위협적인 반발이 되돌아왔지만, 예수는 꿋꿋이 가야할 길을 갔다. 그 결과 식탁으로 넘어선 당대의 경계들은 오늘날도 추문의 현장이 되어, 여전히 홀로 먹길 즐기며 씁쓸하게 우리의 목구멍을 타고 내려가는 식사의 리듬, 거기에 박혀 있는 우리의 꾀죄죄한 자폐적 인습을 고발한다.

2. 텍스트의 전후좌우

내가 택한 본문(막 2:13 - 17)은 레위의 소명 이야기와 공동식사 장면이 별도의 전승으로 존재하다가 마가에 의해 결합된 것으로 보인다.[2] 마가복음 전체의 문맥에서 보면 이 문단은 예수의 주요 적대자인 바리새인들 및 서기관들과의 긴장 어린 갈등이 비로소 서사의 표면으로 대두되는 지점에 배치되어 있다. 예수가 광야 시험을 통과한 뒤 요한의 체포 이후 회개의 복음을 선포하기 시작하면서 가장 먼저 한 일은 제자들을 선발하는 일이었다(막 1:16 - 18). 그다음에 그는 가버나움에서 가르치고 귀신 들린 병자들을 치유한다. 이즈음 예수의 적대자로 대립적 위치에 놓여 있는 대상은 '귀신'이었다(막 1:23 - 26, 34, 39). 2징에서도 가비나움이라는 공간적 배경은 동일하게 반복된다(막 2:1). 그런데 예수의 명성이 항간에 높아지면서 그것을 경계하는 기득권자로서 바리새인과 서기관들이 전면

탁에 앉으신 사람의 아들 - Q2 예수운동의 식탁상징과 기원의 신화,"
『기독교사상』 464(1997 / 8), 57 - 73 참조.
2) J. 그닐카 / 번역실 역, 『마르코복음』 I (서울: 한국신학연구소, 1985),
131 참조.

에 등장하여 적대적인 입장을 취한다. 이처럼 2장에 이르러 예수의 명성이 높아지면서 예수의 제자들이 늘어나지만 동시에 예수의 적대자들도 점증하는 추세를 보여준다.

서기관들과의 대립은 이미 마가복음 2:1-12에서 한바탕 치러진 바 있다. 가버나움에서 중풍병자를 고치면서 죄사함을 선포한 일을 두고 서기관들이 시비를 걸어왔기 때문이다. 이러한 논쟁의 담화는 본문에 이어지는 안식일 논쟁(막 2:18-28)에도 그대로 이어지는데, 흥미로운 것은 그 적대하는 주체의 미묘한 변화이다. 첫대목에서 그들은 서기관들로 나오는 데 비해(막 2:6), 본문은 그들을 '바리새인의 서기관들'(막 2:16)로 표기한다. 이어지는 세 번째 단락에서 그들은 바리새인들로 등장한다(막 2:18, 24). 바리새인과 서기관은 서로 겹쳐지는 집단이다. 바리새인은 유대교 내의 특정한 종파였고 서기관은 유대교 내에서 특정한 임무를 받은 직책이었다. 그래서 바리새인 출신의 서기관이 있었고 다른 비바리새인으로서 서기관에 봉직하던 자들도 있었던 것이다. 그러므로 호칭의 수사학적 비중에 관한 한, 본문에 나오는 '바리새인의 서기관들'이라는 표현은 바리새인이면서 서기관인 자들이 예수의 행동에 대해 반발하고 있는 극렬한 갈등의 양상을 보여준다. 공간적 배경의 관점에서 서사의 흐름을 짚어보면, 본문은 1장에서 바닷가→회당→집→한적한 곳으로, 자연적 공간과 문명적 공간으로의 전환을 보여주는 패턴을 답습하면서 집→바닷가→집→밀밭과 같이 그 대립적 공간의 교차적 구조를 드러낸다.

본문은 양식비평가들에 의해 몇 가지 자료와 전승, 편집의 층이 있었으리라는 혐의를 받아왔다. 일단 쉽게 간파할 수 있는 편집의 솔기는, 장면 전환용 배경 설정(막 2:13), 세관에 앉아 있는 레위

278

를 제자로 부르는 장면(막 2:14), 세리와 죄인들, 예수와 제자들이 함께 어울려 식사하는 장면(막 2:15), 그리고 서기관들의 비방과 예수의 대응(막 2:16-17)에서 탐지된다. 문학적 양식소에 따라 조망하면, 이것들은 편집적 논평구, 소명이야기, 논쟁담화 등으로 구별된다. 큰 틀에서 논쟁담화의 형식이 이야기 전체를 감싸고 있는 형국이다. 특히, 예수의 대응을 보여주는 마지막 구절(막 2:17)은 결정타를 날리면서 논쟁을 종결짓는 예수의 두 어록으로 채워져 있다. 양식비평가들은 이것을 흔히 독립적인 전승을 지닌 말씀으로 보는 경향이 있다.3)

이러한 여러 자료와 전승의 층위들이 하나의 이야기 단위로 응집된 과정에는 반복과 변용, 연상과 재현이라는 기법이 작용한 것으로 보인다. 먼저 바닷가에서의 가르침(막 2:13)은 갈릴리 해변에서 제자들 부른 선행하는 이야기(막 1:16-17)에서 그 공간적 배경을 취하고, 그 사역의 내용은 제자의 부르심에서 가르침으로 대체·변용한 결과이다. 이렇게 탈락된 제자 소명의 모티프는 이어지는 구절에서 레위를 주인공으로 내세우면서 별도 단위로 취급된다(막 2:15). 레위를 부르는 이야기는 "나를 따르라"는 명령문을 매개로 앞서 나온 유사 장면을 대상만 바꾸어 재현한다. 이어지는 논쟁담화(막 2:15-17)는 앞서 부름을 받은 레위의 직업이 세리라는 점을 통해 세리와 죄인들과의 식사 장면을 자연스럽게 연상하도록 배치된 것이다. 이러한 연상적 연결고리는 나아가 세리와 죄인들과의 식사 자리가 레위의 집에서 베풀어졌음을 언급함으로써(막 2:15) 더 확고해진다.

3) Rudolf Bultmann, *The History of the Synoptic Tradition*, tr. by John Marsh(New York and Evanston: Harper & Row, 1968), 18. J. 그닐카, 앞의 책(1985), 131에 의하면 이 어록은 2 *Clem.* 2:4, *Barn.* 5:9, *Just Apol* Ⅰ, 15:8에서 독립적인 전승을 보인다.

3. "나를 따르라!"

예수가 지나다가 세관에 앉아 있는 세리를 본 것은 자연스러운
설정이다. 가버나움은 접경도시라서 국경을 통과하는 상품들에 대
해서 세금을 징수하는 세관을 두고 있었다. 로마제국은 이처럼 모
든 지방에 고유한 관세구역을 지정하여 공인된 자치기관과 지방
군주들에게 세금을 징수할 권한을 부여하였다. 그런데 그 세관에
앉은 세리 레위의 등장은 다소 뜨악한 장면이다. 여기에 소개된
레위는 '알패오의 아들'이라는 내용이 전부이다. 그런데 알패오의
아들로 예수의 12제자가 된 사람은 다른 곳에 야고보로 나와 있다
(막 3:18). 그래서 일부 사본(D Θ)에서는 이 레위라는 이름을 아
예 야고보로 바꾸어놓고 있다. 마가복음 이후의 편집 단계에서 마
태는 본문의 편집을 통해 레위라는 이름을 마태라는 이름으로 교
체하여(마 9:9-10) 그를 세리라는 직명과 함께 예수의 12제자에
편입시켜놓았다(마 10:3). 이는 누가의 평행 문단이 레위라는 이름
을 그대로 둔 것(눅 5:27, 29)과 다른 점이다. 그러나 마태복음과
마찬가지로 12제자의 명단에서 레위는 빠져 있고 대신 세리라는
직명의 언급 없이 마태가 포함되어 있다.

　이러한 혼선을 해결하기 위해 두 명의 다른 세리 제자가 다른
두 정황에서 다른 경로로 부르심을 받은 것으로 볼 수도 있겠지만
이러한 가능성은 설득력이 떨어진다. 일각에서는 마태와 레위 두
사람이 동일인일 것으로 추리한다. 당시 셈족계통의 이름에서 두
가지의 이름을 사용하던 관례(행 4:36)에 비추어 그들의 두 이름이
각기 따로 불려졌을 것으로 보는 것이다. 이를테면 '레위 마태'라
는 동일인의 이름을 마가와 마태 두 복음서에서 각기 상이하게 한

280

쪽에 치중하여 호명했을 가능성이 그것이다.4) 이렇게 보더라도 마가복음 내에서 그가 12제자 명단에서 알패오의 아들로 언급된 야고보와 함께 나란히 거명되지 않은 문제는 해소되지 않는다. 마가복음의 그 명단에는 마태라는 이름조차 나오지 않기 때문에 단지 12제자 명단의 전승 과정에 작용한 복잡한 속내를 막연히 짐작할 수 있을 따름이다.

본문의 신학적 주제를 고려할때 정작 더 심각한 문제는 레위라는 세리가 예수의 부름을 받았다는 엄연한 사실이다. 그렇게 불렀다는 것은 그를 제자로 용납했다는 사실을 전제한다. 이 짤막한 소명담은 세리라는 그의 직업을 염두에 둘 때 매우 파격적인 사건이다. 세리는 이방인 노예와 동급으로 취급될 정도로 당시에 죄수의 대명사처럼 통했다. 그들은 관세를 징수할 권한을 제멋대로 휘둘렀다. 특히 세액이 규정되지 않은 현실을 악용하여 그들은 징세의 여분을 만들어냈고 또 그것을 강압적으로 챙기는 착취를 서슴지 않았다. 그렇게 징수한 세금은 로마정부와 헤롯 안티파스의 금고로 들어갔다. 그 과정에서 그들은 공권력의 말단에서 일종의 청부업자로 활동하면서 제 몫의 자투리 권한으로 사적인 치부에 힘썼고, 이로 인해 서민들 가운데 탐욕스런 자들로 낙인찍혔다. 그리하여 그들은 회당에 출교되었고, 그들의 가족은 사회적으로 멸시받았다. 재판관이 되지 못하고 재판의 증인으로 서지 못했던 세리들의 형편은 당시 그들이 처했던 열악한 사회적 위상을 반영한다.5) 복음서에서도 세리들은 이방인들(마 18:17)이나 창녀들(마

---

4) Stanley E. Porter, "Levi," *ABD* vol.4, 295 참조.
5) 박수암, 『성서주석: 마가복음』(서울: 대한기독교서회, 1993), 188; J. 그닐카, 앞의 책(1985), 133 참조.

21:31 - 32)과 나란히 언급되는데, 이로 미루어 그들에 대한 이러한 당대의 부정적 평판은 보편적인 것이었음을 알 수 있다.

그런데 그런 죄인 중의 악질을 예수는 뜬금없이 "나를 따르라"며 제자로 불렀다. 그 세리 레위는 세관에 앉아 업무를 보고 있었다. 그런 그가 예수에 대한 사전 정보나 인지 경험이 없는 상태에서 즉각 그 부름에 반응하여 일어나 좇았다고 한다(막 2:14). 여기에는, 가령 삭개오의 경우(눅 19:1 - 10)에서 보듯, 예수와의 인격적인 만남과 상호 간의 대화가 생략되어 있다. 즉각적인 부름과 즉각적인 순종의 응답이 있을 뿐이다. 예수는 그를 죄인이라는 굴레 속에 가두어 두지 않고 제자도의 문을 열었다. 세리에 대한 열악한 사회적인 위상이나 평판을 따지지도 않았고 그 직업을 통해 그가 그동안 부당하게 착취한 세금의 죄과를 추궁하지도 않았다. 그 생략된 행간의 여백은 예수를 따르는 일의 종말론적 긴박성을 전제로 하며 제자로서의 삶이 머뭇거림 없는 즉각적 결단에 정초되어야 함을 암시한다. 이는 또한 신학적으로 특정 개인의 삶의 전환이 그의 과거 배경과 무관하게 전적으로 하나님의 은총에 따른 선택과 용납의 결과임을 시사한다. 이와 같이 레위는 갑자기 일터와 일거리가 바뀌었고 관심의 대상이 달라졌으며, 지향하는 삶의 목적이 돌변했다. "나를 따르라"는 예수의 명령에 대한 자발적 순종이 그런 변화를 가져온 것이다.

4. 세리와 죄인들의 변신

레위가 세금청부업자에서 제자로 급작스레 변신한 이 사건은 단지 레위 개인의 신변잡기적 관심사로 국한시켜 보기 어렵다. 레위 뒤에는 매국노와 수탈자로서의 오명을 감내해야 했던 수많은 동료 세리들이 있었다. 또한 그들과 나란히 '죄인'의 굴레를 쓰고 사회 적으로 소외된 사람들도 레위의 우산 아래 깃들어 있다. 레위는 이 제 그들을 대표하기라도 하듯 자신의 집에 식사자리를 배설한다. 그 자리는 간단한 오찬이 아니라 유대인의 식사 자세대로 '기대어 눕는'(*katakeisthai*) 포즈로 푸짐한 정찬을 나누는 공동식사의 자리 였다. 이 공동식사는 추리컨대 레위의 초청으로 이루어졌을 것이 다. 그가 뜻밖에 제자로 부르심을 받은 기쁨이 이러한 개방적 공동 식사를 배설하게 된 동기를 부여했을 것이다. 이 자리에는 예수와 그의 제자들이 초청받았고 그 하객들로 레위의 동료 세리들, 어떤 부류의 죄인들인지 확실치 않지만 세리들처럼 역시 사회에서 배척 당했던 익명의 '죄인들'이 합석하여 모두 함께 식사를 나누었다.

이처럼 부름 뒤에는 만남과 사귐이 잇따른다. 삭개오의 경우가 예시하듯, 제자 된 세리 레위의 식사 초대는 제자로 부르신 예수 의 선행 초대에 대한 흔쾌한 응답이라고 볼 수 있다. 그 과정에서 예수는 세리 레위의 죄과를 추궁하면서 "만일……이라면"이라는 조건부의 단서를 달지 않았다. 조건 없는 받아들임, 그 거리낌 없 는 용납이 레위의 집 부엌문을 열고 은총의 햇살을 몰고왔던 것이 다. 이 공동식사의 자리는 그러므로 그동안 유대교의 강고한 전통 으로 자리 잡아온 정결과 부정의 경계를 넘고, 죄인과 의인의 율 법적 장벽을 허물며 화해를 일구어내는 전복적 자리였다. 이러한 공동식사의 자리가 당시의 관습에 파격적이었던 까닭은 당시 유대 교적 경건의 관념 속에 식사는 아무와 함께할 수 있는 것이 아니 었기 때문이다. 태생적으로 죄인으로 간주되었던 이교도로서의 이

방인뿐 아니라 사회적으로 부정한 사람들로 낙인찍힌 죄인들과 더
불어 먹는 자들도 이방인처럼 정결규정을 지키지 않은 죄인으로
간주되었다.6) 갈라디아서(2:12)를 통해 엿볼 수 있듯, 이런 보수화
된 율법적 전통으로 말미암아 초기 교회 내에서조차 그리스도 안
에서 형제와 자매로 맺어진 유대인과 이방인 신자들이 함께 식사
하는 것이 부자연스럽고 내심 꺼려졌던 것이다.7)

　예수는 여기서 그 금기를 단호하게 깬다. 그는 식사와 식탁의
경계를 과감하게 넘어선다. 음식은 그것이 음식인 한 하나님의 선
한 창조에 따른 결과로서 제공된 은총 어린 선물이라는 점에서 무
엇이든 거룩하다. 그 거룩함은 특정 개인이나 집단의 '자기 의'를
과시하는 수단으로 남용될 수 없다. 더구나 그것이 제 동아리 밖
의 타자들을 배타적으로 소외시키는 뻑뻑한 장벽이 될 때, 그것은

---

6) 당시 누가 그 죄인의 범주에 해당되었느냐에 대하여 샌더스는 '땅 위의
　사람들'('*amme ha-arets*)과 동일시 여기는 데 비해 던은 제의적 정결
　예법의 인사이더 그룹이 그 바깥의 아웃사이더를 배타하는 범주로 규정
　한다. 후자의 범주에 따르면 물론 '이방인들'이 포함된다. E. P. Sander,
　"The Sinners," *Jesus and Judaism*(Philadelphia: Fortress Press, 1985),
　174-211; James D. G. Dunn, "Pharisees, Sinners, and Jesus," *Jesus,
　Paul, and the Law*(Louisville, Kentucky: Westminster / John Knox
　Press, 1990), 61-86.
7) 당시 유대교의 보수적이고 배타적인 식사 관습과 이에 대한 예수의
　도전과 관련하여 다음을 참조할 것: I. Grunfeld, *The Jewish Dietary
　Laws*(New York: Soncino Pr Ltd, 1989); Gene Schramm, "Jewish
　Dietary Laws," *ABD* vol.4, 648-650; E. P. Sanders, "Purity, Food,
　and Offerings in the Greek-Speaking Diaspora," *The Jewish Law
　from Jesus to the Mishnah*(Philadelphia: Trinity; London: SCM
　Press, 1990); John D. Crossan, "Magic and Meal," *The Historical
　Jesus: The Life of a Mediterranean Jewish Peasant* (SanFrancisco:
　Harper, 1991), 303-353.

보편적 선물로서의 빛을 잃게 된다. 마치 햇빛과 비가 선인과 악인, 의인과 불의한 자 위에 두루 베풀어지는 것과 마찬가지의 이치로(마 5:45), 음식은 평등한 식탁 위에 평등한 식사로 제공되어야 마땅하다. 하나님의 보편적인 은총이 자연물과 농경적 채널을 통하여 발현된 차등 없는 결과로 그 음식이 식탁에 베풀어진 것이기 때문이다.8) 그것이 예수가 기도문을 가르치면서 언급한 "우리의 일용할 양식"에 담긴 참뜻이다.9)

그러나 예수 당시 정결규례와 관련하여 고착된 인습은 율법의 근본정신을 왜곡하여 그 '우리'의 범위를 분파적으로 축소시켰다. 음식이 모든 자들의 생명을 양육하고 하나님의 은혜를 나누는 자연의 선물이 아니라 사람들을 구획하고 차별하는 인위적인 제도의 수단이 되어버린 것이다. 예수는 세리들, 기타 죄인들과 함께 식탁을 나누면서 그러한 자기 봉사적인 제도권의 경계를 넘어섰다. 그들을 그 사회적 통념의 굴레에서 해방시켰다. 그들의 죄를 외면한 것이 아니라 그들의 인간됨을 더 근본적인 차원에서 조망했다. 그러한 신학적 관점의 변화는 어둠의 사람들을 그 어둠에서 빛으로 이끌어냄으로써 그들의 존재를 송두리째 변신시킬 수 있었다. 이

---

8) 일용할 양식과 관련된 농경신학의 배경에 대해서는 H. D. Betz, *The Sermon on the Mount*(Minneapolis: Fortress Press, 1995), 397 참조.

9) '우리의 일용할 양식'이라는 문구에는 고대사회에서 양식(빵)이 차지하는 중요성과 사람들 사이의 기본적인 필요가 서로 밀접히 연계되어 있다는 당시의 인식을 전제로 한다. M. J. Brown, "'Panem Nostrum': The Problem of Petition and the Lord's Prayer," *JR* 80 / 4(2000), 595–614 참조. 아울러, '우리의 일용할 양식'의 '우리'와 관련된 신학적 의미에 대해서는 차정식, "그 '뜻'이 구현되는 이 땅의 자리–주의 기도 탐구 2," 『마음의 빛을 부르는 기도』(서울: 대한기독교서회, 2003), 97–130, 특히 114–116 참조.

모든 것이 금기시된 공동식사의 자리에서 발생했다. 공동의 식탁에서 나눠지며 자기들의 입으로 들어가는 음식이 사회적 금기를 허물고 관행적 차별의 경계를 넘어선 이 평등한 식사의 의미를 웅변으로 증언했던 것이다.

5. 쟁쟁한 대화의 현장

그러나 금기를 깬 자가 금기 자체가 되는 것은 아직껏 온존하는 사회적 생리일 터. 예수는 갑자기 적대자들을 만난다. 바리새파의 서기관이 바로 그들이다. 그들은 예수가 깬 금기의 율법적 반역성을 내세워 예수를 마녀 사냥하듯 몰아세운다. 위반된 금기는 이처럼 새로운 금기를 세우기 위해 희생제물을 필요로 한다. 이러한 시비 걸기는 적대자들과의 대화를 불러온다. 그런데 그 대화는 호의적 수용의 대화가 아니라 쟁쟁한 반박의 대화라서 서로 신뢰를 돈독히 하기보다 팽팽한 긴장을 유발하고 있다. 이와 같이 전개되는 이후의 논쟁담화는 논쟁 대상과 상황의 제시, 적대자들의 항의, 이에 대한 예수의 반박이라는 3단계 기본 패턴을 고스란히 소화해내고 있다. 그 과정에서 예수는 율법의 허울을 파탈하고 그 본령을 회복해나간다. 동시에 그 율법의 허울에 억눌린 '죄인'의 딱지를 제거하고 그들에게 잠재된 생명의 본질을 발견하여 되돌려준다.[10]

---

10) 그런가 하면 역사비평적 관점에서 이 에피소드에 표출된 대립과 갈등 상황이 예수 이후 초기 그리스도교인들이 유대교도와의 선교적 경쟁관계에서 나름대로 고유한 정체성을 형성해나가던 과정을 반영하고 있다는 지적도 제기된다. James D. G. Dunn, "Mark 2.1-3.6: A Bridge between Jesus and Paul on the Question of the Law," 앞

286

먼저 논쟁의 대상을 보자. 그들은 바리새파에 속한 서기관들로 민중에게 상당한 영향력을 행사하던 종교적 지도자 그룹이었다.[11] 앞서 언급한 대로 서기관들 가운데는 바리새파 출신도 있었고 그렇지 않은 부류도 있었기에 여기에 이렇게 그 서기관들의 출신 배경을 명시한 것이다. 가버나움의 그 식사 자리에 갑자기 출현한 그들의 존재는 실로 뜬금없다. 서기관들의 그 예기치 않은 출현을 두고 일각에서는 그것이 인위적인 문학적 구성이라고 추측하기도 한다. 예수가 그리 대중적으로 노출되지도 않은 사역의 초기 단계에서 그것도 예수의 혐의를 잡고자 의도적으로 미행한 것이 아니라면 그 자리에 바리새파 서기관들이 대뜸 나선다는 것이 아무리 생각해도 어색하다는 것이다.[12]

이는 이어지는 안식일 논쟁(막 2:23-28)의 상황 설정에서도 마찬가지이다. 예수가 제자들과 안식일에 밀밭 길을 지나가면서 보인 일거수일투족을 그들이 감시견처럼 따라붙어 관찰하고 책잡았다는 이야기의 구성 또한 역사적 사실성이 떨어진다는 것이다. 학자들의 이러한 비평적 지적들은 일리가 있다. 그러나 그럼에도 굳이 저자가 바리새파 서기관들을 예수의 대척점에 배치시킨 의도조차 무시할 수는 없다. 이는 역사적으로 초기 기독교가 유대교와의

의 책(1990), 10-36 참조.
11) 바리새인의 역사적 기원과 행로와 관련해서는 다음의 글을 참조할 것: Anthony J. Saldarini, *Pharisees, Scribes and Saducees in Palestinian Society*(Wilmington, DE: Michael Glazier, 1988); "Pharisees," *ABD* vol.5, 289-303 참조.
12) 이러한 배경 구성의 어색함은 현실적 불가능성으로 연계되는데, 당시의 관례로 보아 바리새파 사람들은 오염을 두려워하여 죄인들이 있는 자리에 동석하기를 꺼려했을 터이기 때문이다. 박수암, 앞의 책(1993), 189 참조.

신학적 갈등과 선교적 경쟁 구도에서 우선권을 점하기 위한 논쟁적 의도와 유관해 보인다. 즉 기독교 복음의 수호자로서 마가는 바리새파 서기관들을 하나의 인물 유형으로 내세워 유대교의 주장이 왜 그릇되었는지 비판하고 이방인까지 수용한 기독교가 왜 옳은지를 변증해야 했던 것이다.

　서기관들이 책잡은 것은 그들의 단 한 가지 물음 "어찌하여 세리 및 죄인들과 함께 먹는가?"였다(막 2:16). 그들은 우회적으로 예수를 타격한다. 예수의 그 공동식사 행위를 책잡기 위해 그들은 제자들에게 에둘러 이 속내가 빤한 질문을 제자들에게 던진 것이다. 접속사 '호티'(*hoti*)로 인도되는 이 의문문은 이유 '왜'를 묻는 것이 아니다. 어떻게 이런 일이 발생할 수 있느냐, 어떻게 이런 참람한 금기의 위반을 저지르고 있느냐 하는 항변인 셈이다. 그들의 물음은 '먹음'의 행위에 초점이 맞추어져 있지 않다. 물론 그들은 그 먹음이 혼자 독식하는 것이 아니라 서로 화목하고 소통하면서 평등한 공동식탁에서 나눠먹는 의미심장한 식사 이상의 식사라는 점에도 신학적 통찰이 미치지 못한다. 그들이 눈에 불을 켜고 집중한 것은, 누구와 함께 먹는가 하는 사실이었다. 즉 그들의 기준에 의하면 함께 먹을 수 있는 사람이 있고, 함께 먹어서는 안 되는 사람이 있다는 것이다. 그들의 먹음은 대상에 따라 차별과 경계를 전제로 한 먹음이었다. 조건부의 식사였다. 불평등한 식탁이었다. 자유스러운 선물이 아니라 강요되고 강제된 식탁이었다. 이는 따라서 음식에 담겨진 하나님의 창조와 구원의 은총이 배격된 경직된 식탁이었다.

　예수는 그들의 반발에 노련하게 비유의 덕담으로 응수한다. "건강한 자에게는 의사가 쓸 데 없고 병든 자에게라야 쓸 데 있느니

288

라"(막 2:17). 이 어록은 그리스 문헌에 나오는 다음의 속담과 비슷하다. "의사들은 건강한 자들에게는 쓸모가 없지만 병자들에게는 머물곤 한다." 여기서 예수 자신에게 적용시킨 '의사'의 이미지는 구약성서에 나오는 치유하는 의사로서의 야훼 하나님 이미지(출 15:26)에 잇닿아 있다. 이 어록에서 예수는 의사의 존재 가치를 병자의 병을 치유하는 본연의 임무에서 찾고 있다. 병자들은 자신의 병을 느끼고 그 병을 병으로 알고 인정할 때 병자이다. 그 과정을 도와주는 의사의 직무는 건강한 자들, 실제로는 건강한 척 꾸미고 있는 자들, 건강하다고 강변하는 자들에게 별무소용이다. 의사가 의사될 수 있는 경우가 병자를 만났을 때이듯, 병자가 의사를 필요로 하는 상황은 자신의 병을 치유받고자 원할 때이다. 이 어록의 이면에는 이 세상의 모든 사람들이 기실 치료받아야 할 병자라는 실존적 정황이 암시되어 있다. 동시에 예수는 자신이 뭇 생명의 환부를 다스리는 치유자로서의 위상을 드러낸다.13) 그러나 문제는 건강한 자, 건강하다고 믿는 자폐적인 병자들이다. 그들은 자신들의 병도 파악하지 못한 상태에서 설상가상으로 병든 자들을 감싸고 치유하고자 하는 의사 예수의 호의에 찬물을 끼얹는 훼방꾼들, 곧 바리새파 서기관들 같은 부류의 사람들이다. 이로써 예수는 말의 칼끝을 자칭 건강한/경건한 저 서기관들을 향해 돌리고

---

13) 여기서 예수에게 적용된 의사 이미지는 그가 치유활동을 사역의 주요 부분으로 삼았고 또 구원자로서의 위상이 치유자로서의 활동과 긴밀하게 연계된다는 점에서 매우 자연스러운 연상 결과이다. 실제로 '치유'와 '구원'은 동일한 희랍어(*sōzein*)로 표기된다. 당시 치유와 의술은 마법과 종교와 결부되어 이루어지는 것이 관행이었다. Howard Clark Kee, *Medicine, Miracle and Magic in New Testament Times*(Cambridge: Cambridge University Press, 1988); "Medicine and Healing," *ABD* vol.4, 659-664 참조.

있는 것이다.

이 의사－병자의 상호관계는 이어지는 또 다른 어록에서 의인－죄인의 관계로 확대 적용된다. "나는 의인을 부르러 온 것이 아니라 죄인을 부르러 왔노라"(막 2:17). 의사－병자의 관계는 예수와 세리／죄인들의 표상으로 제시된 환유이다. 이 양자 관계는 의인－죄인의 구도를 설정함으로써 이제 바리새파 서기관들과 세리／죄인들의 관계로 전이된다. 이러한 이항 대립의 이중적 병렬 배치를 통해 예수는 자신이 세리／죄인들과 바리새파 서기관들을 향해 차등적으로 상이하게 대응한다. 의사－병자의 관계가 신뢰 어린 포용의 관계라면 의인－죄인의 관계는 서로 튕겨내는 배타적 관계이다. 그런데 예수는 죄인을 부르러 왔지 의인을 부르러 오지 않았다는 것이다. 아하, 그러니까 예수의 부르심은 치유／구원과 내접되어 있다. 레위를 향한 예수의 부르심은 곧 레위의 치유／구원에 잇닿아 있었다는 것 아닌가. 그것은, 놀라워라, 세리와 죄인들이 예수와 함께 어울려 흥겹게 먹고 마시는 평등한 식탁 위에서 가능해졌다. 이른바 '밥상공동체'가 구원의 매개요, 구원이 솟아나는 바로 그 현장이 된 셈이다.

6. 평등한 식탁으로 경계 넘기

식탁과 식사는 삶의 탁월한 상징이자 환유이다. 만남과 사귐, 양육과 향유, 대화와 소통, 영접과 환대, 감사와 치유, 구원과 은총이 경험되는 현장이 바로 그 자리이다. 그러나 그 현장은 본래의 기능을 상실한 채 겉돌기 일쑤였다. 식사와 식탁은 오랫동안 사람들

290

을 외롭고 서럽게 만들었다. 율법이 상투적인 인습으로 퇴락한 이
래 사람들은 단지 음식의 메뉴만으로 그 자리를 구획하고 차별하
지 않았다. 음식 메뉴와 관련하여 율법 규례는 먹어도 되는 정결
한 음식과 먹지 말아야 하는 부정한 음식을 따로 구별해두었지만
(레 11장), 그것은 제의적 성결과 그 상징적 의미를 넘어 예수 당
시 이미 고착된 전통과 습속으로 사람들에게 광범위하게 영향을
끼치고 있었다. 특히, 정／부정의 규례들이 사람들에게 차별적으로
적용됨에 따라 식사와 식탁에서 그들은 차별적인 대우를 받았고
그것은 유대인 사회에서 일반적 관행으로 정착되어 있었다.14) 베
드로가 봤다는 그 먹지 못하는 것들의 환상(행 10:9－16)은 다름
아닌 더러운 이방 죄인들의 환유에 다름 아니었다.

　로마시대의 공동식사에서 사람들은 상석과 말석을 따로 배치하
였고, 그 자리에 낄 수 있는 정결한 사람과 끼지 못하는 부정한
사람을 구획했다. 그들이 즐기는 음식의 종류와 가짓수를 차등화
했을 뿐 아니라, 그 음식에 참여하는 사람들이 끼리끼리 하나님의
선물인 '우리의' 공개된 일용할 양식을 '그들끼리'의 폐쇄된 양식
으로 변질시켰던 것이다.15) 로마인들에게 권력과 명예, 지식과 지

14) 그러한 관행은 고넬료의 집에서 한 베드로의 다음 진술에서도 명징
　하게 확인된다: "유대인으로서 이방인과 교제하며 가까이 하는 것이
　위법인 줄은 너희도 알거니와⋯⋯"(행 10:28).
15) 로마시대의 식사관습에 대해서는 D. E. Smith, "Social Obligation in
　the Context of Communal Meals: A Study of the Christian Meal
　in 1 Corinthians in Comparison with Graeco－Roman Community
　Meals," Th.D. diss. Harvard University, 1980; "Greco－Roman
　Meal Customs," *ABD vol.*4, 650－653; G. Theissen, "Social
　Integration and Sacramental Activity: An Analysis of 1 Cor. 11:17
　－34," *The Social Setting of Pauline Christianity: Essays on
　Corinth*, ed. & tr. by J. H. Schütz (Philadelphia: Fortress Press,

혜의 유무와 고저가 그 식탁의 불평등을 초래했다면, 유대인들에게는 깨끗한 사람이냐 아니냐가 그 식탁에 경계를 그었다. 그러나 율법의 근본정신을 살려본다면 언약백성의 신분은 그러한 자의적 경건의 산물이 아니었을 터. 그것은 순전히 하나님의 은총에 따른 선택의 선물이었고, 조건 없는 영접과 환대의 결과였다. 예수는 그 점을 직시하여, 새 시대의 새 언약으로 계시된 하나님의 구원을 무엇보다 먼저 식탁의 경계를 철폐함으로써 보여주었다. 이로써 그는 구원의 때에 갖게 될 메시아의 식사를 선취했던 셈이다.[16] 그에게 평등한 식탁은 사회개혁 프로그램의 일상적 실천방식이었다. 세리와 창기, 이방인 죄인들이 그 식탁에 후하게 초대받았다. 더불어 먹고 마심으로 메시아의 종말론적 향연을 일상화하였다. 높은 산이 낮아지고 낮은 골짜기가 돋우어짐으로써 평탄케 하는 메시아의 종말론적 사역은 이렇게 평범한 일상 속에 비범한 방식으로 체현되었다.

이에 반응했던 경건한 유대인들은 예수의 이러한 행태를 납득할 수 없었다. 그 반발과 항변의 한가운데 바로 당시 대중의 종교지도자로 득세하며 영향력을 발휘하던 서기관들과 바리새인들이 있었다. 그들은 예수의 그러한 행태를 책잡았고 예수는 그들에 맞서 하나님 나라의 새로운 질서를 선포하기를 주저하지 않았다. 그 다수의 관행과 주류의 인습에 역행하는 예수의 처신은 마침내 그에게 '세리와 죄인의 친구'라는 오명을 돌려주었다. 그 오명의 절정에서 예수는 십자가를 지는 수난을 감당해야 했다. 죄인들에게까지 활짝 열린 그 평등한 식탁이 구원의 식탁이 되기 위해 예수의

1982), 145-174 참조.
16) J. 그닐카, 앞의 책(1985), 138 참조.

몸은 희생양의 음식으로 역사의 제단에 바쳐져야 했던 것이다.

그 이후로 그 오명은 실로 평등한 식탁을 꿈꾸는 예수의 후예들에게 예수의 죽음 / 부활과 더불어 찬란한 명예가 되어야 마땅했다. 실제로 초대교회와 그 이후의 교부전통 가운데 일시적이나마 공동식사로서의 성만찬은 하나의 식탁에서 하나의 공동체를 표방하는 중요한 상징으로 정착되었다.17) 그런데 그 생생한 역사가 녹슬어가면서 생긴 그 후일담은 어떤가. 여전히 식탁의 현실은 불평등하다. 음식 메뉴의 차이는 많이 완화되었지만, 여전히 하나님의 은총 어린 선물로서의 음식은 '우리의 일용할 양식'으로 충분히 나누어지지 못하는 현실이다. 자연의 오염과 음식 상업주의로 인하여 식탁의 먹을거리에 대한 신뢰도 많이 추락했다. 깔끔하고 호사스런 고급 호텔의 성찬에는 여전히 아무나 초대받지 못한다. 이 땅에 세리처럼 권한을 남용하여 부당하게 축재한 적지 않은 졸부들은 예수의 부르심에 응답하기는커녕 먹통이 되어 졸부다움을 과시하는데 흠뻑 젖어 있는 듯하다. 우리 시대의 삭개오를 더러 만나기도 하지만 그 '더러'는 '자주'가 되지 못한다. 그렇다고 교회 안에 먼저 부름을 받아 교인들이 활수하게 예수님처럼 세리와 창기들, 세속의 죄인들과 어울리며 먹고 마시는 대담함을 평등한 식탁의 이념 속에 살리는 것도 아니다. 교회에서 예수의 식탁교제 전통은 성만찬과 애찬으로 이원화되는 방향으로 굳어졌다. 전자는 참여자와 비참여자의 구별이 엄중한 제의적 성결 전통에 따라 제도화되었고, 후자는 만민이 누구나 참여할 수 있는 개방된 공동식사의 전통을 따르고 있다. 물론 상대적으로 큰 교회는 그것조차 실행하기 어렵

---

17) 조기연, "하나의 식탁, 하나의 공동체 – 초대교회 성만찬에 나타난 '공동식사' 주제,"『신학사상』102(1998 / 가을), 189 – 205 참조.

고, 하더라도 일반 식당처럼 돈을 받고 매식하는 곳이 많다.

　그러면 이제 어쩔 것인가. 결국 예수로 돌아가는 수밖에 없다. 식탁의 경계를 온몸으로 온 맘 다해 철폐한 예수의 모험적 동선이 해답이다. 먹는 일은 모든 일의 대가로 누리는 가장 깊은 인생의 보람이다. 먹을 때는 개도 건드리지 않는다고 하지 않는가. 더 중요한 것은 먹는 행위 자체의 존엄함이 공동식탁에서 발현되는 것이다. 이때 요청되는 것은 더불어 먹을 수 있도록 경계를 허무는 식탁의 개방성과 수용성이다. 여전히 아무것이나 먹으려고 하지 않고 아무하고나 식탁을 나누기를 꺼려하는 내 안의 자폐적 밀실이 남아 있지만, 그럴수록 평등한 식탁은 더욱 절실한 신앙적 도전이 된다. 구원의 정점에 도달한 이들이 마지막 날에 나눈다는 '메시아의 향연'이 내 현재의 삶 가운데 선취되지 않을 때 내 삶도 옹색해지고 내 구원의 지평도 그만큼 위축되리라. 죄인들이여, 부정한 자들이여, 오라, 우리들의 일용할 양식을 나누는 이 평등한 식사의 자리로!

03 | 벼랑 끝에 싹트는 희망

– 누가복음 13:6 – 9

1. 달력에 대한 명상

인류가 달력과 시계를 발명한 이래로 시간은 본격적으로 구획되기 시작했고, 이에 따라 일직선으로 흐르는 시간은 마치 순환하는 것인 양 이해되어왔다. 특히 달력은 그것이 태음력이든, 태양력이든 혹은 그것들의 이런저런 미세한 변주이든 간에, 고대인들에게 농경의 질서와 절기를 정하고 이에 따라 각종 종교 및 제의의 규례를 정하는 데 필수적인 기준을 제공했다. 그것은 달이 기울고 차며 해가 길어지고 짧아지는 천체의 변화를 참고하여 만들어진 물건이어서 하늘의 운행과 땅의 살림살이가 만나 빚어낸 천지의 합작이라고 할 수 있다. 그 순환의 질서 속에서 죽음과 태어남이라는 구도로 연이어지는 생명계의 이치가 해석되고 그것은 신화나 설화의 형식 속에 담겨 전승되어온 것이다. 그 과정에서 달력과 시계가 구획해준 연, 월, 일의 단위는 일부 시간대에 특별한 가치를 부여하여 부정과 정결, 이단과 정통, 구속과 해방, 소멸과 재생 등으로 그 내포적 함의가 상치되는 날과 달과 해의 구도를 만들어 놓기까지 하였다.[1]

그런데 이 모든 것은 그저 지나버린 옛날 옛적 '전설의 고향'에만 해당되는 사항이 아니다. 시간의 분별에 따른 인류 문화의 유산이 특별한 시간을 향한 여전한 갈망으로 지금도 고스란히 되살아나고 있기 때문이다. 그 '되살아남'은 성스러운 때와 절기의 전통에 대한 제의적 실천과 관습의 이행을 통해 곳곳에서 재현되는 동시대적 현상이다.2) 사도 바울의 지적처럼 "혹은 이 날을 저 날보다 낫게 여기고 혹은 모든 날을 같게 여기"(롬 14:5)는 상이한 추세 속에서 우리는 개인적 취향을 떠나 성(聖)과 속(俗)의 시간을 오락가락하는 자신의 모습을 돌이켜보곤 한다. 하여, 새해가 시작되면 별스럽게 새로워지는 것이 없는 줄을 잘 알면서도 새로운 분위기에 사로잡혀 새 출발을 하고 싶어 하는 세태의 흐름에 자신도 엉겁결에 휩쓸려 새로워지고자 하는 염원을 띄워 올리는 것이리라.

분절된 세월의 틈서리를 한 주 단위로, 또는 한 달 간격으로 오락가락하는 것은 축적된 인습의 결과일 수 있다. 그 사이에 자리 잡은 붉은색 날짜들이나 교회력의 절기 표시, 또 자그만 글씨로

---

1) 달력의 종교 제의적 측면이 어떻게 고대 근동과 유대인 사회에 반영되었는지에 대해서는 James C. Vanderkam, "Calendars," *ABD* vol.1, 810 - 820. 참조. 달력은 이러한 종교 제의적 연관성뿐 아니라 그것을 토대로 시간을 관리하고 통제함으로써 권력 창출과 유지의 정치적 기능을 담당하기도 하였다. 이러한 내용을 과학사적으로 탐구한 연구로 이정모, 『달력과 권력 - 달력을 둘러싼 과학과 권력의 이중주』(서울: 부키, 2001) 참조.

2) 엘리아데에 의하면, 종교적 인간은 두 종류의 시간 속에 살게 된다. 세속적 시간으로서의 일상적 시간이 있는가 하면 거룩한 시간이란 것도 있다. 거룩한 시간은 "순환적이고 가역적이며 회복 가능한 시간"으로 제의를 통해 "원초적인 신화의 시간"으로 주기적으로 회귀하는 영원한 현재이다. 멀치아 엘리아데 / 이동하 역, 『성과 속: 종교의 본질』(서울: 학민사, 1983).

날짜 밑에 적힌 소설이니 대설이니 하는 동양식 계절 인식의 지표도 그렇게 순환되어온 전통의 반복적 재현으로 나타나는 것들이다. 그런데 1년 단위로 하나의 달력을 통째로 폐기하고 새로운 달력을 걸어놓는 행위는 어딘지 모르게 숙연하면서도 비감한 뒷맛을 선사한다. 다 지나간 한 해만큼 자신이 늙었음을 확인하는 순간, 괜스레 우리는 비감해지고 또 한 해를 새롭게 출발하고자 하는 결연한 다짐으로 인해 숙연해진다. 지극히 당연한 말이지만, 늙어감의 지표인 나이는 1주보다 크고 한 달보다 먼, 1년이라는 시간의 단위로 먹어가는 것이기 때문이리라.

그렇게 오랜 세월의 온축 속에서 그 권위가 막강해진 달력은 여전히 우리의 마음을 재촉한다. '인생은 한 시절인데, 당신 이렇게 되는대로 살 수 있는 거야?' 그 재촉은 특히 새해의 첫날, 정월 초하루일수록 채근의 강도가 높다. '지난해의 과오와 실책은 다 잊어버려. 마음 다잡고 한번 다시 출발해 봐!' 과연 그러한가? 지난해에 '나'는 생명을 누릴 만한 자격도 없는 처지에 선물로 주어진 그 생명을 헛되이 소비했고, 새해에는 그 헛됨을 능가하는 진풍경을 만들어낼 수 있을까? 과연 그것이 현실적으로 성취 가능할까? 단지 새해로 이월된 새 생명이라는 이유 때문에? 별 볼일 없고, 별 수 없는 존재임에도 불구하고, 또 한 해를 살도록 나에게, 우리에게 다시금 생명의 은총이 허여되는 까닭은 도대체 무엇일까?

2. 불임의 세월들, 그러나······

여기 천덕꾸러기 나무 이야기가 있다(눅 13:6-9). 예수의 입으로 들려진 이 이야기는 비유의 형식으로 짜여 있어 애당초 나무를

위한 나무 이야기가 아님을 짐작할 수 있다. 여하간 이야기의 주
인공 그 나무는 무화과나무란다. 그런데 그 무화과나무가 심긴 곳
은 무화과 농장이 아니라 아마도 주요 과목이 포도나무였을 포도
밭이다. 그 포도원 주인의 선택에 따라 그곳에 포도나무를 주목으
로 심어 가꾸어온 것이고 귀퉁이 일부에다 무화과나무를 심어 포
도나무 일색이 될 뻔한 그 과수원 수종에 약간의 변화를 준 것이
다.3) 본래 포도나무와 무화과나무는 감람나무와 더불어 당시 팔레
스타인에서 가장 즐겨 나는 과목에 해당되었기에 또 다른 나무의
우화에서 이 세 나무는 능력 있고 아름다우면서도 겸손한 인물의
표상으로, 가시나무의 대척점에서 비유된 바 있다(삿 9:8 - 15).

그렇게 사이좋은 무화과나무와 포도나무는 이 이야기의 배후에
서 불화 내지 긴장 관계에 있다. 그것은 열매의 질적 우열 때문이
아니라 열매의 유무 때문이다. 3년 동안 키워온 무화과나무에서
주인이 열매를 구하였지만 얻지 못했다는 것이다. 나는 무화과나
무 묘목을 3년 정도 가꾸면 열매를 맺는지의 여부를 확인할 수 있
는 정확한 생물학적 지식을 가지고 있지 못하다.(물론 그럴 것이라
는 상식적 판단을 내릴 수는 있지만.) 그러나 그 무화과나무가 왜

---

3) 신명기 22:9에 의하면 포도원에 다른 종자를 섞어 재배하는 것은 금
지되었다. 그러나 다른 과수를 심는 것은 허용되어 오늘날까지 팔레스
타인의 포도원과 옥수수밭에는 그런 관행이 유지되고 있다. 특히, 포
도나무와 무화과나무의 겸작은 가령 다음과 같은 구절에서도 예시된
다: "무화과나무에는 푸른 열매가 익었고 포도나무는 꽃이 피어 향기
를 토하는구나"(아 2:13). Alfred Plummer, *A Critical and Exegetical
Commentary on the Gospel According to S. Luke*, 5th
edition(Edinburgh: T&T Clark, 1977), 340 참조. 내 경험으로도 이와
같이 포도나무 위주의 과수종 분포에 약간의 무화과나무로 귀퉁이에
양념을 친 포도원을 여름철 방학 중 미국 플로리다의 어느 포도원에
서 목격한 바 있다.

열매를 맺지 못했을까에 관해서는 두 가지로 추측할 수 있다.

첫 번째 가능성은 충분치 못한 발육과 성장에서 그 이유를 찾을 수 있다. 그것은 과원지기의 추후 고백이 암시하듯, 충분히 거름을 주고 돌보지 못한 과원지기의 책임과 무관치 않다. 이 경우에 전자는 무화과나무가 열매 맺지 못한 직접적 근인(近因)이라면 후자는 간접적 원인(遠因)에 해당된다. 과원지기가 그 포도원의 주목인 포도나무를 가꾸는 데 집중해서 정성을 쏟다 보니 곁다리 작물로 심은 무화과나무에는 상대적 소홀했을 수 있다. 두 번째로, 우리는 그 무화과나무의 묘목이 본래 부실한 경우를 가정해볼 수 있다. 부실한 씨앗이 부실한 묘목을 싹 틔우고 부실한 묘목이 부실한 나무를 만드는 상례에 비추어, 이 무화과나무의 열매 없음은 애당초 그 종자의 부실에 기인한 것이었을지도 모른다. 거기에 아무리 좋은 거름을 퍼부은들, 그것은 밑 빠진 독에 물 붓기의 헛수고일 따름이다.

내 심증은 후자보다 전자의 가능성 쪽에 기울지만 그럴 경우 포도원 주인이나 과원지기의 불성실함이나 소홀함, 또는 편애를 거론해야 하는 신학적 부담이 뒤따른다. 반면 전자를 물리치고 후자의 경우를 따르자니, 포도원 주인이나 과원지기의 선택의 오류를 전제해야 하는 보다 근본적인 문제가 발생한다. 그 문제는 곧 하나님의 선한 창조의 결과가 과연 온전한지, 온전하다면 그 선함의 내용이 무엇인지, 온전하지 못한 것에 대한 하나님의 선택적 배제에 담긴 구원사적 섭리는 무엇인지에 대한 의문으로 이어진다. 그러나 정작 내 마음의 중심을 이끄는 것은 열매 없는 무화과나무의 내력이나 원인이 아니라, 잎만 무성한 채 수확의 기대를 저버리고 결실의 계절을 건너뛰고 마는 그 불임의 현실, 그 현실이 내뿜는 비극적인 분위기와 그 분위기에 맴도는 안타까운 사연이다.

일찍이 80년대 초엽 이 땅의 암울한 현실을 불임에 빗댄 예민한 한 시인은,

> 그해 겨울이 지나고 여름이 시작되어도
> 봄은 오지 않았다 복숭아나무는
> 채 꽃 피기 전에 아주 작은 열매를 맺고
> 不姙의 살구나무는 시들어갔다

> — 이성복, 「1959년」

라고 그 절망감을 토로한 바 있다. 그 불임의 살구나무는 "어떤 놀라움도 우리를 무기력과 불감증으로부터 불러내지" 못하는 부정적 상징물이다. 그 불임의 살구나무 또는 본문의 열매 없는 무화과나무는 봄이 와도 봄을 모르는, 따라서 봄이 아예 오지 않은 것과 다를 바 없는 참담한 현실을 반영한다. 그 나무의 생은 방치된 채 세월만 죽이는, 살아봤댔자 무의미하고 무가치한, 하여 새로움을 낳지 못하는 박탈과 결핍의 대명사이다. 더구나 그 나무에게는 주인이 있고, 그 주인은 그 나무에게 최소한의(또는 최선의) 관심을 표하며 지켜본다. 그 지켜봄은 그동안 3년의 세월을 잡아먹었고, 더구나 주인은 그 무화과나무한테서 열매를 기대하는 적극적인 관심을 표명한 것이다.[4] 그런데도 내놓을 게 없는 이 불임의 나무는 우리에게 마냥 대책 없는 막다른 골목의 생을 하나의 비극

---

4) 무화과나무는 대체로 3년 만에 성숙하고 그동안 결실이 없으면 그 이후에도 결실이 없을 가능성이 크다고 한다. Alfred Plummer, 앞의 책 (1977), 340 참조.

적 풍경으로 보여준다.[5]

3. 이월되는 인내, 갱신되는 희망

투자한 만큼 실속을 챙기지 못해서였을까? 기대를 배반당한 실
망 때문에서였을까? 포도원 주인은 그 결실치 못하는 무화과나무
에게 단호히 사형선고를 내린다: "내가 삼 년을 와서 이 무화과나
무에서 열매를 구하되 얻지 못하니 찍어버리라. 어찌 땅만 버리게
하겠느냐"(눅 13:7). 이 사형선고에서 가장 통렬하게 들리는 것은
"어찌 땅만 버리게 하겠느냐"는 타산적 목소리이다. 그 소리는 백
해무익의 무용지물을 타박하는 질타이다. 인간이라면, 백수건달에
식충이가 연상되는 대목이다. 이윤을 올리지 못하는 기업이 시장
에서 퇴출되는 것이 자본주의 사회의 냉엄한 이치이듯이, 가꿀 만
큼 가꿔도 열매를 맺지 못하는 나무를 찍어 제거하는 것은 과원
경영의 상식적 원칙이다. 신학적으로 빗대어 판단하자면, 저 무화
과나무의 잘못은 하나님의 창조 원칙에 따라 살지 못한 것이다.
그 원칙에 따르면, 무화과나무든, 그 어떤 다른 나무든, 모든 유실

---

5) 무화과의 비유적 함의와 관련해서는 그것을 구약성서의 맥락에 비추어
(호 9:10; 욜 1:7) 유대 민족이라고 볼 수도 있지만, 예수의 제자 교육
이란 맥락에서 살피면 개개인의 고유한 생명이라고도 할 수 있다.
Alfred Plummer, 앞의 책(1977), 339 참조. 혹자는 이 비유를 알레고리
독법으로 풀면서 포도원을 이스라엘로, 무화과나무를 예루살렘이나 유
대인 개인으로, 포도원지기를 예수로, 3년을 그의 사역 기간으로 보기
도 하는데 이는 지나친 억측이다. Joseph A. Fitzmyer, *The Gospel
according to Luke X–XXIV*(Garden City, NY: Doubledayy, 1985),
1005 참조.

수는 일정 기간 몸집이 부풀면 열심히 하늘의 햇살을 받고 땅의 영양분을 뽑아 올리는 등 열심히 신진대사를 벌여 풍성하게 결실하는 것이 마땅하다.

무화과나무에게 그 원칙 위반의 과실(過失)은 오로지 주인에게 과실(果實)을 맺음으로써만 사유될 수 있는 성질의 사안이다. 그런데 주인의 원칙에 따르면 그 무화과나무는 정해진 기다림과 인내의 한계를 지나쳤다. 그 상황은 예수가 무언가 따먹을 것을 기대하고 다가간 무화과나무에 열매가 없자 그것을 즉석에서 저주한 그 분통터지는 심정을 연상시켜준다(막 11:12-14).[6] 그런데 예수 일행의 굶주림이 심해서였든지 그 순간 예수는, 이면상의 비유적 의도가 무엇이었는지는 차치하고 적어도 표면상 그때가 무화과의 결실기가 아니었음을 채 염두에 두지 못했었다. 하지만 본문의 사정은 좀 다르다. 주인의 어조로 미루어 때는 바야흐로 과실이 충분히 영글었을 때였고 수확을 앞둔 시점이었다.

그런데 잔뜩 기대하고 찾아온 주인을 실망시킨 그 불임의 무화과나무. 그것은 통상적인 예에 따라 도끼로 찍어 불쏘시개로 쓰면 될 일이었다. 그것은 이 나무를 향해 의심의 여지가 없는 수순이었다. 더구나 그 나무의 사형 집행을 지시하는 주인의 엄명이 추상같지 않은가? 그래서 한 유대교의 비유 문헌에서도,

내 아들아, 너는 내게 길가에 서 있었던 종려나무와 같았다. 그

---

6) 학자들은 이 에피소드와 누가복음의 상기 비유 사이에 발견되는 공통 모티프에 착안하여, 앞의 에피소드가 이 비유를 변형시킨 실제 이야기라고 보거나 그 반대로 이 비유가 앞의 사실을 근거로 만들어진 것이라고 주장하는데, 이는 너무 피상적인 추측이거나 자의적인 판단이다. Alfred Plummer, 앞의 책(1977), 340 참조.

런데 그 나무한테서 아무도 열매를 따지 못했다. 네 주인이 와서 그것을 뽑아버리길 원했다. 그때 그 종려나무는 그에게 말했다: "그저 일 년만 더 제게 허락하소서, 그러면 제가 당신께 카타민 [사프론] 열매를 선사하겠습니다." 그 주인은 대답했다: "이 참담한 나무여! 네가 네 몫의 열매조차 맺지 못했는데 어떻게 다른 열매를 맺을 수 있겠는가?"(Syriach Ahikar)[7]

라고 탄식했을 것이다. 그런데 본문의 열매 없는 무화과나무에게는 이러한 변명의 기회조차 주어지지 않는다. 그 나무에게 변명거리가 없었을까? 아니, 있어도 소용없으리란 판단에서였을 것이다.

이 대목에서 이 난처한 무화과나무의 운명에 대전환을 불러오는 계기는 예수의 분신임이 분명한 포도원지기의 개입이다. 그는 주인의 단도직입적 처사를 만류하며 조건부로 거래를 벌인다. 그것은 1년 동안만 그 처분을 집행 유예시켜달라는 것이다. 그 기간 내에 그 나무에 거름을 잔뜩 주어 잘 가꿀 테니 좀더 참아달라는 부탁이다. 그 뒤에도 모든 노력이 허사로 끝나게 된다면 그때 찍어버려도 가하다는 설득이다. 그 포도원지기의 긴급한 청원과 더불어 이 비유는 끝난다. 이렇게 침묵의 여운으로 대체되는 주인의 대답은 미궁에 가려지고, 그 긴장 어린 여운 속에 독자는 희망의 기미를 포착한다. 나는 그 기미 속에 묵묵부답으로 자신의 인내를 다음 해 그맘때로 이월하고 절망을 유보한 채 희망을 존속시키는 아슬아슬한 장면을 떠올린다.

그렇다. 이 땅의 일들이 전부 법대로, 원칙대로 처분되는 것만은 아니다. 더구나 주인의 위치에 있는 하나님은 오래 참고 자비로운 신이 아니던가? 그분의 '의'는 역사적으로 엄정한 심판과 더불어

---

7) M. Eugene Boring, 앞의 책(1995), 218 참조.

한없는 은혜와 사랑의 표정을 담고 있지 않은가? 앞서 예시한 유대교 문헌과 또 다른 다음의 경우를 주목해보라.

> 그러나 나 역시, 자신의 나무에서 더 이상 열매를 기대하지 않는 농부가…… 그가 심은 것을 기탄없이 뽑아버리리라고 믿는다. 그러나 만일 그가 막 얼굴을 내미는 새싹을 본다면, 그때 그는 얼마의 열매를 얻기 위해 그것을 그대로 놔둘 것이다. 정말로 그렇구나! 누구나 쓸모없는 나무를 잘라버리지만 만일 그것이 결실하면 그대로 둔다(Armenian Philo, *De Jona,* 52).[8]

쓸모없는 나무와 쓸 데 있는 나무의 분별은 분별자의 순간의 선택에 따라 좌우된다. 그것의 현재 열매 없는 상태를 보면 분명 쓸모없는 나무일지라도 일말의 희망을 간직한 채 이듬해의 가능성을 포기하지 않는다면 그것은 좀 더 기다려 내년을 기약할 수 있는 나무이다. 신학적으로 보자면, 무화과나무든, 사람이든, 이 지상의 그 어떤 생명도 절대적으로 불가능하거나 전적으로 절망적인 경우는 없기 때문이다. 찍어버리기로 작심했다가도 막 터져 나오는 새싹을 보며 한 번 더 참아두는 농부의 마음은, 흠집투성이의 자식을 내쳤다가도 다시 받아들이는 부모의 그 마음에 다름 아니다. 하물며 만물을 향해 오래 참는 하나님의 인내에 비견할 수 있으랴! 그의 말없는 그 견딤은 못났기 '때문에' 포기할 만도 하건만 못났음에도 '불구하고' 또 한 차례 이월되는 인내, 그 나무에게 한 번 더 갱신되는 희망이 아닐런가. 그렇게 그 불임의 무화과나무는 죽음의 벼랑 끝에서 극적으로 탈출한다. 다시금 가멸찬 생명의 희망을 싹 틔우며!

---

8) 앞의 책(1995), 218 참조.

4. 일 년 주기의 시한부생명

그런데 여기서 재미있는 것은 그것이 주인의 견딤이든, 무화과 나무의 희망이든, 일 년 단위의 조건부 연장으로 제시되고 있다는 점이다. 그것은 '딱 1년'이나 '꼭 1년'으로 못 박아 에누리 없이 정해진 1년이 아니다. 주인의 침묵이 암시하듯, 그 1년은 일단 지난 묵은해의 시점에서 본 1년이지만 10년 전이나 10년 후의 시점에서 본 1년일 수도 있다. 그 1년은 고정된 절대적인 시간대가 아니라 움직이는 상대적인 시간대로서 성찰과 분발의 기회이자 갱신과 도약의 밑천이다. 그렇게 열린 가능성에도 불구하고 무화과나무는 열매를 맺지 못하는 한, 언제라도 소멸할 준비가 되어 있어야 하는 시한부생명일 뿐이다. 시한부생명으로서의 무화과나무는 회생에의 희망과 절망적인 소멸이라는 쌍방향의 명운을 짊어지고 있다. 그 결판의 지점은 예의 무화과나무에게 종말론적인 순간으로 언제나 준비되어 있다. 그것이 무화과나무의 입장에 선 독자가 주인의 침묵에 안도의 한숨을 내쉬면서도 속으로 긴장 어린 진땀을 흘리는 이유이다.

이쯤에서 비유의 틀을 깨보자. 주인은 하나님, 포도원지기는 예수이고 무화과나무는 늘 부실히기만 한 우리 인생들이라고 대입해보자. 가차 없이 찍어버리겠노라는 하나님의 최종 판결과 그 집행의 대상은 기실 모든 인생들의 현실태로 누구에게나 예외 없이 적용된다.[9] 이 엄정한 사실은 본문의 비유를 감싸고 있는 누가복음

---

9) 실제로 이 비유는 인간 존재가 처한 절실한 본성에 대한 종말론적인 처방을 담아내고 있다. 하나님의 심판 앞에 제공된 은총의 짧은 기간 내에 회개하라고 요청하는 예수의 부름이 신학적인 관점에서 제시된

의 맥락을 면밀히 살펴보면 여실히 증명된다. 당시 빌라도의 철퇴에 맞아 죽은 갈릴리인들이나 실로암의 망대가 무너질 때 깔려 죽은 자들이 유달리 하나님의 진노를 사서 그런 비운을 겪었다고 생각하지 말라는 것이다(눅 13:1 – 5).[10] 우리 식으로 바꿔 말해서, 삼풍백화점이나 성수대교가 무너질 때, 대한항공 비행기가 폭파될 때, 그 재난의 공간 속에 있던 자라고 해서 유난히 부실한 탓에 일찍 찍혀버린 무화과나무라고 단정하지 말라는 것이다. 비명에 횡사한 듯한 그들이나 아직 생명이 연장되고 있는 나머지 우리들이 엄밀하게 보면 모두 1년의 시한부 인생에 불과하기 때문이다.

사실, 살아남은 자는 모두가 포도원지기 예수의 중보적 개입과 만유의 주님인 하나님의 묵묵한 은총에 기대어 1년 단위로 연장된 몫의 덤터기 생명을 누리고 있을 뿐이다. 그 1년이, 어느 순간, 한 달이나 하루, 나아가 한 시간이나 단 일분일초의 시한부 생으로 급전될 수 있을 터이다. 그러니 매일 잠을 깨어 하늘의 빛을 보고 이 땅에 발 디디며 호흡하는 그 순간이 마냥 황송하며 부담스럽지 않을 수 없는 것이다. 그 황송함이 또 한 차례 연장된 생명의 은총에 대한 감읍의 표현이라면 그 부담은 이번에는 꼭 튼실한 열매를 맺어야 한다는 생명의 의무에 대한 성찰적 자의식의 발로이다.

이 비유의 핵심 메시지인 셈이다. Joseph A. Fitzmyer, 앞의 책(1985), 1005 참조.

10) 누가복음의 전승사적 맥락에서 이 비유는 예수 당시의 유대인들을 향하여 예기치 않은 재난으로 죽은 사람들보다 삶의 생산성이나 적극적인 활동이 없이 나태한 상태에서 자신의 존재를 혁신하려는 결단의 결핍이나 지연이 더 큰 죄라는 메시지를 담고 있다. 그러나 누가의 저작 시점에서 이 비유는 또한 갑작스런 죽음의 전망이란 현실에 직면한 개개인의 그리스도인이 처한 삶의 자리를 반영하고 있다. 앞의 책(1985), 같은 쪽 참조.

자꾸만 유예되는 그 소멸의 순간은 자본주의의 세계관에 비추어 분명 비논리적 타산이지만 하나님의 묘연한 뜻이 살아 숨 쉬는 신묘한 행로이다. 그래서 오늘도 나는 죽을 듯하면서도 살아가고, 그 살아감 혹은 살아냄은 1년짜리 시한부인생의 조건부 사슬로 인해 늘 비감하다.

「무화과」란 제목의 시를 쓴 김지하의 통찰에 의하면, 무화과는 꽃이 없이 열매 맺는 나무이다. 외관상 드러나는 화려한 꽃 시절이 없이도 과일 속으로 꽃을 피우는, 그야말로 조용히 성숙하며 결실하는 생명이 바로 무화과란 존재이다.[11] 잎만 무성하고 열매

---

11) 이 시는 문학비평가 김현의 에세이 "속꽃 핀 무화과의 꿈,"『김현문학전집』 7(서울: 문학과지성사, 1992), 57-67에서 탁월하게 분석된 바 있다. 이에 따르면 무화과의 이미지는 보이는 꽃만을 바라보는 범속한 사람에게 보이지 않는 비극적 인식을 내포한다. 그것이 자아내는 절망은, 그러나 역설적으로 보이지 않는 꽃을 볼 수 있는 사람에게 그 비극적 인식을 넘어 그런 운명의 존재를 수긍함으로써 그 영혼을 정화시켜준다. 그는 이 시의 서사적 구조를 실재적 자아, 잠재적 자아, 예술적 자아의 균열과 역동적 관계 속에 매우 섬세하고 풍요하게 분석했다. 이 시의 전문은 다음과 같다.

돌담 기대 친구 손 붙들고
토한 뒤 눈물 닦고 코풀고 나서
우러른 잿빛 하늘
무화과 한 그루가 그마저 가려졌다.

이봐
내겐 꽃시절이 없었어
꽃 없이 바로 열매맺는 게
그게 무화과 아닌가
어떤가
친구는 손 뽑아 등 다스려주며
이것봐
열매 속에서 속꽃 피는 게
그게 무화과 아닌가

의 조짐인 꽃이 보이지 않는다고 해서 속살을 헤집어 은밀하게 꽃을 피우는 이 아름다운 나무의 때늦은 견성을 누가 성급히 책할 수 있으랴. 대기만성은 곧 견성을 향한 모든 존재들의 비밀일지니…… 사정이 이러한 터에 무화과나무 이야기는 무화과나무에 대한 이야기가 전혀 아니다. 그 비유의 골짜기에는 망종의 무화과나무처럼 제멋대로 살아가면서 남의 불행을 나의 행복으로 삼곤 하는 인간의 자화상이 한 편 걸려 있다.

그 비유 속의 무화과나무는 정상적인 자연의 흐름, 곧 하나님의 창조 법칙에 순응할 때 이듬해에 반드시 결실할 수 있으리라. 포도원지기는 그 사실을 아는 듯하다. 주인도 이 점을 모르지 않기에 묵묵히 조금 더 기다리며 인내하는 아량을 발휘한다. 자연만물도 그 주인을 닮아 철 따라 살고 때에 맞춰 익을 줄 알건만 사람만이 자본주의적 성취욕에 들떠 늘 속이 근질근질하고 조급하다. 하루에도 열두 변덕을 부리며 뽑았다 심었다 하는 이 조급증에 우리는 어느덧 서로에게 불만의 대상으로 각인되어 조갈증(燥渴症)을 앓는다. 그 현실 속에서 우리들 각자는 얼마나 더 서로의 목숨을 지탱해줄수 있을까? 남을 제치고 그 생을 뿌리째 뽑아내며 내가 좀더 살아남아도 결국 1년짜리 시한부 인생인 것을! 그렇게 정해진 신묘한 이치를 누가 깊숙이 깨우쳐 그 우련한 하나님의 마음을 헤아릴 수 있으랴!

어떤가

일어나 둘이서 검은 개굴창가 따라
비틀거리며 걷는다
검은 도둑괭이 하나가 날째게
개굴창을 가로지른다

04 | 대를 잇는 희생의 한 계보

─ 마태복음 23:29 ─ 36

1. 특이한 열정

　열정과 수난은, 그 말들의 뿌리를 붙잡아 그 끄트머리까지 캐어보면, 마치 뫼비우스의 띠처럼 뒤얽혀 있는 쌍생어이다. 가깝게는 영어의 '패션'(passion)이 그렇거니와, 멀리는 헬라어 '파쎄마'(*pathēma*)가 '페이쏘스'(pathos)란 말과 어깨를 나란히 하면서 열띤 정서적 표출(또는 그 욕망)과 수난이란 개념을 두루 포괄하고 있다. 한국어에서 별 상관이 없는 것처럼 보이는 이 두 개념이 이렇게 외국어에서 한 몸뚱이로 뒤얽히게 된 내력은 무엇일까? 일단 역사적 상상력에 기대어 추적해보면, 그것은 고대 헬라문화권 등지에서 유별난 열정의 소유자들이 걸어간 특이한 생존 방식과 일정한 연관이 있었음을 알 수 있다.

　그 열정의 한 변주가 히브리 문화권에서는 '질투'의 감정으로 나타난다. 가령, "나 야훼 네 하나님은 질투하는 하나님"(출 20:5)이라고 했을 때 그 질투는 자신의 경쟁상대가 잘 나가는 것에 배아파하는 식의 편협한 시기심과 좀 거리가 있다. 그것은 의의 하나님 야훼의 속성상 도무지 견딜 수 없는 불의와 죄악에 대한 뜨

거운 의분과 같은 정서적 표현으로서 예의 열정과 동궤를 취하는
개념으로 이해된다. 그런 배경하에, 이 '질투'의 헬라어에 해당되
는 '젤로스'(zēlos)는 단지 질투라는 협의의 틀을 넘어 충만한 열정
의 상태를 가리키는 어휘로 사용된 것이다.

그 야훼 하나님의 속성을 본받은 숱한 하나님의 종들은 그야말
로 뜨거운 열정의 구현자들이었다. 비느하스를 필두로 하는 구약
성서의 '열정행전'은 그 곤핍한 현실에도 불구하고 눈부시게 이어
져갔다. 예수 당시에도 이교도들의 침탈에 맞붙어 목숨을 내놓고
싸운 이들은 그 파당의 이름까지 열심당(zēlotēs)이라 하여 약속의
땅, 선택된 신의 민족이란 자긍심에 걸맞게 치열한 투쟁의 선봉에
섰다.1) 예수 또한 비록 열정을 수행하는 목적과 방식은 그들과 달
랐을지라도, 가령 강도의 소굴이 되어버린 성전에서 채찍을 휘두
르면서 "주의 전을 사모하는 열정이 나를 불사르리라"(요 2:17)는
예언을 자신의 경우에 빗대어 해석할 정도로 기탄없이 열정적인
마음을 표출하였다.

그런데 특이할 정도로 외곬으로 달렸던 그 열정의 주인공들에게
열정은 세인의 통념에 비추어 무모하고 위험한 것이었다. 그들이
속한 체제의 주류 이념과 사회에 고착된 관습을 일거에 뒤집고자

---

1) 이러한 열정의 계보와 열심당에 대하여 다음을 참조할 것: David
Roads, "Zealots," *ABD* vol.6, 1043 – 1054; Vincent M. Smiles, "The
Concept of 'Zeal' in Second – Temple Judaism," *CBQ* 64 / 2(2002),
282 – 299. 그 열정의 실천 결과로서 폭력의 문제, 그것의 구체적인
사례로서 비느하스와 예수의 경우에 관해서는, John J. Collins, "The
Zeal of Phinehas: The Bible and the Legitimation of Violence," *JBL*
122 / 1(2003), 3 – 21; William Klassen, "Jesus and Phinehas: A
Rejected First Century Role Model," *SBL Seminar Papers*(1986),
490 – 500 참조.

하는 단호한 결단과 도발적 개입을 그들이 마다하지 않았기 때문이다. 물불 가리지 않는 열정이란 대개 수난을 자초하고 그 수난의 끝에는 늘 죽음의 그림자가 도사리는 법이다. 그러나 몸을 사리며 자신의 안위를 도모하는 일체의 정치적 고려를 배제하고 파당적 이해관계를 가능한 한 뒤로 한 채 정공법으로 사안의 핵심을 때리고 이에 관련된 기득권자들의 켕기는 부분을 찌르는 수법이란 자신을 공적인 수난과 죽음의 볼모로 내세우지 않고는 가당치도 않을 터였다. 이렇듯, 그들은 하나님의 신령에 접속된 자들답게 하나님의 사람이라는 명분에 죽고 사는 것이 마땅하다는 가치관을 가지고 매사에 임했다. 이에 따라 그들은 그 특이한 열정을 불태워 수난을 자초했으며 그 수난의 정점에서 맞는 죽음까지 의연히 부대낄 정도로 모든 불리함을 예감하고 체화시킨 자들이었다. 히브리서 저자의 표현을 빌면 그들은 그 도저한 열정을 온몸으로 밀어붙인 '세상이 감당치 못하는 자'(히 11:38)에 해당된다고 하겠다.

그들에게는 그나마 수난과 죽음을 볼모로 한 그 열정이 이 적대적인 세상을 버틸 만한 힘이 될 수 있었다. 그렇지만 그 치사량의 열정을 확보할 틈도 없이 나름대로 착하고 순진하게 살아간 평범한 사람들의 억울한 수난과 죽음은 어떻게 설명해야 할까? 무지렁이 백성으로 태어나 살면서 자신의 소박한 삶을 보호할 만한 아무런 물리력도, 지식도, 심지어 자기 옹호를 위한 한 조각의 발칙한 열정도 지니지 못한 이들의 비명횡사, 그 무죄한 피 말이다. 그것은 그 피해 당사자들에게 어쩌면 예감조차 되지 못한 죽음일 터이나, 역사적 관점에서 보면 충분히 예견되고, 울분이 치솟을망정 이해될 만한 죽음이다. 그것은 예의 특이한 열정에 따른 수난과 죽음의 계보와 맞물려 면면히 전승된 지울 수 없는 역사적 사실이다.

마치 그런 죽음이 없이는 역사의 전승에 흠이라도 생길 것처럼 그 의로운 자, 순결한 자, 창조적인 자의 무고한 수난은 지속되었고, 그들의 무죄한 피를 간단없이 역사의 제단에 흘려왔던 것이다.

2. 아벨에서 사가랴까지

"화 있을진저!"라는 상용구로 되풀이되는 서기관들과 바리새인들을 향한 비판(마 23:1-36)은 단순한 비판을 넘어 저주의 어조를 머금을 정도로 매우 신랄하다. 당시 종교권력의 한 축을 형성한 그들에 대한 비판은, 텍스트의 표피만 따라가자면, 그들의 허영과 오만, 위선과 무지, 탐욕과 방종으로 집중된다. 그러나 해당 텍스트의 사회사적인 배경을 염두에 둔다면 전통 종교인 유대교와 당시 신흥종교로서 갓 태어난 그리스도교 사이의 치열한 경쟁선상에서 자신들의 세력을 확장하기 위해 피차 주도권 확보에 여념이 없던 선교적 긴장과 대립의 상황이 떠오른다.[2] 내가 선택한 본문(마 23:29-36)은 이렇게 상대방의 약점을 포착하여 공격하는 일련의 화(禍) 선포의 끝 부분에 자리한다. 여기서도 예수의 목소리로 질타당하는 주된 과녁은 "외식하는 서기관들과 바리새인들"이다. 그중에서도 특히 집중적인 포화의 대상이 되고 있는 것은 그들이 사회의 기득권자들로서 그들의 조상 때부터 대대로 저지른

---

[2] 이 본문 전체를 문서의 전승사적 맥락에서 Q공동체의 '삶의 자리'를 반영한다고 볼 때, 여기에는 Q공동체와 바리새인들 사이의 "씁쓸한 대결"(bitter confrontation) 구도가 상정된다. John S. Kloppenborg, *The Formation of Q*(Philadelphia: Fortress Press, 1987), 143 참조.

살육의 역사와 그 범죄를 호도해온 은폐와 왜곡의 역사이다.

그들은 선지자, 현자, 서기관 등의 이름으로 파송되어 바른 소리를 내는 자들을 핍박하고 죽인 혐의로부터 자유롭지 못하다.3) 현재 그들은, 앞으로 변함없이 그렇게 할 것이면서도, 과거에 있었던 유사한 박해와 살육의 역사를 교묘하게 은폐한다. 그 은폐의 방식은 곧 역사 왜곡의 방편으로 이어지는데, 이는 놀랍게도 고금을 막론하고 일관되게 써먹어온 상투적인 치장과 미화의 짓거리들이다. 이를테면, 과거에 그들 조상의 죄악을 지적해내고 질타한 대가로 무죄하게 죽임을 당한 선지자들의 무덤을 만들고 의인들의 비석을 장식하는 따위의 행위가 그 대표적인 예이다(마 23:29). 이는 곧 과거에 발생한 무고한 죽음의 현장을 성역화함으로써 그 범죄에 직간접으로 연루되어 있는 자신들의 잘못을 면하고자 하는 발상에 기초한 행위이다.

이러한 행위들은 대체로 고도의 정략적 기획 아래 최고의 대중선전 효과를 겨냥한다. 그 범죄로서의 살육은 무덤과 비석이라는 매체를 통해 일단 공간화되고, 그것은 다시 거룩하게 꾸며진다. 그렇게 성역화된 의인의 죽음은 그 기획의 당사자들이 현재 누리는 종교적 권력을 정당화하고 한층 더 공고하게 하는 기제로 작용한다. 그러나 까마귀가 회칠을 한다고 백로가 될 수 없는 것처럼 살

---

3) 이 대목에서 흥미로운 점 한 가지는, 서기관 집단의 자체 분열이다. 본문에서 서기관은 불의한 박해자의 입장에 서기도 하며(마 23:29), 의로운 희생자로 묘사되기도 한다(마 23:34). 이는 일부 서기관들이 율법에 대한 전향적 해석을 통해 마태공동체(Q공동체가 아니라면)의 성립과 발전 과정에 참여하여 일정한 지도력을 발휘했음을 암시한다. 이로 인해, 그들은 회당에서 쫓겨나 이곳저곳을 전전하며 유랑생활을 한 것으로 짐작된다.

육의 증거일 뿐인 그 무덤에 회칠을 한다고 그 무덤이 내내 하얀 순결의 징표가 될 수 없는 법이다. 겉과 속이 다른 그 위선을 한 꺼풀 더 덧칠하는 것은, 그들이 그런 행위로써 표방하는 다음과 같은 천연덕스런 내숭과 음흉한 자기기만이다: "만일 우리가 조상 때에 있었더라면 우리는 그들이 선지자의 피를 흘리는 데 참여하지 아니하였으리라"(마 23:30).

예수의 목소리는, 특히 그 목소리의 이면에 불타는 그의 열정은, 그 위선을 도저히 못 견뎌 한다. 그들의 정체가 "선지자를 죽인 자의 자손"에 있음을 투시하면서 예수는 그 정체에 걸맞게, 시쳇 말로 생긴 대로 놀라고 비아냥거린다: "너희가 너희 조상의 분량을 채우라"(마 23:32).[4] 마치 그 조상들이 자행해온 살육의 역사가 모자라니 더 많은 의인들을 죽여서 그 결핍된 분량을 마저 채우라는 어투이다. 그렇게 결정론적으로 못 박아 그들을 매도하는 것은, 그들이 현재의 위선적 상황을 스스로 송두리째 뒤집을 수 없는 구제불능의 족속, 곧 지옥의 판결이 예정된 '뱀'과 '독사의 새끼들'(마 23:33)이라는 인식에 근거한다. 그도 그럴 것이, 그들은 한편으로 과거의 살육 현장을 꾸며 성역화하면서 다른 한편으로 그 살육의 대열에 동참하는 지독한 모순을 범하고 있기 때문이다.

어쩌면 지나치게 운명론적으로 비칠지도 모르는 이러한 화의 선

---

4) 하나님에 의해 파송받은 예언자들의 살해라는 신명기 사관의 주제는 Q문서의 신학적 특징으로 계승된다. John S. Kloppenborg, 앞의 책 (1987), 143 참조. 그러나 신명기 사관에서는 파송받은 예언자들이 이스라엘의 거부로 인해 핍박받는 점이 주로 강조되지만 Q문서는 예수의 제자들이 그 핍박으로 하나님 나라의 선교에 더 강하게 박차를 가하는 차이점이 있다. L. Ann Jervis, "Suffering for the Reign of God. The Persecution of Disciples in Q," *NovT* 44 / 4(2002), 313 - 332 참조.

언은 따지고보면 투철한 역사인식에 기반하고 있는 것으로 판단된다. 그것은 유대인의 민족사와 민족 형성 이전의 인류사를 통틀어 이미 명백한 역사적 사실로 나타난 바 있다. 특히 순결한 의인이 무고하게 폭력의 제물로 희생되어온 그 의로운 죽음의 계보를 통해 충분히 입증되었다. 그것은 의의 하나님이 허수아비가 아닌 한 그분에 의해 반드시 신원되고 언젠가는 갚아져야 할 채무와 같다. 그리하여 예수의 목소리는 대를 이어 지속된 그 죽음의 계보를 요약하여 책임의 소재를 분명히 해둔다: "그러므로 의인 아벨의 피로부터 성전과 제단 사이에서 너희가 죽인 바라갸의 아들 사가랴의 피까지 땅 위에서 흘린 의로운 피가 다 너희에게 돌아가리라" (마 23:35). 나아가 그 '너희'의 외연은 위선적인 예의 바리새인들과 서기관들의 범위를 넘어 공동책임을 함축하는 '이 세대' 전체로 확장되기에 이른다: "내가 진실로 너희에게 이르노니 이것이 다 이 세대에 돌아가리라"(마 23:36).[5]

원죄의 교리나 죄의 유전에 대한 잡다한 전통적인 변설을 거론치 않더라도 이 세상에 만연한 불의와 부조리, 죄악은 그 어느 시대, 어느 사회를 막론하고 쉽사리 변치 않는 일상적 현실로 체감된다. 그 현실의 층층켜켜를 치밀하게 해부하면서 인정치 않을 수 없는 사실은, 평상시 서한 듯한 개개의 인간에게 잠재된 죄의 본성 못지않게 죄의 구조가 엄연히 우리 가운데 항존한다는 것이다. 그 구조에서 가장 두드러진 것은 인간들 사이에 복잡하게 뒤얽힌 폭력과 압제의 현실이며, 그 정점에 극적으로 나타나는 죽음과 죽

---

5) '이 세대'에 대한 비판도 Q문서의 심판 선언문에서 탐지되는 공통된 특징 가운데 하나이다. 여기서는 지혜의 사자들을 거부하는 자들(눅 7:31 - 35, 11:29 - 32)을 포괄한 범주로 해독된다. John S. Kloppenborg, 앞의 책(1987), 144 참조.

임의 실상이다. 그 폭력적 압제와 살육의 구조는 때로 법과 관습에 따른 처벌이나 소외의 형식으로, 때로 군중 심리에 기댄 정치적 희생의 차원에서 가동된다. 그 가운데 그 현실을 무마하며 희생된 무고한 피의 신원에 대한 요청을 순화하고 탈각시키는 가장 수월한 방편은 종교와 제의의 형식이다.

그런데 본문에 발성된 예수의 목소리는 종교권력에 가탁한 그 성화(聖化)의 부조리를 섣부르게 인증하지 않는다. 오히려 그 반대이다. 예수는 단도직입적으로 그 부조리의 핵심을 꿰뚫고자 한다. 이로써 그는 죽은 의인의 교훈을 되살리기보다 고작 그 무덤과 비석을 치장하며 뒷구멍으로 호박씨 까듯 똑같은 살육의 역사를 되풀이하는 그 무감각과 위선에 정면으로 맞선 것이다. 아마도, 하나님의 종들이 겪은 억울한 죽음에 대한 총체적이고도 전복적인 환골탈태의 시대적 반성이 없이 치러지는 종교와 제의의 살풀이나 이를 빙자한 인스턴트 회개와 용서란 전혀 무의미하다고 여긴 때문이었을 것이다.

그러나 예수 딴에 예의 특이한 열정이 아니었다면, 그 살육의 장본인들을 향해 어찌 '뱀'과 '독사의 새끼'란 과격한 말을 내뱉을 수 있었을 터인가? 그의 열정이 예고된 수난과 죽음의 그늘을 의식하여 한껏 핏대를 올렸다가 곧 꼬리를 사리는 일순간의 객기였다면, 어찌 그토록 민감한 의인의 '피'를 소재로 목청을 돋울 수 있었단 말인가? 본문의 예수는 이로써 당시 주류 종교의 무난하고 속편한 지도자로 머물기를 거부한 것이며, 동시에 그 어떤 신흥종교의 교주로 행세하길 마다한 것이다. 그는 분명 아벨에서 사가랴까지 대를 이어간 의인의 수난과 죽음이라는 특이한 계보 속에 자신의 입지를 당당하게 노정한 것이다.6)

316

3. 희생을 부르는 희생

아벨에서 사가랴까지의 억울한 죽음의 전승은 대를 이어간 의인의 죽음을 포괄하는 계보를 이룬다. 그것은 한 마디로 희생의 꼬리를 문 희생의 행렬과 다름없는 계보이다. 그런데 희생에는 두 종류의 얼굴이 있다. 먼저 그 희생이 갸륵한 경우를 떠올려 볼 수 있다. 한 공동체의 삶이 난국에 봉착하여 좌충우돌 혼돈의 도가니에서 그 성원들이 곤경을 겪을 때 흔쾌히 자신의 모든 것을 던져 공동체의 활로를 여는 희생이 바로 그런 종류의 희생에 해당된다. 별 대가도 없이 자신의 모든 것을 던지는 결단은 그 자체로도 힘든 것이지만, 그러한 희생이 그 갸륵함에 합당한 보상을 받는 예도 드문 듯하다. 그것은 남의 이목을 의식하지 않고 은밀히 행하는 구제와 같아서 손해 보길 감수하지 않고서는 엄두도 내기 어렵다. 하물며 이 세상에 하나밖에 없는 제 목숨을 내거는 결단에 있었으랴! 그렇지 않고 생색을 내려는 차원의 희생을 위한 희생은, 그 희생으로써 더 큰 몫의 보상을 챙기려는 속셈의 꼬투리를 내비치고 있는 터라 그것을 명실공히 갸륵한 희생으로 운위하기란 참으로 난처한 일이 아닐 수 없다.

그런데 참으로 볼썽사나운 희생은 강압의 결과 생겨나는 비자발적이고 타율적인 희생이다. 공동체 전체를 살리고 그 성원 전부를 위한다는 명분을 내세워 그 일부를 희생양으로 삼는 경우, 대체로 그 희생의 이익을 챙기는 것은 공동체 전체가 아니다. 그 희생의

---

6) 이러한 화자의 수난자 / 희생자로서의 자의식은 문서의 전승사적 맥락으로 치환시켜보면 유대교의 기득권 세력, 특히 바리새파에 의해 박해받는 공동체의 삶의 자리를 떠올려준다.

수혜자는 대체로 그 희생을 유도하고 조종하거나 강제한 그 당사자를 위시하여 그와 이해관계를 함께하는 그 주변의 몇몇 측근들에 불과하다. 사정이 이런 터에 아무리 그럴싸한 공동체의 명분을 내세우더라도 그 희생이 강제된 타율적 희생, 구조적 죄악의 결과 빚어진 소수의 희생으로 귀착되는 한, 그 희생의 명분은 결국 소수의 기득권 세력에 봉사하는 '당신들의 천국'일 수밖에 없게 되는 것이다.

내가 본문의 해석적 맥락에서 문제 삼고 싶은 것은 바로 이런 부정적 희생의 풍경이다. 이렇게 부당하게 강제된 희생의 현장에는 으레 그 희생을 주도한 사람들이 그들의 공범의식하에 결집되어 치르는 사면의 종교제의가 수반되기 마련이다. 그들의 죄책감은 한없이 부풀려져 그 희생자들을 일방적으로 매도하며 정죄하길 그치고 그들의 희생을 갸륵한 것으로 만들기에 여념이 없게 된다. 이러한 분위기에 편승하여 그 불의한 희생의 피값에 대한 구체적인 해소의 노력이 없는 상태에서 그 희생을 달래기 위해 또 다른 제물을 동원하고 일정한 제의 절차에 동참하는 식의 회개와 속죄의 과정이 되풀이된다. 부당하게 발생한 희생을 달래기 위해 또 다른 제의적 희생을 요구하는 뿌리 깊은 희생의 파노라마, 그것이 바로 제도권 종교의 생존 양식으로 역사화되어 오늘날까지 이른 것이다.[7]

---

7) 지라르는 종교와 제의의 기원에 이러한 희생과 폭력의 메커니즘이 자리 잡고 있음을 밝힌 바 있다. 르네 지라르 / 김진석·박무호 옮김, 『폭력과 성스러움』(서울: 민음사, 1997). 이 뛰어난 이론은 2005년 6월 현재 국내에 개봉된 영화 '혈의 누'(김대승 감독 작품)에도 반영되면서 그 진가를 발휘한 바 있다. 아울러, 예수의 죽음에 담긴 희생제의와 속죄론적 특징을 부정한 지라르의 입장을 삼위일체 신학의 관점

318

그런데 성서는 그러한 희생의 제의화 현상을 그 품에 아우르면서도 불의한 희생의 대상자들에 대한 신원의 메시지와 그 희생의 은폐와 왜곡을 초래하는 구조적 질곡에 대한 통렬한 질타의 목소리로 가득하다. 하나님이 즐겨 흠향할 만한 제사를 올린 아벨의 죄가 무엇이기에 그가 남도 아닌 그의 형한테 맞아 죽어야 했단 말인가? 그의 죽음은 마땅히 억울하고 비극적인 것이었기에 그 희생은 의인의 죽음이란 계보에서 첫 가지를 칠 수 있었다. 그 뒤로 얼마나 영웅적이고 동시에 비극적인 무고한 수난과 죽음의 행렬이 이어졌던가. 의인의 과업을 실행하며 보인 그 당당한 열정의 결과, 기꺼이 "심한 고문"을 받고 "조롱과 채찍질뿐 아니라 결박과 옥에 갇히는 시련"을 통과한 담대한 믿음의 주인공들을 보라! "돌로 치는 것과 톱으로 켜는 것과 시험과 칼로 죽임을 당하고 양과 염소의 가죽을 입고 유리하여 궁핍과 환난과 학대"를 감내하며 "광야와 산과 동굴과 토굴"에서 신산한 나날들을 보낸, 세상이 감당치 못했던 자들의 그 유장한 삶의 기록(히 11:35-38)을 보라!

사가랴가 돌에 맞아 죽게 된 것은 야훼의 신령에 감동되어 "너희가 어찌하여 스스로 형통하지 못하게 하느냐…… 너희가 야훼를 버렸으므로 야훼께서도 너희를 버리셨느니라"(대하 24:20)고 씨알 있는 소리를 그 백성들에게 선포한 때문이었다. 사가랴의 이러한 억울하고도 비극적인 죽음은 적지 않은 선배들의 전례에 따른 예감된 죽음이었고, 그의 계보를 이어받은 숱한 후배들에게 동일한 전철을 대물림한 희생이었음이 분명하다. 아무리 먹통 같은 귀를

에서 비판하면서 그 긍정성을 재조명한 국내의 다음 연구도 참조할 것: 박만, "폭력과 속죄 죽음: 르네 지라르(Renè Girard)의 예수의 십자가 죽음 이해에 대한 비판적 고찰," 『한국기독교신학논총』 53(2007), 111-140.

가진 자들을 앞에 두고서라도 외치지 않을 수 없는 그 신성한 절
박함! 죽음을 각오하고 정공법으로 선포한 그 메시지에, 아니나 다
를까, 패역의 칼을 들이댄 도도하고 꽉 막힌 그의 청중들! 이러한
경험은 특히 안일한 정치 종교 체제에 비판적이고 사회의 기득권
자들을 향해 공격적이었던 예언자들에게 두루 공통된 체험이었다.
아울러, 무고하게 흘린 그들의 피에 대한 궁극적 보복과 신원의
외침도 꾸준히 지속되어갔다. 사가랴의 선후배들과 동시대 예언자
들이 이렇게 그 체험의 공통분모를 가지고 예수의 목소리로 요약
된 '아벨에서 사가랴까지'의 비극적 희생의 계보에 동참하고 있음
은 물론이다. 보라! 그 핍박과 수난의 명백한 자취를!

> 그[＝엘리야]가 대답하되 내가 만군의 하나님[야웨]께 열심이
> 유별하오니 이는 이스라엘 자손이 주의 언약을 버리고 주의 제단
> 을 헐며 칼로 주의 선지자들을 죽였음이오며 오직 나만 남았거늘
> 그들이 내 생명을 찾아 빼앗으려 하나이다(왕상 19:10, 14).

> 그들은 순종하지 아니하고 주를 거역하며 주의 율법을 등지고
> 주께로 돌아오기를 권면하는 선지자들을 죽여 주를 심히 모독하
> 였나이다(느 9:26).

> 너희 조상들이 애굽 땅에서 나온 날부터 오늘까지 내가 내 종
> 선지자들을 너희에게 보내되 끊임없이 보내었으나 너희가 나에게
> 순종하지 아니하며 귀를 기울이지 아니하고 목을 굳게 하여 너희
> 조상들보다 악을 더 행하였느니라(렘 7:25-26; cf. 렘 25:4).

이러한 예언자들의 자의식은 예수에게도 전수되었고 마침내 내
면화되어 그는 이로써 자신과 제자들의 앞날을 단단히 준비시켜놓

320

는다. 그 준비가 얼마나 철저했냐 하면 핍박과 수난을 기쁨과 즐거움의 대상으로 간주할 정도다: "나로 말미암아 너희를 욕하고 박해하고 거짓으로 너희를 거슬러 모든 악한 말을 할 때에는 너희에게 복이 있나니 기뻐하고 즐거워하라. 하늘에서 너희의 상이 큼이라. 너희 전에 있던 선지자들도 이같이 박해하였느니라"(마 5:11 -12). 이와 더불어 그 박해로 인한 순결한 피값을 반드시 치러야 한다는 선언도 뒤따랐다: "야훼께서 미워하시는 것 곧 그의 마음에 싫어하시는 것이 예닐곱 가지이니 곧 교만한 눈과 거짓된 혀와 무죄한 자의 피를 흘리는 손과……"(잠 6:16); "그러나 애굽은 황무지가 되겠고 에돔은 황무한 들이 되리니 이는 그들이 유다 자손에게 포악을 행하여 무죄한 피를 그 땅에서 흘렸음이니라"(욜 3:19). 상기 마태복음의 본문에서 예수가 의인의 피값의 출처로 바리새인들과 서기관들, 그리고 '이 세대'를 지적한 것(마 23:35 - 36)은 바로 이러한 계통의 성서적 배경에 근거한 것이다.

4. 뜨거운 상징이 되어

예수의 죽음은 그 이전에 있었던 모든 의인들의 억울한 죽음의 정점에서 그들의 그 순결한 죽음의 피를 총 정리하며 요약한다. 신약성서 중 가장 먼저 씌어졌다는 데살로니가전서에서 사도 바울은 이미 예수의 죽음을 구약시대 예언자들의 죽음과 같은 계보에서 파악한다: "유대인은 주 예수와 선지자들을 죽이고……"(살전 2:15).[8]

---

8) 그러나 이로써 그들의 죽음에 대한 책임을 범주화된 모든 유대인들로 귀결시킬 수 없다. 이러한 일반화된 이해가 이른바 반셈족주의(anti -

예수는 단순히 죽은 것이 아니라 당시의 부조리한 종교와 정치의 구조에 끼여 죽임을 당한 것이다. 주지하듯이, 또 앞서 예시한 바울의 암시대로, 그는 유대인들과 로마 식민정부의 공적(公賊)으로 몰려 정치범으로 처형당한 것이다. 이러한 인식은 사도행전 저자의 관점에도 투사되어 스데반의 목소리를 빌어, "너희 조상들이 선지자들 중의 누구를 박해하지 아니하였느냐. 의인이 오시리라 예고한 자들을 그들이 죽였고 이제 너희는 그 의인을 잡아준 자요 살인한 자가 되나니 너희는 천사가 전한 율법을 받고도 지키지 아니하였도다"(행 7:52-53)라고, 예수의 죽음을 구체적인 역사적인 맥락에 비추어 해석한다. 예수의 죽음은 불의한 살인의 결과요, 곧 불법이라는 것이다. 그것은 예수를 눈에 가시처럼 여긴 기득권 체제의 파당적 술책의 결과요, 유대인들의 소요를 사전에 예방하기 위한 정치적 타협의 산물이었던 셈이다.

예수의 죽음을 둘러싼 이러한 해석적 관점은 하나님의 구원사적 관점에 삼투되어 신학적으로 복잡 미묘한 전승의 결을 형성해나간다. 가령, 베드로의 설교에서 드러나듯이, 예수의 죽음은 "그[=예수]가 하나님께서 정하신 뜻과 미리 아신 대로 내준 바"된 동시에 "너희가 법 없는 자들의 손을 빌려 못 박아 죽였"다는 것이다(행

Semitism)의 역사적 비극을 초래했다. 본문은 그 죽음에 연루된 특정한 유대인 일부를 가리킬 뿐이다. 차정식, "동족의 빛과 그림자," 『바울신학 탐구』(서울: 대한기독교서회, 2005), 223-253 참조. 아울러, 반셈족주의의 배경과 역사에 대해서는, Hermann L. Strack, "Anti-Semitism," James Hastings ed. *Encyclopaedia of Religion and Ethics*, vol.1(Edinburgh: T&T Clark, 1981), 593-599; 김상근, "그리스도교 역사에 나타난 반(反)유대주의(Anti-Semitism)의 실체: 요한 크리소스톰에서 마르틴 루터까지," 『한국기독교신학논총』 53(2007), 331-358 참조.

2:23-24). 예수를 죽인 것은 하나님이며 동시에 이스라엘 사람들이다. 이스라엘 사람들은 예수의 희생에 직접적으로 연루된 살인 혐의가 씌워지는 반면, 하나님의 개입은 예수의 희생을 구속사적인 차원에서 미리 예정하고 섭리하기 위한 긍정적인 동인으로 제시된 것이다. 이를 둘러싼 난해한 신학적 논변은 차치하더라도, 예수의 희생이 그를 죽이는 데 직간접으로 가담한 자들의 회개와 더불어 곧 성화되어갔다는 사실만은 여기서 주목되어야 한다. 이는 예수 처형의 목소리를 높인 유대인들이 빌라도를 향해 "그 피를 우리와 우리 자손에게 돌릴지어다"(마 27:25)라고 과감하게 선언했기 때문이다. 그 선언은 곧 본문에서 예수의 목소리가 확인해주듯이 그 의인의 죽음에 대한 피값의 출처와 맞물려 있다.

그런데 선지자들과 예수를 비롯한 의인의 죽음에 연유하는 그 피값은 역사 속에서 한 번도 제대로 보상받은 적이 없었다. 그 직접적 보상은커녕 예수의 희생에 담긴 역사적 교훈에조차 둔감하고 그 교훈의 기본은 쉽사리 망각되곤 하였다. 혹자는 유대인들이 2,000년 가까이 나라 없이 방황하며 설움과 학대를 받은 사실을 놓고 의인의 죽음에 대한 피값이 톡톡히 치러졌다고 생각할는지 모른다. 그러나 본문의 화(禍) 선언에 담긴 메시지를 단순한 저주가 아니라 전복적 수사의 테두리에서 읽어낸다면, 더 이상 의인의 희생을 볼모로 종교권력이 득세해서는 안 된다는 강력한 경고일 것이다. 그 경고의 현실 적중력에 우리가 대경실색하는 것은, 그 이후로 예수의 성화된 죽음은 강고한 제도권 종교의 틀 속에서 갸륵한 희생으로 정당화되어 또 다른 희생을 부르고, 또다시 그 희생을 정당화하는 범죄의 역사로 점철되었기 때문이다.

그것은 그리스도인들을 향한 세속 권력자들의 참혹한 학살에만 국한되는 것이 아니다. 그 학살은 그 당사자들의 순결한 신앙고백 속에서 그나마 영광스런 순교로 자리매김됨으로써 그 비인간적인 피 냄새를 어느 정도 지울 수 있었다. 그러나 재주는 곰이 넘고 엉뚱한 자가 그 재주 값을 챙기는 것은 여전한 역사의 아이러니 아닌가. 그 희생의 피를 내세워 종교권력을 쌓고 그 권력을 통해 종교재판을 벌이고 그 억압적인 체제의 틀을 가동시켜 마녀사냥, 유대인 박해, 과학적 지성의 탄압, 수많은 생명들의 살육을 자행한 자들 역시 자칭 예수의 제자였고 그리스도인이었다. 정작 예수는 내심 자신의 희생으로 족하길 원할 만도 했으련만 그 의인의 죽음은 그 제자들과 그 제자들의 제자들……의 단계를 넘어 오늘날에도 여전히 희생양을 노리는 종교 상인들의 '영혼주식회사'에서 되풀이되고 있는 것이다. 그들이야말로 예수께서 화를 퍼부은 '이 세대'의 장본인이며 그동안 치러진 의인의 무고한 희생에 따른 피값이 돌려져야 할 첫 번째 대상일 것이다.

5. 고난의 계절

교회력에서 3월은 사순절이 끼인 달로 정상적인 그리스도인이라면 누구나 두루 근신하며 예수의 고난에 담긴 참뜻을 심각하게 묵상하며 보내는 걸 당연시한다. 그런데 본문의 도전적 메시지에 비추어 '예수의 고난'을 묵상한다는 것이 과연 무엇일까? 내가 지금껏 해석해온 본문의 의미가 마지막으로 치받아야 할 관문이 바로 이 단순하고도 심오한 질문이다. 물론 예수의 고난과 죽음에 담긴 구속사적 의미가 그 묵상의 주된 소재로 끼어들 수밖에 없는 상황이다. 그러나 그 구속사적인 신학의 틀을 빌미로 예수의 고난과 죽음에 자리한 역사적 맥락을 망각해서는 안 된다. 그의 십자가 수난이 무고하게 죽어간 숱한 생명들의 희생을 응축하는 상징적 총화임을 탈각시키는 구실이 될 수 없다는 말이다. 우리가 역사의식을 가지고 예수의 고난과 죽음의 의미를 묵상한다면, 우리와 직간접으로 연계될망정 결코 무관하지 않은 수많은 기명과 익명의 억울한 죽음들을 떠올릴 수 있어야 한다. 그 묵상은 내 이웃의 한숨과 고통을 대가로 내가 취하고 있는 크고 작은 이익의 윤리적 의미를 되묻고 그로부터 부단한 자기 해체의 통증을 느껴야 할 정도로 예민한 감수성을 요청한다. 뿐 아니라, 예수의 무고한 희생은 내가 날마다 무심히 먹는 일용할 양식과 가깝게는 북한, 멀리는 저 바다 건너 암흑의 땅에서 시시각각 굶어 죽어가는 무죄한 생명들 사이에 놓여 있는 유기적인 연관성에 눈뜨기를 재촉한다.

이렇듯, 나는 나만의 존재가 아니다. 내 속에는 나의 생존을 위해 불길 같은 정열로 사자후를 토해온 선열들의 역사적 발자취가 담겨 있다. 특히 그 가운데는 나의 신앙적 자유와 인간다운 삶의 권리를 위해 싸우다 죽어간 숱한 무명의 희생이 들어 있다. 무엇보다 지금 내 속에는, 예수의 죽음을 정점으로 하는 뭇 의인들의 죽음을 신원해달라는 울부짖음이 들끓고 있다. 그리고 그 울부짖음은 더 이상의 무고한 희생을 필요로 하지 않는 세상을 만들기 위해 모든 인간들이 거듭나야 한다는 엄숙한 역사의 채무를 독촉하고 있다. 그들은 그렇게 뜨거운 상징으로 역사 속에 살아남아 이 세상의 온갖 부조리에 대책 없이 휘둘리곤 하는 우리들의 무감각과 나태를 질타하고 있는 것이다.

설사 이 세상의 권세자들이 체제 수호라는 허울 좋은 명분으로 가난하고 힘없는 자들을 억압하고 그들의 무고한 수난과 죽음을 회칠하여 자신과 사적인 몫을 챙기기에 급급하더라도, 최소한 예수를 입에 담으며 그리스도인임을 자각한 자들만은 그리스도교가 제도적 종교로서 제공하는 안온한 미끼와 기득권에 집착하지 말고 예수와 더불어 예수의 생기 어린 목소리를 발해야 할 것이다. 그리하여 역사의 진실은 잠시 부분적으로 은폐·왜곡될 수 있을지언정 영원히 그 전체를 기만할 수 없음을 여실히 깨달아야 할 것이다. 게다가 이 땅에 생명을 누리며 살아가는 자들은 예외 없이 그 삶의 고귀한 순간들이 지금껏 면면히 전승된 의인들의 순결한 피값으로 연장되고 있다는 사실을 망각하지 말아야 할 것이다. 지금도 우리 주변의 음지에서 원치 않는 희생양이 되어 고통당하고 있는 불우한 천재들, 창조적 지성들, 열정적 예언자들이 왜 없으랴. 그들이 이 순간에도 이 불온한 시대를 향해 맘껏 제 목소리를 발하며 꽃피어나지도 못한 채 다수의 횡포와 권력의 압제 속에서 신음하다가 시들어가고 있을지 누가 아는가? 우리는 그 사소한 듯 심각한 가능성에 잔뜩 긴장의 촉수를 드리우고 마땅히 명민하게 깨어 있어야 할 것이다.

05 | 부활의 믿음, 믿음의 부활

-무서움이 견고한 믿음을 낳기까지

목련은 피어
흰빛만 하늘로 외롭게 오르고
바람에 찢겨 한 잎씩
꽃은 돌아
흙으로 가데

— 김지하, 「회귀」에서

1. 뜬금없는 실존의 음영

아내의 입원으로 몇 주째 병실을 들락거리는 이즈음, 나는 이 병원의 이름인 예수병원의 '예수'에 방점을 찍고, 그가 물려준 희망의 의미를 곱씹어본다. 수술실에 들어갈 때 나는 제법 목사처럼 비감한 목소리로 기도하면서, "죽었다가 부활한다고 생각하라"며 가녀린 생명의 참새가슴에 공명해보았다. 오늘은 옆 병실의 50대 아주머니가 오랜 암 투병 끝에 돌아가셨다. 방에서 찬송가 소리가 울려 퍼지는 걸로 보아 크리스천임이 분명한데, 그 앞에 새파랗게

살아 눈시울을 붉히며 애곡하는 20대 초반 아들딸의 얼굴 윤곽이
선명하다. 그런데 돌아가시다니……? 흰 천으로 몸을 감싸인 채
싸늘히 누워 실려가던 그 익명의 생명은 무슨 기원이 있기에 어디
서 와서 어디로 회귀했단 말인가. 구약성서의 묘사대로, 그는 조상
들의 곁으로 혹은 빛이 소실된 음부(Sheol)의 세계로 돌아간 것인
가. 아니면, 십자가상에서 예수가 회개한 강도에게 한 말씀대로,
영혼은 그 즉시로 흙으로 돌아갈 육신과 무관하게 빛을 뿜으며 저
하늘의 낙원으로 올라간 것인가.

　그렇다면, 그 영혼은 탄생 전에 이미 선재한 것일까. 저 하늘에
서 불멸하는 영혼과 땅에 들어가 썩어갈 육신은 결국 다시 만날
수 없는 무한과 유한의 껄끄러운 인연으로 각자의 길을 갈 수밖에
없는 것인가. 죽어 썩은 시신이 언젠가 다시 합체·변신하여 그
영혼과 재회한다면, 이와 관련된 부활의 상상력은 어디서 발원하
였으며 어떻게 발전해나간 것일까. 한 생명이 태어나 살다가 죽어
가는 여로에서 사후에 대한 믿음과 부활은 구체적으로 어떻게 접
속하여 오늘날 그리스도교 신앙의 핵심 축을 이루게 된 것일까.
그것은 내 실존의 변두리, 아니 중심에서 어디까지 실재이며 어디
까지 가상일까.[1] 꼬리를 물고 이어지는 질문의 연쇄 행진에도 독
한 소독약 냄새와 링거 튜브의 소염제는 쉼 없이 죽어가는 생명을
연장하는 동선을 낳고, 그것에 길항하며 죽음을 재촉하는 독소와
병균들도 보이지 않는 소우주의 틈새를 파고들며 득시글거린다.
　이러저러한 생사의 다툼이 벌어지는 음산한 병동의 아우라에도

---

1) 이른바 '영혼의 형이상학'과 관련된 이러한 나의 질문들은 최근 다음
　의 졸저를 통해 본격적으로 탐침된 바 있다: 차정식, 『신약성서의 환
　생 모티프와 그 신학적 변용』(서울: 한들출판사, 2007).

불구하고, 그러나 내일은 또 희망의 태양이 떠오를 것이다. 오늘 온종일 내린 찬비에 아프다, 아프다 신음소리 토하던 아파트 뜰의 매화송이도 따스한 햇살 아래 맘껏 제 생명 누리는 희망과 기대가 사뭇 간절할 터이다. 딱딱한 땅을 비집고 얼굴 내미는 귀여운 생명들이 잔인한 달이라는 4월의 금기를 깨어주리라. 아무리 고된 생의 현실 속에서일망정, 일단 그렇게 믿어보는 것이다. 역사의 관점에서 그리스도교의 최대 축일인 부활절은 사흘을 터울로 죽음의 수난일(이른바 성금요일)과 대개 4월에 마주친다. 초봄의 연둣빛이 가끔 불어오는 싸늘한 바람에 잔뜩 긴장하며 환희와 공포의 접선을 달리는 것도 4월이다. 아, 4월에 또 이 땅의 시퍼런 청년들이 4·19라는 혁명을 만들어내서 묵은 역사를 갈아엎지 않았던가. 80년대 내 청춘이 가장 민감하게 지상의 대기에 반응하던 시절, 4월마다 캠퍼스를 쩌렁거리던 '학우여!'라는 외침은 설익은 만큼 간절했다. 이런 식으로 실존은 역사와 길항하는 듯 깊이 삼투하며, 자연과 인간사회는 버성기는 듯 은밀하게 내접한다. 예수의 부활이 맨 처음 이 땅에 전해지고 희망의 싹을 틔워온 속사정도 이처럼 개체의 생명에 관여하며, 동시에 천천히, 그러나 또박또박 역사의 큰 물줄기를 만들어가는 방식으로 전개되었으리라. 요컨대, 최초의 그리스도인들에게 예수의 부활은 삶아 죽은 달걀이 아니라 부화하는 달걀의 오롯한 삶의 상징만큼 명징한 생명의 사건이자 운동이었으며, 신앙의 고갱이이자 밑절미였던 것이다.

2. 빈 무덤 – 무서운 부재의 희망

아무도 없는 호젓한 공간, 그곳에 무덤이 있다고 가정해보라. 스
산한 새벽공기라도 느껴질라치면 으스스한 분위기에 몸이 움찔 위
축될 법도 하다. 가끔 즐기는 인근 기린봉 산행에서 내가 '영감
받는 곳'(inspiration point)으로 지정해놓은 무덤이 있다. 이 장소
는 둥그런 흙무덤에 주변이 아담하게 정돈되어 있어 잠시 쉬어 가
기 안성맞춤이다. 그런데 1세기 팔레스타인의 돌무덤은 주변에 은
은한 초목도 없이, 멀리 내다보이는 호수의 풍경도 없이 좀 삭막
하지 않았을까. 더구나 그 무덤 속으로 들어가는 동선을 상상해보
라. 아무도 없는 새벽 미명, 웬만한 강심장이 아니고서는 무덤 속
의 시체를 찾아 나서기란 쉬운 일이 아니었을 것이다. 그런데 그
옛날 옛적에 십자가에 달려 죽은 뒤 매장된 예수의 시신을 찾아
그 무덤을 방문한 막달라 마리아와 몇 명의 여성들이 있었다. 그
들은 그 무덤을 봉한 돌문이 굴려져 있는 상태에서 예수의 부재를
전해 듣는다. 그것은 살 떨리는 무서운 소식이었고, 입술을 얼어붙
게 하는 침묵의 반향을 낳았다.

복음서의 부활 이야기는 이른바 '빈 무덤'의 전승으로 압축된다.
가장 오래된 마가복음의 이야기에서 예수의 부활 관련 텍스트는
비교적 간단하다. 마가복음 16:9 – 20의 텍스트는 사본상의 증거로
미루어 후대에 마태복음과 누가복음의 부활전승을 버무려 편집해
놓은 후일담일 가능성이 높다.2) 그것을 **빼놓고** 읽으면 마가복음은

---

2) 본문 비평적 관점에서 보면 이러한 결론은 관련 학계의 상식으로 굳어
  져 있다. 마가복음 16:9 – 20의 텍스트는 권위 있는 초기 사본에 발견되
  지 않는데, 이렇게 허전한 결말을 보충하기 위하여 후대의 마가복음 필

16:1−8의 부활 이야기가 전부이다. 그것은 부활의 첫 증인을 무
서워 떨게 하고 침묵시키는 당혹스런 사건으로 묘사된다. 사건의
개요는 이렇다. 먼저 여인들이 예수의 시신에 바를 향품을 준비하
여 안식 후 첫날 무덤을 찾는 장면이 제시되고(막 16:1−2), 무덤
문 앞에 선 그들의 무기력함과 좌절감이 잠시 표출된다(막 16:3).
연이어 그들은 열린 돌문과 함께 무덤에 진입하여 흰 옷 입은 정
체불명의 한 청년과 마주친다. 그는 예수가 살아나셨다는 부활의
소식을 "여기 계시지 아니하니라"(막 16:6)는 현장 부재의 메시지
와 함께 그들에게 전한다. 갈릴리 재회의 약속을 상기시켜주었을
때 그 여인들은 이 말을 듣고 놀라며 당황한다. 그들의 그 내면풍
경을 마가복음은 '놀람' '떨림' '도망' '무서움' 등의 어휘들로 표
현하는데, 그러한 심리는 그들로 하여금 "아무에게 아무 말도 못
하"게 하면서 아찔한 침묵을 낳는다. 이 단계에서 예수는 제자들
에게 아직 나타나지 않고 있다. 그의 그 부재는 갈릴리 재회의 약
속과 함께 은밀한 희망의 여운을 남긴다. 그러나 그의 부재는 무
엇보다 좌중을 침묵시키는 서늘한 부재이다.

대체로 종교는 공간의 종교이며, 특히 그리스도교는 로고스의 세
계를 지향하는 말(씀)의 종교이다. 그 목적을 이루기 위해 흔히 세
속의 종교들은 공간화된 시간 위에 오연한 의미를 덧칠하고 축적
된 시간의 연륜이 깃든 공간에 성스러움의 가치를 부여한다.3) 그

사자가 마태복음과 누가복음의 부활 이야기를 참고하여 이 부분을 편집
하여 채워 넣었으리라 여겨지는 것이다. 이에 대한 최근의 연구로는 다
음을 참조할 것: Mark, W. Waterman, *The Empty Tomb Tradition of
Mark: Text, History, & Theological Struggles*(Los Angeles, CA:
Agathos Press, 2006).

3) 특정 공간의 성스러움이 어떻게 탄생하며 그 신학적 종교학적 의미가
무엇인지에 대해서는 이 방면의 고전인 M. 엘리아데／이은봉 옮김, 『

러나 예수의 부활은 텅 빈 무덤이라는 부재로 그 사실을 증명하는
역설의 사건이자 아이러니의 현장이었다. 부활의 진정성은 예수의
몸이 부재하는 자리에서 빛을 발할 수 있었던 것이다. 그리하여 예
수의 부활은 성스럽게 치장하려는 예비 성소로서의 무덤과 그곳을
향한 종교적 숭배의 잠재적 시도를 그 부재의 힘으로 단박에 추문
으로 전락시켜버린다. 부재하는 예수의 시신은 안식 후 첫날의 그
특별한 방문시간이 참배의 예식이 되지 않도록 그 가지런한 시간
을 혼돈의 지경으로 몰아세운다. 그 목격자들 가운데 이러한 상황
이 순차적으로 경이로움을 낳고 침묵의 반응을 유발한 것은 자연
스러운 귀결이었을 터. 가장 성스러운 대상은 이처럼 말없는 떨림
속에 침묵으로 반향되며, 그 소슬한 메아리 속에 아스라하게 공명
되는 법이다. 예수의 부활은 이렇게 텅 빈 부재의 무서움을 통해
그 목격자들의 말들을 동결시켰으니, 그 부재의 영성이야말로 그동
안 망각되어온 예수 부활의 진귀한 메시지라 할 수 있다.

　우리에게 이러한 '빔'의 신학이 마냥 낯설지만 않은 것은 빌립
보서의 그리스도 찬송시(빌 2:6-11)가 함유하고 있는 '비움의 기
독론'(kenotic christology) 덕분이다.[4] 바울 이전의 전승으로 소급
되는 이 찬송시에서 예수 그리스도는 초기 신자들에게 하나님의
본체였다. 그러나 그는 이 땅에 오심으로 자신을 비워 남루한 종
의 형체를 입었고 죽기까지 복종하였다. 그에게 그 복종의 방식은
겸비한 섬김이었고 에누리 넘치는 사랑이었다. 그는 이승에서 채

　　성(聖)과 속(俗)』(서울: 한길사, 2001). 특히, 이 책의 제1장 "성스러운
　　공간과 세계의 정화"(55-87)를 참조할 것.
4) 이 찬송시에 대한 국내의 연구로 가장 최근의 것은 다음의 논문이다:
　　배재욱, "빌립보서 2:6-11의 '그리스도 찬송'에 대한 기독론적인 연
　　구,"『신약논단』14/1(2007), 99-133.

우고 모으는 탐욕적 소유가 아니라 비워내고 내보내는 텅 빈 존재로서의 사랑을 추구했다. 그의 삶이 본시 이럴진대, 그의 십자가 죽음도 자기의 모든 것을 내주는 허적(虛寂)의 사랑이었음이 분명하다. 이러한 신학적 논리의 연장선상에서 예수의 부활 또한 텅 빈 부재로써 좌중을 침묵시키며 세속의 잡다한 변설을 무화시키는 자리에서 그 섬뜩한 현존이 감지되었던 셈이다. 예수는 그렇게 그 자리에 없음으로써 자신의 있음을 증명해냈다. 그 현장 부재의 알리바이로 말미암아, 그에게 죽음은 그의 생에 최후 종착지가 아니라, 부재하는 존재로서, 움직이는 무로서, 자신의 무궁한 생명을 드러내 보일 수 있었던 것이다.

3. 두려움에서 샬롬으로, 침묵에서 변증으로

마태복음에 이르러 그들의 침묵은 조금씩 말을 만들고, 그들의 그 두려움은 점점 경이로운 황홀감으로 번진다. 동시에 부재하는 예수는 슬슬 제자들에게 나타나 말을 걸며, 예수의 빈 무덤은 썰렁한 공간이 아니라, 놀랍게도, 그 텅 빈 부재의 현존으로써 좌절한 생명들에게 열렬한 희망을 공급한다. 마태복음은 돌문이 열린 배경 설명 차원에서 큰 지진이 있었음을 언급하고, 그 정체불명의 청년은 하늘에서 내려온 주의 천사로 명시된다. 무덤을 방문한 여자들의 무서움은 "그 형상이 번개 같고 그 옷은 눈같이 흰" 천사를 본 무덤지기들에게 전가되는 반면, 그들에게는 대신 "무서워하지 말라"는 평안의 메시지가 선포된다(마 28:3-5). 그 여자들에게는 신기하게도 "무서움과 큰 기쁨"이 공존한다. 예수는 부재의 자리에서 제자들에게 나타나 샬롬의 인사를 전하고, 갈릴리에서의 재회 약속은 곧바로 실현된다(마 28:10, 16). 아울러, 마태복음은 예수의 빈 무덤에 대한 세간의 소문을 역으로 변증하는 차원에서 그의 시체를 제자들이 도둑질했다는 소문의 발원지를 추적함으로써 그것을 추문으로 만들어버리는 치밀한 수순도 잊지 않는다(마 28:11 - 15). 마침내 갈릴리에서 제자들을 재회한 예수는 제자들에게 이른바 '지상명령'을 전수하며(마 28:18 - 20), 그 부활의 유훈과 함께 마태복음은 피날레로 치닫는다.

누가복음과 요한복음에서 부활 신앙의 증폭은 한층 더 풍성하다. 누가복음에서 부활의 첫 증인인 여자들에게 나타난 천사는 하나가 아니라 둘이다. 그들은 갈릴리라는 지명뿐 아니라 그곳에서 예수께서 가르친 수난과 부활의 예언까지 상기시킨다(눅 24:4, 6 - 7). 그들은 그 말씀을 듣고 모든 정황을 "열한 사도와 다른 모든 이"에게 전할 정도로 침묵의 반대편에 있다. 화자의 초점은 빈 무덤이라는 부재의 공간에서 부활한 예수의 활발한 동선으로 확장된다. 그 과정에서 예수는 엠마오로 가는 두 제자들에게 나타나 대화하고 또 함께 떡을 나눈다(눅 24:13 - 35). 이후에 그는 열한 제자들에게 별도로 나타나서 샬롬의 인사와 함께 자신의 육체적 부활을 제자들로 하여금 생생히 검증하게 한다. 화자는 이 자리에서 생선토막을 먹는 식사 장면을 통해 부활의 감각적인 증거를 제시한다(눅 24:36 - 43). 뿐 아니라, 구약성서의 기록을 자신에 대한 예언의 실현으로 풀이하면서 누가복음의 예수는 자신의 부활을 스스로 가르치며 변증한다(눅 24:44 - 48).5) 과연 변증가답게, 누가복

5) 엠마오 이야기에 대한 국내의 최근 연구로 다음 논문을 참조할 것: 반재광, "'마음이 뜨겁지 아니하더냐?' - 엠마오 이야기(눅 24:13 - 35) 다

334

음의 저자는 후대의 신자들에게 예수의 육체적 부재를 해명하는 차원에서 예수의 또 다른 이별(혹은 승천)의 에피소드를 간략히 다루기도 한다(눅 24:50-53).

요한복음은 막달라 마리아를 예수 부활의 첫 증인으로 내세우면서 그에 이어 베드로와 예수가 사랑하던 다른 제자를 또 다른 후속 증인으로 부각시킨다(요 20:1-9). 요한복음에서 막달라 마리아는 누가복음이 도입한 두 천사들뿐 아니라 실제로 부활한 예수를 상면한다. 요한복음은 갈릴리 재회의 약속을 유보하는 대신 파송의 수순을 밟는데, 이를 위해 예수는 첫 이별에 앞서 약속한 성령을 그들에게 주입시키며 용서의 가르침을 강조한다(요 20:21-23). 빈 무덤과 부재하는 예수의 이미지는 이렇듯 복음서가 더 많은 구전과 함께 재편집될수록 퇴색하고, 이에 반비례하여 예수의 지상 출현은 더욱 왕성해진다. 특히 요한복음에서 예수의 부재는 제자 도마의 부재로 대체되면서 그의 의심으로 인해 예수는 두 차례나 제자들에게 나타나 손가락의 감각으로 자신의 육체적 부활을 검증받으려 한다(요 20:24-29). 그 결과 제자들은 견실한 신앙고백과 함께 부활의 증인으로 우뚝 선다. 예수의 부재로 인한 그들의 실의와 좌절, 슬픔은 부활한 예수를 향해 "나의 주님이시요 나의 하나님"(요 20:28)이라는 신앙고백 속에 봄바람에 눈 녹듯이 사그라진다. 비록 후대의 추가 편집물이긴 하지만 요한복음은 그 뒤에도 디베랴 호수에서 예수와 일곱 제자들의 상봉 장면에 이어 시몬 베드로와의 감동적인 대화를 첨부함으로써(요 21:1-23) 예수의 부

시 읽기," 『신약논단』 14/3(2007), 597-641. 그는 이 논문에서 이 이야기를 '이해'와 '영적 각성'이란 관점에서 풍성하고도 참신하게 재해석했다.

활과 결부된 갈릴리 재회의 약속이 곧 낙담한 제자들에게 희망을
부활시키고자 한 것임을 암시한다.

저작 연대상 복음서보다 더 오래된 바울서신에서도 이른바 '나
타남'의 전승은 초대교회의 특징적인 부활 모티프로 일관되게 탐
지된다.6) 그리하여 바울은 말한다. 예수께서 성경대로 살아나서
게바와 열두 제자와 오백여 형제에게 일시에 나타났으며, 이후에
또 야고보와 모든 사도에게, 또 바울 자신에게도 나타났다고(고전
15:4 – 8). 여기서 '나타남'을 표현하는 희랍어(ōphthē)는 '보다' '관
찰하다' '주목하다' '인지하다' '이해하다' '경험하다' '방문하다'
등의 의미를 지닌 희랍어 동사(horaō)의 과거수동태형으로 예측불
허와 불가항력의 자기 현현 속에 예수가 그들에게 나타났음을 시
사한다. 이는 부활한 예수의 입장에서 보면 불가항력적 은총의 결
과였지만, 그것을 경험한 제자들 쪽에서는 자신의 현재 상태를 초
월하는 엑스터시의 경험으로 다가왔을 것이다. 그 결과 이 경험은
자신의 존재를 전적으로 해체하고 재구성하는 혁명적인 동력으로
작용했을 것이다. 이러한 '나타남'의 양상은 사도행전이 묘사하는
바울의 다메섹 회심 사건(행 9:1 – 9, 22:6 – 16, 26:12 – 8)에서 그
대강을 가늠할 수 있다.7)

이렇듯, 예수의 부활은 좌절과 낙담 속에 빠진 제자들에게 희망
을 부활시켰고, 그 무기력을 넘어 새롭게 다시 시작할 수 있는 운

---

6) 바울 서신의 부활 전승과 관련한 국내의 연구로는 다음의 것이 대표
  적이다: 서용원, 『생존의 복음』(서울: 한들출판사, 2000), 제3부 "예수
  부활 전승과 바울"(207 – 324).
7) 세 번 반복되는 사도행전의 이 회심담에 대한 연구로는 다음을 참조할
  것: Charles W. Hedrick, "Paul's Conversion / Call: A Comparative
  Analysis of the Three Reports in Acts," *JBL* 100 / 3(1981), 415 – 432.

동의 에너지를 공급했다. 또한 그 부활의 파장은 오도된 진리의 선봉에 선, 가령 바울과 같은 바리새인을 전혀 다른 출발점에 서게 함으로써, 그들의 두려움을 샬롬으로 바꾸었다. 그리하여 그는 부재와 침묵에 시달리는 제자들의 혀를 풀어줌으로써 자신의 예수 체험을 열나게 변증하고 진지하게 설명하는 '선교'의 일선에 복무하게 하였다. 이렇게 말을 잃어버린 혀를 풀어주는 '에바다'의 기적은 훗날 오순절 성령강림과 방언 사건에서 본격적으로 개시되거니와, 일단 그들의 충격에서 비롯된 개체 생명의 상처로서의 실어증은 부활한 예수와의 만남과 대화를 통해 먼저 치유되고 회복되어야 했던 것이다. 그 치유와 회복이 있고서야 제자들의 선교 동선은 역사 창조의 동선으로 진화해나갈 수 있었다.

4. 갈릴리 – 다시 시작하는 하나님 나라

이처럼 예수의 부활은 전승의 축적과 함께 부재에서 현존으로, 침묵에서 변증으로 전이되어갔다. 그 과정에서 생산된 부활 담론은 당시 항간에 떠돌던 억울하게 죽은 귀신 출몰 사건 따위와 구별되었다. 복음시의 변증에 의하면 다시 살아난 예수의 나타남은 구체적이고 감각적이었다. 예수는 음식을 먹고 제자의 손가락으로 못 박힌 자신의 손과 옆구리를 만져봄으로써 부활을 실증하라고 재촉할 정도로 당당한 변증가의 이미지로 변신한다. 또한 구약성경의 말씀을 풀어 설명함으로써 예언의 실현을 증명하는 실증적 주석가로 그는 제자들에게 나타난다. 그런가 하면, 마태복음의 경우에서 보듯, 자신의 마지막 유훈을 전달함으로써 세상을 떠나기 전에 한

번 더 다짐하고 독려하는 자상한 스승의 모습도 그 부활의 주 예수
에게 발견되는 또 다른 이미지이다. 그 이미지는 누가복음에서 엠
마오로 향하는 두 제자들과 이드거니 대화하면서 그 길 위의 여정
에 동참하여 자상하게 가르치고 더불어 떡을 나누는 동무의 이미지
로 확장된다. 이와 같은 대화와 변증, 동행과 독려에 몸을 드러낸
부활 이후 예수의 동선 가운데는 매우 흥미로운 공통점 한 가지가
있다. 그것은 '갈릴리'에서 다시 만나리라는 재회의 약속이다.

　이 갈릴리 재회의 전승은 복음서에서 일관되게 탐지되는 요소로
그 내막이 자못 궁금하다. 아니, 궁금하다 못해 수상하다. 특히 예
수의 부활 사건과 연루되어 있다는 점에서, 갈릴리는 단순히 지명
이 아니라 부활의 신학과 영성을 담보하는 중요한 신학적 표상이
라 할 만하다.[8]

　　(청년이 [여자들에게] 이르되)…… 가서 그의 제자들과 베드로
　　에게 이르기를 예수께서 너희보다 먼저 갈릴리로 가시나니 전에
　　너희에게 말씀하신 대로 너희가 거기서 뵈오리라 하라 하는지라
　　(막 16:7).

---

8) 물론 갈릴리의 지리적 조건과 이에 연루된 역사적 배경은 그러한 신
　학과 영성의 출처와 무관한 것은 아니다. 갈릴리의 당대적 특수성에
　대해서는 다음의 연구를 참조할 것: Seán Freyne, "The Galileans in
　the Light of Josephus' *Vita*," *NTS* 26(1980), 397-413; *Galilee,
　Jesus and the Gospels*(Dublin and Philadelphia: Fortress Press,
　1988); *Galilee from Alexander the Great to Hadrian 323 BCE to
　135 CE: A Study of Second Temple Judaism*, new edition(New
　York: T. & T. Clark Publishers, 1998); "Galilee as Laboratory:
　Experiments for New Testament Historians and Theologians," *NTS*
　53 / 2(2007), 147-164.

(천사가 여자들에게 말하여 이르되)…… 또 빨리 가서 그의 제자들에게 이르되 그가 죽은 자 가운데서 살아나셨고 너희보다 먼저 갈릴리로 가시나니 거기서 너희가 뵈오리라 하라(마 28:7).

(두 사람이 이르되) 어찌하여 살아 있는 자를 죽은 자 가운데서 찾느냐? 여기 계시지 않고 살아나셨느니라. 갈릴리에 계실 때에 너희에게 어떻게 말씀하였는지를 기억하라(눅 24:5 - 6).

이와 같은 갈릴리 재회의 메시지는 천사의 목소리로 제자들에게 전달된다. 마가복음과 마태복음에서 이 메시지는 천사 외에 빈 무덤을 목격한 여자들을 매개로 하여 나머지 (남자)제자들에게 전달되게끔 설정되어 있다. 이러한 이중적 매개 장치 속에 갈릴리는 입에서 입으로 전해지는 구두전승의 대명사이다. 그것은 들뜬 소문의 출처이며 동시에 그 소문이 민중의 입술을 돌면서 회귀하는 예수사건의 현장이다. 일찍이 예수는 그 현장을 누비며 활동했다. 병자를 고치고 귀신을 쫓아내며, 굶주린 자들을 먹이고, 좌절한 이들에게 하나님 나라의 복된 소식을 전파했다. 거기는 치열한 생명의 상징, 곧 하나님 나라의 운동이 맨 처음 진수된 또 다른 태초의 시점이었고 시원의 공간이었다. 갈릴리는 낙후된 오지의 소그룹이 일으킨 작은 풍파를 역사의 사건으로 급격히 증폭시킨 불우한 희망의 암호였다. 그리하여 갈릴리에서 다시 만나자는 기약만으로도 제자들은 예수의 번득이는 의도를 간파할 수 있었을 터이다.

이처럼 마가복음과 마태복음에서 갈릴리는 그곳에서 함께 상봉하는 것만으로도 여한 없을 정도로 하나님 나라의 상큼한 추억이 숨 쉬는 고향이요, 넉넉한 그리움의 전당이었던 셈이다. 또한 누가복음에서 시사하는 대로, 갈릴리는 제자들에게 예수의 말씀을 회고하고 상기하는 소통의 채널이었다. 예루살렘이 죽임과 죽음의 땅, 권력자들이 발호하여 하나님 나라를 폭력의 사슬에 묶어 감금하는 밀폐된 성읍, 타락한 성소였다면, 갈릴리는 그 호숫가와 광야에서 소박한 식사로 정담을 나누며 작은 씨앗 하나에서 하나님 나라의 도래를 통찰하는 생명 학습과 열린 실천의 현장이었다.[9] 갈릴리 재회의 약속에 내장된 부활의 희망은 이처럼 다시 시작하는 하나님 나라의 꿈과 그것의 실현을 위한 분발과 도약의 이정표가 되었던 것이다.

보라! 요한복음의 후일담이 그 현장을 어떻게 재구성했는지. 다시 어부로 돌아간 시몬 베드로 일행에게 디베랴[＝갈릴리] 호수에 나타난 예수의 언행은 얼마나 일상적이며 극진한가.[10] 예수의 조언을 따라 풍성하게 잡은 물고기를 팽개치고 물속으로 뛰어들며 성급히 그 옛 스승에게로 돌진한 그 제자의 몸짓은 또 얼마나 우직하고 눈물겨운가. 절망의 도피처로 갈릴리를 찾았던 그들에게 떡과 생선을 나눠주며 '나를 사랑하느냐?'는 물음과 함께 그 거친 땅에 희망을 피워 올린 예수의 잔잔한 대화는 얼마나 감동적인가. 아침 햇살 영롱한 그 자리에서 복음 사역의 초장에 "나를 따르라"

---

9) 이와 같은 갈릴리 - 예루살렘의 대립적 구도와 긴장관계는 정도의 차이는 있지만 복음서에 공통적으로 일관되게 나타나는 특징이다. 이러한 긴장관계는 단순히 신학적 의도의 반영에 국한되는 것이 아니라 역사적인 실상을 나타내고 있다. Seán Freyne, "Galilee - Jerusalem Relations in the Light of Josephus' Life," *NTS* 33(1987), 600 - 609 참조.

10) 비록 공관복음서에 비해 덜 주목을 받긴 하지만 요한복음에서는 갈릴리가 도피의 장소로 기능하며(요 4:1) 동시에 표적을 통한 계시의 공간으로 묘사된다(요 2:11, 4:44, 21:2). Seán Freyne, "Hellenistic / Roman Galilee," *ABD* vol.2, 895 - 899(특히, 899) 참조.

부른 예수는 부활을 기점으로 다시 시작하는 하나님 나라의 새로운 지평을 가리키며 또 한 번 "나를 따르라"고 나지막하게 말한다. 그 모든 부활의 희망은 가장 암울한 절망의 밑바닥에서 새살 돋우며 제자들의 누추한 심령 가운데 참신한 희망을 부활시키고 있었던 것이다. 이렇게 갈릴리에서 예수라는 생명의 태초와 종말은 악수하고, 하나님 나라의 머리와 꼬리도 서로 엉겨 붙는다. 갈릴리가 가장 열악한 고난의 땅이면서도 동시에 가장 뜨거운 부활의 상징이 되어야 할 이유가 여기에 있다.

5. 부패와 재생의 상상력

나는 최근 부활 신앙을 독려하는 어느 글에서 다음과 같이 썼다.

우리 몸이 씨앗이 되어 삶의 밭에 뿌려지고 썩는다는 것은 무엇을 의미할까? 그 몸으로 일구는 일상의 밭, 노동의 밭, 목회와 선교의 밭, 정치와 경제와 문화와 학문의 밭…… 그 밭에 씨로 뿌려지는 우리의 몸은 과연 전적인 투신의 자세에 익숙한가? 잘 썩고 있는가? 이러한 부패의 상상력 앞에서 나는 전율한다. 아무리 주변을 살펴봐도 썩는 씨앗들이 풍기는 농익은 몸／삶의 냄새가 잘 풍겨오지 않기 때문이다. 번지르르한 혈과 육의 광채에 가려서일까? 땅속에 파묻히길 꺼려 쉽게 몸 사리는 빤질빤질한 화상들이 너무 많아서일까? 부활의 계절에 향기로운 백합꽃 냄새만을 맡아서는 희망이 없다. 차라리 썩는 냄새를 맡아야 할 터이고, 그것이 없으면 내가 좋은 씨앗으로 썩어 보는 것도 괜찮은 실험이 될 듯싶다. 장차 화사한 나비의 날개를 펼치며 변신을 꿈꾸는 애벌레들이여, 그 몸 꿈틀거리며 열심히 이 땅에 부대껴 그 속으로

깊이 뿌려지고 썩어질지니……11)

이 글은 죽은 자가 어떤 몸으로, 어떤 방식으로 부활하는지 의문을 제기한 일부 고린도교인들을 향하여 사도 바울이 이른바 '영적인 몸'(또는 '신령한 몸')을 그 해답으로 제시한 구절(고전 15:35 -44)에 잇대어 길어올린 사색의 한 꼭지이다. 바울은 이 대목에서 형체와 영광의 비유, 그리고 씨앗과 열매의 비유를 통해 얼핏 간단한 듯하면서도 심오한 논의를 전개한다. 모든 생물, 심지어 해와 달과 별 같은 무생물까지도 그 형체에 걸맞은 영광(빛)을 지닌다는 바울의 우주론적 통찰에는 신학적인 무게가 있다. 이러한 비유의 맥락에서 인간의 육체도, 비록 "혈과 육은 하나님 나라를 유업으로 받을 수 없고" 또 썩어버릴 형체이지만, 나름대로 고유한 영광의 숙주가 될 수 있기 때문이다. 마치 씨앗이 썩어 새싹으로 발아하는 생물학적 이치대로, 우리 몸은, 그 부패의 불가피성에도 불구하고, 죽고 썩어서 풍성한 결실로 나타난다는 점에서 긍정적이며 의미심장하다. 이때 씨앗과 결부된 부패의 신학적 상상력은 우리 몸의 씨를 뿌려 일구는 삶의 성취와 결실을 통해 대번에 썩음의 부정성에 긍정성을 덧입힌다. 잘 썩지 않으면 도저히 산뜻하게 재생할 수 없는 연고이다.

***

이제 4월의 대지는 연초록의 생명들로 아우성이다. 그 아우성이 잔인함이라면 그것은 여린 새순이 딱딱한 대지의 각질을 뚫고 올

---

11) 이 인용문은 월간 『교회성장』(2007년 4월호)의 부록 『설교뱅크』에 실린 짧은 에세이의 일부이다.

라오는 기적의 잔인함이다. 나무도, 풀도, 나비도 다시 시작하려 제각각 몸을 비틀며 기지개를 편다. 차갑게 경직되었던 개울물도, 송사리도, 축사의 가축들도 새롭게 시작하는 생명의 기운으로 충일하다. 한겨울 그들의 몸이 털어낸 삶의 부스러기들이 땅으로 돌아간 덕분에 이 가멸찬 생명들의 가슴앓이는 다시금 부활의 기쁨을 품어내고 있는 것이다. 그러나 여전히 썩지 않으려 버둥거린 군상들 탓인지, 그 속에 섞여들어 발버둥친 나같이 분요한 소시민들 탓인지, 이 땅의 인간 사회는 여전히 굳은 얼굴들로 서로 생채기를 내며 지부럭거리고 있다. 한미 FTA, 사학법, 부동산법, 북핵 문제 등으로 날 새더니, 이제 슬슬 정치와 선거의 계절로 접어들면서 점점 더 시끄러워지고 있다. 생명의 틈새를 보지 못한 채, 딱딱한 몸으로, 썩지 못하는 삶으로, 제 자리에서 맨송맨송 자맥질하고 있다.

그럼에도 불구하고, 차가운 한 시절 꿋꿋이 잘 버텨낸 생명들은, 꽝꽝 얼어붙은 얼음 밑으로 싱싱한 물고기가 유영하듯, 저러한 거대한 구호들과 무관하게, 이제 작은 희망을 만들며 부활의 날개를 펼쳐 비상하리라. 자연과 하나님의 숨결에 공명하면서, 아픈 생명들 너도 나도 어깨춤 추며 다시 벌떡 일어나리라. 예수의 부활이 물려준 그 서한 유업을 받들어 하나님의 나라는 지금 여기 우리의 갈릴리에서 다시 싹트기 시작하리라. 그 옛적 후미진 구석, 아직 미명의 새벽녘, 별 볼일 없는 한적한 빈 무덤에서 별 볼일 없는 사람들에 의해 발원한 부활의 희망은 이제 다시 생명의 봄기운을 머금고 희망의 부활로 피어나리라. 그 시절 가슴 떨리던 첫 부활의 목격자들처럼 무서운 침묵에 실어증을 앓는 이 땅의 가녀린 생명들도 제 몸의 언어를 회복하고 두려움을 넘어 다시 생명의 신진대사에 집중하리라.

　이 글을 쓰는 사이, 나흘째 금식하여 삐쩍 마른 목줄기로 안쓰러웠던 내 아내도 시간의 은총을 받아 천천히 움직이며 죽사발 앞에 경건해지는 듯한 포즈이다. 그 옆 병상에 누워 구토하던 아줌마도 부었던 간이 좀 가라앉았는지 얼굴에 미소를 회복하고 있다. 예수병원에 3주간 들락거리며 여기저기 기웃거리다 보니 이제 아수라와 같았던 환자들의 신음소리조차 선한 멜로디로 들려올 성싶다. 내 영혼의 주가는 밑바닥을 친 걸까. 텅 빈 예수의 무덤에 대한 묵상은 내 오염된 말들을 침묵 속에 정화시키고, 그 와중에 이 병든 세상은 그 세상과 함께 아프고 싶은 나의 결기로 인해 그럭저럭 살 만한 세상이 된다. 삶이라는 질병 앞에 내 무서움도 천천히 희망의 능선을 넘고 있나 보다. 그 희망의 이름으로 나는 손가락에 힘주어 쓴다. 이 부활의 계절에 내 잡념의 부스러기들 모아 세상 안팎의 풍경을 요약하며 몇 줄 더 보탠다.

　　　　아침에 일어나 무거운 잠기운에 늘어진다
　　　　선풍기 난로 앞에 얼굴 대고 묵상 중
　　　　내 몸에 묻은 잠의 깃털들, 콧물 말리며
　　　　툭, 툭 떨어져나간다
　　　　바야흐로 꽃샘추위와 병고의 시절
　　　　아내는 나흘째 굶은 채 삐쩍 마른 목줄기 세우며
　　　　걷다가 앉았다 누웠다, 다시 두 번 엎드린다
　　　　허리 펴지는 만큼 세상의 굽은 곳 쫘악
　　　　펴지면 좋으련만
　　　　어제 내린 찬비와 일찍 몸을 연
　　　　매화봉오리의 엇갈린 인연이
　　　　간밤 꿈의 잔상 속에 부들부들 떨고 있다

아들 한 놈은 뱃가죽 드러내고 또 한 놈은
태아처럼 새우 포즈로, 그 처량한 수면 아래
덮어주면 차버리는 이불처럼
작은 불화도 늘 서러운 흔적이다
천천히 두 손 모아 얼굴 비벼본다
감은 눈앞에 어질어질 햇살무늬 번지고
시간의 열차는 내 부스스한 면상과 함께
벌써 출발했다, 저만치 길 위로 미끄러지는
일상이라는 질긴 고래 심줄
노천에서 행군 중 빗물에 밥 말아 먹듯
세월에 젖은 등짝 바라보는 가난한 영혼들
눈부신 고드름 아래 콧물 훌쩍이던
아득한 기억의 잔해, 그 이후로 오래 썩은 흙속의 나
그러나 따스한 욕망의 부스러기들
늘 이렇게, 어수선한 생의 골목에서
사랑은 얼떨결에 희망의 날개로 비상한다
아픈 생명도 하늘의 꿈 송이 먹으며 부활한다

06
예수의 기억, 기억의 제사

1. 조상과 제사의 내연관계

　조상은 내 생명의 육체적 숙주로서 현재의 '나' 자신이 있도록 일차적으로 원인 제공을 한 혈통의 뿌리이다. 그 조상이 부모이든, 그 윗대이든, 그들은 살아서나 죽어서나 제 생명의 뿌리와 관련해서 관심을 갖게 되는 대상이다. 그 관심의 동기가 핏줄의식에 따른 생래적 본능이든, 윤리강상에 근거한 적극적 공경이든, 조상의 존재는 현재의 나를 이 땅에 배출한 과거의 잠재적 나로서, 또 우리의 역사를 지금의 모습으로 전승해준 집단적 토대로서 유의미하다. 이러한 사정은 그들이 이 땅의 생명을 마감하고부터 조금씩 심각해지기 시작한다. 세상을 떠나 자손들과 작별한 뒤 조상은 내 자신의 현존, 우리 가족과 가문의 현존을 뒷받침해주는 상징체로 거듭나서 살아 있는 자손들에게 영향을 발휘한다. 그들이 죽으면 인간으로서의 모든 욕망이 소거되는 터라 굳이 '영향'을 발휘할 까닭이 없겠다. 하지만 이 땅의 자손들은 조상과의 추억을 되새김질하거나 집안의 '샬롬'을 유지시켜줄 권위의 출처로서 그 죽은 조상을 애써 호출하길 원하는 것이다. 이렇게 죽은 조상은 살아 있는 자손들의 기억 또는 기념이란 형식을 통해 되살아난다.

조선의 유교 문화적 전통을 매개로 제사 문화가 오늘날까지 이 땅의 다수 백성들에게 전수된 관례적 습속으로 광범위하게 자리잡아 지속되는 데에는 저러한 기억과 기념, 추모의 동기가 작용했을 법하다. 사실 명절이나 조상의 기일마다 제사를 지내는 사람들 대다수는 유교라는 제도권 종교와 직접적으로 관련이 없다. 조상을 위해 제사를 지내는 풍습도 유교에만 국한되는 것이 아니다. 세세한 형식상의 차이는 있을망정 조상제사는 고금의 역사를 막론하고 두루 탐지되는 현상이다.1) 전통적 제사 풍습에는 살아 있는 자손들이 그 제사를 빌미로 한자리에 모여 우애를 도모하고 결속을 다지는 사람살이의 정겨운 풍경이 담겨 있다. 특히 요즘의 원자화된 산업사회, 건조한 도시문명 속에서 뿔뿔이 흩어져 살던 일가친척들이 죽은 조상을 매개로 만나 어울리고 함께 음식을 나누는 자리는 해체된 공동체의 향수를 달래며 그 원형을 회복하는 공간이 된다.

문제는 그들이 매개로 불러내는 조상들의 존재를 어떻게 상정하는가, 그 앞에 음식을 차려 놓고 절하는 그 예식을 신학적으로 어떻게 해석하는가라는 점에서 불거진다. 죽은 조상을 기억하고 그 행적을 기념함으로써 단순히 그들과 나눈 삶의 의미를 자손들이 서로 공명하는 데서 그치지 않고 그 제사행위가 조상의 혼백을 설명하는 유교의 귀신론과 결부될 때 그것은 불가피하게 기독교의 교리에 부대끼며 마찰음을 낸다. 또 그 조상제사의 어떤 측면을 강조해서 수용하느냐에 따라 가톨릭교와 개신교의 입장이 갈린다. 가톨릭교회에서는 한때 조상제사 문제가 교리적 충돌을 일으키면서 극심한 핍박의 단초를 제공한 바 있지만,2) 그것을 전통 문화의

---

1) 한국의 조상숭배 전통에 대해서는 최길성, 『한국의 조상숭배』(서울: 예전사, 1986) 참조.

유산으로 재해석한 교황의 새로운 칙령에 따라 오늘날 두루 허용되고 있다. 이러한 선택에는 유교의 귀신론, 조상의 신령을 매개로 한 기복신앙 등의 문제를 사소하게 치부하고, 조상제사를 공동체적 기억과 기념이란 측면에서 관대하게 해석한 신학적 관점이 엿보인다.3) 반면, 개신교는 여전히 후자의 종교 교리적 측면에 민감하게 반응하는데 특히 조상제사의 귀신숭배적 요소를 측면을 부각시켜 우상숭배 금지 계명의 위반으로 봄으로써 그 부당함을 역설하는 입장이다.4) 물론 일각에서 신학적 재해석을 통해 조상제사를 민족의 고유한 미풍양속으로 좀더 전향적으로 수용해야 한다는 주장도 없지 않지만, 대부분 교회의 입장과 이에 연계된 교인들의 선택은 여전히 보수적이고 강경한 편이다.

---

2) 그 역사적 진통과 교훈에 대해서는 정두희, "조상제사 문제와 윤지충 (尹持忠)," 『세계의 신학』 33(1996 / 겨울), 140 - 149 참조.

3) 김경재, "그리스도교와 제사문제," 『한국문화신학』(서울: 한국신학연구소, 1986), 318 - 323; 박종천, "조상제사와 토착화 문제," 『기어가시는 하느님』(서울: 도서출판감신, 1995), 516 - 528 참조. 조상제사 전통을 신학적으로 수용하지 않더라도 전통적 제례를 무조건 배격하기보다 그 제의적 변용을 통해 토착화하려는 시도도 제출된 바 있다. 박근원, "한국전통 제례의 기독교적 수용," 『기독교사상』 429(1994 / 9), 10 - 23 참조.

4) 이러한 입장을 대표하는 연구로 최성수, "'조상제사'가 갖는 신학적인 문제," 『기독교사상』 478(1998 / 10), 118 - 130 참조. 아울러, 이상범, "조상제사에 대한 복음적 조명," 박근원 편, 『기독교와 관혼상제』(서울: 전망사, 1985), 86 - 98; 이종윤 편, 『한국교회와 제사문제』(서울: 엠마오, 1988) 참조.

2. 혈통 조상에서 신앙 조상으로

사실 신약성서에는 조상숭배나 조상제사에 대하여 직접적으로 언급한 구절이 없다. 그러나 구약성서에는 그 실례가 탐지된다.5) 구약시대에는 당시 이집트와 메소포타미아, 가나안 종교의 영향하에 일반 대중들 사이에서는 물론 지배층의 일부에서도 조상을 숭배하여 제의를 행한 예들이 간간이, 그러나 지속적으로 탐지된다. 물론 제의의 장소를 중앙 성소 한 곳으로 집중할 것을 역설한 신명기 신학과 이에 따른 예언자들의 주장인즉, 야훼주의 신앙 규범에 비추어 그것이 절대 불가하다는 것이었다(신 26:14; 시 106:28). 그 야훼주의자들은 조상제사와 이를 빌미로 한 각종 주술 및 기복적 행위에 대하여 일관되게 강경한 반대의 입장을 견지했다. 반면 일반 대중들과 일부 지배층들은 그 신앙 규범과 별도로 민간신앙의 차원에서 지방 성소들을 중심으로 그 습속을 전승해나갔던 것으로 보인다. 구약성서조차 민간의 전승을 취한 자료에서는 죽은 사무엘의 신령이 불림을 받아 예언을 했다는 기록이 공공연히 실려 있다(삼상 28장). 이에 비해 경험적 지혜를 강조한 지혜문헌에서는 죽은 자는 이 땅의 세상사에 대해서 아무런 지식도 감각도 가질 수 없다는 대립적인 믿음이 피력된다(욥 14:21; 시 88:3-12; 전 9:4-6,

---

5) 조상제사와 관련된 구약시대의 관행과 그 비판, 나아가 신약시대의 전승에 대해서 다음의 글들을 참조할 것: Theodore J. Lewis, "Ancestor Worship," *ABD* vol.1, 240-242; Charles A. Kennedy, "Cult of the Dead," *ABD*, vol.2, 105-108; 이희학, "조상숭배에 관한 구약신학적 접근-삼상 28:3-25을 중심으로," 『신학사상』105(1999/여름), 127-149; "사자(死者) 숭배와 주술적 제의 관습들," 『한국기독교신학논총』 28(2003), 49-71.

10; 집회서 30:18 - 19).

정확한 증거는 없지만 신약성서에서도 이러한 구약시대적 상황은 일정한 변용을 거치면서 부분적으로 유지되었을 가능성이 크다. 그러나 개인주의가 팽배하고 종족과 문화의 경계를 허물어 보편적 가치를 추구하던 헬레니즘 시대를 거치면서 조상숭배의 혈통 계승적 측면보다는 공동체의 특정한 영웅이나 지도자를 기리는 사상적 종교적 차원의 기념 예식이 더 비중 있게 추구되었으리라 여겨진다. 로마의 황제숭배 제의가 당시 집단적으로 강제된 하나의 예다. 그런가 하면 과거의 신화적 영웅이나 죽은 예언자들의 유산을 종교 제의적 기념의 대상으로 삼아 숭앙해온 전통은 또 다른 예에 속한다. 가령, 예수의 언급 가운데 다음 구절을 음미해보자.

> 화 있을진저, 외식하는 서기관들과 바리새인들이여. 너희는 선지자들의 무덤을 쌓고 의인들의 비석을 꾸미며 가로되 만일 우리가 조상 때에 있었더라면 우리는 저희가 선지자의 피를 흘리는 데 참예하지 아니하였으리라 하니……(마 23:29).

이 구절은 서기관들과 바리새인들의 위선적인 행태를 비판하는 기조를 담아내고 있다. 그 내용을 뜯어보면 당시 조상숭배의 추이에 관한 세태의 단면이 엿보인다. 여기서 예수의 눈에 비친 당시의 조상숭배는 직계혈통에 따라 개별 가족의 울타리 안에서 수행되기보다 신앙적 계보와 영적인 권위를 기준으로 기념물을 조성하는 방식을 취했다. 즉 이미 죽은 과거의 선지자들을 위해 무덤을 쌓고 유대교 역사에서 명망 있는 의인들의 비석을 조성하는 방식으로 그들의 고귀하고 아름다운 행적을 기념하고자 했던 것이다. 그 앞에 음식을 바쳐 제의적 실천을 했는지는 알 수 없다. 신명기 신학에 엄정했더라면 그들은 그것을 금했을 것이다. 반면 민간신앙의 조상제사 유풍을 여기에 습합했더라면 그런 제의를 공공행사 차원에서 실시했을 가능성도 없지 않다. 예수는 이미 오래 전 죽은 선지자의 무덤을 축조하고 비석을 꾸미는 유대인들의 종교적 신성화 작업 자체를 두고서는 가타부타 판단하지 않는다. 그가 정작 문제 삼고 있는 부분은 그것을 그렇게 행하는 저변에 잠복된 그들의 왜곡된 심리적 의도와 그에 따른 위선이다. 그들의 그러한 신성화 작업은 순수하지 못하다는 것이다. 그들은 그 행위를 통해 자신들의 조상이 핍박하여 죽인 과거 선지자들, 의인들의 피와 자신이 무관하다는 것을 애써 강변하고자 했다. 그러나 그 강변은 자신들의 종교적 기득권을 수호하고 그 기득권을 위협하는 경쟁자들을 내치기 위한 것이었다. 구약시대의 선지자들과 의인들의 신학적 전승을 이어받아 하나님 나라의 복음을 전하는 예수와 그 제자들을 핍박하고 죽이는 데 앞장서게 되는 향후 그들의 은폐된 실상이 그 증거이다.

위인들의 무덤을 순례지로 찾아 경배하고 그 숭고한 죽음을 기념하는 일은 유대교뿐 아니라 이후 기독교에서도 지속되어갔다. 일부 학자들이 주장하듯, 초기 기독교 공동체는 예수의 부활을 기념하기 위해 그 빈 무덤에 찾아와 예식을 행함으로써 그곳을 일종의 성소로 만들었을 가능성이 있다. 물론 그 이후 겟세마네, 골고다 등 예수의 죽음과 관련된 공간들은 점차로 성소화되었고 아울러 성역화되어갔다. 이러한 전통은 교회의 다른 지도자들에게도 적용되어 그 뒤로 순교자와 성자들의 유품이나 유골들이 성물화되고 그들의 족적과 연계된 공간이 성소화되어감에 따라 그들에게 바쳐지는 기념제의도 교회의 신앙적 습속으로 굳어지게 되었다.

예수와 관련하여 '신앙의 조상'을 기리는 기념비적 제의로 대표적인 것이 바로 성만찬 예식이다. '나를 기념하라'는 예수의 유훈대로 초기 기독교 공동체는 함께 모여 예수의 살과 피를 나누는 이 예식을 통해 예수의 죽음을 복음으로 전파함으로써 기념했던 것이다.(고전 11:23-26). 추측컨대, 고린도교회에서는 일부 교인들이 이것을 죽은 예수를 숭배하는 일종의 제사처럼 인식했기에 문제가 생겼다. 그들은 음식을 가져와서 죽은 예수를 위한 추모 제의용 예물로 바치고 자기들끼리 나눠먹는 식으로 성만찬의 본질을 왜곡시켰다.6) 이에 대응하여 바울은 그러한 세속의 관례와 성만찬을 구별하고자 했다. 마찬가지로 후대의 변증가들은 성만찬이 특정한 신 또는 사자를 위한 추모 제사나 이를 통해 먹고 마시는 이교도적 향연이 아니라 죽었다가 다시 사신 예수로 인한 '감사예식'(Eucharist)임을 변론해야 했다.

이와 같이 유대교와 초기 기독교로 이어지는 신약시대의 조상숭배 전통은 그 조상이 혈통직계에 따른 개별 가족의 윗대 조상이라기보다 이스라엘 민족들 사이에 보편적 공감대를 이룬 성현, 위인들을 향한 공동체적 차원의 숭배로 나타났다. 선지자들과 의인들을 위한 무덤과 비석 축조도 이런 맥락에서 이해된다. 마찬가지로 당시 유대교와 초기 기독교에서 중요한 인물로 종종 등장한 아브라함, 이삭, 야곱 등의 족장들과 모세, 엘리야, 다윗 등과 같은 역사의 위인들이 신학적으로 재해석되고 민족의 지도자로 인구에 회자된 것도 이러한 '신앙 가족'의 추모 전통에 기인한 것이라 볼

---

6) 당시 고린도교회의 상황에 대하여는 Gerd Theissen, "Social Integration and Sacramental Activity: An Analysis of 1 Cor. 11:17-34," *The Social Setting of Pauline Christianity: Essays on Corinth*, tr. and ed. by John H. Schütz(Philadelphia: Fortress Press, 1982), 145-174 참조.

수 있다.

3. "죽은 자들로 죽은 자를 장사하게 하라!"

예수는 살아생전 죽은 자를 위한 배려에 그리 적극적인 관심을 표하지 않았다. 산 자를 죽은 자 가운데 찾는 것의 불합리함 때문이었을까. 종말론적 긴박함으로 인하여 살아 있는 생명들을 챙기는 일에 바쳐지는 시간과 정성조차 부족한 까닭이었을까. 그는 자신의 죽음에 대하여 예견하고 그것을 준비했을망정 사후의 장례예식과 관련된 문제에 무관심했다. 자신의 부친인 요셉의 장례나 제사, 모친인 마리아의 사후 처리 문제에 대하여 신경을 쓴 흔적도 전무하다. 한 여인이 정성껏 바친 300데나리온의 향유를 자신의 장사를 예비한 것으로 인정했지만(막 14:8), 예수는 이것을 살아 있는 생명체로 받아 누렸지 죽은 시체로 받지 않았다.

예수는 자신이 제자로 부른 사람 하나가 먼저 죽은 부친을 장사지내게 허락해달라는 요청을 하자 "죽은 자들로 자기의 죽은 자들을 장사하게 하고 너는 가서 하나님의 나라를 전파하라"(눅 9:60)고 단호한 입장을 표했다.[7] 예수에게 다급한 것은 죽은 자들의 문제가 아니라 산 자들의 문제였다. 죽은 자와 산 자의 구별은 예의 인용구에 따르면 육체적 생명의 존속 여부와 무관하다. 그 의식이 하나님 나라라는 대의명분에 비추어 깨어 있느냐, 그것을 향한 뚜렷한 목적의식을 가지고 있느냐의 여부가 중요하다. 예수는 이런

---

7) 마태복음의 평행구에서는 "죽은 자들로 저희 죽은 자를 장사하게 하고 너는 나를 따르라"(마 8:22)로 다소 차이가 난다.

측면에서 죽어 있는 자들을 깨워 산 자로 만들면서 그 산 자들을 앞세워 죽은 자들을 살리는 활동에 매진하고자 했던 것이다. 사정이 그런 터에 예수가 이미 오래 전 죽은 조상들에 대하여 그들을 어떤 예법과 형식에 따라 숭배할 것인지에 대하여 관심을 기울였을 리 만무하다.8) 죽은 그들 존재의 현재화는 오로지 그들의 정신적 유산, 좁게 말해 그들의 고귀한 신학적 유산을 오늘날의 삶 가운데 재현함으로써 가능하다고 보았기 때문이다. 예수에게 후손들의 현재 삶에 화복을 미끼로 영향을 끼치는 조상의 귀신은 없었다. 그의 영적 인식론 가운데 존재한 귀신은 건강한 생명을 병들게 하고 억압하는 사탄 또는 마귀의 작용, 즉 악한 영들의 발호일 뿐이었다.

하나님 나라 운동의 명분을 위해 예수는 직계 혈통으로서의 가족에 대해서조차 매우 해체적인 입장을 고수했다. 그는 자신을 찾아온 모친과 아우들을 향해 "누가 내 모친이며 동생들이냐"(막 3:33)고 반문했다. 유교적 효의 관념에 비추어보면 매정하고 불효막심한 듯한 이 발언은 '하나님의 뜻'이라는 한 차원 높은, 탈혈통주의적이고 탈가족주의적인 신앙의 명분 속에 그 빛을 발한다. 그

---

8) 적극적 관심의 차원은 아니지만 동시대의 풍습을 전제하여 본문을 해석한 주장이 있어 흥미롭다. 당시의 장례풍습에 의거한 이 해석에 따르면, 예수는 예의 말씀으로 장례식을 거부한 것이 아니다. 시체의 부패를 염려한 나머지 급하게 장례식이 치러지던 당시 관행에 비추어볼 때, 이 상황은 아버지의 장례식이 벌써 치러져서 더 이상 불필요함을 언급했다는 것이다. 아울러, 죽은 자들이 죽은 자를 장사한다는 말은 당시 가족들을 함께 매장하던 무덤의 구조에 비추어 이미 죽은 자들, 즉 사자가 된 조상들이 이제 죽은 자를 만날 수 있다는 뜻이라는 것이다. 고세진, "죽은 자들로 저희 죽은 자들을 장례하게 하라," 『성서마당』 신창간 4(2005 / 9), 120-132 참조.

354

는 혈통으로서의 가족 대신 하나님의 뜻대로 행하는 자들을 중심
으로 하나님을 한 아버지로 섬기는 새로운 개념의 가족(*familia
Dei*)을 구현하고자 했던 것이다.[9] 이와 같이 '하나님의 가족'으로
재편된 공동체의 질서 속에서 이 땅의 혈육을 매개로 성립된 조상/
자손의 관계, 남편/아내, 형제/자매의 관계는 해체된다. 그것은
오히려 하나님 나라의 선교에 갈등의 소지를 제공하고 장애 요인
이 될 뿐이다(마 10:21, 34-37). 하나님 나라의 도래라는 종말론
적 지평 위에 이 땅의 혈통주의적 가족질서는 폐쇄적 연고의식을
조장하고 그것을 제도적 틀로 고착화하며 그 가운데 제 식구 감싸
고 챙기는 식의 편협한 이기주의의 온상으로 작용할 수 있기 때문
이다.

물론 그렇다고 예수가 이 땅의 생래적 가족을 깡그리 부인한 것
은 아니다. 그는 대놓고 언급하지는 않았지만 하나님의 뜻을 행하
는 제자들을 양성하고 하나님 나라의 성원들을 넉넉히 채우기 위
해서라도 기존의 가족 체제를 전제해야 했을 것이다. 그리하여 그
는 결혼을 신성한 하나님의 섭리 가운데 포용하고 그로부터 생산
되는 어린 자녀들을 기특하게 여겨 환대하지 않았던가(마 18:1-
5). 또 그는 고르반의 예화를 통해 하나님을 앞세워 부모에게 하
는 도리를 팽개치는 세태를 질타하기도 했다(막 7:9-13). 이로 미
루어 예수는 한편으로 가족주의의 구조적 질곡을 타파하면서 동시
에 그것의 온전한 질서를 다시 세우고자 했으리라는 추론이 가능
하다. 두세 사람이 하나님 나라라는 선한 신앙적 명분을 추구하며

---

9) 이 주제와 관련하여 다음의 졸고를 참조할 것: 차정식 "'하나님의 가
족' 만들기," 『묵시의 하늘과 지혜의 땅』(서울: 대한기독교서회, 2001),
207-221.

주의 이름으로 모인 곳이라면 그것이 베드로와 안드레, 요한과 야
고보처럼 혈통을 전제로 한 관계이든, 마리아와 예수의 사랑하는
제자처럼 혈통과 무관한 관계이든, 상관없이 소중하다. 신앙적 공
통분모 위에 그 관계의 외연은 필연적으로 '하나님의 가족'을 향
해 열려지고 확대될 터이기 때문이다. 그런 점에서 예수가 양면적
으로 보여준 가족 해체와 통합의 신학적 기획은 모순되기보다 상
호보완적이라고 할 수 있다.[10] 그러나 그 통합적 관심사 가운데
제 혈통상의 직계조상을 가문의 영예로 떠받들고 그 신령을 불러
복을 구하며 나아가 음식을 공궤하여 먹게 하는 원시적 제의는 일
언반구 언급되지 않는다. 그만큼 죽은 조상의 문제는 예수로부터
철저히 무시당하고 있는 것이다.

인간의 마음은 약한 터라 죽음을 경계로 차안에서 피안을 염려
하는 심사는 제 자신뿐 아니라 사자를 향한 충정으로 나타나기도
한다. 그 대표적인 예가 바울이 부활을 논하면서 언급한 죽은 자
를 위하여 세례 받는 풍습이다(고전 15:29). 본문을 통해 바울은
당시 실제로 존재한 이 풍습을 가타부타 신학적으로 평가하지 않
는다. 다만 그는 이 풍습을 죽은 자의 부활이 있다는 항간의 믿음
을 시위하는 증거로 활용할 뿐이다.[11] 죽은 자를 위한 세례가 시

10) 이러한 주제에 대해서는 다음의 졸고를 참조할 것: 차정식, "가족 해
체와 통합의 신학적 변증법," 『신약논단』 13 / 3(2006), 693 - 747.
11) 이 대리세례의 풍습은 당시 고린도에 만연한 성례중심주의(sacramen-
talism)를 반영한다. 아울러 이에 대한 바울의 언급은 그가 고린도교회
의 상황을 꿰뚫고 있었음을 암시한다. 바울이 비록 그 가치평가를 유보
하고 있지만, 이 대리세례의 풍습은 훗날 교부들 사이에 이단적 행태로
정죄되었다. 특히 크리소스톰 같은 교부는 그것을 마르시온주의자들의
습속으로 간주하였다. H. Conzelmann, *1 Corinthians*, tr. by James W.
Leitch(Philadelphia: Fortress Press, 1975), 275 - 276 참조.

356

신을 세례 주는 것이 아니라 살아 있는 자가 그들을 대신하여 세례 받는 것이었다면 여기서 죽은 자는 그 생존한 자의 가족이나 친지들이었을 가능성이 크다. 그들이 어떤 이유로 죽었든지 그들의 죽음은 이 땅에 속죄받지 못한 범죄의 이력으로 말미암아 적잖은 여한을 남겼을 법하다. 이러한 정황에서 살아 있는 자가 죽은 자를 위해 받는 세례는 짐작컨대 대속적 기능을 염두에 둔 의식이었다. 조상제사 또는 사자숭배라는 맥락에서 조명한다면, 이러한 대리세례의 의식은 자기의 몸으로 드리는 제사와 같은 것이다. 예수의 십자가 죽음에 근거한 대속신학적 이해가 이런 맥락에 정초한 것이듯, 죽은 자를 위한 세례의 전통 역시 그러한 대속론적 틀을 매개로 삼았다고 할 수 있다.

4. 기억의 제사를 위하여

기독교인의 신앙적 실존에 비추어 우리의 죄는 예수 그리스도 외에 그 어떤 것으로도 대리될 수 없다. 죽은 조상이 자신의 신앙고백 없이 죽었다고 해서 살아 있는 자손들이 대신 신앙고백을 해주거나 대신 세례를 받아준들 그것은 심리적 자기 위로 이상이 못 된다. "아비가 신 포도를 먹었으므로 아들의 이가 시다"(겔 18:2)는 이스라엘 항간의 속담은 포로기 이후 더 이상 유효하지 않은 폐물이 되어버렸다. 조상과 자손, 아비와 자식, 그 어떤 친연 관계이든, 바빌론 포로기 이후 새롭게 전개된 신학적 발견 속에 사람은 하나님 앞에 선 단독자로서 자신의 죄악과 구원을 각자 알아서 담당해야 할 개별적 존재로 자리매김되었기 때문이다.

이 모든 사실을 지각하여 삶 가운데 육화시키는 계몽과 성숙의 이치 또한 마찬가지로 제각각의 깨우침과 실천의 역량으로 오롯할 뿐이다. 조상의 귀신에 사로잡혀 그것의 영력에 두려워 떠는 이들에게 혹은 그들의 생전에 나눠진 삶의 흔적들로 인해 감상적 회한에 사무치는 이들에게, 바울의 통찰대로, 그것들은 현전하는 권력이고 권위이다(고전 8:5). 그러나 성숙한 신학적 지식을 가진 자들에게 조상제사에 깃든 신앙적 영매의 요소는 한갓 개구리 하품소리처럼 공소하게 들릴 뿐이다. 그러나 어쩌랴. 각각 제 성정과 취향, 믿음의 심급에 따라 이해하고 믿고 따르는 것을!

"죽은 자들로 죽은 자를 장사지내게 하라"는 예수의 가르침 이후에도, 그러나 미진한 구석은 남는다. 그것은 어떻게 우리의 일상 속에 우리의 생명을 이 땅에 매개한 조상들, 하나님의 창조 섭리 속에 개입한 그들의 위상을 공정하게 평가하고 대접해야 하는가 하는 문제이다. 우리가 단순히 생식본능에 따라 취산하는 동물이 아니라 예의와 범절을 따지는 인간이라면 그 돌아가신 어른들을 어떻게 기억하고 기념해야 하는가? 그들의 죽은 시신이 흙으로 돌아갈 허무이고 이승의 강을 건넌 그들의 혼령이 우리네 세상살이에 전혀 관여하지 못하는 게 하나님의 창조 섭리라면, 어떻게 그들을 공경하는 것이 인간의 존엄성을 살리는 최상의 길이 될 터인가?

나는 내세워야 할 가문도 변변치 못하고 자랑스러운 원근의 조상도 없다. 그렇지만 그들이 이 땅에 무지렁이 백성의 일부로 살아온 삶의 흔적을 억지로 뭉개버릴 수는 없는 노릇이다. 그럴 바에는 차라리 그들의 위상을 정직하게 인정하고 존중하면서 기억과 상념 속에 공대하는 것이 낫다. 내 기도의 한 가운데 그들의 삶의 자취를 회상과 추억의 형식을 매개로 불러내고, 신산했던 그들의 삶을 내 몸속에 고스란히 체감해보는 것이다. 이런 살가운 일상적 기억의 제사를 외면하고 명절이라는 거대형식에 들려 거창하게 음식을 준비하고 평소 없던 맘을 억지로 내면서 애써 치장하는 인륜의 제스처는 가을하늘의 낙엽처럼 공허하다. 그렇게라도 일년에 한두 차례 모이고 만나고 야단법석을 떨어야 삶의 맛을 느끼는 대중의 성정을 이해 못할 바 아니다. 그러나 나는 조상의 결핍을 허황하게 치장하여 신화화하는 족보의 자기기만과 집안 장손이라는 허울 좋은 혈통의 굴레를 훌쩍 벗어던지고 싶다. 추도예배로 말만 바꿨을 뿐, 여전히 여성들의 노동력에 기생하여 기름진 음식과 만담으로 허풍을 떨고 화려하게 제 몰골을 분식하는 가부장주의의 그 성찬과 나는 이제 그만 작별하고 싶다.

07 | 예수와 농경신학의 미래

1. 농촌의 기원과 행로

태초에 주어진 인간의 생활환경은 인위적으로 가공되거나 치장되지 않은 자연 그 자체였다. 지상낙원으로 알려진 그 '에덴'에서의 삶은 풍성함과 신선함, 그리고 쾌적함이 넘쳐났다. 채소와 실과를 먹고 싶은 종류대로 먹고 싶은 만큼 현장에서 즉석으로 먹을 수 있었으니 풍성하며 신선했을 것이다. 땅과 하늘, 물과 공기에 그 어떤 오염도 없었으니 쾌적했을 것이다. 하나님이 태초의 인간들을 위해 만들어주신 그 에덴은 그렇게 자족할 만한 낙원이었다. 그곳에는 모든 것을 누릴 수 있는 최대의 향유가 있었던 반면 선과 악을 알게 하는 나무의 과실을 먹지 말라는 최소의 금기가 있었을 뿐이다(창 2:16-17). 그 최소한의 금기를 위반한 인류의 조상은 비극적인 실낙원의 대가를 감당해야 했다. 여자에게 해산의 고통이 부담으로 지워졌다면 남자에게는 땀 흘리며 땅을 파고 일해야 먹고살 수 있는 수고가 져야 할 일상의 짐으로 부과되었다(창 3:16-17). 저주받은 땅은 가시덤불과 엉겅퀴를 냄으로써 죄악에 떨어진 인간들에게 푸대접으로 반응했다(창 3:18). 이렇게 이 땅 최초의 직업은 농업이 되었고, 실낙원 이래 인간들에게 제공된 최초의 인공적 생활환경은 농촌이 되었다.

가인이 아우 아벨을 죽여 그 피를 흘린 뒤 이 땅은 그 무고한 피로 한 차례 더 저주를 받았다. 그 이후 땅의 생산성은 감퇴되어 밭을 갈아도 그 본래의 효력을 주지 않는 흉년의 비극이 생겼다(창 4:11). 그로 인해 유리하기 시작한 가인은 유랑민의 조상이 되었다. 그는 에덴 동편 놋 땅에 거하며 성을 쌓았고 거기서 낳은 아들 에녹의 이름을 따라 그 성의 이름을 지었다. 유랑민 가인의 집안은 야발에 이르러 목축민의 조상이 되었고, 이로써 직업적 정체성을 얻었다(창 4:20). 사람들이 더 번성하면서 농촌과 성읍의 구분이 더 벌어졌고, 성읍은 생산물의 축적에 따른 잉여재산을 쌓아 도시로 발전했을 것이다. 바벨의 '지구라트'(ziggurat)가 도시문화의 표상이라면, 언어를 혼동케 하여 억지로라도 사람들을 사방에 흩어버린 하나님의 행동은 한군데 집중하지 말고 이 땅에 두루 충만하라(창 1:28)는 애당초 창조의 뜻을 구현하고자 하는 발로였을 것이다.

이러한 창세기의 서사적 흐름은, 넓게 보면 구석기 - 신석기 - 청동기 - 철기 문명을 건설하면서 인간이 개척해온 세계 문명사적 자취와 궤를 같이하고, 좁게 보면 우리나라의 역사 전개와도 대강 맞아떨어진다. 화전식 유랑생활, 수렵생활이 정착생활로 바뀌면서 본격적인 농경문명이 싹텄고, 야수를 길들여 목축도 곁들이게 되었다. 씨족이 뭉쳐 부족이 되고, 부족들은 잉여생산을 토대로 성을 쌓아 성읍국가의 기틀을 마련했다. 전쟁과 살육의 우여곡절은 도시문명의 발전과 더불어 인류의 삶에 막대한 파괴를 가져왔다. 이 모든 폭력과 상실을 통과하면서도 우리가 사는 이 땅은, 삼국시대 - 통일신라시대(남북국시대) - 고려시대 - 조선시대를 거치는 장구한

세월 내내 농업을 근간으로 생활의 습속과 문화를 발전시켜온 농촌들의 세상이었다.[1]

2. 예수의 가르침과 농경 이미지

공생애 이전 예수는 부친 요셉의 업을 물려받아 목수일에 종사했을 것이다(마 13:55; 막 6:3). 그러나 공생애 기간 내내 예수가 주로 만난 사람들은 갈릴리의 농사꾼들과 갈릴리 호수 주변에서 고기를 잡는 어부들이었다. 그도 그럴 것이 예수가 다닌 갈릴리의 마을은 번듯한 도시들이라기보다 작은 촌락들이 대부분이었다. 공공기관과 문화시설을 갖춘 도시로 세포리스(Sepphoris)가 있었지만, 이 도시는 복음서에 단 한 번도 등장하지 않는다.[2] 갈릴리의 지형은 일부 야산과 광야 지대를 빼고 대체로 농사에 적합한 비옥한 토질을 자랑했다. 거기서 농사짓는 사람들은 그러나 소작농으로 지주와 로마제국에 바쳐야 할 세금으로 고통이 심했다. 거기에 마름(집사, 청지기)의 횡포도 겹쳤다. 예수가 비유 가운데 말한 땅

---

1) 우리나라 전통사회의 농업문화에 대해서는 다음의 책을 참조할 것: 배영동, 『농경생활의 문화읽기』(서울: 민속원, 2000).
2) 이 도시는 해발 286미터의 언덕지대에 건설되었고, 나사렛에서 북서쪽 방향으로 4마일 떨어진 곳에 위치하였다. 갈릴리 주에서 유일하게 로마의 공공기관이 있던 곳이다. BC 4년 히스기아의 아들 유다가 이곳에서 반란을 일으켰고 이에 수리아 주를 통치하던 로마 총독 바루스가 군대를 파견하여 이 도시를 파괴했다. 이후 헤롯 안티파스는 이곳에 3,000명이 앉을 수 있는 극장과 궁전, 위아래 도시에 시장을 세우는 등 대규모 공사를 벌여 이 도시를 재건했다. James F. Strange, "Sepphoris," *ABD* vol.5, 1090－1093 참조.

에서 밭일을 하다가 보화를 발견한 사람(마 13:44)은 남의 땅을 부쳐 먹던 소작농의 한 유형으로 비쳐진다.

예수의 대표적인 하나님 나라 비유(막 4장; 마 13장)에서 드러나는 신학적 상상력은 주로 농경 이미지를 매개로 하여 퍼져나간다. 예수는 하나님 나라의 무슨 형이상학을 배배 꼬아서 현학적인 어투로 복음을 전하지 않았다. 그는 하루의 일상에 고단한 그 백성들을 배려하여 그들의 삶의 현장에 와 닿는 언어와 비유로 접근해갔다. 씨뿌리기의 비유에 나오는 길가, 돌밭, 가시떨기, 옥토 등의 이미지군은 농경생활의 경험이 배어나는, 그래서 당시 갈릴리의 농부들에게 친근하게 다가오는 것들이었다. 씨를 뿌리고 나서 때가 되면 땅이 저절로 열매를 맺는 이치(막 4:26-29)와 아주 작은 겨자씨가 자랄 만큼 자라나 공중의 새들을 품는다는 이야기(막 4:31-32), 가라지의 비유(마 13:24-30)와 누룩의 비유(마 13:33) 등에 등장하는 모든 메시지의 소품들은 그것을 듣고 깨닫는 사람들에게 아주 평범한 일상의 일부였다. 예수는 그것을 매개로 그 갈릴리의 농민들에게 그 속에 숨어 있는 하나님 나라의 놀라운 비밀을 발견하도록 그들의 상상력을 부추겼다. 뿐 아니라 어부출신이 비교적 많았던 제자들에게도 예수는 고기잡이와 연관된 평상적인 삶의 언어들로 하나님 나라를 가르쳤다.3)

씨와 연관된 비유들이 주로 밀과 보리 등과 같이 곡물을 재배하는 농경적 이미지로 통한다면 포도밭을 비롯한 과수원과 연관된 비

---

3) 이러한 비유에 반영된 예수의 농경신학(agrarian theology)은 바울에게도 나타나는데, 그 대표적인 예가 "적게 심는 자는 적게 거두고 많이 심는 자는 많이 거둔다"(고후 9:6)는 그의 어록이다. 바울의 농경신학에 관해서는 다음을 참조할 것: H. D. Betz, *2 Corinthians 8 and 9*(Philadelphia: Fortress Press, 1985), 98-100.

유들은 실과를 생산하는 또 다른 농사 경험을 반영하고 있다. 밭에서 이루어지는 소작일이 소출 곡물의 일부를 노동의 대가로 받는 것이 상례인 것과 달리 과수원 농사는 임금노동의 현장을 독자들에게 비추어준다. 그리하여 우리는 마태복음 20장에서 다른 시간대로 과수원에 들어와 일해 한 데나리온씩 받은 품꾼들과 공정하면서도 너그러웠던 그 포도원 주인을 만난다. 그런가 하면 마태복음 21장의 이야기에서, 포도원을 만들어 농부들에게 세 주고 타국에 나갔다가 돌아오자 그들이 그 포도원 주인을 배반하고 그의 종들과 아들을 때려 죽인 포도원과 울타리, 그 안의 망대, 즙 짜는 구유 등을 접한다. 그 과수원에는 물론 포도나무뿐 아니라 무화과나무도 나오고(마 24:32; 눅 13:6-9), 이에 곁들여 소나 나귀, 양과 같은 동물을 치며 사는 목축농도 덩달아 출현한다(눅 13:15, 14:19, 15:1-7). 꽤 넓은 토지를 보유한 지주로 큰 농사를 짓는 이른바 '경영형 부농'이 된 주인과4) 그의 재산을 관리해주는 마름, 곧 청지기가 등장하는 것(눅 16:1)도 갈릴리의 농경적 배경을 전제로 한다.

이렇게 예수는 갈릴리의 농어촌 백성들과 그 생활 언어의 교감으로 서로 소통했고, 그들의 상상 세계에 동참했으며, 이로써 그들과 더불어 삶을 흔쾌히 나누었다. 예수의 하나님 나라 비유에 왕성하게 발견되는 이러한 농경적 이미지들을 두고 단순히 교육적 효과를 높이기 위한 것이었다는 식의 빤한 해석으로 그쳐서는 안 된다. 그것은 타자의 언어를 배워 그 언어로 생각하고, 그 삶을 적극적으로 공유했음을 뜻한다. 이로부터 갈릴리의 생활 공동체로서

---

4) '경영형 부농'이란 용어는 국사학자 김용섭 교수가 조선 후기 농업사 연구에서 도입한 개념으로 조선후기에 새로운 기술로 농업을 통해 부를 축적하면서 출현한 집단을 가리킨다.

364

하나님의 나라 운동이 탄력을 받을 수 있었던 것이다. 오늘날 농촌의 언어를 느려터지고 진부하고 촌스럽다고 모멸하는 세태 속에 누가 예수처럼 그들의 언어 속에 내 삶의 집을 지을 수 있을까? 생각처럼 그리 쉽지 않은 과제이다. 도시민들에게 낯선 타자인 농민들의 얼굴을 극진히 대접하고 나의 삶 속으로 깊숙이 받아들여 함께 용해되지 않으면 늘 겉돌 수밖에 없기 때문이다.

3. 빈들의 신학

예수는 당시 중앙이었던 예루살렘을 자신의 선교 사역지로 택하지 않았다. 그 대신 그는 당시 '이방인들의 땅'으로 알려진 소외된 변두리 갈릴리를 하나님 나라 운동의 핵심 무대로 삼았다.[5] 이는 나사렛이라는 예수의 연고지가 갈릴리 주에 포함되어 있기 때문에 자연스러운 모습일 수도 있겠다. 그러나 더 많은 사람을 상대로 사역을 하기 위해 대처로 나갈 수도 있는 노릇이었다. 특히, 당시 정치 경제 사회 문화 등 제반 분야의 중심지였을 뿐 아니라, 유대교의 전당인 성전이 있었던 예루살렘은 매력적인 공간이 될 만했다. 예수가 단순히 종교지도자로 명성을 높이고 출세하고자 했다면 예루살렘은 선택이 아닌 필수였을 것이다. 그러나 그는 다만 성전을 청결케 하기 위해, 그리고 그 여파로 붙잡혀 죽음/죽임과 부대끼기 위해 예루살렘을 최후의 무대로 남겨두었을 뿐이다.

---

5) 예수 당시 갈릴리의 제반 환경에 대해서는 다음을 참조할 것: Richard A. Horsely, *Galilee: History, Politics, People*(Valley Forge, PA: Trinity Press International, 1995).

갈릴리 지역에서도 예수는 당시 그곳의 대표 도시로서 꽤 명망이 높았던 세포리스를 사역의 근거지로 삼지 않았다. 복음서에서 그려지는 예수의 선교 동선을 분석해보면 가버나움이라는 자그만 촌락이 중심지라면 중심지로 부각된다. 학자들의 연구에 의하면 가버나움은 예수님 당시 인구 1,700명 정도 수준의 전형적인 농촌이었다.6) 그러다가 예수님 이후 점차 도시화의 길을 밟아간 것으로 추정된다. 공관복음서의 일부에서는 가버나움을 도시(polis)라고 부르고 있지만(막 1:33; 마 9:1; 눅 4:31), 자료상 더 위로 소급되는 구절(눅 7:1, 10:15)과 요한복음의 표적 자료(요 2:12, 4:46, 6:17, 24)는 도시라는 수식 없이 그냥 '가버나움'이라고만 부른다. 여기에 백부장이 주둔한 사실과 로마식 목욕탕이 발굴된 고고학적 증거를 내세워 가버나움이 꽤 큰 규모의 도시인 양 성급하게 추단되기도 했지만, 그 증거는 예수보다 후대인 2-3세기의 것으로 밝혀졌다. 가버나움에 있었던 회당(막 1:21)과 세관(막 2:14)도 유대인들이 거주하는 곳이면 도시, 농촌 가릴 것 없이 탐지되기에 가버나움이 도시였음을 뒷받침하는 뚜렷한 증거로 취하기 어렵다. 가버나움을 중심으로 예수는 인근의 농어촌 마을들을 전후좌우로 순행하면서, 때로 육로로 때로 뱃길로 움직였다. 그렇게 바지런히 다니면서 그는 많은 사람들을 만나 사귀었고 그들을 대상으로 복음을 전하였다.7)

갈릴리에서의 예수는 항상 많은 군중들을 몰고 다닌 대중적인 지도자였다. 그들에게 둘러싸여 예수님과 그 일행은 편히 쉬며 식

---

6) 가버나움에 대해서는 다음을 참조할 것: 소기천, 『예수말씀의 전승궤도』(서울: 대한기독교서회, 2000), 55-58.

7) 복음서에서 예수가 보여준 선교적 동선에 대한 연구로 다음의 졸고를 참조할 것: 차정식, "생성기 그리스도교의 선교지형에 비추어본 지방화와 세계화의 문제,"『한국기독교신학논총』40(2005), 129-162.

366

사할 겨를이 없을 때도 있었다. 예수가 제자들과 함께 두로와 시돈, 가이사랴 빌립보, 데가볼리 등과 같이 원족의 걸음을 하면서 비교적 먼 곳으로 휘돌아온 것은 자신에 대한 소문이 뜸한 곳을 찾아 좀 쉬고자 하는 의도도 없지 않았을 것이다. 물론 거기에서도 예수에 대한 소문을 듣고 찾아온 사람들이 있어 그들을 상대해야 했지만 말이다.

마가복음에 의하면, 세례자 요한이 목 베어 죽임을 당한 뒤 예수를 따르는 '큰 무리'가 있었다. 그들은 예수가 배를 타고 한적한 곳으로 갔는데도 거기까지 따라오는 열성을 보였다. 예수는 날이 저물기까지 집에 돌아가지 않고 빈들로 자신을 따라온 그들이 "목자 없는 양 같음을 인하여" 긍휼히 여겼다(막 6:34). 거기서 그들을 가르쳤고 오병이어의 기적을 베풀어 먹였다. 나는 바로 이 대목에 예수의 농촌선교와 농촌목회의 핵심적인 내용이 담겨 있다고 생각한다. 그 큰 무리의 군중들은 날이 저물어도 갈 곳이 없는 유랑민이었을 가능성이 크다. 그들의 다수는 소작농이나 과수원의 일일노동자로 살면서 일용할 양식 챙기기에도 버거운 하층 민중들이었을 것이다. 정신적으로 육체적으로 소외된 외롭고 배고픈 농민들이었을 것이다. 안온한 가정과 기름지고 따뜻한 음식이 확보된 자들이 굳이 저물녘 빈들에까지 예수를 따라와 보리떡과 물고기로 저녁 요기를 하는 청승맞음을 감수하려 했겠는가.8)

예수는 그들을 먼저 불쌍히 여겼다. 여기서 불쌍히 여김은 단순히 성전제의나 회당예배 때 베풀어지는 종교제의적 자비를 가리키

---

8) 예수의 제자들과 군중들에게 빵은 신비이면서 함정이기도 했다. 특히, 마가복음에서 이 빵의 이미지는 이렇게 이중적인 측면에서 일관된 패턴으로 작용한다. 조태연, "빵의 신비, 덫의 미학," 『태의 소생: 여성 지도자들을 위한 마가 읽기』(서울: 한들출판사, 1998), 67-74 참조.

지 않는다. 그것은 원문의 표현 '에스플랑크니쎄'(*esplanchnisthē*) 그대로, 내장이 뒤집어지는 듯한, 애가 끓는 듯한(이 동사의 명사형 *splanchnon*은 '내장'이란 뜻이다), 다시 말해 그들의 아픔과 슬픔이 자신의 것으로 동일화된 치열한 연민을 뜻한다. 이 순간, 예수의 자아는 '타자화된 나'로서의 자아였다. 그 치열한 연민이 단순히 감정의 격동에 멈추지 않고 생명의 밑바닥을 보양한 증거는 이후 예수가 보여준 행적으로 검증된다. 예수는 '목자 없는 양'과 같은 그들을 불쌍히 여긴 연후, 그들의 정신적 영적인 필요를 해소시키기 위해 가르쳤다. 그리고 그들의 가장 절박한 육체적 곤경인 굶주림을 채우기 위해 오병이어의 기적을 베풀어 먹였다. 예수의 농촌목회는 이와 같이 구체적이었고 총체적이었다. 천하보다 귀하다는 그 한 생명, 농민 영혼의 뿌리에서 가지까지 아우르는 통전적인 선교가 이런 방식으로 이루어졌다.

예수의 행적 가운데 또 다른 중요한 부분에 해당되는 축귀와 병자 치유의 경우에도 종종 표출되는 그 '치열한 연민'의 사례는 폭넓고도 일관되게 확인된다.9) 예수는 그들을 치유하기 이전에 그들을 먼저 불쌍히 여겼다. 그들의 아픔을 먼 데서 쳐다보지 않고 가까이서 어루만진 것이다. 마침내, 그들의 아픔을 자신의 아픔으로, 그들의 삶을 자신의 삶으로 깊숙이 끌어안은 것이다. 이렇게 빈들

---

9) 치유 사건에서 예수가 보여준 이런 마음의 자세는 매우 일관된 패턴으로 드러난다. 그것은 치유 이야기를 기적의 차원에서 열광하는 다수 군중들의 반응에 도취되어 쉽게 간과되는, 그러나 매우 중요한 치유기적의 신학적 백미라 할 만하다. 치유받은 그들은 또다시 병들어 죽을 수밖에 없었겠지만 예수의 그 '치열한 연민'은 오늘날까지 살아남아 있기 때문이다. 차정식, "치열한 연민, 혹은 치유와 갱생의 회로," 『묵시의 하늘과 지혜의 땅』(서울: 대한기독교서회, 2001), 163-176 참조.

에서 떠도는 유민들을 불쌍히 여기고 가르치고 먹이고 고치는 예수의 사역은 단지 굶주리고 병든 민중을 향한 개인적 차원의 민망함을 넘어 당시 황폐해진 갈릴리의 농촌사회를 갱신하고 활성화하기 위한 하나님 나라 선교신학의 바탕이었다고 볼 수 있다.

4. 농촌선교의 새로운 지평

산업근대화 시대의 도래와 함께 도시화의 폭발적 진전은 서서히 농촌공동체를 좀먹다가 이제는 가히 황량하게 해체하는 파국을 맞고 있다. 우리 시대의 농촌은 생기를 잃은 채 암울한 형편이다. 일할 만한 농촌의 젊은 인구는 거의 다 도시로 떠나 이제 농업의 미래가 어두워지고 있으며, 을씨년스런 농촌의 풍경은 예전의 덕스러움과 여유로움을 잃고 있다. WTO 체제하의 정부 내 유관기관에서도 농촌과 농업은 애물단지가 된 지 꽤 오래다. 참여정부의 지방화 시책에 따라 기획한 행정도시 건설안이 삐걱거리면서 지방의 희망은 여전히 불안하다. 마침내 미국과의 FTA 체결은 그나마 빈사 상태인 한국 농촌을 향해 설상가상의 환경을 조성해놓았다. 죽어기는 농촌을 살리자며 각종 슬로건과 정책이 요란하지만 그것의 효력이 농민들의 일상적 삶에 실팍하게 와 닿지 않는 게 문제다. 구조적 낙후와 인구 감소로 인해 농촌교회도 다수가 미자립 상태로 허덕인다. 농촌 출신이란 딱지와 농업이란 직종은 더 이상 자랑이 아니라 '거칠고 세련되지 못함' '무교양' '빈곤과 무지' '불결과 비위생' 등과 같은 부정적 이미지로 고착되어버렸다. 도시민들의 고향 증후군을 달래는 차원에서 종종 TV에 편집되어 나오는 농촌(어촌) 사람들의 억지춘향 환한 연기는 차라리 서글픔이다.

그러면 이제 어쩔 것인가? 예수라면 어떻게 이 시대의 왜곡과 편견을 다룰 것인가? 예수가 이 땅에 머무는 동안 농촌에 대하여 무엇을 어떻게 했던가? 중앙과 지방의 간극과 도시와 농촌의 단절, 이로 인한 차이와 차별은 어떻게 해야 지속 가능한 대안으로 극복될 수 있을까? 오늘날 한국의 농촌교회는 이 시대적 과제 앞에 어떻게 대응해야 하는 것일까? 앞서 살핀 내용에 의거하여 우리는 이 시대 농촌 선교와 목회의 몇 가지 원리를 추출해볼 수 있다. 이것들을 모델로 각자 터 잡은 농촌 사역의 특수성을 감안하여 슬기롭게 응용하고 용기 있게 실천할 수 있다면 희망의 실마리를 잡을 수 있지 않을까 한다.

첫째, 예수가 굳이 갈릴리를 사역의 무대로 택한 데서 교훈을 얻어야 한다. 갈릴리는 배척과 소외의 땅이었지만 희망의 땅이 되었다. 예수는 갈릴리에서 기만과 탐욕으로 찌든 도시적 삶을 반성하고 새로운 대안적 가치의 삶을 생성하는 선교의 기적을 일구어냈다. 오늘날 농어촌은 우리 시대의 가장 피폐한 공간인 동시에 자본주의적 탐욕의 노예로 사는 도시적 삶의 양식을 해체하고 새로운 대안 가치를 창출할 수 있는 비교적 덜 오염된 한산한 공간이다. 거기에는 온갖 욕망이 집중하여 탐욕의 성채를 쌓는 이 시대의 맘몬주의를 벗어나 끊임없이 걸을 수 있는 길 위의 신학이 있다. 밑바닥까지 내려가 지독한 죽음의 맛을 본 뒤에라도 새로 태어나 다시 시작할 수 있는 빈들이 아직 거기에 남아 있다.

둘째, 농경적 이미지로 충만한 예수의 가르침 방식을 교훈 삼아 우리의 언어를 바꾸는 것에 고심해야 한다. 농촌목회의 언어는 농민의 생활 언어로 변용되는 것이 좋다. 상투화된 제의적 언어, 목회자 위주의 자기 봉사적 권위주의의 언어, 세속의 티끌로부터 깔끔하게 탈피하여 저 홀로 정결하려는 도시적 위생의 언어로서는 기존 체제의 온존에는 기여할 수 있을망정 농촌선교와 목회의 새로운 지평을 열어젖히기에는 역부족이다. 우리의 일상 언어, 신앙 언어, 가르침의 언어 등에서 말을 뒤집어 반성하지 않으면 생각이 바뀔 수 없고, 생각이 바뀌지 않으면 기존 스타일에 고착된 삶의 양식이 변화될 수 없는 것이다. 더구나, 그렇게 고착된 언어 체계를 통해서는 농민들의 생활 세계와 적극적으로 대화하며 하나님 나라를 위한 영적인 연대를 구축하기 난망하지 않겠는가.

셋째, 예수가 당시 소외된 농민들을 향해 보여준 '치열한 연민'의 자세를 확보해야 한다. 농민들의 속내와 목회자의 속내는 이를 매개로 깊숙이 연동되고 서로 진정한 소통을 이루어야 한다. 그래야 농촌사역이 도시의 목회로 나아가기 위한 한시적 체류지나 디딤돌이 아니라 평생의 소명과 사명이 될 수 있다. 이를 위해서는 농민들의 삶을 나의 운명 한가운데로 영접해야 하는 것이다. 그들의 일상을 나의 일상 속에 품고 극진히 대접해야 하는 것이다. 이 시대 이 사회의 농어민 다수가 상대적 박탈자요 소외자임을 자각하여 그들을 더 이상 목자 없이 방황하는 양처럼 내버려둬서는 안 된다. 오래 묵은 상처를 싸매고 치유하려면 애끓는 슬픔, 내장이 뒤집어지는 듯한 안쓰러움이 동반되어야 한다.

넷째, 그 연민이 단순히 시혜적 자비가 되지 않기 위해서는 농민들의 삶을 기초부터 세워나가는 데 교회가 동참해야 한다. 농촌사역자는 농민들을 겸손히 섬기는 마음가짐으로 부지런히 말씀을 가르쳐야 한다. 이로써 그들의 고단한 현실을 위로하고 용기를 북돋워 격려하며 하나님 나라 백성으로서의 자긍심을 갖도록 도울 수 있어야 한다. 그리하여 그들의 정신세계를 지배하고 있는 낮은 자존감, 열등의식, 피해의식에서 벗어나도록 인도해야 한다. 이를 위해 농촌 사역자는 설교자로서 목회자로서 농촌생활의 장점을 적극 부각시키고, 그 단점을 감싸주는 것이 상책이다. 그들의 현실에 대한 반복적인 불평과 원망의 악순환 고리를 끊지 않고서는 상황을 타개하려는 모든 노력이 무효로 돌아가기 때문이다.

오늘날 농촌 사회에서 당면한 절박한 또 다른 문제는 삶의 하부 구조가 지극히 취약하다는 것이다. 열심히 농사지어도 제 값을 받지 못해 수확을 포기한다든지, 열심히 가축을 키워도 사료 값 대기에 벅차다든지 하는 열악한 현실은 어제오늘의 일시적인 현상이 아니라 오랫동안 반복되는 구조적 문제이다. 오늘날 농촌목회자들에게는 이러한 현실을 명민하게 포착하여 그 문제를 분석할 수 있는 사회경제적 안목이 요청된다. 그리하여 그 해결책으로 농촌교회가 도시교회와 자매결연하여 직거래 장터를 활성화한다든지, 수익사업을 개발하여 농촌을 자립 가능한 건실한 생활공동체로 만들어나가는 일에도 힘쓸 필요가 있다. 일용할 양식을 취해야 하는 저물녘, 빈들에 방치된 헐벗고 굶주린 사람들을 앞에 두고 예수가 제자들에게 "너희가 먹을 것을 주라"(막 6:36)고 말씀하신 뜻을 깊이 상고해야 한다.

예수는 오늘도 자신의 뒤를 이을 농촌목회·후계자를 찾고 있다. 저 황량한 빈들을 향해 말한다. "내가 누구를 보내며 누가 우리를 위하여 갈꼬?" "내가 여기 있나이다. 나를 보내소서"(사 6:8). 이렇게 대답할 자 누구인가? 어디 있는가? 과연 있는가?

08 | 21세기 신학도의 초상

- 예수의 두 비유에 기대어[1]

1. 신학도는 천연기념물인가?

솔직하게 말하자. 오늘날 학문의 대세로 말하자면 신학은 더 이상 학문의 제왕이 아니다. 그 휘황한 중세의 영광을 뒤로 물리고 당혹스런 근대를 맞이한 이래로 교회와 신학의 춘추전국시대는 '역동'과 '지리멸렬' 사이에서 가쁘게 호흡하고 있다. 이 와중에 이 시대, 이 나라, 이 사회는 더 이상 신학도의 목소리를 간절하게 요구하고 있는 것 같지 않다. 현재 이 지구촌의 각종 문제를 진단하기 위한 심각한 자리에 신학자는 흔쾌한 초청의 대상이 되지 않

---

[1] 월간 『기독교사상』은 그동안 몇 차례 기획 특집을 통해 한국 신학과 신학도에 대한 꾸준한 관심을 보여주었다. 이 글은 그 관심의 일환으로 청탁받아 작성된 것인데, 이 글과 함께 실리거나 연계하여 읽을 만한 동잡지의 글들로 다음의 것들을 소개한다: 손규태, "이 땅에서 '신학 함'이란 무엇인가"(22-29); 송인규, "신학교수의 직격(直擊) 토로"(30-41); 박명철, "그들은 지금 많이 피곤하고 지쳤다"(54-60), 『기독교사상』 543(2004 / 3); 양권석, "위기의 시대와 신학"(30-39); 왕대일, "신학의 위기, 신학의 기회, 신학의 미래"(40-51); 우택주, "교회와 신학의 화해를 촉구한다"(52-61); 정강길, "미래에서 온 기독교와 한국교회의 미래"(62-77), 『기독교사상』 584(2007 / 8).

는다. 이 나라와 민족의 장래사를 논의하고 전망하는 자리에도 신학도는 별로 관심의 대상에 끼지 못하는 편이다. 수적으로만 따지자면 훨씬 열세인 종교학자들이 대접받는 형세에 비추어 신학자, 신학도는 애물단지 취급을 받는 실정이다. 지명도 높은 목사들이 종교지도자 모임에 끼어 간혹 초대받는다 하더라도 꾸어다놓은 보릿자루마냥 형식적 자문의 예우를 벗어나지 못하는 수준이다. 이 땅의 중앙 일간지들은, 기독교 재단 소속의 국민일보를 빼고, 일주일에 한번 정도, 대체로 금요일에, 한 귀퉁이 지면을 할애하여 종교를 문화의 일부 관심사로 밋밋하게 다루어줄 뿐이다. 그나마 기독교는 거기서도 그 종교의 한 부분을 할애받아 초라한 대접을 받는다. 하물며, 그 기독교의 일부인 신학의 자리는 약에 쓸려고 찾아도 잘 안 보이는 개똥의 자리만큼 협소하거나 거의 없다.[2]

어째서 이렇게 된 것일까? 전 국민의 교인화, 전 세계의 복음화를 부르짖으며 그 왕성한 부흥의 권세를 자랑하던 이 땅에서 왜 이런 일이 벌어지고 있는 걸까? 과학의 시대에 그 과학의 힘을 외

---

[2] 그동안 내 분석에 의하면, 일간지의 기독교 관련 보도는 매우 정형화된 편집 틀을 따르고 있다. 몇몇 보수적인 거대신문들은 이른바 '성공한' 교회의 목회자들 위주로 그들의 성공 내용과 그 비결을 집중 조명하거나 그들의 주요 활동을 홍보해주는 쪽에 치중해오고 있다. 그런가 하면 일부 비판적인 신문에서는 교계의 비리나 문제, 사회적 소통의 부재 및 역사의식 결여에 초점을 맞춰 기성 교회를 질타하거나 대안 교회와 개방된 신학을 소개하는 쪽에 관심을 기울이는 편이다. 그러나 양쪽 모두 대중지로서의 약점인 선정성이라는 한계를 넘어서지 못하고 있다. 이들 신문은 신학과 신학자의 세계에 정치나 경제 보도 수준의 깊은 관심을 보이지 않는다. 그 내부의 알짬을 파악하고자 하는 의욕을 가지고 복잡한 지형을 해부하고, 신학적 통찰을 제반 사회 현실과 그 미래 전망에 접맥해보려는 시도에는 지나치게 무감각하거나 인색한 것이다.

면하거나 정죄하며 맹목의 신앙으로 질주해온 교회의 배타주의,
신학의 권위주의로 인한 원죄일까?[3] 이 땅의 나라는 지나가는 순
간의 형적일 뿐이라며 상대적으로 소홀히 여기고 저 하늘나라에
담긴 영원한 가치에 헌신하며 나라와 세계와 인간을 영육 간에 양
분해온 이분법으로 말미암은 당연한 천덕꾸러기 취급인가?[4] 아니
면, 오늘날 신학의 병세가 지극히 심하여 이 땅의 정치 경제 사회
는 고사하고 그 문화조차 선도하고 변혁할 자체의 에너지를 보유
하지 못한 당연한 논리적인 귀결일 뿐인가?[5] 오호통재라! 각계에

---

[3] 신학의 권위주의가 과학을 홀대하며 벌인 횡포의 역사는 명백한 과오
로 남아 있다. 그에 대한 역전의 발상인지 오늘날 국내의 일부 기독교
인들은 이른바 '창조과학'이라는 이름하에 성서의 내용을 과학적으로
증명하려고 시도하지만 그것은 과학 이전의 책을 과학의 권위에 가탁
하여 '신봉'하는 엉뚱한 귀결을 낳을 뿐이다.

[4] 물질과 정신, 육체와 영혼, 역사와 자연, 이 세상과 저 하늘을 날카롭
게 양분했던 그 전통적 이분법은 이제 과학적 통찰의 심화와 함께 그
경계가 허물어지고 있는 추세이다. 양자물리학의 발전으로 세상은 개
연성과 상보성, 전일성의 개방된 체계로 인식되기 시작했다. 이에 따
라 신학은 과학으로부터 적극적으로 배우며 과학 또한 신학적 통찰에
겸손히 귀 기울일 수 있는 학문적 여건이 조성되고 있는 것이다. 김균
진, "양자물리학의 세계관의 생태신학적, 사회-정치적 의미," 『한국기
독교신학논총』 40(1995), 163-191 참조.

[5] 신학의 병세는 그 내용뿐 아니라, 오히려 더 심각하게 그 담론 생산의
형식과 방법에서 악화되고 있다는 것이 내 진단이다. 도대체 신학이란
이름으로 생산되는 담론들이 얼마나 고루한 글쓰기의 반복으로 쇠멸
하고 있는지, 그것을 알아채고 있기나 한 것인지 답답할 뿐이다. 신학
자들이 써내고 있는 그런 글들을 필자 자신과 그 제자, 그리고 몇몇의
친근한 동료 외에 누가 공들여 읽어줄까? 귀국한 지 몇 년이 지나도
여전히 변함없는 생경한 번역체의 문장, 오문과 비문이 넘쳐나는 글들
이 무성하다. 담론생산자로서 신학자의 엄정한 비판적 자의식이 결여
된 천편일률적인 내용들이 이른바 '논문'과 '저서'의 권위에 의탁하여
줄기차게 생산되고 있지만 그것에 대한 공정하고도 비판적인 리뷰를
접하기란 어려운 현실이다. 친분에 따른 주례사 비평이나 연고주의적

서 정기행사처럼 성찰의 프로그램이 제출되고 시시각각 진단은 난무하지만, 딱 부러진 정답은 오리무중이다.

그렇다고 교회 내에서 신학과 신학도가 대접받는 호의적인 상황도 아니다. 그 호시절에 교회의 학문임을 자처한 신학이었건만, 이제 신학은 21세기 현재 시점에서 교회조차 외면하며 별 관심을 기울이지 않는 학문이 되어버렸다. 교회는 더 이상 신학도를 신학이라는 전문지식을 습득하고 그 방면에서 철저히 훈련받은 전문인으로 이해하지 않는다. 그보다는 교회공동체의 자본주의적 이념에 맞게 성장과 발전의 목표를 떠받들고 그것을 온몸으로 수행할 수 있는 능력의 '테크니션'이 되길 강요한다. 혹은 신학도로서의 전도사 목사는, 원하든, 원치 않든, 사람을 모으고 대중을 다루는 각종 기교와 재주에 능숙한 실용적 조합주의자로서의 위상을 부여받는다. 교회의 담임자들도 한때 신학을 공부했지만, 교회 목회 및 선교의 현장에 뛰어들면 지식의 기어를 바꾸어 신학과 잽싸게 작별하고 설교 및 예배의 수사학과 효율적인 교인 관리를 위한 인간공학의 세계로 접어들게 된다. 이러한 분주한 상황에서 신간 신학저술들이 그들에게 매력적으로 다가올 리 없다. 고민하며 가끔 집어드는 책들은 용한 목회자들, 성공한 대중전도자들이 던져주는 실용도서들이다. 그나마 교회의 일터도 점점 협소해져 배출되는 신학생들의 수에 비해 그들에게 적절한 사역을 맡겨줄 만한 일자리

유대가 심각한 학계의 문제라면 신학은 그 앞자리에 서기를 주저하지 않을 것이다. 그러니 이 땅의 신학이 학문의 이름으로 온전히 축적되고 공정히 역사화되기란 얼마나 난망한 것이랴! 나는 최근에 한국 신학에 대한 이러한 문제의식을 담아 그 진로와 향방을 타진하는 차원에서 다음의 졸고를 내놓았다: 차정식, "한국에서 신학의 길 찾기," 『기독교사상』 통권 562호(2005 / 10), 264－281 참조.

가 부족하여 신학도의 수급 문제를 놓고 교단마다 심각하게 고민하고 있는 상황이다.

이러한 와중에 신학도의 고민은 중층적일 수밖에 없다. 이 첨단 과학기술의 시대에 왜소해질 대로 왜소해진 신학을 부축하면서 어떻게 신학도로서의 자기 정체성을 수립하는가 하는 것이 그 하나라면, 적절한 사역의 현장에 배치되어 어떻게 학교에서 배운 신학 지식을 지혜롭게 응용하고 이로써 질 좋은 열매를 풍성히 거둘 수 있는가 하는 점이 또 다른 고민거리다. 그러니 21세기 한국 신학도의 초상은 단순 명쾌한 구상화가 아니라 뒤틀리고 찌그러진 추상화가 될 수밖에 없다. 여기에 한 술 더 떠 신학의 고초를 부채질하는 것은, 오늘날 신학이 처한 학문적 환경이 그야말로 '잡탕학문'의 성향을 띠고 있다는 사실이다. 이 땅의 복잡다단한 문제를 하늘 한군데로 집중하여 하나님의 뜻을 구할 수 있던 시절의 신학도는 단순·소박한 만큼 행복했으리라. 그러나 지금 현재 이 땅의 제반 학문적 관심사는 다채롭게 분기하여 그것이 하늘의 하나님을 향한 학문적 추구에 역동적인 영향을 끼치는 시대이다. 인문사회 과학의 여러 분과는 물론 물리학, 생물학, 천문학, 유전학 등의 자연과학까지 신학과 무관하지 않은 시대에 우리는 살고 있기 때문이다.

신학이 쪼그라들고 신학도가 천연기념물 취급받다시피 하는 이 시대에 우리가 그리는 21세기 신학도의 초상은 그리다 마는 미완의 그림일 뿐인가? 아니면, 그리다 찢어버리는 실패작이 될 터인가? 그래도 어쩔 것인가? 인생이 미완성이듯 우리도 미완성이나마 소박하게 우리 신학도의 초상화를 그리지 않을 수 없다.

2. 감내하는 일상, 경이로운 발견

예수께서 들려주신 비유 하나(마 13:44)로 시선을 모아보자. 천국의 비유 가운데 그 천국을 예수는 밭에 감추어진 보화에 비유한 적이 있다.6) 이 짧은 비유의 내부를 속속 들여다보면 거기에는 그 보화를 발견한 뒤 자신의 소유를 다 팔아 그 밭을 산 익명의 한 사람이 등장한다. 그 사람은 허구한 날 미친 사람처럼 아무데서 아무런 생각 없이 땅을 파지는 않았을 것이다. 그가 판 땅이 밭이고, 그 밭은 남한테서 사들여야 할 밭이었으니까 그는 애당초 그 땅의 주인으로 농사를 짓는 자작농이 아니라 고작 남의 땅을 부쳐 먹는 소작농이었을 것이다. 그가 밭일을 하는 중 땅속에서 갑자기 딱! 하는 소리가 들렸고, 그게 무언가 파고 보니 보물단지였다는 것이다. 그것은 예기치 않은 발견이었다. 예기치 않은 만큼 놀라움도 컸고 기쁨도 컸으리라. 그러나 그 보물단지가 자기 소유의 땅에 파묻혀 있지 않았기에 그 놀라움은 경계심으로, 그의 기쁨은 내밀한 기쁨으로 간수되어야 했을 것이다.

이 작은 에피소드를 통해 우리는 그 소작농의 일생을 응축시킨 하나의 극적인 초상을 발견한다. 아울러, 우리는 그 초상 속에서 하나님의 나라를 향한 신학도의 여정에서 불가피하게 마주칠 수밖에 없는 예기치 않은 불가항력의 신적인 섭리를 운명적으로 수긍하게 된다. 비유 속의 그 농부가 소작농으로서 살아온 무지렁이 인생은 그리 화려하지 않았을 것이다. 그는 아무리 열심히 일해도

---

6) 이 비유와 밑에서 다룰 진주상인의 비유에 대한 상세한 해석은 다음의 졸고를 참고할 것: 차정식, "보물찾기와 신학적 경제학," 『신약성서의 사회경제사상』(서울: 한들출판사, 2000), 17-42.

당시 식민주인 로마당국에, 또 땅 주인에게 이중으로 과도한 납세를 하고 나면, 당시의 소작농 형편이 으레 그랬듯, 제 식구들 입에 풀칠하기도 힘든 열악한 현실이었을 것이다. 그런데 그는 별 희망 없는 그 노동, 목구멍이 포도청인지라 할 수 없이 통과해온 그 보잘것없는 하루하루의 일상을 감내하며 그 날도 땅을 팠을 것이다. 그런데 쥐구멍에도 쨍하고 볕들 날 있다고, 그는 그 기적적인 쥐구멍의 주인공으로 돌변한다. 물론 그 보화 같은 천국, 그 천국 같은 보화를 얻기까지 그 소작농은 마냥 무임승차하지 않았다. 그는 그 보화를 숨겨두고 자기의 소유를 다 팔아 그 밭을 사는 결단을 감행한다. 가장 소중한 것을 위하여 덜 소중한 것들을 적극적으로 투자하는 그 정교한 처신의 결과로 그는 그 보화의 주인공이 된 것이다.

겸허하게 보면 우리네 생 그 자체가 기적이고, 생의 한가운데서 날마다 벌어지는 모든 세목들이 또한 기적적이라 할 수 있겠지만, 이 자본 세상의 주류에 편입되지 못한 채 변두리에서 망설이며 두리번거리는 21세기 이 땅의 신학도에게 날마다 일상을 버티는 일은 수월할 수만은 없다. 학부 4년과 신학대학원 3년, 거기에 목사고시 및 일정 기간의 목회 수련 과정을 거쳐 목사로 안수받아 전문 목회의 자격증을 얻기까지 적잖은 물심양면의 투자를 하건만, 그 관문을 통과한 연후에 돌아오는 결과는 불확실하거나 초라하기 짝이 없다. 특출한 말재주를 화려한 웅변의 설교에 활용하여 일거에 수많은 사람들을 신자로 만들거나 든든한 물주를 만나 교회 건물을 세우고 대중이 선호하는 특정한 은사로 수많은 불치의 병자들을 완쾌시키며 가난뱅이를 백만장자로 변모시키는 등등으로 사람 모으기의 흥행에 성공하지 않고서는 이 땅의 목회 현장에 성공적으로 발붙이기 어렵다. 저러한 화려한 밑천이 없이는 식구 딸린 벌거숭이 몸으로 허허벌판에 내쫓기기 십상인 것이다. 이렇듯, 신학도가 졸업 후에 사역의 현장에서 자립하기 쉽지 않은 형편이라는 것을 아무도 부인할 수 없다.

그러나 그 불확실한 7년 혹은 그 이상의 세월을 묵묵히 하루하루 감내하지 못할 때, 우리는 신학도의 이름으로 아무것도 수확할 수 없을 뿐더러, 당연히 신학도로서의 정체성을 담보받을 수 없다. 불확실한 세월을 견디는 것은 그 세월이 불확실하기에 그 불리한 여건을 견디는 것만으로도 성실함에 값할 수 있다. 물론, 우리는 그 감내하는 일상 속에서 수월한 학점 취득을 위해 잔꾀를 부리며 간편한 졸업을 위한 요령과 술수에 빠져들지 말아야 한다. 우리는 자신의 생을 놓고 구체적인 목표를 세워 그것을 향해 꾸준히 질주하며, 마침내 온전한 일단락을 거둘 때 "나는 그냥 놀고먹지 않았다"고 당당하게 고백할 수 있어야 한다. 그 별 볼일 없는 소작농의 일상이 별 희망 없이 땅을 파는 노동이었다면, 오늘날 별 대책 없는 신학도의 하루하루는 일확천금을 노리는 야바위꾼의 능청스런 포즈와는 확실히 구별되어야 한다. 우리가 신학도로서 땅을 파는 행위는 멀리 내다보는, 어찌 보면 한없이 지루한 작업이다. 땅을 파서 고작 씨를 뿌리기밖에 더하겠는가? 씨를 뿌려 봐야 싹이 나서 곡물로 성장하기밖에 더하겠는가? 그러다 때가 차면 결실하여 곡물의 얼마를 수확하는 것 외에 무슨 소출이 더 있겠는가? 그조차 이리저리 빼앗기고 나면 제 입에 풀칠하기도 어려웠을 텐데, 신학도의 노동 또한 이렇게 척박한 토양에 땅을 파고 씨를 뿌리는 일과 다를 바 무엇이겠는가?

그 농부의 입장에서 보화가 담긴 그 땅을 버리거나 떠날 수 없듯이 오늘날 이 땅의 신학도는 신학이라는 우리의 태반을 버리거나 업신여길 수 없다. 아무리 이 세상의 가치 기준에 따른 지명도에서 처진다고 할지라도 우리는 우리의 뿌리를 다른 것으로 대체할 수 없다. 뚜렷한 소명감과 사명감은 하나님을 향해 공중에 부르짖는다고 저절로 생기거나 굳어지지 않는다. 그것 또한 뿌리가 있고, 그 뿌리에서 열매로 진화하기까지 지난한 공부의 역정 위에 정초되어야 한다. 우리의 공부는 기초가 튼튼해야 한다. 땅 파는 농부의 연장질처럼 지루한 동작의 반복처럼 우리는 희랍어, 히브리어의 언어적 기초 위에 성서를 원전으로 읽어내며, 그 성서가 2,000년 교회와 이 세상의 역사 속에서 공명해온 호흡의 맥을 찾아내어 큰 줄기를 배워 익히고, 작은 뿌리를 더듬어 기억해야 한다. 그 독서와 공부의 기반 위에 우리의 신학적 사색은 비로소 역동적으로 소통될 수 있으며, 그 사색은 현장에 박치기하여 비로소 생명의 결실로 이어질 수 있다. 우리가 감내하는 일상의 노동 끝에 파놓은 그 소통의 구멍이 마침내 하나님의 은총의 섭리 가운데 쨍하고 볕이 드는 그 기적의 쥐구멍이 될 수 있을 것이다. 그 밝은 햇볕과 구질구질한 그 습한 구멍의 극적인 만남 속에서 우리는 천국의 기쁨이 왜 발견의 기쁨인지, 그 기쁨이 왜 예기치 않은 보화의 값어치에 비견되는지 알아차릴 수 있을 것이다.

3. 과감한 모험의 여로

문제는 땅을 파는 모든 사람들이 보화를 얻지 못한다는 사실이다. 보화가 어디 묻혔는지 아는 사람이라면 그는 굳이 땅을 파지도

않고 그 땅을 손아귀에 넣기 위해 애쓰면 그만이다. 그러나 쥐구멍
에 볕드는 경우처럼 땅을 파는 이가 보화를 발견하는 극적인 기쁨
을 누리기란 하늘의 별따기만큼은 아니라도 로또 복권에 당첨되는
것만큼이나 확률이 낮은 미로의 게임이다. 대다수는 그래서 눈치껏
땅을 파며, 그것도 못할 양이면 손쉽게 그 지루한 일상의 노동을
포기한다. 그러나 보화가 꼭 그 땅속에만 파묻혀 있다고 생각하지
않는 건전한 상식만 있다면, 시선을 돌려 다른 가능성을 향해 투자
할 수 있다. 하나님의 절대적 주권을 수긍하는 동시에 인간의 자유
의지에 따른 능동적 선택을 무시하지 않는 입장에서 예수가 가르
친 또 다른 비유는 이 대목에서 적절히 암시적이다.

그 비유는 한 모험적이고 진취적인 보석 상인을 주인공으로 내
세운다(마 13:45 - 46). 한 상인이 좋은 진주를 구하다가 극히 값진
진주 하나를 만나 자신의 모든 소유를 팔아 그 진주를 샀다는 이
야기다. 이 비유의 상황은, 위의 소작농 비유가 그렇듯, 현실 반영
적이다. 예수 당시 팔레스타인에서 이따금 전쟁이나 화급지경에
묻어둔 재물을 발견하여 갑자기 횡재하는 일이 생겼듯이, 실제로
그 땅의 보석상인은 진귀한 보석을 얻기 위해 페르시아나 인도까
지 먼 여행을 떠나는 경우가 있었다고 한다.[7] 보화를 담고 있는
땅은 부동산이지만 진주와 같은 보석은 동산으로 그것을 구하기
위해 공간 이동이 필요하다. 그것도 자신의 온 소유를 다 팔 정도
의 자금을 필요로 하는 진귀한 진주를 얻는 경우라면 긴 시간을
들여 멀리 이동해야 하고, 이를 위해서는 모험정신이 필수적이다.
비유 속의 보석상인은 그 진주에 대한 정보를 확보하고 있었을

---

7) Joachim Jeremias, *The Parable of Jesus*, tr. by S. H. Kooke
   (London: SCM Press Ltd, 1972), 199 참조.

뿐, 그것의 주인을 찾아 위험을 수반하는 먼 여행을 떠나 성공적인 거래를 하여 그 진주를 손에 넣으리라는 확실한 보증수표를 가지고 있지는 않았다. 그는 그 여정에서 부대낄 우여곡절과 온갖 불확실한 요소들에도 불구하고 그걸 얻으리라는 단순한 믿음으로 그 길을 떠난 것이다. 그 길이 천로역정에 비견되는 천국의 길이라면, 그 길 위에 든 그 상인은 천국의 여로에 든 방랑자가 된다.

21세기 신학도에게 요청되는 미덕은, 쨍하고 볕들 날을 고대하며 진지하게 공부의 일상을 감내하는 성실한 소작농의 자세와 더불어, 불확실한 앞길을 긍정적으로 전망하며 과감하게 자신의 현실을 넘어 도약하고자 하는 저 보석상다운 모험의 자세이다. 전자가 토착적이고 보양적인 농경민스런 삶의 스타일을 전제한다면, 후자는 자기 해체적이고 창발적인 유목민스런 삶의 스타일을 배후에 깔고 있다. 전자가 스스로 공동체를 구성하는 책임 있는 일원임을 암시한다면, 후자는 이 세상 그 누구도 저당잡을 수 없는 저만의 고유한 생명에 담긴 자발성과 자율성을 지향한다. 저 진취적인 모험 속에는 우리의 머리를 동원하는 지적인 모험과 더불어 우리의 가슴과 영혼을 송두리째 올인(!)하는 정서적 영적 모험의 길들이 죄다 포함된다. 뿐 아니라, 우리는 시간과 더불어 공간에 구속되는 존재로서 예수처럼, 또한 바울처럼, 그 후로도 오랫동안 유전된 그 여행의 삶을 추구하면서 방랑의 기동력을 발휘하여 이 세상의 양지와 음지를 관통해나가야 한다. 이 지구상의 문명지대와 까마득한 오지, 평지와 골짜기, 해양과 하늘까지 아울러 하나님의 피조 세계를 명민하게 관찰하며 섬세하게 투시하는 가운데, 우리의 몸이 이 우주의 몸과 소통하는 공명체임을, 그야말로 온몸으로 절절히 깨우쳐야 할 것이다.

그러한 우리의 구도자적 모험을 훼방하는 장애물은 적지 않고 또한 작지 않다. 학교의 학제와 커리큘럼, 이에 따른 수업 부담과 각종 과제물, 그리고 교회의 봉사 임무는 우리를 때로 심하게 강박한다. 더구나 나이 들면서 찾아오는 가족 형성을 위한 안팎의 요구와 식구들 부양의 의무는 결코 가볍지 않다. 기성 체제와 규범에의 순명을 요구하는 제도권의 강압도 외면하기가 결코 쉽지 않다. 특히 자기 규정적인 이른바 '보수정통'의 선입견적 틀 속에 갇혀 우리의 언어와 사고를 갱신하지 못하면 우리의 신학은 잘해 봐야 기존 신학 전통의 고답적 되풀이로 맴돌거나 종교 심리적 자기 정당화의 수준에 머물기 십상이다. 사정이 그럴진대 이 세상을 보는 신학도의 몸과 마음이 창조적으로 진보하는 데 예의 그 틀은 지렛대인 동시에 걸림돌이 된다. 나는 성서시대 이후로 그리스도교의 신학적 지성들이 하나님을 더 잘 설명하고 이해하기 위해 일정한 해석적 틀을 세우면서 부단히 그 틀에 도전하고 그것을 해체하면서 넘어서고자 몸부림친 결과로 오늘날과 같은 다채로운 신학적 풍경을 연출할 수 있게 되었다고 본다.

그 선구적 지성의 앞줄에 선 사도 바울의 말, 즉 "죄가 더한 곳에 은혜가 더욱 넘쳤다"(롬 5:20)는 그 말의 본령을 악용하지 않는다면, 나는 감히 탕자의 비유에 기대어, 아비의 온실 같은 집안에 안주한 자족적인 첫째 아들보다 불만을 품고 아비 재산 일부를 챙겨 그 집을 뛰쳐나가 고생 끝에 먼 길을 에둘러 돌아온 그 모험적인 둘째 아들을 주목하고 싶다. 그에게 분명 아버지의 은혜는 넘쳤고, 그의 죄가 많고 깊은 만큼 그의 존재는 죄인과 동일 범주로 취급되던 이방인들이 하나님의 구원사에 동참할 수 있는 길의 표상이 되었다. 가장 값진 진주를 찾아 전 재산을 처분하여 진지하게 길 떠난 그 보석상의 모험 어린 여정을 하나님이 외면치 않았듯이, 오늘날 자신의 명운을 걸고 그 몸과 마음을 부추겨 하나님의 창조세계에 담긴 비의를 찾아 길 떠나고자 배낭을 메는 21세기 유목민 신학도의 발걸음을 당신은 가상히 여길 것이다.[8]

진주 찾아 머나먼 길을 떠나는 보석상으로서의 21세기 신학도는 마땅히 경계인이 되어야 한다. 그 경계인으로서의 자의식은 이 땅에 똬리 틀고 끼리끼리의 기득권을 챙기지 않으며 흘러가는 세상의 형적을 앞세워 자신의 성채를 짓지 않는 존재로서의 자의식에 다름 아니다. 하늘 보좌를 버리고 이 땅에 온 예수처럼, 유대인으로서 이방인의 사도된 바울처럼, 21세기 신학도는 디지털시대의 감각으로 생동하며 아날로그의 유산을 품어 안을 줄 아는 자이다.[9] 또한 그는 우리 민족의 역사적 비애를 체화하며 남과 북을

---

8) 유목민적 삶의 양식은 불안한 현대인의 삶에 참신한 미래 지향적 대안을 제시하면서 근래에 뜨거운 화두로 부각되고 있다. 이에 대한 이론적 배경은 '지리철학자'로 불리는 들뢰즈 등이 공급해왔다. 질 들뢰즈 · 펠릭스 가타리 / 김재인 옮김 『천개의 고원』(서울: 새물결, 2001); 이진경, 『노마디즘』 1 & 2권(서울: 휴머니스트, 2002) 참조. 흥미롭게도 구약성서에 등장하는 믿음의 선조들과 예수와 그 제자들은 하늘 하나님을 바라보며 끊임없이 새롭게 떠날 준비가 되어 있던 기동력 넘치는 유목민이자 순례자였다.

9) 최근 급부상한 디지털 문명과 사이버 세계가 아날로그적 삶의 근기를 아주 무시할 수는 없는 노릇이다. 인간은 결국 기계가 아니고 아날로그적 존재로 그 일상을 꾸려갈 수밖에 없는 몸의 포로이기 때문이다. 물론 디지털 문명과 사이버 세계, 또 그것이 개척한 새로운 삶의 양식은 신학의 소재로 진지하게 다루어질 필요가 있다. 하지만 국내의 신학은 아직 이런 쪽의 배움과 적용이 희소하고 굼뜬 형편이다. 신학과 성서에 잠재된 디지털 감각과 사이버 세계에 대한 국내의 연구로 다음을 참조할 것: 최인식, 『예수, 그리고 사이버세계』(서울: 대한기독교서회, 2001); 이종록, 『성서로 읽는 디지털 시대의 몸 이야기』(서울: 책세상, 2004).

동시에 구원의 대상으로 전망할 줄 아는 자이며, 호남과 영남을 따로 보는 외눈박이의 세상을 파탈하여 당당히 그리스도의 한 몸을 선포할 수 있는 자이다. 그는 그 값진 진주를 얻기까지 부대끼는 크고 작은 순간의 일들로 일희일비하지 않고 거시적인 포부를 간직하지만, 이 세상의 길거리에 떠도는 불우한 생명들이 앓고 있는 병통을 섬세하게 자각하고 함께 아파할 줄 아는 미시적인 심성의 소유자이다. 그는 남의 장단에 춤추며 수동적으로 이끌리거나 남의 잔칫상에 감 놔라 대추 놔라 상관하는 귀찮은 존재가 아니다. 외려 그는 미래로 열린 제 삶의 한복판에서 주체적으로 결단하며 좌고우면하지 않고 제 갈 길을 꿋꿋이 가는 자이다. 뿐 아니라, 그는 이 세상의 죄악상을 정직한 예언으로 질타하며 더불어 통회할 줄 아는 치열한 비관주의자인 동시에 이 땅의 온갖 억압된 생명체를 긍휼히 여겨 해방의 복음을 더불어 향유할 줄 아는 담백한 낙천주의자이다.

4. 냉소와 비관을 넘어서

비판은 쉽지만 대안은 쉽지 않다. 그것도 실천 가능한 대안은 더 어렵다. 냉소는 가볍지만 그 이후의 자기 선택은 무겁다. 비판은 거칠고 넓게 항존하지만 시선을 틀어 낙관의 희망을 일구어내는 일이란 옹골찬 결기를 부려도 만만치 않다. 다시금 눈앞의 현실을 살필 때 우리는 두려움에 휩싸인다. 하루하루 힘쓰고 애쓰는 학교와 교실에서의 노동에 스스로 던지는 의혹의 시선은 여전하다. 이 수업 후에, 이 독서 후에, 이 학교 졸업 후에, 이 교회에서의 사역 이후에 우리에게 희망이 있는가 하는 회의적 물음 앞에 우리는 때로 당황한다. 그런가 하면 신학이 대접받지 못하는 이 척박한 토양 속에 우리가 열패감을 넘어 신학도로서 당당히 나름의 정체성을 확립할 수 있는 왕도는 무엇인가 하는 좀더 궁극적 의문에 이르게 되면 우리의 고뇌는 한층 더 심각하게 우리의 신경세포를 들쑤신다. 나는 단 하나의 정답을 알지 못하겠고, 아마도 이 땅에서 영영 알지 못한 채 희미한 청동거울 속의 자화상 그리기에 족해야 할 처지일는지 모른다. 확답이 되지 못함에도 불구하고 21세기 신학도의 초상을 조형하기 위한 몇 가지 실천 가능한 지침을 세워야 한다면, 지금까지의 논의와 내 자신의 경험을 토대로 다음과 같이 몇 가지로 간명하게 정리해볼 수 있다.

첫째, 우리는 하루하루의 일상을 성실히 감내하며 자신의 노동에 힘쓸 뿐더러 그 노동에 담긴 신학적 의미를 심각하게 궁리해볼 일이다. 그 노동은 학교에서 이루어지는 체계적이고 일관된 공부의 길을 의미하며, 교회에서는 말씀을 통해 설교와 가르침으로 행하는 성심 어린 봉사를 가리킨다. 어느 날 갑자기 환희와 감격으로 쨍하고 볕드는 쥐구멍은 많지 않겠지만, 그 쥐구멍이 재수 좋을 뿐이라고만 단정하지 말자. 기적은 일어날 만하기 때문에 일어난다. 소작농이라는 별 볼일 없는 신분에서 그 땅파기의 일상적 지루함을 감내하는 반복적인 연장질이 마침내 땅속에 감춰져 있던 보물을 만났음을 상기하자. 오늘날 목회의 대상이 되는 이 땅의 백성들이 살고 있는 일상의 리듬이 그런 성실한 자기 투여의 피땀 속에 조율되고 있을진대, 21세기 신학도가 하늘을 빙자하여 저 홀로 도취한 신선놀음으로 소일할 수는 없는 노릇 아닌가.

둘째, 우리는 스스로 얻은 신학 지식을, 또 각자 추구하는 소명감 있는 신학도로서의 삶을 자신의 밀폐된 '영토'로 여기기보다 활짝 열린 '지평'으로 간주하자. 그 영토가 갇힌 상태의 시간적 연장으로서의 영토라면 지평은 시공간적으로 계속 새롭게 열리는 지평이다. 그 지평은 필연코 값진 진주를 찾아 낯설고 험한 여정을 마다하지 않은 그 상인의 경우처럼 구도자적 모험정신을 요청한다. 그 모험의 신학적 대상은 당연히 이 세상의 비의이고 인간이며, 자연과 만물, 나아가 그 모든 것들 가운데 운행하시는 하나님이다. 그 지평에 서서 21세기 신학도는 하나님이 이 땅의 역사와 문화를 통해 계시하시는 메시지에 민감하게 반응해야 한다. 아울러, 자의반 타의반 족쇄 채우기 쉬운 이른바 '보수정통'의 틀로부터 끊임없이 '탈영토화'하는 내부의 자기 해체 또한 필수적이다.10)

셋째, 21세기 신학도는 자신의 창조적 언어를 개척하여 이로써 주체적으로 사고하며 결단할 수 있는 자로서의 끊임없는 자기 변혁이 요청된다. 비록 우리의 배움은 맨 처음 어설픈 모방에서 시작했지만 제 영혼의 색깔과 무늬가 배제된 상투적인 모방으로 끝날 수는 없다. 기존의 신학적 담론들을 우리의 언어로 이해하고 재해석하며 우리의 삶의 자리에 비추어 재구성할 수 있는 능력은 21세기 신학도의 소양으로 아무리 강조해도 지나치지 않다. 남의 떡이 커 보이 듯, 남의 신학이 더 근사해 보일 수 있다. 그런데 그 남의 신학이 서구 전통 일변도의 식민주의 신학에 대한 무비판적 추종과 무성찰적 수용일 뿐이라면, 이 땅의 신학적 미래는 암담할 수밖에 없다. 안타깝게도 이 땅의 신학적 주류는 주체성의 이름에 값하기 어려운 무국적의 학문, 비주체적인 담론의 언어로 들끓고

---

10) 나는 이 '탈영토화'라는 개념을 들뢰즈 · 가타리, 앞의 책(2001)에서 빌려 변용하고 있다.

있다. 그런 엉큼한 모방의 언어로 분식된 신학으로는 우리의 실존을 올곧게 비출 수 없는 법 아닌가. 그런 아류의 신학적 담론으로는 우리의 구원을 역사 속에 이루어 갈 수 없는 법 아닌가.

끝으로 나는 이 땅의 모든 신학도가 하나님의 사람으로서 자긍심을 회복하길 바란다. 그것은 그리스도를 따르는 제자로서 우리가 이 맘몬의 시대에 그 맘몬의 체질에 가장 항체가 높은, 그리고 인간의 궁극적인 관심을 꿰뚫는 전공을 택한 데서 마땅히 생성되어야 하는 자긍심이다. 또한 그것은 자신감 넘치는 공부의 노동에 전념하기 위해 요청되는 내면의 활력이기도 하다. 그 긍지를 밑천으로 오늘날 이 땅의 신학도는 교회 밖에서 유행가 가사보다도 못한 대접을 받는 하나님의 말씀에 생기를 불어 넣는 정열적인 선포자로 이 세상을 꿋꿋이 버티며 살아내야 한다. 이를 위해 21세기 한국 신학도는 바깥을 향해서 이 시대의 진로를 기민하게 포착하는 심오한 영성의 선포자로서 우왕좌왕하는 세속을 꾸준히 계몽하고 선도해야 한다. 동시에 내부를 향해서는 뱀처럼 지혜롭게 제 삶의 앞가림을 하고 비둘기처럼 순정하게 제 일상의 반경에서 맡은 바 본분을 성심으로 감당해야 한다. 그렇게 세파에 지친 남루한 심신을 다독이며 이 지상의 마지막 순례자로서 의연히 제 갈 길을 끝까지 걸어갈 때 이 땅의 신학도가 남기게 될 종말론적 미래의 흔적은 결코 허망하지 않을 것이다.

Ⅲ. 상상력의 가지

01 │ 상처와 권위, 혹은 예수의 '흔적'

– 갈라디아서 6:17

1. 낙인 · 문신 · 상흔

무릇 흔적이란 저절로 생겨나지 않는다. 그것은 한자어 흔적(痕迹)의 문자적 함의대로 발뒤꿈치의 상처이니, 곧 길과 발걸음이 만나 만들어내는 몸의 한 징후이다. 징후? 아니, 그것은 무슨 특수한 징후이기에 앞서 직립보행의 인간이 겪어야 할 몸의 운명이고, 살아 움직이는 세계가 드러내는 불가피한 현상이다. 그 흔적의 주체가 자신이든, 그것의 출처가 바깥의 무슨 힘이든, 모든 생명체의 운동은 결국 흔적으로 그 존재를 증명한다. 흔적이 외부의 강압적 힘에 의해 생길 때 그것은 대체로 속박의 징표가 된다. 낙인이 대표적인 예이다. 불도장을 만들어 동물의 몸에 찍음으로써 주인의 소유물을 나타내는 것은 옛날부터 전해온 오랜 관행이었다. 고대 사회에서 노예는 주인의 귀속 재산이어서 그 수치의 낙인을 면할 길 없었다. 그런가 하면 당사자의 동의에 따라 몸에 새기는 흔적도 있으니 곧 문신이 그런 경우다. 문신을 제 몸에 새기는 이유는, 특정 집단이 소속감을 높이거나 정체성을 확립하는 가시적인 징표, 특히 제 몸의 괴력을 과시하여 상대방을 제압하려는 조폭적 발상,

정인을 향한 사랑의 표시, 악귀를 쫓으려는 주술적 상징 등으로
다양하다. 그것은 낙인과 달리 대체로 자부심과 특권의 기호로 통
용되었다.1)

　그러나 타율적 낙인이나 자율적 문신 그 어느 쪽에도 속하지 않
는, 평범하고 사소한 듯 보이는 몸의 흔적도 있다. 노예와 조폭이
아닌 다수의 사람들에게 삶의 여정은 일상 속의 장애물 통과하기
로 점철되어 있고, 거기서 우리는 원하지 않아도 크고 작은 몸의
상처를 얻는다. 작가 이청준의 한 단편소설에서 주인공 할아버지
는 자신의 몸에 수두룩한 상흔의 내력을 묻는 손자에게 하나씩 기
억을 되짚어가며 옛날이야기를 해준다.2) 그렇게 펼쳐지는 상처의
내력에는, 들일을 하다가 낫에 베여 생긴 사소한 상처에서부터 웅
숭깊은 삶의 사연을 담고 있는 상흔까지 실로 다양하다. 그 이야
기 속의 할아버지 시선을 내 시선으로 바꿔봐도 사정은 비슷하다.
내 몸에 생긴 이런저런 흔적들은 대개 상처의 흔적들이며, 그 배
경에는 내 사소한 동작의 실수에서, 내 과욕으로 인한 몸의 이상
증상, 간혹 타자의 물리력에 의한 손상까지 골고루 퍼져 있다. 이
처럼 사람마다 만연한 몸의 현상을, 좀 생뚱맞을지 모르나, 예수에

---

1) 이러한 낙인의 상징적 의미는 고대 근동과 그레코-로마의 역사를 포
함하여 문화인류학적으로 널리 확인되는 사실이다. Betz, "στίγμα,"
TDNT vol.Ⅶ, 657-664에 의하면, 바울의 그 '흔적'은, 비록 그 구체
적인 내용을 확증할 수는 없지만, 자신이 예수의 종으로서 주의 피보
호자 됨을 나타내는 일종의 '보호적 표징'(protective signs)이다. 이를
테면, 이런 표시를 가지고 있는 바울을 괴롭힐 경우 그 누구도 징벌을
면할 수 없다는 것이다(663 참조). 이와 같은 보호적 표징으로서의 그
흔적은 하나님이 생명 보호를 위해 가인에게 준 표를 연상시킨다(창
4:15).
2) 이청준, 「흉터」, 『현대문학』 통권 446(1992/2).

게, 사도 바울에게 적용해도 무방할 것이다. 특히, 사도 바울은 스스로 자기 몸의 흔적을 말하지 않았던가.

2. 바울과 몸, 바울의 몸

바울 신학에서 '몸'이란 말은 그 쓰임새와 함의가 각별하다. 그 '몸'(sōma)이 부정적 메타포로 쓰이면, 그것은 인간의 욕정을 미끼로 번식하는 죄의 숙주로서의 '육체'(sarx)와 대동소이하게 된다. 이때 몸은 율법과 공모하여 죄를 번식시키며 그로 인해 인간을 사망의 구렁텅이로 내치는 애물단지와 같다(롬 7:14, 8:3 - 8). 그러나 이와 반대로, 몸의 긍정적 메타포도 존재한다. 그 경우 몸은 예수 그리스도의 공로로 율법의 속박에서 벗어나 죄의 몸이 깔끔하게 청소된 이후 하나님이 거하시는 '성령의 전'을 표상한다(고전 6:19). 같은 맥락에서 그 몸은 또한 '그리스도의 몸'으로서 교회를 가리키며(고전 12:12 - 27), 하나님의 충만을 향해 지체들끼리 부단히 연대하며 성장해가는 우주적 건축물로서의 몸이기도 하다(엡 1:23, 3:19 - 22).

그런기 히면 메타포 이전의 개별적 몸도 있다. 그것은 중립적 의미로 쓰이는 사람의 육신을 가리키는데, 이 땅에 태어나 생장하다가 노쇠하여 흙으로 돌아가는 생물학적 의미의 몸이다. 그 몸은 그러나 종국에 신자들 각자의 죽음과 더불어 혹은 예수의 재림과 더불어, 화끈하게 '영적인 몸'으로 변할 것이라고, 바울은 거듭 말한다(살전 4:16 - 17; 고전 15:42 - 54; 고후 5:1 - 4). 플라톤의 철학적 상상을 조금 여기 개입시켜보자면, 그때 죽은 몸에서 해방된 영혼의 기억은 망각의 강을 통과하면서 죄다 삭제된다. 아울러, 영혼의 상처 또한 온전한 상태로 회복되어 재생의 날을 기다린다. 그렇지만, 몸에 남은 상흔은 그 몸이 죽어 흙으로 돌아가기 전에는 여전히 계속된다. '영적인 몸'으로 변화한 상태에서 신자들의 몸에 새겨진 이런저런 상흔이 어떻게 변화될지 궁금하지만, 바울은 그 변화된 몸의 새로움에 대해서는 구체적인 언급이 없다.

그 대신 바울은 자신의 몸을 몇 차례 말한다. 그가 군데군데 자신의 육체의 연약함을 자랑하듯 언급한 것은 단순히 겸양의 수사로 치부하기 어렵다. 굳이 수사라면 그것은 오히려 역설적으로 그의 적대자들을 향한 공격적 수사에 가까울 것이다. 물론, 다른 한편으로, 육체가 '욕정'(epithymia)의 숙주인 터라 죄에 대한 저항력이 떨어지고, 그리하여 율법의 치죄에 쉽사리 노출되는 인간의 근원적 한계 상황을 염두에 두고 바울이 육체의 연약함을 운운했을 수 있다. 그렇지만, 이것저것 다 감안하더라도, 바울은 분명 자신의 육체가 이런저런 질고나 상처로 인해 끙끙 앓으며 들쑤시고 고통스러워하는 체험을 했던 인물로 봐줘야 할 것이다.

뭐니 뭐니 해도 바울의 몸이 발광하는 신학적 빛의 징후를 가장 극적으로 드러내는 것은, 그가 한 고백에서 '사탄의 사자'로 부른 '육체의 가시'이다(고후 12:7). 그동안 그 가시의 정체를 추리해 밝히려고 신약성서 학자는 물론 의사, 심리학자 등까지 가세해왔다. 그로부터 추출된 답안은 간질, 약화된 시력, 말더듬증, 주체할 수 없는 성욕 등등 다양하다.[3] 일부는 그 가시를 비유적 메타포로 취하여 바울이 겪은 극심한 정신적 고충의 의미로 풀기도 한다.

---

3) C. K. Barrett, *A Commentary on the Second Epistle to the Corinthians* (Peabody, MA: Hendrickson Publishers, 1973), 315 참조.

우리는 사탄이 하나님의 허용하에 욥에게 견디기 힘든 시험의 고통을 겪게 했던 이야기를 익히 알고 있다. 그와 마찬가지로, 바울에게는 그가 자고하지 않도록 하나님이 부러 허용한 육체의 가시가 있었고, 그것이 바울에게 연약함의 실질적인 근거였다. 그런데 해당 희랍어(*astheneia*)에서 '연약함'은 '질고'와 동의어이다. 이때의 '연약함'이란, 인간 육체의 실존적 한계에서 비롯되는 근본적 연약함이 아니라, 개별 인간의 특정 육체 부위가 정상적으로 작동하지 않는 결과로 생기는 병리적 증상이다. 딱히 그 병명을 짚어 말하긴 어렵지만, 바울은 분명 그 몸의 상태가 그리 좋지 않았고, 그것은 하나님께 기도해도 해결되지 않는, 평생 짊어져야 할 십자가 같은 것이었다.

3. 무슨 흔적?

그렇게 몸이 안 좋았던 바울이 예의 갈라디아서 본문에서 예수의 '흔적'을 말한다. 그것 또한 막연히 흔적이 아니라 자신의 '육체'에 나타난 흔적이다. 의미론적으로 국한해서 살피자면, 여기서 말하는 그 흔적은 하나님의 부르심에 사로잡혀 예수의 종 된 바울에게 하나님이 찍어준 종의 '낙인'일 수 있다. 또한 그것은, 당시 헬레니즘시대의 종교적 관행에 비추어볼 때, 바울이 기꺼이 그 부름을 수락하여 예수의 십자가를 제 몸의 징표로 동일화시킨 상태에서 생긴 십자가의 '문신'일는지도 모른다. 실제로 일부 학자는, 당시 그리스도인들이 신앙의 징표로서 몸에다 십자 문신을 했으리라고 추리하기도 한다. 마찬가지로 바울도 자신의 몸에 그리스도

를 나타내는 X 표시의 문신을 새겼으리라고 보는 것이다.[4]

그렇지만, 바울이 이 문구로써 영적인 의미에서 사도적 정체성이나 종으로서의 소명을 확증하는 낙인의 의미를 표시했다고 보는 것이 그렇듯, 바울이 자신의 권위를 드러내기 위해 스스로 제 몸에 특정한 상징적 문신을 새겼다고 해석하는 것 또한 과도한 추리이다. 나는 오히려, 이 '흔적'이 바울의 몸에 나타난 것으로되, 인위적 문신이라기보다 질병과 고난으로 인한 상처의 흔적, 곧 상흔의 일종일 것이라고 생각한다. 바울은 갈라디아서에서도 자신의 육체적 연약함을 언급한다. 그것은 갈라디아 교회의 유대주의자들이 자랑삼아 내세운 할례의 제의적 가치와는 별도로, 몸을 통해 구체적으로 감각되는 고통의 현장이었을 것이다. 왜냐하면, 여기서도 그 연약함의 어사는 바울의 질고를 대변하고 있기 때문이다.

바울의 회상대로라면, 그는 일찍이 선교 여행 도중에 자신의 육체적 질고로 인해 갈라디아의 어느 지역에서 몸을 의탁한 것이 계기가 되어 갈라디아 교인들과 첫 인연을 맺게 된 것으로 보인다(갈 4:13). 물론 그것은 애당초 서로 간의 신뢰와 우정이 넘쳐나는 호의적인 관계였다(갈 4:14 - 15). 그것이 비틀리게 된 것은, 교회의 일부 교인들이 외부의 틈입자들이 선전한 할례의 복음에 미혹되어 할례를 비롯한 율법 조항들을 구원의 필요조건으로 여기게 되면서부터였다. 이에 바울은 다각도의 변론을 통해 자신이 전한 십자가의 복음이 지닌 정당성을 옹호하면서 할례에 근거한 몸의 변별적 가치를 넘어서고자 애쓴다. 갈라디아서를 통해, 바울은 그와 같이 정형화된 몸의 제의적 흔적 대신 은연중 자신이 지닌 몸의 상흔을 고차원적 권위의 담보물로 제시한 셈이다. 그것이 곧

---

4) H. D. Betz, *Galatians*(Philadelphia: Fortress Press, 1979), 324 참조.

마지막에 축약적으로 언급된 '예수의 흔적'의 실체가 아닐까 싶다.

여기서 상처의 흔적이 곧 권위의 근거로 변용된 추이를 짚어볼 수 있는데, 이는 실제로 당대의 수사학적 맥락에서 용인될 만한 사실이다. 당대의 수사학자들(Quintillian, Cicero)이 전하는 예에 의하면, 피고의 위치에 있는 이가 자신의 입장을 변호하기 위해 용맹스런 전투에서 얻은 상흔을 증거물로 제시할 수 있었다고 한다.[5] 이와 마찬가지로, 바울 또한 자신의 복음이 지닌 신학적 정당성과 자신의 사도적 사역에 담긴 신성한 명분을, 그것을 감당하는 과정에서 자신의 몸에 생긴 상흔을 통해 세우고자 애쓴 것이라고 할 수 있다. 중요한 사실은, 그 상흔이 단순히 과거의 상처에서 생긴 죽은 흔적이 아니라는 것이다. 그 상처는 지금도 여전히 생동하면서 가시처럼 자극을 받으면 고통을 주는, 덧나고 곪아터지기 쉬운, 제 몸의 현 상태이다. 그래서 바울은, "이후로는 누구든지 나를 괴롭게 말라"(갈 6:17)고 신신당부하고 있는 것이다. 다시 번역해 읽으면, 아무도 할례 시비 따위의 고역스런 일을 만들어 그의 상한 몸을 아프게 자극하지 말라는 것이다.

이렇듯, 바울은 자신의 몸, 특히 그 몸을 통과하는 고통의 자극에 민감하다. 그리하여, 그는 예수의 죽음을 단순히 관념적으로 묵상하는 데서 그치지 않고 "항상 예수의 죽음을 몸에 짊어"(고후 4:10)지고 다닐 만큼 예수의 죽음을 자신의 죽을 몸의 감각에 공명시키고자 애썼다. 그것은 그의 표현대로 예수의 생명이 그의 몸에 나타나도록 하는 방편이었다. 그에게 예수의 몸을 가장 특징적으로 드러내주는 신학적 기호는 십자가의 고난이었다. 그는 그 십자가의 고난을 자신의 몸속에 체현하는 것을 '고난의 코이노니

---

5) 앞의 책(1979), 323 - 324 참조.

아'(*koinonia tōn pathēmatōn*)라고 불렀다(빌 3:10). 몸의 고난을 통한 운명적 유대를 가장 극적으로 표현한 바울 서신의 문구가 바로 "그리스도의 남은 고난을 그의 몸 된 교회를 위하여 내 육체에 채우노라"(골 1:24)는 구절이다.

그렇게 세운 몸의 지향을 늘 민감히 의식하는 가운데 바울은 사역의 현장을 누비면서 점차 고난과 상처의 몸에 길들어갔다. 그의 자화상을 엿볼 수 있는 한 자전적 고백에 의하면, 그는 "수고를 넘치도록 하고 옥에 갇히기도 더 많이 하고 매도 수없이 맞고 여러 번 죽을 뻔하였으니 유대인들에게 사십에 하나 감한 매를 다섯 번 맞았으며 세 번 태장으로 맞고 한 번 돌로 맞고 세 번 파선하는데 일주야를 깊음에서 지냈으며 여러 번 여행에 강의 위험과 강도의 위험과 동족의 위험과 이방인의 위험과 시내의 위험과 광야의 위험과 바다의 위험과 거짓 형제 중의 위험을 당하고 또 수고하며 애쓰고 여러 번 자지 못하고 주리며 목마르고 여러 번 굶고 춥고 헐벗었"(고후 11:23-27)을 만큼 자신의 몸이 겪은 고난의 역정을 민감하게 의식하고 있었다. 그러한 몸의 고난과 그로 인해 입었을 상처의 흔적들은 그에게 잊기 어려운 기억으로 각인되었을 것이다. 이는 요즘 빈번히 거론되는 '정신적 스트레스' 이전에 그것을 유발하거나 가중시키는 주된 요인이었으리라 추리된다. 그것은 안으로 곰삭혀 묵상하면 약함 속에서 강해지는 영성의 출처였고, 밖으로 투사하면 자신의 정적들이나 신학적 대적자들을 향해 자신의 사도적 권위를 제고시키는 빛나는 몸의 형적에 다름 아니었다.

4. 상처와 권위

이쯤에서 우리는 바울에게 예수의 상흔이 새겨진 자신의 몸이
곧 권위였다는 경이롭거나 얼핏 경악스러운 사실을 도출해도 좋을
것이다. 권위의 출처를 그 분별 기준이 모호한 영력이나 다채로운
은사의 활용으로 보는 것과 비교하여, 이 사실은 액면 그대로 믿
기에 좀 도발적인 측면이 있다. 그렇지만 곰곰이 생각해보면, 있는
그대로의 몸 그 자체보다 더 확실하게 증빙될 만한 권위의 근거도
드물다.6) 몸은 거짓말을 하기 어렵기 때문이다. 몸에는 무엇보다
세월의 흔적이 새겨져 있다. 그리고 몸은, 앞서 바울의 자전적 고
백이 시사하듯, 그 세월을 통과하며 삶이 만들어놓은 좋은 의미의
무늬와 안 좋은 의미의 얼룩이 두루 스며 있다. 그런데 몸의 상흔
은 얼룩과 무늬 양쪽 두루 열려 있는 해석의 개방태이다. 먼저 우
리는 그 상처의 연원을 따져야 할 것이다. 모든 고생과 고난이 다
의미심장하고 아름다운 것은 아니다. 고난은 그것이 무엇에 대한,
무엇을 향한, 무엇을 위한 고난이었으며, 그 고난으로 맺어진 무슨
열매가 있었는지, 그 열매는 또 어떻게 유통되고 소비되었는
지…… 이런 면들이 두루 고려되어야 그것의 진정성이 명석 판명
하게 분별될 수 있을 것이다. 왜냐하면 상처는 그것을 어떻게 다

---

6) 딱히 몸의 상처가 아니더라도, 그것의 상징적 연장선상에서 가족을 떠
   난다든지, 십자가를 진다든지 하는 목숨을 건 모험이나 고행을 통해
   타의 추종을 불허하는 비범한 자기 삶의 낙인을 찍음으로써 권위를
   세우는 패턴은 문화인류학적 사례 분석으로 증명되는 바이다. 분석 대
   상으로 삼은 텍스트는 다르지만 이러한 권위 만들기의 경우와 관련하
   여, Carlos J. Gil Arbiol, "Overvaluing the Stigma: An Example of
   Self-Stigmatization in the Jesus Movement(Q 14:26-27; 17:33),"
   BTB 34/4(2004), 161-166 참조.

스리고 운용하느냐에 따라 자기 연민이나 타인을 향한 억압과 학대의 수렁이 될 수도, 자기 초월의 능력으로 거듭날 수도 있기 때문이다.

바울이 내세운 예수의 흔적이 몸의 상흔과 무관치 않다는 나의 전제가 용인된다면, 우리는 그 몸이 권위를 매개한 방식에 유의할 필요가 있다. 그 몸은 일단 상처받은 몸이다. 그리고 그 몸의 흔적은 치열하고도 자발적인 삶의 결과물로 생겨난 자연스런 것이니, 제의적 전통에 따라 타율적으로 만들어놓은 할례와는 그 질적인 차원이 다르다.7) 할례는 마음의 할례를 동반하지 않고는 죽은 흔적일 수밖에 없기 때문이다. 앞서 나는 바울의 그 상처가 죽은 흔적이 아니라 현재 시제의 고난을 유발하는 고난의 가능태라고 했다. 그것은, 요즘 유행하는 '몸짱' 개념과 통하는 세련된 체구나 날씬한 몸매, 화사한 풍채, 미려한 차림새 따위와 전적으로 무관하다. 외려 그것은 발바닥으로 길을 만들며 길을 걸어간 시간의 흔적만큼 몸에 각인된 경륜의 표상이라고 할 수 있다. 바울의 경우,

---

7) 바울이 갈라디아서의 맨 끝부분에 이 '흔적'을 명기한 것은, 그의 이 서신 내내 논쟁적 주제로 씨름해온 '할례'를 겨냥하여 마지막으로 결정타를 날리고자 한 계획된 수순의 일부가 아니었을까 하는 심증이 간다. 즉 그가 이 흔적에 호소함으로써 육체의 할례를 자랑하는 유대주의자들을 향해 자신을 방어하고 그들의 입지에 타격을 가하고자 했으리라는 것이다. 이런 견지에서 바울의 그 흔적은 단순히 개인적인 상흔에 머물지 않고 구태스런 할례를 대체하는 '새로운 종말론적 표징'(the new eschatological sign)으로 볼 수 있다. Betz, "στίγμα," *TDNT* vol.Ⅶ, 663 참조. 나는 이 점을, 언젠가 안양대학교 식당의 식사 자리에서 최흥식 교수(횃불트리니티신학대학원대학교)와 대화하는 우연한 순간 배웠다. 지극히 당연한 것 같은 사실도 애써 기억하고 착념하지 않으면 잠재된 생각의 미로에서만 떠돌 뿐 글로 육화되기 어렵다는 것도 그때 그와의 만남과 배움이 끼친 부수적 교훈이다.

그 경륜은 매끈하게 관리된 몸의 경륜이 아니라 기꺼이 고난을 자초한 상처투성이 몸의 경륜이었을 것이다. 그 찢기고 터지고 눌린 몸을 대가로 그가 지향한 것은 예수의 죽음과 더불어 죽음으로써 그의 부활과 더불어 부활하고자 하는 종말론적 희망이었다.

여기서 중요한 점은, 바울이 그 상처와 고난의 몸을 언급하면서 자기 연민에 빠지거나 교인들의 얄팍한 인정에 호소함으로써 동정을 구걸하는 법이 거의 없었다는 사실이다.(그 또한 인간인데 일평생 그런 경우가 왜 한 번도 없었으랴마는 개인의 그러한 심리적인 편향은 더 비중 있는 쪽에 가려져 사소하게 비쳤을 것이다.) 바울은 그 경륜을 자신의 경력 관리용 수단으로 삼기보다 약함 가운데 강해지는 법을 깨우치는 영성 훈련의 방식으로 소화했다. 상처로 찌든 자신의 몸을 공적으로 거론할 때조차 그는 공동체의 안위와 건강을 위한 노심초사의 차원에서 이해관계를 조율했던 것으로 보인다(고후 11:28-29).

물론 그의 그러한 방식은 자칫 치기 어린 자기 과시나 앞서 말한 자기 연민의 덫에 걸릴 위험이 농후한 무리한 섭동(攝動)일 수 있었다. 그러나 그는 그 위험을 무릅쓰고 굳이 자신의 비루한 몸이 겪어온 삶의 이력을 숨 가쁘게 나열한다. 그 자전적 고백을 읽으면서 바울의 자기 연민만 보고 그로써 그의 덧난 상처나 기왕의 상흔 위에 생겼을 또 다른 상처를 투시하지 못한다면 그는 지성을 결핍한 너무나 평범한 독자일 것이다. 자신의 상처를 통해 공동체의 상처를 치유하고자 또 다른 상처의 초래를 감수한 그이기에 그의 고난 어린 몸은 상처의 흉한 '얼룩' 대신 상처의 고귀한 '무늬'를 얻을 수 있었다고 나는 본다. 말의 엄정한 의미에서, 소박하지만 영롱한 그 상처의 무늬 아래서 자생하는 몸으로써만 우리는 예수의 흔적에 값할 만한 권위를 창출하고 그 권위를 인정할 수 있을 터이다. 이와 같이 권위다운 권위는 본래 없는 걸 억지로 꾸며 생기는 것이 아니라 현존하는 '실재로부터'(*exousia*) 생기는 법!

그러니, 설교자들이여, 남들 앞에서 쉽사리 상호를 찡그리거나 헤프게 울지 말라. 다만 그대의 상처투성이 몸의 무늬로써만 정직하게 말하라!

***

"이 후로는 누구든지 나를 괴롭게 말라. 내가 내 몸에 예수의 흔적을 가졌노라." 오래 전 나는 바울의 이 말을 처음 읽고 나서 모종의 황홀한 신비감에 사로잡혀 그 흔적의 정체를 찾아, 드문드문 한눈을 팔면서, 기나긴 고고학적 탐사의 여정에 닻을 올렸다. 성 프란시스의 손에 나타났다는 그 기묘한 십자가 형상에 얽힌 이야기를 전해 듣기도 하고, 혹 내 몸에도? 하는 객기 어린 호기심에 이끌려 고요한 시각 내 몸을 구석구석 거울에 비춰 보며 샅샅이 수색해보기도 했다. 아, 어느 날 불현듯, 난 내 오른 편 이마에 난 십자가 흔적을 발견하고 똥그란 눈으로 탄성을 질렀다. 아, 드디어 바울이 말한 '예수의 흔적'에 얽힌 미궁을 타파했도다. 흐흐흐, 쾌재를 부르며, 엄마한테 달려가 증인을 신청하고 면밀히 확인한 결과, 아뿔싸, 난 다시 추락하고 말았다. 엄마 가라사대, "그건, 네가 나이 들어 생긴 기미야, 기미. 어이구, 얼굴이 어째 그렇게 지저분해졌다냐?" 기미도 상처의 무늬가 될 수 있을까? 이제야 스스로 위로하며 묻지만, 난 아직 멀었다. 예수의 흔적에서!

02 | 예수의 평화, 그리스도의 평안

1. 평화 / 화평, 평안 / 평강

신약성서에서 '평화'를 의미하는 대표적인 단어 '에이레네'(*eirēnē*)는 화평, 평안, 평강 등으로 개역성경에서 번역된다. 의미론적으로 그 말이 그 말 같지만, 이러한 어휘들 사이에는 미묘한 어감의 차이가 있다. 먼저 기존 개역성경에서 '평화'라는 어휘가 선호되지 않은 것이 흥미롭다. '평화'라는 단어는 그 규모가 세계적이고 그 범위가 공동체적이라는 선입견을 준다. 이런 맥락에서 '평화'는 폐쇄적이지 않고 개방적인 개념으로 부각된다. 그리하여 드물게 이 어휘가 선택된 "지극히 높은 곳에서는 하나님께 영광이요 땅에서는 하나님이 기뻐하신 사람들 중에 평화로다"(눅 2:14)에서 그 평화는 땅 전체를 아우르며 그 가운데 선택된 사람들을 포괄하는 범주로 선포된다. 이에 비해 '화평'은, "내가 세상에 화평을 주러 온 줄로 생각지 말라. 화평이 아니요 검을 주러 왔노라"(마 10:34)는 예문에서처럼, 평화와 똑같은 한자어를 순서만 뒤집어놓은 단어지만, 평화가 임하기 위한 조건으로서의 화친, 화해, 화목이란 뉘앙스를 풍긴다(cf. 행 7:26, 12:20).

한편, 평안이란 개개인의 삶을 내면을 향한 평정심과 안식을 떠

올려준다. 스승의 이별 선고로 인해 근심과 슬픔에 빠진 제자들에
게 "평안을 너희에게 끼치노니 곧 나의 평안을 너희에게 주노라"
(요 14:27)라고 말했을 때, 그 '평안'의 어감은 마음의 갈등과 번
민이 제거된 상태에서 길어 올리는 안도의 한숨을 연상시켜준다.
이런 맥락에서 평안함은 곧 무사안일의 상태로 빠지기 전의 '편안
함'과 통한다. 그런가 하면 "은혜와 평강이 있을지어다"라는 바울
서신의 통상적 문안 및 축원 인사에서 그 '평강'은 평안함에 강건
함을 추가한 인상을 풍긴다. 신체적 상태의 건강함과 심리적 내면
적 상태의 평안함이 이 한글 어휘에 깃들어 있는 것이다.

이렇게 미묘한 뉘앙스를 지닌 여러 한글 어휘로 신약성서의 '에
이레네'를 번역한 배경에는 이 어휘의 의미론적 진폭과 깊이에 대
한 해석자의 고충 어린 시각이 담겨 있는 듯하다. 그 시각은 복합
적이며 중층적인 시각일 수밖에 없다. 왜냐하면 이 어휘의 의미
이면에는 그 희랍적 배경이나 역동적인 발전 과정뿐 아니라 히브
리성서를 통해 유대교 사회 내에서 유전되어온 '샬롬'(שָׁלוֹם)의 개념
이 접속되어 있기 때문이다. 이 샬롬의 개념 역시 의미의 진폭이
큼은 물론이다. 이 글은 신약성서에 나타난 평화 사상을 조명하는
것이 주목적이다. 그런데 그 '나타남'의 대상으로서 사상은 언어로
표출된 사상이다. 평화는 일차적으로 그것을 갈망한 사람들의 소
망과 경험의 대상이었지만 그것을 표현한 언어 속에 육화됨으로써
비로소 사상의 경지로 등재될 수 있었던 것이다. 이 글을 통해 신
약성서의 평화 사상을 그것이 나타난 언어－의미론적 맥락에 비추
어 조명하려는 것은 바로 그런 까닭이다.

2. '에이레네'와 '샬롬'의 내력

희랍적 배경에서 평화는 사람들 사이의 관계나 태도라기보다 평화의 '상태' 또는 '때'를 가리키는 개념으로 통용되었다.[1] 물론 그것은 지속되는 전쟁 상태에 대한 반대 개념이었다. 고대 희랍인들은 전쟁을 주도하는 신이 있고 평화를 주도하는 신이 있다고 여겨 후자를 관장하는 여신에게 바로 '평화'(Eirene)라는 이름을 붙여주었다. 그것은 전쟁으로 늘 긴장과 불안의 상태에서 살아야 했던 사람들이 늘 갈망해온 휴식과 안녕의 조건이었다. 전쟁 기간 중 피로 물들었던 대지와 그 대지를 피로 물들였던 사람들에게 복된 삶을 선사하는 전제로서 그 평화의 때는 모든 축복이 흘러나오는 출처였던 셈이다.

이러한 정치적 개념으로서 평화가 가장 화려하게 부각된 것은 아우구스투스 황제 치세기에 이룩한 로마시대의 평화(pax Romana)였다. 이 평화는 황제의 강력한 물리적인 권세에 의해 성취한 것으로 끊임없는 전쟁으로 인해 지친 당시 사람들의 오래된 갈망이 합세한 결과였다. 이로 인해 지중해 연안의 수많은 식민 백성들이 외관상 로마제국의 법치적 안정에 잠잠하게 순응하는 듯했지만, 기실 그 평화는 물리적 강제력이 이룩한 억압적 평화로서의 한계를 지니고 있었다. 예수와 초기 기독교인들이 평화의 메시지를 선포하며 평화를 위하여 일하게 된 것은 바로 이러한 외형적 평화, 위장된 평화, 가짜 평화와 맞선 쟁쟁한 상황에서였다. 그들이 아무런 무기도 실

---

1) 아래에 진술한 '에이레네'와 '샬롬'의 개념적 용례와 다양한 맥락적 의미와 관련하여 나는 다음의 글에 빚지고 있다: Foerster, "εἰρήνη," *TDNT* vol. II, 400 - 420.

세 권력도 없이 다만 말씀과 삶으로써 로마의 평화를 넘어 진정한 평화의 실천자가 된 것은 마치 범의 아가리에 들어선 형국이었지만 결국 그 부드러운 평화 운동이 범 같은 제국을 이기고야 말았다.2)

정치적 평화 상태 이외에도 평화의 희랍적 함의로서 '평화스러운 태도'를 내포하기도 하지만, 그 또한 타인을 향한 호의적 감정의 현존이라는 적극적 의미보다는 적대적 감정의 부재라는 소극적 의미에 국한된다. 이처럼 희랍어 '에이레네'는 고대 희랍적 배경에서 좀처럼 사람들 사이의 조화로운 관계 내지 일치를 뜻하는 평화의 보편적 개념으로 심화되지 않는다. 일부 스토아 철학자들에 의해 이 평화 개념은 바람직한 마음의 상태로 묘사되기도 하지만 이것 역시 폭넓게 탐지되지 않는다. 플루타르크와 마르쿠스 아우렐리우스의 저술에서 예시하듯, 이런 경우에 해당되는 어휘로는 '에이레네'보다 '갈레네'(galēnē)가 선호된다.

보편적이고 관계적인 개념으로서 평화 사상은 구약성서의 '샬롬'에서 발원된 것으로 보인다. 구약성서와 유대교 전통에서 이 개념은 물질적 복락, 몸의 건강과 심리적 안정, 이와 연계된 만족스런 삶, 그리고 민족적 번영과 제반 관계의 안정을 포괄적으로 지칭한다. 세속적 인간관계의 맥락에서 이 어휘는 특히 사람들 사이의 우호적인 관계를 가리킨다. 가령, 양자 사이 정치적 연맹이 언약을 매개로 하여 샬롬의 관계를 이루는 경우, 이때 샬롬은 물질적 복락의 상태를 의미하기보다 언약을 통해 온전해진 평화의 관계를 지칭한다.

구약성서에서 종교적인 개념으로서의 샬롬은 야훼 하나님의 선

---

2) 김창락, "예수와 초대 기독교인들의 평화운동," 『기독교사상』 548 (2004 / 8), 82 - 94 참조.

406

물로 이해된다. 이스라엘의 언약 백성들은 진정한 평화가 하나님 한 분으로부터만 온다고 믿었다. 그러므로 정치적 의도로 상황을 은폐하고 백성들을 호도하는 거짓예언자들의 가짜 평화가 신랄하게 비판받았던 것이다(렘 6:14). 그들이 외친 평화는 이스라엘의 정치적 평화, 야훼 하나님과 무관한 인위적인 현실 관리의 결과였지 하나님의 약속에 따른 종말론적 평화, 궁극적 평화와 거리가 멀었기 때문이다. 그러나 지배자의 정치 공학적 조종과 타협에 의한 평화는 정의가 보장되는 민중의 보편적인 평화에 미치지 못한다. 외려 그것을 희생제물 삼아 치장된 평화, 생명의 억압과 착취가 은폐된 회칠한 무덤으로서의 평화이다. 예언자들의 비판적 메시지에 샬롬과 함께 정의(צדקה)가 나란히 등장하는 것은 바로 이 때문이다.

하나님의 은총의 선물로서 샬롬은 그의 회복된 백성들과 그들이 건설한 신앙 공동체를 향한 포괄적 구원 개념이다. 이러한 맥락에서 샬롬은 종말론적 기대의 요소를 담고 있는 것이 사실이다. 반면, 개인의 내면적 평안과 같은 영적인 상태를 지칭하는 경우가 보이지 않는 점이 특징적이다. 즉 구약성서의 샬롬은 개인보다는 집단의 평화, 내면적 평안보다는 외부적 복락을 중시하는 사회적 개념으로 통용되었던 것이다. 개인들의 관계를 샬롬의 개념 속에 포함시켜 언급한 것은 후대 랍비문헌에서이다. 랍비들 역시 샬롬을 하나님이 그의 백성들에게 부여한 선물이라고 믿었다. 그러나 그 평화가 단지 민족들 사이의 정치 외교적 관심사일 뿐 아니라 개인들 사이의 다툼을 제거한 상태로 이해되었다. 나아가 이렇게 확대된 관계적 개념으로서 샬롬은 하나님과 사람 사이의 신실한 관계까지도 포괄하는 용도로 사용되었다.

신약성서의 평화사상은 이러한 개념적 진화의 연장선상에서 이해될 수 있다. 미리 그 사상적 지형을 일별해보건대, 신약성서의 평화 이해는 앞서 요약한 희랍적 개념과 유대적 개념을 포용하면서 융합시키고, 나아가 그 의미의 외연을 확대하고 심화함으로써 평화의 새로운 차원을 개척한 것으로 보인다.

3. 예수의 평화 이해

먼저 정치적 개념으로서 평화에 대한 언급은 예수의 비유에 나타난다(눅 14:32). 일만 명의 군대를 가진 임금이 이만 명의 군대를 가진 임금과 싸우러 나갈 때 승산이 없다 판단될 경우 '화친'을 청한다는 이야기가 바로 그 지문이다. 여기서 화친은 희랍어 '에이레네'의 번역어인데, 전쟁을 막는 외교적 대안으로 정치적인 타협과 외교조약을 전제로 한다.3) 그런 평화는, 예수의 또 다른 비유가 암시하듯(눅 11:21), "강한 자가 무장을 하고 자기 집을 지킬 때" 보호되는 소유물의 안전, 곧 외부적 평화이다. 이런 평화를 위해서는 강한 자의 무장, 즉 적대자를 압도하는 강력한 물리적인 힘이 절대로 필요하다. 그러나 예수께서 친히 그의 하나님 나라 사역을 통해 가르친 평화는 이런 종류의 평화와 질적으로 달랐다.

예수는 평화의 왕으로 이 땅에 왔다. 그 평화는 하나님이 기뻐하는 자들 가운데 임하는 하나님의 은총 어린 복락이었다(눅 2:14).4) 사가랴의 예언대로, 하나님이 그의 백성들에게 보여준 '평

---

3) 이러한 외교적 개념으로서의 평화는 사도행전 24:2에서도 엿보인다.
4) 천사들의 합창으로 제시된 이 예배용 노래 — "지극히 높은 곳에서는

강의 길'은 어둠과 그늘에 앉은 자들에게 베풀어주는 긍휼의 선물이었던 것이다(눅 1:79). 나귀 타고 예루살렘성에 입성하는 예수에게 다시 한 번 돌려진 찬송 "하늘에는 평화요 가장 높은 곳에는 영광이로다"(눅 19:38)는 예수가 구현하고자 한 평화가 어떤 종류의 것인지 잘 보여준다. 그는 로마 군인의 백마 대신 나귀를 탔고 병장기 대신 빈 몸으로 행진했다. 그의 평화는 하늘에서 하나님의 뜻이 이루어짐에 따라 제공되는 온전한 구원의 결과로서의 평화, 영광이 넘치는 평화였다.

그러나 그 뜻이 아직 구현되지 못한 이 땅, 특히 예루살렘 성은 예수가 볼 때 아직 "평화에 관한 일"을 알지 못한 상태였고, 이에 예수는 그 평화 없음의 상태를 탄식했다(눅 19:42). 여기서 예수는 흥미롭게도 그 평화가 없다고 표현하지 않고 숨겨져 있다고 말한다. 숨겨졌다는 것은 찾아 발견할 수 있는 희망을 암시한다. 숨겨진 평화는 단지 이스라엘의 정치적 독립과 예루살렘의 경제적 번영을 뜻하기보다 그 백성들의 신앙적 정결, 곧 하나님과의 온전한 관계의 회복을 가리키는 듯하다. 예루살렘 성은 그 성전을 필두로 그 관계가 왜곡되고 그에 따라 언약은 훼손되었고, 그 백성들의 심성은 피폐해졌던 것이다.

그 평화는 비단 민족이나 공동체뿐만 아니라 개인에게도 하사되

하나님께 영광이요 땅에서는 하나님이 기뻐하신 사람들 중에 평화로다" — 는 응답송의 형식으로 짜여 있다. 이 노래를 포함하여 누가복음의 유아기 서사에 담긴 노래들은 본래 '아나빔'(Anawim)이라 일컬어지던 유대인 그리스도교도 공동체에서 만들어졌을 것으로 추측된다. Raymond E. Brown, *The Birth of the Messiah: A Commentary on the Infancy Narratives in the Gospels of Matthew and Luke*(New York: Doubleday, 1993). 427 참조.

는 선물이다. 시므온의 기도에서 엿보이듯, 그 평화는 좋은 죽음을 맞길 기원하는 한 개인의 평안한 내면적 상태로서 여한 없이 만족한 사별의 조건을 이룬다(눅 2:29).[5] 좋은 죽음(*euthanasia*)이 평안의 내용이 될진대, 좋은 삶, 건강한 생명이 평화와 무관할 리 없다. 그리하여 예수는 구원의 결과로서 평안을 언급한다. 여기서 구원은 치유와 건강의 회복이다. 열두 해 혈루증 앓아 온 여인을 향해 "딸아, 네 믿음이 너를 구원했으니 평안히 가라"(막 5:34; 눅 8:48)고 말할 때, 예수는 한 개인의 온전한 회복으로 파생되는 심신의 안녕을 축원하고 있는 셈이다.

마찬가지 맥락에서 죄 많은 한 여자가 옥합의 향유를 예수의 머리에 부었을 때 그녀의 그 행위는 믿음의 행위로 수용되고 그 결과 죄 사함과 구원이 동시에 선포된다(눅 7:50). 물론 여기서도 "평안히 가라"는 인사가 빠지지 않는다. 이때의 평안은 단순히 건강하고 편안해진 심신의 상태를 의미하지 않는다. 그것은 예수를 통해 새롭게 태어난 생명이 하나님과 새로운 언약적 관계로 맺어졌다는 것을 암시한다. 뿐 아니라 그 평화의 새 출발은 망가진 자신의 옛 모습이 새로워진 현재의 모습으로 탈바꿈되면서 자신과의 화해, 그 망가진 생명을 소외시킨 사회와의 화해에 적극 참여함을 시사한다.

한편, 유대인 남자로서 예수는 유대 전통의 샬롬 인사를 수용하여 신학적 의미를 증폭시킨다. 그가 부활 후 두려움에 떠는 제자

---

5) 물론 평안한 죽음을 간구하는 시므온의 그 기도에는 시므온 개인의 욕망뿐 아니라 아기 메시아를 향한 이스라엘 민족 공동체의 염원이 표출되어 있다. 이와 관련하여 다음의 졸고를 참조할 것: 차정식, "*Nunc Dimmitis*, 혹은 은퇴의 미학," 『마음의 빛을 부르는 기도』(서울: 대한기독교서회, 2003), 13-35.

들에게 나타날 때 전한 일착의 메시지는 "평강이 있을지어다"라는 샬롬의 인사였다(눅 24:36; 요 20:19, 21, 26). 특히 요한복음에서 평강의 인사는 두려움에 처한 제자들을 격려하는 데서 그치지 않고 곧바로 선교 파송을 위한 예비조건으로 공동체가 견지해야 할 평화의 상태를 강조한다. 파송과 샬롬의 이러한 선교적 접맥 관계는 이미 예수의 지상 사역에서도 나타난 바 있다. 예수는 제자들을 파송하면서 전해야 할 첫째 메시지로 "평안을 빌라"고 명령한다(마 10:14; 눅 10:5-6). 이 평안의 기원은 외형적으로 보면 유대인 사회에서 관례적으로 행해진 샬롬의 인사에 불과하지만, 그 심층을 파보면 그 평화가 선교의 중요한 요소였음을 알 수 있다. 지치고 병든 사람들, 목자 없이 유리하는 양떼와 같은 그들에게는 평탄한 일상을 위해 일용할 양식의 충족과 심신의 건강 등이 절실했을 터였다. 따라서 그와 같은 전인적인 행복의 조건으로 샬롬은 전해야 할 하나님 나라의 메시지였으니 곧 복음의 내용에 해당되었다.

요한복음은 그 평화가 세상의 조건부적 평화와 어떻게 다른지 드러내준다(요 14:27). 예수가 자신의 고별연설에서 슬픔에 처한 제자들을 향해 자신이 주는 평안이 세상의 평안과 다르다는 것을 굳이 밝힌 까닭은, 기실 제자들의 형편이 아무리 애를 써도 이 세상에서 평안할 수 없었던 사정과 연관된다. 그만큼 이 평화사상은 혁신적이다. 일반적으로 평화는 삶의 환경과 밀접히 연계되어 있다. 앞서 살핀 대로, 샬롬은 물질적 풍부, 신체적 건강, 민족적 번영 등과 같은 삶의 여건을 배경으로 한다. 그러나 요한복음의 제자들에게 그런 것들은 보장받기 어려운 형편이었고, 설상가상으로 믿고 따르던 스승마저 그들을 떠날 작정이었다. 이에 예수는 저러한 환경적 조건과 무관하게 하나님 안에 있는 예수, 예수 안에 있는 하나님, 그 하나님과 예수 안에 제자들, 나아가 보혜사를 통한 중보 사역이라는 독특한 유기체적 연대망을 제시하여 평안의 신학적 보루로 삼은 것이다.6)

예수는 또한 가짜 평화를 질타한 예언자들의 전통을 이어받아 혈통과 각종 연고에 찌든 인간관계의 유착을 가짜 평화의 현장으로 고발하며 그것을 뒤집는 칼과 불의 메시지를 선포했다. 하나님의 의와 나라라는 대의보다 태생적인 일차원의 인간관계에 기초하여 끼리끼리 어울리는 누이 좋고 매부 좋고 식의 폐쇄적 가족주의가 끼치는 혜택이 평화라면 예수는 그것을 거부하겠다는 것이다. 이러한 현실에 대응하여 그는 "화평을 주러 온 것이 아니라 검을 주러 왔다"고 선포했다(마 10:34; 눅 12:51). 이에 따르면 혈육이라는 가족주의적 연고에 똬리를 튼 인습의 장막 아래 피상적이고 현상 유지적인 화목의 제스처가 난무할망정 참된 평화는 없다는 것이다.7)

---

6) 이와 같이 요한신학의 틀 속에서 제시된 평화 이해의 독특한 면은 예수와 그 제자들 사이의 '상호 내주'(mutual indwelling) 또는 '상호 소속'(mutual belonging)을 전제로 하는 요한복음의 교회론과 밀접한 연관이 있다. 요한복음의 교회론에 관해서는 다음을 참조할 것: 김동수, 『요한복음의 교회론』(서울: 대한기독교서회, 2005).
7) 차정식, "불과 칼을 던진 예수," 『기독교사상』 509(2001 / 5), 187 – 206 참조. 이 에세이는 이 책의 Ⅰ부 7장에 "예수와 불 / 칼의 상상력"이란 제목으로 게재됨.

4. 바울의 평화 이해

바울이 평화라는 단어를 가장 빈번히 사용하는 대목은 그의 서
신 서두와 말미에 문안인사 또는 축원기도를 할 때이다. 상투적
문형으로 제시된 그 문안 및 축원의 문장은 대부분 은혜와 평강을
내용으로 담고 있다(롬 1:17; 고전 1:3; 고후 1:2, 13:11; 갈 1:3;
엡 1:2, 6:23; 빌 1:2; 골 1:2; 살전 1:1; 살후 1:2; 몬 1:3). 예외적
으로 은혜와 평강을 평강과 긍휼로 대치하거나(갈 6:16) 은혜와 자
비와 평강으로 그 내용을 확대시킨 곳도 몇 군데 탐지된다(딤전
1:2; 딤후 1:2; 딛 1:1). 은혜는 희랍적 인사 형태(*chairein*)에서 파
생된 것이고 긍휼(또는 자비)과 평강은 유대적 배경을 깔고 있다.
특히, 앞서 언급한 대로, 평강은 유대인들의 일상적 샬롬 인사에
그 연원을 두고 있다. 일종의 기원문으로 제출된 이 인사 문구에
서 바울은 각 해당 교우들에게 구원을 처음 선포한 중개자의 위치
에 있다.[8] 그는 중개자의 위치에서 그 구원의 대상이 되는 교우들
이 평강의 상태, 곧 하나님과의 관계와 그들 사이의 관계를 온전
하게 유지하기를 기원하고 있는 셈이다.

그렇게 추구해야 할 평강의 길은 파멸과 고생의 길과 대립되는
선택으로 하나님을 경외하는 마음에서 주어진다(롬 3:17). 또는 선
을 행하는 사람에게 영광과 존귀와 함께 평강이 하나님의 보상으
로 주어지기도 한다(롬 2:10). 바울에게 특이한 점은, 그 평강이
물질적인 보상이나 육체적 건강과 별로 상관없는 영적인 가치로
자리매김되고 있다는 사실이다. 그리하여 그는 사망에 이르게 하
는 육신의 생각과 생명과 평안에 이르게 하는 영의 생각을 날카롭

---

8) H. D. Betz, *Galatians*(Philadelphia: Fortress Press, 1979), 40–41.

게 대립시켜 후자의 선택을 종용하고 있다(롬 8:6). 여기서 평화는 개인의 내면적 평안에 근접하는 개념으로 영의 생각을 따를 때 보장되는 삶의 열매이다.

마찬가지 맥락에서 그 삶의 열매는 사랑, 희락, 인내, 자비, 양선, 충성, 온유, 절제 등의 미덕과 함께 성령의 소욕을 추구함으로써 생기는 성령의 열매이기도 하다(갈 5:22 – 23). 이와 같이 평화는 우리의 삶을 생기롭게 하는 선한 가치이자 윤리적인 덕목으로 궁극적으로 하나님이 가득 채워주는 선물인 것이다. 바울은 그 충만의 전제 조건으로 '믿음'을 제시한다(롬 15:13). 구원론적 매개인 그리스도를 통해, 곧 그를 믿는 믿음 안에서 평화가 하나님의 선물로 제공된다는 것이다(롬 15:13). 이를테면 바울은 모든 그리스도인들이 그리스도의 대속적 은혜로 말미암아 그들의 믿음 안에서 평화를 각자 삶의 결실로 누리며 나아가 평화의 공동체에 참여할 특권을 지녔다고 본 것이다. 그 평화의 길에는 더 이상 유대인과 이방인의 장벽도 없고, 강한 자와 약한 자의 대립도 존재하지 않는다. 그리스도 안에서 모두가 언약백성으로 하나님을 예배하는 자리에 참여할 수 있기 때문이다(롬 15:8 – 12, 32 – 33).[9]

그 언약 백성들에게 제공되는 하나님의 선물답게, 그 평화는 또한 바울에게 하나님의 대표 속성으로 이해된다. 그리하여 바울은 하나님을 종종 '평화의 하나님'으로 칭하고(롬 15:33; 고후 13:11;

---

9) 이와 같은 신앙공동체의 평화신학은 후기 바울서신에서 우주적인 차원으로 확산되어 둘로 하나를 만드는 통일신학으로 발전해나가는데, 그러한 맥락에서 그리스도의 십자가 죽음도 자신의 육체로 막힌 담을 허물어 유대인과 이방인 사이에 화평을 이룬 것으로 조명된다(엡 2:14 – 18). 이와 관련해서는 조경철, "신약성서의 평화신학에 관한 소고 – 에베소서 2:14 – 18을 중심으로," 『신학사상』 111(2000 / 겨울), 103 – 126 참조.

빌 4:7, 9; 살전 5:23), 나아가 예수 그리스도 또한 '평화의 주'로
표현한다(살후 3:16). 그가 우리에게 평화를 주는 것은 그가 '평화
의 주'이기 때문이다. 그 평화의 하나님은 그의 성도들 가운데 평
화로 임하여 함께하는 신적인 현존의 맥락에서 묘사되기도 한다
(롬 15:33; 고후 13:11; 빌 4:9). 뿐 아니라 '평화의 하나님'은 그
평화의 신적 속성에 기대어 "예수 그리스도 안에서 너희 마음과
생각을 지키"(빌 4:7)는 수호자의 역할을 한다. 여기서 '마음과 생
각'은 우리의 감성과 지성을 나타낸다. '지킨다'(phroureō)는 말인
즉 주시하고 보호한다는 뜻이다. 즉 그리스도인들의 신앙적 감수
성과 지성을 보호하여 성도의 정체성을 견고하게 세운다는 것이다.
나아가 거룩한 성도로서의 신분까지 그 영과 혼과 육을 포함하여
흠결 없이 보존되리라는 종말론적 희망도 평화의 하나님이 그 평
화로써 보증한다(살전 5:23).

구원론적 맥락에서 바울의 평화 이해는 하나님과의 온전한 구원
관계를 지향한다. 그리하여 믿음으로 의롭게 된 성도들은 예수로
말미암아 하나님과 화평의 관계를 유지해야 한다(롬 5:1). 그 화평
의 관계는 하나님과의 수직적인 관계에서뿐 아니라 교회 공동체
내에서도 추구되어야 할 덕목이다. 교회 공동체 내에 구현된 하나
님의 나라는 먹는 것과 마시는 것 등의 일상적인 관심사에 얽매이
면 성령 안에서 의와 평강과 희락을 구현할 수 없다(롬 14:17). 먹
는 것과 마시는 것은 그 다양한 법식과 규례와 관련하여 인습의
차원에서 되풀이되는 제의적 실천이지만, 의와 희락과 함께 평강
은 신앙공동체의 본질적 목적에 부응하는 제의의 이면 또는 그 이
상의 공적인 가치이기 때문이다.

바울은 그것을 다른 맥락에서 '화평의 일'(ta tēs eirēnēs)이라

부른다(롬 14:19). 그것은 자신의 주장과 신념에 고착된 언행을 탈피하여 서로 덕을 세우는 교화와 함께 추구해야 할 신앙공동체의 질서이다. 다시 말해, 바울이 설명하듯, 이는 그리스도를 섬기는 자로서 마땅히 감당해야 할 목회 사역의 근본이라는 것이다. 바울이 고린도교회의 내부 갈등에 대응하여 "하나님은 무질서의 하나님이 아니시요 오직 화평의 하나님"(고전 14:33)이라고 주장하거나, "마음을 같이 하며 평화롭게 살라"(고후 13:11)고 충고한 것도 이런 맥락에서 이해할 수 있다. 바울은 심지어 신자와 불신자가 부부를 이룬 가정이 신앙적 갈등으로 갈라서야 하는 극단적 상황에서도 "하나님은 화평으로 너희를 부르셨느니라"(고전 7:15)는 단호한 훈계로써 신앙적 차이를 넘어서는 평화의 중요성을 강조한다. 그렇다면 평화야말로 하나님의 새 언약 백성들이 성도로서의 정체성을 나타내는 궁극적 지표라고 할 수 있다.10) 성도들이 "할 수 있거든 너희로서는 모든 사람과 더불어 평화"를 유지하며 살아야 하는 이유가 바로 여기에 있다(롬 12:18).11)

---

10) 이와 유사한 관점에서 예수 또한 평화를 이루는 자들에게 복을 선포하며 그들이 하나님의 자녀로 일컬음을 받게 되리라고 밝힌 바 있다 (마 5:9).

11) 여기서 "너희로서는"이란 번역 문구는 좀 더 추가 설명이 필요하다. 이 희랍어 문구(*to ex hymōn*)는 "그것이 너에게 달려 있다면"이란 의미로 선행하는 문구 "할 수 있거든"(*ei dynaton*)과 함께 이중 조건절을 이룬다. 그러므로 바울은 그 평화의 관계 구축이 관련 당사자인 신자가 주도할 수 있는 선택의 권리임을 명시하면서 그것이 현실적으로 실현하기 어려운 점을 은근히 인정한다. 즉 그는 비현실적인 이상을 로마 교인들에게 강박하지 않고 또한 그들이 조용한 삶을 위하여 그들의 신앙을 타협하기를 기대하지도 않은 것이다. James D. G. Dunn, *Romans 9-16*, WBC vol.38(Dallas, TX: Word Books, Publisher, 1988), 784 참조.

바울서신에서 평화란 말이 부정적으로 사용된 경우는 딱 한 군데이다(살전 5:3). 여기서 바울은 평안과 안전의 메시지가 선포될 때 해산의 고통이 갑작스레 닥치듯 그들에게 멸망이 이르리라고 급박한 종말론적 예언의 메시지를 던지고 있다. 이 맥락에서 평안은 이미 구약성서의 예언자들이 경계했고 예수도 '불'과 '칼'로써 타파하려 한 가짜 평화의 징후이다. 그것은 종말론적 희망을 품고 살아가는 성도들이 빠지기 쉬운 방심의 덫이니 곧 세상에서의 안락한 삶이다. 그것은 종말론적인 구원과 함께 실현될 참되고 영원한 평화의 경지를 훼방하는 장애물이다. 예수께서 세상이 주는 평안과 자신의 평화를 차별화했듯이, 바울은 이 세상의 무사안일을 평화로 오인하는 세태를 향해 어둠의 장막에 가려진 그 가짜 평화의 족쇄를 파탈하여 빛의 자녀들답게 하나님을 평화를 위해 깨어 있으라고 권고한 것이다(살전 5:4-6).

5. 평화의 신학을 위하여

앞서 살핀 대로 신약성서에서 평화라는 어휘의 개념적 반경은 넓고 깊다. 이는 고대 희랍의 '에이레네' 개념과 유대교 전통의 '샬롬' 사상이 의미론적으로 융합된 저간의 배경과 일정한 관련이 있다. 그러나 더욱 중요한 것은 신약성서 시대에 예수와 바울을 중심으로 그들의 선교적 활동 무대와 신학적 도전의 장에서 이 어휘가 자체적 진보의 과정을 겪어나갔다는 사실이다. 그 과정을 응축하여 요약해보자면, 신약성서에서 평화는 샬롬의 인사라는 일상적 용도에서 땅과 하늘을 아우르는 우주적 반경으로 그 개념의 외연이 확산된다.

평화는 무엇보다 하나님의 보편적 선물 또는 선행에 대한 대가로서의 보상이다. 그것은 동시에 이 땅의 언약 백성들이 삶의 열매로 추구해야 할 고상한 미덕이며 최우선의 가치이다. 구약성서에서 그것이 주로 정의와 결합되었듯이, 신약성서에서는 특히 바울의 경우 은혜와 자비(또는 긍휼), 그리고 사랑, 희락, 충성, 인내, 온유, 절제 등의 덕목과 결합되어 제시된다. 구원론적으로 그 평화는 심신의 치유와 생명의 회복을 통한 구원의 결과이자 그 내용이며, 교회론적으로 그 평화는 교회의 기본 질서를 유지하기 위한 선행 조건이다. 하나님과 결부될 때 그 평화는 하나님의 대표적 속성에 해당되며, 하나님과 그 자녀들 사이의 관계에 초점을 맞출 때, 그 평화는 양자 간 원만하고 온전한 소통을 위한 선결조건이다. 평화로 위장된 가짜 평화의 함정도 경계해야 할 것으로 교훈된다. 폐쇄적 가족주의를 위시한 각종 연고주의의 편리함과 무사안일의 삶을 평화로 정당화하는 오류를 경계해야 한다는 것이다.

구약성서와 비교할 때 신약성서의 평화 이해에서 가장 특징적인 요소는, 그 평화가 물질적인 복락이나 환경적인 풍요와 별로 상관없거나 동떨어진 영적인 가치로 제시된다는 사실이다. 예수의 경우 요한복음의 평화 이해가 이런 쪽에 근접하며, 바울의 경우는 압도적으로 이런 경향을 보인다. 그리하여 바울의 평화 이해는 육신의 생각과 대립하며 먹는 것과 마시는 것의 문제에 길항한다. 그러나 공관복음서의 예수는 평화의 상태와 관련하여 망가진 육신의 회복이 그 생명의 통전적 회복과 그에 따른 사회적 갱생과 무관하지 않다고 여긴 듯하다. 그 일련의 치유 및 갱생의 과정을 그는 '구원'의 맥락에서 이해하며 생명 평화의 전제조건으로 암시한다.

이러한 신약성서의 평화 이해에 근거하여 이 시대의 평화신학을 조형하면서 우리는 다음의 몇 가지 방향을 타진해볼 수 있다.

첫째, 평화가 특정 이데올로기나 정치적 이념의 수단으로 휘둘려 사람들의 일상적 삶의 현장에서 소외되지 않도록 각별히 노력해야 한다. 그리하여 평화가 궁극적으로 하나님의 선물로서 삶의 일상성 속에 실제로 안착하여 '샬롬의 인사'처럼 매일의 경험 속에 추구해야 할 미덕이며 누려야 할 가치임을 망각하지 말아야 할 것이다. 실질적 향유 대상과 내용으로서의 평화, 그것은 기독교의 정체성과 관련되며 교회의 본질일 뿐더러 이 시대에 절실한 과제이다.12)

둘째, 21세기의 평화신학은 평화가 호혜적이고 관계적 개념임을 명심하여 개인과 개인, 개인과 집단, 집단과 집단 상호 간의 개방적 소통을 통해 서로의 타자성을 존중하고 용납함으로써 새롭게 자리매김되어야 할 것이다. 겸손한 대화와 소통이 억압된 침묵과 고요는 평화가 아니라 회칠한 평화의 무덤이요, 가짜 평화의 현장일 뿐임을 직시해야 할 것이다. '타인의 얼굴'을 공대하는 열린 대화와 소통의 선결조건으로서의 평화, 이 또한 이 시대에 진척되어야 할 요긴한 신학적 과제가 아닐 수 없다.13)

셋째, 21세의 평화신학은 개체 생명이든, 유기적 조직체이든, 훼손된 그 생명을 회복시키고, 갈라져 불화하는 제반 관계를 치유해

---

12) 박종도, "기독교 평화주의와 믿음의 공동체," 『신학사상』 116(2002 / 봄), 174 - 192 참조.

13) 이러한 맥락에서 평화가 개인의 편안한 소유물이 아니고 새롭게 받아 다른 사람에게 전달될 때만 존재한다고 본 퇴트(Tödt)의 견해는 평화의 이타성이란 견지에서 새겨들을 만하다. H. E. Tödt / 번역실 역, "하느님의 평화와 세상의 평화," 『신학사상』 48(1985 / 봄), 94 - 107 참조.

야 하는 과제를 떠안고 있다. 인간은 인간대로, 자연은 자연대로, 교회와 민족은 교회와 민족대로, 제각각 그들끼리, 또한 다른 생명체 및 조직체와 부대끼면서 심각한 분열과 불화를 겪고 있다. 그 가운데 훼손과 상처로 인한 고통의 신음소리는 점점 더 깊어만 간다. 예루살렘 성을 향해 "오늘날 평화에 관한 일을 알았더라면……"(눅 19:42)이라고 탄식한 예수의 음성이 오늘날 우리가 사는 이 세속도시에 메아리치고 있다.

그 평화는 원래 없는 것이 아니라 인간의 탐욕과 맹목에 눌려 숨겨져 있을 뿐이다. 그러므로 오늘날 한국교회와 하나님의 백성들이 신앙의 이름으로 받들어야 할 최우선의 사명은 숨겨진 평화를 찾아내고 그 평화의 복음으로 상처받은 모든 생명들과 그들 사이의 관계를 치유하며 회복시키는 것이다. 하나님은 심지어 교회와 기독교 신앙 밖에 있는 사람들과의 관계에서조차 우리를 평화의 길로 불러냈고, 지금도 가능한 한 모든 사람들과 더불어 화평하게 지내기를 원하기 때문이다.

03 | 공동화된 공동체의 재구성

- 신약성서의 몇 가지 암시[1)]

1. 삽화, 사설 하나

이 원고를 청탁해주신 H 목사님과 그가 지척에서 늘 마주칠 S
목사님께 나는 툭하면 내가 사는 이곳으로 놀러오라고 초대하곤
했다. 그것은 내 딴에 식당 메뉴와 일정까지 염두에 둔 꽤 구체적
이고 진지한 초대였는데, 아직 이들을 영접한 기억이 없다. 이 초
대는 현재진행형이지만 이들은 그걸 가벼운 빈말로 치부하는지,
부담스런 제안으로 간주하는지 허허~ 하는 너털웃음과 함께 늘 분
요한 도시의 노동과 여전히 불타는 사명을 알리바이 삼아 유예시
키고 만다. 이들뿐 아니라 나는 일상의 고단함으로부터 탈출을 갈
망하는 지친 이웃들에게 만날 때마다 나 사는 곳에 놀러오면 좋은

1) 이 에세이는 공동체란 주제를 특집으로 꾸민 『기독교사상』 573호의
한 꼭지로 투고된 것인데 동잡지의 같은 호에 나란히 게재된 다음의
글들을 함께 읽으면 한층 더 도움이 될 것이다. 이신건, "교회는 과연,
그리고 어떤 공동체인가?"(22 - 31); 방인근, "한국교회, 혈연공동체의
탈출을 꿈꾼다"(46 - 53); 최철호, "〈아름다운 마을〉공동체를 일구
며"(54 - 61); 김일곤, "다시 새롭게 공동체를 산다"(62 - 71); 노종숙,
"왜 공동체를 이루었나 - 한국디아코니아자매회"(72 - 78), 『기독교사상』
573(2006 / 9).

코스로 투어가이드를 자임할 의향이 있고 숙식을 무료로 해결해
주리라는 호의를 곧잘 내비치곤 한다. 이는 그냥 즉흥적으로 내지
르는 외교적 수사나 헤픈 온정의 발로가 아니다. 그것은 내 공부
의 여정과 맞물려 투박하나마 끈질기게 실험하는 공동체 의식의
조그만 발판이자 장구한 역사를 지닌 인류의 공동체적 삶의 원형
에 대한 실존적 갈증의 발로이다.[2]

　현대인답게 나는 끈적거리는 샤머니즘적 연고주의를 앞세워 끼
리끼리 몰려다니며 제각각의 뜨거운 우의를 과시하고 '우리가 남
이가?' 식으로 가축적인 인간관계를 의리니 우정 따위로 분식하는
저간의 행태가 예나 지금이나 역겹다. 물론 내게는 프라이버시가
중요하다. 내 공부와 사색의 은밀한 시공간을 보존하고 이를 위해
개인으로서 '초월적 사인성'(私人性; 이문열의 용어)을 부양하는
일에도 적잖이 신경을 할애한다. 그러나 사회적 동물로서 내 삶의
관계적 차원을 아주 무시할 수는 없을 터. 오솔길을 고요히 홀로
걷기도 하지만, 그 보행의 도상에서 다정한 동무와 도란도란 낮은
이야기꽃을 피우며 정담을 나누거나 학문적 담론을 교류하는 일은
내 삶의 쏠쏠한 재미이자 보람이다. 이러한 소극적 만남과 교류에
서 좀더 적극적이고자 하는 용기가 발동하면 나는 시원(始原)의
서늘한 만남과 사귐이 부활하는 공동체를 꿈꾼다. 정치적 이해관
계를 벗어나 더불어 어울리는 것 자체가 즐거움이 되는 공간, 동
시대를 공유하는 운명적 연대의식만으로도 족한 신뢰 어린 삶의
자리…… 나는 순진하게도 이런 유아적 꿈을 먹고 산다. 그리고

---

2) 공동체의 사상적 배경에 대한 이해를 위해 다음의 책을 참조할 것: 권
　용혁 외, 『공동체란 무엇인가 ─ 동서양의 공동체 사상』(서울: 이학사,
　2002).

그 꿈이 내 신앙을 배태한 우리 한국교회의 공동체성에 접속되기를 갈망한다.

2. 우리의 교회는 공동체인가?

그러나 오늘날 공동체로서 우리 교회의 현실은 초라한 편이다. 도시교회의 꽤 화려한 공간에서 예배와 각종 집회로 모이는 군중으로서의 회중들은 서로에게 낯선 익명의 존재들이다. 안면이 익숙하다 해도 간단한 의례적 인사나 제스처로 서로의 삶은 내접하기보다 길항한다. 매끈한 언어적 수사의 이면에 겉도는 그들은 긴밀하게 소통하는 생활 공동체의 성원이라기보다 교회의 스케줄에 따라 간헐적으로 이합집산하는 소외된 다중에 가깝다. 구역이니 셀이니 소그룹의 활성화를 통해 이런 난맥상을 돌파하려 애쓰고, 또 적잖은 성과를 거두었지만, 거기에도 공동체의 핵심요소인 생활의 지속적 나눔은 약하고 익명의 외투를 쓴 개인들의 사교적 겉멋은 강하다. 그러니 외부 세계를 향한 개방성은 미미한 데 비해 동아리의 내부를 향한 자폐성은 강하다. 그런 공동체는 그 단위가 크든 작든 밀물 썰물 뒤집히듯 단숨에 수많은 몸들이 뒤섞여 시끌벅적 요란스럽다가 그 발길들이 하나 둘 빠져나가면 일순간 공동화된다. 공동화(空洞化)되는 공동체!3) 바로 이게 공동체로서 우리

---

3) 오늘날 대도시의 주요 중심지는 낮 시간과 밤 시간의 인구집중도가 현격히 차이난다. 아침에 몰려든 출근 인구가 퇴근과 함께 빠져나가 도심이 공동화되기 때문이다. 이러한 점에서 예배 및 집회에 따라 이합집산하는 교회의 모습은 생활공동체로 자리 잡지 못한 오늘날 건조한 대도시의 중심지를 닮았다.

교회의 취약한 단면이다. 우리 교회의 공동체성은 끼리끼리의 배타성에 쉽게 노출되는 반면 넓은 테두리에서 낯선 타자를 향한 수용성이 희박하다. 그냥 막연히 친한 사람들, 자기 교회의 목사, 자기 소속 그룹의 익숙한 사람들에게는 한없이 상냥하면서 그 바깥으로 나가자마자 얼굴을 붉히며 관용을 망각하는 게 우리의 이중성이다.

몇 년 전 전남 송광사를 찾아 불가피하게 일박을 하게 된 적이 있었다. 그때 난 대한불교 조계종에 '신도증'이란 제도가 있다는 걸 배웠다. 신도임을 증명하는 이 신분증 하나만 가지고도 전국의 사찰 웬만한 곳이면 아무데나 찾아가 심신을 단련하면서 무료로 숙식을 의탁할 수 있다는 것도 알았다. 아, 이 느슨한 연대! 예기치 않은 서늘한 조우! 공동체의 기본 틀은 이런 것이로구나, 하는 깨달음과 함께, 나는 기독교에서 교우들이 공간을 초월하여 형제와 자매로서 코이노니아를 이루는 기독교식 신도증의 필요성에 생각이 미쳤고, 나아가 이것의 제도화를 꿈꾸기 시작했다.(나는 최근 태백의 예수원을 방문하면서 이곳 또한 신도증 없이도 이런 제도를 시행하고 있다는 걸 확인했지만, 그밖에 다른 유사 공동체들은 대체로 불우한 이웃을 위한 자선 및 구제 단체의 성격이 강해 평범한 외지인들이 맘 놓고 찾아가 편히 쉬기 어려운 형편이다.)

개교회주의가 심한 개신교에 모든 교단과 교파를 초월하여 그리스도 안에서 형제·자매로 서로를 용납하고 함께 밥을 먹으며 한 지붕 아래 잠을 잔다는 것! 얼마나 좋은가. 이렇게 혼잡한 피서철에 각 교회가 문호를 개방하여 서로 순회하며 개인 단위로, 가족 단위로, 또 교회 단위로 방문하여 사귐의 빗장을 여는 여행, 서로 환대하며 함께 먹고 자면서 하나님의 한 자녀 됨을 고백하고

424

확증하는 나눔, 그 가운데 동서남북 원근 각지의 교우들이 활발하게 교류하면서 하나님을 찬미하고(예배) 작은 힘을 모아 지역사회를 갱신하며(선교), 개교회주의의 배타적 담이 허물어져(에큐메니즘) 우주적 그리스도에 걸맞은 우주적 교회공동체로 발돋움할 수 있다면 얼마나 환상적인가. 이런 것이 신분증명서 하나로 이루어진다면, 나아가 그것이 우리 현실에 맞게 섬세하게 제도화될 수 있다면, 한국교회가 전국 단위의 공동체로 거듭나는 길은 그리 멀지 않다.

나는 이런 주장을 근거 없이 하는 것이 아니다. 그것은 예수가 보여주고 그 제자들이 이어받은 공동체 운동의 전통에 잇닿아 있다. 성서적으로! 이 구호를 열나게 부르대는 우리의 성미에 맞게 성서의 가르침을 찬찬히 톺아보며 그 전통의 창조적 계승에 시선을 돌려보자.

3. 평탄한 하나님 나라의 문지방

예수에게 '하나님의 나라'(또는 천국)는 운명적인 삶의 목표와도 같았다. 그것은 공동체의 외연이 최대한 밖으로 확장되고 안으로 심화된 메타포이자 신학적 이념형이었다.[4] 하나님의 나라는 하나님이 당신의 주권적 통치로 다스린다는 점에서 믿을 만한 공동체의 모델이라고 할 수 있다. 이 땅의 온갖 잡다한 이해관계가 초월

---

4) 원시 그리스도교 공동체에 대한 역사비평적 연구로 다음의 책을 참조할 것: 노태성, 『원시 기독교 공동체의 자기 이해』 상권(서울: 크리스천헤럴드, 2005).

되는 지점에서, '하늘'의 그 초월성이 암시하듯, 천국으로서의 하나님 나라는 만민을 향해 열려 있어야 했다. 예수의 이 하나님 나라 메시지가 혁신적이었다면 그것은 당시 '하나님' 담론을 주관하던 종교지도자들과 '나라' 담론의 주축이었던 정치적 실세들이 자기들도 그리로 들어가지 못하면서 남들까지 들어가는 것을 방해하던 당시 역사적 현실과 밀접한 연관이 있다(마 23:13). 예수는 하나님 나라의 문지방을 낮추었고 그 문을 심지어 '세리와 창기' 등으로 표상되는 죄인 부류의 사람들에게까지 대폭 개방했다. 그것은 평탄케 하리라는 예언자의 메시지 그대로 당시의 사회적 지형을 준별하여 높은 골짜기를 메워 북돋고 높은 산을 낮게 하며, 굽은 곳을 곧게 하고 험한 길을 반듯하게 다짐으로써 가능해질 터였다.5) 세례자 요한이 이사야 40:3의 말씀을 인용하면서 선포한 그 메시지(눅 3:5 - 6)는 예수의 하나님 나라 운동을 통해 구체화되었다.

　복음서가 예시하듯, 예수의 관점에서 높은 산들은 바리새인, 사두개인, 예루살렘의 대제사장 집단, 헤롯당 사람들 같은 종교 정치적 지도자들과 탐욕스런 부자들이었다. 반면 낮은 골짜기는 목자 잃은 양떼처럼 유리하는 군중들, 일용할 양식을 구하면서 목구멍이 포도청이 된 가난한 밑바닥 사람들, 각종 신체적 장애와 정신적 질고 아래 눌린 사람들, 여자와 어린아이들이었다. 이른바 '지극히 작은 자들'로서 그들은 예수께서 자신과 동일시할 정도로 하나님 나라의 구원에 목마른 자들이었다. 예수는 그의 사역을 통해 전자의 사람들과는 주로 긴장 어린 논쟁의 마당을 만들었다. 그들

---

5) 예수가 선포한 하나님 나라의 비전과 평탄케 하는 목표의 상관관계에 대해서는 다음의 졸고를 참조할 것: 차정식, "예수의 행적과 사회적 영성," 『월간프리칭』 26(2006), 18 - 21 참조.

의 주장을 논박했고 그들의 교묘한 동문에 서답으로 빠져나갔다. 그들의 오류를 질타했고 그들의 죄악상을 '회칠한 무덤'으로 까발렸다(마 23:27). 그들은 배부른 자들이었기에 이렇게 기름기의 거품을 빼야 했으며, 상한 심령으로 애통할 줄 몰랐기에 추상같은 경고의 목소리를 높여야 했다. 반면, 후자의 사람들을 향해서 예수는 주로 음식을 나눠 먹이고 하나님 나라의 삶을 가르치며 병든 심신을 치료해주었다. 나아가 건강한 심신을 얻은 이들이 사회적으로 갱생할 수 있도록 회복의 영, 희망의 영을 불어넣어주기도 하였다. 비틀리고 각이 진 세상을 향해 이렇게 평탄케 함으로써 예수는 하나님 나라의 문지방을 부드럽게 낮추었고, 제자로 부른 사람들에게는 서기관과 바리새인의 의보다 더 나은 의라는 목표를 내세워 천국스런 삶의 수준을 대폭 높였다(마 5:20).

하나님의 나라가 하나님이 주체가 되어 임하는 것이든, 인간이 주체가 되어 보거나 들어가는 것이든, 혹은 이미 그 백성들 사이에 현존하는 것이든, 아니면 미래적 사건으로 도래할 것이든, 그것은 예수에게 더불어 살아가는 삶의 궁극적 지향점이었다. 그런데 흥미롭게도 그 공동체는 특정한 공간에 한정된 것이 아니었고 길 위의 공동체였다. 유랑하는 도상에서 예수는 가르쳤고, 한 마을에서 다른 마을로 바지런히 움직이는 기동력을 발휘하며 활수하게 베풀고 흔쾌히 나누었다. 마치 구약시대 광야를 이동하는 성막공동체처럼 예수와 그 일행들은 저물녘 머리 둘 곳이 마땅치 않을 정도로 정처 없었지만 역설적으로 그 정처 없음의 빈자리가 바로 그들의 정처였다. 그들은 여행하는 사람들이었고, 각 지역마다 예수 일행을 환대하는 사람들은 그 여행 공동체의 외곽을 파수하는 또 다른 하나님 나라의 지체들이었다.

예수의 제자들은 그 출신 지역에서 갈릴리 어부들이 주종을 이루는 것 같지만, 세리 마태나 가룟 유다 등과 같이 다양한 배경을 지닌 사람들로 구성되었다. 즉 예수의 공동체에는 이 세상의 기준에 따른 차별이 없었고, 그 구성 요건에 관한 한 외려 평탄케 하는 방향으로 조율되었다. 그들이 길 위의 유랑 공동체를 지향했기에 그만큼 그들은 원시적이었지만 원시적인 만큼 헐겁고 느슨했다. 그러나 그 느슨한 동아리 안에는 바람과 같은 성령의 자유가 숨쉬었고, 그 활달한 호흡은 그들을 같은 목표를 가지고 더불어 걷는 보행의 동선으로 이끌었다. 그들은 예수의 꿈과 뜻에 대체로 둔하고 굼떴지만 기꺼이 함께 걸을 수 있었기에 그들의 갑갑한 현재는 미래의 부활을 품을 수 있었던 것이다. 그들은 평탄케 된 세상, 일등이 꼴찌가 되고 꼴찌가 일등이 되는 전복적 평등의 세상을 내다봤다(막 10:31, 43 - 44). 비록 기득권의 몫이 다르고 각기 수고한 시간의 양이 다를지라도 내 일용할 양식을 위한 한 데나리온의 품삯으로 족한 공동체(마 20:1 - 16), 그들은 예수로부터 이런 공동체의 비전을 물려받았다.

4. 혈통 가족주의와 '하나님의 가족'

예수가 구상하고 체현한 공동체의 또 다른 중요한 지향은 혈통에 근거한 가족주의를 넘어서는 것이었다. 이것은 예수의 하나님 나라 운동에서 가장 눈부신 싸움의 흔적을 보여주는데, 그만큼 그에게 혈통적 연고는 하나님의 나라를 개방적이고 포용적인 공동체로 세우는 데 치명적인 장애요인이 되었기 때문이다. 주지하듯, 예수가 갈릴리 해변에서 어부 형제들(시몬과 안드레, 야고보와 요한)을 '사람을 낚는 어부'로 삼기 위해 부를 때, 그들은 지체 없이 아버지와 그물을 버려두고 그를 따라 나섰다. 이와 같은 과감한 결행을 두고 예수를 향한 절대적인 순종과 헌신의 자세만을 부각시키기 쉽다. 그러나 따라나선 자들의 입장에서 보면 그들은 하나님 나라의 진리를 향한 구도자적 결의와 탐구자적 출가 정신을 발휘한 셈이다. 혈육의 인연을 단절해버리는 불교와 다른 기독교적 출가의 전통이 여기에서 발견된다. 예수는 그 제자들을 혈통의 인연에 한정된 가족주의의 성채로부터 불러내어 새로운 가족 공동체를 세웠는데, 그것이 바로 '하나님의 가족'(familia Dei)이다.[6)]

하나님의 가족은 물론 대가 없이 일방적 부름만으로 이루어질 리 없었다. 혈육은 인간의 제반 관계 중 가장 질긴 인연인 터라 훌쩍 넘어서기가 버거웠을 것이다. 그리하여 예수는 그 끈끈한 혈통적 연고의식을 향하여 '불'을 던지고(눅 12:49) '칼'을 주는(마 10:34) 과감한 도전을 통해 동종교배와 자기동일성에 함몰하는 가족주의의 해체를 도발한 것이다. 예수가 던진 불은 성령의 불이라기보다 가족주의의 아성에 똬리를 튼 채 하나님 나라의 대의와 명분에 장애물이 된 그 소아병적 세계를 향한 심판과 해체의 불이었다. 마찬가지로 예수가 화평 대신 준 그 칼은 하나님의 가족 성원이 되기 위해 제 혈육의 잇속에 치우쳐 전전긍긍하는 인간의 일차

---

6) '하나님의 가족'에 대한 최신 연구는 복음서에서 그 개념 및 범위의 확산 과정을 중심으로 다룬 다음의 연구에 집대성되어 있다. Roh Taeseong, *Die Familia dei in den synoptischen Evangelien－Eine redaktions－und sozialgeschichtliche Untersuchung zu einem urchristlichen Bildfeld*, NTOA 37(Göttingen: Vandenheock & Ruprecht / Freiburg: Universitaet Verlag, 2001).

원적 인연을 내려치는 결기 어린 절단의 칼이었다.7) 그 과정에서 예수와 그 제자들은 이러한 도전으로 인해 사람들이 가족 성원들과 서로 갈등하며 목숨을 걸 정도로 극렬하게 대립하는 냉엄한 현실을 직시했다(마 10:35-36). 심지어 예수는 제자를 부를 때에 그 아버지와의 작별의 예조차 용납하지 않을 정도로 급박한 종말론적 국면을 염두에 두었다(눅 9:57-62; 마 8:19-22). 그것은 하나님 가족의 구축이란 견지에서 단지 물리적 시간의 문제가 아니라 결의 어린 마음의 자세와 삶의 궁극적 지향의 문제였다.

하나님의 가족을 전망한 예수는 몸소 그 출가의 모범을 보여 자신을 찾는 가족들을 두고 "누가 내 어머니이며 동생들인가"라고 반문하며 "하나님의 뜻대로 행하는 자가 내 형제요 자매요 어머니"라고 선포했다(막 3:31-35). 물론 예수가 이러한 하나님의 가족이란 신학적 이념형을 내세워 혈통 가족의 현실을 깡그리 부인하거나 무시한 것은 아니었다. 그는 지역공동체에 거주하는 조력자들을, 비록 그들의 유랑 선교와 동선을 섞지 않았지만, 충분히 존중하고 포용했다. 그는 남자와 여자가 부모를 떠나 한 몸이 되는 혼인의 전통을 창조신학적 견지에서 십분 긍정하며, 그것을 허무는 이혼을 배격했다(막 10:1-12). 또한 그는 부모를 공경하라는 십계명의 가르침이 '고르반'의 위선적 구호로 왜곡되는 세태를 비판했으며(막 7:8-13), 가족의 미래를 위한 희망의 씨앗으로 어린아이들을 하나님 나라의 예표로 높이고 친애했다(막 9:33-37, 10:13-16).8)

---

7) 불과 칼의 이러한 해체와 창조의 이미지는 이 책의 Ⅰ부 7장에 실린 "예수와 불/칼 상상력"을 참조할 것.

8) 예수 운동의 맥락에서 이러한 역동적 가족 이해와 그 역사적 전개과정은 다음의 졸고에서 통시적으로 분석된 바 있다: 차정식, "가족해체와 통합의 신학적 변증법-초기 그리스도교 공동체의 경우," 『신약논단』

430

그러나 그들의 그 혼인과 가족은 하나님의 가족이라는 더 차원 높은 단계로 열려져 있어야 한다는 전제하에 신학적 정당성을 띨 수 있었다. 하나님이 아버지가 되는 그 가족에 그들이 모두 사심 없이 자녀로 어울려 살기 위해서는 혈통적 연고가 철저히 배격되어야 했겠기 때문이다. 세배대의 어머니가 그녀의 아들 둘을 위해 예수께 청탁한 결과가 어떻게 나타났던가. 예수로부터는 고난의 잔과 종의 섬김으로 대답이 주어졌고, 다른 제자들에게서는 분노의 메아리가 되돌아오지 않았던가(막 10:35-45; 마 20:20-28). 혈통이 배제되거나 초월된 하나님 가족의 이러한 수평적 관계는 정직한 물음과 대화의 장이 보장된 수직적 관계로 이어진다. 그것은 예컨대, 아버지인 하나님께 "시험에 들게 하지 마소서"(마 6:13)라는 간청을 통해, '당신이 우리를 (연유야 어찌되었든, 나쁜 의미의) 시험에 빠트리는 장본인이 아닌가'라는 암묵적 의혹을 제기할 수 있는, 설핏 도발적인 양 비쳐도 실은 건강한 관계이다. 그 밖에 하나님의 가족은 가부장인 하나님이 당신의 뜻을 이루고 그 나라가 임하게 할 책임과 함께, 그의 백성들을 악으로부터 구출해 줄 의무가 있음을 그의 자녀 된 위치에서 상기시켜드리는, 얼핏 발칙한 듯해도 솔직하며 신뢰 충만한 관계인 것이다. 그러기에 이러한 하나님의 가족 공동체 내에서 그 성원들은 하나님을 두려워하기보다 친밀히 교감하며 대화할 수 있는 파트너로 자리하게 된다.

13/3(2006), 693-747 참조.

5. 증여와 나눔의 공동체

예수의 하나님 나라 운동은 애당초 복음이란 메뉴와 온갖 부대
적 은사들을 "거저 받았으니 거저 주"는 증여의 경제 공동체를 지
향했다(마 10:8). 거기에는 유대교의 율법적 전통에 따라 형제에게
그 변제 능력이 없는 채무를 탕감해주는 은혜의 요소가 포함되었
다. 탕감해주어야 할 대상은 하나님을 향해 용서해달라고 청원하
는 '죄'의 일상적 내용이었다. 주기도문에서 그 죄는 형이상학적
오류나 종교적 규율의 위반이라기보다 사회 경제적 차원을 위시한
삶의 총체적 부채였다. '용서할 줄 모르는 종의 비유'(마 18:21 –
35)에서 암시되듯, 우리는 생명과 구원에 관하여 하나님께 일만
달란트라는 엄청나게 큰 빚을 진 자들이며 그것을 한꺼번에 대가
없이 탕감받은 수혜자들이다. 그런데 그런 우리가 이웃을 향해 백
데나리온의 비교적 작은 채무를 탕감해주지 않고 완악하게 그를
다루는 모습은 예수가 구상한 공동체의 희망과 거리가 한참 멀다.
"내가 너를 불쌍히 여김과 같이 너도 네 동료를 불쌍히 여김이 마
땅하지 아니하냐"(마 18:33)는 주인 되신 하나님의 질책은, 바울
사도의 훈계대로(롬 13:8), 사랑의 빚 외에는 아무런 빚도 져서 안
되는 인간의 존엄한 위상을 대변한다.

예수 공동체의 증여 행위는 역설적으로 무소유를 삶의 원리로
삼았기에 가능했다. 제자들은 예수의 파송설교에서 "전대에 금이
나 은이나 동을 가지지 말고 여행을 위하여 배낭이나 두 벌 옷이
나 신이나 지팡이를 가지지 말라"(마 10:10)는 지침을 받았다. 이
러한 무소유의 차림새는 낭만적 겉멋이나 의로운 자기 현시라기보
다 "일꾼이 자기의 먹을 것 받는 것이 마땅하다"는 선교적 노동의

거룩함과 그 일상적 필요를 하나님이 채우시리라는 지극한 신뢰의 표현이었다. 이는 동시에, 양식이든, 옷이든, 공동체의 물질적 필요가 최소한의 생계 보장으로 족해야 할 검비한 삶의 자세를 노정한 것이었다. 그로부터 대가 없는 증여, 생명의 필요에 따른 활수한 나눔, 그것의 순환적 회로가 가능해지는 것일 터이다. 이를 집약한 신학적 원리가 바로 "무엇이든 남들이 네게 해주기를 원하는 대로 너도 그들에게 그렇게 하라"(마 7:12)는 황금률이다. 그것은 일방적 시혜의 원리가 아니라 호혜의 원리이다. 그러나 황금률의 그 상호주의적 체계를 발동시키기 위해서라도 주동하는 자의 선수(先手)는 필수적이다. 그리고 그 선수는 결국 모험적이다. 내가 선한 것을 타인에게 베풀 때 그가 내게 동일한 차원에서 선대할지 악으로 돌려줄지 그 속내를 알 수 없기 때문이다. 그 모험을 무릅쓰는 순수한 증여의 행위가 바로 예수가 공동체의 재구성을 위해 제시한 선결 요건으로서의 '믿음'이었다.9)

하나님의 존재와 그 주권에 대한 궁극적 신뢰로서 그 믿음은 예수의 부활을 경험한 제자들이 예루살렘에 모여 구성한 공동체에서 유무상통의 종말론적 생활공동체로 나타났다. 그들의 그 '생활'은 예수가 보여준 이른바 '식탁공동체'의 전통을 계승하여 함께 떡을 떼며 사귀고 오로지 기도에 힘쓰며 동지적 결속을 다지는 일상적

---

9) 물론 '증여'는 그리스도교만의 독점적 개념이 아니다. 문화인류학적 관점에서, 또 철학적 맥락에서 증여는 매우 광범위하게 심도 있게 논의되어왔다. 이와 관련하여, 마르셀 모스 / 이상률 옮김, 『증여론』(서울: 한길사, 2002) 참조. 아울러, 증여의 개념을 '사치'(luxury)라는 존재론적 개념과 결부시켜 조형하려는 철학적 시도가 최근 국내의 철학자 김영민에 의해 이루어지고 있다. 이에 대해서는 그의 웹 페이지 (http://jk.ne.kr) '교학' 코너에 실린 글들을 참조할 것.

나눔이었다.10) "믿는 사람이 다 함께 있어 모든 물건을 서로 통용하고 또 재산과 소유를 팔아 각 사람의 필요에 따라 나눠 주"는 예루살렘 공동체의 이상적 모습(행 2:44-45)은 "자기 재물을 조금이라도 자기 것이라 하는 이가 하나도 없"었기 때문에 가능한 현실이었다(행 4:32). 그것은 예수의 무소유와 유랑 선교의 정신에 입각한 자발적 증여의 결실이었다. 물론 그것은 인간의 실존적 유약함과 욕망의 심연을 괄호 친 제한된 현실이었지 지속 가능한 현실은 아니었다. 이어지는 헬라파 과부와 히브리파 과부의 밥그릇 갈등(행 6:1), 아나니아와 삽비라의 스캔들(행 5:1-11)은 그 괄호 안 심연의 작은 부스러기 에피소드일 뿐이다.

실제로 예루살렘 공동체의 이후 상황은 그리 단순치 않아 보인다. 하루에 3,000명이나 회개하는 그 부흥의 열기(행 2:41)는 예루살렘이라는 공간에 밀폐될 수 없었다. 아울러, 예루살렘의 빈민과 거지들을 비롯하여 그 교회 공동체의 증여에 떡고물을 바라는 알량한 표면적 신자들의 양식까지 한없이 채워줄 수는 없는 노릇이었다. 재화의 재투자와 재생산이 없는 무상 증여와 공동 소비의 경제 체제는 마침내 "그중에 가난한 사람이 없었다"(행 4:34)는 예루살렘 공동체의 모습을 가난한 성도들의 대명사로 전락시켰다(갈 2:10; 롬 15:26). 그러나 추후 예루살렘 공동체가 사방으로 해체, 재구성됨에 따라 본토박이 유대인 신자들의 그 가난은 종말론적 삶의 지표이자 경건의 전제조건으로 신학화되어갔다. 그 과정에서 특히 바울이 주도하는 이방인 교회와의 호혜적 코이노니아를 가능

10) 예수의 식탁교제에 반영된 나눔의 윤리는 단순히 물질적 나눔에 국한된 것이 아니라 하나님과 인간, 인간과 인간 사이의 관계 회복을 추구하는 구원론적 맥락이 스며 있었다. 김호경, "식탁 교제에 반영된 나눔의 윤리와 구원 이해," 『신약논단』 4(1998), 170-201 참조.

케 하는 썩는 밀알로 바쳐졌다. 이로써 물질과 물질끼리만 나눠지는 것이 아니라 물질과 신앙적 유산을 회통시키고 교류하는 나눔의 새로운 지평이 개척되기에 이른 것이다(롬 15:27).

6. 환대하고 영접받는 나그네들

'환대하다'로 번역되는 신약성서의 희랍어 어휘(*ksenodocheō*)는 문자 그대로 풀면 외국인, 즉 낯선 이방인을 영접한다는 뜻이다. 그 이방인은 출애굽 당시 이집트의 입장에서 보면 히브리인들이고, 가나안 땅에서의 안정기를 배경으로 깔면 그 땅에 체류하던 이민족 사람들이 해당된다. 왕국이 망하고 바빌론 포로기 이후 흩어진 유대의 난민들은, '디아스포라'라는 말의 함의대로, 흩어진 나그네들이었다. 베드로전서는 이러한 정치적 상황이나 종교적 핍박의 결과로 사방에 흩어진 그리스도인들을 '흩어진 나그네'로 명명한다(벧전 1:1). 예수가 갈릴리를 중심으로 근거리 보행과 원족의 여행을 선교의 동선으로 삼았듯, 그 후예들은 팔레스타인에서 수리아와 구브로로, 또 갈라디아와 갑바도기아로, 아시아와 비두니아로, 마침내 로마로까지 흩어져 나그네의 순례를 이어갔다.[11]

그렇게 본토와 부모, 친척을 떠난 아브라함의 계보를 이어받아

---

11) 이와 관련해서는 베드로전서를 중심으로 초기 교회의 디아스포라적 삶의 정황에 대한 사회학적 해석을 담은 다음의 연구를 참조할 것: John H. Elliott, *A Home for the Homeless: A Sociological Exegesis of 1 Peter-Its Situation and Strategy*(Philadelphia: Fortress Press, 1981); 박경미, "베드로전서의 집 없는 나그네들과 하나님의 집," 『신학사상』 90(1995 / 가을), 131-151.

그들은 디아스포라의 신세대로 복음 선교의 일선을 개척해나갔다. 그들은 외국인으로서의 경험을 지닌 출애굽 백성의 후예답게, 그래서 그 이방 출신 나그네를 환대하라는 율법을 받은 그 조상들의 동선을 이어받아,12) 점점 더 떠돎의 반경을 넓혀가면서 나그네를 환대하고 영접하는 나그네로 살아갔다. 그것은 물론 한 동네에서 다른 동네로 기동력 있게 운신했던 예수 운동의 생활양식을 계승한 것이기도 했다. 그것은 그렇게 초기 그리스도인들의 디아스포라적 자의식을 형성하면서 점차 신앙적 정체성의 표지로 확립되어 갔다.13) 그러나 그들이 성령 충만하다고 해서 마냥 이슬만 먹고 행려병자처럼 떠돌 수는 없는 노릇이었다. 비록 동가식서가숙일망정 그들에게는 그 선교 활동을 뒷받침할 후원자들의 따뜻한 환대가 긴요했다. 다행히도 복음이 전해지는 곳마다 호의적인 '하나님 경외자들'(God‐fearers)이 있었고, 그들을 중심으로 회당 내의 보금자리에 의탁할 수 있었다. 추후 회당과의 분립 사태 이후 그 소그룹은 가정교회의 형태로 재구성되어 공동체의 발판을 마련할 수 있었다.

디아스포라의 이방인 기독교 공동체는 대체로 이러한 형태로 출발하여 내실을 다져나갔다. 그 각각의 가정교회들은 한 도시 내에서 병립적인 연대의 틀을 갖추었으리라 보지만, 그 구체적인 실상은 미궁에 가려져 있다. 중요한 것은, 그 모든 가정교회들이 지리

---

12) 구약성서의 관점에서 '나그네' 개념을 조명한 연구로 왕대일, "나그네(게르ㄱ)‐구약신학적 이해," 『신학사상』 113(2001 / 여름), 101‐121 참조.
13) 이 주제와 관련한 대표적인 연구로 박경미, "신약성서에 나타나는 '외국인' 개념과 초대 기독교인의 자기의식의 표지로서의 '외국인'," 『신학사상』 113(2001 / 여름), 122‐148 참조.

436

적 공간의 격절을 극복하며 그리스도 안에서 하나의 몸을 이루어 나갔다는 점, 또 그러한 공동체가 자생할 수 있도록 뒷받침한 저력이 영접과 환대의 일상적 실천에서 비롯되었다는 사실이다. 그리스도 안에서 세례를 받아 남자와 여자, 노예와 자유민, 유대인과 이방인 등이 차별 없이 하나라는 구원론적 인식과 믿음(갈 3:28)은 바로 그 영접과 환대의 경험을 통해서야 비로소 삶의 현실로 체감될 수 있었다.14) 그들은 서로 혈통 가족도 못되고 오랜 친구나 친지도 아니었지만, 그럼에도 불구하고, 그리스도의 이름으로 문안하고 문안받으며 서로가 형제와 자매로 환대하고 영접받는, 그래서 피차 훈훈한 나그네들이었다.

이 환대와 영접의 관행이 얼마나 중요했는가 하는 점은, 장로인 요한3서의 필자가 디오드레베를 비판하면서 그의 과실 가운데 자신을 영접해주지 않은 것, 형제들을 맞아들이지도 않고 맞아들이고자 하는 자를 훼방하여 교회에서 내쫓은 일을 꼽는 데에서 확연히 증명된다(요삼 9-10).15) "손 대접하기를 힘쓰라" "손님 대접

---

14) 갈라디아서의 상기 구절에는 초기 그리스도교가 추구한 평등의 비전이 반영되어 있다. 김경희, "갈라디아서 3:27-28을 통해 본 원시 기독교의 평등의 비전,"『신약논단』 7(2000), 48-82 참조.

15) 이 구절에 대한 해석은 바우어(Walter Baur)와 케제만(Ernst Käsemann)의 해서이 대립된다. 바우어는 이들 간의 갈등을 정통-이단의 대립적 관계로 파악한 뒤 장로를 당시 소수 정통파 세력의 옹호자로, 디오드레베를 다수 이단 세력의 대변자로 해석했다. 반면, 케제만은 디오드레베가 이단의 리더가 아니라 거짓 가르침을 배척한 군주적 감독으로서 이단 세력인 장로와 그 추종자들을 권징하기 위해 그의 권력을 행사했다고 보았다. 그들의 대립이 영지주의와 관련된 것이었는지, 또 그 갈등의 내용이 교리적인 차원이었는지 교권에 의지한 훈계와 실천적 권징의 차원이었는지 본문의 증거만으로는 확언하기기 어렵다. Georg Strecker, *The Johannine Letters: A Commentary on 1, 2, and 3 John*, tr. by Linda M. Maloney (Minneapolis: Fortress Press, 1996), 261-263 참

하기를 잊지 말라"는 로마서(12:13)와 히브리서(13:2)의 전언이나 도망노예 오네시모를 형제로 영접해주기를 간구하는 바울의 간청(몬 1:17) 배후에는 이런 환대와 영접의 기대가 깔려 있다. 나아가 고린도교회에 특명을 띠고 파송받은 디도와 그의 동역자를 당부하는 바울의 말(고후 8:16-24)과 겐그레아교회의 중요한 일꾼 뵈뵈를 로마로 보내며 추천하는 그의 말(롬 16:1-2)은 얼마나 간절하며 극진한가. 수천 리를 달려가서 전해야 할 메시지가 그 수령 당사자를 못 만나거나 박대를 당한다면 그 수모와 곤경이 오죽 심했겠는가. 특히 고린도교회와의 관계에서 바울은 영접의 기대와 배척의 우려 사이에 긴장의 끈을 놓지 않으면서 환대의 외교적 채널을 개통하고자 얼마나 심혈을 기울이며 노심초사했던가. 그들의 가슴에는 사도의 방문을 예수 그리스도처럼 영접하는 따스한 신앙이 넘쳤고, 사도의 특사를 사도의 분신인 양 환대하는 순수한 온정이 생동했다. 그리하여 그들에게 영접과 환대의 채널은 곧 복음 선교의 직통노선이 될 수 있었고, 하나님의 가족으로서 그 신앙적 정체성을 확립하는 중요한 교두보로 작동할 수 있었던 것이다.

7. 서늘하고 느슨한 어깨동무

이 글의 앞으로 다시 돌아가자면 나의 초대는 여전히 유효하다. 이 땅의 온 교회가 참여하는 '신도증' 방식의 제도화 발상도 본격적으로 공론화되고, 가령 제 집을 개방하여 지속적으로 사람들을

조. 다만 내가 보기에 분명한 것은, 이들의 갈등의 직접적 단초는 형제로서의 환대 여부였다는 사실이다.

438

초대하는 조그만 실천의 자리에서부터라도 추진되길 바란다. 공동체는 사람이 만나 더불어 삶을 나누며 깊이 사귀려는 의욕과 분발 없이 발생하지 않는다. 앞서 제시한 예수의 경우를 참조할 때, 하나님의 나라를 지향하는 교회는 그 문지방을 평탄케 하는 기초 작업부터 점검하여 공동체로 재구성되어야 한다. 이를 위해 교회 안팎의 사회적 지형을 두루 헤아려 높은 산과 낮은 골짜기를 세심히 준별하고 평탄케 하려는 지도자의 목회적 안목이 절실하다. 특히 오늘날 우리 교회는 이질적 타자를 포용하고 혈통적 가족주의와 이에 뿌리를 걸치고 있는 각종 연고주의를 넘어 '하나님의 가족'을 이루려는 견결한 대안공동체로 거듭나야 한다. 이러한 바탕 위에 우리는 신앙의 모험적 도전에 근거한 순전한 증여와 나눔의 경제 공동체를 실험할 수 있다. 물질이든, 신앙적 자양분이든, 결핍이 풍요의 조건이 되고, 풍요가 활수한 나눔의 터전이 되는 초기 교회의 치열한 종말론적 자의식은 오늘날에도 여전히 정당하다.

그러나 우리는 더러 뜨겁게 만나더라도 그 열기에 녹아들기 직전, 서늘한 개인으로 헤어지는 법도 배워야 한다. 이별의 미학과 자기 초월의 영성이 배제된 공동체는 언제든지 사교 집단으로 전락할 가능성이 농후하다. 느슨한 틈새와 통풍이 없는 빽빽한 단결은 개인의 생명을 집단의 목표 아래 무자비하게 희생시키는 전체주의의 미끼가 될 공산이 크다. 공동체 성원들 사이에 너무 찐득한 우의의 과시는 끼리끼리 놀면서 소외된 이웃을 양산하는 배타적 동맹으로 흐르기 십상인데, 이는 개인의 정신적 신앙적 건강을 위해서라도 별로 좋지 않다. 우리는 공동체의 일원인 동시에 하나님 앞에서, 하나님과 더불어, 개별 육체를 입고 사는 고독한 개인이요 유랑하는 나그네이기 때문이다. 초기 교회의 중요한 문서인

'디다케'(Didache)의 문자적 교훈을 굳이 거론하자면, 형제를 환대하고 자매를 영접하더라도 3일 이상 머무는 것을 금하고 일용할 양식 이외에 별도의 금전적 혜택을 거절하는 식의 자기 절제가 필요한 것이다. 이렇듯, 하나님의 가족이란 우산 아래 우리의 공동체적 어깨동무는 충분히 신실하고 다정해야 하지만 동시에 서늘하고 느슨한 것이어야 한다.

내가 초대하여 영접하고 환대하는 동무들의 수는 아직 미미하지만, 근래에는 멀리서 온 교우 부부가 있었다. 그는 6 · 25 전쟁 때 혈혈단신 남하한 이산가족으로 친척들 틈에 눈칫밥을 먹고 자라다가 일찍이 백인 남자와 결혼하여 도미한 지 38년이 된 잭슨빌한인 장로교회의 한 권사님이었다. 그 교회의 담임목사로 오랫동안 시무하다 은퇴한 장인과 함께 나온 이 부부는 38년 만의 고국방문이 제법 감동적인 모양이었다. 2주 가까이 내 집에 거하고 닷새간 이 땅의 구석구석을 우리 가족과 함께 둘러보면서, 떠날 즈음 권사님은 자신을 가족처럼 대하며 함께 어울려준 것에 감읍하여 눈물을 흘렸다. 우리는 그 2주 동안 사생활의 영역이 조금 허물어진 불편함을 감수하면서 더불어 먹고 나누며 소통하는 공동체로 모였다가 또 서늘한 이별의 새벽을 통과한 것이다. 다시 또 유랑하는 도상 위에 나그네처럼 표표히 서서 '더불어 삶'의 그 희미한 흔적을 더듬으면서 이제 이 글의 날개를 접는다.

04 | 계몽된 열정, 서늘한 부흥

─부흥운동의 성서신학적 성찰

1. 부흥운동의 밑자리, 뜨겁고 썰렁한

고백컨대 나는 오순절파였다. 중학교 3학년 때 한 지방도시에서 비롯된 내 신앙생활의 이력에는 그 화려한 오순절 신앙의 열기가 그 맨 앞머리에 자리 잡고 있다. 그 뒤로 고등학교 3년과 대학교 2년 넘도록 나는 이 교단 특유의 신앙적 분위기에 푹 젖어 뜨거움을 달구며 가파른 세월을 보냈다. 그 뒤로 교단을 이적한 복잡한 사정은 접더라도, 이 시절 내가 체화했던 뜨거운 순정의 추억만은 아련한 무늬로 내 삶의 한 구석에 아롱진다. 아니, 그것은 단순히 추억으로서의 '무늬'만이 아니라 여전히 생동하는 내 개인의 신앙적 유산으로 남아 있다. 그때 고향에서 내가 다니던 그 교회는 70년대 말 불과 서너 가정 규모의 작은 회중으로 시작했지만 이제는 그 지역에서 가장 교세가 큰 수만 명 회중의 대형교회로 부흥·성장했다. 나는 그 교회의 시작에 썩는 밀알로 바쳐진 한 권사님의 얼굴을 어렴풋이 기억한다. 고구마 한 개의 식욕을 다스리면서 불철주야 기도에 힘쓰고 또 늘 열심히 전도하시던 늦깎이 신학생 전도사님의 이미지도 잊지 않고 있다. 희미한 옛사랑의 그림자처럼 아련한 이 시절 부흥의 열기는 이제 나를 떠났고, 이따금 온라인 상의 풍문으로 그 후일담의 소식을 접할 뿐이다.

그때 부흥의 도화선이 된 것은, 7, 80년대의 부흥회 풍속도에 공통된 치유 및 은사집회였다. 이에 접맥된 병든 심신의 회복을 위한 갈망, 그리고 가난한 삶을 벗어나고자 하는 성공 욕구는 당시 변두리 민중과 소시민들의 절박한 일상적 욕망이었다. 이런 사회적 분위기를 배경으로 성령의 효험에 대한 간증은 소문으로 증폭되어, 마침내 교회는 수많은 사람들이 찾아드는 하나님의 나라 같아졌다. 당시의 부흥 열기는 대강 이런 식이었다. 그 뒤로 20년쯤 더 흘러 거대해진 내 모교회를 한두 번 찾았을 때, 또 이런저런 풍문으로 가끔 소식을 접할 때, 그 교회는 점점 더 '제국'이나 '기업'의 이미지를 닮아가는 듯했다. 건물은 증축되어 세련된 시설과 함께 웅장해 보였고 조직과 제도 역시 더 정교해졌지만, 옛 시절의 순정함을 느끼기에는 어쩐지 좀 어색했다. 개인이든 단체든, 성공의 뒤안길이 늘 그렇지만, 그 현재진행형인 부흥의 역사는 왠지 지루한 듯 약간 썰렁했다. 당시 그토록 예민하던 종말론적 긴장감도 한풀 꺾여 이제는 그 성공을 추슬러 후대를 도모하려는 구상에도 적잖이 신경을 쓰는 것처럼 보였다.

한국교회 부흥의 역사에서 내가 겪은 7, 80년대가 중조의 단계라면 그 시조뻘 되는 시점은 아무래도 1907년 평양 장대현교회의 빛나는 각성운동에서 찾아야 하리라.[1] 1905년 을사늑약과 함께 주

---

1) 올해 2007년 평양대부흥운동 100주년을 맞이하여 한국교회는 대대적인 행사를 마련하였다. 그 가운데 학술행사도 적잖이 치러졌는데, 이 글도 그 사건을 기념하는 특집의 한 꼭지로 마련된 것이다. 이 글과 함께 나란히 실린 다른 글들은 다음과 같다: 왕대일, "우리로 하나님을 보게 하소서!"(36-48); 박명수, "1907년 대부흥운동과 한국기독교

권상실이라는 치욕스런 사건을 뒤로 하고 민족적 불행의 원인을 자신의 죄악에서 찾고자 하는 무리들이 성경 말씀을 공부하며 회개 운동을 일으켰고, 그 불길은 전국적으로 확산되어갔다. 그 결과 단순히 교세의 확장뿐 아니라 교파 간의 연합운동이 촉발되었고, 자전 자립의 기치하에 각 선교회가 성장해나갔다. 아울러, 여권 신장, 미션 스쿨과 의료시설 증대, 기독교의 대국민적 이미지 갱신 등과 같은 사회 선교적 효과를 거두기도 하였다. 그러나 그뿐, 이후로 악몽처럼 닥친 1910년의 한일합방, 9년 후 단말마의 절규처럼 불끈 솟았던 1919년의 3 · 1 운동이 한풀 꺾이면서 급격히 가속화된 신앙의 내세주의화 및 신비주의화 추세 속에 그 부흥과 각성의 열기는 역사의 잿더미를 뒤져야 그 흔적이라도 만져볼 수 있게 되었다.[2]

인들의 신앙체험"(50 - 65); 김회권, "역사적 화석에서 되살려야 할 '불씨'"(66 - 79); 배요한, "한국인의 종교적 심성에 비추어 본 대부흥운동"(80 - 93), 『기독교사상』 577(2007 / 1). 이 특집이 있고 6개월이 지나 같은 잡지에 100주년 기념대회 행사와 연계하여 별도로 기획 논문 두 편이 게재되었다. 박명수, "1907년 대부흥과 초교파 연합운동"(200 - 207); 임성빈, "1907년 대부흥운동과 오늘의 의미"(208 - 212), 『기독교사상』 583(2007 / 7). 이와 관련하여 성서학계의 가장 큰 행사는 한국신학정보연구원의 주관하에 4개 학회의 연합으로 개최된 평양대부흥운동 100주년기념 성서학 학술심포지엄으로, 여기서 발표된 논문들이 『회개와 갱신 - 평양대부흥운동의 성경신학적 조명』이란 제목의 방대한 자료집으로 묶여 출간되었다.

2) 이러한 관점에서 평양대부흥운동에 대한 비판적 입장이 제기되기도 하였다. 최영실, "'1907년 평양대부흥운동'에 대한 비판적 고찰 - 회개 · 영성 · 부흥의 문제를 중심하여," 『신학사상』 138(2007 / 가을), 9 - 53; 김진호, "퇴행적 기독교에서 미학적 기독교로," 『기독교사상』 582(2007 / 6), 38 - 51 참조. 특히 김진호는 1907년의 대부흥운동을 "친미주의적이고 획일주의적이며 성공주의적인 공통감각을 형성한 한국교회의 초석적 사건"으로 준열하게 비판하였다.

대개 부흥의 행방과 궤적이란 이러하다. 부흥의 역사도 시간의 흐름을 타면서 자연화되는 것이리라. 뜨거움의 열기란 식기 위해 존재하는 것이라는 양, 하나님의 창조법칙에 따라(또한 그것을 응용한 열역학 제2법칙에 따라) 뜨거움과 서늘함은 서로를 밀어내는 척력 속에 길항하며 긴장의 궤선을 탄다. 열띤 부흥과 팽창의 운동이 그 땀을 식힐 무렵, 마치 행사가 끝난 행사장에 휴지조각 날리듯, 썰렁한 역사의 무대에는 성찰의 긴장이 도사리며 사람들은 그 이후의 행방을 타진한다. 이렇듯, 역사의 도도한 물결 속에서 신학적 지성의 서늘한 성찰은 뜨거운 운동보다 빠르고, 담담한 후일담의 행보는 기실 부흥의 열기보다 날렵한 법! 그것은 뜨뜻한 대낮의 열기를 허락하신 하나님이 서늘한 밤의 기운을 베푸시는 일상의 경험 속에 확연한 법일 텐데, 인간의 미련함은 그걸 종종 잊은 채 어설프게 들뜨곤 한다. 그 자아도취적 들뜸 속에 더러, 아니 종종 자신의 현존과 역사를 망각하기까지 한다.

2. 오순절 사건의 행방, 화려하고 궁색한

기독교의 역사에서 부흥이 역사적 전기를 형성하며 뜨거운 동력을 제공한 사례는 그 기원으로까지 소급된다. 그것은 일종의 '원형체험' 같은 사건이었다. 사도행전 2:1-13에 묘사된 오순절 성령강림 사건은 공인하듯 초대교회의 대대적인 부흥운동에 획기적인 이정표를 남겼다. 그것은 성령의 강림을 통해서 촉발된 공동체 성원들의 엑스터시 체험이었으리라 여겨지지만, 그 신학적 속사정은 그리 단순치 않다. 먼저 이 사건이 발생한 주변의 정황을 고려하

444

지 않을 수 없다. 성령의 시대를 열어젖히기 위해서는 먼저 예수
의 승천이 필요했다(행 1:6-11). 역사 속에서 예수의 사역이 일단
락된 연후에야 성령의 시대가 열릴 수 있었던 것이다. 이는 물론
"오직 성령이 너희에게 임하시면 너희가 권능을 받고 예루살렘과
온 유대와 사마리아와 땅 끝까지 이르러 내 증인이 되리라"(행
1:9)는 예수의 예언적 전망과 함께 일어난 연속적인 일이었다. 더
불어, 가룟 유다의 탈락으로 12제자라는 상징적 조직의 재건도 또
다른 선결 요건으로 구비되어야 했다(행 1:12-26).[3]

　바야흐로, 때가 차매, 오순절의 성령은 "강한 바람 같은 소리"와
"불의 혀"라는 독특한 이미지로 한곳에 모인 제자들의 심령을 타
격했다. 제자들은 여러 모로 이스라엘 열두 지파의 표상으로 그
자리에 모여 있었다. 한편으로 그들이 식민지 백성들의 피폐한 심
령과 고단한 일상을 담지하고 있었다면, 또 다른 한편으로는 그동
안 따르던 예수의 육체적 부재로 인한 상실감과 좌절감이 응집된
절박한 분위기를 감내하고 있었다. 민족 정서가 물씬 풍기는 오순
절이라는 축제 분위기에 뭔가 극적인 구원의 조짐을 기대하는 마
음들도 없지 않았을 것이다. 전국 각지에서 몰려든 순례객들의 흥
청거리는 인파 속에는 뭔가 기이한 사건을 기대하며 이로써 민족
의 독립과 회복을 갈구하는 들뜬 심령들이 넘실거렸을 터였다. 그
때 후미진 곳에 숨어 있던 그 일군의 제자들에게 성령은 홀연히
임했다. 그들은 모여 무엇을 하고 있었을까. 본문에는 그냥 모여

---

3) 주지하듯, 12제자의 구성은 디아스포라로 흩어진 이스라엘의 12지파
　를 표상하는데, 예수 전승 중에서도 매우 오래된 전통으로 굳어져 있
　었다(고전 15:5). 그들은 복음서 전승에서 처음부터 '사도들'로 호칭되
　고 있지만(막 3:16) 이것은 후대의 타이틀이 반영된 결과로 추리된다.
　E. Best, "Mark's Use of the Twelve," *ZNW* 69(1978), 11-35 참조.

있었다고만 언급했지만, 혹 그들은 예수의 유훈을 묵상하거나 기
도하고 있지 않았을까. 여하튼, 그들은 성령으로 충만하여 그 엑스
터시 가운데 전국 각지의 방언으로 말하기 시작하였고, 거기 몰려
든 순례자들은 자기의 지역 언어로 그들의 말을 알아들을 수 있었
다(행 2:1 – 13).[4]

이렇듯, 초대교회의 부흥은 무엇보다 언어적 소통에 따른 지성의
분별, 그리고 그 메시지를 통한 심령의 공명을 통해 다가왔다. 이
는 일찍이 바벨 사건을 통해 사람들의 구음이 혼잡하여짐에 따라
사방으로 흩어져 서로 상종하고 상통하지 못했던 지난 역사(창
11:1 – 9)를 뒤집는 중대한 신학적 의미를 띤다. 오순절 성령 강림
사건은 인간의 죄악으로 인한 분열, 그로 인한 갈등과 대립을 넘어
서 그동안의 모든 상처를 싸매고 막힌 장벽을 헐어 소통시키며 화
해를 이루는 소통과 연대의 새 역사를 노정한 것이다. 그것이 부흥
의 첫 단추였던 셈이다. 이러한 영적 에너지의 폭발이 촉매가 되어
곤비하던 제자들은 벌떡 일어섰고 소리 높여 외치기 시작했다. "너
희가 회개하여 각각 예수 그리스도의 이름으로 세례를 받고 죄사
함을 받으라. 그리하면 성령을 선물로 받으리라"(행 2:38). 이 메시
지로 처음에는 베드로, 요한 등과 같은 일부 개인이 외치더니, 점
증하는 외부의 정치적 위협과 압박 속에 한 마음으로 합심하여 기
도한 무리들이 그 모든 위기 상황을 떨치고 이제는 집단으로 담대
하게 하나님의 말씀을 선포하기에 이르렀다(행 4:23 – 31).[5] 말씀

---

4) 오순절 방언사건에 대해서는 그동안 다양한 해석이 나왔는데, 다음의
   논문은 그것을 잘 요약하여 보여준다: 김동수, "누가의 방언론," 『신약
   논단』 14 / 3(2007), 563 – 596.
5) 이 말씀 선포를 가능케 한 집단기도는 이사야 37장을 모델로 삼은 것
   으로 '오래된 곤경시의 기도'(an old prayer in time of distress)를 누

446

선포와 회개 운동을 중심으로 한 성령의 행전이 본격적인 궤도를 타게 된 것이다.

이러한 말씀 선포의 결과 예루살렘교회는 하루에 회심자가 삼천 명씩이나 되는 양적인 팽창을 통해 충만한 결실을 거둔다(행 2:41). 그러나 사도행전의 저자가 강조하는 것은 그 양적 부흥의 성공에 대한 자부심도, 그것을 선도한 사도들의 기사와 표적도 아니었다. 그것은 놀랍게도, 아니 지당하게도, 그렇게 회심한 사람들이 교회 내에서 이룩한 부흥의 내실로서 서로의 재산과 소유를 각자의 필요에 따라 나누며 유무상통하는 생활공동체였다(행 2:43-47, 4:32-35). 긴박한 종말 신앙의 뜨거운 열기에 녹아든 그 모듬살이의 실험 속에 예루살렘교회의 믿는 무리들은 한마음과 한뜻을 이룰 수 있었고, 열심히 모여 함께 떡을 떼는 가운데 기쁨과 순정함을 맛볼 수 있었다. 무엇보다 그중에 가난한 사람이 하나도 없게 되는 기적을 이룬 것(행 4:34)은 한시적이라 할망정 특기할 만하다. 바로 여기까지가 오순절 성령강림 사건으로 촉발된 예루살렘교회 부흥의 화려한 양지였다. 그 양지는 간헐적인 굴절 속에 상당히 오랜 세월 지속되었을 터이지만, 사람들은 또한 그 이면의 썰렁한 음지로 빈번히 내몰리기도 하였다.

초대교회 부흥의 썰렁한 음지와 관련하여 아나니아와 삽비라의 이른바 '삥땅' 에피소드(행 5:1-16)나 헬라파와 히브리파 과부들 사이의 밥그릇 싸움(행 5:1)은 오히려 인간 욕망의 자연스런 변덕이 빚어낸 사소한 해프닝에 불과하다. 근본적인 문제는, 예수 재림

___
가가 각색한 것으로 분석된다. Ernst Haenchen, *The Acts of the Apostle: A Commentary*(Philadelphia: The Westminster Press, 1971), 228 참조.

신앙과 결부된 종말의 조속한 도래가 기대한 만큼 조속하게 이루 어지지 않았다는 것이고, 그에 따라 재투자와 재생산의 체계가 없 이 밀려오는 새 신자들을 향해 한정된 재화를 지속적으로 나누면 서 그 밑도 끝도 없는 일상적 필요를 충당할 수 없었다는 데 있 다. 그리하여 교회의 양적인 팽창으로서의 부흥은 체제의 근본적 인 혁신이 없는 상태에서 시간을 끌면 끌수록 불리한 재앙이 될 수 있었다. 그 하부구조에 대한 경제적 배려가 없는 상태에서 교 회의 존립 자체가 위태로워질 수 있었기 때문이다.6)

그 썰렁한 현실 가운데 부흥의 진로는 교회를 분산하는 쪽으로 뻗었고, 외부로부터의 핍박은 이런 흐름을 부채질했다. 이후로 많 은 이들이 다른 지역으로 흩어졌고, 남은 자들은 "예루살렘의 가 난한 성도들"이라는 꼬리표를 달고 바울의 이방인 교회에 재정적 인 원조를 구해야 하는 형편에 처했다(갈 2:10). 그조차도 여의치 않았는지 그 원조 협상을 주선했고 일찍이 예루살렘의 기둥처럼 여겨진 베드로와 요한조차 추후 예루살렘을 떠나야 했다.7) 가난한 자들이 하나도 없던 교회의 성원들이(행 4:34) 어느 날 갑자기 가 난한 성도의 대명사(갈 2:10)처럼 되어야 했던 굴절된 역사의 이면 에는, 이처럼 화려한 부흥운동의 양지가 감추어놓은 궁색한 음지

---

6) 나는 이러한 감추어진 역사적 추이에 대하여 몇 편의 논문을 통해 고 찰한 바 있다. 차정식, "'예루살렘 성도'의 가난, 그 배경과 내력," 『 신약성서의 사회경제사상』(서울: 한들출판사, 2000), 183 - 221; "신약 성경을 통해 본 하나님의 경제," 대한예수교장로회총회산하연구단체협 의회 편, 『하나님 나라와 생명 살림』(서울: 한국장로교출판사, 2005), 221 - 244. 아울러, L. Keck, "The Poor among the Saints in Jewish Christianity and Qumran," *ZNW* 57(1966), 100 - 129 참조.

7) 그리하여 바울이 마지막으로 예루살렘을 방문했을 때 그 교회의 대표 격으로 남아 있던 인물은 예수의 동생 야고보였다(행 21:17 - 18).

가 숨어 있었던 것이다. 그것은 얼핏 이상한 듯하지만, 곰곰이 따져 보면 전혀 이상하지 않다. 그것은 마치 뜨거운 여름 뒤에 찾아오는 서늘한 가을과 같은 현상이었을 터이다. 달리 비유하자면, 이는 대낮에 태양의 은총으로 화들짝 달구어진 지표가 달밤의 또 다른 은총으로 잠잠해지는 하나님의 창조 이치에 부응한 결과와 마찬가지로 자연스럽다.

3. '회'(悔)의 반복? '개'(改)의 지속!

예루살렘교회의 부흥에 내적인 동인을 제공한 것이 성령 충만과 방언 소통이었다면 그 외적 요인은 제자들의 메시지에 그것을 들은 무리들이 '회개'로 반응했다는 것이다. 그 회개의 과정은 말씀을 들은 무리들의 마음이 찔리는 '가책'의 현상과 함께, "형제들아, 우리가 어찌할꼬?"(행 2:37) 하는 탄식, 제 잘못을 뉘우치고 회심을 인증하는 세례에의 참여(행 2:41)를 통해 이루어졌다. 그것은 단순히 마음의 방향 전환에 그치지 않고, "사도의 가르침을 받아 서로 교제하고 떡을 떼며 오로지 기도하기를 힘쓰"(행 2:42)는 생활양식의 변혁으로 나타났다. 그것은 자폐적인 개인의 성채를 허물고 자신의 삶을 나누는 공동체적 체질로의 일대 개혁을 의미하는 것이었다. "믿는 사람이 다 함께 있어 모든 물건을 서로 통용하고 또 재산과 소유를 팔아 각 사람의 필요를 따라 나눠주"(행 2:45-46)는, 이른바 유무상통의 실험적 공동체는 이러한 회개의 결실이 보여준 최고의 정점이었다. 그것은 강요하여 억지로 만들어낸 질서가 아니라 성령의 감동에 따라 자발적으로 동참한 자기 혁신의 결과였다는 점에서 의미심장하다. 요컨대, 예루살렘교회의 부흥은 그 양적인 팽창이 패역한 삶의 버릇을 고치는 질적인 전환 가운데 새로운 공동체를 형성함으로써 부흥이란 이름에 걸맞은 역사의 도약을 이룰 수 있었던 것이다.

부흥운동을 '운동'으로 만드는 외부적 동인으로서 회개는 구체적인 죄악과 범실을 전제로 한다. 그것은 이에 해당되는 희랍어 '하마르티아'(*hamartia*)가 암시하듯, 빗나간 과녁을 새 화살로 다시 조준하는 새 출발의 결단을 요구한다.[8] 그런데 이 회개는 우리말의 개념상 미묘한 역설의 무드를 조성한다. 실제로 회개의 원리가 작동하는 우리네 삶의 자리에서 회개(悔改)의 '회'(悔)와 '개'(改)가 따로 놀거나 겉돌 수 있는 가능성이 농후하기 때문이다. 회개의 '회'는 '후회' '회한' 등의 말과 연동되어 애절한 '뉘우침'의 정서를 동반한다. 자기 연민과 동정의 요소도 어느 정도 이 말의 꽁무니에 묻어 있는 듯하다. 그러나 잘못 조준하여 과녁을 빗나간 이전 화살을 아쉬워하며 마냥 회한에 젖기만 한다면, 그런 때늦은 후회의 감정으로 자맥질하며 우리의 의식이 뉘우침의 감정적 회로를 반복적으로 선회할 뿐이라면, 또 그것을 알량한 참회의 알리바이로 삼고 이로써 신앙생활의 체질이 인습화된다면, 그것은 말의 진정한 의미에서 '회개'에 이를 수 없다. 거기에는 구체적인 악습의 폐기와 근본적인 방향 전환, 생활의 구조적인 체질 변혁을 아우르는 '개'(改)의 요소가 결여되어 있기 때문이다. 단언컨대, 개인과 집단의 차원에서 이벤트처럼 기획되는 분위기 속에 '회'의 반복만으로는 '개'의 지속적 실천에 이를 수 없으며, 이로써 선전되

---

8) 이 희랍어 어휘의 함의에 대해서는 **Stählin / Grundmann**, "ἁμαρτάνω κτλ." *TDNT* vol. Ⅰ, 267 – 316, 특히 293 – 296 참조.

450

는 부흥 이데올로기의 속내는 기실 회칠한 무덤이기 십상이다.

죄악의 또 다른 개념으로 '오페일레마'(*opheilēma*)를 설정해도 사정은 비슷하다. 그것은 형이상학적 도덕적 죄의 개념이라기보다 사회경제적 삶의 구조 안에서 일상적으로 경험되는 각종 채무의 관계이다.9) 이 죄악의 경우 서로의 빚을 흔쾌히 탕감해주고 탕감 받음으로써 그 배타적 관계가 온전한 샬롬의 상태로 회복되지 않고서는 용서란 없다. 문제는 하나님의 용서조차 우리가 우리에게 빚진 자의 그 빚을 탕감해주는 행동을 선결조건으로 삼는다는 것이다(마 6:12). 다양한 이 세상의 인간관계에서 우리는 너나없이 부분적으로 채무자이고 채권자일 수 있다. 그러나 하늘에 계신 최고의 채권자 하나님은 우리의 빚을 없애주시기에 앞서 인간들 사이의 자잘한 채무 / 채권 관계를 청산하고 원래의 자유 상태로 되돌려 훼손된 관계를 회복하길 원한다. 그것이 회복되지 않으면 채권자든 채무자든 그 누구나 하나님 앞에 여전히 빚진 자로 남을 수밖에 없다.10) 그것은 오늘날의 신자유주의적 자본주의 체제에서 현실적으로 용납하기 어려운 혁명적인 발상이지만 그렇다고 생소한 것은 아니다. 예수가 주기도문을 통해, 또 관련 비유(마 18:23-35)로써 설파하기 오래 전, 이미 이스라엘 역사의 태초부터 안식일 / 안식년 / 희년의 근본정신으로 되풀이 강조되어왔기 때문이다.

---

9) 사회경제적 채무의 의미를 지닌 희랍어(*opheilēma*)는 본래 법과 상업의 현장에 기원을 두고 있는데, 죄라는 파생적 의미가 종교적 맥락에서 확대 적용된 것으로 보인다. H. D. Betz, *The Sermon on the Mount*(Minneapolis: Fortress Press, 1995), 400 참조.

10) 다시 말해, 결국 이 땅의 모든 빚과 죄는 결국 하나님 앞에서 진 빚과 죄이며 그것을 탕감하고 면제해 줄 수 있는 유일한 분도 궁극적으로 하나님이라는 사실을 알 수 있다. H. D. Betz, 앞의 책(1995), 402-403 참조.

이렇듯, 채무로서의 죄악을 회개한다는 것은 그 빚으로 말미암아 일그러진 관계를 회복한다는 것에 다름 아니다.11) 각 사람이 지닌 몫의 빚보다 사람의 생명이, 그 생명의 자유가 더 소중하기 때문이다. 물론 채무의 배경과 종류에 따라 제각각 다양한 사연이 있겠지만, 호구지책으로 어쩌다 떠안았다 변제하기 어렵게 된 빚은 채권자가 베푸는 탕감의 은혜로써 가장 확실하고 깨끗하게 청산될 수 있다. 그러한 시혜적인(사실은 호혜적인) 결단은 하나님의 은혜를 모방하면서 빚으로 뒤틀린 인간관계에 회개의 군불을 지피는 돌파구가 된다. 여기에도 죄악의 회개는 개인의 실존적인 회한을 넘어 각종 빚으로 인한 억압을 풀고 또 그 상처를 치유하는 구체적인 삶의 개혁으로 이어진다.

그것은 예컨대, 세례 요한이 "독사의 자식들"을 향하여 진노의 사자후를 토했을 때, 그가 그토록 강조한 "회개에 합당한 열매"와 통한다(눅 3:8). 그것의 실천방식은 대책 없이 마냥 되풀이되는 '회'(悔)의 감정적 자맥질이 아니라 탐욕으로 일그러진 삶의 구조를 파탈하여 "옷 두 벌 있는 자는 옷 없는 자에게 나눠" 주고 "먹을 것이 있는 자도 그렇게" 나눠 주는 단호한 결단과 즉각적인 행동이었다(눅 3:11). 그것이 회개의 공통적인 기본이었다면, 직종별로는 세리들의 경우, "부과된 것 외에는 거두지" 않는 것, 군인들의 경우, "사람에게서 강탈하지 말며 거짓으로 고발하지 말고 받는 급료를 족한 줄로" 아는 자족적 삶으로의 체질 개선이 그 구체적인 내용이었다(눅 3:12 - 14). 이 모든 회개의 열매들은 예외 없

---

11) 실제로 주기도문에는 단순히 빚 탕감의 의무를 상기시켜주는 데 머물지 않고 이런 관계 회복을 위한 '실행적 언사'(performative utterance)를 겨냥하고 있다. A. J. Hultgren, "Forgive Us, As We Forgive(Matthew 6:12)," *Word & Word* 16 / 3(1996), 284 - 290 참조.

452

이 퇴락한 인간사회의 부흥을 내실화하는 윤리적 귀착점이었고, 결과적으로 하나님의 공의를 드높이는 신앙의 승리였다고 할 수 있다.

4. 열정의 결실 혹은 성숙한 구원

부흥운동의 저변을 성서 신학적으로 성찰하면서 반드시 점검해야 할 또 다른 중요한 변수가 있다면 그것은 '열정'이란 요소이다. 성서를 통틀어 이 열정의 역사는 장구한 만큼 화려하다. 하나님을 향한 열정의 힘에 분발하여 이교도를 도륙한 비느하스의 저 유명한 창으로부터(민 25:6-8) 예수 당시 로마의 압제에 대항하여 물리력으로 맞서 싸운 이른바 '열심당원들'(Zealots)에 이르기까지 열정은 민족의 역사를 밀어붙인 동력이자 종교의 부흥을 견인한 지렛대였다.[12] 예수께서 성전에서 장사하던 자들을 채찍으로 내쫓으시고 환전상의 돈을 쏟으며 상을 엎는 등의 기괴한 폭력적인 행동 속에서 제자들은 "주의 전을 사모하는 열정이 나를 삼키리라"는 시편 69:9의 말씀을 떠올린 바 있다(요 2:17). 이는 예수 또한 이런 열정의 계보에 한 가닥 걸치고 있었음을 방증한다.[13] 그 아들

---

12) 예수 당시 열정의 계보를 이어받아 무력투쟁에 앞장선 젤롯당과 그 열정의 내력에 대해서는 David Rhoads, "Zealots," *ABD* vol.6, 1043-1054 참조.

13) 예수의 이러한 열정 관련 어록과 그밖에 젤롯당의 정치 구호를 닮은 공관복음서의 일부 어록(막 8:35), 그밖에 그의 '칼' 관련 어록(눅 22:36) 등에 근거하여 일부 학자는 다소 무리하게 예수를 젤롯당과 연계시켜 이해하기도 한다. 가령, S. G. F. Brandon, *Jesus and the Zealots*(New York: Charles Scribner, 1967).

에 그 아버지라고, 예수의 아버지 하나님 역시 질투하는 하나님으로서(출 20:5) 그 열정의 강도라면 타의 추종을 불허하는 선두주자였다. 여기서 '질투'와 '열정'은 기실 한 단어(*zēlos*)로 표기되어 있으니, 질투만큼 쟁쟁한 열정의 표출이 또 어디 있으랴!

성부와 성자가 이런 열정의 대변자로 맹렬하게 활약한 터에 성령의 역사 또한 열정과 무관할 리 없었다. 다락방 밀실에 숨어 있던 소심한 제자들이 성령으로 충만한 상태에서 광장으로 뛰어나가 베드로와 요한을 필두로 모든 이들이 담대하게 말씀을 선포한 데에는 성령이 부추긴 열정의 폭발이 한몫 했다고 봐주어야 한다. 이에 부응한 청중들의 열정도 가히 대단했으니 그것이 상승 작용을 하면서 선교의 불길이 타올랐고, 교회의 개척도 탄력을 받게 되었으리라. 그 성령 행전과 부흥운동에 편승한 선교의 한 꼭짓점에 사도 바울이 있었다. 그는 바리새적 열정의 화신이라 할 만한 인물이었다. 그 열정에 기대어 그는 "동족 중 여러 연갑자보다 유대교를 지나치게 믿어 내 조상의 전통에 대하여 더욱 열심이 있었으"(갈 1:14)며, 그 열정의 괴력으로 교회를 핍박하고 율법의 의로는 흠이 없을 정도로(빌 3:6) 열렬한 자부심의 소유자였다.

그런 열정의 인간 바울이 다메섹 도상에서 예수 그리스도를 만나는 또 다른 열정적인 엑스터시의 체험 이후, 한참 선교의 열정으로 들끓고 있을 예루살렘으로 가기를 마다하고 좀 생뚱맞게 호젓한 외지 아라비아로 갔다고 한다(갈 1:17). 그가 거기에 왜, 어떤 경위로 가게 되었는지는 많은 궁금증을 유발하지만, 딱 부러진 모범답안이 없다. 다만 그가 거기서 자신의 다메섹 충격을 다독일 만한 완충공간을 확보하고, 그의 저돌적인 열정을 앞뒤로 살피면서 서늘한 계몽을 위한 성찰적 자의식(나는 그것을 간단히 '신학'

454

이라 이름붙이고 싶다)을 얻게 되지 않았을까 하는 추리는 가능하다. 그 견결한 성찰의 여백은 곧 열정이 계몽을 거치는 신학적 탐구와 신앙적 성숙의 입구였을 것이다. 바울이 보여준 이러한 아라비아로의 길은, 갈멜산에서 바알과 아세라 선지자들을 물리치고 승리한 엘리야가 이세벨의 위협에 쫓기는 신세로 광야를 거쳐 호렙산으로 가던 외로운 성찰의 길(왕상 19:1－18)과 겹치며,14) 뜨거운 대낮의 분요한 사역을 뒤로 하고 컴컴한 새벽 미명 광야에서 홀로 기도하던 예수의 서늘한 공간(막 1:35)과도 포개진다. 그는 뜨겁게 타오르다 재가 되기 직전 자신의 그 황홀경을 뒤집어 반성하며 역사의 대국적 국면을 조망할 수 있는 신학적 지성과 언어적 소통의 세계를 접했던 것이다.

그 계몽의 세례를 통과한 바울의 열정은 놀랍게도 이제 막무가내로 내달리던 몽매한 열정들을 타박하며 비판적으로 검증하는 성찰의 기제로 변신한다. 그는 단호하게, 그러나 차분하게 말한다. "내가 증언하노니 그들[＝이스라엘]이 열심[＝열정]이 있으나 올바른 지식을 따른 것이 아니니라"(롬 10:2). 마치 그리스도를 만나기 이전의 제 자화상을 응시하듯, 바울은 "올바른 지식"을 통해 열정이 검증받고 계몽되어야 함을 담담히 수긍하고 있는 것이다.15) 그

---

14) 실제로 그의 아라비아 행보가 40일간 광야를 거쳐 호렙산에 이른 엘리야의 동선 패턴을 모사한 것이라는 해석이 제출되기도 했다. N. T. Wright, "Paul, Arabia, and Elijah(Galatians 1:17)," *JBL* 115/4(1996), 683－692 참조.

15) 바울은 열정에 대하여 긍정적인 인식을 보여주기도 한다(고후 7:7, 11, 9:2, 11:2). 그러나 그 열정이 맹목적으로 흐를 때 '질투'에 의해 파괴적인 동인으로 작용하는데, 바울은 이 점을 비판하고 있는 것이다. 이렇듯, 하나님의 속성뿐 아니라 그 하나님을 향한 이스라엘의 종교적 태도에서도 열정과 질투는 욕망의 다른 두 얼굴로 나타난다. 차

렇지 못한 유대교의 맹렬한 경건주의자들은, 바울의 진단에 의하면, 스스로 충만한 열정의 자부심으로 "맹인의 길을 인도하는 자요, 어둠에 있는 자의 빛이요" "어리석은 자의 교사요 어린 아이의 선생"(롬 2:19-20)으로 자처하지만, 그 실상은 제 가르침을 스스로 배반하는 자가당착에 불과하다. 그들이 판단의 준거로 삼은 "율법에 있는 지식과 진리의 모본"(롬 2:20)이 기실 계몽되지 않은 열정의 반영물이었을 뿐, 그들의 삶 속으로 충분히 육화되지 않았기 때문이다.

이렇듯, 바울의 열정은, 상황에 따라 들쭉날쭉 하는 굴곡이야 왜 없었으랴마는 마침내 서늘한 성숙으로 결실되어간 것으로 보인다. 그리하여 그는 그 숱한 부흥의 선교 현장을 뜨겁게 통과한 뒤에도 분열하는 자아 앞에 곤고한 자신의 실존을 응시하며 탄식할 줄 알았고(롬 7:15-25), 동족의 현재를 그토록 맹렬히 질타하면서도 온 이스라엘의 구원을 내다보는 미래의 종말론적 전망 속에 무궁한 포용력을 발휘할 수 있었다(롬 11:25-27). 같은 맥락에서 그는 시비곡직의 각종 어설픈 논쟁으로 열정을 소모하며 파당적 자부심을 부추기기에 급급했던 고린도교회의 형편을 통찰하면서 지혜에는 어린아이가 되지 말라고 권면하며(고전 14:20), 그 자신이 장성한 사람이 되어서는 말과 생각과 행동에서 어린아이의 짓을 버렸노라고 고백한다(고전 13:11). 합리적 지식으로 계몽되지 않은 열정, 건전한 지혜로 순치되지 않은 열심인즉 예나 지금이나 과열된 부흥의 엔진인 양 제동장치 없이 굴러가며 거기서 뿜어내는 열기로 각종 정죄와 심판의 스캔들을 뿌리기 일쑤 아닌가. 그래서 바울은 예

정식, 『성서주석: 로마서 Ⅱ』(서울: 대한기독교서회, 1999), 164-165 참조.

배와 경건조차 삶의 일상성 속에 안착하여 자신의 몸을 거룩한 산 제물로 드리는 삶으로서의 제의, 납득할 만한 언어적 소통에 연동된 '합리적 종교'(logikē latreia)를 주창한 것이리라(롬 12:1).[16] 또 그것의 지속적 생활화를 위해 부나비처럼 들끓는 동시대 대중의 얕은 욕망에 빌붙지 않은 채 각자의 '지성'(nous)을 올곧게 세우며 자기 변혁의 회개로써 "하나님의 선하시고 기뻐하시고 온전하신 뜻이 무엇인지 분별하도록" 권고한 것이리라(롬 12:2).

5. 탈대로 다 타고 남는 것

우리는 성장(盛裝)의 계절인 여름의 고유한 값어치와 그 아름다움을 폄훼할 수 없다. 그러나 그 아름다움의 과실을 따먹으려 곳곳의 피서지에 몰린 인파들의 쓰레기를 반성하며, 그로 인해 몸살을 앓는 자연의 애처로움을 동정할 수는 있다. 마찬가지로 우리는 역사의 변곡점마다 발동을 걸며 영적 갱신과 역사의 회복을 추동한 기독교의 각종 부흥운동을 높이 평가하는 데 인색할 이유가 없다. 그렇지만 동시에 그 부흥의 후일담까지 꿰차면서 그 장구한 행방이 노정한 이수선한 옴지를 깊이 헤아리며 숙고히는 성찰의 여백 또한 필요하다. 그것은 부흥의 바깥이 아니라 그 결실의 깊숙한 내부, 곧 알맹이에 해당되기 때문이다. 오순절 성령강림 사건

---

16) 해당 원문을 '영적인 예배'가 아니라 '합리적 종교'(reasonable religion)로 번역한 예로 H. D. Betz, "Christianity as Religion: Paul's Attempt at Definition in Romans," *JR* 71(1991), 315 – 344 참조.

에 의해 촉발된 예루살렘교회의 부흥이든, 1907년 평양의 각성운
동에서 비롯된 한국교회 안팎의 대대적인 부흥이든, 그 이후 7, 80
년대 산업화의 물결에 편승한 불도저식 교세 팽창의 부흥이든, 그
것은 '운동'으로서의 생명력을 창출하였고 또 역사 속에 나름의
몫을 담당했다. 물론 그 운동의 여진이 부침을 계속하면서 간헐적
인 부흥의 몸부림은 오늘날까지 지속되고 있지만, 그 시대사적인
사명을 수행한 뒤 그 운동의 큰 줄기가 쇠락한 것 또한 사실이다.
그렇다면 탈대로 다 타고 꺼져간 그 부흥의 불길은 무엇을 남겼
고, 또 남기고 있는가.

그것은 무엇보다 역사화된 생명의 흔적을 남겼으되, 그 빛과 그
림자의 자취를 시대의 기억 속에 뚜렷이 인각시켰다. 성령의 에너
지로 충만한 열렬한 생명들이 몸부림치며 자신의 삶을 갱신하고
교회를 성장시키며, 또 민족의 각성을 부르댈 때, 그들은 그리스도
안에서 회개하며 하나님의 미래를 향하여 새로운 삶의 비전들을
피워 올렸다. (오, 자나 깨나 꿈꾸는 자는 아름답도다!) 비록 개인
의 구령 사업에 집중한 부흥운동이 역사와 사회의 변혁이란 시대
적 열망에 충분히 부응하지 못한 측면도 있지만, 그 '뜨거움'의 도
가니가 개인과 교회의 삶에 에너지를 공급하고 씩씩하게 행진하도
록 발진엔진을 부착해준 공로만은 뚜렷하다. 그러나 그렇게 진행
되어온 부흥이 반쪽으로 끝나지 않기 위해 점검하고 해결해야 할
향후의 과제도 만만치 않다. 무엇보다 대중적 열정의 후유증을 관
리하는 신학적 성찰의 지혜와 그것의 제도화가 필요하다. 그것이
열정의 도가니에서 광기의 포로로 사로잡히기 쉬운 우리 신앙의
축을 조율하고 균제하는 역할을 감당해야 한다. 그 작업은 우리
시대 부흥의 열기를 자기도취의 종교 심리적 착종이 아니라 그것

을 뒤집어 반성하는 계몽된 열정으로 인도할 것이다.

이는 또한 우리의 열정이 부흥의 역사적 모델을 기계적으로 답습, 모방하기보다 서늘한 구원으로 성숙해가는 과제와 연계된다. 예수와 바울의 경우에 빗대어 말하자면, 열렬한 대낮의 부흥이 식어갈 무렵, 썰렁한 새벽의 광야와 아라비아로의 고적한 피정이 요청되는 것이다. 그리하여 '회'(悔)의 습관적 반복이 아니라 '개'(改)의 지속적 생활화로써 부흥이 내실화되는 체질 변혁이 특히 한국교회에 절실한 것이다. 우리는 이처럼 시간과 함께 오래 걸으면서, 가령 즉흥적 감정의 격발을 성령 충만으로 오인하거나 사람 머리 수의 급작스런 쇄도를 부흥의 완성으로 착각하는 단선적 시각을 벗어나야 한다. 그때 우리는 흥행 이벤트와 같은 대중 집회 속에서 계몽 이전의 섣부른 열정에 쉽사리 휘둘리지 않을 것이다. 그렇게 생명 에너지를 소진하기보다 계몽된 열정으로 성숙한 구원의 장정에 우뚝 설 수 있을 것이다. 마침내 그 성찰의 여백 가운데 우리는 짧고 뜨거운 흥분이 지나고 나서야 다가오는 길고 서늘한 부흥을 내다볼 수 있게 될 것이다. 탈대로 다 타서 재가 되는 열정의 미래는 이와 같이 구원의 휘장 아래 성숙과 계몽의 명패를 선사한다. 그렇게 장구한 역사를 가로지르는 하나님의 안목 없이 우리의 열정은 부질없이 요란하기만 하다. 이 점을 의식하는 메타적 열정이야말로 21세기 한국 기독교의 부흥을 위해 긴요한 밑절미가 될 터이다.

05 | '씨'와 '몸'의 생명회로

– 고린도전서 15:35 – 58

1. 길 떠나는 봄

모든 글쓰기는 곧 삶 쓰기이고 삶 쓰기는 아무리 쓰는 주체를 감추려고 갖은 형식을 동원하여 포장을 해도 고백을 피해갈 수 없다. 체험 없이 고백다운 고백을 할 수 있을까? 요즘 같은 인스턴트 시대에 인간의 기준에 비추어 항시 느리고 더딘 '자연'만을 고집할 때 그 체험은 날밤을 지새워도 오지 않는다. 나는 먼저 체험의 공간을 제공해줄 만한 재료를 찾아 나선다. 마치 봄철의 입맛을 돋우는 냉이나 달래를 찾아 시장바닥을 누비는 심정이 되어 봄기운으로 부풀어 오르는 내 영혼의 가려운 곳을 긁어줄 무언가가 아쉽다고 굳이 생각해본다. 그러다가 어물쩍거리며 우왕좌왕하는 중 발견한 다음의 시 한편.

> 아마 무너뜨릴 수 없는 고요가
> 공터를 지배하는 왕일 것이다
> 빈 듯하면서도 공터는
> 늘 무엇인가로 가득차 있다

공터에 자는 바람, 붐비는 바람,
때때로 바람은
솜털에 싸인 풀씨들을 던져
공터에 꽃을 피운다
그들의 늙고 시듦에
공터는 말이 없다
있는 흙을 베풀어 주고
그들이 지나가는 것을 무심히 바라볼 뿐.
밝은 날
공터를 지나가는 도마뱀
스쳐가는 새가 발자국을 남긴다 해도
그렇게 오래 가지는 않을 것이다
하늘의 빗방울에 자리를 바꾸는 모래들,
공터는 흔적을 지우고 있다
아마 흔적을 남기지 않는 고요가
공터를 지배하는 왕일 것이다

— 최승호, 「공터」전문

　바람은 여기서 "솜털에 싸인 풀씨들을 던져" 공터에 생명의 꽃을 피우는 하나님의 심부름꾼이다. 그런가 하면, 빗방울은 그 생명의 흔적을 말끔히 지워주는 또 다른 하나님의 사자이다. 그 생명 순환의 공간인 공터에 충만한 것은 텅 빈 고요뿐이다. 하나님은 그 심부름꾼을 보내 철따라 그 몫을 감당하지만 요란하지 않다. 요란하기는커녕 미동도 엿보이지 않고 아무런 말이 없다. 그저 무심한 마음만이 느껴지는 것인데, 이 대목에서 나는 천지불인(天地不仁)이라는 말을 떠올리고 공수신퇴(功遂身退)라는 경구를 연상해본다. 자신의 삶의 흔적을 남기기 위해 별의별 수를 다 쓰며 안

달하는 인간에 비해 그 흔적을 지우는 빗방울, 아예 "흔적을 남기
지 않는 고요"란 얼마나 무심한 것일까?

이처럼 하나님이 하는 일이란 일은 대개 티를 내지 않고 순연히
이루어진다. 다시금 고개를 내미는 봄의 기미 또한 은밀하고 은근
하게 찾아온다. 이제 묵은 겨울의 흔적을 서서히 지워가며 부지런
히 새로운 흔적을 만들어가는 계절의 초입. 바야흐로 '빗방울'의 시
절이 물러나면서 또 한 차례 '바람'의 시절이 도래하고 있는 것이
다. 공터를 체험하고자 인근의 놀이터를 찾아보니 봄빛이 마냥 다
사롭다. 2001년 2월 22일 오후 3시 12분 현재, 영상 16도에 육박하
고 있다니, 남도의 봄은 나도 모르는 사이 성큼 다가와 있는 것이
다. 은밀한 하나님의 뜻을 좇아 지금 이 순간도 은밀하게, 더디지만
꾸준히 땅속에서 솟아오르고 있을 생명의 새싹들. 무덤가의 잔디도
그 칙칙하고 누리끼리한 빛을 거두고 상큼한 연둣빛 새 생명을 틔
워 올리기 위해 바지런한 신진대사에 여념이 없을 것이다.

아, 나는 별 수 없이 자백해야 한다. 부활절이 이 봄날에 겹쳐지
게 된 것은, 그 어떤 역사적 배경과 내막이 있든지 그것과 상관없
이 결코 우연이 아니었노라고. 그리스도교 복음의 요체인 부활 신
앙을 부활 신학의 틀 속에 변증한 최초의 신학자 바울이 부활의
실상을 논하면서 씨와 몸의 형체 사이를 오가는 생명의 순환이라
는 이치 속에 그 진리의 맥을 짚어간 뜻이 범상치 않은 필연이었
노라고. 강조하건대, 그것은 하나님의 필연적인 섭리에 따른 탁견
이라 하지 않을 수 없다. 나는 바울에 의한 그 부활 변증의 한 꼭
지에 매달려 요란하지 않게, 공터의 그 고요에 의지하여 차분히
생명 전승과 맞물린 부활의 곡절을 한 꺼풀 벗겨보고자 한다. 그
결과, 새로운 생명의 길을 개척하는 이 계절의 약동에 발맞추어

꿈틀거리는 오늘날의 뭇 생명들이 예수의 부활 사건에 담겨진 생명의 꿈과 무관치 않다는 점을 밝히 드러낼 수 있었으면 한다.

2. 부활의 사실, 부활의 형식

부활의 장으로 알려진 고린도전서 15장은 일부 고린도 교인들에 의해 제기된 두어 가지 의혹에 대한 답변의 형식을 취하고 있다.[1] 먼저 첫 번째 의혹은 죽은 자의 부활이 없다는 주장으로 요약된다 (고전 15:12). 그 두 번째는 죽은 자의 부활이 가능하다면 어떻게 그것이 이루어지는가, 환언하면 죽은 자가 어떤 몸으로 다시 살아나는가(고전 15:35)라는 의문이다. 좀더 간단히 정리해서, 그 첫 번째가 부활의 사실 여부에 대한 의문이라면 그 두 번째는 부활의 형식에 관련된 것이다. 첫 번째 의문에 대하여 바울은 그들이 제기한 의혹을 되새김질하면서 먼저 부활 사건을 '나타남' 또는 '현현'이라는 견지에서 그 전승사적 내력을 논증한다(고전 15:3 - 11). 그 증거에 따라 그는 예의 논점을 세 가지 방향에서 반박한다. 형식논리적 반박, 유형론적 반박, 그리고 성례전적 반박이 그것이다.

형식논리적 반박이라 함은, "만일 죽은 자의 부활이 없다면"이라는 가정하에 이와 관련된 다른 신앙 내용을 연역하여 논증하는 형식을 이른다. 이를테면, 그들의 주장대로 죽은 자의 부활이 없다면, 그리스도의 부활도 없고, 그리스도의 부활이 없다면 그것을 복

---

1) 고린도전서 15장 연구의 흐름과 관련하여 다음을 참조할 것: 서용원, "부활 전승 연구의 의의와 동향," 『생존의 복음』(서울: 한들출판사, 2000), 207 - 233.

음의 요체로 삼아 전하기 위해 애쓰는 바울 등의 노력도 헛되다. 그것이 헛되면 그 복음을 듣고 생긴 고린도 교인들의 믿음도 헛된 것이고, 아울러 그 믿음으로 헌신해온 그들의 삶이 불신자들보다 더 불쌍한 것이 되며, 그렇다면 결국 바울 등의 복음전도자들이 하나님을 잘못 전하고 왜곡한 격이라는 식의 유추 해석이다(고전 15:13 – 19, 30 – 32).

이는 물론 객관적인 사실에 근거한 주장이라기보다 그리스도 신앙을 가지고 있는 자들끼리 공유된 그 믿음을 전제로 한 일종의 강변에 가깝다. 그러나 이보다 더 절실한 논박의 형식이 있을까? 어떤 의심이 자신의 존재 전부를 깡그리 부정하는 방향으로 귀결된다면 그것을 감당할 수 있는 자가 과연 몇이나 되랴. 아무리 의심해도 의심하는 주체는 마지막으로 남아야 그 의심의 정당성 또한 성립되는 것이 아닌가. 그렇다면 의심을 통한 해체가 끝 모를 허무의 늪이 아니기 위해서는 무언가 궁극적인 목표나 방향이 사전에 설정되어야 하고, 그곳으로 나아갈 주체가 필요하다. 또 한 가지, 그것이 올바른 선택이라는 믿음이 있어야 한다. 그것이 바울에게 곧 부활의 믿음이었고 그가 강변하며 기댄 형식논리의 진정성이었다.

두 번째로 택한 유형론적 반박은, 죽음이 한 인간 곧 아담의 타락을 통해 도래했듯이 부활도 또 다른 대안적 인간, 즉 예수 그리스도를 통해 임하리라는 주장으로 요약된다. 그때 그리스도는 부활의 첫 열매가 되고 그에 속한 자들 역시 그의 선례에 따라 최후의 대적인 죽음을 이기고 부활의 열매를 맺게 되리라는 믿음이 가능해진다. 아담과 그리스도의 유형론적 대립이 죽음과 부활의 대립을 표상한다면 그리스도와 그에 속한 그리스도인들은 부활의 첫 열매와 나중 열매의 관계로 맺어진다. 이러한 관계의 확산은 곧 이 땅의 모든 역사를 총 정리하고 단 하나의 질서에 복종시켜 하나님께 바쳐 드리는 종말론적 전망의 틀 속에서 해석된다. 그 과정에서 그리스도는 이 땅의 구원을 완성하는 유일무이한 위상을 확보하기에 이른다.

이에 덧붙여 바울은 죽은 자를 위해 세례받는 당대의 제의적 행위에 기대어 부활의 필연성을 논증한다(고전 15:29).[2] 죽은 자를 위해 살아 있는 자가 대신 세례를 받는 행위는 그 죽은 자의 생명이 소생하리라는 믿음에 따른 것일 텐데, 그러한 믿음을 가지고 그렇게 대리 세례를 받으면서 부활의 교리를 의심한다면 그것은 명백한 모순이 된다는 식의 반박인 셈이다. 여기서 바울은 후대 교부들에 의해 이단 종파의 행태로 정죄된 이 대리세례의 진정성 여부를 놓고 왈가왈부하지 않는다. 다만 그 행위에 내재된 심리적 동기를 해부하여 이로써 부활 신앙의 흔적을 적시하고 그 사실성을 논증하는 근거로 활용할 따름이다.

이렇게 그리스도교 신앙의 틀 안에서 부활의 필연성을 논증하며

---

2) 이러한 관행은 실제로 일각에서 현존했던 것으로 보인다(제2마카비서 12:43f). 그러나 바울은 이 관행의 적법성과 신학적 타당성에 대하여는 침묵하고 다만 그것을 부활 신앙의 확실성을 강조하는 간접적 증거로 사용할 뿐이다. 그런데 이 구절의 배경과 내용에 대한 해석은 매우 다양하고 복잡하여 무려 40종류나 된다고 한다. 요즘에는 이 구절에 대하여 신앙을 갖지 않고 죽은 자의 구원을 위해 살아 있는 자가 대신 세례받는 의미로 보지 않고, 죽을 지경의 고난스런 상황에서 선교하는 사도들을 위해 받는 세례라고 비유적으로 해석하기도 한다. Joel R. White, "'Baptised on account of the Dead': The Meaning of 1 Corinthians 15:29 in its Context," *JBL* 116 / 3(1997), 487 – 499; James E. Patrick, "Living Rewards for Dead Apostles: 'Baptised for the Dead' in 1 Corinthians 15.29," *NTS* 52 / 1(2006), 71 – 85 참조.

그 사실을 강변한 바울은 이어지는 구절에서 부활이 어떻게, 어떤 몸으로 발생하는지에 관한 두 번째의 의혹에 응답한다. 긴 논의의 몸통을 접고 단도직입적으로 결론부터 내뱉자면, 바울의 해답은 '영적인 몸' 단 한마디로 집약된다(고전 15:44). '영적인 몸'(*sōma pneumatikos*)이라니? 그게 도대체 어떤 몸이란 말인가? 영(*pneuma*)과 몸(*sōma*)에 대하여 평소 그 대립적 분별이 준엄했던 바울이 이 두 단어를 뒤섞어버리다니…… 투박하게 말하면 이 용어는 짬뽕의 결과이고 고상하게 표현하면 바울다운 신학적 연금술이 돋보이는 대목이다. 일찍이 갈라디아서에서 그의 독특한 구원론을 펼쳐 보이면서 율법(*nomos*)과 그리스도(*Christos*)를 대립적 관계 속에 파악했던 바울은, 그 도식적 경직성을 해체하여 '그리스도의 율법'(*nomos tou Christou*)이란 조어를 만들어낸 전력이 있지 않았던가(갈 6:2). 그것은 물론 단순히 수사적인 기교에 머물지 않고 율법의 위상을 윤리적 맥락에서 재해석하는 개념의 변신을 가능케 했다. 그렇다면 바울의 신학적 연금술에는 고도의 신학적 균형 감각과 더불어 바울 나름의 독특한 창조적 회통(會通)의 의도가 담겨 있다고 평가할 수 있지 않을까?3)

---

3) 이처럼 대립적인 개념을 해체, 재구성하는 바울의 신학적 연금술은, 로마서에 이르러 한층 더 심화되는데, 가령 '믿음'과 '율법'의 이항대립을 '믿음의 법'으로 통합시키며, 율법의 개념을 '죄의 법'과 '하나님의 법', '마음의 법'과 '또 다른 법'[=육체의 법?], '생명의 성령의 법'과 '죄와 육체의 법' 등으로 분산하고 변용시킨다. "이러한 이행 대립과 해소의 과정에서 바울은 율법의 문자적 단일성을 교란시키는 능란한 수완을 발휘"하고, "그 교란의 작용은 토라주의적 경계의 배타성을 비판하면서, 독자들의 이해를 위해 문제되어야 할 것은 율법 그 자체가 아니라 그것의 심층적 의미와 의의라는 사실을 환기시킨다." 차정식, "토라에서 그리스도의 법으로 ─ 바울의 율법 이해," 『바울신학 탐구』(서울: 대한기독교서회, 1998), 194─222 참조.

466

바울에게 몸(sōma)은 육체(sarx)보다 넓은 범주의 개념이지만 그것이 부정적으로 사용될 때 양자 간 의미의 진폭은 좁아진다. 그때 몸이든, 육체든, 그것은 고깃덩어리에 불과한 인간의 구성 분자이다. 그 고깃덩어리로서의 인간 육체가 신학적 은유로 사용될 때 죄악의 탄생을 매개한 요소로 인식될 뿐 아니라(롬 6:1 - 14), 성령의 소욕을 거스르는 죄악의 현실태로 해석되기도 한다(갈 5:16 - 26). 바울이 육신과 영혼의 헬라적 이분법 또는 육·혼·영의 삼분법을 사용하는 것은 바로 그러한 신학적 맥락에서이다. 말하자면 이로써 인간의 존재론적 위상이나 특정한 윤리적 행태를 설명하기 위한 것이다.4) 그러나 히브리적 인간관에 의하면, 인간은 전일적 존재일 뿐 저러한 개별적 요소로 분리될 수 없다. 바울 또한 기본적으로 이러한 히브리적 인간관의 연장선상에서 인간을 이해하는 듯하다. 이에 비추어 '영적인 몸'은 인간의 삶과 죽음, 부활을 통틀어 영육 간의 단절이 아닌 연속, 분리가 아닌 통합, 배타가 아닌 포용을 지향하는 창발적 개념으로 자리매김될 수 있다.5)

바울은 '영적인 몸'이라는 개념으로 무엇을 겨냥하는가? 그 목적은 심상치 않아 보인다. 그렇지만 그 내용은 매우 모호하게 다

---

4) 바울의 이러한 인간학적 개념은 불트만에 의해 상세히 분석된 바 있다. R. Bultmann, *Theology of the New Testament*, tr. by Kendrick Grobel, vol.1(New York: Charles Scribner's Sons, 1951), 192 - 210 참조.

5) 이 흥미로운 몸의 개념과 관련하여 바렛은 다음과 같이 정의한다: "[여기서] '영적인'(spiritual)은 인간 생명의 한 단계 더 고차원적 양태를 묘사하는 것이 아니다; 그것이 근거한 명사 '영'(pneuma)은 하나님의 성령을 가리킨다. 하여 '영적인 몸'은 하나님의 성령에 의해 생동하는 새로운 몸, 같은 사람이 장차 오는 세대에 덧입고 갖추게 될 몸이다." C. K. Barrett, *A Commentary on the First Epistle to the Corinthians*(Peabody, MA: Hendrickson Publishers, 1968), 372 참조.

가온다. 그럴 수밖에 없는 것이, 그가 툭 던져놓은 이 용어에 대한 상세한 설명이 뒤따르지 않기 때문이다. 그가 듬성듬성 암시하듯 깔아놓은 복선이라고는 고작 두어 가지다. 이를테면 영적인 몸은 썩는 몸의 소멸로 생기는 새로운 몸이 아니라 그 몸 위로 불멸하는 영이 덮씌워진 결과라는 것(고전 15:53), 마지막 날 죽지 않은 몸들이 찰나의 순간 변화된 결과라는 것(고전 15:52), 그리고 그 변화의 속내인즉 결국 하나님의 '비밀'(mystērion)에 속한다는 것 따위이다(고전 15:51).

누가 사후의 몸과 영에 대한 일이 하나님의 신비임을 모르랴. 아무도 죽음을 체험한 뒤 죽음에 대하여 확실히 말해주지 못하는 현실 속에서 훗날의 변화가 불멸을 약속한들 그것이 얼마나 요원한 것으로 느껴지랴. 결국, 영적인 몸의 질료와 그 변화의 과정이 궁금해지는 것인데, 이를 의식한 바울이 그냥 넘어갈 리 없다. 그가 그 해법으로 제시한 것은 그 나름의 생물학적 지식에 근거한 씨와 몸의 비유였다. 그는 이 비유를 통해 씨와 몸 사이를 순환하며 전승하는 생명의 비의에 관한 평범하면서도 놀라운 메시지를 전하고 있다. 그것은 부활과 관련하여 우리에게 익숙한 통념을 비집고 신선한 신학적 사색의 골을 판다.

3. 썩는 씨, 썩지 않는 몸

죽은 자가 어떻게, 어떤 몸으로 부활하느냐에 대하여 바울의 대갈일성은 "바보로구나!"(aphrōn)라는 탄식 어린 질타이다(고전 15:36). 그 의혹을 제기한 고린도 교인들을 향해 '그것도 모르느냐'고 그들의 무감각과 무지를 나무라는 어조이다. 그 한마디의 질책과 더불어 바울이 제시한 해답은 비유를 통해 에둘러가는 수순을 밟는다. 먼저, 씨앗으로 뿌린 것이 죽지 않으면 생명으로 움트지 않는다는 것(고전 15:36)이 그 비유의 대전제다. 이어지는 부연 설명(고전 15:37-38)을 요약하면, 뿌려지는 것은 그것이 어떤 종류의 곡물이든 '발가벗겨진 씨앗'이지 앞으로 생겨날 몸이 아니며, 그 싹이 움터 자라날 때 하나님은 자신의 선택에 따라 그 씨앗에 합당한 몸을 주신다는 것이다. 그런데 흥미롭게도 바울은 그 씨앗의 외연을 곡물에 한정하지 않고 이어지는 구절(고전 15:39-41)에서 폭넓게 확산한다. 그리하여, 몸의 범위는 식물의 몸에서 인간의 몸, 각종 동물의 몸, 조류의 몸, 물고기의 몸 등을 포괄하는 것으로 나타난다.

그런데 여기서 바울은 용어를 '몸'에서 '육'으로 바꾼다. 그것은 같은 의미를 다르게 표현한 것일까? 단지, 동어반복의 지루함을 피하기 위해서? 생물학적인 견지에서는 그렇게 봐도 크게 무리가 없을 것 같지만, 존재론적으로 보면 그렇게 단순하게 뭉뚱그릴 수 없는 측면이 있다. 왜냐하면 바울이 39절에서 40절로 넘어가면서 다시 용어를 '육'에서 '몸'으로 바꾸고 있고, 또 '몸'과 연계시켜 '영광'(*doxa*)이라는 새로운 개념을 도입하고 있기 때문이다. 그러니까 '몸의 영광'은 그 위계에 따라 다양하게 존재할망정 '육의 영광'이란 불가능하리라는 암시가 깔려 있다는 것이다. 이와 관련하여 바울의 인간론에 관한 긴 논의가 가능하겠지만, 일단 여기서는 '소마'(*sōma*)가 몸의 형식이고 '사르크스'(*sarx*)는 몸의 '물적 질료'이며, '독사'(*doxa*)는 몸의 '상태'라고 간단하게 정리할 수 있을 것이다.[6]

요컨대, 인간의 몸을 비롯한 모든 피조물의 몸이 단순히 고깃덩어리나 허접한 쓰레기 같은 하찮은 존재가 아니라는 것이다. 모든 몸은 그것이 지상의 미물에 속한 몸이든, 하늘의 피조물에게 허여된 몸이든 그 나름의 영광을 가지고 있기 때문이다. 다양한 '몸의 영광'이라는 관점에서 바울은 특히 해와 달과 별 사이의 상이한 영광, 별들끼리의 변별되는 영광을 언급하는데, 이는 '영광'의 일차적인 함의가 곧 '빛'이라는 점에서 시사적이다. 생물이든, 무생물이든, 하나님의 피조물이 머무는 곳 그 어디든지 빛은 머문다. 피조물의 몸이 존재하는 곳이라면 어디든지 그 영광의 빛은 사방에 퍼져 있다는 것이다. 빛의 강도에 차이가 있는 것이 사실이지만, 그렇다고 그것이 몸에 담긴 영광의 근거 자체를 앗아가는 것은 아니다. 따라서 하나님과 무관하지 않은 이 우주 삼라만상의 모든 것들이 영광의 존재인 셈이다. 실로 놀랍지 않은가? 그 몸이 썩지 않는 몸이라면 그 물적 질료인 육의 불멸 때문이 아니라 그 몸에 담긴 영광의 근거인 하나님의 영광 때문이다.

곧 이어지는 논의(고전 15:42-49, 50-56)에서 바울은 그 특유의 탄력적인 사유 능력을 발휘하면서 또 하나의 놀라운 해석을 내놓는다. 그 썩는 씨조차 일종의 몸이라는 주장이 그것이다. 썩는 씨는 썩지 않는 몸, 곧 제 몫의 영광을 간직한 몸으로 생성되는데, 놀랍게도 그 씨 또한 그 몸 이전의 몸이었다는 것이다. 바울은 그 몸을 '자연의 몸'(sōma psychikos)이라 부르며 이것을 예의 '영적인 몸' 또는 '신령한 몸'(sōma pneumatikos)과 대립시킨다(고전 15:44). 그것은 다시 앞서 예시한 유형론적 해석의 틀에 빗대어 아

---

6) H. Conzelmann, *1 Corinthians*, tr. by tr. by James W. Leitch (Philadelphia: Fortress Press, 1975), 282 참조.

담의 몸 / 지상의 몸 / 사망의 몸과 그리스도의 몸 / 하늘의 몸 / 부활
의 몸 사이의 대립으로 확산되는데, 전자가 썩을 몸, 곧 육적인 질
료를 말한다면, 후자는 썩지 않을 불멸의 몸으로서 장차 변화될
영광의 상태를 가리킨다.

　이와 같은 논의는 앞서 제기된 '영적인 몸'에 대한 의문으로 다
시 소급된다. 씨앗 속에 몸이 있고 그 몸이 다시 장성하여 씨앗을
맺는 순환의 과정에서 생명은 유전되고 전승된다. 그때 그 몸의
불멸은 그 몸에 내장된 불멸의 불씨인 영광으로 말미암아 추동되
고, 마침내 그 불멸하는 신령한 몸으로의 '변화'는 그 영광의 불씨
를 통해 가능해진다는 논리이다. 그것이 바울이 부활의 형식과 양
태를 설명하는 기본 시각이다. 이 모든 부활의 '신비'는 물론 하나
님의 능력을 통해 그리스도의 모범적인 선례 안에서 이루어진다고
바울은 전제한다. 부활의 첫 열매가 된 그리스도 또한 그 몸의 부
활을 통해, 그 부활의 몸을 통해 영광을 나타냈다(고전 15:23).[7]
이처럼 그의 부활을 '열매'로 표현한 것은 바울의 식물학적 상상
력에 근거한 표현으로 그의 일관된 신학적 감각을 돋보이게 한다.

　몸은 이처럼 신성한 능력이 발현되는 자리이며 하나님의 신비가
작동하는 생명 전승과 상승의 회로이다. 그 자리에서 씨앗은 생성
되며 그 회로를 통해 몸의 영광은 예비된다. 몸은 그 꾸준한 생명

---

7) 여기서 '첫 열매'(aparchē)란 시간적 순서뿐 아니라 그 본연의 우선권
　을 나타낸다. 즉 그는 승계에서뿐 아니라 명예에서도 첫째인 것이다.
　바울은 이 식물적 이미지로써 그리스도의 부활과 신자들의 부활 사이
　에 원인론적 연계를 시도한다. H. Conzelmann, 앞의 책(1975), 270 참
　조. 여기서 열매의 상상력은, 인접한 아담의 경우와 정반대로, 생명을
　주는 영으로서, 영적인 몸을 제공하는 근원으로서 그리스도의 위상을
　강조하는 방향으로 작동한다. David Abernathy, "Christ as Life-
　giving Spirit in 1 Corinthians 15:45," IBS 24(2002), 2-13 참조.

전승의 과정을 통해 부활의 신앙뿐 아니라 부활의 대상을 대물림한다. 그런 의미에서 몸은 그 무엇에 앞서 역사적 존재이다. 그 몸의 역사성은 그러나 화석화된 시체의 역사, 흙으로 돌아간 혈과 육의 역사를 지칭하지 않는다. 그것들은 바울의 지적대로 하나님의 나라를 유업으로 물려받을 수 없기 때문이다(고전 15:50). 몸의 역사성은 차라리 몸이 대대손손 전승된 생명 유전과 진화의 결과임을 의미한다. 그것은 한 매듭의 결절로써 완성된 몸이 아니라 마지막 날 신령한 몸으로의 변화를 겪기까지 끊임없이 생성·발전·상승·도약해야 할 몸이라는 말이다. 눈 깜짝할 사이에 이루어질 그 찬란한 변화의 순간을 향해(고전 15:52), 우리의 몸은 부지런한 몸짓으로 오늘도 씨앗을 만들기에 여념이 없는 것이다.

씨/몸 비유의 일차적인 의미망에서 몸이 생명 전수자로서의 부모라면 씨는 그 자식이다. 바울은 그 부모의 위치에 하나님을 두고 있다(고전 15:38).[8] 생물학적인 차원에서 구체적으로 조망해 보면, 씨에 해당되는 고등 동물의 요소는 정자요 그 씨가 뿌려지는 땅은 자궁과 그 속의 난자다. 어류 등과 같은 하등 동물의 경우 그것은 암컷의 알과 그 위에 뿌려지는 수컷의 정액에 해당된다. 식물의 경우, 암술과 수술에 붙어 있는 꽃가루가 이에 해당되겠고, 그렇게 맺어진 열매, 그 열매 속의 씨앗이 곧 자식의 몸을 만드는 기본항이다. 일부 자웅동체인 생물들은 자신의 몸속에 있는 세포핵을 분열시켜 생명을 유전시킨다. 그러면 해와 달과 별들

8) 물론 하나님도 아버지이니 그런 이해가 어색하거나 이상할 까닭이 없다. 이와 관련하여 바울의 씨 비유를 창세기의 인간 창조 기사에 근거한 은유로 해석한 연구가 제출된 바 있다. Jeffrey R. Asher, "Σπείρε-ται: Paul's Anthropogenic Metaphor in 1 Cor 15:42–44," *JBL* 120/1(2001), 101–122.

472

의 경우는? 바울이 이에 관련된 천문학적 지식을 갖추고 있었는지 의문이지만, 큰 별은 거기서 떨어져 나간 작은 별을 새끼로 거느리며 자신의 몸을 돌게 하니 이 위성 또한 어미별의 몸을 빌려 생겨난 자식이라 할 수 있겠다.

이런 시각에서 보면 모든 만물은 씨와 몸 사이로 부단히 순환하면서 생명의 질서를 이루되 그 속에 이전의 씨와 몸의 흔적들을 간직하고 있다. 예컨대 내 한 몸속에는 내 아버지와 그 아버지의 아버지의 아버지…… 그리고 내 어머니와 그 어머니의 어머니의 어머니……가 간직한 유전자뿐 아니라 그들이 그 몸으로 퍼트린 씨와 그 씨에서 생성된 몸의 흔적이 스며 있다. 뿐 아니라 그 몸들이 살아온 시대와 역사의 기억들, 그들의 일상과 무의식의 자취가 어딘가에 잠재되어 있는 꾸준한 진화의 결과인 것이다. 바울은 아마도 그것이 궁극적으로 창조주 하나님에게로 소급된다고 믿은 것이리라.

실제로, 동양의 유교 문화권에서처럼 히브리 종교에서도 영원한 삶은 그렇게 자식을 통해 전승되는 생명의 대물림 과정이라는 식으로 이해되는 경향이 있었다. 자식은 단순히 혈과 육의 유전, 성격과 기질의 모사만이 아니다. 그것은 영광의 몸이 전승된 결과요, 그 완성을 향한 숨 막히는 질주의 여정인 것이다. 그리스도인의 부활 신앙이 단지 종말론적인 완성의 정점에 국한되지 않고, 그 종말론적인 전망을 신앙적 깨우침 속에서 시시각각 대대손손 갱신하며 오늘날 내 몸에 담긴 신성한 뜻을 배우며 발견해낼 수 있어야 하는 까닭이 여기에 있다. 결국 부활 신앙이 내게로 전승되어 오고 그것이 내 후손에게 계승되어가는 최전방의 매체는 다름 아닌 내 몸과 그 몸이 뿌리는 씨인 셈이다. 내 몸의 열매로서의 자식은 그렇게 생성된 신성한 영광의 흔적, 부활의 예비적 몸이 아닐 수 없다. '영적인 몸'은 나와 너의 몸이 없이 생겨날 수 없는 것이다. 본문에서 바울이 '영적인 몸'을 그 몸에 썩지 않는 불멸의 기운이 덮씌워질 몸으로 본 이유도 여기서 찾아야 할 것이다.

4. 다시 꽃으로, 열매로

유대계 프랑스 철학자 레비나스(Emmanuel Levinas)에 의하면 자식은 '타자화된 나'이다.9) 그에게 죽음은 자유의 가능성이 아니라 무의미와 비극성을 내포하는 불가능성의 차원으로 이해된다. 죽음으로 야기되는 불안을 극복하는 길은 '타자를 위한 존재'로 거듭나서 타자의 '얼굴'을 발견하여 그들을 환대의 선행으로 끌어안는 것이다. 그렇게 얼굴과 얼굴을 마주함으로써 수용된 타자는 타인이 된다. 그런데 그 타인도 자신의 인간적 유한성을 어쩔 도리가 없다. 타인을 향한 환대나 자기 초월적 자세조차 죽음 앞에서는 환상적 최면에 불과할 수 있기 때문이다. 이에 대하여 레비나스가 제시하는 대안은 '생산성' 또는 '비옥성'(fecundity)인데, 그것은 아이의 출산을 통해 구체화된다.10)

그는 묻는다. "어떻게 나는 너 안에 흡수되지 않고 나를 잃지 않으면서 너의 타자성 안에서 나로 남아 있을 수 있는가? 어떻게 자아는, 나의 현재 속에 있는 자아가 아니면서, 다시 말해 어쩔 수

---

9) 엠마누엘 레비나스 / 강영안 옮김, 『시간과 타자』(서울: 문예출판사, 1996), 147 참조.
10) 앞의 책(1996), 112 – 118 참조.

474

없이 자신에게 돌아온 자아가 아니면서, 너 안에서 나로 남아 있을 수 있는가? 어떻게 자아는 자신에게 타자가 될 수 있는가?" 이러한 일련의 질문에 대하여 그는 놀랍게도 "아버지가 되는 길 외에는 다른 길이 없다"고 자답한다.[11] 아버지가 되어 자식을 생산함으로써 각자는 자신에게 타자로 거듭날 수 있다는 것이다. 바울식으로 말하면, 누구나 자신의 썩을 씨를 뿌려 썩지 않을 영광의 몸을 존속시킨다고 할 수 있다.

그런데 그 몸의 유아적 숙주로서의 씨는 그냥 썩어버릴 수밖에 없는 것일까? 그 썩음은 그저 부패와 소멸을 나타내는 의미의 썩음에 지나지 않는 것일까? 나는 여기서 잠시 손가락을 거두고 생각에 잠겨본다. 바울이 씨앗을 '자연의 몸'(sōma psychikos)으로 인식한 마당에 그 원초적 몸의 썩음을 그저 부패와 소멸의 뜻으로 읽기가 난감하다는 데 생각이 미친다. 그것은 오히려 몸을 바꾸는 변신의 도약, 새로운 차원의 몸으로 거듭나는 창조적 진화로 해석하는 것이 적절하지 않을까? 그런데도 바울이 굳이 그것을 썩음의 어휘로 표현한 것은 그 변신과 거듭남을 위한 발전적 자기 해체를 염두에 둔 것이 아니었을까? 그 썩음은 알이 새로운 몸의 출현을 위해 그 껍데기를 깨고 비상의 날개를 펴는 자기 파탈의 작용을 지시하는 듯하다. 따라서 그 썩음은 소멸이 아닌 소생의 필연조건으로 이해하는 것이 바람직하다.

그 씨의 썩음은 희생은 희생이로되 뒷구멍으로 은근히 그 대가를 바라는 구질구질한 희생이 아니다. 이는 또 만인의 죄악을 뒤집어쓰고 광야로 내쳐지는 처량한 아사셀 염소 식의 부조리한 희생과도 거리가 멀다. 그렇게 청승맞거나 부당할 필요가 없는 것은

11) 앞의 책(1996), 112 참조.

그 씨앗이 기꺼이 자율적으로 썩고 그 결과 한 단계 진보한 몸으로 재생될 수 있기 때문이다. 이처럼 씨와 몸의 생명 회로는 '자연의 몸'을 키우고 재생·초월하면서 자식의 생산을 통해 생명의 씨를 유전할 뿐 아니라 장차 덧입게 될 '신령한 몸'을 예비하는 것이다. 그렇다면, 이와 같은 씨앗의 자기 투여는 수지맞는 투자가 아닐까? 씨앗의 파종으로 생산된 각종 몸은 그 썩지 않는 불멸의 표상이라는 점에서 부활의 잠재태가 아닐까? 최후의 대적으로 묘사된 죽음과 그것의 죽임으로서의 부활은 그리스도 안에서 서로 화해시킬 수 있는 개념이 아닐까? 그것은 마치 계곡의 물이 강물로 합체되고 강물이 대양으로 투신하는 이치와 마찬가지로 '신령한 몸'이라는 생의 마지막 항구를 향해 연이어진 여정이 아닐까?

바람처럼 은밀하고 조용히 공터에 생명의 꽃을 피우고 빗방울처럼 명랑하게 젖으며 그 흔적을 지울 수 있다면…… 문득, 예수께서 말씀하신 '성령으로 거듭난 자'의 행로가 떠오른다. 성령으로 거듭난 자는 마치 불고 싶은 대로 부는 바람과 같다고 하지 않았던가(요 3:8).[12] 씨앗을 날려 꽃을 피우는 바람, 하나님의 신비스런 이 심부름꾼처럼 나도 내가 지닌 씨와 몸 사이에 생명의 회로를 건설하고 가동시킬 수 있을까? 그 흔적을 지우며 새 생명의 길을 터주는 빗방울, 하나님의 이 다소곳한 밀사처럼 나도 내가 꽃 피워 맺은 생명의 열매에 집착하지 않고 죽음과 더불어 선선히 잊으며 하나님께 내 몸의 영광을 돌려드릴 수 있을까? 내 몸이 아무 것도 아닌 것이 아닌 한, 제몫으로 부여된 영광의 미래에 무감각

---

12) 이 바람의 이미지에 대한 분석은 다음의 졸고를 참조할 것: 차정식, "바람과 불의 행방; 비둘기와 보혜사의 진로," 『신학사상』 120(2003 / 봄), 230–254.

하지 않은 한, 내 부활 신앙은 이러한 질문과 무관하달 수 없다.

내 몸이 나도 모르게 덧없이 늙어감을 느낄 때, 내 영혼이 자유를 향한 갈증으로 불면의 밤 속에 뒤척이며 자꾸만 내 몸을 혹사시킬 때, 나는 응시한다. 내 몸의 씨앗이 그 껍질을 벗고 생산해낸 저 가녀린 생명들…… 창조주 하나님이 예전보다 진일보한 몸의 선물을 허여한 저 싱싱한 피조물들…… 이제 겨우 첫돌이 지난 내 아들의 몸을 찬찬히 들여다보니 그 서투른 몸짓에도 바람과 같은 성령의 율동이 엿보인다. 저 작고 귀여운 아들이 내 부활의 예비적 징표임을 알아차리는 순간, 돌연히 내 몸의 허무는 보람으로 거듭난다. 아, 나도 하나님 아버지의 씨를 지닌 이 땅의 조그만 아버지인 것이다. 그러니 제 몸에 씨를 받아 그 귀중한 생명의 열매를 토해낸 신실한 어머니들은 얼마나 더 신령한 부활의 소망을 간직하고 있으랴.

06 | 거울을 보는 두 개의 시선

－고린도전서 13:12; 야고보서 1:23－24

거울때문에나는거울속의나를만져보지를못하는구료마는
거울아니었던들내가어찌거울속의나를만나보기만이라도했겠소

— 이상(李相)의 시 「거울」에서

1. 내가 만난 거울들

첫 번째 거울: 이것은 내 기억의 촉수에 채 닿지 않는 상상상의, 그러나 분명히 존재했을 법한 거울이다. 내가 이 세상에 생명을 얻어 육 개월 남짓 지난 뒤, 어느 우연한 기회에 최초로 맞닥뜨린 거울 속의 내 모습. 아직 내 몸뚱이만 있었지 그 몸뚱이를 의식할 만한 주체적 자아가 없던 시절. 그때 내 속에 꼼지락거렸을 언어 이전의 본능적 감각, '으잉~ 저게 도대체 웬 괴물이람?' '아하! 저 게 바로 내 모습 아닌가?' 내가 날 그렇게 최초로 응시하기 전, 나는 수시로 공중에 떠 있는 내 발가락을 쳐다봤을 테지만 그것은 나와 상관없이 수상하고 신기한 사물일 뿐이었다. 내 손가락을 자

478

주 입 속에 넣고 빨면서 엄마의 젖꼭지 대용으로 내 입의 욕구를 달래곤 했겠지만 그것은 딱딱하고 아무런 음료도 주지 않는 망가진 물건, 그럼에도 내팽개치기엔 아까운 지척지간의 장난감이었으리라.

그렇게 나는 파편화된 존재였다. 아니, 존재에 대한 아무런 자의식조차 없이 그저 식물인간처럼 시시각각 제공된 음료를 빨아 마시고 배설하고 자다 깨다를 반복하며 자궁 속의 안온하던 시절을 비몽사몽 간 오락가락하던 벌거숭이였다. 그런 원시적 상태의 나는 최초로 거울 속에 비친 자신의 모습을 마주 대하면서 단번에 깨닫고 서서히 의식하기 시작했던 것이다. 내가 단절된 부분이 아니라 하나의 전체이며, 파편화된 사물이 아니라 엄연히 독립적 자아를 지닌 하나의 소중한 생명이라는 사실을. 그 깨달음과 새로운 발견은 필시 거울을 통해 비쳐진 타자화된 '나'의 이미지를 통해 가능했을 것이다. 이렇듯, 나는 나의 내면적 경험을 통해 '나'라는 존재를 의식하기도 전에 이미 거울 속에 투영된 타자를 나와 일치시켜 이해함으로써 비로소 나의 나됨을 경이롭고도 행복하게 자각했을 것이다. 그렇다면 그 거울은 나의 상상세계에 끼어든 최고로 흥미진진한 호기심의 대상, 최초로 찾아든 외계 탐험의 동인이 아니었을까?[1]

---

[1] 라캉의 욕망이론에 의하면, 생후 6개월에서 18개월 사이의 어린아이가 거울 속에 비친 모습을 자신과 동일시하는 것을 '거울 단계'(mirror stage), 또는 사회적 자아로 굴절되는 '상징계'(the Symbolic)와 대립시켜 '상상계'(the Imaginary)라고 한다. 이 단계는 "주체의 형성에 원천이 되는 모형"으로 이해되는데, 이 단계의 자아는 타자에 의해 객관적으로 '보여짐'을 모르고 '바라봄'만이 존재하는, 그리하여 "거울에 비친 자신의 이미지를 총체적이고도 완전한 것으로 가정"하는 '이상적 자아'(ideal I)에 해당된다. 자크 라캉 / 권택영 엮음, 『욕망이론』(서울: 문

두 번째 거울: 내가 점점 자라나면서 말을 배우고 학교에 들어가 글을 익히던 시절, 동화책에서 읽은 한 이야기는 나로 하여금 또 다른 흥미로운 거울과 만나게 해주었다. 욕심 많고 심술궂은 마녀가 가지고 있었다는 요술거울에 얽힌 기괴한 사연 말이다. 그 나쁜 마녀는 거울 앞에 앉아 묻는다: '거울아, 거울아, 이 세상에서 가장 예쁜 여인이 누구지?' 그 거울이 불현듯 토해낸 대답은 자신이 아니라 백설 공주라는 다른 여인이었던 것. 그 대답에 즉각 시기와 질투로 불타는 마녀의 심장. 마침내 백설 공주를 죽이지 않고는 도무지 견딜 수 없었던 그 마녀의 분노. 그 앞에 순진무구한 존재로 노출된 백설 공주. 나의 이상은 당연히 백설 공주를 꿈꾸었지만 내 인간적 욕망은 그 꿈과는 반대로 마녀의 굴레 속에 나를 묶어두곤 하였다.

마녀를 배신한 그 거울은 백설 공주 편에 선 자들에게 너무도 솔직한 정의의 거울이었던 것이다. 내게 그 동화 속의 거울은 일단 자신의 아름다움에 한없이 도취시키는 나르시시즘의 거울로 다가왔다. 그러나 그것은 백설 공주라는 경쟁자가 나타나기 전까지만 해당되는 사실이었다. 백설 공주의 출현은 그 거울이 제공한 자기동일성에 균열을 야기하고 절망을 초래한다. 그 거울과 마녀는 더 이상 화해할 수 없는 반동과 반역의 관계가 된다. 이제 마녀는, 아니 마녀인 '나'는 거울 속의 가장 아름다운 여인과 동일한 존재가 될 수 없을 것이다. 그 나르시스적 자기동일성을 회복하기 위해서는 마녀가 백설 공주가 되든지, 백설 공주를 없애는 양자택일의 길밖에 별다른 수가 없다. 나는 전자의 길을 걷지 못하고 후자의 선택을 한 마녀가 원망스러웠고 불쌍했으며, 동시에 더 이상

___

예출판사, 1994), 15 참조.

그 요술거울 앞에 설 수 없게 된 그녀에게 한없이 분노했다.

세 번째 거울: 마침내 성인이 되었다. 성인임을 자각해나가던 그 즈음 나는 신학도로서 숱하게 고뇌 어린 불면의 밤을 보내고 있을 때였다. 이국의 눈 덮인 겨울밤을 지새우며 청승맞게 자기 연민에 빠진 나머지 이따금 나는 불빛을 사이에 두고 작은 손거울에 자신의 모습을 비추어보곤 하였다. 그때 그 거울에 비친 나의 초상은 참으로 낯설고, 요즘 유행하는 말로 '엽기적인' 불청객이었다. 시간을 망각하면서 내가 점점 더 깊숙이 빠져들던 그 거울 속의 세상…… 그 추운 겨울을 따스한 불씨로 녹여주던 내 청춘의 거울, 아무리 기도해도 불가해한 삶의 비의 앞에 자나 깨나 가슴 조이며 쿨적이던 일상의 음지…… 그때 그 거울 속에 들어온 꺼칠한 피부와 밋밋한 얼굴 윤곽, 아무리 깎고 깎아도 자꾸만 자라나는 초췌한 수염과 머리털…… 벌써부터 쭈글쭈글해지는 이맛살, 움푹 들어간 두 눈과 침침한 눈동자. 내 눈동자는 거울 속의 그 눈동자에 시선을 멈추고 오래도록 응시하곤 했다. 거울 속의 눈동자에는 그 눈동자를 물끄러미 응시하는 거울 밖의 눈동자가 박혀 있었다.

그렇게 깊은 응시의 시선이 그 창을 닫으려고 할 즈음, 나는 그 거울 속에 스치던 이미지를 음미하며 소스라치게 놀랐다. 바보, 천치, 얼간이, 천덕꾸러기, 게으름뱅이, 무엇보다 마귀의 이미지가 그 잔상에 매달려 있었던 것이다. 백설이 난분분 뒤뜰에서 춤추고 온몸을 움츠러들게 할 만큼 춥던 그 겨울의 거울, 내 마귀스런 욕망의 심연을 투시해주던 낯설고 무시무시한 거울 하나. 그것은 하나의 통렬한 우주였다. 나는 그 거울을 통해 내 속에 너무도 참혹하게 드리워진 어둠의 세계를 보았다. 그러나 나는 빛을 들이대며 그것을 철저히 까발려 나의 바닥을 들추어내길 꺼려하지 않았다.

세 번째 나의 미로를 안내한 그 거울은 책의 도움 없이도 내가 바로 마귀의 가능태이고 요괴의 분신임을 자각게 만들어준 또 다른 경이로운 발견의 이정표였다. 아, 그렇게도 내가 나에게 낯설고 무섭던 그 시절에 지독히도 서럽고 고독하던 밤마다 나를 찾아와 송두리째 발가벗기던 그 신비한 거울은 이제 어디 있는지.

2. 수수께끼 속 거울의 정체

이렇게 내 내면의 기억 속에 남아 있던 몇 개의 거울을 반추하며 뜸을 들인 뒤에야 나는 사도 바울이 언급한 거울을 찾아 나선다. 그가 거울을 언급하며 남긴 유일한 진술(이라기보다 시구라고 해야 더 적절한 구절)은 다음과 같다: "우리가 이제는 거울로 보는 것 같이 희미하나 그 때에는 얼굴과 얼굴을 대하여 볼 것이요, 이제는 내가 부분적으로 아나 그 때에는 주께서 나를 아신 것 같이 내가 온전히 알리라"(고전 13:12).

이 구절을 포함하는 고린도전서 13장은 이 서신 내에서뿐 아니라 신약성서 전체를 통틀어 널리 알려진 사랑의 시이다. 이 사랑의 시는 고린도교회의 분열과 불화에 대한 처방의 일환으로 주어진 훈계의 정점에서 공동체 성원 간의 너그러운 용납과 화해, 이를 통한 교회의 일치에 초점을 맞추고 있다(고전 1:10).[2) 바울이

---

2) 고린도전서가 본래 여러 편지들로 이루어져 있었다는 이른바 '분할설'을 반박하는 핵심 주제로서 고린도전서가 일관되게 분열과 분쟁을 넘어 모든 일에 하나로 화합할 것을 강조한 점이 논증된 바 있다. Margaret M. Mitchell, *Paul and the Rhetoric of Reconciliation*(Tübingen: J. C. B. Mohr, 1991) 참조.

여기서 말하는 '사랑'(*agapē*)은 "모든 것을 믿으며 모든 것을 바라며 모든 것을 견디"는 성숙한 삶의 자세를 일컫는다(고전 13:7). 그것은 사사로운 파당적 이해관계에 사로잡힌 부분적인 앎과 말과 생각을 넘어 전체를 내다보는 보편주의적 안목에 잇닿아 있다. 이 대목에서 바울은 자신의 삶을 회고하는 어조를 빌어 자신의 비성숙한 단계의 삶을 어린아이 수준의 말과 깨달음과 생각에 빗대는 한편, 그것을 넘어 다다른 어른다운 성숙한 삶의 자세야말로 사랑의 경지임을 넌지시 시사한다(고전 13:9 - 11).[3]

이처럼 바울이 자신의 유년기를 더듬어 보는 회고의 어조 때문이었을까? 그는 문득 거울의 이미지를 끄집어낸다. 마치 "머언 먼 젊음의 뒤안길에서 이제는 돌아와 거울 앞에 선 내 누님같이 생긴 [국화]꽃"을 응시하는 시인의 눈길처럼, 바울은 자신을 거울 앞에 불러 세운다. 아니, 그는 '우리'를 주어로 내세움으로써 자신을 포함한 익명의 전체를 그 거울 앞으로 호출한다. 그런데 그 거울은 '수수께끼 속의 거울'(*esoptron en ainigmati*)이다. 한글 개역성경에는 '희미하게'라는 부사어로 의역되어 있지만 직역하면 이 전치사구는 '수수께끼 속에서'라는 뜻을 이룬다. 이 점을 감안하여 본문을 어색하나마 문자적으로 읽으면, "우리는 이제 수수께끼 속에서 거울을 통해 본다" 또는 "이제 우리는 수수께끼 속의 거울을 통해 본다"가 된다.

'수수께끼'라는 말은 으레 모호하고 희미하며 불완전하고 불투명한 뉘앙스를 풍긴다. 그것은 이 거울이 유리거울이 아니라 청동

---

3) 어린이와 어른에 대한 변증법적 상관관계와 예수에서 바울에 이르는 그 신학적 변용에 대하여 다음의 졸고를 참조할 것: 차정식, "지혜의 무지, 무지의 지혜," 『마음의 빛을 부르는 기도: 신약성서의 기도와 신학』(서울: 대한기독교서회, 2003), 131 - 162 참조.

거울이라는 고고학적 사실과도 일정한 연관이 있을 터이다. 그러나 이 희미함은 차라리 그 수수께끼 속의 거울 이미지는 바울을 비롯한 여느 인간의 '지금'이 처해 있는 미궁처럼 암담한 실존적 상황을 반영한다고 보는 게 옳을지 모른다. 그 '지금'은 앞으로 죽음의 장벽을 통과한 뒤 하나님이 모든 것을 온전하게 드러냄으로써 모든 의문과 의혹이 풀리는 '그때'와 대조된다. 좀 거창한 신학적 말투를 차용하자면, 바울이 전망하는 그 '그때'는 종말론적 완성의 정점에 해당된다.

그런데 바울이 제시한 그 거울이 수수께끼 속에 있다면 그것은 그 거울에 비친 영상이 풍기는 신비한 수수께끼, 나아가 그 수수께끼를 희미한 영상 속에 신비롭게 치장해주는 거울의 수수께끼까지 아우르고 있는 것이 아닐까? 바울은 그러한 거울의 이미지를 어디서 빌려왔을까? 좀처럼 그것과 유사한 거울의 선례를 탐지하기 어렵다. 그 희미함과 분명함의 대립은 평자들의 지적대로 모세의 특별한 위상을 가리켜 말한 민수기의 다음 구절에서 찾아볼 수 있다: "그[=모세]와 함께 나[=야훼]는 얼굴을 마주 바라보고 '명백하게'[=거울에서처럼] 말하지, 모호한 말로[=수수께끼처럼] 하지 않는다. 그는 나 야훼의 형상도 볼 수 있다"(민 12:8).[4] 여기서 거울과 수수께끼는 서로 대립하고 길항할 뿐 교접하거나 소통하지 않는다. 그것은 피차 관계를 맺으면서도 결국은 튕겨내는 이질적인 존재일 뿐이다. 다시 말해 이 거울의 메타포는 모호하지 않은 명징한 인식을 표상한다.

고대 헬라 문헌에서도 거울은 명징성, 자기에 대한 지식, 시각의

---

4) 민수기 상기 구절과의 비교 분석은 H. Conzelmann, *1 Corinthians*, tr. by James W. Leitch(Philadelphia: Fortress Press, 1975), 227 참조.

484

간접성을 아우르는 이미지로 사용되었다. 가령, 스토아 철인들에게 세계는 '신성의 거울'로 여겨졌으며 그 영향하에 한 유대교 문헌에서는 야훼 하나님 자신이 우리의 눈을 열어 바라보고 배워야 할 '우리의 거울'로 이해되었다.5) 거울 속에 비친 자기 영상을 통해 자기 자신에 대한 앎을 북돋고 나아가 신성과의 융합을 추구하는 방식은 후대 영지주의 사상을 통해 꾸준히 계승·발전되어갔다.6) 이러한 명징한 거울 이미지의 반대편에 미궁을 헤매는 깨달음 이전의 존재는 수수께끼의 세계로 간주되어 이따금 등장한다. 예컨대, 플루타르크(Plutarch)에 의하면, 무생물이 '신의 수수께끼'라면 생물체는 그 무생물의 '명징한 거울'이다.7) 이 비유에서 거울과 수수께끼는 명징성과 불투명함을 기본 내용으로 서로 대립한다.8)

그러나 바울은 거울 속에서 수수께끼를 보고 수수께끼 속에서 거울을 그려낸다. 그는 남들이 그토록 명징한 상징체로 수용한 그 거울조차 희미한 수수께끼의 미궁 속에서 조명한다. 아무리 서로 눈동자를 맞추며 장성한 어른의 시선으로 깊숙이 들여다보아도,

---

5) *Odes of Solomon*, 13:1f. H. Conzelmann, 앞의 책(1975), 227, 각주 96에서 재인용.

6) *Acts of Thomas*, 112. H. Conzelmann, 앞의 책(1975), 같은 쪽.

7) *Isis and Osiris*, 382a. II. Conzelmann, 앞의 책(1975), 227 참조.

8) 물론 예외도 없지 않다. 필론(Philo)은 거울 메타포를 하나님에 대한 간접적이고 부분적인 지식을 묘사하기 위해 사용한 바 있다. 그러나 그 또한 다른 곳에서는 하나님을 명징하게 인식하는 것을 명징한 거울 이미지에 빗대어 묘사한다(*Abraham*, 153; *On the Decalogue*, 105). 이러한 사례는 바울의 서신 다른 곳에서도 마찬가지로 발견된다: "우리가 다 수건을 벗은 얼굴로 거울을 보는 것 같이(*katoptrizomenoi*) 주의 영광을 보매"(고후 3:18). C. K. Barrett, *A Commentary on the First Epistle to the Corinthians* (Peabody, MA: Hendrickson Publishers, 1968), 307 참조.

삶의 실존적 불가해성이 남아 있는 한, 바울의 그 거울은 존재의 비의를 송두리째 드러내지 않는 여전히 희미하고 모호한 미궁의 거울로 남는다. 그는 거울을 통해 수수께끼처럼 풀리지 않는 희미한 삶의 기억을 읽어내고, 심지어 그 대안으로 제시된 장성한 어른의 성숙한 사랑조차 아직 미완의 여정 속에 있음을 아프게, 그러나 겸손하게 인정한 셈이다.

이렇듯, 자신의 창발적 대안, 곧 장성한 어른의 삶조차 불완전한 것으로 돌리고 한 번 더 뒤집어 비판의 대상으로 제출하는 치밀한 자기 성찰적 자세야말로 바로 거울 / 수수께끼 이미지 사이의 소통적 만남을 가능케 한 비밀의 배후이리라. 바울의 청동거울, 그것은 이제 현재화된 물음의 형태로 우리 앞에 존재한다. 당신에게 남은 가장 최후의 대안을 미궁 속에 던진 채 다시 또 묻고 성찰하는 회고와 전망의 연쇄회로! 바로 그 겹으로 된 성찰의 힘이 바울이 남겨준 거울의 신학적 유산이다. 우리의 삶에 대한 궁극적 물음들이 이승에서 풀리지 않는 수수께끼로 머무는 한, 그 거울은 수수께끼의 미궁을 되풀이 반영할 수밖에 없다. 그러나 그 수수께끼의 거울은 무지로 인한 답답함의 표정이 아니라, 장차 다가올 세상에 대한 기대로 가득 찬 신비의 얼굴을 내밀며 우리의 묵상 속에 종종 출몰한다.

3. 망각을 기억하는 거울

바울의 청동거울이 수수께끼와 연계되어 있다면 야고보의 거울은 망각의 메타포로 등장한다. 거울을 언급하는 야고보서의 해당 본문(약 1:23)은 율법의 말씀을 듣는 것과 그 들은 바를 행하는 것 사이의 괴리를 비판적으로 설명하려는 문맥(약 1:22-25) 속에 위치한다. 저자의 논조에 따르면, 말씀을 듣기만 하고 실천하지 않는 사람은 자신을 속이는 사람이다(약 1:22). 그 자기 기만은 아마도 시비곡직의 판단 준거로서 말씀을 들어 알고 있는 그 '속'이 그 알고 있는 바를 행실로 드러내지 않는 '겉'과 합치되지 못하고 겉도는 상태를 진단한 결과일 터이다. 이처럼 겉과 속이 다른 사람을 가리키는 은유로 본문에 등장하는 것이 바로 거울과 거울을 보는 사람이다.

주어진 비유의 상황을 재구성하면 이렇다. 한 사람이 거울 앞에 서서 자신의 외양을 들여다본다. 제 얼굴의 생김새를 왜 그 사람이 거울에 비추어봤는지 독자는 알 길이 없다. 일반적 경우에 기대어 추리컨대, 그것은 자신의 몸가짐을 살피는 일상적 행태가 습관적으로 표출된 것이었으리라. 여기에 사용된 그 비추어봄의 동사가 과거시제로 씌어져 있지만(katenoēsen), 이는 과거의 일회적인 행동에 국한된 것이 아니라 인습적으로 반복되는 행동을 잠언화하여 표현한 것으로 보아야 한다. 그런데 지금 문제시되고 있는 것은 거울에 자신의 생김새를 비추어보는 행태 자체가 아니라 비추어본 다음 돌아서는 즉시 거울에 떠오른 자신의 영상을 잊어버리는 망각의 현상이다. 바울의 거울이 그 거울에 비추어진 대상이 수수께끼의 미로처럼 희미하고 모호한 현실을 문제 삼았다면, 야고보서의 이 거울은 그나마 비추어진 그 희미한 영상조차 금방 잊어버리고 마는 인간의 망각 지향적 실존을 도마 위에 올려놓고 있다.

거울과 망각의 이러한 관계는 현재 비유의 주인공에게만 국한되는 특수한 경험이 아니다. 그것은 우리의 일상적 경험을 통해 대체로 수긍할 수 있는 사실이다. 우리는 거울 앞에 수없이 서봤지만 그때 비추어진 자신의 이미지는 그 거울을 돌아서는 순간 하나의 잔상으로 눈동자에 아른거리다가 곧 사라지고 만다. 여기서 신기한 것은 거울 투사, 영상 기억, 잔상으로의 변전, 이어지는 망각의 경로가 유난히 자기 자신을 대상으로 삼게 될 때 여실히 나타난다는 점이다. 가령, 일종의 신체 거울이라고 할 수 있는 자신의 눈동자에 투사된 특정 대상의 이미지는 그 대상이 사라진 뒤에도 비교적 선명한 잔상으로 오랫동안 기억 속에 머무르는 것을 알 수 있다. 이렇게 나 자신의 가족과 친구, 선망의 대상이나 악연을 맺은 인물들, 아름다운 풍광들이 눈동자의 프리즘을 통해 내 기억의 촉수 끝에 비교적 선명한 이미지로 내내 달라붙어 있게 된다. 그런데 그 잔상의 선명성이 왜 자신의 생김새에는 적용되지 않는 것일까? 그것은 자신을 비추는 거울이 자신의 몸속에 지체의 일부로 박혀 따스하게 생동하는 신체 거울이 아니라 차갑고 딱딱한 유리 거울이나 둔탁한 청동거울이기 때문일까? 이러한 질료의 차이 이외에 별스런 이유가 있다면 무엇일까?

이와 같이 거울을 통해 얻은 자신의 생김새에 대한 잔상이 금세 소멸된다면, 또 그것이 불가피한 우리 인체의 생래적 현실과 연관되어 있다면, 그 망각을 그저 탓할 수만은 없지 않은가. 말이야 바른 말이지 망각 자체를 부정적인 가치로만 간주하는 것은 온당치 않다. 망각은 굳이 거울 뒤로 소멸하는 잔상의 비유를 빌지 않더라도 고대에 천상천하를 통틀어 두루 흥미로운 사유의 소재였다. 모든 영혼이 사후에 반드시 통과해야 할 '레테의 강'을 설정한 고대 희랍의 신화는 새로운 생명을 얻기 위한 전제조건으로 망각의 필연성을 강조했다.9) 인간 역사의 지속적인 흐름을 가능케 하는

488

것도, 학문의 탐구와 발전에 진력하게 만드는 동인도 따지고보면 결국 기억과 더불어 망각의 요소에 상당 부분 빚지고 있다. 개인적인 삶의 여정 또한 크고 작은 숱한 고통과 역경의 현실을 감내하면서 하루하루 지속될 수 있는 데에는 망각의 요소가 적지 않게 작용한다.

그런데 거울 속에 투사된 자신의 이미지를 곧 망각하는, 얼핏 불가피하고 자연스런 이 현상을 본문은 부정적으로 진단한다. 그것은 보기에 따라 비유 속의 현실과 실제 적용의 맥락이 서로 어울리지 않는 모순적인 상황 같지만, 그 거울이 곧 '말씀'의 거울이라는 점에 착안한다면 이해할 만한 모순이다.[10] 자신의 도덕, 윤리적 판단의 근거이자 모든 생활 행태의 규준으로서 율법의 말씀은 일종의 선물이다. 물론 그 선물은 그 선물을 하사한 절대자 하나님과 동일시될 수 없다. 그러나 그것은, 비록 그 율법의 말씀이 역사적 산물로서의 제한을 갖고 있지만, 그것을 거울삼아 수행하며 살아가는 자들에게는 충분한 판단 준거와 행동 지침으로 기능한다. 양적으로 넉넉할 뿐 아니라 질적으로도 그 내적 수준은 충분히 높다. 그 내용 또한 명확하다. 그런 의미에서 이 말씀의 거울은 바울

9) 이는 물론 불멸하는 영혼이 새로운 몸을 받아 다시 태어나리라는 플라톤적 환생사상에 기초한 신념이다. 이와 관련해서는 차정식, "고대 서양의 환생사상" "영혼불멸설과 영혼선재설," 『신약성서의 환생 모티프와 그 신학적 변용』(서울: 한들출판사, 2007), 53-65, 200-208 참조.
10) 그 '말씀'은 본성 속에 입력된 '기억'을 복원시켜준다는 점에서 겹으로 된 이중의 거울이라고 볼 수 있다. 그러므로 본문의 거울은, 비록 암시적으로나마, '본성'의 거울과 '하나님의 율법'으로 표상된 말씀의 거울을 두루 아우르고 있다. Luke Timothy Johnson, "The Mirror of Remembrance(James 1:22-25)," *CBQ* 50(1988), 636 참조.

이 제공한 그토록 희미하고 모호한 수수께끼의 거울과 변별된다. 그것은 구약 외경 '솔로몬의 지혜서'(7:26)에서 율법을 지혜에 빗대어, "지혜는 영원한 빛의 찬란한 광채이며 하나님의 활동력을 비쳐주는 티 없는 거울"이라고 묘사했을 때의 바로 그 거울의 이미지에 근접한다.

거울 앞에서 얻은 자기 외양의 잔상을 곧 잊어버리는 현상은 '마법의 거울'(magical mirror)이란 이물질을 탄생시킨 바 있다. 고대 3세기 후엽에서 4세기 초 활동한 조시무스(Zosimus)라는 사람의 한 저작에 의하면, "그 거울은 사람이 자신의 신체적 외관을 바라보기 위해 사용하라고 제공된 것이 아니었다. 왜냐하면 사람이 그 거울을 떠나자마자 즉각 자신의 형상을 잊게 될 터이기 때문이다."11) 그렇다면 그 거울의 용도는 형상을 비추는 기능 이외에 도대체 무엇이란 말인가? 이와 같이 거울에 비친 자신의 이미지를 즉각 망각하는 일반적 체험을 반추하면서 '마법의 거울'이란 가공상의 관념이 생겨났을 것이다. 이러한 망각과 거울의 상관관계가 야고보서의 경우에도 그대로 나타나지만 그 거울을 '마법의 거울'이라 이르는 것은 무리이다. 망각이란 요소를 빌미로 저자가 거울의 기능을 마법적으로 신비화하지 않고 오히려 말씀이라는 투명한 연상과 자각 기능 위에 그 위상을 세우고 있기 때문이다.

이때 야고보의 거울은 오히려 망각이라는 인간적 한계를 넘어 주술적 마법을 깨는 계몽의 역할을 수행하게 된다. 사정이 이런 터에 잊음이라는 인간적 한계가 말씀의 거울을 무화시키지 않는다. 도리어 그와 반대로, 잊을수록 말씀의 거울에 자신을 되비쳐보면

11) M. Dibelius, *James*, tr. by Michael A. Williams(Philadelphia: Fortress Press, 1975), 115, 각주 43에서 재인용.

서 자꾸만 잊음의 사실을 기억나게 하고 잊음의 내용까지 되돌려 주는 야고보서의 거울은 여전히 유효하다. 그러므로 심지어 잊고 싶은 것만을 골라 잊고 기억하고 싶은 것만을 선택적으로 기억하는 심인성(心因性) 망각증의 병통에도 불구하고, 이 시대의 망각중독증 인간들은 자신의 생김새뿐 아니라 추레한 꼬락서니를 고스란히 비쳐줄 준비가 되어 있는 야고보서의 거울을 절실히 필요로 한다. 그것은 잊고 사는 소중한 것들이 너무도 많은 현대인에게 더할 나위 없이 요긴한 처방전이다.

4. 발바닥으로 거울 닦기

바울의 거울이 불가해한 실존의 거울이라면 야고보의 거울은 그 실존을 버텨주는 말씀의 거울, 그 말씀이 터를 놓은 역사의 거울이다. 전자가 미완의 현재적 여로를 비추는 모호한 수수께끼의 거울인 데 비해, 후자는 망각의 저편에 떠오르는 진리 현시적 거울이다. 그 어느 쪽이든, 이 거울들은 공통적으로 그 거울을 응시하는 자기 성찰적 개인의 시선을 전제로 하고 있다. 본문으로 택한 두 구절에 모두 '보다' '응시하다'라는 시각동사가 사용된 것은, 그 거울들이 생래적으로 주어진 기질적 요소가 아니라 주체적인 참여로써 제공된 내성의 바탕임을 반영한다. 무엇을 제대로 보기 위해서는 눈동자의 감각기능이 활성화되어야 한다. 더구나 그 '봄'의 대상이 거울 속의 자기 모습일 때 스스로 거울 앞으로 자신의 몸을 동원해야 하는 의도적인 노력이 수반된다. 그 노력은 자신의 외양이 예측하기 어렵게 흔들리고, 나아가 그 속내의 욕망이 수시로 변덕을 부린다는 점에서 끊임없이 되풀이되어야 할 노력이다. 하물며, 거울을 돌아서는 즉시 곧바로 망각하는 인간의 부실한 기억력을 감안한다면, 그 노력은 건성으로 대강대강 때워야 할 수준이 아니라 치열한 자기부정과 자기전복의 결기에 부응하는 것이어야 할 터이다.

이렇게 자신을 끊임없이 성찰하려는 마음에 맨 처음 떠오르는 정서는 치욕이다. 그 치욕의 근거는, 자신의 현재 삶이 하나님의 생명 창조와 구원 사역에 담긴 본연의 뜻을 담아내지 못하고 있다는 신학적 자각으로부터 일용할 양식을 벌기 위해 구차한 위선과 모멸을 감내해야 하는 목구멍의 현실에 이르기까지 다채롭게 분포한다. 그 치욕이 부정적으로 발전할 때 다다르는 지점은 상투적 자기모멸과 냉소에 찌든 환멸의 정서이다. 한편, 치욕이 그 치욕의 뿌리를 찾아 반성하며 새롭게 도약할 때 발현되는 긍정적 자세는 참회로 대변된다. 참회는 곧 안팎으로 씻고 닦는 뉘우침과 결단의 행위이다. 바울의 희미한 청동거울 이미지에서 닦아야 할 것은 그 거울 자체이다. 반면, 야고보의 거울에서는 그 거울 속에 투영된 자신의 이미지를 씻어야 한다. 그래서 그 삶의 불가해한 실존적 한계에도 불구하고, 주어진 수수께끼의 시간을 견뎌내며 풀어나가는 여정은 계속되어야 한다. 아울러, 주어진 말씀의 거울에 자족하지 않고 그 거울에 자신을 거듭 비추어 성찰의 훈련은 현재진행형이 되어야 한다. 아울러 그 교훈을 부지런히 상기하고 실천하는 결단의 고삐를 우리는 늦출 수 없다.

　　파란 녹이 낀 구리거울 속에
　　내 얼골이 남아 있는 것은

492

어느 왕조(王朝)의 유물이기에
이다지도 욕될까

나는 나의 참회(懺悔)의 글을 한줄에 줄이자
— 만 24년 1개월을
무슨 기쁨을 바라 살아 왔든가

내일이나 모레나 그 어느 즐거운 날에
나는 또 한줄의 참회록을 써야한다
— 그때 그 젊은 나이에
왜 그런 부끄린 고백을 했든가

밤이면 밤마다 나의 거울을
손바닥으로 발바닥으로 닦아 보자.

그러면 어느 운석(隕石)밑으로 홀로 걸어가는
슬픈 사람의 뒷모양이
거울 속에 나타나온다.

— 윤동주, 「참회록」전문

　참회의 거울 앞에서 견지해야 할 그 닦음과 씻음의 자세를 이
시 한 편에 마무리해두자. 이 시편은 참회를 참회하며 고백을 뒤
집어 다시 고백하는 메타적 내성의 경지를 보여준다.12) 이처럼 가

---

12) 김재진의 논평에 따르면, 이 시는 윤동주의 기독교적 신앙고백시가
　　절정에 다다른 예를 보여준다. 이 시에서 그는 참회를 참회하는 역
　　설적 참회를 통해 "나락으로부터 승화된" "순교자의 결단"을 보여준
　　다. 김재진, "윤동주의 詩想에 담겨진 신학적 특성," 『신학사상』
　　136(2007 / 봄), 131－171.

열한 자기성찰의 태도는 몇 마디 기도의 언어와 설교의 변증으로 대치될 수 있는 성격의 것이 아니다. 왜? 그 태도야말로 치열한 개인의 전 생애를 관통하는 운명을 담보하는 것이므로! 이는 하나 님과 사람 앞에서 자신을 드러내고 팽창하고 솟구치려는 내면의 모든 욕망이 다독여지고 가장 낮은 곳으로 자신의 생명을 다스리는 하심(下心)의 차원에서 어렵사리 획득된다. 그 마음을 얻는 참회의 방식이 바로 "밤이면 밤마다 나의 거울을 / 손바닥으로 발바닥으로 닦아 보"려는 처절한 내성의 자세로 나타나는 것이다. 우리의 근대사가 저주이면서 동시에 축복인 것은, 이러한 내성의 거울을 확보하였기에 갖은 고난을 속으로 갈무리하면서 명민하고 순결한 청춘을 자신의 시대에 바친 이런 시인을 두고 있기 때문이다. 그는 이 참회의 거울에 자신을 비추어보며 동시에 그것을 밤이면 밤마다 발바닥까지 동원하여 닦음으로써 바울의 청동거울과 야고보의 말씀의 거울을 20세기 가장 음울한 한국사의 음지 속에 만나게 한 공로가 있다.

남들이 모두 잠든 밤에 저 홀로 말짱한 정신으로 깨어나서 자신의 거울을 발바닥까지 동원해서 닦는 자세를 쉽사리 찾아볼 수 없는 세상에 우리는 살고 있다. 그렇다면 나는? 내 거울에 끼인 티끌과 녹을 닦다가 졸거나 지쳐 내동댕이치기 일쑤 아닌가. 닦든 닦지 않든, 어차피 변함없는 청동거울의 희미한 면상이라면서 나는 바울의 거울을 변명 삼아 무의식적으로 편리한 '마법의 거울'을 꿈꾸어오지 않았던가? 하나님의 위세 당당한 그 말씀의 거울을 빙자해서 나는 또 거울에 비친 자기 이미지의 망각을 너무도 당연히 여겨온 것은 아닐까? 내가 운명을 걸고 발바닥으로 닦아야 할 거울의 부활을 전망하는 일은, 오늘밤처럼 홍역을 앓는 어린 아들

놈을 어깨에 둘러매고 물끄러미 거울 앞에 비친 자신의 퀭한 영상
을 응시하는 시선만큼이나 이물스럽다. 그러나 바로 그 이물스러
움으로 인하여 그 시선은 딴에 섬뜩한 내성의 결기를 부추긴다.
그런 결기가 동하는 밤이면 춥디추운 한 겨울에도 그 거울 속으로
는 그 섬세한 자기 발견과 각성을 환영하는 훈훈한 미풍이 분다.

07 | '발'과 '길'이 만나는 방식

‐ 히브리서 12: 12‐13

> 상습적인 보행자는 길을 자신의 거처로 삼고 있어서
> 때로는 길 위에서 죽음을 맞기도 한다.
>
> ― 다비드 르 브르통 『걷기 예찬』 중에서

1. 호모 에렉투스의 운명

사람은 누워 있거나 앉아 있거나 서 있다. 서 있는 자는 곧 걷는 자이다. 물론 아직 직립 보행의 단계에 들지 못한 유아의 경우 기는 자세가 있지만 이 또한 곧 서서 걸어 다닐 가까운 미래를 전제한다. 사람이 두 발을 땅에 딛고 꼿꼿이 서서 걷는다는 것에는 무슨 의미가 있을까? 사람 이외에 여타의 동물들도 걷지만 가장 앞선 포유류조차 네 발을 딛고 걷기에(박쥐나 고래는 예외가 되겠지만) 두 발로 걷는 인간과 일정한 차이가 있다. 인간은 네 발 중 두 발을 손으로 사용하면서 도구를 발명하여 사용할 줄 알게 되었고, 그 두 손을 모아 기도의 포즈를 취할 수도 있게 되었다. 이는 두 발로 걷고 두 날개로 비상하는 조류와도 다르고, 앞의 두 발을 손처럼 내밀고 두 발로 깡충거리는 캥거루나 원숭이의 경우와도 구별된다. 그들은 그 두 앞발로 연장을 만들어 쓰지도 못하고, 두 날개를 모아 기도할 줄도 모르기 때문이다. 하늘을 쳐다보기 위해 그 면상을 90도를 들어야 하는 인간과 180도 각도로 치켜세워야 하는 다른 동물들 사이에는 하늘이라는 매개를 통해 하나님을 떠올릴 가능성의 정도와 그 수준의 경쟁마당에서 애당초 공정한 게임이 성립되지 않는다.

인간이 직립 보행한다는 것은, 두 손의 도구 지향적 계발이라는 실용적 측면 이상의 의미를 지닌다. 뇌의 용적이 적은 곤충들이나 손이 발달하지 않은 여타의 짐승들도 도구 사용은 할 수 있다. 물론 도구를 사용한다는 것과 그것을 생활의 필요에 따라 만들어낸다는 것은 차원이 다르겠으나, 어쨌거나 인간은 도구적 존재 이상이다. 인간이 두 팔을 흔들거나 두 손으로 주변의 사물을 붙잡아 균형을 잡아주는 동작은 보행의 연장선상에서 우리의 몸을 운동체로 만드는 행위이다. 그 운동은 총체적으로 생명의 운동이며, 그 운동의 주파수는 다채로운 사고 작용에 따라 출렁대기 마련이다. 그러므로 '걷는다'는 것은 단순히 몸의 움직임을 통한 공간의 이동이라는 물리적인 현상에 국한되지 않는다. 그것은 몸의 리듬을 타는 생리적인 작용이며 사색의 선율에 맞추어 마음의 풍경을 우려내는 심리적인 흐름과도 맞물려 있다. 걷기는 육체의 수동성을 넘어 스스로 살아 있음을 확인하는 모험적 여정이며, 지난 여정에 대한 성찰을 북돋고 향수를 추체험하는 행위이기도 하다. 아니, 그것은 단순히 '행위'라기보다, 의무적인 삶 가운데 굳어진 감각의 막힌 구멍을 열어 통풍시키는 가장 자연스런 자유의 춤이라고 할

수 있다.[1]

그리하여 걷기는 무엇보다 즐거움의 대상이다. 그 즐거움은 즉흥적인 감각의 희롱을 넘어 존재의 뿌리를 파헤치고 앞으로 펼쳐질 그 여로를 상상하는 차원의 즐거움까지 선사한다. 관능은 걷기의 필요조건이지만 충분조건에 미치지는 못한다. 관능의 열정이 멈춘 자리에서도 우리의 발걸음은 멈추지 않고, 멈출 수 없기 때문이다. 자신의 근원을 찾아 배회하는 그 발걸음은 그렇게 모든 길을 향해 한없이 열려 있다. 명멸하는 의식과 무의식 사이에서 보행자의 사색과 명상이 줄곧 자기 초월을 지향한다는 점에서 걷기는 또한 신학적인 사건이 되기도 한다.

고요한 박명의 시각이나 황혼녘에 산과 들로 뻗친 오솔길을 걷는 자는 곧 그 내면의 은밀한 구석을 살피는 자이다. 그 발걸음의 리듬에 맞춰 마음은 시간의 둔덕을 거슬러 오르며 머나먼 본향을 향해 뻗어간다. 그 내면의 일렁임에 몸과 마음을 내어 맡긴 채 걷고 또 걷다 보면 자신의 삶이 고여 있는 웅덩이가 아니라 흐르는 바람임을 깨닫게 된다. 그 깨우침은 생소해지는 주변의 물상들을 깊이 응시할수록 심오해지는데, 그때 그 보행의 길은 잠시 흐르길 멈추고 촘촘하면서도 넉넉한 사색의 골을 판다. 가령, 늙은 바위의 얼굴과 경건한 기도의 자세로 서 있는 나무, 그 가지 사이로 깃드

---

1) 걷기의 이러한 미덕과 관련하여 브르통은 다음과 같이 멋지게 표현한다: "걷기는 세계 속으로 빠져 들어가는 방법론이며 스스로 거쳐 온 자연을 자기 속으로 흡수하고 일상적인 인식 및 지각방식으로는 접근할 수 없는 세계와 접촉하는 한 수단이다. 차츰차츰 앞으로 나아가는 동안 보행자는 세계에 대한 그의 시야를 확대하고 자신의 몸을 새로운 조건들 속으로 던져 놓는다." 다비드 르 브르통 / 김화영 옮김, 『걷기 예찬』(서울: 현대문학, 2000), 45 - 46 참조.

498

는 새들의 춤사위는, 아득한 태초의 시간, 본향에 머물던 내 영혼의 다른 이름이 자유였음을 깨우쳐준다. 그 자유의 행보는 곧 손의 신명이며 무릎의 생동이자 발의 행복이니 그 열락의 자리에 신성의 울림이 없을 수 없을 터. 하나님은 바람 속에서 끊임없이 걷는 자와 함께 걸으며 더불어 대화할망정, 자신의 성채를 짓고 그 속에 영영 머물고자 하는 자에게는 눈짓 한번 주지 않는다. 이처럼 걷는 것이 살아 있음의 표징일진대, 호모 에렉투스(*homo erectus*)는 죽음의 자리에 들 때에야 비로소 걷기를 멈추게 될 운명이다.[2)]

2. '나는 걷는다, 고로 나는 존재한다'

걷는 자의 발은 길 없이 걷지 않는다. 발은 길을 만나야 비로소 '발길'이 된다. 길이 없는 곳에서는 길을 내면서 걸어야 하고, 그 길이 보이지 않을 때면 길 없는 길이라도 상정해야 한다. 그 길이 딱히 고속도로같이 넓고 평탄한 길일 필요는 없다. 군자는 대로를 걷는다고 하지만 그 동양적인 대의명분의 길은 기실 협착한 오솔길을 통해 현실에 착근될 수 있는 법. 그러기에 예수는 누구나 다 걷는 크고 넓은 길보다 좁은 길을 몸소 선호했고 또 남들에게 추천하지 않았던가. 예수는 삶으로서의 길을 설파하고 스스로 길이 되었지만 그 과정이 그리 순탄하지는 않았음을 우리는 잘 안다.

어쨌든, 예수의 삶과 죽음에 물꼬를 튼 '복음'은 기독교로 명명되

---

2) 이와 같이 걷기를 인문학의 화두로 삼아 문화철학의 영역을 개척한 예로 김영민, 『보행』(서울: 철학과현실사, 2001) 참조.

기 전에 하나님의 '길', 즉 '도'(*hodos*)로 전파되었다. 발바닥에 땀
이 나도록 갈릴리 일대를 동분서주한 그의 그 보행은 발자국으로,
발자취로, 마침내 올곧은 구원의 길로 후대의 역사에 각인된 셈이
다. 그 예수를 앞서거니 뒤서거니 하면서 유대교와 초기 그리스도
교의 신앙 전통은 삶을 '산다'고 말하기보다 '걷는다'(*peripatein*)는
메타포로 표현했다. 예컨대, 바울이 '성령 안에서 걸어라'(갈 5:16)
고 했을 때 그 말은 곧 '성령을 좇아 행하라' 또는 '성령을 좇아 살
라'는 뜻으로 풀어놓을 수 있다. 이렇듯, 그들의 문화사적 맥락에서
삶은 곧 걷기였고 걷기는 곧 삶의 실천이었으며, 그렇게 전인격적
으로 걸어온 여정은 이내 남에게 예표가 되는 '길'로 거듭났던 것
이다.

　오랫동안 허리디스크로 고생하던 한 친우는 우여곡절 끝에 재차
독일 유학의 길에 올라 그 우중충한 이방에서의 며칠을 겪은 뒤
자신의 소감을 적어 내게 전해왔다. 미친 듯이 굴러가는 서울의
분요한 일상을 떠나 착 가라앉은 독일의 소도시에 머물자니 그 갑
작스런 공간 이동에 한동안 주변이 멍하게 느껴지더라는 것이다.
그래서 멍청하게 있기가 스스로 어색하여 틈만 나면 주변을 거닐
게 되었고, 주말에는 먼 거리를 배회하는 도보여행을 즐길 만한
경지에 다다르게 되었단다. 그 걷기의 유쾌함을 나누는 서신의 말
미에 그가 남긴 결구가 "나는 걷는다. 고로 나는 존재한다"는 좀
진부한 듯한 패러디 문구였다. 나는 그가 그 몹쓸 허리 병 가운데
감내해온 걷기의 고통을 누구보다도 잘 알기에 그 상투적인 문구
의 진부함에 식상해하지 않고 외려 '나는 걷는다'는 그 단문의 의
미에 애써 심취할 수 있었다. 그 감정이입으로 나는 그 쓸쓸한 벗
의 실존에 동참하고 싶었던 것인데, 나 또한 내 고독을 견디면서

걸어온 수십 년의 이력이 있기에 보행을 통한 그와의 인연이 그처럼 각별하게 느껴졌을 법도 하다.

걷기에 얽힌 그 느낌과 상념에 뒤따르는 질문이 없을 리 만무하다. 하물며 걷기의 여정이 곧 탐구의 여정임에서이랴.3) 걷기에 동원되는 손과 무릎과 발의 신체 기관이 지니는 신학적 메타포로서의 기능은 무엇인가? 우리는 우리의 혼잡한 삶을 걸으면서 부닥치는 내리막과 오르막의 굴곡을 어떻게 조율할 수 있을까? 길과 발사이에 가로놓인 각종 장애물을 극복하는 방법은 무엇인가? 보행은 어떻게 순례의 길로 이어지고, 순례는 어떻게 보행의 도상 위에 정초하는가? 그 오고감의 과정에서 내가 지향하는 본향과 당신이 의지하는 믿음의 의미는 과연 무엇인가? 이러한 질문들은 없는 길을 내거나 감추어진 길을 밝히는 모험적인 첫걸음일 뿐, 그 해답의 정착지는 멀고 아득하며 불투명하다. 그런데도 걷기는 포기할 수 없는 삶의 숙명과 같으니, 그렇게 걷다가 더 갈 수 없는 곳에서 내 상처를 밑천으로 문득 또 하나의 길을 만들 수 있다면……

3. 손·무릎·발의 삼각연대

히브리서는 천사와 모세와 멜기세덱과 아브라함을 지나 11장에서 영웅적인 순례자들의 열전에 다다른다. 아울러, 구원과 안식과 언약과 속죄제를 통과한 뒤 같은 곳에 이르러 믿음의 예찬을 위해

---

3) 앞서 잠깐 비쳤듯, 실제로 희랍어 '페리파테오'(*peripateō*)는 '주변을 두루 걷는다'는 문자적인 의미와 함께 일반적으로 자기 길을 개척해 나가는(마 9:5) 삶의 실천적 행함을 가리키는 구도자의 탐구적 맥락에서 사용된다(롬 8:1, 13:13; 고후 10:3; 갈 5:16).

목청을 높인다. 그 믿음의 창시자요 완성자인 예수를 바라보면서 온갖 시련을 연단의 기회로 삼고 근신하라는 훈계의 말미에 저자는 다음과 같은 권고를 덧붙여둔다.

> 그러므로 축 처지는 손과 연약해진 무릎을 다시 반듯하게 세우고 그대들의 발로 길을 곧게 만들어 절룩거리는 것이 어그러지지 않고 도리어 고침을 받게 하십시오(히 12:12-13, 필자의 사역).

서두의 '그러므로'(*Dio*)는 매듭과 정리의 '그러므로'이다. 그것은 아울러 결론과 화제 전환을 위한 접속사로 기능한다. 그것은, 가깝게는 징계가 하나님의 뜻에 따라 시행되는 양약으로 슬픔의 터널을 통과한 뒤 결국 평강의 길로 인도되리라는 희망의 메시지를 받는 것처럼 보인다. 그러나 좀 멀리 보면 그 '그러므로'는 11장부터 거듭 강조되어온 믿음과 더 나은 본향을 바라봐야 할 순례자로서의 삶의 자세에 잇닿아 있다. 적용의 경계를 더 앞으로 당겨 확대해보면, 그 접속사는 지금까지 논의되어온 히브리서 전체의 흐름과도 접맥될 수 있을 것 같다. 그러므로 그 '그러므로'의 포괄 대상은 닫혀 있기보다 열려 있고, 그 지시 대상이 단정적이기보다 유동적이다.

저자는 삶의 역경으로 지나친 공포에 잠겼을지도 모르는 독자들을 향하여 그들의 그 상황을 구약성서의 전통적 이미지, 곧 '축 처지는 손과 연약해진 무릎'(사 35:3; 욥 4:3)에 빗대어 묘사한다. 먼저 '축 처지는 손'(*tas pareimenas cheiras*)은 기운이 빠져 늘어진 손의 이미지에 빗대어 의기소침한 상태를 가리킨다. 손은 신체의 혈과 기가 원활히 소통하는지 그 여부를 분별해주는 민감한 지체로 알려져 있다. 이로써 막힌 혈기의 맥을 짚어내고 뚫어주는 생리적인 요처인 것이다. 그러나 손은 신체 병리상의 탐지 대상이나 의학적인 진단 대상일 뿐 아니라 한 인간의 진화 이력을 품은 채 그것으로 내면풍경을 감촉할 수 있는 정서적 심리적 메타포이기도 하다.[4] 마음 깊은 곳에 용기가 꺾이거나 더 이상 살고 싶은 의욕이 없어질 때 어깨가 늘어지고 두 팔이 처지는 동시에 손은 생동감을 상실한다. 손바닥의 온기는 사라지고 손등의 피부는 오그라들며 손가락 사이를 오가는 기의 약동은 점차 쇠퇴한다. 의기소침은 그렇게 축 처진 손을 통해 구체화된다.

손 다음으로 따라오는 게 무릎인데 그 무릎도 성치 않단다. 그래서 '연약해진 무릎'(ta paralelymena gonata)이다. 그 무릎은 본래 '연약한' 무릎, '피곤한' 무릎이 아니다. 주어진 완료수동태 분사의 표현대로, 그것은 무언가에 찌들려 피곤해진, 그 피곤함이 누적되어 연약해진 무릎이다. 무릎은 뼈를 잇는 관절로 경계의 지점이다. 그야말로 개체와 개체 사이를 연대시키는 전위부이며 소통시키는 맥점이다. 그 신체 구조상의 위치로 말미암아 무릎은 뻣뻣한 두 다리뼈를 연계시켜 부드러운 굴곡을 주는 하체 운동 에너지의 주된 출처가 된다. 그런데 그 관절은 위로부터의 압력에 눌리고 밑으로부터의 부력에 치여 연약해진다. 연약함은 병듦의 조짐으로 노화와 더불어 관절염으로 고생하는 사례가 많은 것은 그동안 위아래를 조율해온 오랜 세월의 고단함 때문이다.

이처럼 축 늘어지는 손과 연약해진 무릎이 신체의 상부와 하부

---

4) 실제로 손에는 인간 진화에 관련된 특별한 비밀이 담겨 있다는 연구가 발표되기도 하였다. 존 네이피어 / 이민아 옮김, 『손의 신비 – 진화의 비밀을 움켜쥔 손의 역사』(서울: 지호, 1999) 참조. 아울러, 김영민, "'손'이라는 신화," 앞의 책(2001), 42 – 46 참조.

를 두루 무기력하게 만들어 총체적인 의기소침의 현실을 야기한다.
왜 그렇게 의기소침해지는가? 앞의 논의에서 암시를 얻자면, 그것
은 견디기 어려운 시험과 징계 때문이다. 그것이 개인적인 질고나
사고를 통해 오든, 집단적인 핍박을 통해 생기든, 제 앞에 현실로
닥친 고통은 마냥 찬미하고 미화할 수 있는 대상이 못 된다. 더구
나 그 고통이 견디기 어려울 정도의 가혹한 무게로 한 생명을 짓
누를 때 거기에 저항하고 인고하는 것도 한계가 있다. 특히 목숨
이 오락가락하는 극단적인 상황에서 인내는 그림의 떡과 같은 미
덕이다. 그 고통의 현장에서 행복을 꿈꾸는 욕망은 거세되고 하나
님을 향한 신심조차 망각되기 일쑤다. 이른바 절체절명의 아수라
속에서 몸의 고통과 마음의 고통은 따로 존재하지 않는다. 영과
혼과 육은 삼위일체로 신음한다. 그러나 그 고통을 가장 민감하고
도 직접적으로 느끼는 것은 몸이다. 몸의 전반적 무기력은 좌우전
후 부지런한 움직임으로 직립 신체의 균형을 잡아주는 손의 늘어
짐을 통해 나타나는 것이다. 상부의 균형이 허물어지면 하부의 직
립에 결정적인 구실을 하는 무릎이 온전히 건사될 리 없다.

　그런데 저자의 논지는 '축 늘어진 손과 연약해진 무릎'의 현재
가 아니다. 그것들을 다시 반듯하게 일으켜 세우라는 명령형의 권
고(anorthōsate)가 이 사실을 입증한다. 반복의 의미를 띠는 이 단
어의 접두사(ano -)는 손과 무릎이 무기력해지는 의기소침의 현실
이 우리의 삶 가운데 늘 잠재되어 있다는 점을 상기시켜준다. 무
기력해진 손과 무릎을 반듯하게 다시 일으켜 세우는 일은 마음속
의 다짐만으로 가능하지 않다. 그 재기는 손과 무릎을 맨 밑바닥
에서 떠받들고 있는 발의 도움으로 비로소 힘을 받을 수 있다. 그
래서 그 시원찮은 손과 무릎의 원상회복을 위한 권고와 더불어 발

504

을 움직여 '그대들의 길을 곧게 만들라'고 저자는 말한다. 발을 위해 길을 곧게 만들라는 게 아니라 발을 가지고 보행하여 길을 곧게 만들라? 이 대목에 다소 해석상의 난점이 있다.

여기서 전치사 없는 여격 문구(*tois posin hymōn*)는 보통 간접목적어로 읽혀 '그대들의 발을 위하여'로 풀이된다(NRSV). 이 관점을 취해 한글개역은 "너희 발을 위하여 곧은 길을 만들어"라고 해석한다. 이에 비해 표준새번역은 "똑바로 걸으십시오"라고 완곡하게 풀어 길보다는 걸음의 행동과 자세를 강조한다. 전자의 번역을 따르면 똑바르게 되어야 할 것은 길이지만 후자의 경우에 의하면 그것은 걸음 자체이다. 이 구절의 구약성서적 배경을 이루는 잠언 4:26은 "네 발의 길을 똑바르게 만들라"로 속격 구조를 이루고 있다.5) 이에 대한 한글개역의 문장은 "네 발의 행할 첩경을 평탄케 하며"로 속격 구조 내에서 약간의 설명을 보태지만, 표준 새번역은 "발로 디딜 곳을 잘 살펴라"라는 색다른 의역을 내놓고 있다. 여기에 한 술 더 떠 공동번역은 예의 잠언구를 "걸음걸음마다 조심하여라"로 시적 운율을 살려 풀어놓는다. 그런가 하면 이와 연관된 상기 히브리서의 문구는 "바른 길을 걸어가십시오"라고 간명하게 번역된다.

이 어지러운 번역들을 비교해보면, 똑바르게 만들어야 할 부분이 길과 발의 걸음으로 갈린다. 나는 직역을 따라 똑바르게 해야 할 것이 길이라고 보지만, 그 길이 자동으로 똑바르게 되지 않는다는 점에서 앞의 번역들을 그대로 수용할 수 없다. 그래서 그 여

---

5) 오토 미헬 / 강원돈 옮김, 『히브리서』(서울: 한국신학연구소, 1987), 620에서는 예의 잠언 구절 등과 같은 구약성서의 논거와 '헤르메스의 목자서'(*Herm. Mand.* Ⅵ 1, 2)의 유사한 비유에 본문의 표현이 잘 조응한다는 이유로 '똑바로 걸으시오'라는 해석을 선호한다.

격을 '발을 위하여'라고 풀지 않고 '발을 가지고' 또는 '보행을 통하여'라고 도구적인 의미로 풀고자 한다. 이는 기존의 것들에 비해 다소 모험적인 해석이지만 문법적으로 가능할 뿐 아니라, 선행하는 문맥에 비추어 좀더 타당한 선택이 아닐까 한다. 손과 무릎이 늘어지고 지쳤듯이, 그와 유기적으로 연계된 발 또한 성할 리 없을 터. 그러므로 손과 무릎의 분발을 요청하듯 발의 활성화를 촉구할 수 있는 것이다.

4. 보행으로서의 순례

발은 땅과 밀착된 상태에서 몸을 움직이기 위해 가장 먼저 작동되어야 할 최전방의 지체이다. 손이 자동차의 가속장치이고 무릎이 단속장치라면 발은 착지된 바퀴에 해당된다. 손과 무릎이 정상을 회복하여 다시 전진하고자 해도 그 발이 바른 길을 택하여 정확한 방향으로 행보하지 않으면 터진 타이어와 다를 바 없게 되는 것이다. 그렇게 회복된 손과 무릎과 발의 삼각 연대는 주어진 바른 길을 택하면서 이따금 훼손되는 그 길을 반듯하게 닦는 수행의 여정을 가능하게 한다. 이렇듯 순례의 길은 선험적으로 공표된 이념형의 길이지만 보행의 길은 보이는 것도 잡히는 것도 없는 안개의 미로를 헤치며 믿음으로 체험해나가야 할 현실의 길이다.

히브리서가 궁극적으로 지향하는 신학은 순례의 신학이다. 그 순례는 '안식'(*katapausis*)을 목표로 하는데 그 목표는 타율적으로 주어지는 것이 아니라 응당 자율적으로 성취되어야 할 것이다. 그래서 저자는 단순히 '안식을 얻는다'고 하지 않고 '그의 안식 안으로

506

들어간다'라고 방향성과 운동성을 유난히 강조한다(히 3:18, 4:1, 6, 11). 히브리서의 안식은 창세기의 창조 이야기에 나오는 하나님의 안식(히 4:4; 창 2:2)과 출애굽을 통한 가나안 땅으로의 진입(히 4:5; 시 95:11)을 두루 염두에 두고 있지만, 그것과는 좀 다른 제3의 개념으로 변용된다.6) 그것은 이 땅의 삶을 마감하는 순간 죽음과 더불어 들어가게 될 영원한 하나님의 도성을 전제로 삼고 있다. 아버지의 땅이라는 의미에서 그것을 저자는 '본향'(*patris*)이라 부른다(히 11:14). 그것은 일견 자신이 태어나 자란 고향과 상통하는 어휘이지만 저자는 '더 나은 본향'을 안식의 처소로 설정함으로써 그 땅의 성읍을 하늘에 있는 성읍으로 상승시킨다(히 11:16). 이러한 맥락에서 순례란 삶과 죽음을 통과하며 저 높은 곳을 향하여 나아가는 평생의 여정을 싸잡아 일컫는다. 그것은 현재의 역경과 미래의 목표인 안식 사이의 전 과정을 압축하여 제시한 구도적 삶의 한 대표적 이념형으로 이해된다.

히브리서에서 순례의 신학을 구성하는 요소로 안식이란 개념과 쌍벽을 이루는 또 다른 개념이 '온전'이다.7) 이는 추상적인 명사의 의미로 취하기보다 구체적인 동사의 의미로 새겨야 할 단어이다. 이 어휘의 적용 반경은 예수로부터 그 믿음의 후예들까지를 두루 포괄한다. '온전'은 형이상학적 완벽이라기보다 일정한 단계

---

6) 히브리서의 '안식' 개념은 알렉산드리아 영지주의 학파 내에서 유통된 지혜와 구속의 교리를 원래 배경으로 한다는 주장이 제기된 바 있다. E. Käsemann, *The Wandering People of God,* tr. by Roy A. Harrisville and Irving L. Sandberg(Minneapolis: Augsburg Publishing House, 1984), 68‒75 참조.

7) 히브리서 특유의 신학적 지향을 드러내는 이 개념에 대해서는 다음을 참조할 것: David Peterson, *Hebrews and Perfection*(Cambridge: Cambridge University Press, 1982).

에서 설정된 목표를 완주하는 것을 뜻한다. 가령, 예수의 경우, 그의 인간됨은 애당초 완벽했다기보다 인간적 삶의 갖가지 고초와 절망을 몸소 겪어냄으로써 '온전케 되었다'는 것이다. 저자의 표현을 빌려 간단히 말하면, 예수는 자신의 고난 경험을 통해 시험의 관문을 통과함으로써(히 2:18) 온전함을 얻었다. 또 마지막으로 인간답게 죽음으로써 그는 마귀의 세력과 결탁한 죽음의 권세를 '온전히' 파멸시킬 수 있었다(히 2:14).

그 온전함은 물론 과시적인 온전함이 아니라 고난과 죽음의 실존 앞에 대책 없이 노출된 그의 동료 인간들에게 형제애를 발휘해 돕기 위한 구속적 온전함이다. 그러니까 이는 인고(忍苦)의 체험적 토대 위에 동병상련의 인간학이 자리잡게 된 셈이다. 이와 같은 인간학의 연장선상에서 예수를 따르는 자들이 몸소 겪는 고난과 역경도 마찬가지로 인식된다. 마치 아버지의 징계와 같은 시험과 연단의 차원으로 그것들을 받아들이고 견디라는 것이다(히 12:7). 그 권면 속에는 그러한 인고의 자세야말로 그들의 순례를 온전히 이루어 성공적으로 안식에 들어가게 하는 첩경이라는 주장이 스며 있다.

그런데 문제는 그 '순례'나 '안식'이나 '온전' 자체에 있지 않다. 정작 곤혹스러운 것은 히브리서의 당시 독자들에게, 또 히브리서를 읽는 지금의 나에게, 그 순례와 안식과 온전이 계속 유예되는 미래 완료형이라는 사실이다. 나는 순례의 도상에 있지만 아직 사후의 하늘 본향이 아득하게 느껴진다. 안식에 들길 간구하지만 일상은 늘 피곤하다. 온전함을 목표로 세울지라도 현실은 늘 온전 이전의 단계에 머문다. 순례는 영원의 몫인 데 비해 지금 여기의 몫은 팍팍하고 고단한 하루하루의 보행이기 때문이다.[8] 따라서 축 처지는 손과 연약해진 무릎이 문제시된다. 아울러, 발을 다시 움직여 길을 올곧게 하는 노동이 요청된다. 미래의 온전한 희망에 앞서 과거의 행보를 돌이켜 보는 회고와 반성, 아름답고 더러운 각종 추억들이 두루 필요한 것이다. 단적으로, 우리의 순례가 보행으로서의 일상적 순례로 탄탄하게 육화하지 못할 때 그것은 공허한 종교 심리적 상념에 머물거나 몽매한 자기도취적 파시즘의 덫으로 전락될 뿐이다.

유장한 믿음 행전의 가락으로 더 나은 본향과 하늘의 성읍을 읊조리던 저자가 갑자기 인고를 말하면서 손, 무릎, 발의 재활에 초점을 맞추는 까닭이 바로 거기에 있다. 손과 무릎의 각론으로 내려와야 발의 보행적 실천이 가능해질 터이기 때문이다. 그리하여 발을 가지고, 즉 일상적 보행의 노력으로써 길을 반듯하게 만들라는 것이다. 물론 그 길은 삶의 길이고 그 발도 생활의 발이다. 그 발과 길이 만나면서 이루는 반듯함은 경직됨을 뜻하지 않는다. '반듯하게 한다'는 말이나 '평탄케 한다'는 식의 표현은 인생의 순례 길이 마냥 순탄하지도 일직선으로 형통하지도 않는 현실을 거꾸로 반영한다. 길은 아무리 좋은 길이라 해도 본질적으로 울퉁불퉁하며, 정도의 차이는 있지만 구부러져 있다. 걷다 보면 길 같지 않은 길도 많이 있으며, 길이 아닌 듯한 길도 허다하다. 그러나 아무리 길이 구부러졌든, 울퉁불퉁하든, 길 같지 않든, 발을 내디디지 않으면 길은 무의미하다. 그때 길은 길이 되지 않기에 반듯한 길로 만들어질 수도 없다. 발은 길을 만날 때 비로소 움직이는 발길이

---

8) 인문학자 김영민은 보행을 순례의 대립적인 개념 또는 비판적인 개념으로 조형하면서, 수직적 초월 이후의 허무주의를 갈무리할 '소박한 실천'으로서 시간과 동무와 더불어 오래 걷기를 강조한다. 김영민, "걷기, 순례(巡禮)를 넘어," 앞의 책(2001), 52-69 참조.

되므로 보행은 순례의 선결 조건이자 완결 조건인 셈이다.

5. 장애물을 뚫고서

걷지 않으면 그 길이 반듯한지 반듯하지 않은지 알 수 없다. 그렇지만 일단 걷기 시작하면 보행자는 많은 것을 보고 겪으며 다양하게 생각하고 풍성하게 느끼며 심도 있게 깨닫는다. 오로지 걷는 자만이 우리의 삶이 한 자리에 고정되어 있는 정물화가 아니라 끊임없이 움직이는 풍경화임을 직시하게 된다. 아무리 순례의 목표가 공통된다 해도 이 세상에 똑같은 길은 존재하지 않는다. 마찬가지로 각자의 삶은 각자가 책임지고 떠안고 가야 할 은총의 분깃이고 사명의 몫이다. 아무도 자기의 길을 대신 걸어주지 못하고 걸어줄 수도 없다. 산행을 통해 느끼는 바지만, 사람들이 자꾸만 디딜 때 길은 반듯해지기도 하고 판판해지기도 한다. 내가 걷는 길의 반듯함은 선험적으로 주어지지 않는다. 그것은 불가피한 시행착오와 부단한 모험적 시도를 통해 체득되는 것이다. 다시 말해, 걸으면서 길이 나고 길이 닦이는 것이다.

장애물에 대처하는 방식도 마찬가지로 주체적인 보행의 과정에서 이루어질 수밖에 없다. 본문의 암시에 비추어 보행자는 장애물을 돌아가기보다 뚫고 간다. 장애물을 우회하여 돌아가려는 것은 삶의 고난에 지레 겁먹고 이를 회피하는 선택과 다름없다. 한 장애물을 피할 때 또 다른 장애물이 등장하고, 경우에 따라 그것은 처음의 것보다 더 심각하고 부담스러울 수도 있다. 어차피 치러야 할 생명의 대가가 있을진대, 그것을 당당하게 부대끼며, 저자의 표

510

현대로, 연단을 위한 징계요 시험으로 여길 일이다.9) 그 장애물을 뚫고 지나감으로써 격파하지 않으면 그 길은 결코 곧아지거나 판판해질 수 없다. 우회하는 발길의 노정은 제대로 걷지도 못하는 상태에서 이리저리 도망 다니다가 결국 반듯한 길 하나 만들지 못하고 파탄에 이르고야 말 것이다. 그렇다. 그리스도인의 순례가 아무리 험난하고 위태로운 길로 이어진다 해도 오로지 걸어냄으로써 비로소 돌파구가 열리는 것이다. 나의 보행을 위해 반듯한 길을 다른 누가 만들어 바치는 것이 아니라 내가 몸소 발을 움직여 행보하면서 반듯한 길도 내는 것이다.

저자가 히브리서 11장을 통해 예시한 믿음의 영웅들은 한결같이 장애물을 회피하기보다 그것을 정공법으로 맞서며 뚫고 나간 사람들이다. 그 장애물이 어디 오솔길에 놓인 조그만 바위 덩어리나 이따금 환절기에 방문하는 감기몸살 수준의 것이었던가? 아니다. 그것은 목숨을 걸어야 하는 치명적인 장애물이었던 걸로 보인다. 그들은 이 땅의 이방인과 나그네로 살다 죽었다(히 11:13). 그들의 나그네 됨은 이 세상의 통념이나 가치관과 대체로 불화하거나 부대껴 싸우면서 이 세상이 감당치 못하는 자들로 자처한 탓이었다. 그리하여, 그들 중에는 아브라함처럼 외아들을 제물로 바치는 모험을 무릅쓴 자도 있었고, 모세처럼 하나님의 백성과 함께 고난

---

9) 히브리서는 고난을 자신의 잘못으로 응당 치러야 할 몫으로의 고난과 잘못 없이 하나님의 연단과 교육용 목적으로 받게 되는 고난으로 나누어 이해한다. 저자가 강조하는 것은 물론 후자로 그것은 새로운 도약과 성숙을 목표로 한다. 그 경우를 대표하는 것은 히브리서 5:7 이하에 반영된 예수의 고난인데, 이로써 예수는 형제 됨의 조건인 '죽음의 고난'을 감내했다. 이에 대해서는 차정식, "'죽음의 고난' 또는 형제 됨의 조건," 『예수는 어떻게 죽었는가』(서울: 한들출판사, 2006), 199-232 참조.

받기를 잠시 죄악의 낙을 누리는 것보다 더 좋아한 자도 있었으며, 다니엘처럼 사자의 밥이 될 위기를 자처한 자도 있었다.

그나마 그들은 후세에 영웅으로서의 빛나는 이름을 남김으로 그 당대와 후대의 역사 속에서 일정한 보상을 받았지만, 그들과 달리 빛나는 이름도 없이 고생하다 죽어간 이들도 숱하게 많았을 것이다. 개중에 어떤 이들은 악형을 받되 구차히 피하지 아니하였고, 다른 이들은 희롱과 채찍질, 결박과 수감의 고난을 겪었는가 하면, 심지어 돌과 톱과 칼에 치여 죽임을 당한 이들이 허다했다(히 11:35 – 37). 그런 비명횡사를 겨우 면해 살아남았다고 해도 그것은 고작 궁핍과 환난과 학대를 받으며 광야와 산중과 암혈과 토굴에 유리하는 고난과 역경으로 점철된 남루한 삶이었다(히 11:38). 보이지 않는 것을 믿으며 그들은 그 현실의 장애물들을 뚫고 길을 내며 전진했을지언정, 회피하거나 도망치지 않았다. 신앙적 순례의 최종 정착지를 갈망하면서 역사의 보행을 포기하지 않고 온몸으로 그것을 감당해나갔던 것이다.

본문의 맥락에서 보행의 장애물은 '절룩거리는 것'(to chōlon)이라는 은유적 문구로 표현된다. 여기에 쓰인 그 메타포는 절름발이를 낮추어보는 시각과 무관하다. 그것은 장애는 장애로되 마치 치열한 전투 끝에 살아남은 병사가 자신의 상처를 훈장으로 여기는, 그러니까 명예로운 장애다. 그러나 단 한 번의 싸움으로 우리의 순례가 끝나지 않고 다시 일어나 걸어야 한다는 점에서 그 결락의 상태는 원래대로 회복될 필요가 있다. 절룩거림은 대체로 성치 못한 다리를 연상시켜준다. 뼈에 이상이 생겨 절룩거릴 경우, 그것은 당연히 치유되어야 한다. 그렇지 못하면 그 다리뼈가 탈골되어 그 절룩거림이 더 심해질 터이기 때문이다. 그래서 저자는 "그 절룩

512

거리는 것이 어그러지지 않고 고침을 받게 하라"고 말한 것이다. 여기서 '어그러짐'을 나타내는 헬라어(*ektrapē*)나 '고침'을 나타내는 헬라어(*iathē*)는 각각 '절룩거림'의 원인을 진단하며 그 통증을 다스리는 의학적인 전문용어로 사용되고 있다.

혹자는 이 문장을 놓고 당시 히브리서의 수신자들 가운데 믿음이 약한 자들이 그리스도교의 진리를 떠나 배교할 가능성을 타진하며 주의를 준 것으로 해석한다.10) 그런가 하면 다른 이는 이 진술이 공동체의 특정 성원을 염두에 두기보다 영적인 권태와 무기력 상태를 가리키는 것이라고 일반적인 맥락에서 보기도 한다. 나는 이 두 가지의 시각이 다 일리 있는 판단에 기초한 것이라고 본다. 그러나 저자의 초점은 그 상황 자체보다 그 상황을 타개해 나가는 방식에 있다. 이 마지막 문장이 목적절(*hina* -)로 앞 문장과 연계되어 있는 것도 바로 그 점을 뒷받침한다. 다시 말해, 절룩거리는 발걸음을 어그러지게 악화시키지 않고 치유하는 것도 발로 걸으면서 가능해진다는 것이다. 무기력해진 손과 무릎을 일으켜 세우고 발을 가지고 길을 반듯하게 내는 목적과 이유는 다른 데 있지 않다. 오로지 그로써 발걸음에 활력을 주고자 함이다. 보행자는 걸으면서 길을 반듯하게 만들 수 있듯이, 계속 걸으면서 그 결핍을 채우고 치유받을 수 있다. 아직 그 보행이 온전한 경지에 다다르지 않았으며 채 안식에 들지도 못했기 때문이다.

---

10) 말하자면, '절룩거림'이 공동체 일부의 현재 상태를 표현하는 상징일 수 있다는 것이다. 그러나 이것은 저자가 수신자들 가운데 탐지한 무기력과 영적 연약함에 대한 일반적인 언급으로 보는 쪽이 좀더 설득력이 있다. Harold W. Attridge, *Hebrews*(Philadelphia: Fortress Press, 1989), 365 참조.

6. 믿음, 걸으면서 견디는

그러면 보행자로서의 그리스도인은 사람이 아니라 걷는 기계란 말인가? 아무리 기계라도 거기에 연료도 필요할 텐데 사람이라면 건강을 유지해줄 양식과 보약이 필요하지 않을까? 본문은 이에 대하여 일언반구 언급이 없지만 그것은 당연하다. 이미 앞에 좀 지루할 정도로 여러 번 되풀이하여 그것을 지시했기 때문이다. 그것은 바로 '믿음'이다.[11] 앞길이 잘 보이지 않는데도 목숨을 건 그 장애물 경주를 달려간 그들은 바로 믿음으로 버틸 수 있었다. 그들이 팍팍한 광야를 헤매면서 낙타처럼 터벅거리는 고독한 보행 가운데 묵묵히 견딜 수 있었던 저력도 그 믿음이었다. 또 고난과 죽음의 위협을 무릅쓰고 정공법으로 그 장벽을 뚫고 지나간 배포와 용기의 원천도 바로 현재의 치욕을 넘어 영원한 명예를 추구한 그 믿음에 있었다.[12]

히브리서의 '믿음'은 좀 특이하다. 그것은 바울의 경우처럼 예수를 주와 그리스도로 고백하고 수용하는 기독론적 믿음과도 다르며, 하나님이 한 분임을 믿는 야고보서의 유일신론적 믿음과도 구별된다. 히브리서의 믿음은 공관복음서의 치유기적에 특히 많이 나오

---

11) '믿음'도 히브리서의 신학을 특징적으로 드러내는 핵심 개념이다. 이와 관한 연구로는, Erich Grässer, *Der Glaube im Hebräerbrief* (Marburg: N. G. Elwert Verlag, 1965); Dennis Hamm, "Faith in the Epistle to the Hebrews: The Jesus Factor," *CBQ* 52(1990), 270 -291 참조.

12) 히브리서의 신앙관을 '수치-명예' 관계를 잣대로 대한 문화인류학적 관점에서 조명한 연구로 David A. deSilva, "Despising Shame: A Cultural-Anthropological Investigation of the Epistle to the Hebrews," *JBL* 113/3(1994), 439-461 참조.

는 하나님의 은혜와 능력에 대한 신뢰로서의 믿음과 가장 가깝게 통하는 것 같지만, 그 은혜와 능력의 발현 시점이 반드시 지금 여기일 필요가 없다는 점에서 꼭 일치하는 것도 아니다. 일단 히브리서 11:1의 유명한 정의대로 그 "믿음은 바라는 것들의 실상이요 보지 못하는 것들의 증거"이다. 이를 좀더 풀어 다시 쓰자면, 그 믿음은 희망사항으로 내다보는 미지의 것들에 대하여 그 현재적 실현 가능성과 무관하게 다 이루어진 것처럼 확신하는 마음 자세이다. 그러니까 그 믿음은 곧 하나님의 약속을 바라 의지하면서 순례의 여정을 향해 자신의 발길을 내딛는 보행의 신념인 셈이다.

그런데 그런 믿음이라면 자기 최면적이고 맹목적이며, 따라서 좀 위태롭지 않은가? 물론 객관적으로 히브리서의 믿음은 그러한 혐의에서 전적으로 자유롭지 못하다. 그렇게 따지면 인생은 누구에게나 도박과 같은 것이 된다. 같은 맥락에서 그것은 또한 불길한 모험처럼 비칠 수 있다. 그러나 그러한 '객관'이 인간을 구제하지 못한다. 그렇게 타자화된 시각은 잿빛 거리에 건조한 상념의 밭을 일굴망정 초록빛 잎사귀로 우거진 오솔길을 걸으며 황금빛 과실을 따게 하지 못한다. 그 초록빛 잎사귀와 황금빛 과실이 아직 미완의 보행 속에 추구된다는 점에서 히브리서의 믿음은 실로 아슬아슬하다. 그것은 특히 요즘처럼 일차원적 실용주의가 판치는 세상의 가치관에 비추어 매우 무모한 것처럼 보인다. 그럼에도 히브리서 저자를 포함하여 그 믿음 열전의 주인공들에게 그것은 무모한 것이라기보다 담대함의 표징처럼 인식되었다. 실제로 히브리서의 맥락에서 믿음(*pistis*)은 담대함(*parrēsia*)이란 단어와 친밀한 의미론적 연관성을 갖는다. 요컨대, '담대한 믿음'이야말로 보행자의 여로를 지탱해주는 양식이고 보약인 셈이다.

***

이제 나의 손과 발이 지쳐 있음을 굳이 부인하지 말자. 그러나 나도 살아 있는 한 부지런히 걸어보련다. 내 믿음이 부족하여 자주 회의에 빠지는 현실을 애써 외면하지 말자. 그러나 그로 인해 나의 발길이 어그러지지 않도록 좀더 담대해져야 할 것이다. 내 보행이 내 앞의 모든 길을 반듯하고 판판하게 만들 만큼 능숙하지 않음을 잘 안다. 그러나 그 장애물이 나로 하여금 보행자의 사명을 포기하게 만드는 핑계거리가 되지 않도록 주의해야 한다. 돌이켜보건대 나는 슬플 때나 기쁠 때나 열심히 걸어왔다. 기쁠 때면 그 기쁨의 열기를 누리며 다스리기 위해, 슬플 때면 그 축축한 슬픔의 정서를 달래며 삭이기 위해 걷고 또 걸었다. 억압과 분노 또한 내게 보행의 동력을 제공해주었다. 쉬지 않고 걷다 보니까 억압의 뿌리가 내 속에 한 갈래 걸쳐 있고 분노의 씨앗이 내 욕망의 텃밭에 촘촘히 뿌려져 있음을 깨닫게 된 것이다.

어느 투박한 유행가의 노랫말대로 나는 오늘도 나의 길을 나그네처럼 정처 없이 걷지만 그 발길이 언제 어떤 모양으로 끝나게 되는지 알 수 없다. 학문의 길도 마찬가지여서 그 길은 마냥 미완의 여정을 향해 열려 있다. 그러나 비록 내 공부의 환경이 열악할지라도 그리로 뻗친 내 길만은 예수가 터를 닦아놓은 그 원초적 순례의 길에 잇닿아 있다고 믿는다. 이 서툰 글이 내는 그 성근 길조차 그 한계 내에서 내 삶의 표정을 고스란히 담아내고 있기에 난 크고 작은 좌절과 성취에 일희일비하지 않으련다. 과도하게 비관하지도 낙관하지도 않으련다.

나의 보행은 살아 있는 다른 사람들의 경우처럼 아직 안식에 들지도, 온전함에 다다르지도 못한 상태이다. 그러나 나는 그것을 부

끄러워하지 않으련다. 그때 부끄러움은 성찰의 미덕도 건지지 못
한 채 패배의식과 자포자기로 직행하는 지름길이기 때문이다. 그
래서 오히려 그 미완의 여로에 더운 믿음을 주고 싶다. 지금처럼
이렇게 작은 글 속에 소박한 길을 내면서 성심 어린 배움을 통해
그 길을 좀더 반듯하게 닦고 싶다. 또 기도와 묵상의 거울로 지난
뒤안길을 살피며, 나는 늘 광야 같은 이 세상의 한 귀퉁이를 낙타
처럼 터벅터벅 걷고자 하는 것이다. 그 순례의 여정이 마치는 날,
내 보행의 발길도 불현듯 멈추게 되리라. 내 발은 얼마나 더 걸어
야 길다운 길을 낼 수 있을까? 아니, 내 발은 어느 지점에서 하나
의 단정한 길이 될 수 있을까? "내 갈 길 멀고 밤은 깊은데" 앞을
보니 컴컴하고 뒤를 보니 아련하다.

08 | 서두르는 과학, 어지러운 생명

1. '복제인간' 1호의 환상

어느 월요일, 정오가 가까워질 무렵, 전주에서 남원으로 가는 길 위에서 포착된 짧은 시간. 달리고 있는 내 자동차. 따사로운 햇살이 차창을 간질이며 내 피부를 무심코 자극한다. 순간, 라디오에서 들려오는 대담 방송으로 집중되는 청각신경. 한 남녀의 목소리는 내 현실과 무관한 듯한 주제로 주거니 받거니 문답을 건넨다. 그 것은 생명윤리에 관한 법의 제정이 국내에도 시급하다는 쪽으로 초점이 맞추어지고, 사이사이로 들려지는 엄청난 이야기. 인간 유전자의 해독…… 유전공학의 개가…… 생명공학의 비약적인 발전…… 마침내 복제생명의 탄생…… 복제인간에 대한 실험 완료…… 그 실험 결과를 사업화하도록 재촉하는 의료자본과 이에 따라 예견되는 막대한 수익. 그 높은 수익성을 담보하는 대중적 수요. 가령, 사랑하는 사람이 불의의 사고로 죽을 때 그 시신의 유전자를 활용한 복제생명의 제조. 그를 통한 대리 위안. 그러나 그 때 그 복제생명은 죽은 생명과 과연 동일자인가 하는 불가피한 의문. 설사 죽지 않더라도 훼손된 인체의 일부를 회복시키기 위해 복제인간을 만들어 그 일부를 이식하려는 수요의 채널. 혹은, 우월한 생명의 선별적 생산을 위해 우월한 것으로 판명된 유전자를 결합하여 인간을 인간이 만들어내고자 하는 경우. 그렇다면, 그때 그 복제인간의 인권 문제는 어떻게 되는가? 생명의 주관자인 하나님의 신권 문제는 또 어떻게 되는가? 꼬리에 꼬리를 무는 의문들.

그나마 윤리를 떠드는 일각의 목소리에 표정을 관리하며 외견상 잠잠한 듯하지만, 아, 인간은 얼마나 교활하던가. 이미 이면으로는 복제인간 1호의 탄생을 위한 적절한 때만 기다리고 있을 뿐, 모든 기술적인 준비는 완료된 듯 설익은 분위기를 피운다. 페돈 벌 일이 눈앞에 확연한데 자본이 자본을 불러 배가된 자본을 낳는 자본주의의 논리에 철저히 길든 무리들이 그 기회를 왜 마다하겠는가? 윤리는 그들의 눈에 또 얼마나 상대적이고 상황 순응적이며, 또 얼마나 사후 승인적인가? 생명 윤리의 이름으로 복제인간의 생명성을 논할 그 뻔뻔하고 교묘한 이성의 간계, 생명과학의 개선가가 귓전에 들려오는 듯한 아련한 환청. 그 환청의 기운을 빌어 떠오르는 상상 속의 환영. 내가 바다 건너 인종과 언어와 문화가 다른 족속들과 만났을 때 느껴진 어색한 거리감이 미래의 복제인간들을 향해서도 마찬가지로 나타날까? 그들과의 그 이질감은 어떻게 정서적으로 길들여지고 극복될 수 있을까? 또다시 꼬리를 무는 상상의 행로.

그러고 보니, 복제인간과의 만남이나 외계인과의 접촉이 마냥 황당무계한 공상의 대상만은 아니다. 이미 만화영화나 공상과학영화 등의 이미지 체험을 통해 그들의 도래로써 펼쳐질 신천지를 은연중 예감하며 내 무의식이 그 미지의 세계를 준비해온 것은 아닐까? 그렇게 새로운 현상의 가능성을 타진하는 중 내 생존의 욕망은 새로운 생명의 기미에 그 민감한 촉수를 들이대고 있었던 것이 아닐까? 일찍이 새로운 미래를 예언한 자들은 신학자가 아니라 예술가요 작가요 시인이었다는 엄연한 사실을 새삼 떠올려본다. 그들이 오래 전 띄워 올린 상상 세계의 상당 부분이 결국 오늘날의 현실이 되고야 말았다는 부인할 수 없는 역사의 증언을 어쩔 텐가. 그렇다면 그것은 진보일까? 퇴락일까? 분망한 노상에서 얼떨결에 만난 복제인간 1호의 환영은 현란한 햇살의 아지랑이와 겹쳐 내 혼미한 의식을 온갖 호기심과 의혹의 바람으로 부채질한다. 복제인간의 세계, 그것은 기대할 만한 따스한 미래일까? 염려로 가득 찬 차가운 부정의 대상일까?

2. 생명과 과학이 엉기는 맥락

고백하자면 나는 과학의 전문적 지식에는 거의 문외한이다. 여기서 과학은 물론 자연과학이다. 그 범주에는 우주물리학, 생명공학, 유전공학 등 최근 인간과 이 세상의 생명을 대상으로 연구하는 최첨단 전위 과학이 온갖 망라되어 있다. 나는 그러한 과학 분야의 지식이 매우 협소하게 제한되어 있는 사람이지만 '과학'이란 말을 사랑하는 사람이기도 하다. 당연히, 그 말에 대한 사랑은 그 말 속에 담긴 실제 내용에 대한 관심과 애정까지도 포괄한다. 심지어 나는 내가 전공으로 업을 삼은 학문 분야인 '신약성서학'을 당당히 '과학'(Wissenschaft)의 범주로 생각할 정도로 과학에 애착이 크다. 나는 과학을 인본주의의 산물로, 순전한 신앙을 신본주의의 귀결로 간편하게 이분화시켜 전자를 배격하고 후자에 함몰되는 자세를 그리 건강한 것으로 보지 않는다. 나는 하나님의 외연을

넓게 확대하여 차라리 과학을 하나님으로부터 기원한 은총의 선물로 보고자 하는 입장에 가깝다.[1]

하나님의 창조의 결과로 주어진 이 세상은 신성한 신의 강역인 동시에 끊임없이 궁리하고 재해석되어야 할 연구의 대상이다. 하나님은 이 땅을 인간에게 맡기면서 그러한 은총을 허락했다고 본다. 인간에게 '영원을 사모하는 마음'(전 3:11)을 주신 하나님은 그 영원을 지향하는 인간의 마음속에 이 세상을 색다르게 해석하고 색다르게 관리할 만한 호기심과 지적 탐구의 역량 또한 허여했다고 보는 것이 정상이다. 그것은 일종의 감추어진 달란트, 계발되어야 할 은사, 활용되어야 할 잠재력일 터이다. 그렇지 않다면, 기실 '영원을 사모하는 마음'에는 영원다운 영원이 있을 수 없다. 그 영원은 한정된 영원이 되겠고, 그것은 엄밀한 의미에서 영원일 수 없다. 나는 내가 못났음에도 불구하고, 유한한 존재임에도 불구하고, 이 세계를 향해 여전히 항존하는 하나님의 무한과 그것에 걸맞은 관후함을 믿고 싶다. 그것이 오늘날까지 최후의 심판이 유예되는 까닭이라고 생각한다.

과학이 벌이는 실험은 시행착오의 연속이다. 불완전한 방법과

---

[1] 과학에 문외한인 내가 스스로의 처지를 반성하며 공부하려고 몇 권의 책을 사서 읽기 시작하고 있다. 내가 손에 잡은 이 책들은 공통적으로 과학과 신학의 대화에 초점을 맞추고 있으며 그 방법론은 대체로 개방적이다. 미하엘 벨커 · 존 폴킹혼 엮음 / 신준호 옮김, 『종말론에 관한 과학과 신학의 대화』(서울: 대한기독교서회, 2002); 한국조직신학회 엮음, 『과학과 신학의 대화』(서울: 대한기독교서회, 2003); 김균진 · 신준호 공저, 『기독교 신학과 자연과학의 대화』(서울: 대한기독교서회, 2004) 참조. 또 최근에는 6인의 국내 과학자들이 한 월간지에서 신과 과학의 긴밀한 접속과 만남을 적극적으로 전망하는 토론을 벌이기도 했다. 조성식(사회 · 정리), "과학과 신(神)의 만남," 『신동아』(2007 / 10), 166 - 193 참조.

불투명한 결과에 대한 우려로 머뭇거린다면 그 실험은 아예 변죽만 울리다가 종치기 십상이다. 실험은 곧 도발적인 정신이다. 무언가 미지의 것을 앎의 세계로 끌어들이는 과정에서 이른바 '과학적'이라는 관형어가 붙은 온갖 방법들이 동원되게 마련이고, 그 과정에서 치러지는 비용이 어마어마한 규모라는 것을 나는 잘 알고 있다. 보기에 따라 무모한 그 도전 정신과 투자 의욕이 오늘의 상당 부분을 있게 하였으리라는 점 또한 자명하다. 그러한 역사의 흐름에 딴죽을 걸고 억제를 가한 자폐적 권위주의 세력들이 실제로는 기존 질서의 보호라는 미명하에 기득권 챙기기에 정신없었다는 점도 모르지 않는다. 그들에게 없었던 그 '정신'은 오늘날의 과학을 있게 한 그 '정신'과 사뭇 다르다. 전자가 수구 정신, 자조 정신, 패배 정신이라면 후자는 도전 정신, 개척 정신, 창조 정신이므로.

그러나 오늘날의 과학은 그들이 지불한 그간의 비용에 대하여 반성이 더딘 반면 지나치게 서두른다. 스피드 시대의 과학은 조급하며 안달하기 일쑤이다. 특히, 생명을 다루는 과학이 무성찰적인 자기만족에 빠져 가속화되는 생산성을 따라가다보면 이 또한 응당 있어야 할 '정신'을 빠트린다. 물론, 그 정신없는 자리에서 이웃의 얼굴은 보이지 않는다. 여기서 그 '얼굴'은 책임을 묻고 있는 호소의 얼굴이다.[2] 과학이 생명의 존엄함을 외면한 채 사물화, 심지어 물신화되는 것을 방치할 수 없다는 내성적 양심의 얼굴이다. 예수와 하나님의 이름으로 학대받은 뭇 생명들이 오늘날 신학의 반성을 냉엄하게 요구하고 있듯이, 과학의 발전 결과 피폐해진 세상과

---

[2] 엠마누엘 레비나스 / 강영안 옮김 『시간과 타자』(서울: 문예출판사, 1996) 참조. 그에 의하면, 인간의 실존적 관계는 어떤 경우이든 "타자와 얼굴과 얼굴을 마주한 관계"이며(91), "얼굴과 얼굴을 마주한 상황은 진정한 시간의 실현이다"(93).

살육당한 생명들의 얼굴은 그 피 묻은 표정을 우리 시대에 들이밀며 신원의 탄식, 회개의 주문을 던지곤 한다.

역사에는 에누리가 없다. 가령, 생산성 증대를 위해 개발된 농약이 땅과 물속에 들어가고 그것을 흡입한 지상의 생명들이 점점 부조리한 죽음의 늪 속으로 침전해가는 것이 그 에누리 없는 이치의 일례이다. 유전공학, 생명공학 등 눈부시게 질주하는 이 시대의 과학에는 물신주의의 논리에 휘둘린 나머지 반성하는 주체의 얼굴이 희미하고, 다정하게 마주보며 화답하는 이웃의 얼굴이 무색해진다. 한 생명을 희생한 대가로 다른 생명을 보양하는 과학, 한 생명을 이롭게 하기 위해 다른 생명을 해코지하는 과학에는 윤리가 없다. 윤리적 지향성이 무시되는 과학의 표정은 너무나 딱딱하고 차가우며 비생명적이다. 바로 이 지점에서 과학의 공과가 선명하게 갈라진다.

3. 생명을 꽃피우는 지혜

현존하는 삶으로서의 개인적 생명이나 그 분깃으로서의 소유를 칭하는 헬라어 '비오스'(*bios*)와 신학적 생명 개념을 통칭하는 '조에'(*zōē*)가 날카롭게 차별화되는 경향이 있지만, 그것은 지나친 이분법이다. 보는 시각에 따라 다소간의 차이야 어쩔 수 없겠지만, 넓게 그 개념의 외연을 확대시켜 보면 이 두 단어는 한 꼭짓점에서 만난다.3) 현존하는 일상적 삶과 그 삶이 지향하는 삶 너머의

---

3) 고전적 개념으로 *zōē*는 사물과 구별되는 모든 생물체의 신체적 활력 또는 생기를 가리켰다. 스토아 철학에서도 이 개념은 모든 피조물과

삶은 따로 떨어진 둘일 수 없다. 예수 안에서 얻는 신앙적 삶으로서의 생명도 일상의 목숨이 버텨줄 때에야 가능한 것이다. 영생의 그림자로서의 생명이란 그 영생을 바라볼 수 있는 희망의 공간, 그 공간의 가시적 토대를 이루는 신체적 삶의 궁극일 따름이다. 이렇듯, '비오스'든, '조에'든, 그 개념의 생명지향성은 예외 없이 하나님의 은총에 따른 선물이요, 꽃 피울 만한 참다운 가치이다.

신약성서에서 생명은 그 무엇으로도 환원할 수 없는 무한의 가치이다. 그것은 온 천하를 다 주더라도 바꿀 수 없는, 각자에게 고유하고 독특한 유일무이의 가치이다(마 16:26). 특히, 인간의 생명은 천부 하나님이 그 머리카락까지 세고 있을 정도로 그 탄생과 성장, 죽음에 이르는 일련의 과정을 세심하게 배려받는 소중한 가치인 것이다. 이 세상은 죄악의 어둠이 관영한 공간이라고 한다. 그것은 저주와 살인, 질시와 음모, 불의와 부정, 크고 작은 싸움이 끊이지 않는 세상, 곧 심판의 대상이 되는 세상이다. 그런데 그 세

신을 통틀어 그 생동하는 힘을 가리키는 의미로 광범위하게 적용되었다. 헬레니즘 시대에 *zōē*는 *bios*와 유사어로 사용되면서 서로 공존하는 개념으로 이해되었다. 다만 구별된다면, *bios*가 개인에게 깃든 현재의 생명이나 그 생명의 지속 기간을 나타내는 뜻으로 구체화된 것이다. *zōē*와 *bios*를 비교적 날카롭게 구분한 경우는 영지주의 사상에서 발견된다. 이 사조에 따르면 *zōē*는 신적인 생명을 암시하는데 이는 영적인 성장 과정에서 성취되는 진정한 생명으로 단순히 육체적 생기 내지 활력을 뜻하는 *bios*와 구별된다. 신약성서에는 이와 같은 생명 이해의 흐름이 두루 반영되어 한편으로 *zōē*를 인간의 자연적인 죽음과 대립되는 자연적인 생명으로 보는 동시에 다른 한편으로 구원론적 맥락에서 죽음 이후의 미래 생명, 즉 진정한 생명으로서의 영원한 생명으로 조명한다. 그렇다고 신약성서가 이러한 맥락에서 *zōē*를 앞세워 현재의 생명을 무시하거나 신학적 개념으로서의 *zōē*를 *bios*와 이분법적으로 대립하는 것은 아니다. Bultmann, "ζάω, ζωή(βιόω βίος)," *TDNT* vol. Ⅱ, 832–875 참조.

상은 역설적으로 하나님의 무한한 사랑의 대상이 된다. 하나님이 지으신 피조물이므로, 하나님은 그 세상의 볼썽사나운 현상을 감내하면서 그 세상을 처절한 애정으로 감싸 안는다. 독생자 예수를 이 땅, 이 세상에 보낸 까닭인즉 하나님이 이 세상을 그러한 엄청난 대가를 치르고서라도 사랑하기 위한 것이었다고 하지 않는가 (요 3:16).

그 아버지에 그 아들이라서 예수는 그의 지상 사역을 통해 굶주린 생명을 먹이고, 병들고 상한 생명을 고치며, 절망 속에 허덕이는 생명을 희망의 길로 안내했다. 이와 같은 안돈과 보양의 생명 사역은 생명을 실험용으로 사물화하거나 물량주의에 집착하여 많고 큰 것을 위해 적고 작은 것을 버리는 수리적 타산과는 거리가 멀었다. 오히려 역으로, 그는 지극히 작고 초라한 생명, 길 잃은 한 마리의 어린양에 주목할 정도로 생명을 향해 투철한 정의감으로 일관했다. 고아와 과부의 아버지인 하나님의 방식대로 그 아들 예수는 이 땅에 피폐해진 가난한 생명의 후원자로 흔쾌히 앞장선 것이다.

그 아버지와 그 아들이 사랑하며 온갖 정성으로 돌본 이 땅, 이 세상은 그저 텅 빈 허공일 뿐인가? 아니다. 그렇지 않다. 이 세상은 여전히 사물화된 생명이 우글거리며 서로 잡아먹고 잡아먹히는 생명 파탄의 공간, 아비규환의 대지이다. 그렇다. 그 세상은 생명의 빛으로 충일한 세상이로되, 그 빛이 신성의 빛을 싫어하여 점점 어둠이 되어버린 컴컴한 세상이다. 예수는 그 세상에 생명을 소생시키고 풍요롭게 하는 생명의 빛(요 1:4, 8:12), 생명의 떡(요 6:35, 48), 생명의 물(요 4:14; 계 22:17), 혹은 생명의 근원(행 3:15)으로 왔다는 것이다. 예수 스스로 자신을 생명 자체로 선포한 것(요 14:6)은 바로 저러한 연유에서다. 예수의 사역에 뒤이어 구원 사역을 지속시켜나가는 성령 또한 '생명의 영'으로 우리 가운데 현존한다(롬 8:2; 계 11:11). 그러므로 예수와 성령의 사역에 감화된 무리들이 그 왜곡된 생명의 질서를 의롭게 되는 방향으로 복구시키고(롬 2:18), 그 생명의 갱신을 추구하는 것(롬 6:4)은 당연한 일이다. 이러한 신약성서의 생명지향성은 영생을 궁극 목표로 하기에 마지막 심판의 책도 생명의 책으로 등장하고(계 3:5, 17:8, 21:27), 내세의 생명을 위한 나무는 생명의 나무로(계 2:7, 22:2, 14, 19), 새 예루살렘성에 입성할 자들을 위한 보상은 생명의 면류관(계 2:10)으로 각각 묘사될 정도다.

그러나 그처럼 아름다운 생명 세상의 비전은 다분히 존재론적 지평 위에 명멸할 뿐, 얼핏 인간론적 현실과는 동떨어진 감을 준다. 그것은 생명이 단순히 아름다운 선물일 뿐 아니라 운용하기에 따라 위험과 위기의 조건으로 돌변할 수도 있기 때문이다(롬 8:38). 생명을 인식하되 그 생명의 근원인 하나님을 의식하지 않는다면 우리는 그 어떤 생명에서도 진정한 타자의 얼굴을 찾아보지 못한다. 타자를 자신의 생명의 연장선상에서 수용하지 못할 때 그 타자는 진정한 타인으로 존립할 수 없다. 거기에 자신의 몸처럼 사랑해야 할 선한 이웃이 자리하지 못하며(막 12:31) 결국 생명의 근원이신 하나님의 생명으로부터 소외되기 때문이다(엡 4:18). 단언컨대, 하나님으로부터 소외될 경우, 그 어떤 생명도 풍요로울 수 없다. 풍요롭게 꽃피어나지 못하는 생명의 영성은 반드시 메말라 퇴락하며 그 즉시로 사물화될 처지에 놓이게 된다.

4. 풍요한 생명 향유의 꿈

과학이 진리 탐구의 방식으로 정당화되고 생명이 그 본연의 가치를 포기할 수 없는 것은 어찌 보면 이율배반적인 상황 아닌가? 그렇다면 생명과 과학이 행복하게 만나는 묘안은 없을까? 나 자신이 소박한 생명인 처지에 더구나 과학의 일선에서 복무하며 과학을 싫어하지 않는 입장에서 눈을 들어 발견한 대안은 다음의 한 구절에 함축되어 있다: "내가 온 것은 양들로 생명을 얻게 하고 더 풍성히 얻게 하려는 것이라"(요 10:10). 여기서 내가 얻는 암시는 생명이 단지 존재 자체를 목적으로 하지 않는다는 것, 우리 각자가 존재에서 존재자로 전이될 때 생명의 본질은 향유, 그것도 매우 풍요한 향유에 있다는 것이다.[4] 고립된 개체로 자신의 생명을 생명답게 꽃피워낼 수 있는 경우는 그 어느 곳에도 없다. 생명의 본질이 향유라고 한다면 그 향유의 본질은 사귐에 있기 때문이다. 사귐은 인격적 수용이 있는 곳에서 가능하고 그때 고립된 존재로서의 오만한 개체는 타자와 얼굴을 맞대는 겸허한 주체가 된다.

이 판단의 준거에 비추어 과학의 철저한 자기 성찰은 필연적이다. 과연, 과학은 그간 생명의 생명다운 가치에 부응하는 향유의 어건 조성에 얼마나 공헌해왔는가? 유전공학, 생명과학은 인간 생명 및 삼라만상의 뭇 생명들에게 그 풍성한 즐김과 누림의 심화(단순히 '증대'가 아니라)에 얼마나 이바지할 수 있을까? 설사 복

---

4) 생명의 향유는 특히 죽음을 눈앞에 두고 삶의 소중한 가치를 내면화하는 자리에서 명징하게 의식되며 그 신학적 의미 또한 빛을 발한다. 차정식, "향유(香油), 그리고 향유(享有)," 『묵시의 하늘과 지혜의 땅』(서울: 대한기독교서회, 2001), 287-298 참조.

제인간 1호의 탄생이 거스를 수 없는 역사의 흐름으로 짜여간다고
할지라도, 하여 자연과 인공의 차이가 점점 더 희박해진다고 하더
라도, 물신 자본의 위력에 마냥 휘둘려 꿈틀거리는 생명이 하나님
으로부터 소외된다면, 그리하여 끝내 이웃의 얼굴을 달지 못한다
면, 그로써 생명 본연의 영성을 풍요롭게 꽃피워낼 수는 없는 노
릇이다. 그 풍요한 향유의 대상, 아니 그 주체는 물론 인간 중심의
이기적인 생명주의 노선을 벗어나 모든 피조물과의 연대와 영적
소통을 전제로 하는 범우주적 '샬롬'의 세계이다.

　이제 과학은 그 첨단의 지식과 기술을 생명이라는 거울에 비추
어 현재의 위치를 점검하고 그 미래의 방향을 조율할 시점에 다다
랐다. 마찬가지로, 전근대의 미망에 사로잡힌 성서주의자들은 일방
적인 자위와 자폐의 꿈을 접고 개과천선하여 과학의 진로에 계시
의 빛을 던질 때도 되었다. 당연히, 그것은 꽃피어나는 풍요로운
생명의, 생명을 위한 과학, 뭇 생명의 인격적 '얼굴'에 집중하는
윤리라는 화두를 통과해야 한다. 생명…… 그리고 과학…… 그 사
이, 비록 내 생명 하나를 보듬는 데조차도 서툰 형편이건만, 나는
그 틈서리를 비집고 피어오르는 희미한 희망의 기운을 본다. 과학
이 서두르다가 절망한 자리, 생명이 피폐해지고 어지러운 공간, 그
막막한 이 시대의 폐허에 맴도는 신음소리를 딛고 새롭게 비상하
는 하나님의 날개. 그 신성이 발현하는 곳에, 새로이 꿈꾸며 소망
컨대, 피어나라, 모든 가멸찬 생명의 꽃! 훈훈한 부활의 영성! 인
격적인 과학의 얼굴!

　***

　이 글을 쓴 지 한 4년쯤 시간이 흘렀다. 2005년 현재, 한국은

황우석 신드롬으로 요란하다. 서울대 황우석 교수는 세계 최초로
체세포(피부세포)를 이용하여 '만능세포'로 알려진 배아줄기세포를
만들어내는 데 성공했다. 지난해, 역시 세계 최초로 인간복제배아
에서 줄기세포를 추출하는 데 성공한 사건에 이후 또 다른 개가를
부른 것이다. 올해의 성과는 면역거부반응이 없는 것이고, 난치병
치료의 가능성을 획기적으로 앞당겼다는 점에서 세계 언론의 떠들
썩한 주목을 받았다. 18세기 산업혁명에 비견되는 21세기 바이오
혁명이라는 찬사가 이 업적에 바쳐졌다. 황 박사는 암, 당뇨, 치매,
척추장애 등의 난치병 치료에 그 연구 성과를 실용화시키기까지
앞으로 4-9년쯤 걸릴 것이라고 했다. 이에 대하여 그는 난치병
치료를 위해 열어야 할 6-7개의 문 가운데 4개를 한꺼번에 연
것과 같다고 비유로 설명했다.

비록 유엔 총회는 치료목적을 위한 인간 배아줄기세포의 연구조
차 금지하는 결의안을 통과시켰지만, 국내에서는 일부 종교계의
반대에도 불구하고 7월 30일 정부 차원에서 배아 연구를 승인하는
첫 결정을 내렸다. 세계줄기세포은행이 10월 19일 문을 연다는 뉴
스가 귓전을 스치고, 최근 복제인간에 대한 영화 '아일랜드'가 개
봉 일주일 만에 관객 150만 명을 동원했다는 보도도 들린다. 황우
석 박사는 인간복제가 과학적으로 실현가능하기까지는 앞으로 100
년의 세월이 더 걸릴 것이라고 조심스럽게 전망했지만, 점점 더
그 시일이 앞당겨지고 있다는 느낌만은 지울 수 없다. 이러한 조
짐을 확인시켜주기라도 하듯, 2005년 8월 초 현재, 그는 그토록
어렵다는 개의 복제에 성공하여 또 한 차례 매스컴의 조명을 받는
다. 그의 신기술 발견을 획기적인 개가로 선전해대는 칭송의 소리
들은 사위로 화려하게 난무하는데도 나는 그 조명발의 그늘을 미

리 보며 현기증을 느낀다.

 과학은 이렇게 도도한 강물처럼 앞으로 나가고 있다. 그것은 연구의 관성에 의해 가속도가 붙으면서 급하게 서두른다. 이 연구 성과의 실용화로 국가 산업이 부흥되고 막대한 이득을 볼 수 있으리라는 정부기관과 다중의 기대가 한층 더 뜨겁게 달아오르고 있다. 난치병 환자의 갈망은 두 말하면 잔소리다. 무엇보다 심각한 문제는 그러한 열기가 생명의 상품화를 더 채근하고 있으며 그것에 반비례하여 인간의 얼굴을 한 과학의 희망은 그 성찰의 내공과 함께 점점 더 옅어지고 있다는 점이다. 아무리 완벽하게 준비해놓아도 미세한 오차로 인해 우주선이 폭발하고 아무리 조심스럽게 수술을 해도 예상치 못한 부작용으로 고쳐놓은 생명이 급사하기도 하는 법이다. 인간이 하는 일은 이렇게 과학으로 메울 수 없는 우발성의 틈새가 있다. 그러니 과학의 그 서두름과 채근은 인간의 생명을 더욱 어지럽게 할 수도 있는 것이다. 특히 자본의 논리에 맹목적으로 이끌린 선정적 부추김이 숨기고 있는 보이지 않는 소수의 음모와 그 위험에 대하여 모두 경성할 필요가 있다. 이에 대하여 신학은 과학을 존중하는 마음으로 좀더 나지막하게, 천천히 말하고, 좀더 신중하게 인간의 생명을 배려하라고 토닥일 수 있어야 한다. 복제인간이 현실화된 상황에서 그로 인한 부작용을 어떻게 없앨 수 있을지, 그렇게 하지 못한다면 어떻게 그 부작용을 줄일 수 있는지 꼼꼼하게 따져봐야 한다. 그것의 작은 선물에 들려 희희낙락하기보다 그 선물이 재앙이 될지도 모르는 최악의 가능성에 대해 비관적인 견제도 필요하다.

 그렇게 밀고 당기며, 또 설득당하고 타이르며 신학과 과학은 함께 갈 수밖에 없는 운명이다. 그 공동 운명체 속에, 어떻게 어떤 경로로 이 땅에 나왔든지 이 땅에 생명의 이름으로 호흡하며 기동하는 모든 존재들은 생명의 궁극적 근원인 하나님의 이름으로 두루 신성하다. 특히, 인간일 경우, 그 생명이 천하보다 귀하다는 예수의 말씀은 변함없이 타당하다. 인간의 생명이 인간 아닌 것으로 물화될 위기에서 신학은 과학을 견제하면서 과학과 더불어 싸워야 한다. 생명의 그 존엄함을 짓밟으며 그 본연의 가치를 무시하도록 채근하는 모든 악의 세력을 부릅뜬 눈으로 직시하면서 말이다. 우리는 반(反)생명이 절대 악인 시대에 살고 있다. 서두르는 과학의 행보에 점점 더 어지럼증을 느끼면서!

***

2006년 3월 24일 현재. 줄기세포를 앞세운 황우석 사단의 신화적 사건은 희대의 사기극으로 종결되었다. 그는 재직하던 대학에서 파면되었고 정부로부터 수여받은 최고 과학자의 영광도 압수되었다. 그와 함께 작업한 동료교수들도 대다수 징계를 받아 참담한 자괴감에 시달리고 있다. 결국 서두르던 과학의 행보는 단 한 건의 스캔들로 휘청거리게 되었고, 그 여파로 이 시대의 고단한 생명들은 한층 더 심각한 현기증에 시달리게 되었다. 그래도 과학은 포기될 수 없다. 이 스캔들을 빌미로 신학은 과학 앞에 쾌재를 부를 수 없다. 다시 몸을 추슬러 인간과 생명을 존숭하는 마음을 회복하여 다시 실험실로 들어가야 한다.

***

2007년 10월 현재, 황우석 박사는 결국 날개 없이 추락하던 행보를 접고 태국으로 들어가 연구에 매진하고 있단다. 줄기세포를 만들어 나오든지, 죽어 나오든지 둘 중의 하나가 될 것이라며 결의를 내비치기도 한다. 부디 그의 '과학'이 너무 심하게 그 자신과 이웃들의 생명을 채근하지 않길 바란다. 오히려 더디지만 실팍하게, 그의 그 잠재 기술이 이 땅의 망가진 생명들을 부추기고 살리는 하나님의 은총으로 거듭나길 바란다.

|참고문헌|

Abel, E. L. "The Genealogies of Jesus O CRISTOS." *NTS* 20(1974), 206 – 210.

Abernathy, David. "Christ as Life – giving Spirit in 1 Corinthians 15:45." *IBS* 24(2002), 2 – 13.

Arbiol, Carlos J. Gil. "Overvaluing the Stigma: An Example of Self – Stigmatization in the Jesus Movement(Q 14:26 – 27; 17:33)." *BTB* 34 / 4(2004), 161 – 166.

Asher, Jeffrey R. "Σπείρεται: Paul's Anthropogenic Metaphor in 1 Cor 15:42 – 44." *JBL* 120 / 1(2001), 101 – 122.

Attridge, Harold W. *Hebrews*. Philadelphia: Fortress Press, 1989.

Bachelard, Gaston. *The Psychoanalysis of Fire*. tr. by Alan C. M. Ross. Boston: Beacon Press, 1964.

Barrett, C. K. *A Commentary on the First Epistle to the Corinthians*. Peabody, MA: Hendrickson Publishers, 1968.

_____. *A Commentary on the Second Epistle to the Corinthians*. Peabody, MA: Hendrickson Publishers, 1973.

Bauckham, R. "The Lukan Genealogy of Jesus." *Jude and the Relatives of Jesus in the Early Church*. Edinburgh: T. & T. Clark, 1990, 315 – 373.

_____ / 박경미 역. 『요한복음』 1권. 서울: 한국신학연구소, 1984.

Bennema, C. "The Sword of the Messiah and the Concept of Liberation in the Fourth Gospel." *Biblica* 86 / 1(2005), 35 – 58.

Berger, K. "Die Königlichen Messiastraditionen des Neuen

534

Testaments." *NTS* 20(1972 – 73).

Best, E. "Mark's Use of the Twelve." *ZNW* 69(1978), 11 – 35.

Betz, H. D. *Galatians*. Philadelphia: Fortress Press, 1979.

_____. *2 Corinthians 8 and 9*. Philadelphia: Fortress Press, 1985.

_____. "Christianity as Religion: Paul's Attempt at Definition in Romans." *JR* 71(1991), 315 – 344.

_____. "Hellenism." *ABD* vol.3(1992), 127 – 135.

_____. *The Sermon on the Mount*. Minneapolis: Fortress Press, 1995.

Betz. "στίγμα." *TDNT* vol. Ⅶ, 657 – 664.

Boring M. Eugene et al ed. *Hellenistic Commentary to the New Testament*. Nashville: Abingdon Press, 1995.

Borsch, F. H. *The Son of Man in Myth and History*. Philadelphia: Westminster John Knox Press, 1967.

Brandon, S. G. F. *Jesus and the Zealots*. New York: Charles Scribner, 1967.

Bregman, Lucy. *Death in the Midst of Life: Perspectives on Death from Christianity and Depth Psychology*. Grand Rapids, MI: Baker Book House, 1992.

Brown, M. J. "'Panem Nostrum': The Problem of Petition and the Lord's Prayer." *JR* 80 / 4(2000), 595 – 614.

Brown, Raymond E. *The Birth of the Messiah: A Commentary on the Infancy Narratives in the Gospels of Matthew and Luke*. New York: Doubleday, 1993.

Bultmann, R. "ζάω, ζωή(βιόω βίος)." *TDNT* vol. Ⅱ, 832 – 875.

_____. *Theology of the New Testament*. Tr. by Kendrick Grobel, vol.1. New York: Charles Scribner's Sons, 1951.

_____. *The History of the Synoptic Tradition*. Tr. by John Marsh. New York and Evanston: Harper & Row, 1968.

Carter, Edward J. "Toll and Tribute: A Political Reading of Matthew 17.24-27." *JSNT* 25 / 4(2003), 413.

Carter, W. "Paying the Tax to Rome as Subversive Praxis: Matthew 17.24-27." *JSNT* 76(1999), 3-31.

Cha, Jung-Sik. "*Diamartyria* and the Ordination of Jewish Christian Teachers." *AsJT* 13 / 1(1999), 124-158.

_____. "Jesus' Self-portrait as a Human and Its Theological Implications." *Korea Journal of Christian Studies* 51(2007 / 5), 101-116.

Choi, Hung-Sik. "A Study of δικαιοσύνη in Matthew." *Korea Journal of Christian Studies* 39(2005), 47-64.

Collins, A. Y. "Apocalypses and Apocalypticism(Early Christian)." *ABD* vol.1, 288-292.

Collins, John J. "The Zeal of Phinehas: The Bible and the Legitimation of Violence." *JBL* 122 / 1(2003), 3-21.

Conzelmann, H. *1 Corinthians*. Tr. by James W. Leitch. Philadelphia: Fortress Press, 1975.

Crawley, A. E. "Fire, Fire-gods." James Hastings ed. *Encyclopaedia of Religion and Ethics*, vol. II. Edinburgh: T&T Clark, 1981, 26-30.

Crossan, John D. *The Historical Jesus: The Life of a Mediterranean Jewish Peasant*. SanFrancisco: Harper, 1991, 303-353.

Danove, P. "The Rhetoric of the Characterization of Jesus as the Son of Man and Christ in Mark." *Biblica* 84 / 1(2003), 16-34.

Davies, G. I. "Wilderness Wanderings." *ABD* vol.6, 912-914.

Derrett, J. Duncan M. "The Reason for the Cock-crowings." *NTS* 29(1983), 142-144.

_____. "A Camel Through the Eye of a Needle." *NTS* 32(1986),

465 – 475.

deSilva, David A. "Despising Shame: A Cultural – Anthropological Investigation of the Epistle to the Hebrews." *JBL* 113 / 3(1994), 439 – 461.

Dibelius, M. *James*. Tr. by Michael A. Williams. Philadelphia: Fortress Press, 1975.

Dombrowski, Daniel A. *The Philosophy of Vegetarianism*. Amherst, MA: University of Massachusetts Press, 1984.

Donahue, J. R. "Recent Studies on the Origin of 'Son of Man' in the Gospels." *CBQ* 48(1986), 584 – 607.

Dozeman, Thomas B. "The Wilderness and Salvation History in the Hagar Story." *JBL* 117 / 1(1998), 23 – 43.

Duling, Dennis C. "Testament of Solomon." *ABD* vol.6, 117 – 119.

Dunn, James D. G. *Romans 9 – 16*, WBC vol.38. Dallas, TX: Word Books, Publisher, 1988.

_____. *Jesus, Paul, and the Law*. Louisville, Kentucky: Westminster / John Knox Press, 1990.

Eliade, M. / 이은봉 옮김. 『종교형태론』 서울: 한길사, 1996.

Elliott, John H. *A Home for the Homeless: A Sociological Exegesis of 1 Peter – Its Situation and Strategy*. Philadelphia: Fortress Press, 1981.

_____. "Jesus Was Not an Egalitarian: A Critique of an Anachronistic and Idealist Theory." *BTB* 32 / 2(2002), 75 – 91.

Engberg – Pedersen, Troels ed. *Paul in His Hellenistic Context*. Minneapolis: Fortress Press, 1995.

Firmage, Edwin. "Zoology." *ABD* vol.6, 1109 – 1167.

Fitzmyer, Joseph A. *The Gospel according to Luke X – XXIV*. Garden City, NY: Doubledayy, 1985.

Foerster. "εἰρήνη." *TDNT* vol. II, 400 – 420.

Freed, E. D. "The Women in Matthew's Genealogy." *JSNT* 29(1987), 3 – 19.

Freyne, Seán. "Hellenistic / Roman Galilee." *ABD* vol.2, 895 – 899.

_____. "Sea of Galilee." *ABD* vol.2, 899 – 901.

_____. "The Galileans in the Light of Josephus' *Vita*." *NTS* 26(1980), 397 – 413.

_____. "Galilee – Jerusalem Relations in the Light of Josephus' *Life*." *NTS* 33(1987), 600 – 609.

_____. *Galilee, Jesus and the Gospels*. Dublin and Philadelphia: Fortress Press, 1988.

_____. *Galilee from Alexander the Great to Hadrian 323 BCE to 135 CE: A Study of Second Temple Judaism*, new edition. New York: T. & T. Clark Publishers, 1998.

_____. "Galilee as Laboratory: Experiments for New Testament Historians and Theologians." *NTS* 53 / 2(2007), 147 – 164.

Gibbs, Jeffrey A. "Israel Standing with Israel: The Baptism of Jesus in Matthew's Gospel(Matt 3:13 – 17)." *CBQ* 64 / 3(2002), 511 – 526.

Grässer, Erich. *Der Glaube im Hebräerbrief*. Marburg: N. G. Elwert Verlag, 1965.

Grunfeld, I. *The Jewish Dietary Laws*. New York: Soncino Pr Ltd, 1989.

Habel, Norman C. *The Land Is Mine: Six Biblical Land Ideologies*. Minneapolis: Fortress Press, 1995.

Haenchen, Ernst. *The Acts of the Apostle: A Commentary*. Philadelphia: The Westminster Press, 1971.

_____. *John 1 & 2*. Tr. by Robert W. Funk. Philadelphia: Fortress Press, 1984.

Hamm, Dennis. "Faith in the Epistle to the Hebrews: The Jesus

Factor." *CBQ* 52(1990), 270 – 291.

Handy, Lowell K. "Serpent(Religious Symbol)." *ABD* vol.5, 1113 – 1116.

_____. "Bronze Serpent." *ABD* vol.5, 1117.

Harrison, J. E. "Mountains, Mountain – Gods." James Hastings ed. *Encyclopaedia of Religion and Ethics*, vol. Ⅷ. Edinburgh: T&T Clark, 1981, 863 – 869.

Hedrick, Charles W. "Paul's Conversion / Call: A Comparative Analysis of the Three Reports in Acts." *JBL* 100 / 3(1981), 415 – 432.

Heil, J. P. "The Narrative Roles of the Women in Matthew's Genealogy." *Biblica* 72 / 4(1991), 538 – 545.

Higgins, A. J. B. *The Son of Man in the Teaching of Jesus*, SNTSMS 39. Cambridge: Cambridge University Press, 1980.

Horsley, Richard A. *Galilee: History, Politics, People*. Valley Forge, PA: Trinity Press International, 1995.

Hultgren, A. J. "Forgive Us, As We Forgive(Matthew 6:12)." *Word & Word* 16 / 3(1996), 284 – 290.

Janzen, W. "Land." *ABD* vol.4, 143 – 154.

Jeremias, Joachim. *The Parables of Jesus*. London: SCM Press Ltd, 1972.

Jervis, L. Ann. "Suffering for the Reign of God. The Persecution of Disciples in Q." *NovT* 44 / 4(2002), 313 – 332.

Johnson, Luke Timothy. "The Mirror of Remembrance(James 1:22 – 25)." *CBQ* 50(1988), 636.

Johnson, M. D. *The Purpose of the Biblical Genealogy with Special Reference to the Setting of the Genealogies of Jesus*, SNTSMS 8. Cambridge: Cambridge University Press, 1969.

Jones, Larry Paul. *The Symbol of Water in the Gospel of John*.

Sheffield: Sheffield Academic Press, 1997.

Jones, Richard N. "Paleopathology." *ABD* vol.5, 60 – 69.

Käsemann, E. *The Wandering People of God.* tr. by Roy A. Harrisville and Irving L. Sandberg. Minneapolis: Augsburg Publishing House, 1984.

Keck, L. "The Poor among the Saints in Jewish Christianity and Qumran." *ZNW* 57(1966), 100 – 129.

Kee, Howard Clark. *Medicine, Miracle and Magic in New Testament Times.* Cambridge: Cambridge University Press, 1986.

_____. "Medicine and Healing." *ABD* vol.4, 659 – 664.

Kennedy, Charles A. "Cult of the Dead." *ABD* vol.2, 105 – 108.

Kim, S. K. *The "Son of Man" as the Son of God,* WUNT 30. Tübingen: J. C. B. Mohr, 1983.

Klassen, William. "Jesus and Phineas: A Rejected First Century Role Model." *SBL Seminar Papers*(1986), 490 – 500.

_____. "Judas Iscariot." *ABD* vol.3, 1091 – 1096.

Kloppenborg, John S. *The Formation of Q.* Philadelphia: Fortress Press, 1987.

Levenson, Jon D. *Creation and the Persistence of Evil: The Jewish Drama of Divine Omnipotence.* SanFrancisco: Harper, 1988.

Lewis, Theodore J. "Abode of the Dead." Tr. by J. D. Martin, *ABD* vol.2, 101 – 105.

_____. "Ancestor Worship." *ABD* vol.1, 240 – 242.

Marcus, Joel. "Rivers of Living Water from Jesus' Belly(John 7:38)." *JBL* 117 / 2(1998), 328 – 330.

Malbon, Elizabeth Struthers. "The Jesus of Mark and the Sea of Galilee." *JBL* 103 / 1(1984), 363 – 377.

Malina, Bruce J. *The New Testament World: Insights from Cultural*

Anthropology, 3rd edition. Louisville, Kentucky: Westminster John Knox Press, 2001.

Marshall, I. H. / 강요섭 역. 『루가복음』 2. 서울: 한국신학연구소, 1984.

Mitchell, Margaret M. *Paul and the Rhetoric of Reconciliation.* Tübingen: J. C. B. Mohr, 1991.

Moltmann, Jürgen. *Jesus Christ for Today's World.* Tr. by Margret Kohl. Minneapolis: Fortress Press, 1994.

Morgan, Donn F. *Wisdom in the Old Testament Traditions.* Atlanta: John Knox Press, 1981.

Moxnes, Halvor. "The Construction of Galilee as a Place for the Historical Jesus." Part I, *BTB* 31 / 1(2001), 64–77; Part II, *BTB* 31 / 2(2001), 64–77.

Nickelsburg, G. W. E. "Son of Man." *ABD* vol.6, 137–150.

Park, Eung–Chun. "The Mission Discourse in the Gospel of Matthew." Ph.D. dissertation, The University of Chicago, 1991.

Patrick, James E. "Living Rewards for Dead Apostles: 'Baptised for the Dead' in 1 Corinthians 15.29." *NTS* 52 / 1(2006), 71–85.

Peterson, David. *Hebrews and Perfection.* Cambridge: Cambridge University Press, 1982.

Plummer, Alfred. *A Critical and Exegetical Commentary on the Gospel According to S. Luke*, 5th ed. Edinburgh: T&T Clark, 1977.

Porter, Stanley E. "Levi." *ABD* vol.4, 295.

Reumann, John. "Righteousness(Early Judaism; NT)." *ABD* vol.5, 736–773.

Roads, David. "Zealots." *ABD* vol.6, 1043–1054.

Robinson, James M. *The Problem of History in Mark and Other*

Marcan Studies. Philadelphia: Fortress Press, 1985.

Russel, Jeffrey Burton. *The Devil: Perceptions of Evil from Antiquity to Primitive Christianity*. Ithaca and London: Cornell University Press, 1977.

Saldarini, Anthony J. *Pharisees, Scribes and Saducees in Palestinian Society*. Wilmington, DE: Michael Glazier, 1988.

_____. "Pharisees." *ABD vol.*5, 289‒303.

Sanders, E. P. "Purity, Food and Offerings in the Greek‒Speaking Diaspora." *The Jewish Law from Jesus to the Mishnah*. Philadelphia: Trinity; London: SCM Press, 1990.

_____. "The Sinners." *Jesus and Judaism*. Philadelphia: Fortress Press, 1985, 174‒211.

Schenk. "δικαιοσύνη κτλ.," *TDNT* vol.2, 192‒210.

Schramm, Gene. "Jewish Dietary Laws." *ABD* vol.4, 648‒650.

Schüssler Fiorenza, Elizabeth. *Discipleship of Equals: A Critical Feminist Ecclesiology of Liberation*. New York: Crossroad Books, 1993.

Schwartz, Richard H. *Judaism and Vegetarianism*. New York: Lantern Books, 2001.

Scullion, J. J. "Righteousness(OT)." *ABD* vol.5, 724‒736.

Smiles, Vincent M. "The Concept of "Zeal" in Second‒Temple Judaism." *CBQ* 64 / 2(2002), 282‒299.

Smith, D. E. "Social Obligation in the Context of Communal Meals: A Study of the Christian Meal in 1 Corinthians in Comparison with Graeco‒Roman Community Meals." Th.D. diss. Harvard University, 1980.

_____. "Greco‒Roman Meal Customs." *ABD* vol.4, 650‒653.

Smith, Morton. *Jesus the Magician*. San Francisco: Harper & Row, 1978.

Spencer, Colin. *Vegetarianism: A History.* New York: Four Walls Eight Window, 2004.

Stählin / Grundmann. "ἁμαρτάνω κτλ." *TDNT* vol. I, 267 – 316.

Strack, Hermann L. "Anti – Semitism." *Encyclopaedia of Religion and Ethics.* James Hastings ed. vol.1. Edinburgh: T&T Clark, 1981, 593 – 599

Strange, James F. "Sepphoris." *ABD* vol.5, 1090 – 1093.

Strecker, Georg. *The Johannine Letters: A Commentary on 1, 2, and 3 John.* Tr. by Linda M. Maloney. Minneapolis: Fortress Press, 1996.

Sussman, Max. "Sickness and Disease." *ABD* vol.6, 6 – 15.

Tabor, James D. *The Jesus Dynasty: The Hidden History of Jesus, His Royal Family, and the Birth of Christianity.* New York: Simon & Schuster, 2007.

Taeseong, Roh. *Die Familia dei in den synoptischen Evangelien – Eine redaktions –und sozialgeschichtliche Untersuchung zu einem urchristlichen Bildfeld,* NTOA 37. Göttingen: Vandenheock & Ruprecht / Freiburg: Universitaet Verlag, 2001.

Telford, William R. *The Barren Temple and the Withered Tree: A Redaction –critical Analysis of the Cursing of the Fig –Tree Pericope in Mark's Gospel and Its Relation to the Cleansing of the Temple Tradition.* Sheffield: JSOT Press, 1980.

Theissen, G. "Social Integration and Sacramental Activity: An Analysis of 1 Cor. 11:17 – 34." *The Social Setting of Pauline Christianity: Essays on Corinth.* Ed. & Tr. by J. H. Schütz. Philadelphia: Fortress Press, 1982, 145 – 174.

_____ / 박경미 역. "시로페니키아 여인 이야기에 나타난 지역적 사회적 특성."『신학사상』 51(1985 / 겨울), 815 – 847.

_____. *Social Reality and the Early Christians: Theology, Ethics, and the World of the New Testament*. Minneapolis: Fortress Press, 1992.

Tödt, H. E. *The Son of Man in the Synoptic Tradition*. Santa Ana, CA: Westminster Press, 1965.

_____ / 번역실 역. "하느님의 평화와 세상의 평화." 『신학사상』 48(1985 / 봄), 94 – 107.

Topel, John. "What Kind of a Sign are Vulture? Luke 17:37b." *Biblica* 84 / 3(2003), 403 – 411.

Vancil, Jack W. "Sheep, Shepherd." *ABD* 5, 1187 – 1190.

Vanderkam, James C. "Calendars." *ABD* vol.1, 810 – 820.

Vermes, Geza. *Jesus the Jew: A Historian's Reading of the Gospel*. Philadelphia: Fortress Press, 1973.

von Rad, Gerhard. *Genesis*. Tr. by John H. Marks. London: SCM Press Ltd, 1961.

_____. *Old Testament Theology*. Tr. by D. M. G Stalker. New York: Harper & Row, 1962.

Walker, W. O. "The Son of Man: Some Recent Development." *CBQ* 45(1983), 584 – 607.

Wallace, Howard N. "Garden of Eden." *ABD* vol.2, 281 – 283.

Waterman, Mark, W. *The Empty Tomb Tradition of Mark: Text, History & Theological Struggles*. Los Angeles, CA: Agathos Press, 2006.

Walters, Kerry & Portmess, Lisa. *Ethical Vegetarianism: From Pythagoras to Peter Singer*. New York: State University of New York Press, 1999.

Watson, Lyall / 박용길 역. 『생명조류』. 서울: 고려원미디어, 1992.

Weber, Kathleen. "The Image of Sheep and Goats in Matthew 25:31 – 46." *CBQ* 59(1997), 657 – 678.

Weren, Wim J. C. "The Five Women in Matthew's Genealogy."

CBQ 59 / 2(1997), 288 – 305.

White, Joel R. "'Baptised on account of the Dead': The Meaning of 1 Corinthians 15:29 in its Context." *JBL* 116 / 3(1997), 487 – 499.

Whitekettle, Richard. "Rats are Like Snakes, and Hares are Like Goats: A Study in Israelite Land Animal Taxonomy." *Biblica* 82 / 3(2001), 345 – 362.

Wright, N. T. "Paul, Arabia, and Elijah(Galatians 1:17)." *JBL* 115 / 4(1996), 683 – 692.

Yang, Seung Ai. "The Original Intention of the Longer Version of the Temptation Story of Jesus(Matt 4:1 – 11; Luke 4:1 – 13): A Jewish Story of God's Testing of the Righteous Man Jesus." Ph. D. dissertation, The University of Chicago, 1992.

고세진. "'죽은 자들로 저희 죽은 자들을 장례하게 하라.'"『성서마당』 신창간 4(2005 / 9), 120 – 132.

구춘서. "분노와 신학 형성."『신학비평』 6(2002), 17 – 36.

권용혁 외.『공동체란 무엇인가 – 동서양의 공동체 사상』. 서울: 이학 사, 2002.

그닐카, J. / 박재순 역.『마르코복음』 II. 서울: 한국신학연구소, 1986.

김경재. "그리스도교와 제사문제."『한국문화신학』. 서울: 한국신학연 구소, 1986, 318 – 323.

김경희. "갈라디아서 3:27 – 28을 통해 본 원시 기독교의 평등의 비 전."『신약논단』 7(2000), 48 – 82.

김균진. "양자물리학의 세계관의 생태신학적, 사회 – 정치적 의미." 『한국기독교신학논총』 40(1995), 163 – 191.

김균진 · 신준호 공저.『기독교 신학과 자연과학의 대화』. 서울: 대한 기독교서회, 2004.

김달수. "하나님의 나라와 자율적 섭리 – '스스로 자라는 씨의 비유'(막 4:26 – 29) 연구." 『한국기독교신학논총』 19(2000), 125 – 156.

김동수. 『요한복음의 교회론』. 서울: 대한기독교서회, 2005.

_____. "누가의 방언론." 『신약논단』 14 / 3(2007), 563 – 596.

김득중. 『누가복음』 Ⅱ. 서울: 대한기독교서회, 1993.

김상근. "그리스도교 역사에 나타난 반(反)유대주의(Anti – Semitism) 의 실체: 요한 크리소스톰에서 마르틴 루터까지." 『한국기독교 신학논총』 53(2007), 331 – 358.

김성희. "가난한 과부의 헌금과 로마제국(막 12:41 – 44)." 『신약논단』 14 / 2(2007), 347 – 385.

김승철. 『대지와 바람 – 동양신학의 조형을 위한 해석학적 시도』. 서 울: 다산글방, 1994.

김영민. 『보행』. 서울: 철학과현실사, 2001.

김용성. "신정론의 문제." 『신학사상』 118(2002 / 가을), 167 – 195.

김일곤. "다시 새롭게 공동체를 산다." 『기독교사상』 573(2006 / 9), 62 – 71.

김재성. "예수의 기적 이야기에 나타난 민중의 자기 초월." 『신학사상』 109(2000 여름), 105 – 118.

김재진. "윤동주의 詩想에 담겨진 신학적 특성." 『신학사상』 136(2007 / 봄), 131 – 171.

김진호. 『예수 역사학』. 서울: 다산글방, 2000.

_____. "퇴행적 기독교에서 미학적 기독교로." 『기독교사상』 582(2007 / 6), 38 – 51.

김창락. "예수와 초대 기독교인들의 평화운동." 『기독교사상』 548(2004 / 8), 82 – 94.

김학철. "'너희 선생은 세금을 내지 않는가?' – 마태복음 17:24 – 27에 나타난 마태공동체의 납세와 로마 지배 체제." 『신약논단』 13 / 3(2006), 601 – 629.

_____. "마태복음의 '하늘나라'를 다시 살핌 – '하늘' 가족의 권세와

상과 '하늘나라'." 『신약논단』 14 / 1(2007), 1 - 37

_____. "마태복음의 예수와 땅." 『신약논단』 14 / 3(2007), 531 - 561.

_____. "마태 공동체의 '땅'과 '하늘' 사이에 '매고 푸는' 권세." 『한국기독교신학논총』 49(2007), 67 - 91.

김 현. 『김현문학전집』 6 & 7권. 서울: 문학과지성사, 1992.

김호경. "식탁 교제에 반영된 나눔의 윤리와 구원 이해." 『신약논단』 4(1998), 170 - 201.

김회권. "역사적 화석에서 되살려야 할 '불씨'." 『기독교사상』 577(2007 / 1), 66 - 79.

나요섭. 『산, 예수, 그리고 하늘나라』. 영천: 나의주, 2000.

노종숙. "왜 공동체를 이루었나 - 한국디아코니아자매회." 『기독교사상』 573(2006 / 9), 72 - 78.

노태성. 『원시 기독교 공동체의 자기 이해』 상권. 서울: 크리스천헤럴드, 2005.

들뢰즈, 질 / 박기순 옮김 『스피노자의 철학』. 서울: 민음사, 2002.

들뢰즈, 질 · 가타리, 펠릭스 / 김재인 옮김. 『천 개의 고원』. 서울: 새물결, 2001.

라캉, 자크 / 권택영 엮음. 『욕망이론』. 서울: 문예출판사, 1994.

레바크, 카렌 / 이유선 옮김. 『정의에 관한 6가지 이론』. 서울: 크레파스, 2001.

레비나스, 엠마누엘 / 강영안 옮김. 『시간과 타자』. 서울: 문예출판사, 1996.

롤즈, 존 / 황경식 옮김. 『정의론』. 서울: 이학사, 2003.

류시화. 『그대가 곁에 있어도 나는 그대가 그립다』. 서울: 푸른숲, 1991.

르 브르통, 다비드 / 김화영 옮김. 『걷기 예찬』. 서울: 현대문학, 2000.

마샬, I. 하워드. 『루가복음』 II. 서울: 한국신학연구소, 1984.

모스, 마르셀 / 이상률 옮김. 『증여론』. 서울: 한길사, 2002.

미헬, 오토 / 강원돈 옮김. 『히브리서』. 서울: 한국신학연구소, 1987.

민영진. "땅과 안식과 평화에 대한 성서적 이해." 『기독교사상』 430(1994 / 10), 10 - 17.

바레트, C. K. / 김필진 역. 『요한복음』 Ⅱ. 서울: 한국신학연구소, 1985.

바슐라르, 가스통 / 정영란 옮김. 『대지 그리고 휴식의 몽상』. 서울: 문학동네, 2002.

박경미. "베드로전서의 집 없는 나그네들과 하나님의 집." 『신학사상』 90(1995 / 가을), 131 - 151.

_____. "신약성서에 나타나는 '외국인' 개념과 초대 기독교인의 자기의식의 표지로서의 '외국인'." 『신학사상』 113(2001 / 여름), 122 - 148.

박근원. "한국전통 제례의 기독교적 수용." 『기독교사상』 429(1994 / 9), 10 - 23.

박노식. "마가의 예수 이해: 칭호를 통한 인물구성." 『신약논단』 10 / 2(2003), 229 - 262.

박만. "폭력과 속죄 죽음: 르네 지라르(Renè Girard)의 예수의 십자가 죽음 이해에 대한 비판적 고찰." 『한국기독교신학논총』 53(2007), 111 - 140.

박명수. "1907년 대부흥운동과 한국기독교인들의 신앙체험." 『기독교사상』 577(2007 / 1), 50 - 65.

_____. "1907년 대부흥과 초교파 연합운동." 『기독교사상』 583(2007 / 7), 200 - 207.

박명철. "그들은 지금 많이 피곤하고 지쳤다." 『기독교사상』 543(2004 / 3), 54 - 60.

박수암. 『성서주석: 마가복음』. 서울: 대한기독교서회, 1993.

박종천. "조상제사와 토착화 문제." 『기어가시는 하느님』. 서울: 도서출판감신, 1995, 516 - 528.

박혁순. "신정론적 주제에 관한 노자철학과의 대화." 장로회신학대학교 대학원 신학석사학위논문, 2006.

548

반재광. "'마음이 뜨겁지 아니하더냐?' – 엠마오 이야기(눅 24:13 – 35) 다시 읽기."『신약논단』 14 / 3(2007), 597 – 641.

방인근. "한국교회, 혈연공동체의 탈출을 꿈꾼다."『기독교사상』 573(2006 / 9), 46 – 53.

배리, 브라이언 / 이용필 역.『정의론』. 서울: 신유, 1993.

배영동.『농경생활의 문화읽기』. 서울: 민속원, 2000.

배요한. "한국인의 종교적 심성에 비추어 본 대부흥운동."『기독교사상』 577(2007 / 1), 80 – 93.

배재욱. "빌립보서 2:6 – 11의 '그리스도 찬송'에 대한 기독론적인 연구."『신약논단』 14 / 1(2007), 99 – 133.

벨 커, 미하엘 · 폴킹혼, 존 엮음 / 신준호 옮김.『종말론에 관한 과학과 신학의 대화』. 서울: 대한기독교서회, 2002.

보이아, 뤼시앵 / 김웅권 옮김.『상상력의 세계사』. 서울: 동문선, 2000.

브루그만, 월터 / 정진원 옮김.『성경이 말하는 땅 – 선물 · 약속 · 도전의 장소』. 서울: CLC, 2005.

서경호.『山海經 硏究』. 서울: 서울대학교출판부, 1996.

서용원.『생존의 복음』. 서울: 한들출판사, 2000.

석원식. "지리적 확장을 통한 마가의 이방선교."『신약논단』 11 / 3(2004), 629 – 648.

소기천.『예수말씀의 전승궤도』. 서울: 대한기독교서회, 2000.

손규태. "이 땅에서 '신학 함'이란 무엇인가."『기독교사상』 543(2004 / 3), 22 – 29.

송인규. "신학교수의 직격(直擊) 토로."『기독교사상』 543(2004 / 3), 30 – 41.

슈바이처, 에드워드 / 황현숙 · 황정욱 역.『마태오복음』. 서울: 한국신학연구소, 1982.

아리스토텔레스 / 이창우 · 김재홍 · 강상진 공역.『니코마코스 윤리학』. 서울: 이제이북스, 2006.

안병무.『갈릴래아의 예수』. 천안: 한국신학연구소, 1993.

_____. "예수와 민중: 마르코복음을 중심으로."『민중과 성서: 안병무전집 5』. 서울: 한길사, 1993, 15 - 39.

_____.『불티』. 천안: 한국신학연구소, 1998.

양권석. "위기의 시대와 신학."『기독교사상』 584(2007 / 8), 30 - 39.

양명수.『기독교 사회정의론』. 서울: 한국신학연구소, 1997.

양용의. "'그러나 나는 너희에게 말한다' - 마태복음 5:21 - 48의 대조적 교훈들에 나타난 예수와 율법."『신약연구』 5 / 1(2006), 1 - 49.

엘리아데, 멀치아 / 이동하 역.『성과 속: 종교의 본질』. 서울: 학민사, 1983.

엘리아데, M. / 이은봉 옮김.『성(聖)과 속(俗)』. 서울: 한길사, 2001.

왕대일. "나그네(게르ㄱ) - 구약신학적 이해."『신학사상』 113(2001 / 여름), 101 - 121.

_____. "우리로 하나님을 보게 하소서!"『기독교사상』 577(2007 / 1), 36 - 48.

_____. "신학의 위기, 신학의 기회, 신학의 미래."『기독교사상』 584(2007 / 8), 40 - 51.

왕인성. "신약성경에 반영된 그레코 - 로마 사회의 후원자 - 피보호자 관계."『신약논단』 13 / 3(2006), 535 - 564.

우택주. "교회와 신학의 화해를 촉구한다."『기독교사상』 584(2007 / 8), 52 - 61.

이민규. "사회학적 시각으로 본 마태복음에 나타나나 안식일."『신약논단』 13 / 1(2006), 1 - 28.

이상범. "조상제사에 대한 복음적 조명."(박근원 편.)『기독교와 관혼상제』. 서울: 전망사, 1985, 86 - 98.

이신건. "교회는 과연, 그리고 어떤 공동체인가?"『기독교사상』 573(2006 / 9), 22 - 31.

이영희.『정의론』. 서울: 새문사, 2005.

이정모. 『달력과 권력 ─ 달력을 둘러싼 과학과 권력의 이중주』. 서울: 부키, 2001.

이종록. 『성서로 읽는 디지털 시대의 몸 이야기』. 서울: 책세상, 2004.

이종윤 편. 『한국교회와 제사문제』. 서울: 엠마오, 1988.

이진경. 『노마디즘』 1 & 2권. 서울: 휴머니스트, 2002.

이청준. 「흉터」. 『현대문학』 통권 446(1992 / 2).

이희학. "조상숭배에 관한 구약신학적 접근 ─ 삼상 28:3 ─ 25를 중심으로." 『신학사상』 105(1999 / 여름), 127 ─ 149.

_____. "사자(死者) 숭배와 주술적 제의 관습들." 『한국기독교신학논총』 28(2003), 49 ─ 71.

임성빈. "1907년 대부흥운동과 오늘의 의미." 『기독교사상』 583(2007 / 7), 208 ─ 212.

임태수. "생명나무와 선악을 알게 하는 나무의 현대적 의미." 『신학사상』 138(2007 / 가을), 89 ─ 116.

장석정. 『하나님의 땅』. 서울: 대한기독교서회, 2001.

_____. "여호수아 1 ─ 5장에 나타난 땅의 개념 연구." 『신학사상』 137(2007 / 여름), 7 ─ 37.

장회익. 『삶과 온생명』. 서울: 솔출판사, 1998.

정강길. "미래에서 온 기독교와 한국교회의 미래." 『기독교사상』 584(2007 / 8), 62 ─ 77.

정두희. "조상제사 문제와 윤지충(尹持忠)." 『세계의 신학』 33(1996 / 겨울), 140 ─ 149.

정연락. "산상설교의 반제들 연구: 특히 제5, 6 반제를 중심으로." 『한국기독교신학논총』 30(2003), 211 ─ 235,

정용성. "누가판 예수 족보의 기원과 의의(눅 3:23 ─ 38)." 『신약논단』 9 / 1(2002), 103 ─ 132.

정호승. 『서울의 예수』. 서울: 민음사, 1982.

조경철. 『마태복음』 1. 서울: 대한기독교서회, 1999.

_____. "신약성서의 평화신학에 관한 소고 ─ 에베소서 2:14 ─ 18을

중심으로.”『신학사상』111(2000 / 겨울), 103 - 126.

조기연. “하나의 식탁, 하나의 공동체 - 초대교회 성만찬에 나타난 ‘공동식사’ 주제.”『신학사상』102(1998 / 가을), 189 - 205.

조성식. (좌담회 사회·정리). “과학과 신(神)의 만남.”『신동아』(2007 / 10), 166 - 193.

조태연.『예수운동 - 그리스도교 기원의 탐구』. 서울: 대한기독교서회, 1996.

_____. “식탁에 앉으신 사람의 아들 - Q2 예수운동의 식탁상징과 기원의 신화.”『기독교사상』464(1997 / 8), 57 - 73.

_____.『태의 소생: 여성 지도자들을 위한 마가 읽기』. 서울: 한들출판사, 1998.

_____. “아하, 땅 속에 하늘이 있었네! - 보화를 품은 땅의 비유(마 13:44; 도마 109).”『세계의 신학』48(2000 / 9), 55 - 88.

_____. “땅의 애가, 땅이 연가 - 일곱 개의 자연 비유를 중심으로.”『기독교사상』511(2001 / 7), 199 - 226.

_____. “새로운 비유풀이: 똥과 땅, 그리고 하나님의 나라 - 열매 없는 무화과나무(눅 13:6 - 9).”『세계의 신학』51(2001 / 6), 71 - 104.

_____. “새로운 비유풀이: 피로 젖은 땅의 비가 - 악한 포도원 농부의 비유(막 12:1 - 9; 마 21:33 - 43; 눅 20:9 - 18; 도마 65).”『세계의 신학』53(2001 / 12), 71 - 123.

_____.『예수 이야기: 마가 1 - 복음의 시작』. 서울: 대한기독교서회, 2002.

존슨, 루크 티모디. “예수의 인간성 - 역사적 예수 연구 무엇이 위기인가?”『신학사상』133(2006 / 여름), 7 - 49.

지라르, 르네 / 김진석·박무호 옮김.『폭력과 성스러움』. 서울: 민음사, 1997.

차정식.『성서주석: 로마서 Ⅱ』. 서울: 대한기독교서회, 1999.

_____.『신약성서의 사회경제사상』. 서울: 한들출판사, 2000.

_____.『묵시의 하늘과 지혜의 땅』. 서울: 대한기독교서회, 2001,

552

287 - 298.

_____. "벼랑 끝에 싹트는 희망."『기독교사상』505(2001 / 1), 153 - 163.

_____. "예수의 반(反)헬레니즘과 탈식민성."『한국기독교신학논총』
24(2002), 101 - 138.

_____.『마음의 빚을 부르는 기도 - 신약성서의 기도와 신학』. 서울:
대한기독교서회, 2003.

_____. "바람과 불의 행방; 비둘기와 보혜사의 진로."『신학사상』
120(2003 / 봄), 230 - 254.

_____. "시인 예수의 초상 - 정호승의『서울의 예수』읽기."『신학비
평』13(2004 / 여름), 23 - 42.

_____. "생성기 그리스도교의 선교지형에 비추어본 지방화와 세계
화의 문제."『한국기독교신학논총』40(2005), 129 - 162.

_____. "한국에서 신학의 길 찾기."『기독교사상』통권 562(2005 / 10),
264 - 281.

_____. "신약성경을 통해 본 하나님의 경제."(대한예수교장로회총
회산하연구단체협의회 편.)『하나님 나라와 생명 살림』. 서울:
한국장로교출판사, 2005, 221 - 244.

_____. "예수의 행적과 사회적 영성."『월간프리칭』26(2006), 18 - 21.

_____. "가족 해체와 통합의 신학적 변증법 - 초기 그리스도교 공동
체의 경우."『신약논단』13 / 3(2006), 693 - 747.

_____. "마태복음의 '하늘나라'와 신학적 상상력."『한국기독교신학
논총』46(2006), 57 - 88.

_____.『예수는 어떻게 죽었는가 - 예수의 수난전승 탐구』. 서울:
한들출판사, 2006.

_____. "구원론 이전의 구원론 - 산상수훈의 경우."『한국기독교신
학논총』49(2007), 47 - 66.

_____.『신약성서의 환생 모티프와 그 신학적 변용』. 서울: 한들출
판사, 2007.

_____.『예수의 신학과 그 파문』. 서울: 대한기독교서회, 2007.

_____. "눕고, 울고, 웃는 '풀'의 내력 – 김수영의 〈풀〉에 대한 신학적 풀이." 『기독교사상』 587(2007 / 11), 220 – 237.

최길성. 『한국의 조상숭배』. 서울: 예전사, 1986.

최성수. "'조상제사'가 갖는 신학적인 문제." 『기독교사상』 478(1998 / 10), 118 – 130.

최영실. "'1907년 평양대부흥운동'에 대한 비판적 고찰 – 회개 · 영성 · 부흥의 문제를 중심하여." 『신학사상』 138(2007 / 가을), 9 – 53.

최영전. 『성서의 식물』. 서울: 아카데미서적, 1996.

최인식. 『예수, 그리고 사이버세계』. 서울: 대한기독교서회, 2001.

최창조 편역. 『터잡기의 예술 – 서양인이 이해한 풍수사상』. 서울: 민음사, 1992.

_____. 『한국의 풍수지리』. 서울: 민음사, 1993.

최철호. "〈아름다운 마을〉 공동체를 일구며." 『기독교사상』 573(2006 / 9), 54 – 61.

최흥진. "요한 공동체와 성만찬 논쟁에 관한 연구." 『신약논단』 8 / 1(2001), 29 – 49.

콜링우드, R. G. / 김혜련 옮김. 『상상과 표현: 예술의 철학적 원리』. 서울: 고려원, 1996.

칼빈, 존 / 고영민 옮김. 『기독교 강요』 1 & 2권. 서울: 기독교문사, 2006.

켈러, 캐터린 / 이상성 역. "더 이상 바다는 없네: 종말의 상실된 혼돈." 『신학사상』 109(2000 / 여름), 119 – 143.

크루티어, 알레브 라이틀 / 윤희기 옮김. 『물의 역사: 세계의 신화 · 풍습 · 예술 속에 나타난 물의 이미지』. 서울: 예문, 1997.

타이센, 게르트 / 노태성 옮김. "역사적 예수와 케리그마적 하나님의 아들." 『신약논단』 12 / 2(2005), 249 – 284.

트라반트, 위르겐 / 안정오 · 김남기 옮김. 『훔볼트의 상상력과 언어』. 고양: 인간사랑, 1998.

파울젠, 수잔네 / 김숙희 역. 『식물은 우리에게 무엇인가』. 서울: 풀빛,
    2002.

피지올로구스 / 노성두 옮김. 『기독교동물상징사전』. 서울: 지와 사랑,
    1999.

한국신학정보연구원. 『회개와 갱신 – 평양대부흥운동의 성경신학적 조
    명』. 서울: 한국신학정보연구원, 2007.

한국조직신학회 엮음. 『과학과 신학의 대화』. 서울: 대한기독교서회,
    2003.

• 저자 •

차정식

• 약 력 •

차정식 교수는 서울대학교 국사학과(문학사), 미국 McCormick
Theological Seminary(M.Div.), The University of Chicago, The
Divinity School(Ph.D.) 등에서 공부했으며, McCormick Theological
Seminary 객원교수를 거쳐 현재 한일장신대학교 신학부 교수로 재직
중이다.

단독 연구저서로는『예수의 신학과 그 파문』(대한기독교서회, 2007),
『신약성서의 환생 모티프와 그 신학적 변용』(한들출판사, 2007), 『예수
는 어떻게 죽었는가-예수의 수난전승 탐구』(한들출판사, 2006), 『바울
신학 탐구』(대한기독교서회, 2005),『마음의 빛을 부르는 기도-신약성
서의 기도와 신학』(대한기독교서회, 2003),『묵시의 하늘과 지혜의 땅-
예수신학 비평』(대한기독교서회, 2001),『신약성서의 사회경제사상』
(한들출판사, 2000), 『성서주석: 로마서』1, 2권(대한기독교서회, 1999)
등 10여권이 있으며, 신학수상집으로 『발밑의 명상, 길 위의 신학』(한
들출판사, 2003)을 출간한 바 있다. 그밖에 『뒤집어 읽는 신약성서』
(대한기독교서회, 1999),『무례한 복음』(산책자, 2007) 등 10여 권의
공저를 냈고, 100여 편의 연구논문이 있다.
그의 저서 『신약성서의 환생 모티프와 그 신학적 변용』으로 2006년
한국기독교학회 주관 제1회 소망학술상을 수상했으며,『바울신학 탐
구』가 2006년 문화관광부 우수학술도서로 선정되기도 하였다.

웹페이지 주소: http://chajs2000.byus.net
이메일 주소:
chajs2000@yahoo.co.kr;seram02@naver.com;chajs@hanil.ac.kr

예수와
신학적 상상력

• 초판 인쇄	2008년 2월 29일
• 초판 발행	2008년 2월 29일
• 지 은 이	차정식
• 펴 낸 이	채종준
• 펴 낸 곳	한국학술정보㈜
	경기도 파주시 교하읍 문발리 513-5
	파주출판문화정보산업단지
	전화 031) 908-3181(대표) · 팩스 031) 908-3189
	홈페이지 http://www.kstudy.com
	e-mail(출판사업부) publish@kstudy.com
• 등 록	제일산-115호(2000. 6. 19)
• 가 격	43,000원

ISBN 978 89 534 8181 7 93230 (Paper Book)
978-89-534-8182-4 98230 (e-Book)